유튜브로 배우는

웹디자인기능사 실기
과외노트

저자 직강 무료 동영상 강의 제공

 빠른 합격을 위한 맞춤 학습 전략을
무료로 경험해 보세요.

| 혼자 하기 어려운 공부,
도움이 필요할 때 | 체계적인 커리큘럼으로
공부하고 싶을 때 | 온라인 강의를
무료로 듣고 싶을 때 |

 SD에듀 **김동주 선생님**의 쉽고 친절한 강의,
지금 바로 확인하세요!

 @Ezweb

시험안내

※ 정확한 시험 일정 및 세부사항에 대해서는 시행처에서 반드시 확인하시기 바랍니다.

응시자격

제한 없음

응시료

▶ 필기 : 14,500원
▶ 실기 : 20,100원

검정방법

구분	문항 및 시험방법	시험 시간	합격 기준
필기	❶ 디자인 일반 ❷ 인터넷 일반 ❸ 웹 그래픽 디자인	1시간	100점 만점 60점 이상
실기	웹디자인 실무작업	4시간	

실기시험 일정(2023년 기준)

회차	온라인원서접수	시험일	합격자 발표
정기 기능사 1회	02.20 ~ 02.23	03.25 ~ 04.13	04.19
정기 기능사 2회	05.08 ~ 05.11	06.10 ~ 06.28	07.05
정기 기능사 3회	07.17 ~ 07.20	08.12 ~ 08.31	09.13
정기 기능사 4회	10.16 ~ 10.19	11.18 ~ 12.01	12.13

자격 취득 절차

Step 1 원서 접수

검정센터 홈페이지 원서접수신청을 통해 수험원서를 접수한 후 검정수수료를 납부합니다.

Step 2 수험표 발급

검정센터에서 공시한 날짜부터 검정센터 홈페이지를 통해 확인 및 출력할 수 있습니다.

Step 3 시험 응시

검정센터가 공고하는 일정 및 장소에서 자격검정시험을 치르게 됩니다.

Step 4 합격 여부 확인

검정센터가 공시한 합격자 발표일에 홈페이지를 통해 발표되며, 자격증은 검정센터 홈페이지를 통해 신청할 수 있습니다.

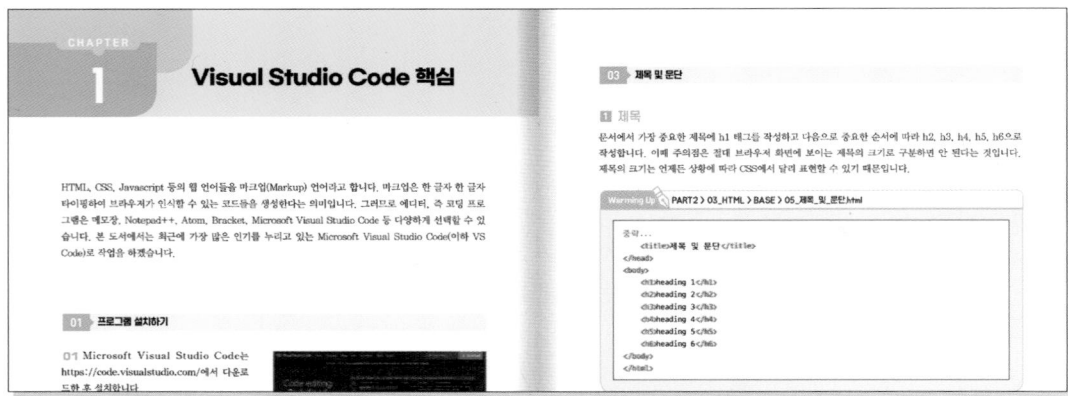

▶ 가로 유형, 세로 유형, 신유형 등 기출 유형들에 대하여 와이어프레임과 함께 미리 확인해볼 수 있습니다.

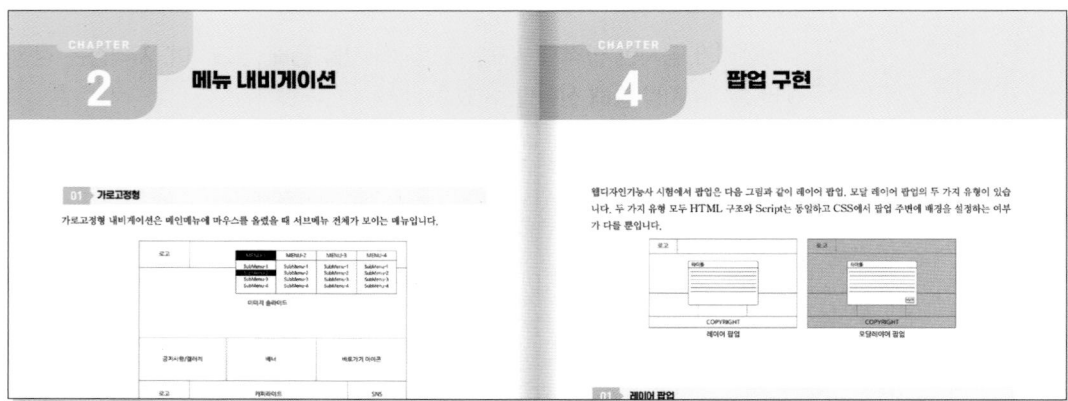

▶ 기본기를 다지기 위하여 Visual Studio Code, 포토샵, HTML, CSS, Javascript, jQuery의 핵심 기능들을 자세한 설명과 함께 예제 문제를 직접 작성하며 학습할 수 있습니다.

▶ 본격적인 문제풀이에 앞서 와이어프레임, 메뉴 내비게이션, 이미지 슬라이드, 팝업 구현, 탭으로 나누어 각각의 항목에 대한 집중 학습을 할 수 있습니다.

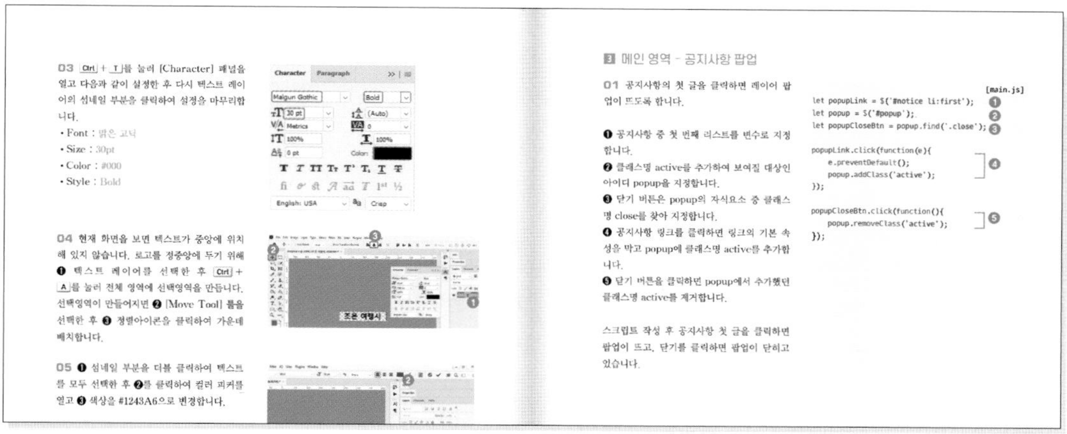

▶ 웹디자인기능사 실기 최신 기출 유형을 분석하여 최신 경향의 기출 유형 문제 5회분을 친절한 설명과 함께 수록하였습니다.

▶ 새롭게 추가된 D · E유형 문제를 수록하였습니다. 기존에 학습하던 내용과 다른 유형의 문제가 출제되어 놀라셨나요? SD에듀와 함께라면 걱정 없습니다!

머리말

PREFACE

최신 기출 유형까지 확실하게!

트렌드에 맞춰 개발하기

웹 분야는 하루가 다르게 빠르게 변화하고 있습니다. 그 변화에 부응하듯 웹디자인기능사 시험도 큰 변화가 여러 차례 있었습니다. 첫 번째 큰 변화는 IE(Internet Explorer)의 퇴출입니다. 독자의 노선으로 웹브라우저를 개발하던 IE는 그동안 웹페이지를 구현하는 개발자들에게는 골칫거리였습니다. 구글에 맞춰 웹개발을 완료하고 더불어 IE에 맞춰 별도로 웹페이지를 다시 구현해야 하는 경우가 많았기 때문입니다. 마이크로소프트에서 개발을 중지한 이후 웹디자인기능사도 구글 Chrome을 표준으로 변경하였습니다. 이 변화로 그동안 코딩 시 사용되던 Dreamweaver도 퇴출되고 Microsoft의 Visual Studio Code가 기본 프로그램으로 변경되었습니다. 두 번째 변화는 flexible 레이아웃의 도입입니다. 2022년 말 브라우저 너비를 모두 사용하여 유연하게 레이아웃을 구현해야 하는 방식으로 난이도가 기존보다 높아졌습니다. 신유형을 구현하기 위해 CSS의 calc 함수, vw, vh의 viewport 기반 단위도 사용해야 하고, 기존의 레이아웃을 구현할 때 전통적으로 사용했던 float 외에 display: flex도 활용하여 구현해야 합니다. 이러한 변화에 맞춰 고전적인 방법에서 최근 트렌드까지 다양하게 학습하실 수 있습니다.

기본기부터 확실하게

웹디자인기능사는 단순 코딩 실력만 테스트하는 것이 아니라 웹디자인에 필요한 포토샵 기술도 테스트합니다. 포토샵을 통한 이미지 편집, 텍스트 생성 및 변형, 배색 등 기본 테크닉도 필수이기에 기본기 다지기 파트에서 포토샵 필수 테크닉부터, HTML, CSS, Javascript, jQuery의 필수 핵심사항도 확실하게 마스터할 수 있도록 필수 내용과 예제로 준비했습니다.

파트별 집중 공략

웹디자인기능사 구현단계에서 필요한 필수 테크닉으로 와이어프레임, 메뉴 내비게이션, 슬라이드, 팝업, 탭 등의 원리를 파악하고 반복 학습을 통해 확실하게 마스터할 수 있습니다. 이 단계에서 신유형은 flex를 활용하고 기존 유형은 float을 활용하여 두 방식 모두 소개하고 있습니다. 실무에서는 flex를 활용한 구현이 훨씬 간결하고 다양한 레이아웃을 쉽게 구성할 수 있습니다.

최신 기출 유형

기출 유형 공략에서는 총 11유형을 구현하면서 기존 유형과 신유형을 모두 공략할 수 있도록 준비했습니다. 신유형의 공략에서 브라우저 화면을 모두 사용하고 너비에 따라 유연하게 변화하는 웹페이지를 만들기 위해 필요한 다양한 CSS 테크닉을 학습할 수 있습니다.

새롭게 추가된 신유형까지 제대로 공략할 수 있는 실기 기본서가 되길 바라며, 유튜브 동영상 강의로도 학습할 수 있으니 자격증 취득을 원하는 분들은 모두 도전해보세요.

이 책의 목차

CONTENTS

예제 파일 다운로드

예제 파일 및 부록 실습 자료는 SD에듀 사이트 (www.sdedu.co.kr/book/)의 [프로그램]에서 「유선배 웹디자인기능사 실기 과외노트」를 검색한 후 첨부파일을 다운로드 받아주세요.

유튜브 **선**생님에게 **배**우는

유선배

PART 1
웹디자인 기능사 실기 기본

1

유형분석

웹디자인기능사 시험에서 출제되는 유형은 크게 가로와 세로유형이 있습니다. 2022년 새롭게 추가된 D형, E형은 flex를 활용하여 구현하고, 이전 유형은 전통적인 방법인 float을 활용하여 구현하였습니다. float을 통한 레이아웃을 숙지한 후 flex를 학습하는 것을 추천드립니다. 슬라이드, 메뉴 효과, 모달 등 스크립트 작성이 필요한 부분에서는 웹디자인기능사 시험에서 제공하는 jQuery 라이브러리를 활용하여 구현하겠습니다. 자격증 취득 목표로는 jQuery를 숙지하고 향후 실무를 위해서는 Javascript 방식도 구현해보시기 바랍니다.

01 ▶ 가로 유형 분석

가로형의 기본 와이어프레임에서 메뉴의 내비게이션과 푸터의 레이아웃이 조금씩 변화하는 정도로 출제됩니다.

로고		MENU-1	MENU-2	MENU-3	MENU-4
		SubMenu-1	SubMenu-1	SubMenu-1	SubMenu-1
		SubMenu-2	SubMenu-2	SubMenu-2	SubMenu-2
		SubMenu-3	SubMenu-3	SubMenu-3	SubMenu-3
		SubMenu-4	SubMenu-4	SubMenu-4	SubMenu-4
	이미지 슬라이드				
공지사항/갤러리		배너		바로가기 아이콘	
로고		카피라이트		SNS	

로고			
	MENU-1	MENU-2	MENU-3	MENU-4
	SubMenu-1 SubMenu-2 SubMenu-3 SubMenu-4	SubMenu-1 SubMenu-2 SubMenu-3 SubMenu-4	SubMenu-1 SubMenu-2 SubMenu-3 SubMenu-4	SubMenu-1 SubMenu-2 SubMenu-3 SubMenu-4
이미지 슬라이드			
공지사항/갤러리	배너	바로가기 아이콘	
로고	카피라이트	패밀리 사이트	

로고			
	MENU-1	MENU-2	MENU-3	MENU-4
	SubMenu-1 SubMenu-2 SubMenu-3 SubMenu-4			
이미지 슬라이드			
공지사항/갤러리	배너	바로가기 아이콘	
로고	하단 메뉴 카피라이트		

세로형의 기본 와이어프레임에서 서브메뉴가 펼쳐지는 방식과 푸터의 레이아웃이 다르게 출제됩니다.

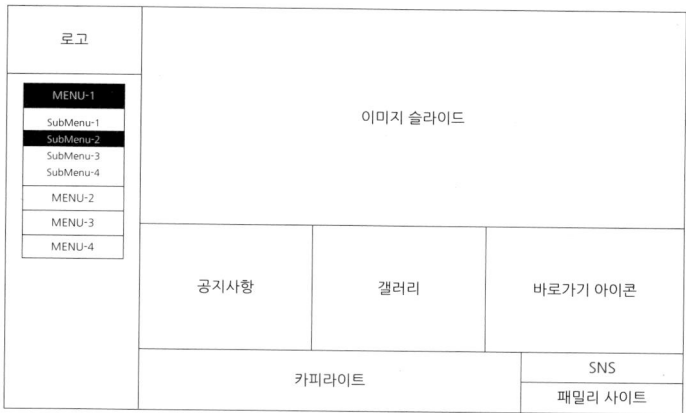

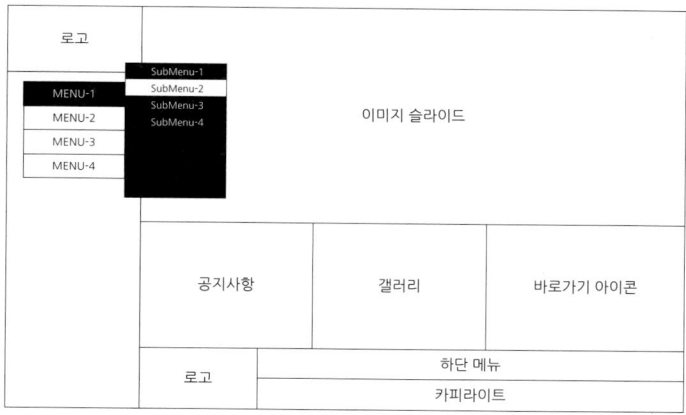

새롭게 추가된 D형은 브라우저 전체화면을 모두 사용하는 유형을 구현해야 합니다. D형에서는 주로 로고가 있는 aside 영역의 너비는 고정이고, 그 외 부분에서 브라우저의 나머지 공간을 모두 사용하도록 설정해야 합니다. 그래서 신유형에서는 너비를 계산하는 CSS 함수 calc의 사용법, 이미지의 위치와 크기를 결정하는 object-fit 속성을 활용합니다. 더불어 너비 또는 높이를 주고 요소를 배치하는 데 수월한 flex를 활용하는 것이 좋습니다. 기존 유형은 float으로도 충분히 구현할 수 있었지만, D, E 유형은 모두 flex를 활용하여 레이아웃을 작성하는 방법으로 설명하겠습니다. flex가 익숙해지면 기존 유형도 float 방식이 아닌 flex 방식으로 구현해보시기 바랍니다.

또 한 가지, D3, D4 유형에서 메뉴의 경우 마우스 호버 시 서브메뉴가 나타나는 방식이 다른 메뉴에 비해 난도가 높으므로 충분한 연습이 필요합니다.

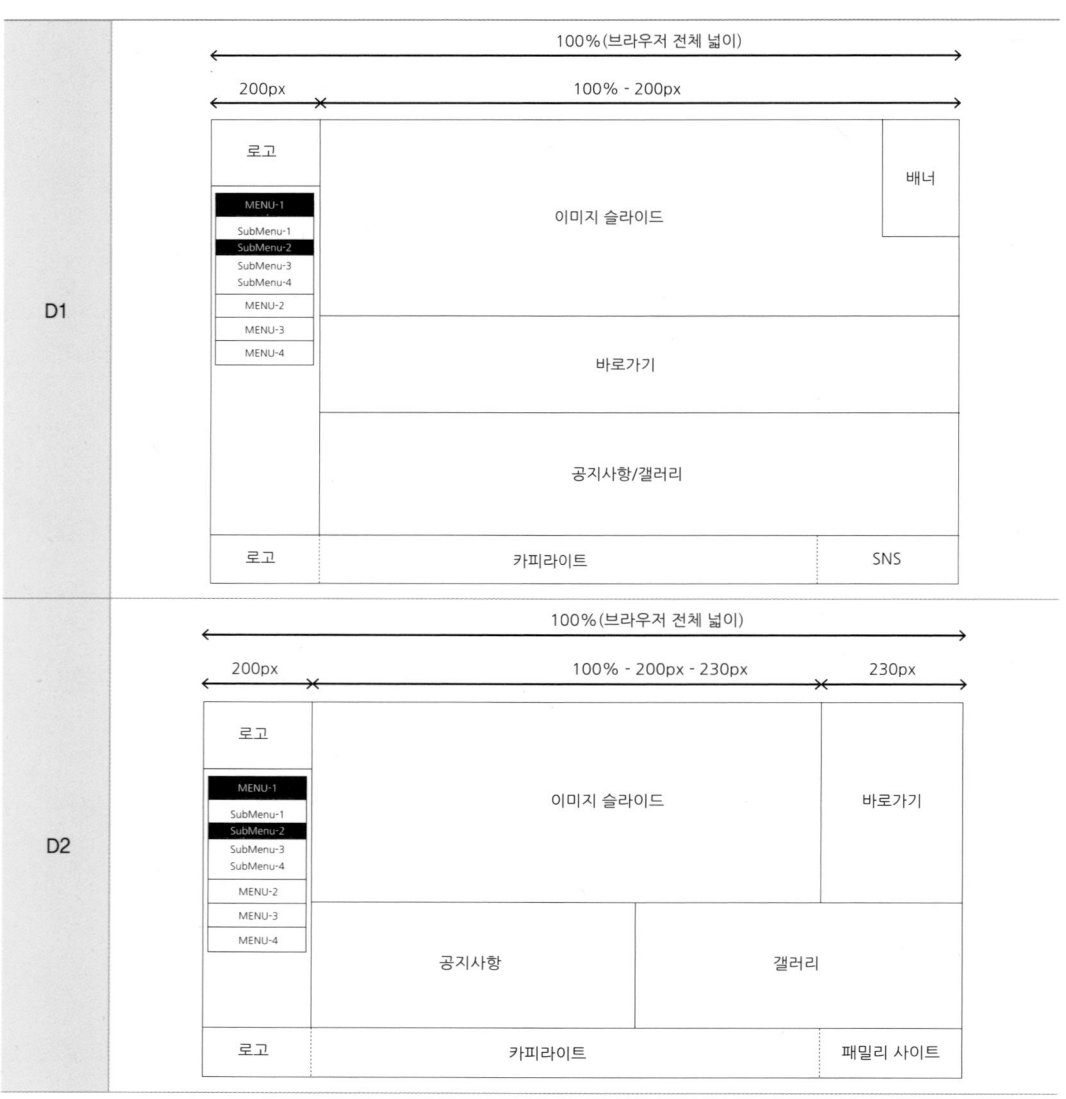

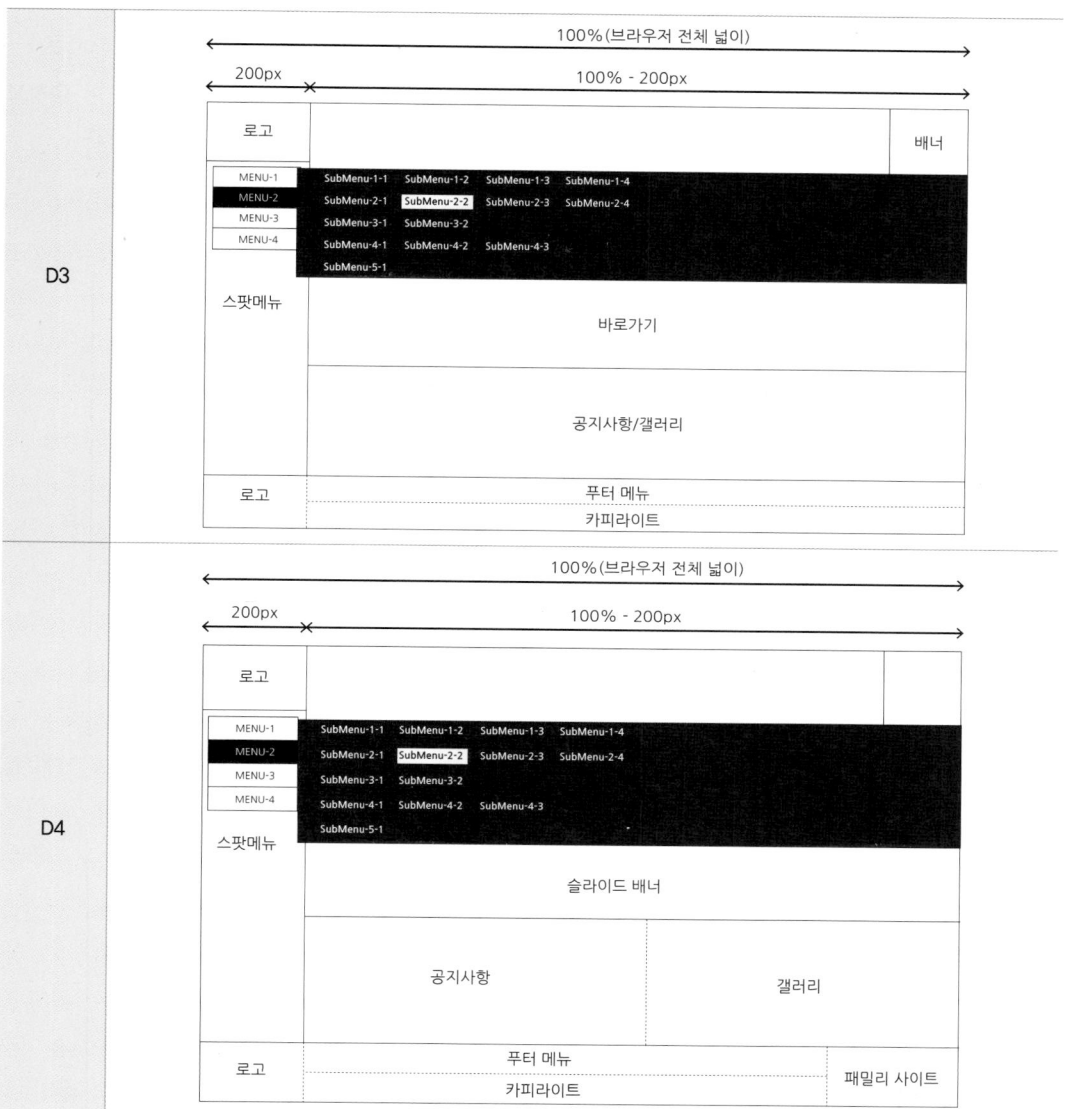

E형은 브라우저의 너비뿐만 아니라 높이도 모두 사용하는 방식으로 새롭게 추가되었습니다. 이 유형도 flex를 활용한 다양한 레이아웃 방식, calc 함수를 숙지하고 적용해야 수월하게 구현할 수 있습니다.

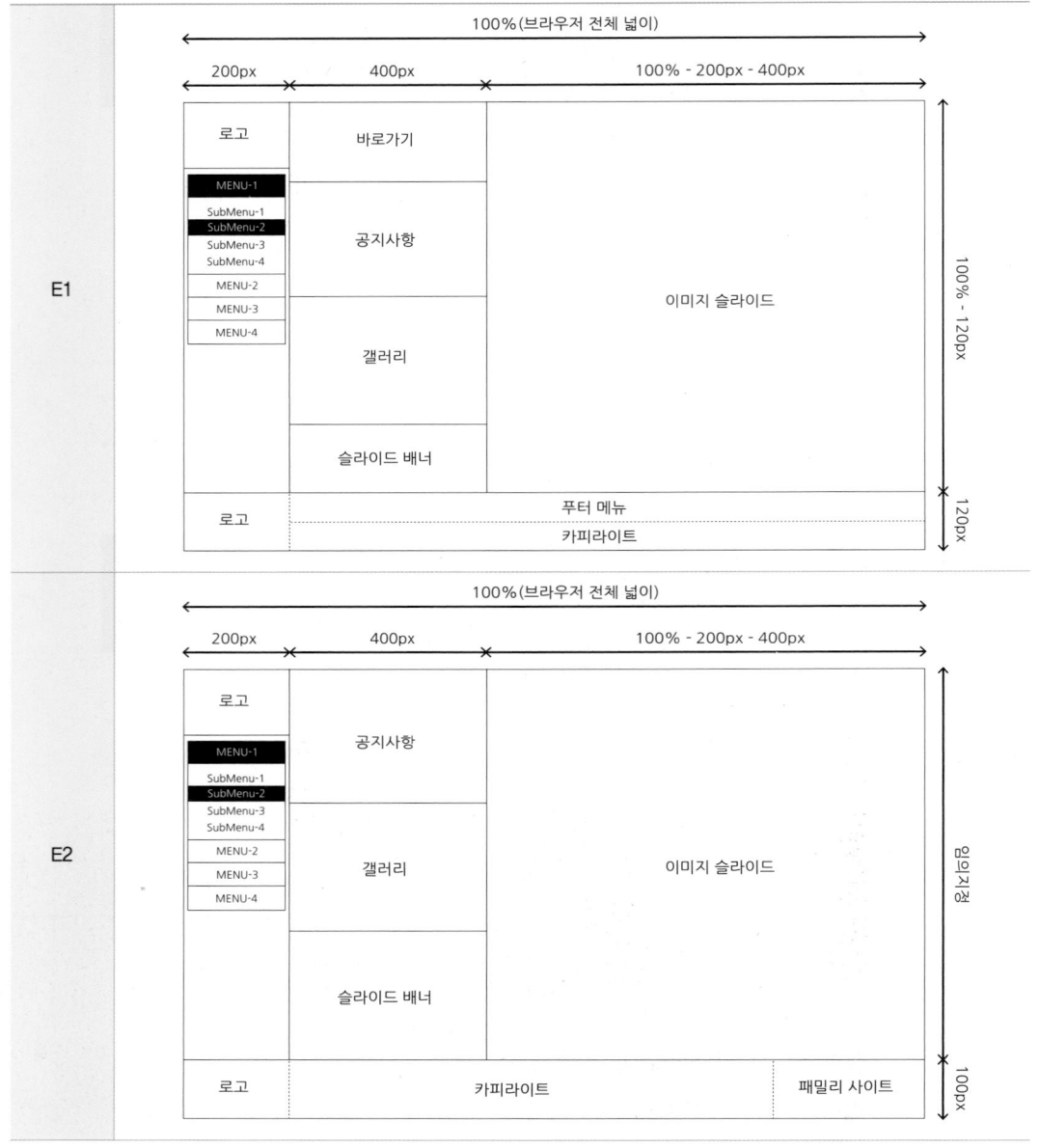

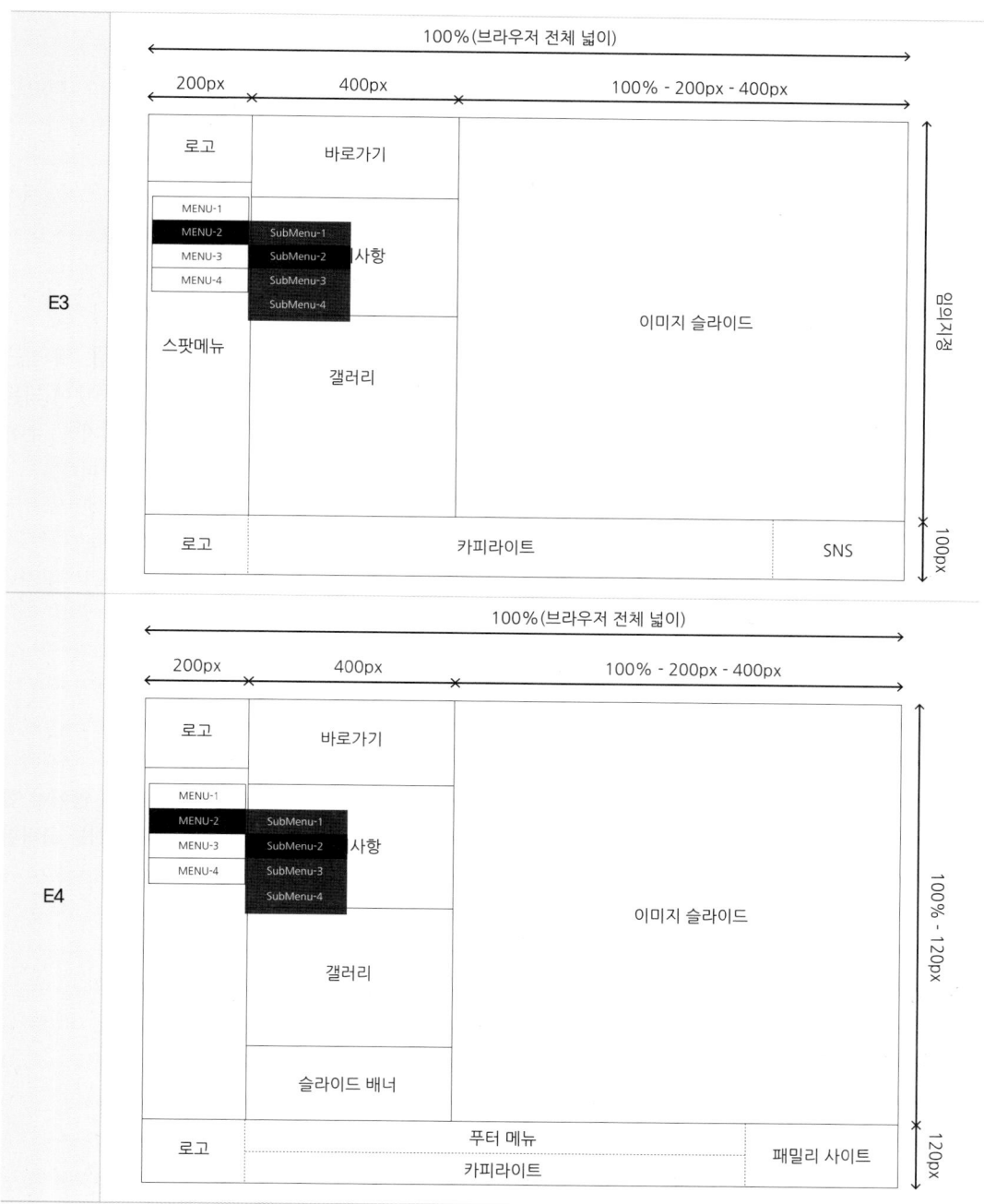

E3

100%(브라우저 전체 넓이)

200px | 400px | 100% - 200px - 400px

로고	바로가기	
MENU-1		
MENU-2	SubMenu-1	
MENU-3	SubMenu-2	사항
MENU-4	SubMenu-3	
	SubMenu-4	이미지 슬라이드
스팟메뉴	갤러리	
로고	카피라이트	SNS

임의지정

100px

E4

100%(브라우저 전체 넓이)

200px | 400px | 100% - 200px - 400px

로고	바로가기	
MENU-1		
MENU-2	SubMenu-1	
MENU-3	SubMenu-2	사항
MENU-4	SubMenu-3	
	SubMenu-4	이미지 슬라이드
	갤러리	
	슬라이드 배너	
로고	푸터 메뉴	패밀리 사이트
	카피라이트	

100% - 120px

120px

기술적 준수사항

01 HTML 유효성 검사(W3C Validator), CSS3 기준(W3C Validator)

작성한 HTML 코드를 W3C Validator를 통해 검사했을 때 오류가 없어야 합니다. 태그의 열림, 웹 접근성에 필요한 속성의 값을 입력하지 않는 등의 오류를 검사하고 수정하기 위한 검사입니다. 인터넷이 되는 상황이라면 W3C Validator 사이트에 접속하여 작성한 코드를 넣고 오류 체크 후 수정할 수 있지만, 수험 장에는 인터넷을 사용할 수 없으므로 평소에 오류 없이 코드를 작성하는 연습을 충분히 해야 합니다.

| HTML 유효성 검사 | https://validator.w3.org/ |
| CSS 유효성 검사 | https://jigsaw.w3.org/css-validator/ |

02 Javascript 콘솔 에러

브라우저(Google Chrome)에 내장된 개발도구의 Console 탭에서 오류('ERROR')가 표시되지 않아야 합니다. 브라우저에서 F12 또는 웹브라우저 화면에서 마우스 우클릭 시 나타나는 화면에서 [검사]를 클릭한 후 Console 탭에 오류가 나타나지 않도록 합니다.

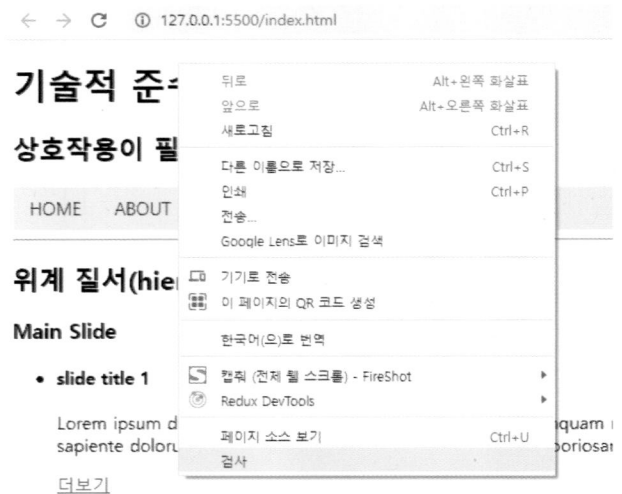

기술적 준수 사항

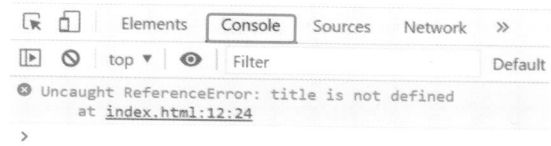

03 **상호작용이 필요한 모든 콘텐츠**

상호작용이 필요한 모든 콘텐츠는 임시링크 anchor 태그의 href 속성의 값을 임시값인 '#'로 작성해야 하며, 웹접근성 차원에서 링크 및 버튼 등에는 Tab 으로 포커스를 이동했을 때 화면에 표시되도록 해야 합니다. 지체장애가 있는 사용자들이 키보드를 자유롭게 사용하지 못하는 상황에서 Tab 과 Enter 로 메뉴를 이동할 수 있도록 하기 위한 것입니다.

```html
<nav>
  <ul>
    <li><a href="#">home</a></li>
    <li><a href="#">about</a></li>
    <li><a href="#">work</a></li>
    <li><a href="#">contact us</a></li>
  </ul>
</nav>
```

기술적 준수 사항

상호작용이 필요한 모든 콘텐츠

HOME ABOUT WORK CONTACT US

구 브라우저인 Internet Explorer에서는 상단 View 메뉴에서 스타일 설정을 끌 수 있었지만, Microsoft Edge, Chrome 브라우저에는 메뉴를 통해 CSS 설정을 끌 수 없습니다. HTML에서 연결된 CSS 링크를 주석처리하거나 개발자 도구에서 해당 라인을 삭제했을 때 콘텐츠가 세로로 나열되어야 합니다. 엄밀히 따지면 블록요소들이 세로로 나열된다는 말입니다.

```
<head>
  <meta charset="UTF-8">
  <meta http-equiv="X-UA-Compatible" content="IE=edge">
  <meta name="viewport" content="width=device-width, initial-scale=1.0">
  <title>console error - 기술적 준수 사항</title>
  <!-- <link rel="stylesheet" href="css/default.css"> -->
</head>
```

기술적 준수 사항

상호작용이 필요한 모든 콘텐츠

HOME   ABOUT   WORK   CONTACT US

기술적 준수 사항

상호작용이 필요한 모든 콘텐츠

- home
- about
- work
- contact us

제목, 본문, 메뉴 등을 구분하고 각 내용의 중요도에 따라 굵기, 색상, 크기 등을 적절하게 설정하여 내용에서 중요한 순서대로 위계질서가 한눈에 보이도록 구현해야 합니다. 아래 코드는 CSS는 배제하고 내용에 따라 HTML 태그를 적절히 사용하여 위계를 구성한 예시입니다.

```html
<h3>Main Slide</h3>
<div class="slides">
  <ul>
    <li>
      <h4>slide title 1</h4>
      <p>Lorem ipsum dolor sit, <strong>amet consectetur</strong> adipisicing elit. Numquam
reiciendis corrupti eum, placeat consequatur assumenda et sequi reprehenderit deserunt
sapiente dolorum commodi beatae provident laborum non laboriosam facere amet aspernatur?</p>
      <a href="#">더보기</a>
    </li>
    <li>
      <h4>slide title 2</h4>
      <p>Lorem ipsum dolor sit, <strong>amet consectetur</strong> adipisicing elit. Numquam
reiciendis corrupti eum, placeat consequatur assumenda et sequi reprehenderit deserunt
sapiente dolorum commodi beatae provident laborum non laboriosam facere amet aspernatur?</p>
      <a href="#">더보기</a>
    </li>
    <li>
      <h4>slide title 3</h4>
      <p>Lorem ipsum dolor sit, <strong>amet consectetur</strong> adipisicing elit. Numquam
reiciendis corrupti eum, placeat consequatur assumenda et sequi reprehenderit deserunt
sapiente dolorum commodi beatae provident laborum non laboriosam facere amet aspernatur?</p>
      <a href="#">더보기</a>
    </li>
  </ul>
</div>
```

위계 질서(hierarchy)

Main Slide

- *slide title 1*

  Lorem ipsum dolor sit, **amet consectetur** adipisicing elit. Numquam reiciendis corrupti eum, placeat consequatur assumenda et sequi reprehenderit deserunt sapiente dolorum commodi beatae provident laborum non laboriosam facere amet aspernatur?

  더보기

- *slide title 2*

  Lorem ipsum dolor sit, **amet consectetur** adipisicing elit. Numquam reiciendis corrupti eum, placeat consequatur assumenda et sequi reprehenderit deserunt sapiente dolorum commodi beatae provident laborum non laboriosam facere amet aspernatur?

  더보기

- *slide title 3*

  Lorem ipsum dolor sit, **amet consectetur** adipisicing elit. Numquam reiciendis corrupti eum, placeat consequatur assumenda et sequi reprehenderit deserunt sapiente dolorum commodi beatae provident laborum non laboriosam facere amet aspernatur?

  더보기

제목은 중요도에 따라 h1, h2, h3, h4, h5 태그를 사용하고 문단은 p 태그, 문단 내용 중 중요 내용은 strong 또는 em 태그를 사용하고 링크는 a 태그를 사용했습니다.

06 ▶ 이미지의 alt 속성

모든 img 태그에는 alt 속성에 내용이 있어야 합니다. 웹디자인기능사 시험에서는 모든 이미지에 alt 속성의 값을 추가하는 것을 원칙으로 하고 있습니다. alt 속성은 이미지가 나오지 않는 상황에서 대체(Altinatives) 텍스트를 표시해주고, 검색엔진에서 검색되는 키워드이기도 하며, 시각장애인이 웹사이트를 사용할 경우 스크린 리더와 같은 프로그램을 통해 웹사이트의 내용을 읽어주는 역할도 하므로 필수로 작성해야 합니다.

```html
<h3>Latest products</h3>
<ul class="latest_products">
  <li>
    <a href="#"><img src="images/product_01.jpg" alt="macbook pro"></a>
  </li>
  <li>
    <a href="#"><img src="images/product_02.jpg" alt="macbook"></a>
  </li>
  <li>
    <a href="#"><img src="images/product_03.jpg" alt="ipad air"></a>
  </li>
</ul>
```

하지만 실무에서는 img 태그의 이미지가 특별한 의미가 없고 장식의 역할을 할 경우에는 alt 속성은 있지만 alt 속성의 값을 넣지 않습니다. alt 속성의 값이 필요없다고 alt 속성 자체를 삭제하면 웹표준 오류가 발생하므로 유의하시기 바랍니다.

```
<h2>이미지 alt 속성 - 예외</h2>

<img src="images/prototyping.jpg" alt="prototyping">

<img src="images/prototyping2.jpg" alt="">
```

alt 속성값 필요　　　　　　　　　　　alt 속성값 필요 없음

07 크로스 브라우징

제작된 사이트는 브라우저의 종류와 상관없이 모두 같은 화면을 보여주어야 합니다. 이를 크로스 브라우징이라고 합니다. 이 부분은 크롬 브라우저를 기본 브라우저로 설정하고 작업했다면 크게 신경 쓸 필요는 없습니다. MS Edge 브라우저의 핵심 엔진 프로그램이 Chrome과 같은 엔진을 사용하고 있기 때문입니다. 하지만 실무에서는 Firefox, Safari 등 주요 브라우저 모두에서 동일한 화면이 표현되는지 확인하고 다르게 나올 때는 Modernizr와 같은 별도 플러그인의 도움을 받아 수정해주어야 합니다.

유튜브 선생님에게 배우는

유선배

PART 2
기본기
다지기

Visual Studio Code 핵심

HTML, CSS, Javascript 등의 웹 언어들을 마크업(Markup) 언어라고 합니다. 마크업은 한 글자 한 글자 타이핑하여 브라우저가 인식할 수 있는 코드들을 생성한다는 의미입니다. 그러므로 에디터, 즉 코딩 프로그램은 메모장, Notepad++, Atom, Bracket, Microsoft Visual Studio Code 등 다양하게 선택할 수 있습니다. 본 도서에서는 최근에 가장 많은 인기를 누리고 있는 Microsoft Visual Studio Code(이하 VS Code)로 작업을 하겠습니다.

01 프로그램 설치하기

01 Microsoft Visual Studio Code는 https://code.visualstudio.com/에서 다운로드한 후 설치합니다.

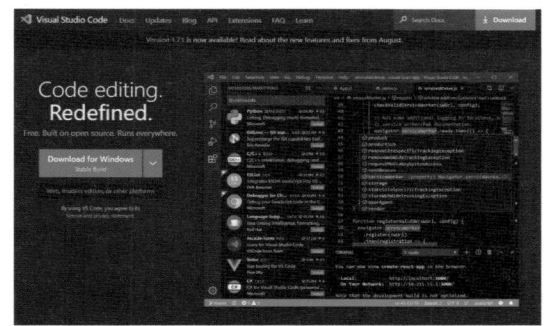

02 설치 중간에 옵션에서 Code(으)로 열기 부분을 체크하고 설치를 진행하면 이후 작업 폴더에서 마우스 우클릭 후 Code로 열기를 통해 프로젝트 폴더를 열고 Live Server 상태로 작업하기 쉬워집니다. Live Server는 필수 플러그인 설치에서 자세히 설명하겠습니다.

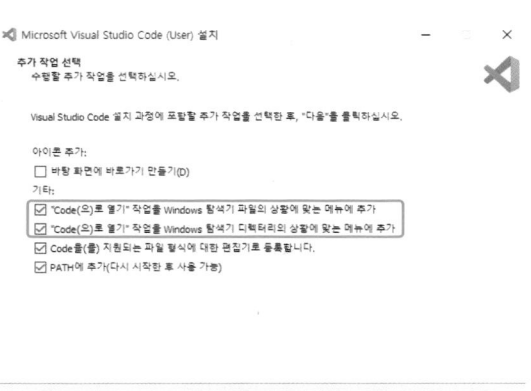

01 컬러 테마(Color Theme)를 밝은색 또는
어두운색으로 변경할 수 있습니다. 눈 건강을
위해서는 어두운 테마를 사용하시기 바랍니다.
여기서는 가독성을 위해 밝은 테마로 변경 후
진행하겠습니다. 톱니바퀴의 설정 버튼을 클릭
한 후 [Color Theme]를 선택하고 밝기를 설
정해줍니다.

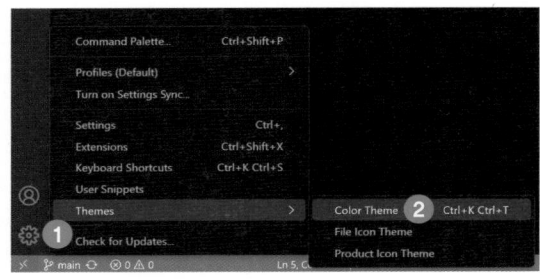

아래 두 개의 플러그인은 시험장에서는 설치할 수 없습니다. 시험장에는 인터넷 사용이 불가능하기 때문
입니다. 실무환경에서는 필수 플러그인이며, 본서에서는 편의상 설치하고 진행하겠습니다.

01 코딩할 때 유용한 확장 프로그램으로
Live Server를 설치하겠습니다. 프로그램 왼
쪽 하단 톱니바퀴 모양의 설정 아이콘을 클릭
하고 [Extensions] 메뉴를 클릭합니다. ❶ 위
치에 Live Server를 입력한 후 검색결과에서
❷ Ritwick Dey에서 개발 배포하는 프로그램
을 선택하고 [Install] 버튼을 클릭하여 설치합
니다.

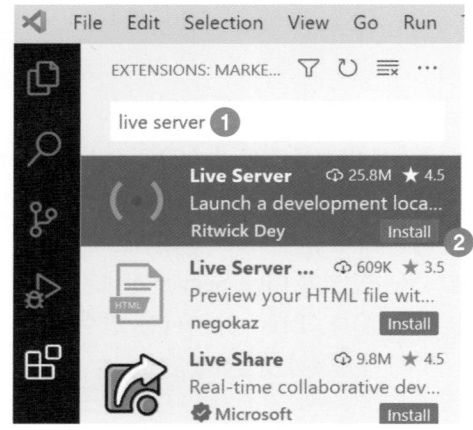

02 확장 프로그램 중 Open in Browser를 검색하고 설치합니다. 기본적으로 Visual Studio Code는 코드 작성 후 브라우저로 내용을 확인할 수 있는 메뉴가 별도로 존재하지 않습니다. 하지만 Open in Browser 확장 프로그램을 설치하면 코드 작성 후 브라우저에서 내용을 확인할 수 있습니다.

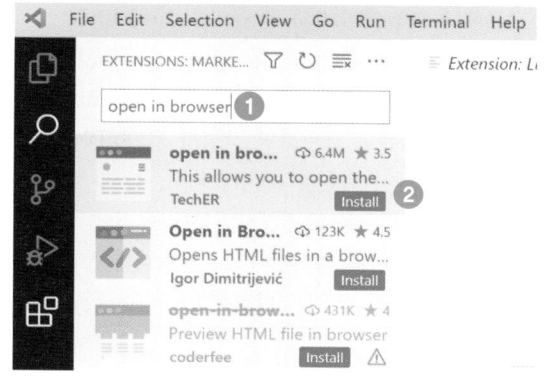

03 예제 폴더에서 [01_code] 폴더를 찾고 해당 폴더에서 마우스 우클릭 후 'Code(으)로 열기'를 선택합니다.

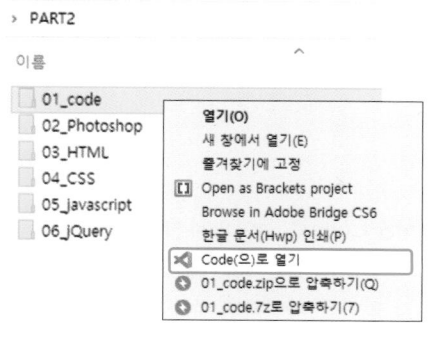

04 Code(으)로 열기를 선택하면 기본 코드가 생성된 파일을 확인할 수 있습니다. 기본 코드의 설명은 HTML 핵심에서 설명하고 현재는 앞서 설치한 확장 프로그램의 기능을 확인하도록 하겠습니다.

```html
<!DOCTYPE html>
<html lang="en">
<head>
    <meta charset="UTF-8">
    <meta http-equiv="X-UA-Compatible"
    content="IE=edge">
    <meta name="viewport" content="width=device-
    width, initial-scale=1.0">
    <title>VS Code 핵심1 </title>
</head>
<body>
    <h1>VS Code 핵심1 </h1>
</body>
</html>
```

05 해당 화면에서 마우스 우클릭 후 [Open in Default Browser]를 클릭하여 기본 브라우저로 오픈되도록 합니다. [Open in Default Browser] 메뉴를 클릭하면 작성한 코드를 브라우저 화면에서 확인할 수 있습니다. 한 가지 단점은 코드의 내용을 변경하면 브라우저에서 반드시 새로고침을 해야 한다는 점입니다. 그런 단점을 보완할 수 있는 방법이 Live Server 플러그인입니다.

06 다시 VS Code로 돌아와서 마우스 우클릭 후 [Open with Live Server]를 클릭합니다. 브라우저 화면을 확인하면 주소표시줄에는 127.0.0.1로 시작하는 가상의 서버 주소가 나타나고 브라우저 화면에 작성한 내용이 잘 표현되고 있습니다. 이때 VS Code에서 코드를 변경하고 저장하면 이제 브라우저를 새로고침하지 않아도 변경된 내용이 바로 표시됩니다.

vs code 핵심1

07 시험장에서는 생성한 [index.html]을 더블 클릭하거나, 마우스 우클릭 후 연결 프로그램에서 크롬 브라우저를 선택하면 됩니다.

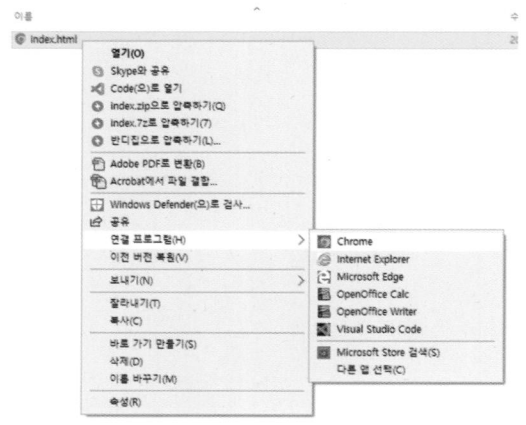

04 **약어 사용법(Emmet Abbreviation)**

VS Code에는 약어를 이용하여 코드를 빠르게 생성할 수 있는 기능이 내장되어 있습니다. 약어의 사용법을 익혀보겠습니다. 약어 입력 후 `Tab`을 누르면 태그가 자동으로 생성됩니다.

■ 태그 생성하기

약어	생성된 태그
header	`<header></header>`

태그 이름을 입력한 후 `Tab`을 누르면 좌우 화살괄호 〈 〉를 입력하지 않고 빠르게 코드를 생성할 수 있습니다.

② 아이디명과 클래스명 생성

약어	생성된 태그
div#container	`<div id ="container"></div>`

ID명 Container의 div를 바로 생성합니다.

③ 자식요소와 함께 생성하기

약어	생성된 태그
div.logo > a {logo}	`<div class ="logo"><a href ="">logo</a></div>`

. (점)은 클래스명을 의미하고 >는 자식요소를 의미합니다. 중괄호 { } 안에는 태그 안에 생성될 내용(Content)을 입력합니다.

④ 형제요소 생성하기

약어	생성된 태그
p+p	`<p></p>` `<p></p>`
div.item+div.item	`<div class="item"></div>` `<div class="item"></div>`

+는 형제요소를 생성해 줍니다.

5 속성의 값 생성

약어	생성된 태그
td[colspan=2]	`<td colspan="2"></td>`
input[type=text value]	`<input type="text" value="">`

속성명은 대괄호 [ ] 안에 속성명과 같은 값을 이용하여 생성할 수 있습니다.

6 개수 지정

약어	생성된 태그

ul.news–list>li.item*3	`<ul class="news-list">`
	`  <li class="item"></li>`
	`  <li class="item"></li>`
	`  <li class="item"></li>`
	`</ul>`

h2{title$} * 3	`<h2>title1</h2>`
	`<h2>title2</h2>`
	`<h2>title3</h2>`

별표(*) 다음에 생성할 태그의 개수를 지정하면 빠르게 코드를 생성할 수 있고, 달러사인($)은 연속되는 번호를 생성할 수 있습니다.

7 CSS

약어	생성된 태그
@i	@import url();

@f	@font-face{
	    font-family: ;
	    src: url ();
	}

pos:r	position: relative;
pos:a	position: absolute;
pos:f	position: fixed;
fl	float: left;
df	display: flex;
dn	display: none;
m:a	margin: auto;
fz16	font-size: 16px;
lh32px	line-height: 32px;
bgp0:20	background-position: 0 20px;

대표적으로 많이 사용될 CSS의 약어도 참고하시면 좋습니다. -(하이픈)으로 연결되는 CSS 속성은 두문자만 적으면 대부분 작동합니다. 예를 들어 font-style은 fs만 입력하면 되는 것처럼 말입니다.

포토샵 필수 핵심

지시사항

웹디자인기능사 시험에서는 포토샵을 통해 이미지를 편집하여 로고 및 슬라이드용 이미지를 제작해야 합니다.
요구사항의 '라. 세부영역별 지시사항' 중 Ⓐ Header 영역과 Ⓑ 슬라이드 영역의 내용은 다음과 같습니다.

영역 및 명칭	세부 지시사항
Ⓐ Header	**A.1 로고** ○ 가로세로 200픽셀×40픽셀 크기로 웹사이트의 이미지에 적합한 로고를 직접 디자인하여 삽입한다. ○ 심벌 없이 로고명을 포함한 워드타입으로 디자인한다. 로고명은 Header 폴더의 제공된 텍스트를 사용한다.

영역 및 명칭	세부 지시사항
Ⓐ Header	**A.1 로고** ○ Header 폴더에 제공된 로고를 삽입한다. 로고의 색은 과제명(가. 주제)에 맞게 반드시 변경하여야 한다. ※ 로고의 크기 변경 시, 가로세로 비율(종횡비, Aspect Ratio)을 유지하여야 한다(가로세로 비율을 유지하며 크기변경 가능).

영역 및 명칭	세부 지시사항
Ⓑ Slide	**B. Slide 이미지 제작** ○ [Slide] 폴더에 제공된 3개의 이미지로 제작한다. ○ [Slide] 폴더에 제공된 3개의 텍스트를 각 이미지에 적용하되, 텍스트의 글자체, 굵기, 색상, 크기를 적절하게 설정하여 가독성을 높이고, 독창성이 드러나도록 제작한다.

Plus @

필수 테크닉

- 이미지에서 원하는 부분만 선택하여 자르기(Crop)
- 타입 툴(Type Tool) 활용 워드 타입 로고 만들기
- 로고 색상 변경하기
- 레이어 스타일(Pattern Overlay, Color Overlay, Drop Shadow 등) 활용
- 이미지 저장하기

01 자르기 툴(Crop Tool)

01 자르기 툴은 이미지에서 원하는 부분을 원하는 사이즈 및 비율로 자를 수 있는 툴입니다. 예제 파일에서 [PART2] — [02_Photoshop] 폴더의 [logo.png]를 오픈하고 자르기 툴의 사용법을 살펴보겠습니다.

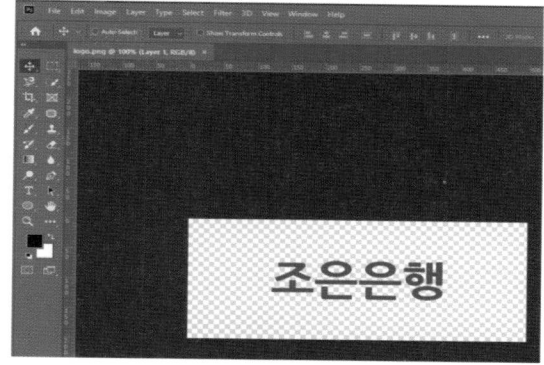

02 우선 포토샵 화면 왼편의 툴박스에서 [Crop Tool]을 선택하면 옵션바에 다양한 설정을 할 수 있는 UI가 나타납니다.

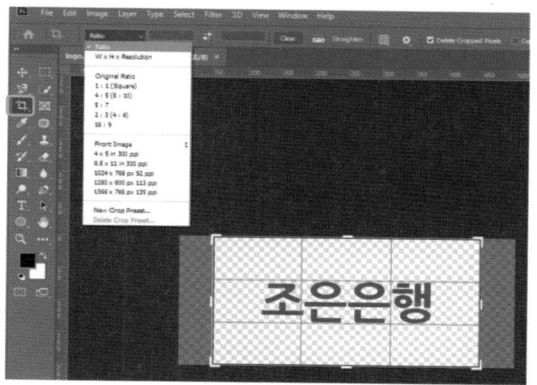

03 포토샵 작업을 하기 전에 문서의 단위 (Unit) 설정이 제대로 되어 있는지 확인하고 제대로 되어 있지 않다면 상단 메뉴의 [Edit] - [Preferences] - [Units & Rulers] 를 선택하고 px 단위로 수정해야 합니다.
Units 항목에서 Rulers와 Type 모두 Pixels 로 설정합니다.

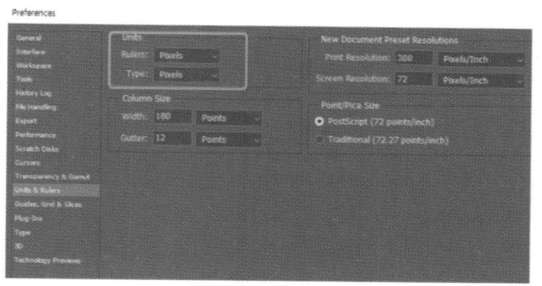

04 단위를 설정하는 또 다른 방법은 눈금자 (Ruler)를 켜고 단위를 변경하는 것입니다. 포토샵 화면에서 [Ctrl] + [R] 로 눈금자를 켠 후 눈금자 부분에 마우스 커서를 놓고 마우스 우클릭 후 단위를 설정합니다.

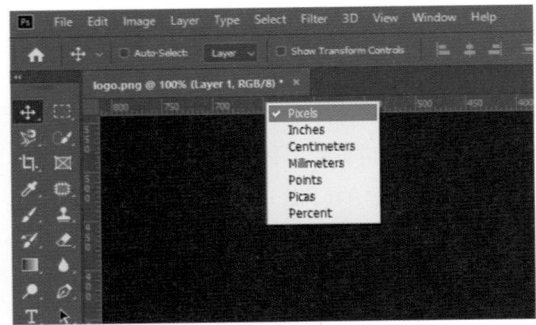

05 웹디자인기능사 시험에서는 지정한 크기로 자르는 지시사항이 대부분입니다. 사이즈를 입력하여 너비 200px, 높이 40px의 투명한 png 로고를 만들어 보도록 하겠습니다. 옵션바에서 첫 번째 항목인 Ratio 부분을 클릭한 후 W ×H ×Resolution 메뉴를 클릭합니다.

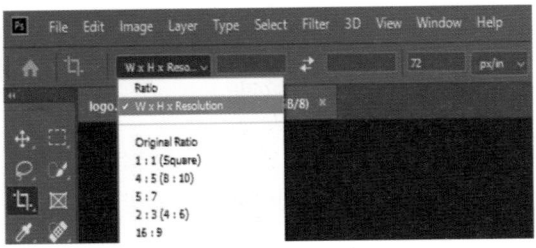

06 W는 Width(너비), H는 Height(높이)를 의미하며 Resolution은 해상도를 의미합니다. 너비와 높이는 반드시 px 단위까지 입력해야 합니다. 또한 해상도 부분에서는 이미지가 최종적으로 소비되는 매체가 모니터인 경우 72dpi로 설정해야 합니다.

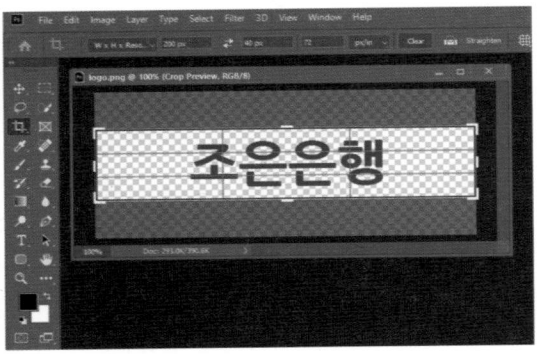

07 수치를 입력하면 그림과 같이 격자 모양의 사각형이 활성화됩니다. 이때 엔터를 입력하면 지정한 사이즈의 이미지가 생성됩니다.

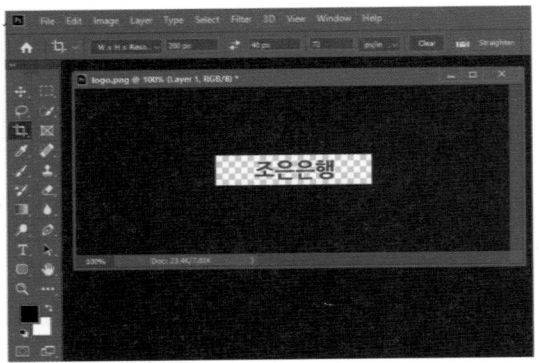

08 지정한 사이즈로 제대로 자르기 되었는지 확인하기 위해 [Image] – [Image Size]를 선택하면 그림과 같이 너비, 높이, 해상도가 정확히 지정한 대로 만들어진 것을 확인할 수 있습니다.

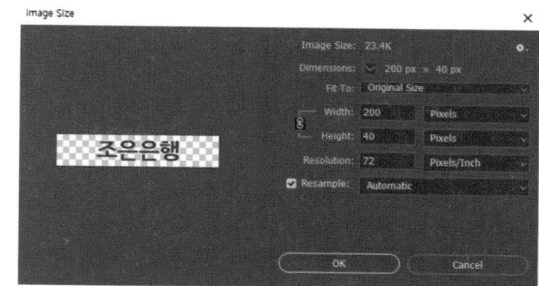

Plus α

크기 설정 옵션

• Original Ratio : 이미지의 원본 비율 유지
• 1:1(Square) : 크기 상관없이 정사각형
• 4:5(8:10) : 가로 대비 세로 비율이 4대5인 이미지
• 그 외 지정된 숫자의 비율과 해상도의 이미지 생성

로고를 생성하는 두 번째 방법은 타입 툴(Type Tool)을 사용하는 것입니다. 타입 툴로 제공된 텍스트를 활용하여 로고를 디자인합니다.

> **지시사항**
>
> 심벌 없이 로고명을 포함한 워드타입으로 디자인한다. 로고명은 Header 폴더의 제공된 텍스트를 사용한다.

01 [File] – [New](`Ctrl`+`N`) 메뉴를 통해 새 문서를 생성하고 크기를 가로 200px, 세로 40px, 해상도 72로 설정합니다. 이때 포토샵 CC의 경우 Artboard는 체크하지 않고 생성하겠습니다. Artboard는 하나의 파일에서 여러 개의 도화지를 생성할 때 유용한 기능입니다.

02 새 문서를 생성하고 툴 박스(Tool Box)에서 Type(Horizontal Type Tool) 툴을 선택하고 중앙을 클릭합니다. 그러면 CC의 경우 더미 텍스트가 생성됩니다. 해당 내용은 `Ctrl`+`A`로 모두 선택하고 원하는 문구를 입력합니다. 폰트는 맑은 고딕, 두께는 Bold, 폰트 크기는 24pt로 설정하고, WD 중공업이라고 입력했습니다. 글자색은 지시사항에서 **주조색(보조색)**이 설정되어 있으면 주조색으로 하고 지정되어 있지 않은 경우는 자유롭게 변경합니다.

03 글자색을 변경하기 위해 레이어 패널에서 ❶ Type 레이어를 선택합니다. 왼쪽의 툴 박스에서 ❷ 타입 툴을 선택한 후 ❸ 상단 옵션바의 색상 부분을 클릭합니다.

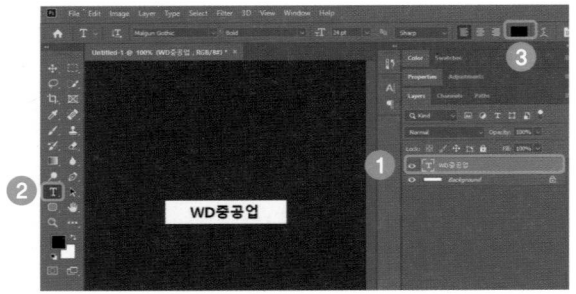

04 컬러피커(Color Picker)가 뜨면 RGB 값 설정에서 R: 0, G: 0, B: 255로 입력하여 파란색으로 변경합니다.

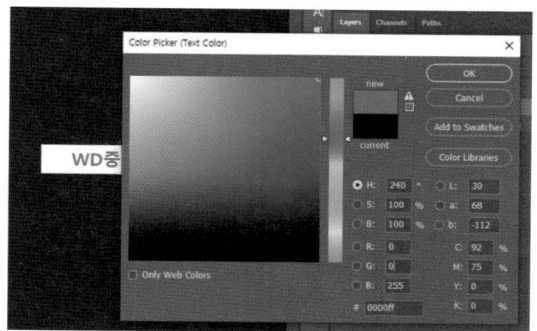

Plus@

1. 컬러를 변경하는 두 번째 방법은 캐릭터 패널을 이용하는 것입니다. 텍스트 레이어가 선택된 상태에서 [Type] – [Panels] – [Character Panel] 메뉴를 클릭하여 실행합니다. [Character Panel]이 열리면 Color 항목을 클릭하고 색상을 변경합니다.

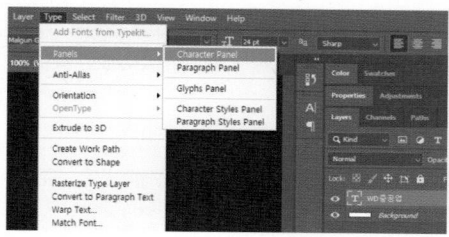 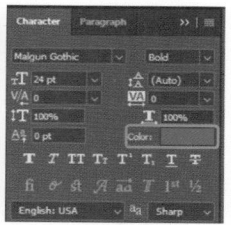

2. [Character Panel]을 활성화하는 또 다른 방법은 글자들을 모두 선택한 상태에서 단축키 Ctrl + T 를 누르는 것입니다. 글자들을 모두 선택하기 위해 아래의 그림과 같이 텍스트 레이어의 섬네일 부분을 더블 클릭합니다. 섬네일을 더블 클릭하면 해당 레이어의 모든 텍스트가 선택되는데, 이때 Ctrl + T 를 누르면 [Character Panel]이 활성화됩니다. 만약 글자 중 일부만 색상을 변경하고 싶다면 변경하고자 하는 텍스트만 선택한 상태에서 [Character Panel]을 실행하고 색상을 변경하면 됩니다.

05 텍스트 작성을 완료한 후 배경을 투명한 로고 이미지로 저장하기 위해 배경 레이어가 보이지 않도록 레이어 패널에서 눈 아이콘을 클릭합니다.

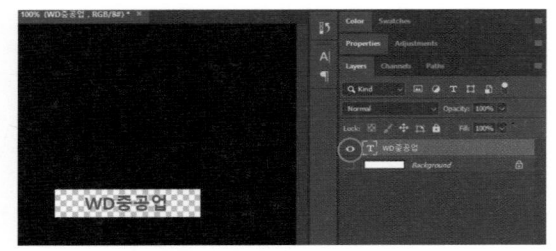

06 생성한 이미지를 배경이 투명한 이미지로 저장하기 위해 [File] - [Save as]를 선택합니다. 파일 형식을 png로 설정한 후 파일 이름을 'logo.png'로 입력하고 저장합니다.

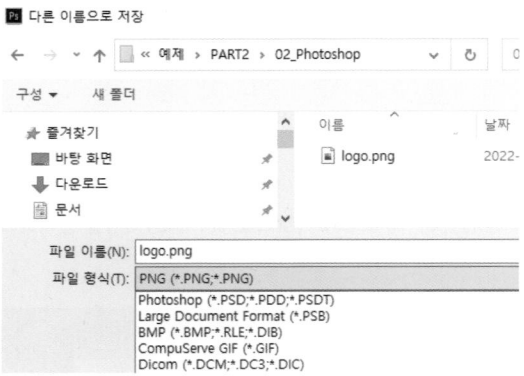

1. 이미지를 저장하는 두 번째 방법은 저장하고자 하는 레이어를 선택한 상태에서 [File] – [Export] – [Export As] 메뉴를 선택하고 저장하는 것입니다. [Export As] 창이 열리면 왼편에는 레이어와 비슷하게 저장하고자 하는 이미지의 목록이 나타납니다. 우측의 [File Settings]에서 파일 포맷과 사이즈를 확인하고 우측 하단의 [Export All]을 클릭하면 저장할 수 있습니다. 저장할 때 파일명은 기본적으로 파일명으로 설정됩니다.

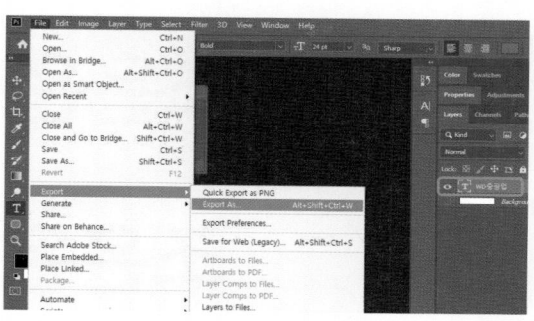

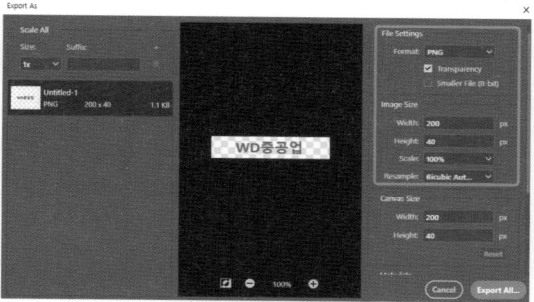

2. 세 번째 가장 빠르게 이미지를 저장하는 방법은 레이어에서 마우스 우클릭 후 [Quick Export as PNG]를 선택하는 것입니다. 저장할 때 파일명은 레이어의 이름이 기본이 됩니다.

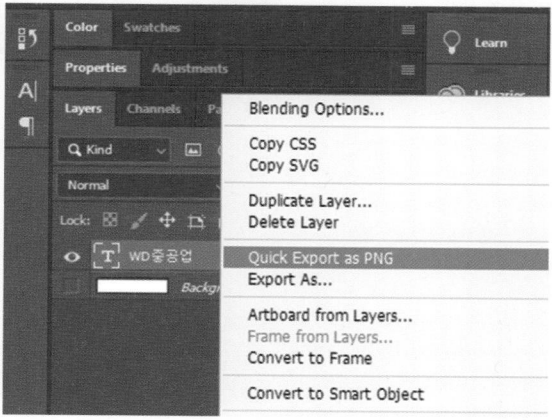

푸터의 로고는 상단의 로고와는 다르게 무채색으로 변경하는 경우가 많습니다. 예제 파일에서 PART2/02_photoshop/logo.png를 오픈하고 무채색으로 변경해보겠습니다. 기본적으로 이미지의 보정은 상단의 [Image] – [Adjustments] 메뉴에서 밝기, 대비, 색조, 컬러 밸런스 등을 조절할 수 있습니다.

01 가장 간단하게 채도를 제거하는 방법은 로고 레이어가 선택된 상태에서 [Image] – [Adjustments] – [Desaturate]를 실행하는 것입니다. 보정 전 원본에 비해서 아래의 그림과 같이 채도가 없어진 것을 확인할 수 있습니다.

02 이미지 밝기를 조정하기 위해 [Image] – [Adjustment] – [Brightness Contrast]를 실행한 후 Brightness 값을 150으로 설정합니다.

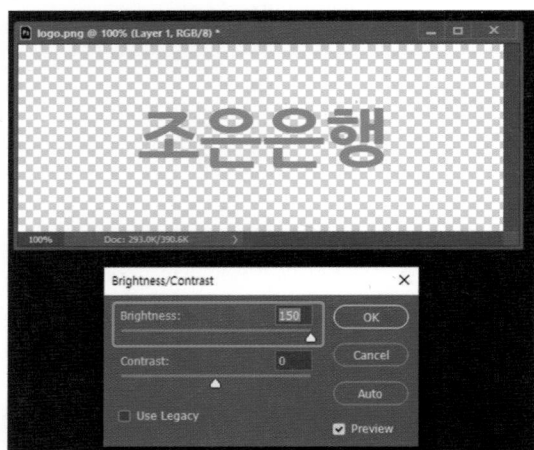

Plus@

간단하게 이미지를 보정할 때는 [Image] – [Adjustment]를 활용하는 것도 좋지만, 실무에서는 추후 보정의 정도를 조정하고 싶을 때를 대비하여 보정 레이어를 활용하는 것이 좋습니다. ❶ 레이어 하단의 보정 레이어(Adjustment Layer) 아이콘을 클릭하고 ❷ 채도를 조정하기 위해 [Hue/Saturation]을 선택합니다. ❸ Satruation(채도)값을 −100으로 낮추고 Lightness 항목에서 밝기를 45로 높여줍니다.

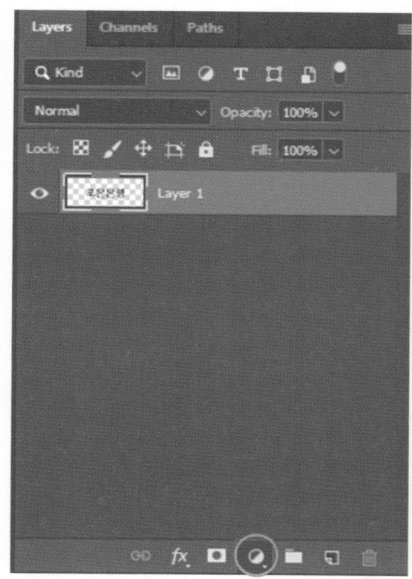
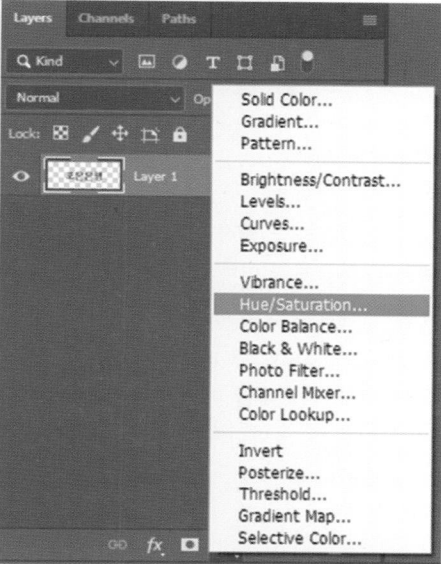

04 레이어 스타일(Layer Style)

레이어 스타일을 변경하는 테크닉은 세부 지시사항 중 로고 디자인을 하거나 슬라이드에 텍스트를 적용할 때 활용할 수 있습니다. 실무에서도 많이 활용되는 속성 위주로 살펴보도록 하겠습니다. 참고로 레이어 스타일 부분은 Photoshop CC 2022 버전을 기준으로 설명드립니다. 2019버전과 크게 다르지 않지만 Pattern과 Gradient의 기본 설정값이 조금 상이하니 참고하시기 바랍니다.

예제 폴더의 [PART2] – [02_Photoshop] 폴더에서 [layer_style.psd]를 오픈합니다.

1 Bevel & Emboss

01 Bevel & Emboss는 글자나 도형의 안쪽 또는 바깥쪽으로 둥글게 튀어나오게 하여 입체적인 효과를 주는 속성입니다. [Bevel Emboss] 그룹 안의 [Bevel Emboss BG] 레이어를 선택하고 레이어 패널 하단의 fx (레이어 스타일) 아이콘을 클릭한 후 [Bevel & Emboss]를 선택합니다.

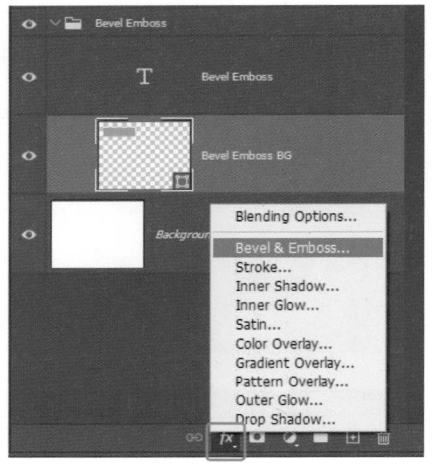

02 ❶ Style에서 Inner Bevel로 설정한 후 ❷ Depth에서 굴곡의 깊이를 136% 정도로 입력합니다. ❸ Size에서 굴곡의 전체 크기를 6으로 지정하고 Soften의 값을 1로 지정하여 부드러운 정도를 설정합니다. ❹ 광원의 위치를 설정하기 위해 Angle을 131° 정도로 입력한 후 [OK]를 클릭합니다.

03 설정 후 입체효과가 적용된 것을 확인할 수 있습니다.

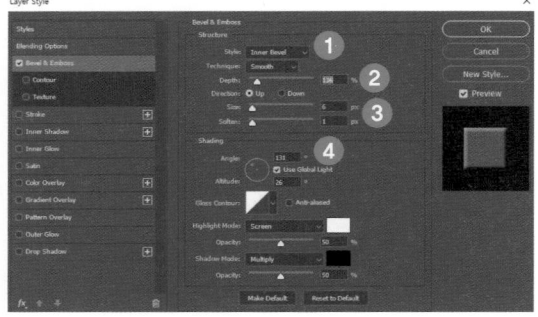

② Stroke

01 Stroke는 글자 또는 도형에 테두리를 설정할 수 있습니다. 바깥쪽으로 테두리를 설정해보겠습니다. [Stroke] 그룹 안의 [Stroke BG] 레이어를 선택하고 레이어 패널 하단의 *fx*(레이어 스타일) 아이콘을 클릭한 후 [Stroke]를 선택합니다.

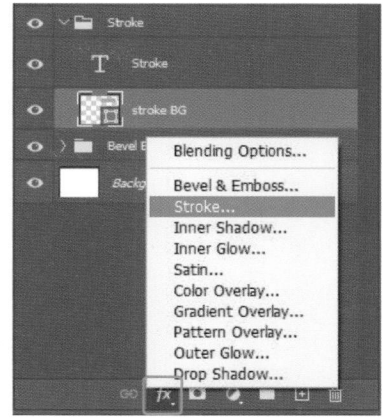

02 ❶ Size에서 선의 두께를 10px로 입력합니다. ❷ Position에서는 선의 위치를 바깥쪽, 중앙, 안쪽으로 배치할 수 있는데, Outside(바깥쪽)로 선택합니다. ❸ Opacity에서는 선의 투명도를 설정할 수 있으며, 여기서는 100%로 설정하였습니다.

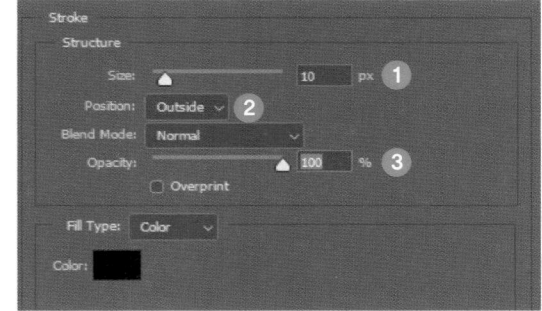

03 설정 후 테두리가 적용된 것을 확인합니다.

04 기존에 설정된 Layer Style을 확인하거나 변경하고자 할 경우 Stroke 레이어 스타일 아이콘을 더블 클릭합니다.

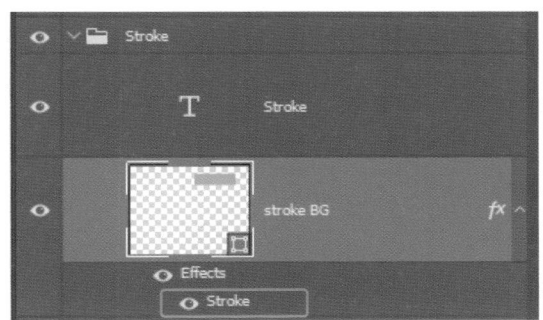

05 Stroke 설정 창에서 테두리의 위치(Position)를 안쪽(Inside)으로 설정하면 요소의 안쪽으로 테두리가 생성되고 테두리 모서리가 직각인 테두리를 구현할 수 있습니다.

3 Inner Glow

01 Inner Glow는 Inner Shadow와 반대로 안쪽으로 밝게 빛나는 효과를 만들어줍니다. [Inner Glow] 그룹 안의 [Inner Glow BG] 레이어를 선택하고 레이어 패널 하단의 *fx* (레이어 스타일) 아이콘을 클릭한 후 [Inner Glow]를 선택합니다.

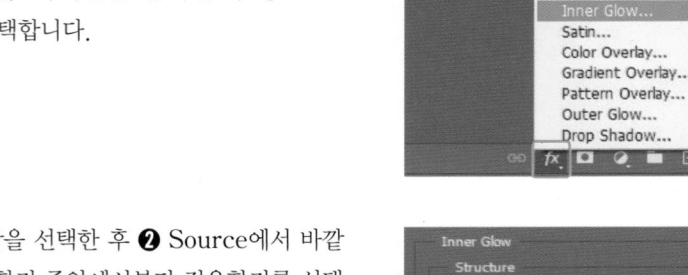

02 ❶ 색상을 선택한 후 ❷ Source에서 바깥쪽부터 적용할지 중앙에서부터 적용할지를 선택합니다. 여기서는 Edge(바깥쪽)로 설정하였습니다. ❸ Size에서 크기를 29px로 설정합니다.

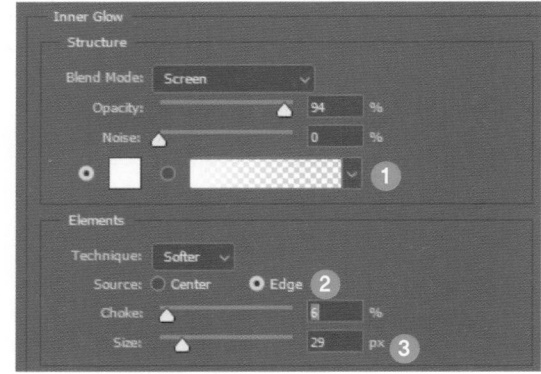

03 설정 후 Inner Glow가 적용된 것을 확인합니다.

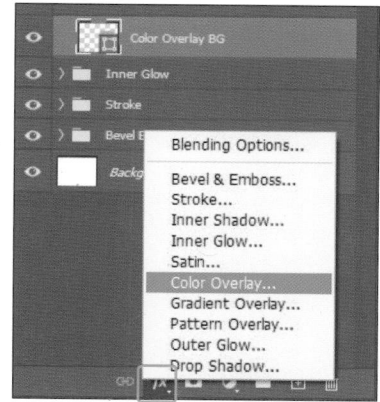

Inner Glow

04 Source를 Center로 변경하고 화면을 확인해봅니다.

Inner Glow

4 Color Overlay

01 Color Overlay는 요소 위에 색상을 덧씌우는 것입니다. [Color Overlay] 그룹 안의 [Color Overlay BG] 레이어를 선택하고 레이어 패널 하단의 *fx* (레이어 스타일) 아이콘을 클릭한 후 [Color Overlay]를 선택합니다.

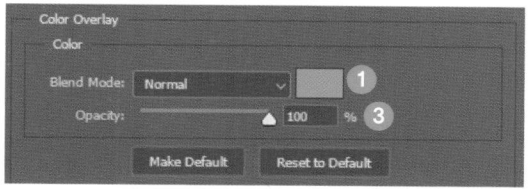

02 ❶을 클릭한 후 ❷ 색상을 #3498db로 설정하고 ❸ 투명도는 100%로 설정했습니다. Blend Mode를 변경하면 아래 요소와 섞이는 방식을 다양하게 설정할 수 있습니다. 현재는 Normal로 선택한 상태입니다.

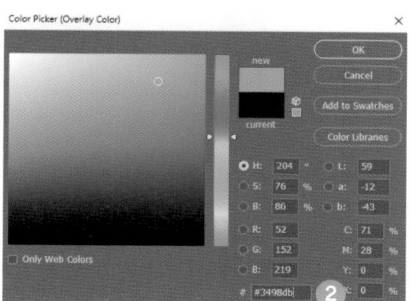

03 설정 후 Color Overlay가 적용된 것을
확인합니다.

Color Overlay

5 Gradient Overlay

01 Gradient Overlay는 Color Overlay가
단색을 덧씌우는 것에 비해 단색이 아닌 특정
색에서 다양한 색상으로 자연스럽게 변화하는
그래디언트를 적용합니다. [Gradient
Overlay] 그룹 안의 [Gradient Overlay BG]
레이어를 선택하고 레이어 패널 하단의 *fx* (레
이어 스타일) 아이콘을 클릭한 후 [Gradient
Overlay]를 선택합니다.

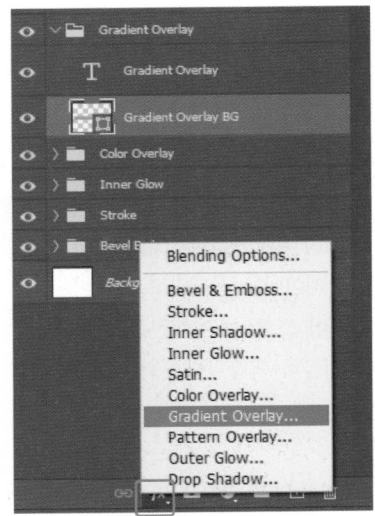

Plus @

Gradient Overlay 설정

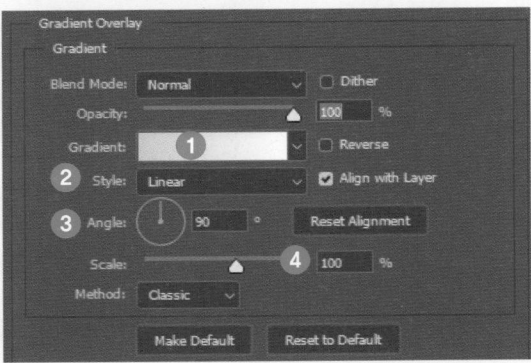

❶ 미리 설정된 그래디언트를 선택하거나, 새로운 그래디언트를 생성합니다.
❷ 선형, 원형, 다이아몬드 등 그래디언트의 모양을 선택합니다.
❸ 그래디언트의 방향을 각도로 설정합니다.
❹ 그래디언트의 전체 크기를 조절합니다.

02 ❶ Gradient의 색 부분을 클릭한 후 미리 설정된 Preset의 Blues에서 ❷ 세 번째 프리셋을 선택합니다. ❸ Style에서 Linear를 선택한 후 ❹ 그래디언트의 방향을 90°로 설정합니다. ❺ Scale은 100%로 설정합니다.

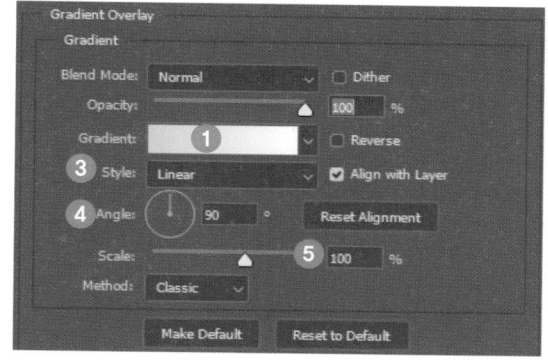

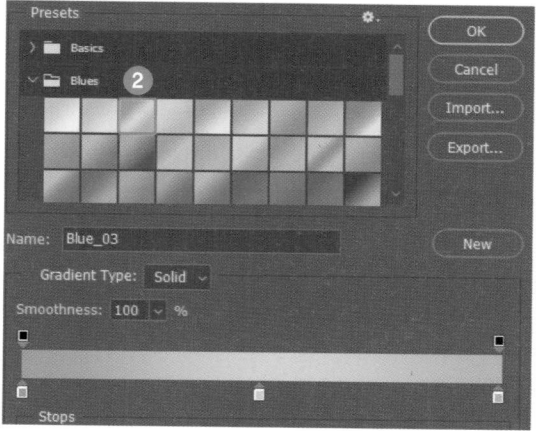

03 설정 후 Gradient Overlay가 적용된 것을 확인합니다. 그림을 확인하면 지정한 색상이 90° 방향으로 지정색 전체가 시작 부분부터 끝까지 보이는, 즉 100% 상태로 보이고 있습니다.

Gradient Overlay

04 현재 상태에서 색상을 추가하려면 컬러바의 아랫 부분을 클릭하고 색상을 선택합니다. 75% 지점에 흰색 50%의 투명도를 가지는 색상을 추가해보겠습니다.

색상을 추가하기 위해 ❶을 클릭한 후 ❷를 클릭하여 컬러 피커를 열고 흰색을 선택합니다.

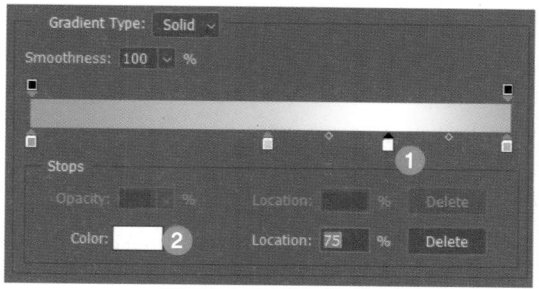

04에서 추가한 색상을 제거하려면 해당 색상을 선택하고 아래로 드래그하면 됩니다.

05 투명도를 추가하기 위해 ❶ 추가한 컬러의 윗부분을 클릭한 후 ❷ 투명도를 50%로 설정합니다.

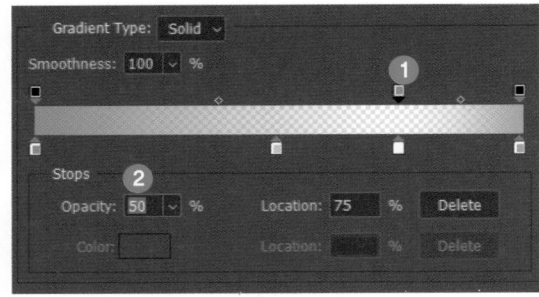

06 화면을 확인해보면 75% 지점은 투명도가 적용되어 기존의 Green 색상이 보이고 있습니다.

Gradient Overlay

6 Pattern Overlay

01 Pattern Overlay는 패턴을 요소에 덧씌웁니다. [Pattern Overlay] 그룹 안의 [Pattern Overlay BG] 레이어를 선택하고 레이어 패널 하단의 _fx_ (레이어 스타일) 아이콘을 클릭한 후 [Pattern Overlay]를 선택합니다.

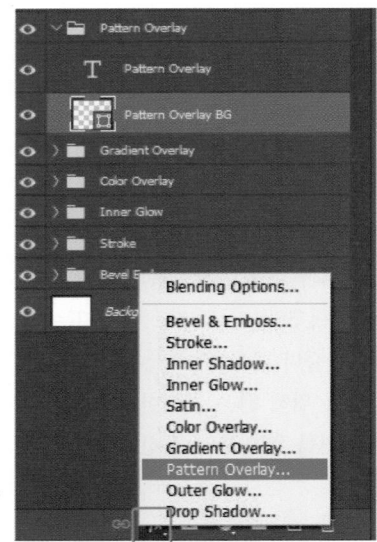

Pattern Overlay 설정

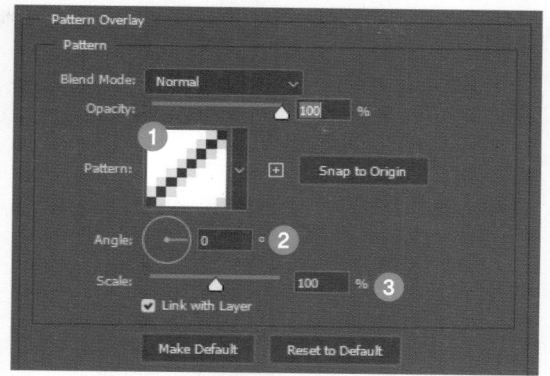

❶ 적용할 패턴을 선택합니다.
❷ 각도를 설정합니다.
❸ 패턴의 크기를 설정합니다.

02 Pattern에서 기본 패턴을 선택한 후 적용해보겠습니다. Pattern 선택을 위해 ❶을 클릭한 후 ❷ 기본 프리셋 중 첫 번째에 있는 'Right Diagonal Line 1'을 선택하고, Angle : 0°, Scale : 100%로 설정합니다.

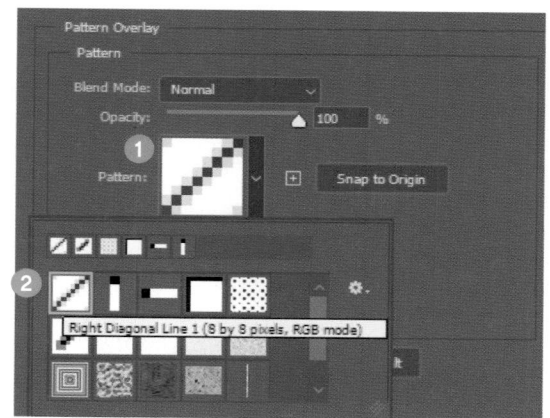

03 설정 후 Pattern Overlay가 적용된 것을 확인합니다.

7 Drop Shadow

01 Drop Shadow를 이용하여 그림자를 드리우도록 하겠습니다. [Drop Shadow] 그룹 안의 [Drop Shadow BG] 레이어를 선택하고 레이어 패널 하단의 *fx* (레이어 스타일) 아이콘을 클릭한 후 [Drop Shadow]를 선택합니다.

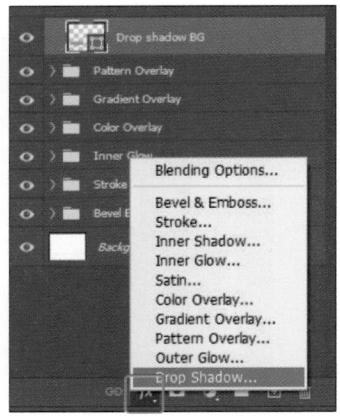

Plus @

Drop Shadow 설정

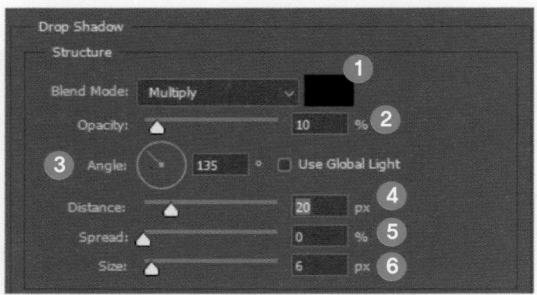

❶ 그림자의 색상을 선택합니다.
❷ 그림자의 투명도를 설정합니다.
❸ 그림자의 방향을 설정합니다.
❹ 요소와 그림자와의 거리를 설정합니다.
❺ 그림자의 퍼짐 정도를 설정합니다.
❻ 그림자의 전체 크기를 설정합니다.

02 ❶ 색상을 검정으로 선택한 후 ❷ 투명도를 10%로 설정합니다. ❸ 그림자의 방향을 설정하기 위해 Angle을 135°로 지정하고 ❹ Distance를 20px로 설정합니다. ❺ Spread를 0%로 지정한 후 ❻ Size를 6px로 설정합니다.

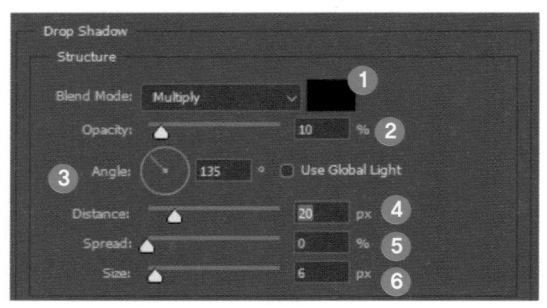

03 Drop Shadow가 적용된 것을 확인합니다.

Drop shadow

Plus @

Drop Shadow - Spread 50%

Drop shadow

Drop Shadow - Spread 100%

Drop shadow

04 마지막으로 그림자가 사방으로 퍼지는 효과를 만들어 보겠습니다. 사방으로 퍼지는 효과는 ❶ Opacity : 50%, ❷ Distance : 0px, ❸ Spread : 0%, ❹ Size : 20px로 설정합니다.

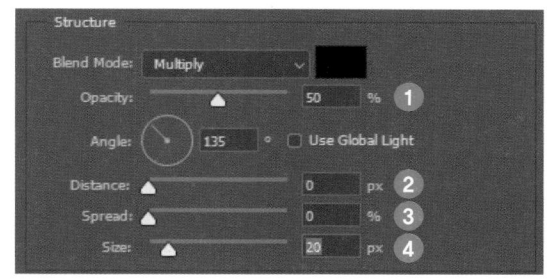

05 그림자가 적용된 것을 확인합니다.

Drop shadow

3

HTML 핵심

01 ▶ HTML의 구조

1 웹 언어의 구분

웹페이지를 구성하는 언어에 대해 먼저 알아보겠습니다. 웹페이지는 크게 프론트엔드 언어와 백엔드 언어로 구분되어 있습니다. 사용자가 마지막에 보는 최종화면의 모든 구성요소를 구현하는 프론트엔드 언어와 서버 측에서 데이터베이스와 연동하여 로그인, 회원가입, 검색, 글 등록, 조회, 삭제가 가능하도록 구현하는 백엔드 언어입니다.

구분	프론트엔드	백엔드
목적	웹사이트의 최종 사용자, 즉 일반 사용자가 보는 최종 화면의 필요한 모든 것을 개발	일반 사용자가 볼 수 없는 서버 측에서 작동하는 언어로 데이터베이스 개발 및 관리
언어	HTML, CSS, Javascript(jQuery)	• PHP, JSP, ASP : 서버 측 스크립트 언어 • Node.js : 프로그래밍 언어는 아니지만 모바일과 웹 사이트의 API와 같은 백엔드 서비스 개발 • Javascript : 프론트엔드와 백엔드 스크립트 모두 개발 가능 • Java, Python
기술	• Bootstrap : HTML, CSS, Script의 틀을 제공하고 반응형 웹사이트를 쉽게 구현하는 프레임워크 • React, AngularJS, Vue.js : 오픈소스 자바스크립트 프레임워크	

웹페이지는 크게 다음과 같이 3개의 언어로 구성됩니다. 이 세 가지 언어가 크롬, 인터넷 익스플로러, 파이어폭스 등의 웹 브라우저가 해석할 수 있는 유일한 언어이기도 합니다. 웹페이지에서 가장 기초가 되고 핵심이 되는 HTML에 대해 먼저 말씀드리겠습니다.

HTML	웹사이트의 내용 전달 담당
CSS	웹사이트의 모양, 즉 스타일 담당
Javascript(jQuery)	웹사이트의 동적 요소 담당

2 HTML 문서의 구조

PART 2 > 03_HTML > Base > 01_html_구조

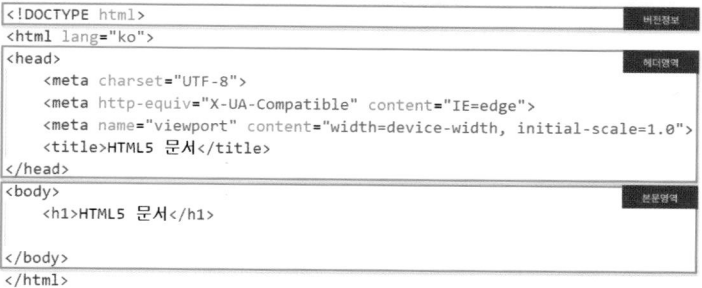

버전정보	영역 헤더	영역 본문 영역
DTD 선언 (Document Type Declaration)	1. Head 요소로 정의 2. 화면에 표시되지 않음 3. 문서의 제목과 메타 정보 포함	1. Body 요소로 정의 2. 문서 콘텐츠를 담은 영역(브라우저에 　표시되는 영역)

3 HTML5 DTD 선언

HTML5 문서의 문서선언은 다음과 같이 작성합니다.

```
<!DOCTYPE html>
```

DTD(Document Type Declaration)란 HTML 문서를 해석하여 화면에 출력하는 브라우저에 해당 웹페이지의 문서 종류를 알려주는 선언문으로, 작성한 태그의 내용을 브라우저에서 올바르게 화면에 표시(Rendering)하기 위해 꼭 필요한 부분입니다. DTD가 선언하지 않거나 잘못 선언된다면 브라우저는 호환모드(Quirks Mode)로 웹페이지를 해석해서 표시를 합니다.

호환 모드로 해석하면 웹브라우저마다 화면을 표시하는 방식이 달라서 브라우저 호환성을 확보하기 어렵습니다. 브라우저 호환성이란 하나의 HTML 문서를 해석하여 화면에 표시할 때 그 모양과 기능이 모두 동일해야 한다는 것입니다. 즉, DTD 선언이 제대로 되지 않으면 브라우저별로 화면이 다르게 표현될 수 있습니다.

4 언어 설정

```
<html lang="ko">
```

위의 태그는 본문의 주 언어가 한국어라는 것을 의미합니다. 주요 언어 설정은 다음과 같습니다. lang 속성의 값으로는 각 언어의 ISO 코드를 작성합니다. 아래 참조 주소에서 전체 언어 코드를 확인할 수 있습니다.

한국어	`<html lang="ko">`
영어	`<html lang="en">`
중국어	`<html lang="zh">`
일본어	`<html lang="ja">`

참조 : https://www.w3schools.com/tags/ref_language_codes.asp

5 문자 캐릭터셋

```
<meta charset="UTF-8">
```

문서의 부가 정보를 제공하는 meta 태그 중 charset 속성의 값으로 현재 문서의 캐릭터셋을 UTF-8으로 설정합니다. 이렇게 설정되어야만 한글이나 특수문자가 웹브라우저 화면에서 이상 없이 출력됩니다. UTF-8이라는 인코딩 방식으로 현재 문서가 작성되었으니, 현재 HTML을 해석해서 화면에 출력하는 브라우저에게 UTF-8 인코딩 방식으로 제대로 해석해서 브라우저에 보여달라는 의미이며, 이는 Visual Studio Code 하단의 인코딩 방식과 일치하도록 작성해야 합니다.

```
<> 01_html_구조.html  ×

<> 01_html_구조.html > ...
 1  <!DOCTYPE html>
 2  <html lang="ko">
 3  <head>
 4      <meta charset="UTF-8">
 5      <meta http-equiv="X-UA-Compatible" content="IE=edge">
 6      <meta name="viewport" content="width=device-width, initial-s
 7      <title>HTML5 문서</title>
 8  </head>
 9  <body>
10      <h1>HTML5 문서</h1>
11
12  </body>
13  </html>
14
15
```

```
Ln 14, Col 1    Spaces: 4    UTF-8    CRLF    HTML    Go Live    Prettier
```

6 호환성 보기 설정

```html
<meta http-equiv="X-UA-Compatible" content="IE=edge">
```

HTML 태그를 해석해서 브라우저 화면에 표현해주는 설정으로 Internet Explorer 브라우저에서 강제로 버전을 낮춰 보거나 호환성 보기로 설정하는 것이 아니라 항상 최신 버전으로 화면에 출력하라는 코드입니다. 현재 Internet Explorer는 더이상 사용되지 않기 때문에 큰 의미는 없습니다.

7 Viewport 설정

```html
<meta name="viewport" content="width=device-width, initial-scale=1.0">
```

Viewport는 웹사이트의 내용이 표현되는 브라우저의 화면을 말하는 것으로 다양한 사용자 디바이스의 크기에 맞춰, 즉 웹, 태블릿, 모바일 등 제각각인 화면 크기에 초기배율을 100%로 하여 최적화해서 보여주라는 의미입니다. 이 설정이 없으면 태블릿, 모바일에서는 웹페이지의 내용이 PC 화면의 모양을 그대로 축소해서 보여주는 식으로 표현되어 내용을 쉽게 파악할 수 없습니다. 자세한 사항은 아래 참조 링크를 확인해주세요.

참조 : https://www.w3schools.com/css/css_rwd_viewport.asp

8 특수문자 표현

Warming Up PART2 〉 03_HTML 〉 BASE 〉 02_특수문자표현.html

```html
<!-- 잘못된 표현 -->
<p>Copyright ©Company all rights reserved.</p>
<!-- 올바른 표현 -->
<p>Copyright &copy;Company all rights reserved.</p>
```

특수문자는 잘못된 표현처럼 입력해도 화면에 반영되지만, 웹표준 코딩이 아니므로 &(엠퍼센트)로 시작하는 엔터티 코드로 입력해야 합니다. 예제 코드와 같이 저작권 표시 문자를 그대로 사용해도 브라우저 화면에는 이상 없이 출력되지만 올바른 방법이 아닙니다.

← → C ⓘ 127.0.0.1:5501/02_특수문자표현.html

특수 문자 표현

Copyright © Company all rights reserved.

Copyright © Company all rights reserved.

자주 사용하는 Entity Code 속성의 값

글자	엔터티 코드	설명
©	&copy;	Copyright Symbol 저작권 표시
&	&amp;	Ampersand 앰퍼센드
→	&rarr;	Right Arrow 오른쪽 화살표
<	&lt;	Less Than 왼쪽 부등호
>	&gt;	Greater Than 오른쪽 부등호
·	&middot;	Medium List Dot 중간 목록 표시 점

Plus @

엔터티 코드는 https://entitycode.com/#common-content 사이트에 접속하시면 전체적으로 파악할 수 있습니다.

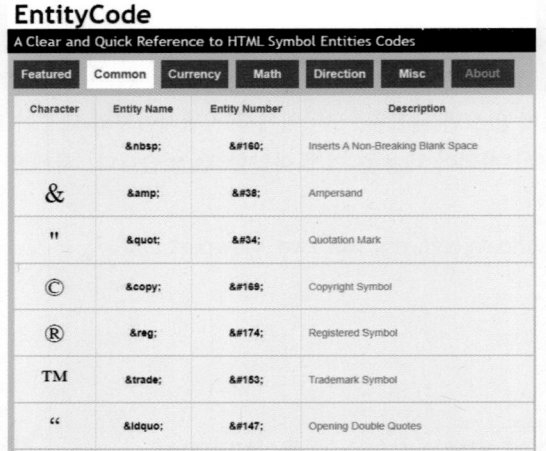

9 유효성 검사

HTML 문서를 완성하면 작성한 문서가 W3C 국제 컨소시엄에서 정한 표준에 맞게 작성되었는지 검사를 할 필요가 있으며, 유효성 검사는 https://validator.w3.org/에서 할 수 있습니다. 하지만 시험장에서는 인터넷 사용이 불가능하여 유효성 검사를 실시할 수 없으니 평소에 유효성 검사를 실행해보면서 오류 및 경고를 확인하고 수정하는 학습을 할 필요가 있습니다.

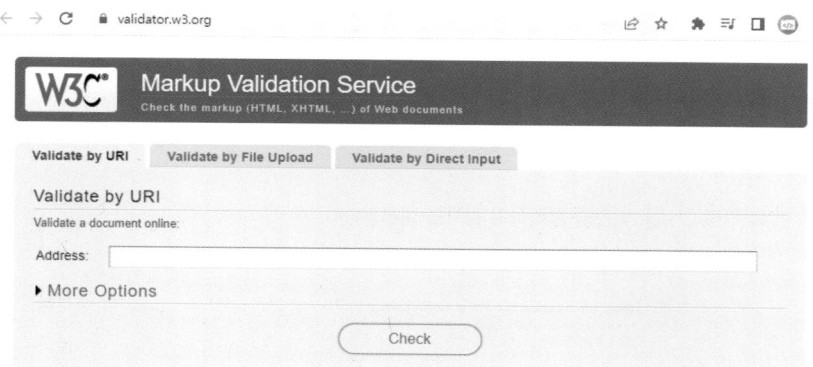

마크업 유효성 검사 방법은 아래의 3가지 방법으로 할 수 있습니다.

- Validate by URI: 홈페이지 주소를 입력하여 검사
- Validate by File Upload: 검사할 파일을 업로드하여 진행
- Validate by Direct Input: HTML 코드 전체를 직접 붙여넣기하여 진행

Warming Up   PART2 > 03_HTML > BASE > 03_유효성검사.html

예제 파일에서 03_유효성검사.html을 오픈하고 검사를 실시해 보겠습니다. 해당 코드는 h2 요소가 제대로 닫혀있지 않은 상태입니다.

```html
중략...
    <title>유효성 검사</title>
</head>
<body>
    <h1>유효성 검사</h1>
    <!-- 종료태그 오류 예시 -->
    <h2>종료 태그 오류<h2>

</body>
</html>
```

1. 모든 코드를 선택하여 복사한 후 W3 Validator 웹사이트에서 "Validate by Direct Input" 메뉴를 클릭하고 복사한 코드를 붙여넣기 합니다.

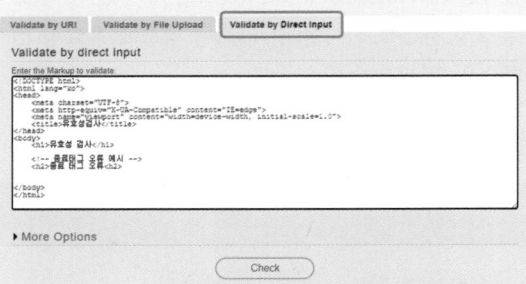

2. 붙여넣기 한 후 하단 Check 버튼을 클릭하여 검사를 실시합니다.

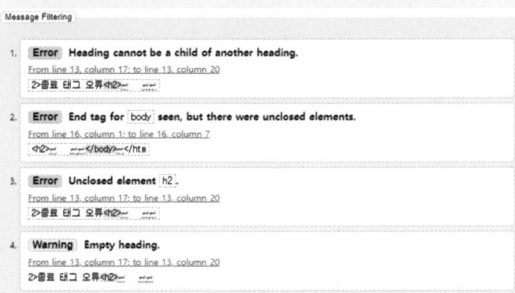

3. 검사 결과를 보면 Error와 Warning이 출력되고 있습니다. 종료태그에 슬래시(/)를 누락한 결과 코드들이 모두 엉켜 다른 오류 태그 이후의 태그들도 제대로 닫혀있지 않은 것으로 나타나고 있습니다. 코드에서 다시 슬래시(/)를 추가한 후 같은 방식으로 검사를 실시합니다.

4. 검사를 실시하면 더이상 치명적 에러나 경고가 없다는 메시지가 출력됩니다. 이처럼 HTML 작성 후 최종적으로 검사를 했을 때 이상이 없는지 반드시 확인할 필요가 있습니다.

02　HTML5 섹셔닝

HTML 태그를 작성하는 단계에서부터 내용의 구분에 따라 제대로 할 필요가 있고 이를 시멘틱 태그들로 해결할 수 있습니다. 대표적인 시멘틱 태그들을 표로 확인해보겠습니다.

header	• 소개 및 탐색에 도움을 주는 콘텐츠 • 제목, 로고, 검색 폼, 작성자 이름 등의 요소도 포함
main	〈body〉의 주요 콘텐츠
section	주요 내용의 한 단위 절을 의미
article	독립적으로 구분해 배포하거나 재사용할 수 있는 구획, 게시판 글, 기사 등
aside	본문 외에 좌우 배치되는 부가정보들, 보통 사이드 메뉴, 위젯 등에 사용
footer	내용의 하단, 주로 사이트 하단의 정보를 그룹화
nav	사이트의 페이지를 이동하는 주 내비게이션 역할을 하는 메뉴
figure	독립적인 콘텐츠를 표현, 이미지와 설명을 그룹화
address	연락처 기술 담당자, 담당자 이름, 홈페이지 링크, 주소, 전화번호 등

Warming Up 　**PART2 〉 03_HTML 〉 BASE 〉 04_html5_섹셔닝.html**

1. 예제 파일에서 [04_html5_섹셔닝.html]을 오픈합니다. 예제 파일의 Body 태그 안에 내용이 없는 상태입니다. 여기에서 큰 내용을 헤더, 메인 콘텐츠, 푸터 3개로 구분하여 작성합니다.

```
중략...
    <title>HTML5 섹셔닝</title>
</head>
<body>
    <header>
    </header>

    <main>
    </main>

    <footer>
    </footer>

</body>
</html>
```

2. Header 태그를 사용하여 제목과 로고가 이 페이지의 상단영역이라는 것을 표현하고 있습니다. Main 태그는 이 웹 페이지에서 가장 주요한 본문이라는 뜻입니다. Footer 태그는 한 구획 또는 전체 사이트에서 하단의 정보, 즉 저작권, 주소, 연락처, 작성자 등을 표현할 때 사용합니다. Main 태그는 한 문서에서 2개 이상 사용할 수 없습니다. 각 영역에는 제목을 추가하고 간단한 내용을 추가해보겠습니다.

Header 영역에는 제목과 이 페이지의 주요 메뉴를 nav 태그 안에 작성했습니다. Main 태그와 Footer 태그에는 제목을 입력했습니다. 제목은 상단부터 중요도에 따라 h1, h2, h3 태그를 사용했습니다.

```
중략...
    <title>HTML5 섹셔닝</title>
</head>
<body>
    <header>
        <h1>Main Page Title</h1>
        <nav>
            <ul>
                <li><a href="">menu1</a></li>
                <li><a href="">menu2</a></li>
                <li><a href="">menu3</a></li>
                <li><a href="">menu4</a></li>
            </ul>
        </nav>
    </header>

    <main>
        <h2>main content</h2>
        <p>주요 내용입니다.</p>
    </main>

    <footer>
        <h3>Posted by: ezweb</h3>
    </footer>
</body>
</html>
```

3. Main 태그에는 큰 내용의 장 또는 절에 사용할 수 있는 Section 태그를 추가하고 각 섹션에는 반드시 제목이 있어야 합니다. 아래의 코드를 보면 Section 태그와 Article 태그를 사용했습니다. Article 태그는 Section 태그와 유사하지만 좀더 독립적인 콘텐츠를 구분하고 싶을 때 사용합니다. Figure 태그는 그림이나 도표, 그래프 등을 추가하고 Figcaption 태그를 이용하여 부연 설명을 추가할 수 있습니다.

```
중략...
    <main>
        <h2>main content</h2>
        <p>주요 내용입니다.</p>
        <section>
            <h2>section title</h2>
            <p>section description</p>
        </section>
        <article>
            <h2>List title</h2>
            <article class="item">
                <h3>item title</h3>
                <p>item description</p>
            </article>
            <article class="item">
                <h3>item title</h3>
                <p>item description</p>
            </article>
            <article class="item">
                <h3>item title</h3>
                <p>item description</p>
            </article>
        </article>
        <figure>
            <img src="https://place-hold.it/300" alt="Trulli">
            <figcaption>Fig.1 - Trulli, Puglia, Italy.</figcaption>
        </figure>
    </main>
中략...
```

4. 마지막으로 Footer 태그 안에는 address 태그를 이용하여 연락처나 주소 등의 정보를 묶어주고 있습니다. 이렇게 해서 대표적인 시멘틱 태그를 사용한 섹셔닝에 대해 살펴보았습니다.

```
중략...
    <footer>
        <h3>Posted by: ezweb</h3>
        <address>
            <p>주소: 서울시 양천구 목1동 123-123</p>
            <p>전화번호: 02-1234-1234</p>
            <p>이메일: <a href="mailto:example@example.com">example@example.com</a></p>
        </address>
    </footer>
</body>
</html>
```

5. 최종 코드를 정리하면 다음과 같습니다.

```
중략...
    <header>
        <h1>Main Page Title</h1>
        <nav>
            <ul>
                <li><a href="">menu1</a></li>
                <li><a href="">menu2</a></li>
                <li><a href="">menu3</a></li>
                <li><a href="">menu4</a></li>
            </ul>
        </nav>
    </header>
    <main>
        <h2>main content</h2>
        <p>주요 내용입니다.</p>
        <section>
            <h2>section title</h2>
            <p>section description</p>
        </section>
        <article>
            <h2>List title</h2>
            <article class="item">
                <h3>item title</h3>
                <p>item description</p>
            </article>
            <article class="item">
```

```
                    <h3>item title</h3>
                    <p>item description</p>
                </article>
                <article class="item">
                    <h3>item title</h3>
                    <p>item description</p>
                </article>
            </article>
            <figure>
                <img src="https://place-hold.it/300" alt="Trulli">
                <figcaption>Fig.1 - Trulli, Puglia, Italy.</figcaption>
            </figure>
        </main>
        <footer>
            <h3>Posted by: ezweb</h3>
            <address>
                <p>주소: 서울시 양천구 목1동 123-123</p>
                <p>전화번호: 02-1234-1234</p>
                <p>이메일: <a href="mailto:example@example.com">example@example.com</p>
            </address>
        </footer>
    중략...
```

1 제목

문서에서 가장 중요한 제목에 h1 태그를 작성하고 다음으로 중요한 순서에 따라 h2, h3, h4, h5, h6으로 작성합니다. 이때 주의점은 절대 브라우저 화면에 보이는 제목의 크기로 구분하면 안 된다는 것입니다. 제목의 크기는 언제든 상황에 따라 CSS에서 달리 표현할 수 있기 때문입니다.

Warming Up 　 **PART2 › 03_HTML › BASE › 05_제목_및_문단.html**

```
중략...
    <title>제목 및 문단</title>
</head>
<body>
    <h1>heading 1</h1>
    <h2>heading 2</h2>
    <h3>heading 3</h3>
    <h4>heading 4</h4>
    <h5>heading 5</h5>
    <h6>heading 6</h6>
</body>
</html>
```

제목 태그를 사용할 때 중요도의 순서에 따라 작성해야 합니다. 잘못된 표현과 올바른 표현을 확인해보세요. 중요도의 순서대로 작성하되 태그를 건너뛰거나, 역순으로 작성하는 것은 태그의 오류는 아니지만 의미를 생각했을 때 바람직하지 않은 표현입니다. h1태그 다음으로 h2 태그가 연달아 나오는 것은 동일한 중요도의 제목이 연달아 나오는 것이기 때문에 올바른 표현입니다.

잘못된 표현	잘못된 표현	올바른 표현

`<h1>heading 1</h1>`
`<h3>heading 3</h3>`
	`<h3>heading 3</h3>`
	`<h2>heading 2</h2>`
		`<h1>heading 1</h1>`
		`<h2>heading 2</h2>`
		`<h2>heading 2</h2>`
		`<h2>heading 2</h2>`
		`<h2>heading 2</h2>`

2 문단

문단을 작성할 때는 p 태그를 사용합니다. 〈p〉 태그는 Paragraph를 의미하는 블록 레벨 요소로서, 긴 문장을 하나의 문단으로 표현하거나 인라인 요소들을 묶어주는 역할도 합니다.

VS Code에서 p를 입력한 후 `Tab`을 눌러 p 태그를 생성할 수 있고, lorem이라고 입력 후 `Tab`을 누르면 더미 텍스트, 즉 아무 의미 없는 텍스트가 생성됩니다. 참고로 더미 텍스트는 디자인과 코딩에서 아직 콘텐츠가 완벽히 정리되지 않은 시점에 미리 텍스트를 배치하여 디자인하거나 코딩하여 표현해야 할 때 많이 사용합니다. 또한 다음 코드와 같이 a 태그 및 인라인 요소들을 묶어주는 용도로 사용할 수도 있습니다.

Warming Up PART2 〉 03_HTML 〉 BASE 〉 05_제목_및_문단.html

```
중략...
    <hr>
    <p>
Lorem ipsum, dolor sit amet consectetur adipisicing elit. Voluptas, numquam! Ratione
totam ut, non ipsam laudantium dignissimos perferendis pariatur nam, earum doloremque
tenetur architecto deserunt nostrum cumque? Enim, dolores doloremque?
    </p>
    <p>
        <a href="">naver</a>
        <a href="">daum</a>
    </p>
중략...
```

글자에서 일부의 형태를 변경하고자 할 때 글자의 형태를 변경하는 태그를 사용합니다. 태그 중 b, i 태그는 글자 모양만 두껍고 이탤릭으로 표현할 뿐 강조의 의미는 없습니다. 강조의 의미를 표현할 때는 strong, em 태그를 사용해야 합니다. 그 외 태그는 아래 표를 확인해주세요.

b	굵은 글자 태그	sub	아래에 달라붙는 글자 태그
i	기울어진 글자 태그	sup	위에 달라붙는 글자 태그
strong	굵은 글자 태그(강조의 의미 포함)	ins	글자 아래쪽에 추가하는 선 태그
em	기울어진 글자 태그(강조의 의미 포함)	del	글자를 가로지르는 선 태그
small	작은 글자 태그		

Warming Up PART2 › 03_HTML › BASE › 06_텍스트_관련_태그.html

```
중략...
    <title>텍스트 형태를 변경하는 태그</title>
</head>
<body>
    <h1>텍스트 형태를 변경하는 태그</h1>
    <p>Lorem ipsum dolor <b>bbb</b></p>
    <p>Lorem ipsum dolor <i>iii</i></p>
    <p>Lorem ipsum dolor <small>small</small></p>
    <p>Lorem ipsum dolor <sub>sub</sub></p>
    <p>Lorem ipsum dolor <sup>sup</sup></p>
    <p>Lorem ipsum dolor <ins>ins</ins></p>
    <p>Lorem ipsum dolor <del>del</del></p
</body>
</html>
```

출력화면

텍스트 형태를 변경하는 태그

Lorem ipsum dolor **bbb**

Lorem ipsum dolor *iii*

Lorem ipsum dolor small

Lorem ipsum dolor sub

Lorem ipsum dolor sup

Lorem ipsum dolor ins

Lorem ipsum dolor del

■ 목록 태그

HTML에서 단연코 가장 많은 빈도로 사용하게 되는 태그는 리스트, 목록 태그입니다. 목록 태그는 비순차 목록, 순차 목록, 정의 목록이 있습니다.

Warming Up 〉 **PART2 〉 03_HTML 〉 BASE 〉 07_목록_태그.html**

```
중략...
    <title>목록을 표현하는 태그</title>
</head>
<body>
    <h1>목록을 표현하는 태그</h1>
  <h2>Unordered List</h2>
  <ul>
      <li>List item</li>
      <li>List item</li>
      <li>List item</li>
      <li>List item</li>
  </ul>
  <h2>Ordered list</h2>
  <ol>
      <li>List item</li>
      <li>List item</li>
      <li>List item</li>
      <li>List item</li>
  </ol>
  <h2>Definition List</h2>
  <dl>
      <dt>Definition term</dt>
      <dd>Definition description</dd>
      <dd>Definition description</dd>
      <dd>Definition description</dd>
  </dl>
</body>
</html>
```

목록을 표현하는 태그

Unordered List

- List item
- List item
- List item
- List item

Ordered list

1. List item
2. List item
3. List item
4. List item

Definition List

Definition term
    Definition description
    Definition description
    Definition description

브라우저 화면을 확인해보면, 비순차 목록(Unordered List)은 목록 표시(Bullet)로 각 목록이 표현되어 있고, 순차 목록(Ordered List)은 숫자가 나타나 순서를 표현해주고 있습니다. 숫자 외에 영문자, 로마자 등으로도 Type 속성의 값을 추가하여 변경할 수 있습니다. 정의 목록(Definition List)은 목록 중 제목의 성격은 dt 태그에, 설명의 성격은 dd 태그에 기술합니다.

리스트 태그 주의점

ul, ol, dt 태그의 자식 요소로 li, dt, dd 태그 외에 다른 태그가 올 수 없습니다. 잘못 작성한 예를 살펴 보겠습니다. 이 부분은 HTML 태그를 처음 접하는 분들이 많이 하는 실수입니다.

제목의 잘못된 예시	설명
```<ul> <h3>title</h3> <li>List item</li> <li>List item</li> <li>List item</li></ul>```	ul의 첫 번째 자식 요소로는 li 태그만 가능합니다.

정의 목록의 잘못된 예시	설명
```<dl> <h3>title</h3> <dt>Definition term</dt> <dd>Definition description</dd> <dd>Definition description</dd> <dd>Definition description</dd></dl>```	dl 태그의 첫 번째 자식으로 다른 dt, dl 태그 외에 다른 태그가 올 수 없습니다.

정의 목록의 잘못된 예시	설명
```<dl> <dt>Definition term</dt> <dt>Definition term</dt> <dt>Definition term</dt> <dd>Definition description</dd></dl>```	제목 성격의 dt 태그가 설명 성격의 dd 태그보다 많을 수 없습니다. 즉, 용어는 3개인데 그 설명을 1개만 작성하여 설명이 부족한 상태입니다.

2 서브메뉴 구조

목록 태그는 사이트의 주메뉴를 기술할 때 가장 많이 사용됩니다. 메뉴에 마우스를 올렸을 때 다음 그림과 같이 서브메뉴가 나타나도록 하기 위해 HTML에서 목록 태그를 어떻게 작성하는지 알아보겠습니다.

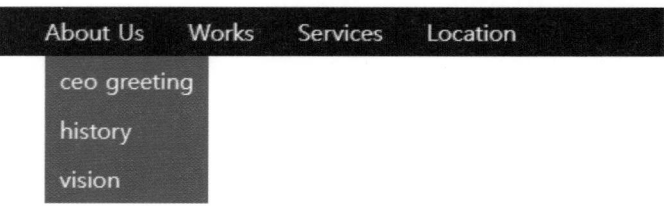

Warming Up   **PART2 > 03_HTML > BASE > 08_서브메뉴.html**

1. 1 depth 메뉴

우선 1 depth 메뉴를 작성해야 합니다. 메뉴 구조에서 마우스 올리기 전에 보이는 주메뉴를 1 depth 메뉴라고 부릅니다. 해당 메뉴에서 한 칸씩 하위 메뉴로 내려가면 2 depth, 3 depth 식으로 명명합니다.

```
중략...
    <title>서브메뉴</title>
</head>
<body>
    <h1>목록태그를 활용한 서브메뉴</h1>
    <ul>
        <li>About us</li>
        <li>Works</li>
        <li>Services</li>
        <li>Location</li>
    </ul>
</body>
</html>
```

출력화면

목록태그를 활용한 서브메뉴

- About us
- Works
- Services
- Location

2. 서브메뉴 구조

마우스를 올리기 전에 보여질 메뉴를 먼저 생성한 후에 About us의 서브메뉴를 생성합니다. 이때 About us 〈li〉
태그가 닫히기 전에 새로운 리스트를 생성해야 하는 것이 중요합니다.

```
중략...
    <title>서브메뉴</title>
</head>
<body>
    <h1>목록태그를 활용한 서브메뉴</h1>
    <ul>
        <li>About us
            <ul>
                <li>ceo greeting</li>
                <li>history</li>
                <li>vision</li>
            </ul>
        </li>
        <li>Works</li>
        <li>Services</li>
        <li>Location</li>
    </ul>
</body>
</html>
```

출력화면

목록태그를 활용한 서브메뉴

- About us
    - ceo greeting
    - history
    - vision
- Works
- Services
- Location

작성하고 브라우저를 보면 화면과 같이 About us의 하위 메뉴로 새로운 메뉴가 생성된 것을 확인할 수 있습니다. 이
런 구조로 목록 태그가 작성되어 있어야 이후 CSS에서 서브메뉴를 보이지 않도록 했다가 1 depth 메뉴에 마우스를
올렸을 때 그 자식 요소로 있는 서브메뉴를 보이도록 할 수 있습니다.

HTML 태그에서 중요한 부분 중 하나가 바로 앵커(Anchor) 태그입니다. Anchor 태그는 〈a〉 태그로 작성하고 페이지에서 링크를 표현할 때 사용합니다. 〈a〉 태그에 링크를 적용하려면 href 속성을 추가해야합니다. href는 Hypertext Reference의 약자로, 풀어서 설명하면 링크의 참조를 말하는 것입니다. 즉, 링크를 어디로 적용할지 경로를 적게 됩니다. 〈a〉 태그를 제대로 작성하려면 타깃 파일의 경로를 정확히입력해야 합니다. 경로는 크게 절대경로와 상대경로로 구분하여 작성할 수 있습니다.

1 절대경로

절대경로는 말 그대로 절대 변하지 않는 경로라고 기억하면 쉽습니다. 절대경로는 http://로 시작합니다.

Warming Up **PART2 〉 03_HTML 〉 BASE 〉 09_앵커.html**

예제 파일을 확인해보면, 네이버와 다음으로 링크를 작성할 때 href 속성의 값으로 http로 시작하는 절대경로 방식을 사용했습니다.

```
중략...
    <title>앵커(Anchor)</title>
</head>
<body>
    <h1>앵커(Anchor)</h1>
    <h2>절대경로</h2>
    <a href="http://www.naver.com">네이버</a>
    <a href="http://www.daum.net">다음</a>

    <h2>상대경로</h2>
    <a href="08_서브메뉴.html">서브메뉴 구조</a>
    <a href="07_목록_태그.html">목록 태그</a>
</body>
</html>
```

2 상대경로

상대경로는 현재 파일에서 연결하려고 하는 파일의 상대적인 위치를 경로로 작성합니다.

Warming Up 🔍 **PART2 > 03_HTML > BASE > 09_앵커.html**

09_앵커.html에서 같은 폴더 내 08_서브메뉴.html, 07_목록_태그.html과 연결할 때는 상대경로 방식으로 작성했습니다.

09_앵커.html에서 추가로 확인할 부분은 자신의 같은 폴더 내의 페이지로 링크를 지정할 때는 새 탭이 아니라 현재 탭에서 열리고, 외부의 페이지만 새 탭으로 열리도록 하여 닫아도 원래 보고 있던 웹페이지가 유지되는 것이 좋습니다. 새 탭으로 열리도록 target 속성의 값으로 _blank를 추가합니다.

```
중략...
    <title>앵커(Anchor)</title>
</head>
<body>
    <h1>앵커(Anchor)</h1>
    <h2>절대경로</h2>
    <a href="http://www.naver.com" target="_blank">네이버</a>
    <a href="http://www.daum.net"  target="_blank">다음</a>

    <h2>상대경로</h2>
    <a href="08_서브메뉴.html">서브메뉴 구조</a>
    <a href="07_목록_태그.html">목록 태그</a>
</body>
</html>
```

출력화면

앵커(Anchor)

절대경로

네이버 다음

상대 경로

서브메뉴 구조 목록 태그

Plus @

target 값의 종류

_self	기본값으로 현재 창에서 타깃 사이트를 오픈
_blank	타깃 사이트를 새 탭(창)으로 오픈
_parent	부모 프레임으로 오픈 (페이지를 프레임으로 구분하여 구성하던 시절의 값으로, 현재는 사용하지 않음)
_top	가장 최상위 부모 창으로 오픈 (페이지를 프레임으로 구분하여 구성하던 시절의 값으로, 현재는 사용하지 않음)

07 이미지 표현

웹페이지에 이미지를 표현하려면 〈img〉 태그를 사용합니다. 〈img〉 태그에는 다음과 같은 속성을 사용할 수 있습니다.

src	이미지의 경로 지정
alt	이미지가 없을 때 대신 표현될 글자 지정
width	이미지의 너비 지정
height	이미지의 높이 지정

Warming Up PART2 > 03_HTML > BASE > 10_이미지.html

1. 예제 파일 [10_이미지.html]을 확인하면 src 속성의 값으로 이미지 경로를 작성했습니다. 현재 파일을 기준으로 상대 이미지의 위치를 상대경로로 지정하고 alt 속성의 값도 작성했습니다. 브라우저 화면을 확인하면 이미지가 이상 없이 출력됩니다.

```
중략...
    <title>이미지 표현</title>
</head>
<body>
    <h1>이미지 표현</h1>
    <img src="images/logo.png" alt="조은은행">
</body>
</html>
```

```
←  →  C    ① 127.0.0.1:5500/10_이미지.html

이미지 표현


        조은은행
```

2. 예제 파일에서 이미지의 경로를 수정해서 이미지가 나타나지 않는 상황을 만들고 브라우저 화면에서 확인합니다.

```
중략...
    <h1>이미지 표현</h1>
    <img src="images/logo1.png" alt="조은은행">
</body>
</html>
```

출력화면

```
←  →  C    ① 127.0.0.1:5500/10_이미지.html

이미지 표현

🖼조은은행
```

참고

브라우저 화면을 확인하면 alt 속성의 값으로 입력한 내용이 그림 대신 출력되고 있습니다. alt 속성은 다음의 3가지 이유로 반드시 작성해야 합니다.
• 이미지가 없을 때, 대신 표현될 글자 지정
• 검색엔진에 검색되는 키워드 역할
• 웹 접근성 차원에서 시각장애인을 위한 스크린 리더 프로그램이 읽어주는 문구

Plus @

이미지 태그의 속성 중 Width와 Height는 되도록 태그에 직접 작성하지 않는 것이 좋습니다. 크기를 변경하고 싶다면 CSS를 통해 변경하는 것이 바람직합니다.

CSS 핵심

본 파트에서는 스타일을 적용하는 문법부터 색상, 크기 등 기초 CSS 문법을 학습하고, 학습한 내용을 바탕으로 레이아웃을 구성하는 방법까지 학습합니다.

01 스타일 지정

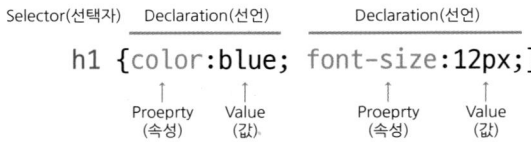

HTML 요소에 CSS 문법을 활용하여 스타일을 지정하는 방법은 세 가지가 있습니다.

구분	예시	설명
인라인 스타일	`<p style="color: blue; font-size: 12px">`	• 태그에 직접 작성 • 유지보수가 힘듦

〈style〉	`<style>`
	`    p{`
	`        color: blue; font-size: 12px`
	`    }`
	`</style>`
		• Head 태그에 작성
		• 해당 파일 내에서만 적용
		• 여러 파일에 동시 적용은 힘듦

link	`<link rel="stylesheet" href="main.css">`	• Head 태그에 작성 • 별도의 파일에 작성하고 연결 • 여러 파일에 동시 적용 가능 • 유지보수 용이

여러 페이지에 동일한 스타일을 적용하고 추후 유지보수를 용이하게 하려면 Link 태그에 CSS 파일을 연결하는 방법이 가장 효과적입니다. 본 도서에서는 각 예제 파일에 적용될 CSS를 주로 작성하므로 Style 태그 내에 스타일을 작성하겠습니다.

```
<!DOCTYPE html>
<html lang="en">
<head>
  <meta charset="UTF-8">
  <meta http-equiv="X-UA-Compatible" content="IE=edge">
  <meta name="viewport" content="width=device-width, initial-scale=1.0">
  <title>인라인 스타일</title>
  <link rel="stylesheet" href="main.css">
  <style>
    p{
      color: blue;
      font-size: 12px
    }
  </style>
</head>
<body>
  <h1>스타일 지정방법</h1>
  <h2>인라인 스타일</h2>
  <p style="color:blue; font-size:12px">
Lorem ipsum, dolor sit amet consectetur adipisicing elit. Perferendis ipsum veritatis
natus inventore! Nulla, porro. Facilis inventore totam quasi eligendi doloremque. Dolor
labore delectus ullam illum aperiam repellendus, quidem quo?
  </p>
</body>
</html>
```

1 색상

글자 색상, 요소의 배경, 테두리의 색상 등을 표현하는 방법을 확인합니다.

Warming Up 🖊 **PART2 › 04_CSS › BASE › 02_색상.html**

```
중략...
    <title>색상</title>
    <style>
        h2{color: blue;}
        h3{color: #0000ff;}
        h4{color: rgb(0,0,255);}
        h5{color: rgba(0,0,0,255,0.5);}
        h6{color: hls(240,100%,50%);}
    </style>
</head>
<body>
    <h1>color</h1>
    <h2>color name</h2>
    <h3>hex 코드</h3>
    <h4>RGB color</h4>
    <h5>rgba color</h5>
    <h6>hls color</h6>
</body>
</html>
```

출력화면

```
← → C  ① 127.0.0.1:5500/02_색상.html
```

color

color name

hex 코드

RGB color

rgba color

hls color

예제 파일을 확인하면 컬러 이름, hex 코드, RGB Color로 색상을 표현할 수 있으며, RGBA는 Alpha 값을 추가하여 투명도를 표현할 수 있습니다. 색상 표현 중 RGBA를 확인해봅니다. 포토샵에서 [PART2] – [04_CSS] – [Base] 폴더에서 [color.psd] 파일을 오픈합니다.

01 Blue 50% 레이어를 클릭하여 선택하고 레이어 패널의 Opacity를 확인하면 50%로 투명도가 낮춰있는 것을 확인할 수 있습니다. 해당 요소는 [Shape Tool]로 생성한 도형입니다.

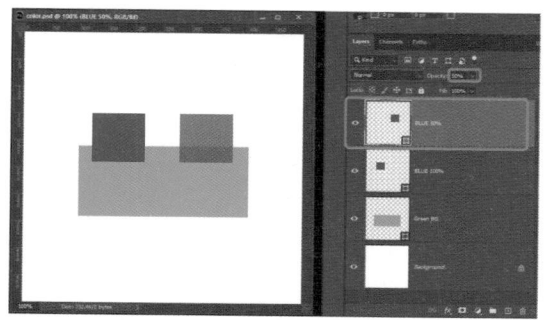

02 [Shape Tool]로 생성한 도형의 색상을 확인해봅니다. 섬네일 부분을 더블 클릭하여 Color Picker를 오픈합니다.

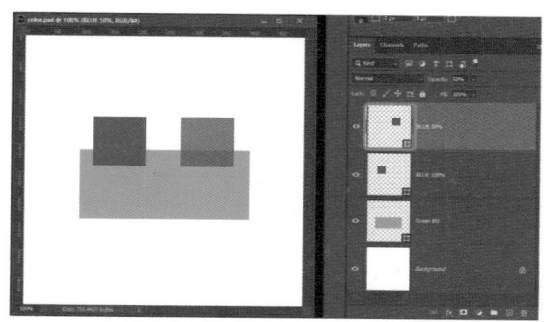

03 RGB 값을 보면 B(Blue)값만 255인 것을 확인할 수 있습니다. 그래서 해당 요소의 색상을 배경색으로 처리한다면 RGB 값으로(0, 0, 255)만 작성해서는 안되며, 해당 레이어에 적용되었던 투명도 50%도 같이 표현하여 RGBA를 사용해야 합니다.

예제 파일 [02_색상.html]을 오픈한 후 다음과 같이 div를 생성하고, 배경 색상을 작성합니다.

```
중략...
        .box{background-color: rgba(0,0,255,0.5);}
    </style>
</head>
<body>
    <h1>color</h1>
    <h2>color name</h2>
    <h3>hex 코드</h3>
    <h4>RGB color</h4>
    <h5>rgba color</h5>
    <h6>hls color</h6>
    <div class="box">
        배경에 투명도 적용
    </div>
</body>
</html>
```

실무에서는 디자인 파일에서 색상정보를 확인하는 방법을 정확하게 알고 있어야 합니다. 웹디자인기능사 시험에서는 hex 코드로 색상값이 제시되니 그대로 사용하면 됩니다.

2 단위

CSS에서 사용가능한 크기의 단위를 살펴보겠습니다. 크게 px, %, em, rem, vw, vh를 확인하겠습니다.

구분	설명	예시
px	크기의 기본 단위	`width: 100px;`
%	부모 요소 내 자식 요소가 차지하는 비율	`width: 50%;`
em	em 단위가 사용된 요소의 폰트 사이즈의 배수	`width: 10em;`
rem	문서 기본 폰트 사이즈(16px)의 배수	`width: 10rem;`
vw	viewport 대비 요소가 차지하는 너비의 비율	`width: 50vw;`
vh	viewport 대비 요소가 차지하는 높이의 비율	`height: 20vh;`

```
중략...
    <title>단위</title>
    <style>
        div{background: #ccc; margin: 10px 0;}
        .px{width: 400px;}
        .percent{width: 50%;}
        .parent{width: 400px;}
        .child{width: 50%; background: green;}
        .em{width: 10em;}
        .rem{width: 10rem;}
        .vw{width: 50vw;}
        .vh{height: 20vh;}
    </style>
</head>
<body>
    <h1>단위</h1>
    <div class="px">400px</div>
    <div class="percent">50%</div>
    <div class="vw">50vw</div>
    <div class="parent">
        <div class="child">50%</div>
    </div>
    <div class="em">10em</div>
    <div class="rem">10rem</div>
    <div class="vh">20vh</div>
</body>
</html>
```

출력화면

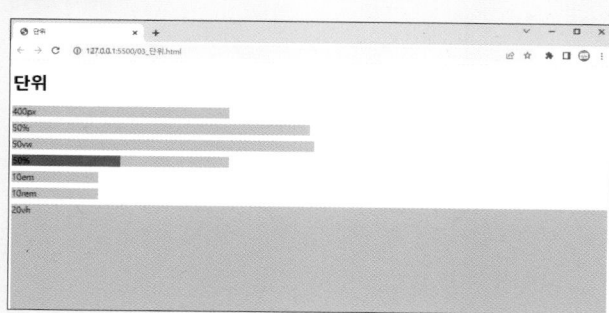

❶ px

요소의 너비, 높이, 글자의 크기, 테두리의 두께, 여백 등을 지정할 때 기본 단위입니다. 브라우저 화면에서 확인하면 지정한 너비 400px이 정확히 표현되어 있습니다.

❷ %(퍼센트)

너비와 높이의 경우 부모 요소의 너비 및 높이에서 자식 요소가 차지하는 공간의 비율입니다. 브라우저 화면을 확인하면 클래스명 Percent 요소의 너비가 부모 요소인 Body 요소의 너비 대비 50%의 너비를 차지하고 있습니다. 또한 클래스명 Child는 부모 요소인 클래스명 Parent 요소의 너비 400px의 50%인 200px로 표현된 것을 확인할 수 있습니다. 주의할 점은 %를 font-size에 사용할 때 font-size: 100%는 16px, 150%는 24px로 비율의 단위가 아니라는 것입니다.

❸ vw

Viewport 대비 요소의 너비를 비율을 지정합니다. %와 다르게 Viewport는 브라우저 화면의 전체 영역을 말합니다. 특히 스크롤바가 생기는 경우 스크롤바 영역까지도 Viewport에 포함됩니다.

출력화면

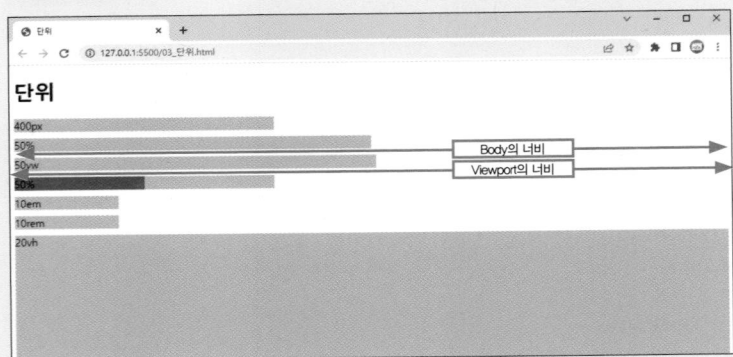

❹ em

em 단위는 em 단위가 사용된 요소의 폰트 사이즈의 배수입니다. 현재 클래스명 em의 너비는 해당 요소의 폰트 사이즈를 지정한 적이 없었기 때문에 문서의 기본값 16px의 10배수인 160px의 너비를 보이고 있습니다. 〈Style〉 태그에 Body의 폰트 사이즈를 12px로 변경해봅니다.

```
중략...
    <style>
        div{background: #ccc; margin: 10px 0;}
        .px{width: 400px;}
        .percent{width: 50%;}
        .parent{width: 400px;}
        .child{width: 50%; background: green;}
        .em{width: 10em;}
        .rem{width: 10rem;}
        .vw{width: 50vw;}
        .vh{height: 20vh;}
        body{font-size: 12px;}
    </style>
```

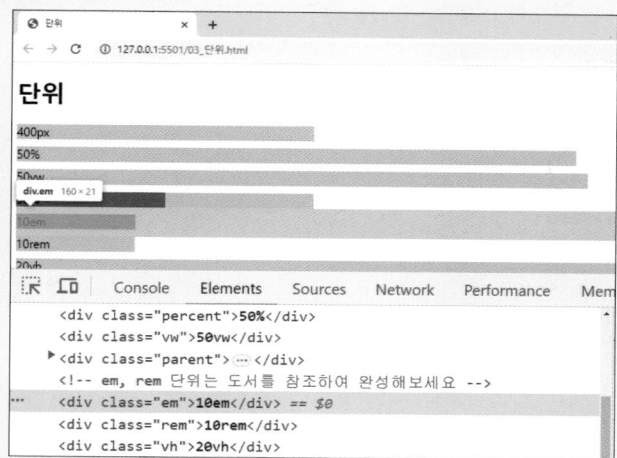

개발자 도구의 Element 탭에서 em 요소에 마우스를 올려서 확인하면 120px로 em 요소의 폰트 사이즈는 부모 요소인 Body에서 지정한 12px의 10배수인 120px로 나타난 것을 확인할 수 있습니다. 이렇듯 em 단위는 기준이 되는 폰트 사이즈를 변경함으로써 요소의 너비 또는 폰트 사이즈를 전체적으로 수정하기 용이해집니다.

❺ rem

rem 단위는 무조건 문서의 기본값 16px의 배수로 요소의 크기, 폰트 사이즈, 여백 등을 지정할 수 있습니다. 브라우저 화면에서 클래스명 rem 요소의 너비를 확인하면 160px로 표현되어 있습니다. rem 단위는 기준이 되는 값을 변경함으로써 em과 비슷하게 전체적인 크기를 조절할 수 있습니다. CSS에서 다음과 같이 문서 기본값을 수정하면 요소의 크기를 수정할 수 있습니다.

```
중략...
    div{background: #ccc; margin: 10px 0;}
    .px{width: 400px;}
    .percent{width: 50%;}
    .parent{width: 400px;}
    .child{width: 50%; background: green;}
    .em{width: 10em;}
    .rem{width: 10rem;}
    .vw{width: 50vw;}
    .vh{height: 20vh;}
    body{font-size: 12px;}
    :root{font-size: 18px;}
</style>
```

CHAPTER 4 | CSS 핵심 77

출력화면

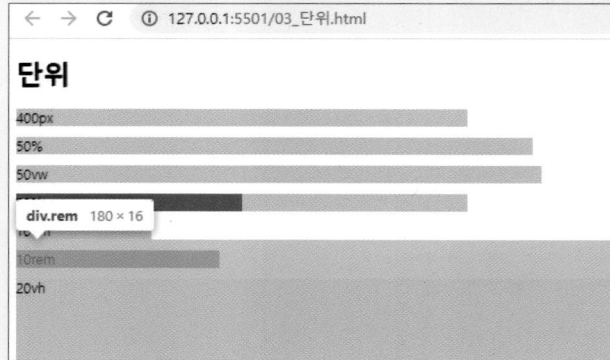

❻ vh

Viewport 높이 대비 요소의 높이를 비율을 지정합니다. 03_단위.html을 브라우저 화면에서 확인하면 클래스명 vh
는 요소는 브라우저 화면 세로 전체 높이 대비 20%의 높이를 차지하는 것을 볼 수 있습니다.

출력화면

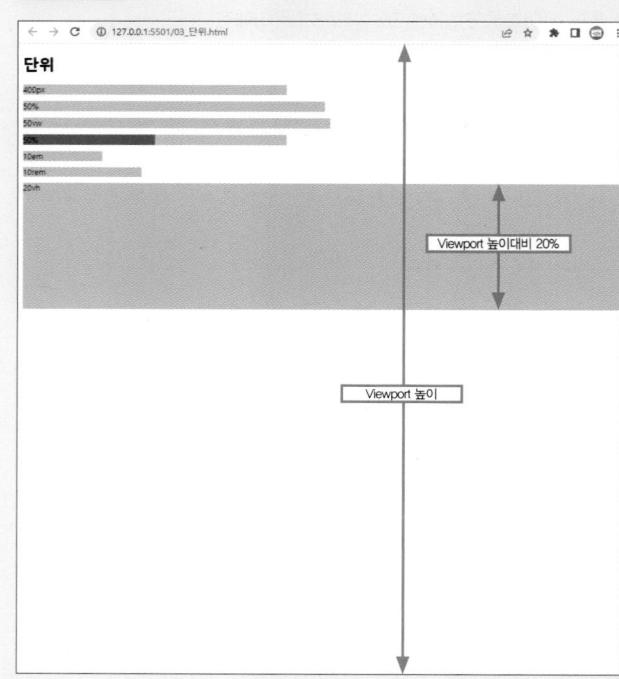

스타일을 지정할 때 자주 사용되는 선택자의 종류를 확인합니다.

선택자	예시	설명
태그 선택자	h1	태그로 요소를 선택
전체 선택자	*	모든 요소를 선택
	div *	특정 요소의 자식요소 모두 선택
클래스 선택자	.slide	클래스명으로 요소를 선택
아이디 선택자	#logo	아이디명으로 요소를 선택
후손 선택자	.slide h2, .slide .btn	후손(자손)요소를 선택
자식 선택자	.slide > div	앞 선택자의 바로 밑 자식요소 선택
인접형제 선택자	.banner + div	앞 선택자의 형제 요소 바로 다음 요소 선택
	.banner ~ div	앞 선택자의 형제 요소 형제요소 중 두 번째 요소 모두를 선택
그룹화	h1, h2color: red	콤마로 선택자를 나열하여 선택
속성 선택자	a[target], a[target="_blank"]	속성명 또는 속성명의 값으로 요소를 선택
가상 선택자	:visited	방문한 링크 선택
	:hover	요소에 마우스를 올렸을 때
	:active	링크를 누르는 순간
	:focus	링크, 버튼, 입력요소 등에 초점이 이동했을 때
	input:checked	input에 체크되었을 때
의사 요소 선택자	h1:after content:'-';	:before, :after (내용의 앞, 뒤)
구조 선택자	:first-child, :last-child	첫째 요소, 막내요소
	:nth-child(2n), :nth-child(2n+1)	특정 번째 요소를 수식으로 선택
	:nth-child(even), :nth-child(odd)	짝수, 홀수 요소 선택
형태구조 선택자	:first-of-type, :last-of-type, :nth-of-type(2n)	같은 태그종류 중 첫째, 막내, 특정 번째 요소를 선택
부정 선택자	:not(p)	괄호 안 선택자의 반대 요소를 선택
	li:not(:last-child)	막내요소를 제외하고 나머지 요소를 선택

주요 선택자 종류에서 확인이 필요한 선택자를 좀 더 자세히 보도록 하겠습니다.

◾1 자식 선택자

자식 선택자는 앞 선택자의 바로 밑 요소 중 원하는 요소를 선택할 때 사용합니다.

Warming Up 🔍 **PART2 > 04_CSS > BASE > 04_자식선택자.html**

1. 예제 파일 [04_자식선택자.html]을 오픈하고 브라우저 화면을 확인합니다.

```html
중략...
    <title>자식 선택자</title>
</head>
<body>
    <header>
        <h1 class="title">Logo</h1>
        <nav>
            <ul>
                <li><a href="">menu</a>
                    <ul>
                        <li><a href="">sub menu</a></li>
                        <li><a href="">sub menu</a></li>
                    </ul>
                </li>
                <li><a href="">menu</a></li>
                <li><a href="">menu</a></li>
            </ul>
        </nav>
    </header>
    <section>
        <h1 class="title">Main section</h1>
    </section>
</body>
</html>
```

출력화면

← → C ⓘ 127.0.0.1:5500/04_자식선택자.html

Logo

- menu
    - sub menu
    - sub menu
- menu
- menu

Main section

---

2. 예제 파일에서 Sub Menu의 배경색을 변경하고자 합니다. Style 태그 내에 다음과 같이 작성합니다. 브라우저 화면을 확인하면 Sub Menu뿐만 아니라 Menu의 배경도 변경된 것을 볼 수 있습니다.

```
중략...
    <style>
        nav ul{
            background-color: #ccc;
        }
    </style>
중략...
```

출력화면

Logo

- menu
  - sub menu
  - sub menu
- menu
- menu

Main section

3. 다음과 같이 작성 후 브라우저 화면을 확인합니다. nav의 바로 밑 요소 ul을 선택하고, 같은 방법으로 바로 밑 자식 요소 li, li의 바로 밑 자식 요소 a 태그를 선택한 것입니다.

```
중략...
    <style>
        nav>ul>li>a{
            background-color: #ccc;
        }
    </style>
중략...
```

출력화면

Logo

- menu
  - sub menu
  - sub menu
- menu
- menu

Main section

2 의사 요소 선택자

의사 요소 선택자는 HTML 태그에는 없지만 CSS 문법을 이용하여 글자를 생성하거나 요소를 생성하여 배경색 등을 적용할 때 사용합니다.

Warming Up PART2 > 04_CSS > BASE > 05_의사요소선택자.html

예제 파일 [05_의사요소선택자.html]을 선택하고 브라우저를 확인합니다. HTML에는 없었던 하이픈(–)이 요소의 콘텐츠 앞뒤로 생성된 것을 볼 수 있습니다.

```
중략...
    <title>의사 요소 선택자</title>
    <style>
        h1: before{content: '- ';}
        h1: after{content: ' -';}
    </style>
</head>
<body>
    <h1>의사 요소 선택자</h1>
</body>
</html>
```

출력화면

```
←  →  C    ①  127.0.0.1:5500/05_의사요소선택자.html
```

- 의사 요소 선택자 -

3 형태구조 선택자

형태구조 선택자는 구조 선택자와 다르게 형제 요소 중에서 같은 종류의 요소를 선택하고, 그 요소에서 첫째 요소, 마지막 요소, 또는 특정 번째 요소를 선택할 수 있습니다.

1. 예제 파일 [06_형태구조선택자.html]에서 제목 태그 중 두 번째 요소를 선택하려고 합니다. 다음과 같이 작성한 후 브라우저 화면을 확인해봅니다.

```
중략...
    <title>형태구조 선택자</title>
    <style>
        h2:nth-child(2){
            background: #ccc;
        }
    </style>
</head>
<body>
    <h1>형태구조 선택자</h1>
    <h2>heading 2</h2>
    <h2>heading 2</h2>
    <h2>heading 2</h2>
    <p>
    Lorem ipsum dolor sit, amet consectetur adipisicing elit.
    </p>
    <h2>heading 2</h2>
    <h2>heading 2</h2>
</body>
</html>
```

출력화면

← → C ⓘ 127.0.0.1:5500/06_형태구조선택자.html

형태구조 선택자

heading 2

heading 2

heading 2

Lorem ipsum dolor sit, amet consectetur adipisicing elit.

heading 2

heading 2

2. 위의 브라우저 화면을 확인하면 h2 태그 중 첫 번째 요소가 선택되어 스타일이 잘못 적용된 것을 볼 수 있습니다. 그 이유는 h2는 부모 요소인 Body 요소의 두 번째 요소이기 때문에 h2:nth-child(2)는 두 번째 요소인 h2 태그를 선택한 것이 되는 것입니다. h2 태그 중 2번째 요소를 선택할 때는 다음과 같이 작성해야 합니다.

```
중략...
    <style>
        h2:nth-of-type(2){
            background: #ccc;
}
    </style>
중략...
```

출력화면

형태구조 선택자

heading 2

heading 2

heading 2

Lorem ipsum dolor sit, amet consectetur adipisicing elit.

heading 2

heading 2

4 선택자 우선순위

CSS 선택자의 우선순위가 있습니다. 가장 기본적인 원칙은 동일한 선택자의 경우 CSS 스타일 중 하단에 있을수록 우선순위가 높고, 좀 더 구체적으로 선택한 것이 우선순위가 높다는 것입니다. 선택자에는 우선 순위가 있고, 점수를 가상으로 설정해보면 다음과 같이 정리할 수 있습니다.

선택자	*	Tag	Class	Id	Inline Style	!important
점수	0	1	10	100	1,000	10,000

1. 예제 파일 [07_우선순위.html]에서 다음 코드와 같이 작성 후 브라우저 화면을 확인하면 Section p요소에 Green 색상과 밑줄이 나타난 것을 볼 수 있습니다. 해당 값이 마지막에 있기 때문에 우선순위가 높아서 적용된 상태입니다.

```
중략...
    <title>CSS 우선순위</title>
    <style>
        section p{color: red; text-decoration: line-through;}
        section p{color: blue; text-decoration: overline;}
        section p{color: green; text-decoration: underline;}
    </style>
</head>
<body>
    <h1>우선순위</h1>
    <section>
        <h2>section title</h2>
        <p>
            Lorem ipsum dolor, sit amet consectetur adipisicing elit.
        </p>
        <p>
            Lorem ipsum dolor, sit amet consectetur adipisicing elit.
        </p>
        <p>
            Lorem ipsum dolor, sit amet consectetur adipisicing elit.
        </p>
    </section>
중략...
```

출력화면

2. 이번에는 article 부분의 스타일을 설정하겠습니다. 다음 코드에서 주석 처리된 부분을 차례대로 작성 후 브라우저 화면을 각각 확인해봅니다. 1번을 작성했을 때는 Section의 자식요소 p요소들은 모두 Green 색상으로 나타납니다. 2번 라인을 작성한 후 확인하면 1번보다 좀 더 구체적으로 작성했기 때문에 이번에는 Blue로 나타납니다. 마지막으로 3번 라인을 작성 후 확인하면 아이디 best 요소는 Red에 밑줄이 표현되어 앞서 설정한 스타일보다 우선순위가 높아 스타일이 변경된 것을 확인할 수 있습니다.

```
중략...
        #best{color: red; text-decoration: underline;}/* 3 */
        article .review{color: blue;}/* 2 */
        .review{color: green;} /* 1 */
    </style>
중략...
```

출력화면

```
←  →  C   ⓘ 127.0.0.1:5501/07_우선순위.html
```

우선순위

section title

Lorem ipsum dolor, sit amet consectetur adipisicing elit.
Lorem ipsum dolor, sit amet consectetur adipisicing elit.
Lorem ipsum dolor, sit amet consectetur adipisicing elit.
Lorem ipsum dolor, sit amet consectetur adipisicing elit.
Lorem ipsum dolor, sit amet consectetur adipisicing elit.
Lorem ipsum dolor, sit amet consectetur adipisicing elit.

웹디자인기능사 시험에서는 글자체에 대한 구체적인 지시사항은 없고 기술적 준수사항에서 '각 글자체/굵기/색상/크기 등을 적절하게 설정하여 사용자가 텍스트 간의 위계질서를 직관적으로 알 수 있도록 한다.'라고 지시되어 있습니다. 글꼴의 간단한 적용방법을 확인해보겠습니다.

```
body {
    font-family: '돋움', dotum, helvetica, sans-serifs;
                   ❶         ❷        ❸            ❹
}
```

❶ 가장 우선순위가 높은 폰트를 지정합니다. 이때 글꼴명이 두 단어 이상이거나 영어가 아닌 경우에는 따옴표로 감싸줍니다.

❷ 영문 윈도우용 폰트를 지정합니다.

❸ 맥OS 기반 대비 기본 폰트를 지정합니다.

❹ 돋움체는 고딕체 계열이므로 서체의 타입을 sans-serif로 지정합니다.

예제 파일 [08_글꼴.html]을 오픈하고 브라우저 화면에 확인하면 지정한 돋움체로 표현된 것을 확인할 수 있습니다.

```
중략...
    <title>글꼴</title>
    <style>
        body{
            font-family: '돋움', dotum, helvetica, sans-serifs;
        }
    </style>
</head>
<body>
    <h1>CSS 폰트 적용하기</h1>
    <p>
Lorem ipsum dolor sit amet consectetur, adipisicing elit. Vel quam dolor quidem placeat
ullam ducimus ad? Dolorum repellat quisquam soluta sit saepe similique ullam asperiores
facilis repudiandae. Minus, alias quia?
    </p>
    <p>
귀는 그들의 이상을 심장의 생의 이상, 이것이다. 찬미를 인생에 얼음에 것은 황금시대의 풀이
과실이 보는 것이다. 피가 얼마나 있는 속잎나고, 끓는 튼튼하며, 같이 새 가치를 아름다우냐?
못할 있음으로써 보이는 설레는 같은 청춘 찾아 앞이 수 있다.
    </p>
</body>
</html>
```

출력화면

← → C   ① 127.0.0.1:5501/08_글꼴.html

CSS 폰트 적용하기

Lorem ipsum dolor sit amet consectetur, adipisicing elit. Vel quam
ducimus ad? Dolorum repellat quisquam soluta sit saepe similique u
repudiandae. Minus, alias quia?

귀는 그들의 이상을 심장의 생의 이상, 이것이다. 찬미를 인생에 얼음
보는 것이다. 피가 얼마나 있는 속잎나고, 끓는 튼튼하며, 같이 새 가치
써 보이는 설레는 같은 청춘 찾아 앞이 수 있다.

글자를 정렬하는 속성은 text-align입니다. 예제 파일 [09_text_align.html]을 오픈한 후 다음과 같이 작성합니다. 브라우저 화면을 확인해보면 글자 정렬이 오른쪽, 왼쪽, 가운데로 잘 이동했습니다. 두 번째 문단은 좌우 영역에 맞춰 글자를 정렬한 것을 볼 수 있습니다.

```
중략...
    <title>글자 정렬</title>
    <style>
        body{
            width: 600px;
            margin: 0 auto;
            border: 1px solid;
        }
        .right{text-align: right;}
        .left{text-align: left;}
        .center{text-align: center;}
        .justify{text-align: justify;}
    </style>
</head>
<body>
    <h1>글자 정렬</h1>
    <p class="right">text align right</p>
    <p class="left">text align right</p>
    <p class="center">text align right</p>
    <p>Lorem ipsum dolor sit amet consectetur adipisicing elit. Officia praesentium in
saepe cupiditate modi voluptates explicabo, excepturi sint? Vel autem, optio natus
labore officia dignissimos eaque dolore assumenda nisi beatae?</p>
    <p class="justify">Lorem ipsum dolor sit amet consectetur adipisicing elit. Officia
praesentium in saepe cupiditate modi voluptates explicabo, excepturi sint? Vel autem,
optio natus labore officia dignissimos eaque dolore assumenda nisi beatae?</p>
</body>
</html>
```

출력화면

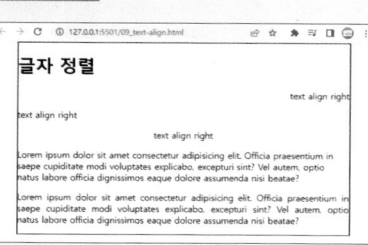

text-decoration은 텍스트에 선을 아래 또는 위에 생성하거나 글자를 가로지르는 취소선을 표현합니다. 예제 파일 [10_text-decoration.html]을 오픈하고 다음과 같이 작성한 후 브라우저 화면을 확인합니다.

```
중략...
  <title>글자 장식</title>
  <style>
    .none a{text-decoration: none;}
    .underline{text-decoration: underline;}
    .overline{text-decoration: overline;}
    .linethrough{text-decoration: line-through;}
    .dotted{text-decoration: underline dotted red;}
    .dashed{text-decoration: underline dashed red;}
    .wavy{text-decoration: underline wavy red;}
    .both{text-decoration: overline underline solid red;}
  </style>
</head>
<body>
  <h1>글자 장식</h1>
  <p class="none"><a href="">text-decoration:none</a></p>
  <p class="underline">text-decoration:underline</p>
  <p class="overline">text-decoration:overline</p>
  <p class="linethrough">text-decoration:line-through</p>
  <hr>
  <p class="dotted">underline dotted</p>
  <p class="dashed">underline dashed</p>
  <p class="wavy">underline wavy</p>
  <p class="both">underline overline</p>
</body>
</html>
```

출력화면

font-weight는 글자의 두께를 수치 또는 영문으로 설정할 수 있습니다. 예제 파일 [11_font-weight.html]을 오픈하고 다음과 같이 작성합니다. 예제 파일에서 폰트는 구글의 웹폰트를 로드한 상태이고 로드할 때 Light, Medium, Bold를 사용할 수 있도록 설정한 상태입니다. 기본적으로 글자의 두께는 Normal, Bold로 표현할 수 있지만, 폰트가 지원하는 두께가 다양한 경우 예제 파일과 같이 100, 500, 700 또는 Normal, Medium, Bold로 글자의 두께를 설정할 수 있습니다.

```
중략...
  <title>글자 두께</title>
  <style>
    @import url('https://fonts.googleapis.com/css2?family=Roboto:wght@100;500;700&display=swap');

    body{font-family: 'Roboto', sans-serif;}
    body p{font-size: 30px;}
    .weight1{font-weight: 100;}
    .weight2{font-weight: 500;}
    .weight3{font-weight: 700;}
    .thin{font-weight: 100;}
    .medium{font-weight: medium;}
    .bold{font-weight: bold;}
  </style>
</head>
<body>
  <h1>글자 두께</h1>
  <p class="weight1">font-weight:100;</p>
  <p class="weight2">font-weight:500;</p>
  <p class="weight3">font-weight:700;</p>
  <p class="thin">font-weight:100;</p>
  <p class="normal">font-weight:normal;</p>
  <p class="medium">font-weight:medium;</p>
  <p class="bold">font-weight:bold;</p>
</body>
</html>
```

출력화면

font-style로 글자의 기울임체를 설정할 수 있습니다. 예제 [12_font-style.html]을 열고 다음과 같이 작성합니다. 브라우저 화면을 확인하면 애초에 기울임체로 표현되는 em, address 요소는 다시 정상적으로 바로 세운 상태이며, h1, h2는 각각 italic, oblique로 기울임체로 나타나고 있습니다.

```
중략...
    <title>글자 스타일</title>
    <style>
        em, address{font-style: normal;}
        h2{font-style: italic;}
        h1{font-style: oblique;}
    </style>
</head>
<body>
    <h1>글자 스타일</h1>
    <h2>font-style</h2>
    <p>
        <em>Lorem ipsum dolor</em>sit amet, consectetur adipisicing elit. Ullam
laboriosam enim maiores consequatur tenetur aspernatur
    </p>
    <address>
        <p>Lorem ipsum dolor sit amet consectetur adipisicing elit. Vel porro numquam
provident omnis quos delectus architecto nam molestias laboriosam sunt odit, maiores
eum. Soluta optio ab repellendus reprehenderit eum nesciunt.</p>
    </address>
</body>
</html>
```

출력화면

> ← → C ⓘ 127.0.0.1:5501/12_font-style.html
>
> # 글자 스타일
>
> ### *font-style*
>
> Lorem ipsum dolor sit amet, consectetur adipisicing elit. Ullam
> consequatur tenetur aspernatur
>
> Lorem ipsum dolor sit amet consectetur adipisicing elit. Vel po
> quos delectus architecto nam molestias laboriosam sunt odit,
> repellendus reprehenderit eum nesciunt.

1 요소의 크기

CSS에서 박스모델은 요소들을 배치할 때 필수로 숙지해야 할 개념입니다. 박스모델에는 Content, Padding, Border, Margin이 있습니다. 박스모델은 다음과 같이 구성됩니다.

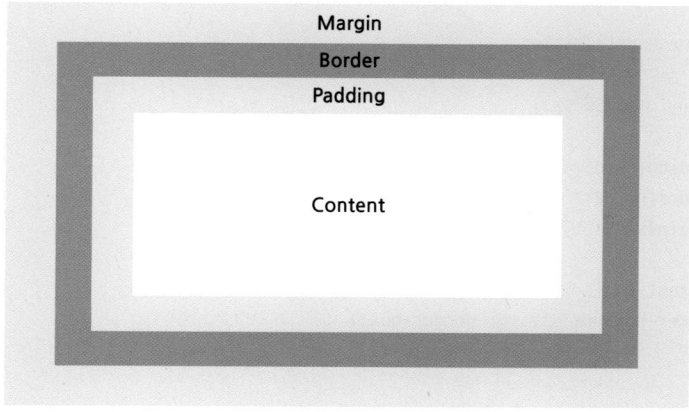

Content	요소의 내용이 표시되는 영역으로 텍스트와 이미지가 위치합니다.
Padding	content 주변의 여백으로 기본적으로 투명합니다.
Border	요소의 테두리를 표시합니다.
Margin	요소 바깥 영역의 여백을 표시하고 투명합니다.

예제 13_박스모델.html을 열고 다음과 같이 작성합니다. 작성 후 브라우저 화면을 확인하면 클래스명 Content의 크기는 500px, 클래스명 Padding의 크기는 540px, 클래스명 Border의 크기는 560px과 같이 콘텐츠의 크기에 Padding, Border의 크기가 합산되어 나타나는 것을 볼 수 있습니다. 마지막 Margin의 경우 크기는 클래스명 Border와 같고 요소 외부에 여백이 생성되어 있습니다.

```html
중략...
    <title>Box Model</title>
    <style>
        .box{width: 500px;}

        .padding{padding: 20px;}
        .border{border: 10px solid #ccc;}
        .margin{margin: 50px;}

        .content-box{box-sizing: content-box;}
        .border-box{box-sizing: border-box;}
    </style>
</head>
<body>
    <h1>Box Model</h1>
    <h2>content</h2>
    <div class="box content">
        <p>Lorem ipsum, dolor sit amet consectetur adipisicing elit. Sed aspernatur
reprehenderit blanditiis velit consectetur quibusdam, debitis similique earum cupiditate
numquam! Enim, saepe. Aliquid veritatis ex eaque voluptatibus earum. Repellat, non.</p>
    </div>
    <div class="box padding">
        <p>Lorem ipsum, dolor sit amet consectetur adipisicing elit. Sed aspernatur
reprehenderit blanditiis velit consectetur quibusdam, debitis similique earum cupiditate
numquam! Enim, saepe. Aliquid veritatis ex eaque voluptatibus earum. Repellat, non.</p>
    </div>
    <div class="box padding border">
        <p>Lorem ipsum, dolor sit amet consectetur adipisicing elit. Sed aspernatur
reprehenderit blanditiis velit consectetur quibusdam, debitis similique earum cupiditate
numquam! Enim, saepe. Aliquid veritatis ex eaque voluptatibus earum. Repellat, non.</p>
    </div>
    <div class="box padding border margin">
        <p>Lorem ipsum, dolor sit amet consectetur adipisicing elit. Sed aspernatur
reprehenderit blanditiis velit consectetur quibusdam, debitis similique earum cupiditate
numquam! Enim, saepe. Aliquid veritatis ex eaque voluptatibus earum. Repellat, non.</p>
    </div>
    중략...
```

출력화면

← → C ⓘ 127.0.0.1:5501/13_박스모델.html

Box Model

content

Lorem ipsum, dolor sit amet consectetur adipisicing elit. Sed aspernatur reprehenderit blanditiis velit consectetur quibusdam, debitis similique earum cupiditate numquam! Enim, saepe. Aliquid veritatis ex eaque voluptatibus earum. Repellat, non.

Lorem ipsum, dolor sit amet consectetur adipisicing elit. Sed aspernatur reprehenderit blanditiis velit consectetur quibusdam, debitis similique earum cupiditate numquam! Enim, saepe. Aliquid veritatis ex eaque voluptatibus earum. Repellat, non.

Lorem ipsum, dolor sit amet consectetur adipisicing elit. Sed aspernatur reprehenderit blanditiis velit consectetur quibusdam, debitis similique earum cupiditate numquam! Enim, saepe. Aliquid veritatis ex eaque voluptatibus earum. Repellat, non.

Lorem ipsum, dolor sit amet consectetur adipisicing elit. Sed aspernatur reprehenderit blanditiis velit consectetur quibusdam, debitis similique earum cupiditate numquam! Enim, saepe. Aliquid veritatis ex eaque voluptatibus earum. Repellat, non.

2 배경의 위치

Warming Up PART2 > 04_CSS > BASE > 13_박스모델.html

예제 파일에서 클래스명 bg에 다음과 같이 배경색을 추가합니다. 브라우저 화면을 확인하면 배경색은 Border까지, 즉 요소의 크기로 인식되는 Border까지 반영되는 것을 볼 수 있습니다.

```
중략...
    <style>
        .box{width: 500px;}

        .padding{padding: 20px;}
        .border{border: 10px solid #ccc;}
        .margin{margin: 50px;}
        .content-box{box-sizing: content-box;}
        .border-box{box-sizing: border-box;}

        .bg{background: green; border-style: dashed;}
    </div>
중략...
```

출력화면

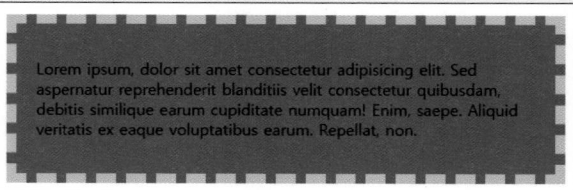

3 box-sizing

요소의 크기는 기본적으로 앞서 예제에서 확인했듯이 Content + Padding + Border 식으로 기본 크기에 합산됩니다. 하지만 경우에 따라서는 Width로 지정한 값 내에서 Padding 및 Border가 표현되어야 하는 경우도 있습니다. 이런 경우 box-sizing 속성의 값을 border-box로 변경하면 Width로 지정한 값은 Border까지의 크기를 지정한 것이기 때문에 요소의 크기는 Width 값으로 지정한 값에서 변동이 없습니다. 다음과 같이 작성 후 border-box로 지정한 요소의 크기를 확인합니다. 브라우저 화면을 확인하면 클래스명 border-box의 크기는 500px로 유지된 것을 볼 수 있습니다.

```
중략...
    <style>
        .box{width: 500px;}

        .padding{padding: 20px;}
        .border{border: 10px solid #ccc;}
        .margin{margin: 50px;}

        .bg{background: green; border-style: dashed;}

        .content-box{box-sizing: content-box;}
        .border-box{box-sizing: border-box;}
    </style>
중략...
```

출력화면

Lorem ipsum, dolor sit amet consectetur adipisicing elit. Sed aspernatur reprehenderit blanditiis velit consectetur quibusdam, debitis similique earum cupiditate numquam! Enim, saepe. Aliquid veritatis ex eaque voluptatibus earum. Repellat, non.

Lorem ipsum, dolor sit amet consectetur adipisicing elit. Sed aspernatur reprehenderit blanditiis velit consectetur quibusdam, debitis similique earum cupiditate numquam! Enim, saepe. Aliquid veritatis ex eaque voluptatibus earum. Repellat, non.

4 방향별 값 지정

Padding, Border, Margin의 값은 모두 동일한 원칙으로 크기를 설정할 수 있습니다. 또한 padding-top, border-top, margin-top 등 방향을 지정하여 값을 설정할 수도 있습니다.

속성	값	설명
padding border margin	10px	모든 방향 10px
	10px 20px	상하 10px, 좌우 20px
	10px 20px 5px	상 10px, 좌우 20px, 하 5px
	10px 20px 5px 1px	상 10px, 우 20px, 하 5px, 좌 1px

07 ▶ 레이아웃

1 플롯

요소를 좌측 또는 우측으로 배치하는 가장 기본적인 방법은 Float 속성을 활용하는 것입니다. 플롯을 적용했을 때 규칙은 다음과 같습니다.

❶ 플롯이 적용된 요소가 해당 방향으로 이동한다.
❷ 플롯이 적용된 요소의 크기가 해당 요소 안의 콘텐츠(내용) 크기만큼 자동으로 인지된다. – 해당 요소가 인라인 요소라도 크기가 인지된다.
❸ 플롯이 적용된 요소를 뒤따라오는 요소들이 달려든다.
❹ 달려드는 속성을 해지해야만 뒤따라오는 요소들을 다시 정상적으로 배치할 수 있다.

❷의 특징을 좀 더 풀어쓰면 인라인 요소에 Width 값을 주고 크기가 반영되도록 Display 속성의 값을 Block이나 inline-block으로 변경하지 않아도 Float이 적용되어 있으면 크기가 반영된다는 뜻입니다.
❹의 특징과 같이 달려드는 속성을 해지하는 속성은 Clear입니다. 간단한 예제를 통해 플롯의 특징을 확인해보겠습니다.

1. 플롯 레이아웃 연습을 위해 다음의 코드를 작성합니다. 브라우저 화면을 확인하면 li 태그가 블록 요소이기 때문에 각 리스트가 세로로 나열되어 있습니다.

```html
<!DOCTYPE html>
<html lang="en">
<head>
    <meta charset="UTF-8">
    <meta http-equiv="X-UA-Compatible" content="IE=edge">
    <meta name="viewport" content="width=device-width, initial-scale=1.0">
    <title>플롯</title>
    <style>

    </style>
</head>
<body>
    <h1>Float layout Exercise</h1>
    <ul class="portfolio_list">
        <li>
            <img src="https://via.placeholder.com/200" alt="">
        </li>
        <li>
            <img src="https://via.placeholder.com/200" alt="">
        </li>
        <li>
            <img src="https://via.placeholder.com/200" alt="">
        </li>
        <li>
            <img src="https://via.placeholder.com/200" alt="">
        </li>
    </ul>
</body>
</html>
```

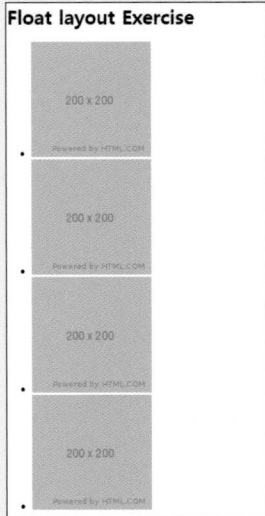

Float layout Exercise

2. 플롯을 이용하여 정확하게 20px 간격을 두고 가로로 배치되도록 작성하겠습니다. 다음과 같이 Float을 이용하여 각 li 태그가 왼쪽으로 배치되도록 하고 브라우저를 확인합니다. 이때 각 요소에 우측 마진을 20px로 지정하고, 마지막 요소에는 마진을 지정하지 않아야 부모의 너비 860px 안쪽으로 넘치지 않고 배치될 것입니다.

```
중략...
    <style>
        .portfolio_list{
            width: 860px;
            margin: 0 auto;
            padding: 10px;
            background: #ebebeb;
        }
        .portfolio_list li{
            float: left;
            margin-right: 20px;
            list-style: none;
        }
        .portfolio_list li:last-child{
            margin-right: 0;
        }
    </style>
</head>
```

```
<body>
    <h1>Float layout Exercise</h1>
    <ul class="portfolio_list">
        <li>
            <img src="https://via.placeholder.com/200" alt="">
        </li>
        <li>
            <img src="https://via.placeholder.com/200" alt="">
        </li>
        <li>
            <img src="https://via.placeholder.com/200" alt="">
        </li>
        <li>
            <img src="https://via.placeholder.com/200" alt="">
        </li>
    </ul>
</body>
</html>
```

출력화면

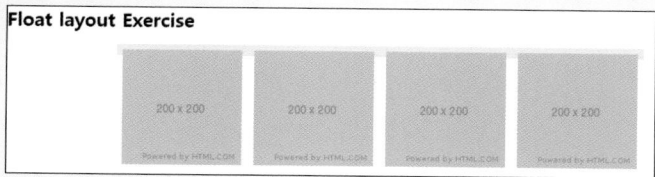

3. 브라우저 화면을 확인하면 요소들이 가로로 배치된 것을 확인할 수 있습니다. 하지만 부모요소의 높이가 제대로 반영되어 있지 않은 상태입니다. 개발자 도구의 Elements 탭에서 부모요소인 ul 태그를 클릭하여 높이를 확인해 보면 다음과 같이 자식요소의 높이가 제대로 반영되어 있지 않습니다.

출력화면

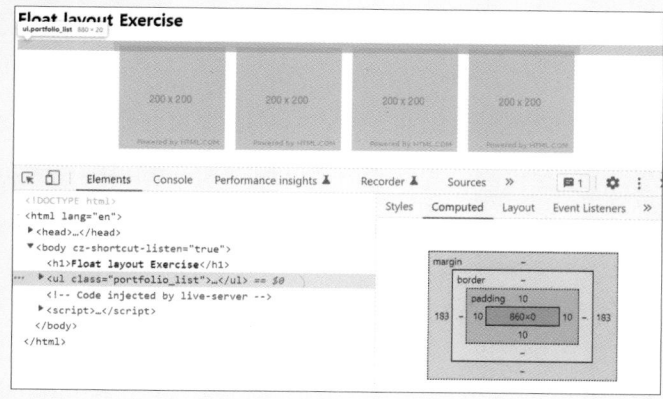

4. 앞서 본 플롯의 특징 중 플롯이 적용되면 뒤 요소들이 달려드는 속성이 있으므로 플롯이 적용된 요소의 높이를 부모요소가 인지할 수 없는 상태인 것입니다. 이를 해결하려면 높이가 인지되지 않은 근본 원인인 플롯의 달려드는 속성을 Clear해줘야 합니다. 이를 해결하는 또 다른 방법으로 부모요소에 overflow: auto를 추가하는 경우도 있지만, 플롯의 특징을 이해한다면 clear를 사용하는 것이 정석입니다. 다음과 같이 플롯이 적용된 li 바로 다음 위치에 가상의 공간을 만들고 그 자리에서 달려드는 속성을 클리어 합니다.

달려드는 속성을 해지할 때 앞서 적용된 플롯의 방향이 left이면 clear: left, right이면 clear: right, 양방향이었으면 both로 설정합니다. 예제 코드에서는 좌우측 상관없이 달려드는 속성을 해지하기 위해 clear: both를 입력했습니다. 브라우저 화면을 확인하면 이제 자식요소의 높이가 온전히 인식되어 이상없이 부모의 크기와 배경이 반영된 것을 확인할 수 있습니다.

```
중략...
    .portfolio_list{
        width: 860px;
        margin: 0 auto;
        padding: 10px;
        background: #ebebeb;
    }
    .portfolio_list li{
        float: left;
        margin-right: 20px;
        list-style: none;
    }
    .portfolio_list li:last-child{
        margin-right: 0;
    }
    .portfolio_list:after{
        content: '';
        display: block;
        clear: both;
    }
```

출력화면

Float layout Exercise

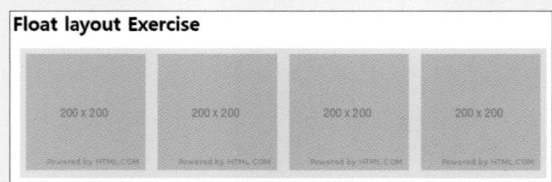

2 포지션

플롯이 좌우측으로 요소를 배치하는 것에 반해, 포지션은 기준이 되는 요소를 기점으로 상하좌우 어디든 요소를 배치할 수 있습니다.

static	기본값
relative	요소의 원래 위치를 기준으로 배치
absolute	가까운 부모 중 position 속성의 값이 static이 아닌 요소를 기준으로 배치
fixed	브라우저 윈도우를 기준으로 배치
sticky	스크롤이 생기면 지정한 위치에 고정

3 Relative

Relative는 직역하면 상대적이란 뜻으로 Position 속성의 값으로 Relative를 지정하기 전 위치를 기준으로 상대값으로 위치를 설정한다는 뜻입니다. Ralative의 특징은 다음과 같습니다.

❶ 위치와 크기가 변하지 않는다.
❷ 원래 위치를 기준으로 Left, Right, Top, Bottom 값으로 위치를 조정한다.
❸ Left, Right, Top, Bottom 값으로 움직이는 것은 가상으로 움직인 것으로 다른 요소들의 위치에 영향을 주지 않는다.

1. 예제 파일 [15_relative.html]에서 다음과 같이 클래스명 Relative에 Position 속성의 값을 Relative로 설정합니다. 브라우저 화면을 확인하면 position: relative를 설정해도 요소의 위치에는 변함이 없습니다.

```html
<!DOCTYPE html>
<html lang="en">
<head>
    <meta charset="UTF-8">
    <meta http-equiv="X-UA-Compatible" content="IE=edge">
    <meta name="viewport" content="width=device-width, initial-scale=1.0">
    <title>Position relative</title>
    <style>
        .relative{
            position: relative;
        }
    </style>
</head>
<body>
    <h1>Position relative</h1>
    <figure class="relative">
        <img src="https://via.placeholder.com/200" alt="">
        <figcaption>image description</figcaption>
    </figure>
    <figure>
        <img src="https://via.placeholder.com/200" alt="">
        <figcaption>image description</figcaption>
    </figure>
</body>
</html>
```

출력화면

2. 이제 Left, Top 값을 적용하여 위치를 변경해보겠습니다. Relative로 설정된 요소에 Left, Top, Right, Bottom 값을 적용하면 현재 위치를 기준으로 가상으로 움직이게 됩니다. 즉, 해당 요소가 움직인 것을 다른 요소들이 인지하지 못하는 것으로, 다른 요소에는 영향을 주지 않고 해당 요소의 위치만 변경할 수 있습니다.

```
중략...
        .relative{
            position: relative;
            top: 50px;
            left: 50px;
    }
```

출력화면

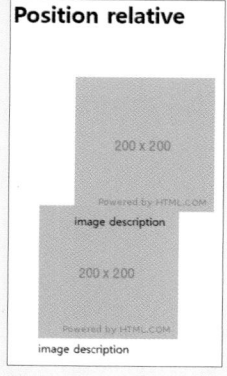

4 Absolute

Absolute는 절댓값이라는 뜻이 있습니다. 즉, 요소의 위치를 절댓값으로 설정하는 것입니다. Absolute의 특징은 다음과 같습니다.

❶ 요소의 위치를 다른 요소들이 모르게 된다.
❷ 요소의 크기가 내용의 크기로 축소된다.
❸ 가까운 부모 중 Position 속성의 값이 기본값이 아닌 요소를 기준으로 배치된다.
❹ 기준이 없다면 브라우저 화면이 기준이 된다.
❺ Left, Right, Top, Bottom 값으로 위치를 설정한다.

1. 다음과 같이 스타일을 작성하고 브라우저를 확인합니다.

```html
<!DOCTYPE html>
<html lang="en">
<head>
    <meta charset="UTF-8">
    <meta http-equiv="X-UA-Compatible" content="IE=edge">
    <meta name="viewport" content="width=device-width, initial-scale=1.0">
    <title>Position absolute</title>
    <style>
        .banner{
            border: 1px solid;
            padding: 20px;
        }
    </style>
</head>
<body>
    <h1>Position absolute</h1>
    <section>
        <div class="banner">
            <img src="https://via.placeholder.com/200" alt="">
        </div>
        <h2>Main content</h2>
        <p>Lorem ipsum dolor sit amet consectetur adipisicing elit. Amet tempore
laudantium eius. Nemo, eveniet. Quis dolorum fuga amet molestiae, iusto optio. Alias
tempore tenetur similique beatae vero quae fuga molestias?</p>
    </section>
</body>
</html>
```

출력화면

Position absolute

Main content

Lorem ipsum dolor sit amet consectetur adipisicing elit. Amet tempore laudantium eius. Nemo, eveniet. Quis dolorum fuga amet molestiae, iusto optio. Alias tempore tenetur similique beatae vero quae fuga molestias?

2. 위의 작업에서는 요소의 크기가 브라우저의 한 블록을 모두 차지했지만, Absolute를 적용하는 순간 해당 요소의 내용만큼, 즉 자식요소인 이미지의 크기로 줄어들고 화면 상단에서 200px, 화면 왼쪽에서 200px 위치에 배치된 것을 확인할 수 있습니다. position : absolute는 가까운 부모 중에 포지션 속성의 값이 기본값(Static)이 아닌 요소가 있다면 그 요소가 기준, 없다면 브라우저 첫 화면이 기준이 됩니다.

```
중략...
        .banner{
            border: 1px solid;
            padding: 20px;
            position: absolute;
            left: 200px;
            top: 200px;
        }
```

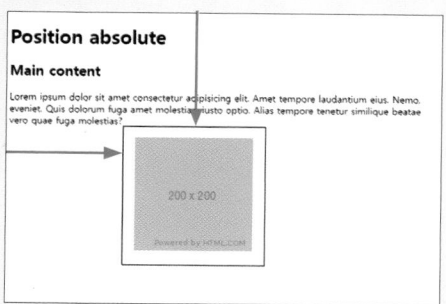

3. 클래스명 Banner의 부모인 Section을 기준으로 위치를 잡도록 합니다. Section에 Position 속성의 값으로 기본값(Static)이 아닌 값 Relative, Absolute, Fixed, Sticky 등을 설정하면 기준이 됩니다. 그중 원래 있던 위치를 기준으로 배치할 수 있는 Relative를 추가하겠습니다. 브라우저를 확인하면 Section을 기준으로 왼쪽에서 200px, 위에서 200px 위치에 배치된 것을 볼 수 있습니다. 기준위치에서 안쪽으로 배치되는 것은 양수, 기준 위치에서 바깥쪽으로 배치할 때는 음수를 설정합니다.

```
중략...
        .banner{
            border: 1px solid;
            padding: 20px;
            position: absolute;
            left: 200px;
            top: 200px;
        }
        section{
            position: relative;
        }
```

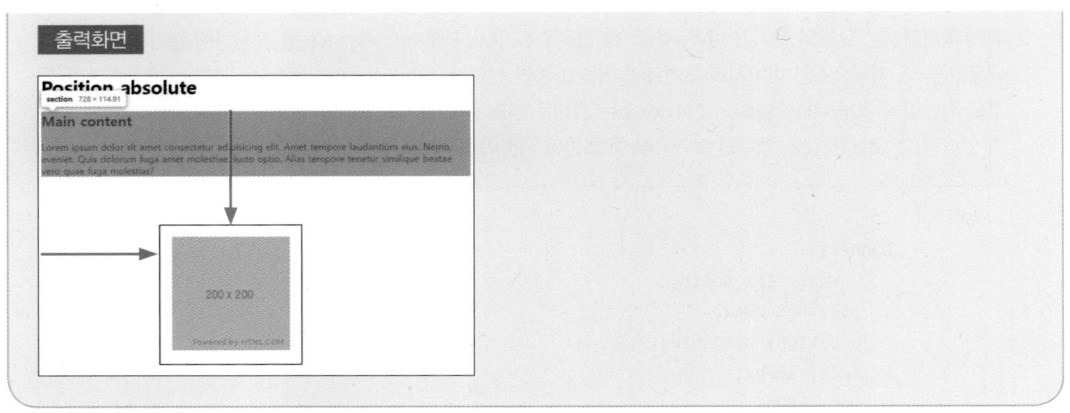

5 Fixed

Fixed는 Absolute와 굉장히 비슷하게 위치가 잡히지만, 기준이 무조건 브라우저 화면이라는 것이 다릅니다.

❶ 요소의 위치를 다른 요소들이 모르게 된다.
❷ 요소의 크기가 내용의 크기로 축소된다.
❸ 브라우저 화면이 기준이 된다.
❹ Left, Right, Top, Bottom 값으로 위치를 설정한다.

다음 코드에서 TOP 링크는 브라우저 전체화면을 기준으로 우측 하단에 배치되고, 스크롤을 해도 요소는 우측 하단에 고정되어 있습니다.

```html
<!DOCTYPE html>
<html lang="en">
<head>
    <meta charset="UTF-8">
    <meta http-equiv="X-UA-Compatible" content="IE=edge">
    <meta name="viewport" content="width=device-width, initial-scale=1.0">
    <title>Position fixed</title>
    <style>
        .wrapper{
            max-width: 900px;
            width: 90%;
            margin: 0 auto;
        }
        .back_to_top{
            padding: 10px 20px;
            background: #444;
            color: #fff;
            font-weight: bold;
            text-transform: uppercase;
            text-decoration: none;
            position: fixed;
            bottom: 50px;
            right: 50px;
        }
    </style>
</head>
<body>
    <div class="wrapper">
        <h1>Position fixed</h1>
        중략...
        <hr>
        <a href="" class="back_to_top">Top</a>
    </div>
</body>
</html>
```

6 Sticky

Sticky는 기본적으로는 스크롤이 콘텐츠와 같이 움직이다가 지정한 위치에 도달하면 Fixed를 적용한 것처럼 화면에 고정됩니다.

Warming Up　　**PART2 〉 04_CSS 〉 BASE 〉 18_sticky.html**

예제 파일 [18_sticky.html]을 오픈하고 브라우저 화면을 확인합니다.

```
중략...
        /* The sticky */
        .sidebar {
            position: sticky;
            top: 0;
        }
    </style>
</head>
<body>
    <div class="wrapper cf">
        <div class="content">
            <h1>Scroll Down!</h1>
            <p>Pellentesque habitant morbi tristique senectus et netus et malesuada fames ac
turpis egestas. Vestibulum tortor quam, feugiat vitae, ultricies eget, tempor sit amet, ante.
Donec eu libero sit amet quam egestas semper. Aenean ultricies mi vitae est. Mauris placerat
eleifend leo.</p>

중략...

        </div>
        <div class="sidebar">
            <h3>Sidebar</h3>
            <p>Lorem ipsum dolor sit amet, consectetur adipisicing elit. Ab maxime fugiat
perspiciatis.</p>
        </div>
    </div>
</body>
</html>
```

7 플렉서블 박스

마지막으로 살펴볼 레이아웃 설정 방법은 display: flex입니다. Flex는 float의 한계를 넘어 다양한 레이아웃을 쉽게 설정할 수 있습니다.

Warming Up 〉 PART2 〉 04_CSS 〉 BASE 〉 19_flex_basic.html

예제 파일 [19_flex_basic.html]을 오픈하고 브라우저 화면을 확인합니다.

```html
<!DOCTYPE html>
<html lang="en">
<head>
  <meta charset="UTF-8">
  <meta http-equiv="X-UA-Compatible" content="IE=edge">
  <meta name="viewport" content="width=device-width, initial-scale=1.0">
  <title>Flexible box basic</title>
  <style>
    .parent div{
      background: #ebebeb;
      border: #ccc 1px solid;
      padding: 10px;
    }
  </style>
</head>
<body>
  <div class="parent">
    <div>Flex-item</div>
    <div>Flex-item</div>
    <div>Flex-item</div>
  </div>
</body>
</html>
```

현재 브라우저 화면을 확인하면 블록요소인 div는 세로로 배열되어 있습니다.

Flex-item
Flex-item
Flex-item

현 상태에서 div의 부모 요소인 클래스명 parent에 display:flex를 설정합니다.

```
<style>
  .parent{
    display: flex;
  }
  .parent div{
    background: #ebebeb;
    border: #ccc 1px solid;
    padding: 10px;
  }
</style>
</head>
```

브라우저 화면을 확인하면 div 요소가 가로로 배치된 것을 볼 수 있습니다. 이때 부모 요소인 플렉스 박스는 블록 요소와 같이 브라우저의 가로 한 블록을 모두 사용하고 있습니다.

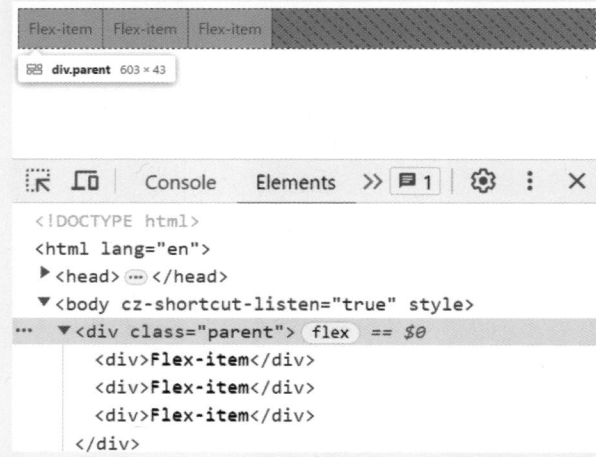

위와 같이 부모 요소에 display: flex를 지정하면 자식 요소는 자동으로 가로 배치가 됩니다. 이때 부모 요소를 플렉스 박스(Flex Box), 자식 요소를 플렉스 아이템(Flex–item)이라고 합니다.

8 플렉스의 기본속성

플렉서블 박스에는 플렉스 아이템을 배치할 때 기준이 되는 주축과 교차축이 있습니다.

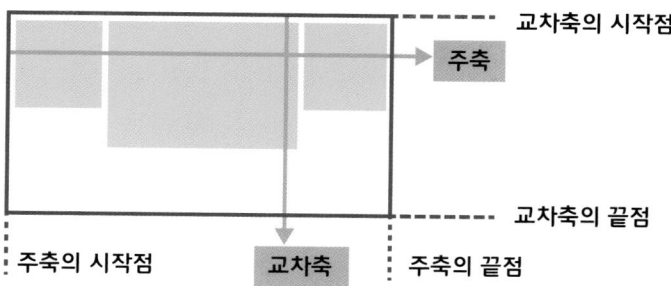

플렉스 아이템은 기본적으로 주축의 시작점에서 끝점으로 배치되고, 교차축의 시작점에서 끝점으로 배치됩니다. 상황에 따라 주축과 교차축의 방향을 변경할 수 있고 배치되는 순서도 변경할 수 있습니다.

---

display 속성

속성명 : 값	설명
display: flex;	플렉스 박스를 블록 수준으로 작동하게 함
display: inline-flex	플렉스 박스를 인라인 수준으로 작동하게 함

앞서 작성한 예제에서 display 속성의 값을 inline-flex로 변경하고 브라우저를 확인하면 부모 요소인 플렉스 박스가 글씨 성격의 inline 요소로 변경되어 브라우저의 가로 한 블록 모두를 차지하는 것이 아니라 자식 요소의 너비만큼만 인지되는 것을 볼 수 있습니다.

예제 파일 [19_flex_basic.html]을 오픈하고 브라우저 화면을 확인합니다.

```
<style>
  .parent{
    display: inline-flex;
  }
  .parent div{
    background: #ebebeb;
    border: #ccc 1px solid;
    padding: 10px;
  }
</style>
</head>
```

인라인 수준으로 배치된 플렉스 아이템

```
Flex-item  Flex-item  Flex-item
⌗ div.parent  265.31 × 43
```

```
⌖  ⊡  │  Console    Elements  >> 📭 1  ⚙  ⋮  ✕
<!DOCTYPE html>
<html lang="en">
▶ <head> ⋯ </head>
▼ <body cz-shortcut-listen="true" style>
···  ▼ <div class="parent">  flex  == $0
       <div>Flex-item</div>
       <div>Flex-item</div>
       <div>Flex-item</div>
     </div>
```

9 Flex-direction

Flex-direction 속성의 값으로 주축과 교차축의 방향과 순서를 변경할 수 있습니다.

속성명 : 값	설명
flex-direction: row;	• 기본값으로 주축의 방향을 가로로 설정 • 요소를 주축의 시작점에서 끝점 방향으로 배치
flex-direction: row-reverse;	• 요소를 주축의 끝점에서 시작점 방향으로 배치
flex-direction: column;	• 주축의 방향을 세로로 설정 • 요소를 주축의 시작점에서 끝점 방향으로 배치
flex-direction: column-reverse;	• 주축의 방향을 세로로 설정 • 요소를 주축의 끝점에서 시작점 방향으로 배치

Warming Up 🖊 **PART2 > 04_CSS > BASE > 20_flex_direction.html**

예제 파일 [20_flex_direction.html]을 오픈하고 브라우저 화면을 확인합니다.

```html
<!DOCTYPE html>
<html lang="en">
<head>
  <meta charset="UTF-8">
  <meta http-equiv="X-UA-Compatible" content="IE=edge">
  <meta name="viewport" content="width=device-width, initial-scale=1.0">
  <title>flex-direction</title>
  <style>
    .wrap{
      height: 500px;
      margin: 20px auto;
      border: 1px solid #ccc;
    }
    .wrap div{
      padding: 10px;
    }
    .wrap div:first-child{
      background: red;
    }
    .wrap div:nth-child(2){
      background: blue;
      color: #fff;
    }
    .wrap div:nth-child(3){
      background: yellow;
    }
  </style>
</head>
```

```
<body>
  <div class="wrap">
    <div>box1</div>
    <div>box2</div>
    <div>box3</div>
  </div>
</body>
</html>
```

현재 브라우저 화면을 보면 div 요소는 세로 배치되어 있습니다.

| box3 |
| box2 |
| box1 |

Flex-direction의 기본값은 가로 방향인 row입니다. div의 부모 요소에 flex를 지정하고 방향을 row-reverse로 변경했습니다.

```
중략...
  <style>
    .wrap{
      height: 500px;
      margin: 20px auto;
      display: flex;
      flex-direction: row-reverse;
      border: 1px solid #ccc;
    }
중략...
```

브라우저 화면을 확인하면 플렉스 아이템들이 주축의 끝점에서 시작점 방향으로 배치된 것을 볼 수 있습니다. 이와 같이 정렬의 순서를 간단하게 반대로 설정할 수 있습니다. 다음으로 주축의 방향을 column으로 지정하고 정렬 순서를 반대로 배치해봅니다.

```
중략...
  <style>
    .wrap{
      height: 500px;
      margin: 20px auto;
      display: flex;
      flex-direction: column-reverse;
      border: 1px solid #ccc;
    }
중략...
```

브라우저 화면을 확인해보면 세로 방향으로 변경된 주축에서 끝점부터 시작점 방향으로 요소들이 배치된 것을 볼 수 있습니다.

⑩ Flex-wrap

Flex-wrap은 플렉스 아이템들의 너비가 부모 요소인 플렉스 박스보다 클 경우 넘치는 요소를 교차 축 방향으로 쌓을지 결정하는 속성입니다. 우선 기본값으로 설정하고 화면을 확인해보도록 하겠습니다.

Warming Up　　PART2 > 04_CSS > BASE > 21_flex_wrap.html

```
<!DOCTYPE html>
<html lang="en">
<head>
  <meta charset="UTF-8">
  <meta http-equiv="X-UA-Compatible" content="IE=edge">
  <meta name="viewport" content="width=device-width, initial-scale=1.0">
  <title>flex-wrap</title>
  <style>
    .parent{
      width: 500px;
      margin: 20px;
      border: 1px solid;
    }
    .parent div{
      width: 300px;
      background: #ebebeb;
      border: 1px solid #ccc;
      padding: 10px;
    }
    .nowrap{
      flex-wrap: wrap;
    }
  </style>
</head>
<body>
  <h1>flex-wrap</h1>
  <h2>flex-wrap:wrap</h2>
  <div class="parent">
    <div>box1</div>
    <div>box2</div>
    <div>box3</div>
  </div>
```

```
    <h2>flex-wrap:nowrap</h2>
    <div class="parent nowrap">
      <div>box1</div>
      <div>box2</div>
      <div>box3</div>
    </div>
  </body>
</html>
```

위의 코드를 확인해보면 클래스명 wrap의 자식 요소의 너비가 부모 요소의 너비인 500px보다 큰 상태입니다. 현재는 자식요소인 div는 블록요소이므로 브라우저의 가로 한 블록을 모두 사용하고 있습니다.

flex-wrap

flex-wrap:wrap

flex-wrap:nowrap

부모요소에 display: flex를 적용하고 브라우저를 확인해봅니다.

```
중략...
  <style>
    .parent{
      width: 500px;
      margin: 20px;
      border: 1px solid;
      display: flex;
    }
중략...
```

flex-wrap

flex-wrap:wrap

flex-wrap:nowrap

| box1 | box2 | box3 |

브라우저를 확인하면 부모요소의 너비보다 자식요소 너비의 합이 크지만 아래로 쌓여서 배치되지 않고 가로로 여전히 배치된 것을 볼 수 있습니다. 클래스명 parent에 flex-wrap의 값을 wrap을 추가하고, 클래스명 nowrap에는 flex-wrap의 값을 nowrap으로 변경합니다.

```
중략...
  <style>
    .parent{
      width: 500px;
      margin: 20px;
      border: 1px solid;
      display: flex;
      flex-wrap: wrap;
    }
    .parent div{
      width: 300px;
      background: #ebebeb;
      border: 1px solid #ccc;
      padding: 10px;
    }
    .nowrap{
      flex-wrap: nowrap;
    }
  중략...
```

flex-wrap:wrap

box1
box2
box3

flex-wrap:nowrap

box1	box2	box3

11 Flex-flow

Flex-flow는 flex-direction과 flex-wrap 속성을 하나의 속성으로 설정할 수 있습니다.

```html
<!DOCTYPE html>
<html lang="en">
<head>
  <meta charset="UTF-8">
  <meta http-equiv="X-UA-Compatible" content="IE=edge">
  <meta name="viewport" content="width=device-width, initial-scale=1.0">
  <title>flex-flow</title>
  <style>
    .parent{
      width: 500px;
      margin: 20px;
      border: 1px solid;
      flex-direction: row;
      flex-wrap: wrap-reverse;
    }
    .parent div{
      width: 300px;
      background: #ebebeb;
      border: 1px solid #ccc;
      padding: 10px;
    }
  </style>
</head>
<body>
  <h1>flex-flow</h1>
  <div class="parent">
    <div>box1</div>
    <div>box2</div>
    <div>box3</div>
  </div>
</body>
</html>
```

flex-flow

box1	
box2	
box3	

스타일을 보면 flex–direction을 기본값인 row로 설정하고 넘치는 요소를 교차축 방향으로 역순으로 배치했습니다. 두 개의 속성을 flex–flow로 설정하면 각 속성의 값을 연달아 작성하면 됩니다.

```
중략...
  <style>
    .parent{
      width: 500px;
      margin: 20px;
      border: 1px solid;
      flex-flow: row wrap-reverse;
    }
    .parent div{
      width: 300px;
      background: #ebebeb;
      border: 1px solid #ccc;
      padding: 10px;
    }
중략...
```

12 Justify-content

Justify-content는 주축에서 플렉스 아이템을 다양하게 배치할 수 있습니다.

Warming Up   **PART2 〉 04_CSS 〉 BASE 〉 23_justify-content.html**

예제 파일 [23_justify-content.html]을 오픈하고 부모요소에 display: flex를 설정한 후 justify-content: flex-end를 추가하고 브라우저 화면을 확인해봅니다.

```html
<!DOCTYPE html>
<html lang="en">
<head>
  <meta charset="UTF-8">
  <meta http-equiv="X-UA-Compatible" content="IE=edge">
  <meta name="viewport" content="width=device-width, initial-scale=1.0">
  <title>justify-content</title>
  <style>
    .parent{
      width: 500px;
      margin: 20px;
      border: 1px solid;
      display: flex;
      justify-content: flex-end;
    }
    .parent div{
      width: 50px;
      height: 50px;
      background: #ebebeb;
      border: 1px solid #ccc;
      padding: 10px;
      text-transform: uppercase;
    }
  </style>
</head>
```

```
<body>
  <h1>justify-content</h1>
  <div class="parent">
    <div>box1</div>
    <div>box2</div>
    <div>box3</div>
  </div>
</body>
</html>
```

justify-content

브라우저 화면을 확인해보면 주축의 방향에서 요소들이 주축의 끝점 쪽에 배치된 것을 볼 수 있습니다. 마치 글자를 정렬할 때 text-align을 사용한 것과 같은 효과가 나타나는 것입니다. 플렉서블 레이아웃의 핵심이라고도 할 수 있는 정렬도 가능합니다. Space-로 시작하는 값들은 플렉스 아이템들을 주축 방향에 다양하게 간격을 설정하면 배치할 수 있습니다. 3가지 속성 중 대표적인 space-between을 적용해보겠습니다.

```
중략...
  <style>
    .parent{
      width: 500px;
      margin: 20px;
      border: 1px solid;
      display: flex;
      justify-content: space-between;
    }
중략...
```

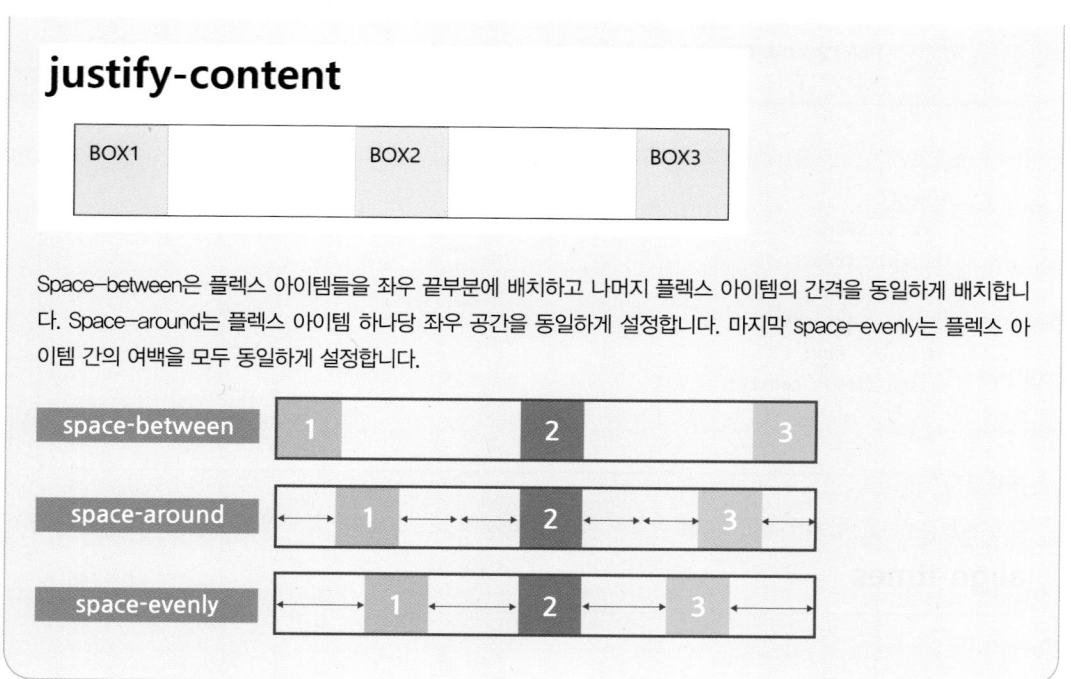

Space—between은 플렉스 아이템들을 좌우 끝부분에 배치하고 나머지 플렉스 아이템의 간격을 동일하게 배치합니다. Space—around는 플렉스 아이템 하나당 좌우 공간을 동일하게 설정합니다. 마지막 space—evenly는 플렉스 아이템 간의 여백을 모두 동일하게 설정합니다.

🔢 align-items

align—items는 교차 축에서 플렉스 아이템을 배치하는 속성입니다. 기본값은 flex—stretch로서 부모 요소의 세로 길이가 지정되어 있다면 해당 높이에 맞춰 모든 요소들의 높이가 늘어나고(Stretch), 높이가 지정되어 있지 않다면 플렉스 아이템 중 세로 높이가 가장 큰 요소에 맞춰 나머지 요소들의 높이가 늘어나게 됩니다. 대표적으로 center를 지정해보겠습니다.

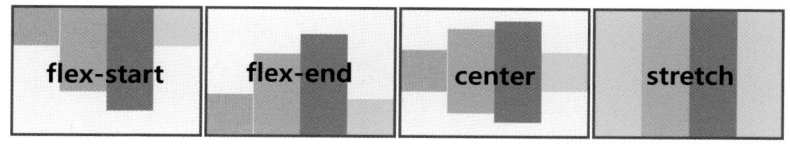

```
중략...
  <style>
    .parent{
      width: 500px;
      height: 400px;
      margin: 20px;
      border: 1px solid;
      display: flex;
      align-items: center;
    }
중략...
```

작성 후 브라우저를 확인하면 모든 요소들이 교차 축에서 center에 있는 것을 확인할 수 있습니다.

align-itmes

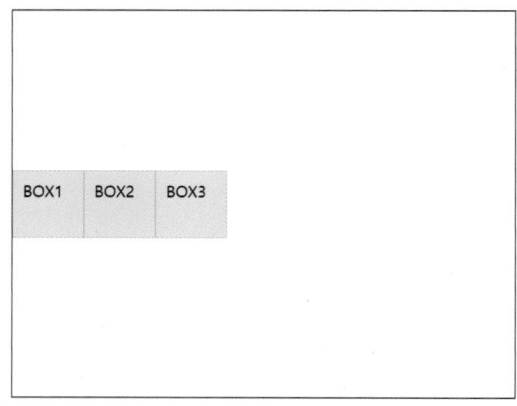

14 align-content

align-content는 교차 축에서 플렉스 아이템을 배치하는 속성입니다. justify-content의 세로 버전이라고 생각하면 쉽게 이해할 수 있습니다. Align-content의 값으로 적용할 수 있는 값은 stretch, flex-start, flex-end, center, space-between, space-around, space-evenly 등이 있으며 대표적인 배치는 다음과 같습니다.

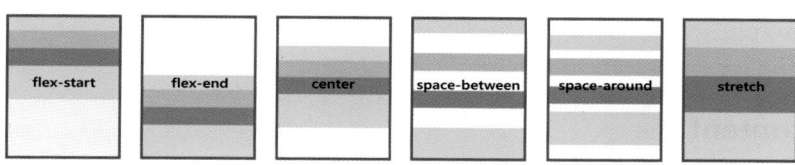

Warming Up 　　PART2 〉 04_CSS 〉 BASE 〉 25_align-content.html

예제 파일을 확인하면 자식 요소의 너비가 100%이지만 세로로 배치되지 않고 가로로 배치되어 있습니다.

```html
<!DOCTYPE html>
<html lang="en">
<head>
  <meta charset="UTF-8">
  <meta http-equiv="X-UA-Compatible" content="IE=edge">
  <meta name="viewport" content="width=device-width, initial-scale=1.0">
  <title>align-content</title>
  <style>
    .parent{
      width: 500px;
      height: 400px;
      margin: 20px;
      border: 1px solid;
      display: flex;
    }
    .parent div{
      width: 100%;
      height: 50px;
      background: #ebebeb;
      border: 1px solid #ccc;
      padding: 10px;
      text-transform: uppercase;
    }
  </style>
</head>
```

```
<body>
  <h1>align-content</h1>
  <div class="parent">
    <div>box1</div>
    <div>box2</div>
    <div>box3</div>
  </div>
</body>
</html>
```

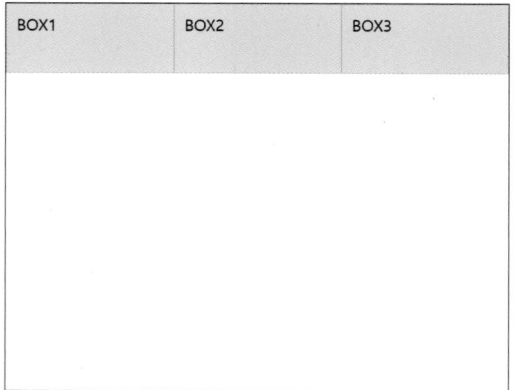

넘치는 요소를 아래로 쌓이도록 flex-wrap: wrap을 설정하고 align-content의 값을 space-between으로 설정하여
교차 축의 시작점과 끝점에 플렉스 아이템을 배치하고 나머지 요소들의 간격은 동일하게 합니다.

```
중략...

  <style>
    .parent{
      width: 500px;
      height: 400px;
      margin: 20px;
      border: 1px solid;
      display: flex;
      flex-wrap: wrap;
      align-content: space-between;
    }

중략...
```

align-content

BOX1	
BOX2	
BOX3	

15 order

플렉스 아이템에 설정하는 속성으로 아이템이 화면이 나타나는 순서를 변경합니다. HTML 코드는 수정하지 않고 CSS만으로도 순서를 변경할 수 있어 반응형에서 특히 유용한 속성입니다. Order 속성의 값은 양수, 음수 모두 적용할 수 있고, 같은 값을 지정하면 HTML 작성 순서로 화면에 표시되며, Order 속성의 값이 작을수록 먼저 표시됩니다.

Warming Up PART2 〉 04_CSS 〉 BASE 〉 26_order.html

```html
<!DOCTYPE html>
<html lang="en">
<head>
  <meta charset="UTF-8">
  <meta http-equiv="X-UA-Compatible" content="IE=edge">
  <meta name="viewport" content="width=device-width, initial-scale=1.0">
  <title>Order</title>
  <style>
    .parent{
      width: 600px;
      display: flex;
    }
    .parent div{
      width: 200px;
      height: 50px;
      background: #ebebeb;
      border: 1px solid #ccc;
      padding: 10px;
      text-transform: uppercase;
    }
  </style>
</head>
<body>
  <h1>order</h1>
  <div class="parent">
    <div>box1</div>
    <div>box2</div>
    <div>box3</div>
  </div>
</body>
</html>
```

order

BOX1	BOX2	BOX3

예제 파일에서 BOX3가 가장 먼저 나타나도록 순서를 설정해봅니다. 자식요소 중 마지막 요소의 order 값을 1로 설정하여 다른 요소보다 값이 작게 했습니다. 브라우저 화면을 확인하면 box3가 1번 순서로 표시된 것을 볼 수 있습니다.

```
중략...
    .parent div{
      width: 200px;
      height: 50px;
      background: #ebebeb;
      border: 1px solid #ccc;
      padding: 10px;
      text-transform: uppercase;
    }
    .parent div:nth-child(1){
      order: 2;
    }
    .parent div:nth-child(2){
      order: 3;
    }
    .parent div:nth-child(3){
      order: 1;
    }
  </style>
중략...
```

order

BOX3	BOX1	BOX2

스타일에서 두 번째 요소의 값만 음수로 변경하면 이번에는 두 번째 요소가 가장 앞으로 배치됩니다.

```
중략...
/*
    .parent div:nth-child(1){
      order: 2;
    }
*/

    .parent div:nth-child(2){
      order: -1;
    }

/*
    .parent div:nth-child(3){
      order: 1;
    }
*/
  </style>
중략...
```

order

BOX2	BOX1	BOX3

16 Flex-grow, flex-shrink, flex-basis

플렉스 박스에 여백이 있거나 넘칠 때 플렉스 아이템의 크기를 조절하여 배치할지를 결정하는 속성입니다.

Warming Up **PART2 〉 04_CSS 〉 BASE 〉 27_flex.html**

1. 예제 파일을 살펴보면 클래스명 shrink 안의 div 요소는 너비를 200px로 설정하여 부모 요소의 너비보다 넘치도록 한 상태입니다.

```html
<!DOCTYPE html>
<html lang="en">
<head>
  <meta charset="UTF-8">
  <meta http-equiv="X-UA-Compatible" content="IE=edge">
  <meta name="viewport" content="width=device-width, initial-scale=1.0">
  <title>Flex</title>
  <style>
    .parent{
      width: 400px;
      border: 1px solid;
      display: flex;
    }
    .parent div{
      width: 100px;
      height: 50px;
      background: #ebebeb;
      border: 1px solid #ccc;
      padding: 10px;
      box-sizing: border-box;
      text-transform: uppercase;
    }
    .shrink div{
      width: 200px;
    }
  </style>
</head>
<body>
  <h1>flex</h1>
  <h2>flex-grow</h2>
  <div class="parent">
    <div>box1</div>
    <div>box2</div>
    <div class="grow">box3</div>
  </div>
```

```
    <h2>flex-shrink</h2>
    <div class="parent shrink">
      <div>box1</div>
      <div>box2</div>
      <div>box3</div>
    </div>
    <h2>flex-basis</h2>
    <div class="parent">
      <div>box1</div>
      <div>box2</div>
      <div class="basis">box3</div>
    </div>
    <h2>flex</h2>
    <div class="parent all">
      <div>box1</div>
      <div>box2</div>
      <div>box3</div>
    </div>
  </body>
</html>
```

flex

flex-grow

BOX1	BOX2	BOX3	

flex-shrink

BOX1	BOX2	BOX3

flex-basis

BOX1	BOX2	BOX3	

flex

BOX1	BOX2	BOX3	

2. Flex-grow

Flex-grow 속성을 이용하여 빈 공간을 모두 채우도록 하겠습니다. Flex-grow의 값은 기본적으로 비율로 설정할
수 있습니다. 1은 모자란 공간 모두를 채워서 배치합니다. 즉, 1은 100%을 의미하며, 0.5는 50%를 의미합니다.
클래스명 grow 요소에 flex 속성의 값으로 0.5를 입력해봅니다.

```
<style>
  .parent{
    width: 400px;
    border: 1px solid;
    display: flex;
  }
  .parent div{
    width: 100px;
    height: 50px;
    background: #ebebeb;
    border: 1px solid #ccc;
    padding: 10px;
    box-sizing: border-box;
    text-transform: uppercase;
  }
  .shrink div{
    width: 200px;
  }
  .parent .grow{
    flex-grow: 0.5;
  }
</style>
```

flex-grow

BOX1	BOX2	BOX3	

다시 flex-grow의 값을 1로 변경하면 빈 공간의 100%를 모두 차지하여 배치됩니다.

```
<style>
  .parent{
    width: 400px;
    border: 1px solid;
    display: flex;
  }
  .parent div{
    width: 100px;
    height: 50px;
    background: #ebebeb;
    border: 1px solid #ccc;
    padding: 10px;
    box-sizing: border-box;
    text-transform: uppercase;
  }
  .shrink div{
    width: 200px;
  }
  .parent .grow{
    flex-grow: 1;
  }
</style>
```

flex-grow

BOX1	BOX2	BOX3

3. Flex-shrink

Flex-shrink 속성은 넘치는 플렉스 아이템의 크기를 줄여줍니다. 예제에서 클래스명 shrink의 자식요소는 너비가 200px로 설정되어 있어 3개 요소의 합은 부모 요소의 너비보다 큰 상태이고 현재는 flex-shrink 속성이 설정되어 있지 않지만 기본값인 1이 적용된 상태로 각각 조금씩 축소되어 넘치지 않고 배치된 상태입니다.

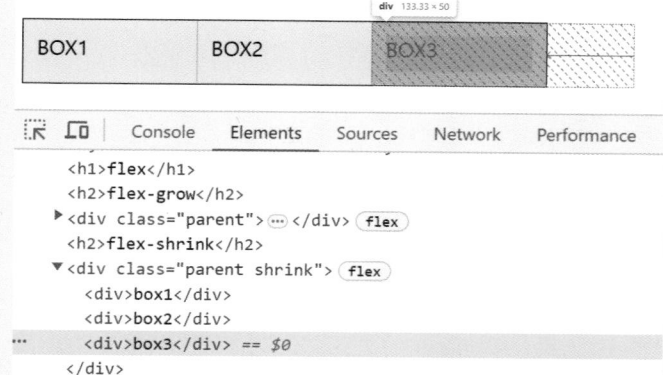

현재 화면을 개발자도구의 Elements 부분에서 box3에 마우스를 올려보면 해당 요소의 크기가 200px이 아니라 133.33px로 확인되고 있습니다. 각각의 플렉스 아이템은 부모의 너비 400px, 자식요소 전체의 너비는 600px이 므로 총 200px이 넘쳐서 표현되어야 하지만, flex-shrink의 기본값인 1이 설정되어 있어 flex-shrink의 값이 1:1:1의 비율로 설정된 값에서 각각 1/3의 비율로 축소된 상태입니다. 즉, 200px의 1/3(33.333%) 값인 66.6666px이 축소되어 133.33px로 설정되어 있습니다.

클래스명 shrink의 자식요소 중 마지막 요소에 flex-shrink의 값을 2로 설정합니다. 그러면 1:1:2의 비율이 되므로 첫 번째와 두 번째는 1/4의 비율(25%)이며, 넘치는 200px의 값에서 25%인 50px이 줄어서 150px의 너비로 보일 것입니다. 마지막 요소는 2/4의 비율(50%)이며 100px이 줄어서 100px로 보일 것입니다. CSS를 작성하고 브라우저 화면을 확인해봅니다.

```
<style>
  .parent{
    width: 400px;
    border: 1px solid;
    display: flex;
  }
  .parent div{
    width: 100px;
    height: 50px;
    background: #ebebeb;
    border: 1px solid #ccc;
    padding: 10px;
    box-sizing: border-box;
    text-transform: uppercase;
  }
```

```
    .shrink div{
      width: 200px;
    }
    .parent .grow{
      flex-grow: 1;
    }
    .shrink div:last-child{
      flex-shrink: 2;
    }
  </style>
```

200px의 25%가 축소된 플렉스 아이템

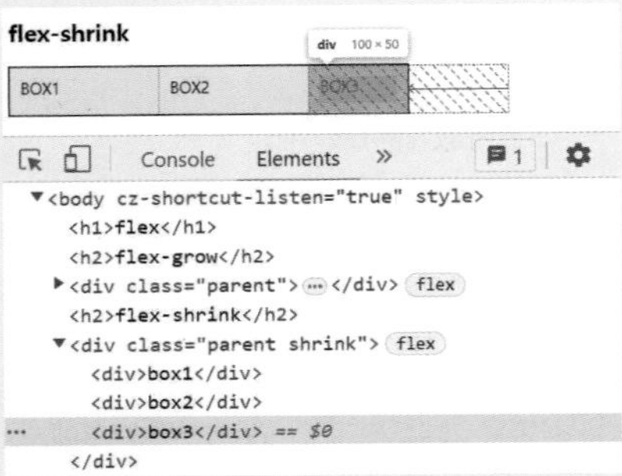

200px의 20%가 축소된 마지막 플렉스 아이템

4. Flex-basis

Flex-basis는 플렉스 아이템의 크기를 지정합니다. 기본값은 0으로서 플렉스 아이템 내부의 콘텐츠의 크기만큼 인식이 되고 auto와도 같은 값입니다. Flex-basis: 200px이면 플렉스 아이템의 너비를 200px로 지정한 것이며, flex-basis: 50%이면 부모요소의 너비 대비 50%를 지정한 것입니다.

```
중략...
    .shrink div{
        width: 200px;
    }
    .parent .grow{
        flex-grow: 1;
    }
    .shrink div:last-child{
        flex-shrink: 2;
    }
    .parent .basis{
        flex-basis: 180px;
    }
</style>
```

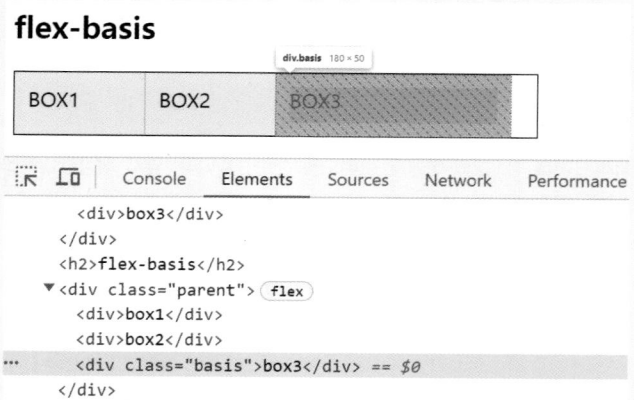

5. Flex

앞서 소개한 flex-grow, flex-shrink, flex-basis는 하나의 속성인 flex로 한꺼번에 지정할 수 있습니다. 예제 파일에서 클래스명 all의 자식요소에 flow-grow: 1, flex-shrink: 1, flex-basis: 0으로 각 속성의 기본값을 지정할 경우, flex: 1 1 0로 입력하면 같은 결과를 볼 수 있습니다.

```
중략...
    .parent .basis{
      flex-basis: 180px;
    }
    .all div{
      flex: 1 1 0;
    }
  </style>
```

flex-basis

BOX1	BOX2	BOX3	

flex

BOX1	BOX2	BOX3

Flex 속성을 이용하여 플렉스 아이템의 크기를 1:1:2의 비율로 보이도록 해보겠습니다. 앞서 작성한 .all div의 css는 주석처리하고 각 요소의 flex 속성을 각각 지정합니다.

```
중략...
    /*
    .all div {
        flex: 1 1 0;
    }
    */
    .all div:nth-child(1){
      flex: 1 1 0;
    }
    .all div:nth-child(2){
      flex: 1 1 0;
    }
    .all div:nth-child(3){
      flex: 2 1 0;
    }
  </style>
```

flex

BOX1	BOX2	BOX3

브라우저 화면을 확인하면 1:1:2의 비율로 크기가 설정된 것을 확인할 수 있습니다. 앞서 작성한 CSS에서 flex: 1 1 0의 값은 기본값을 제외하고 flex: 1로 축약해서 쓸 수 있습니다.

```
중략...
    /*
    .all div {
        flex: 1 1 0;
    }
    */
    .all div:nth-child(1){
        flex: 1;
    }
    .all div:nth-child(2){
        flex: 1;
    }
    .all div:nth-child(3){
        flex: 2;
    }
</style>
```

너비를 설정하는 flex 설정은 트랜지션 속성과 함께 설정하면 독특한 애니메이션을 설정할 수 있습니다. 클래스명 all의 자식 요소에 작성했던 크기를 다시 1:1:1로 설정하고 마우스를 올린 요소만 2로 늘어나도록 스타일을 작성합니다.

```
.parent .basis{
  flex-basis: 180px;
}
/*
.all div {
  flex: 1 1 0;
}
.all div:nth-child(1){
  flex: 1;
}
.all div:nth-child(2){
  flex: 1;
}
.all div:nth-child(3){
  flex: 2;
}
*/
.all div{
  flex: 1;
  transition: 0.5s;
}
.all div:hover{
  flex: 2;
}
</style>
```

기존의 스타일은 주석처리하고 div 요소에 마우스를 올렸을 때 flex 속성의 값을 2로 설정하고 flex 값이 전환되는 과정이 보이도록 transition을 설정했습니다. 이제 브라우저에서 플렉스 아이템에 마우스를 올리면 그 요소의 너비가 늘어나고 나머지 요소들의 너비는 축소됩니다.

flex

BOX1	BOX2	BOX3

5

Javascript 핵심

자바스크립트는 객체 기반의 스크립트 프로그래밍 언어로써 웹 브라우저 내에서 주로 사용되며, 웹페이지에 다양한 동적 효과를 구현합니다. 웹디자인기능사 시험에서는 변수, 함수, 객체, 배열, 연산자, 조건문, 반복문 등 기초 문법을 활용하는 문제가 주로 출제되므로 핵심 기능만 숙지하도록 합니다.

01 자바스크립트 문법 및 실행방법

1 문법

표현식은 값을 만들어내는 것을 말합니다.

> 예 346, 10 + 44 /3, "Test"

문장은 하나 이상의 표현식이 모인 것을 말합니다. 문장을 끝맺을 때는 세미콜론(;)을 기술합니다.

> 예 346; 10 + 44 /3; var test = "Test", alert('hello world');

2 주석

Javascript에서 주석 처리 방법은 다음과 같습니다. 주석 처리에서 주의할 점은 주석을 중첩해서 사용할 수 없다는 것입니다.

가능한 주석	불가능한 주석
// 한 줄 주석	
/* 여러 줄 주석입니다. */	/* 주석 /* 중첩된 주석은 쓸 수 없습니다 */ */
/* // 주석 여러 줄 주석입니다. */	

인라인 스크립트	`<button onclick="alert('hello world');">` 클릭하세요. `</button>`
	인라인 스크립트 방식은 태그에 직접 스크립트를 작성하는 것을 말합니다. 하지만 이 방법은 HTML, CSS, Javascript를 모두 구분하여 작성해야 한다는 웹표준 규칙을 어기는 비효율적인 방법입니다.
내부 스크립트	```<script> alert('hello world'); </script>```
	내부 스크립트 방법은 Script 태그 내에 코드를 작성하는 방식으로 Script 태그는 Head, Body 태그 어느 부분에든 작성할 수 있으며 해당 페이지에서만 작동하는 스크립트를 추가할 때 유용합니다.
외부 스크립트	```<script src="01_main.js"></script> <script src="https://cdnjs.cloudflare.com/ajax/libs/moment.js/2.29.4 /moment.min.js"></script>```
	자체 서버에 있는 스크립트 파일을 불러오거나 외부 서버의 파일을 불러오는 방식을 말하며, 이 방식은 해당 스크립트의 내용이 현재 작성 중인 파일 외에 다른 페이지에서도 공통으로 로드되어야 할 때 유용합니다.

02 **식별자**

식별자는 변수명, 함수명과 같은 이름을 붙일 때 사용하는 단어를 말합니다. 한글, 한자, 일본어 등 모든 언어를 사용할 수 있습니다. 식별자는 숫자로 시작할 수 없고, 특수문자는 밑줄(_) 또는 달러 기호($)로 시작해야 합니다. 숫자를 사용하려면 식별자명 뒤에 사용할 수 있습니다.

사용 가능	사용 불가능
beta	
beta10	break
_beta	22beta
$beta	Beta test
BETA	

사용 불가능한 변수명에서 break는 앞서 설명한 규칙에는 부합하지만 사용할 수 없습니다. 그 이유는 해당 변수명은 Javascript에서 사용하는 예약어이기 때문입니다. 예약어는 아래의 표를 참고해주세요.

abstract	arguments	await*	boolean
char	class*	break	byte
case	catch	const	continue
debugger	default	delete	do
double	else	enum*	eval

(*표는 ECMAScript 5, 6에서 새롭게 추가됨)
참고: https://www.w3schools.com/js/js_reserved.asp

Plus @

예약어를 피하는 방법
예약어를 피하는 가장 쉬운 방법은 특수 문자를 활용하는 것입니다. 식별자 앞에 $ 또는 _를 붙여줍니다.
예 $break, _new

03 변수

Javascript에서 변수를 선언하는 방법은 세 가지가 있습니다. ECMAScipt 6 이후부터는 let 및 const를 이용한 변수 작성이 일반적입니다.

var	변수를 선언하고 동시에 값을 초기화합니다.
let	블록 범위의 지역 변수를 선언하고 동시에 값을 초기화합니다.
const	블록 범위의 상수를 선언합니다

Plus @

ECMASript란?
ECMAScript는 표준화된 스크립트 프로그래밍 언어로서, 자바스크립트를 표준화하기 위해 만들어졌습니다. ECMAScript는 웹의 클라이언트 사이드 스크립트로 많이 사용되며 Node.js를 사용한 서버 응용 프로그램 및 서비스에도 점차 많이 쓰이고 있습니다. ECMAScript는 버전이 있으며 크게 ES2015라 불리는 2015년 6월에 개정된 버전과 ECMAScript 2016으로 일명 ES6 버전을 이후로 현재 ES2020 버전까지 발표된 상황입니다. 버전별로 새롭게 생성된 함수 및 속성들이 존재합니다.
출처 및 참조 : https://www.ecma-international.org/

1 변수 지정

프로그래밍을 할 때 변수를 잡는 이유는 프로그래밍을 하면서 지속적으로 사용해야 하는 값들을 저장해 놓고 필요할 때 재사용하거나 지정한 값을 수정하면서 프로그램을 효율적으로 작성할 수 있기 때문입니다.

```
let 변수명 = 값;
```

2 변수 타입

자바스크립트는 엄격한 타입 체크 언어인 C언어, Java와는 다르게 변수에 어떤 값이 저장되는가에 따라 해당 변수의 타입이 결정됩니다. 크게 기본 타입과 참조 타입으로 나누어집니다.

❶ 기본 타입
- 원시 데이터로 더이상 단순화할 수 없는 값
- 데이터 및 정보의 가장 단순한 형태
- 기본 타입의 종류

종류	설명	예시
숫자	숫자를 저장	`let x = 60;`
문자	문자는 따옴표 안에 저장	`let str = "javascript"`
불리언 값 (Boolean)	참(True), 거짓(False) 값을 저장	`let bool = true;`
Null	아무런 값도 가지지 않는 값	`let n = null;`
Undefined	값을 할당(저장)하지 않았을 때	`let u;`

❷ 참조 타입
- 다른 여러 값으로 구성된 복합 값
- 기본 타입 외의 모든 타입으로 객체
- 참조 타입의 종류

종류	설명	예시
객체(Object)	변수와 메서드를 한곳에 모아주는 꾸러미 역할	`let obj = New Object();`
배열(Array)	여러 개의 데이터를 원소로 가질 수 있는 데이터 집합	`let arr = new Array();`

함수(Function)	실행할 구문을 미리 정의해 놓고 호출하여 사용하는 실행부	`function sum(a,b){`
		`let c = a + b;`
		`}`

함수는 어떤 작업을 수행하거나 값을 계산하는 문장 집합을 말하며, 필요에 따라 재사용하고자 할 때 생성합니다. 내장함수는 자바스크립트 엔진에 내장된 함수를 말합니다. 함수는 개발자가 함수를 선언하고 호출해야만 함수 내 실행문을 실행할 수 있지만, 내장함수는 함수 선언 없이 단지 호출만으로 함수를 사용할 수 있습니다.

1 내장함수의 예시

parseInt( ): 문자형 데이터를 정수형 데이터로 변경
parseFloat( ): 문자형 데이터를 실수형 데이터로 변경
String( ): 문자형 데이터로 변경
Number( ): 숫자형 데이터로 변경
Boolean( ): 논리형 데이터로 변경

2 사용자 정의함수

함수의 구조는 크게 입력, 할 일, 출력 세 가지로 구성됩니다. 입력 값은 여러 개가 될 수 있고, 입력 값이 없을 수도 있습니다. 입력되는 값은 매개변수(Parameter)라고 하며 전달인자(Argument)는 함수를 실행할 때 넘겨지는 값을 말합니다.

함수 기본 구조
function 함수명( ) { }

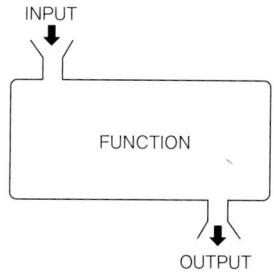

다음 스크립트를 확인하면 매개변수 2개를 가지고 합산하여 출력하는 add 함수를 생성하고, 해당 함수의 결과를 화면에 출력하고 있습니다.

```
<!DOCTYPE html>
<html lang="en">
<head>
    <meta charset="UTF-8">
    <meta http-equiv="X-UA-Compatible" content="IE=edge">
    <meta name="viewport" content="width=device-width, initial-scale=1.0">
    <title>함수 구조</title>
</head>
<body>
    <h1>함수 구조</h1>
    <script>
        function add(a, b) { //a,b 매개변수(parameter)
            let sum = a + b;
            return sum;
        }
        let result=add(10, 30); //10, 30 전달 인자(argument)
        document.write(resule);
    </script>
</body>
</html>
```

출력화면

함수 구조

40

객체는 변수와 함수가 모여 만든 하나의 꾸러미로, 함수보다 더 복잡하고 정교한 데이터들을 하나의 객체 안에 담아서 활용할 수 있습니다.

객체		변수		함수
(Object)	=	(Property)	+	(Method)

객체는 Object라고 하고 객체 안의 변수는 Property, 함수는 Method라고 부릅니다. 새로운 객체를 만드는 문법은 다음과 같습니다.

문법
```
let 객체명 = new Object( )
let 객체명 = { };
```

다음 코드의 s1이라는 객체에는 kor, eng, math, total이라는 Property가 있고, 각 Property에는 숫자뿐만 아니라 함수도 포함되어 있으며, s1.total( ) 식으로 객체 내 함수를 실행하여 출력하고 있습니다.

```html
<!DOCTYPE html>
<html lang="en">
<head>
    <meta charset="UTF-8">
    <meta http-equiv="X-UA-Compatible" content="IE=edge">
    <meta name="viewport" content="width=device-width, initial-scale=1.0">
    <title>객체</title>
</head>
<body>
    <h1>객체</h1>
    <script>
        /*
        let s1 = {}; //빈 객체 생성 후 값 추가
        s1.kor = 100;
        s1.eng = 90;
        s1.math = 80;
        */
        let s1 = { //객체 생성과 동시에 값 생성
            kor: 100,
            eng: 90,
            math: 80,
            total: function(){
                let sum = this.kor + this.eng + this.math
                return sum;
            }
        }
        document.write(s1.total());
    </script>
</body>
</html>
```

출력화면

```
← → C ① 127.0.0.1:5500/03_객체.html
```

객체

270

배열은 비슷한 성격의 여러 데이터를 한 저장소에 저장해 놓고 필요한 경우 데이터를 꺼내서 사용할 때 생성합니다.

문법

let 배열명 = new Array( );

let 배열명 = [ ];

Warming Up **PART2 > 05_javascript > 04_배열.html**

예제 파일 [04_배열.html]의 코드를 확인하고 개발자 도구 [Console] 창을 확인해봅니다. 빈 배열을 생성한 후 값을 추가할 수도 있고, 생성과 동시에 값을 추가하는 방법도 있습니다. 배열의 모든 값을 확인할 때는 ❶ 배열명을 출력하고, 배열에서 일부 값을 출력할 때는 값(원소)의 ❷ 고유 인덱스 번호로 호출하여 출력합니다. 인덱스 번호는 0부터 시작합니다. ❸ 배열의 개수 Length 메서드로 출력합니다.

```
<!DOCTYPE html>
<html lang="en">
<head>
    <meta charset="UTF-8">
    <meta http-equiv="X-UA-Compatible" content="IE=edge">
    <meta name="viewport" content="width=device-width, initial-scale=1.0">
    <title>배열</title>
</head>
<body>
    <h1>배열</h1>
    <script>
        /*
        //배열 생성 방법 1 - 빈 배열 생성 후 값 추가
        let frontLangs = [];
        frontLangs[0] = 'HTML';
        frontLangs[1] = 'CSS';
        frontLangs[2] = 'Javascript';
        console.log(frontLangs); //배열값 출력
        */
        //배열 생성 방법 2 - 배열 생성과 동시에 값 추가
        let frontLangs= ['HTML', 'CSS', 'Javascript'];

        console.log(frontLangs); //❶ 배열 전체값 출력

        //❷ 배열의 일부 출력
        console.log(frontLangs[1]);

        //❸ 배열 내 값의 개수 출력
        console.log(frontLangs.length);
    </script>
</body>
</html>
```

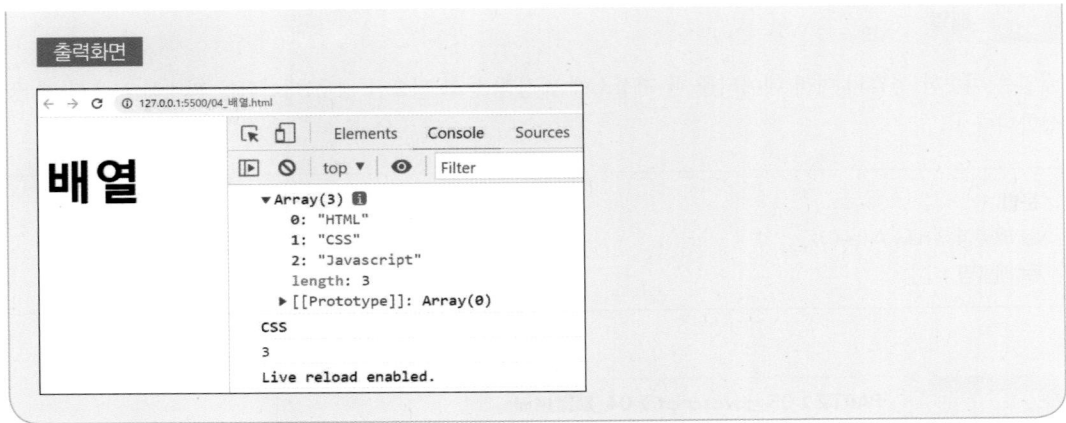

07 연산자

산술 연산자는 숫자의 연산이 필요한 경우 사용합니다.

+, −, *, /	더하기, 빼기, 곱하기, 나누기
+	문자 이후에 문자 또는 숫자는 이어서 붙여줌
%	나누기 연산 후 나머지 값
++	1씩 증가
− −	1씩 감소
+ =, − +, *=, /=, %=	연산과 동시에 값을 할당

1. 다음 코드를 입력 후 확인합니다.

```html
<!DOCTYPE html>
<html lang="en">
<head>
    <meta charset="UTF-8">
    <meta http-equiv="X-UA-Compatible" content="IE=edge">
    <meta name="viewport" content="width=device-width, initial-scale=1.0">
    <title>연산자</title>
</head>
<body>
    <h1>연산자</h1>
    <h2>산술 연산자</h2>
    <script>
        //+, -, *, /
        let num1 = 100;
        let num2 = 30;
        console.log(num1+num2);
        console.log(num1-num2);
        console.log(num1*num2);
        console.log(num1/num2);
        console.log(num1%num2);
    </script>
</body>
</html>
```

출력화면

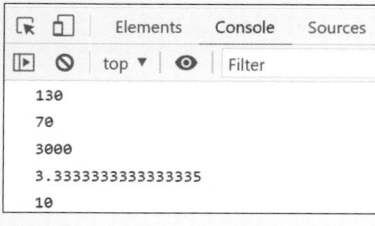

```
130
70
3000
3.3333333333333335
10
```

2. 숫자와 문자의 연산

연산자에 따라 자동으로 자료형이 변경될 때 우선순위가 더하기 연산자일 경우는 문자열이 우선되고, 더하기를 제외한 나머지 사칙 연산자에서는 숫자가 우선시됩니다.

```
중략...
        console.log(num1%num2);
    </script>
    <h2>숫자와 문자의 연산</h2>
    <script>
        console.log(10+20);
        console.log('문자'+20);
        console.log('10'+20);
        console.log(10+'20');
        console.log('10'*20);
        console.log(10-'20');
        console.log(10/'20');
    </script>
</body>
</html>
```

출력화면

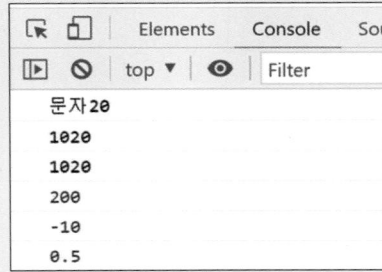

1 기본 조건문

조건문은 주어진 조건이 참인지 거짓인지 판별하여 다음 일을 처리합니다. 조건문의 기본 구조를 살펴보겠습니다. 조건문의 기본 구조는 if 문장 다음에 조건을 기술하고 그 조건이 참일 때 처리할 내용을 다음 중괄호 안에 기술합니다. 해당 조건이 거짓일 때 처리할 내용은 else 다음 중괄호 안에 기술합니다.

```
문법
If(조건){
    참일 때 할 일;
} else {
    거짓일 때 할 일;
}
```

Warming Up PART2 > 05_javascript > 06_조건문.html

1. 다음 스크립트를 확인한 후 브라우저를 확인합니다.

```
중략...
    <title>조건문</title>
</head>
<body>
    <h1>조건문</h1>
    <h2>기본 조건문 if</h2>
    <script>
        let a = 10;
        let b = 20;
        if(a < b) {
            document.write('a가 b보다 작다.')
        }

    </script>
    <hr>
중략...
```

출력화면

조건문
기본 조건문 if
a가 b보다 작다.

2. 다음 스크립트를 확인한 후 브라우저를 확인합니다. 조건의 결과가 거짓이므로 else 이후의 코드가 실행되고 있습니다.

```
중략...
    <hr>
    <h2>if else</h2>
    <script>
        if(a > b) {
            document.write('a가 b보다 크다.');
        } else {
            document.write('a가 b보다 작다.');
        }
    </script>
    <hr>

중략...
```

출력화면

if else

a가 b보다 작다.

2 비교연산자

조건문에서는 비교연산자로 조건을 작성해야 하기 때문에 필수로 숙지해야 합니다. 우선 용어부터 설명하면 비교연산자 앞뒤의 값들을 피연산자라고 합니다.

<	왼쪽 피연산자의 값이 오른쪽 피연산자의 값보다 작으면 참을 반환한다.
>	왼쪽 피연산자의 값이 오른쪽 피연산자의 값보다 크면 참을 반환한다.
<=	왼쪽 피연산자의 값이 오른쪽 피연산자의 값보다 작거나 같으면 참을 반환한다.
>=	왼쪽 피연산자의 값이 오른쪽 피연산자의 값보다 크거나 같으면 참을 반환한다.
!=	왼쪽 피연산자와 오른쪽 피연산자의 값이 같지 않으면 참을 반환한다.
==	왼쪽 피연산자와 오른쪽 피연산자의 값이 같으면 참을 반환한다.
===	왼쪽 피연산자와 오른쪽 피연산자의 값이 같고, 같은 타입이면 참을 반환한다.
!==	왼쪽 피연산자와 오른쪽 피연산자의 값이 같지 않거나, 타입이 다르면 참을 반환한다.

다음 코드를 보면 각각 값은 같지만 자료형이 다른 값을 비교하고 있습니다. 브라우저 화면을 보면 1을 비교한 조건문은 결과에서 두 값이 같다고 나오고, 2를 비교한 조건문의 결과는 같지 않다고 출력된 것을 볼 수 있습니다. 첫 번째 조건문이 같다고 나온 이유는 둘 다 값만 따지고 보았을 때 1을 나타내고 있기 때문입니다. 하지만 두 번째 조건문이 값이 다른 이유는 좌우 피연산자가 같은 2를 나타내고 있지만 두 값의 데이터 타입이 다르기 때문입니다.

```
중략...
<script>
    if(1 != '1') {
        document.write('두 값은 같지 않다');
    } else {
        document.write('두 값은 같다');
    }
</script>
<hr>
<script>
    if(2 !== '2') {
        document.write('두 값은 같지 않다');
    } else {
        document.write('두 값은 같다');
    }
</script>
중략...
```

출력화면

비교연산자

두 값은 같다

두 값은 같지 않다

반복문을 이용하면 반복적으로 실행해야 할 구문을 줄여서 효율적으로 코드를 작성할 수 있습니다.

1 for 반복문

반복문 중 가장 일반적으로 많이 사용되는 구조입니다.

문법
for(초기문; 조건문; 증감문) {
        //반복될 구문
}

---

❶ 초기문 : 초깃값을 설정합니다.

❷ 조건문 : 언제까지 반복할지 조건문을 설정합니다.

❸ 증감문 : 반복문을 수행하고 초깃값을 늘리거나 줄이는 문장을 설정합니다.

Warming Up 🖋 PART2 〉 05_javascript 〉 08_반복문.html

```
중략...
    <h2>for 반복문</h2>
    <script>
        for(var i=0; i<=10; i+=2) {
            document.write(i+'<br>');
        }
    </script>
중략...
```

출력화면

---
for 반복문

0
2
4
6
8
10

---

2 while 반복문

Warming Up PART2 > 05_javascript > 08_반복문.html

```
중략...
    <h2>while 반복문</h2>
    <script>
        let x=0;
        while(x<=10) {
            document.write(x+'<br>');
            x+=2;
        }
    </script>
중략...
```

출력화면

while 반복문

0
2
4
6
8
10

3 forEach 반복문

forEach 반복문은 배열의 요소에서만 가능합니다.

Warming Up 〉 PART2 〉 05_javascript 〉 08_반복문.html

예제 파일 [08_반복문.html]을 확인합니다.

```
중략...
<h2>forEach 반복문</h2>
<script>
    let arr = ['a', 'b', 'c', 'd', 'e'];
    arr.forEach(function(item, index, all) {
        document.write(item+'는 전체 배열 '+all+'에서 '+index+'번째 값입니다'+'<br>');
    });
</script>
중략...
```

출력화면

forEach 반복문

a는 전체 배열 a,b,c,d,e에서 0번째 값입니다
b는 전체 배열 a,b,c,d,e에서 1번째 값입니다
c는 전체 배열 a,b,c,d,e에서 2번째 값입니다
d는 전체 배열 a,b,c,d,e에서 3번째 값입니다
e는 전체 배열 a,b,c,d,e에서 4번째 값입니다

09 타이머

자바스크립트에서 시간을 이용하여 효과를 구현하려면 두 가지 함수를 숙지해야 합니다. 하나는 시간을 한번 세팅하고 그 시간이 소모되면 특정 작업을 수행하는 것이고, 다른 하나는 일정 시간을 세팅하고 그 시간이 소모될 때마다 특정 작업을 수행하는 것입니다.

1 setTimeout

문법

setTimeout(할 일, 시간);

---

❶ 할 일 = 함수 = function( ){ }
❷ 시간은 millisecond 천분의 1초, 1000 = 1초

Warming Up **PART2 > 05_javascript > 09_타이머.html**

예제 파일 [09_타이머.html]을 오픈하고 브라우저 화면을 확인합니다. 스크립트가 로드되고 4초가 소진되면 '반갑습니다'라는 경고 문구가 출력됩니다. 그리고 이후 clearTimeout으로 멈추기 위해서는 이름이 있어야 하므로 변수명 timer에 할당한 상태입니다.

```
중략...
<h1>타이머</h1>
<h1>setTimeout</h1>
<script>
    let timer = setTimeout(function(){
        alert('반갑습니다');
    }, 4000);
    // clearTimeout(timer);
</script>
중략...
```

출력화면

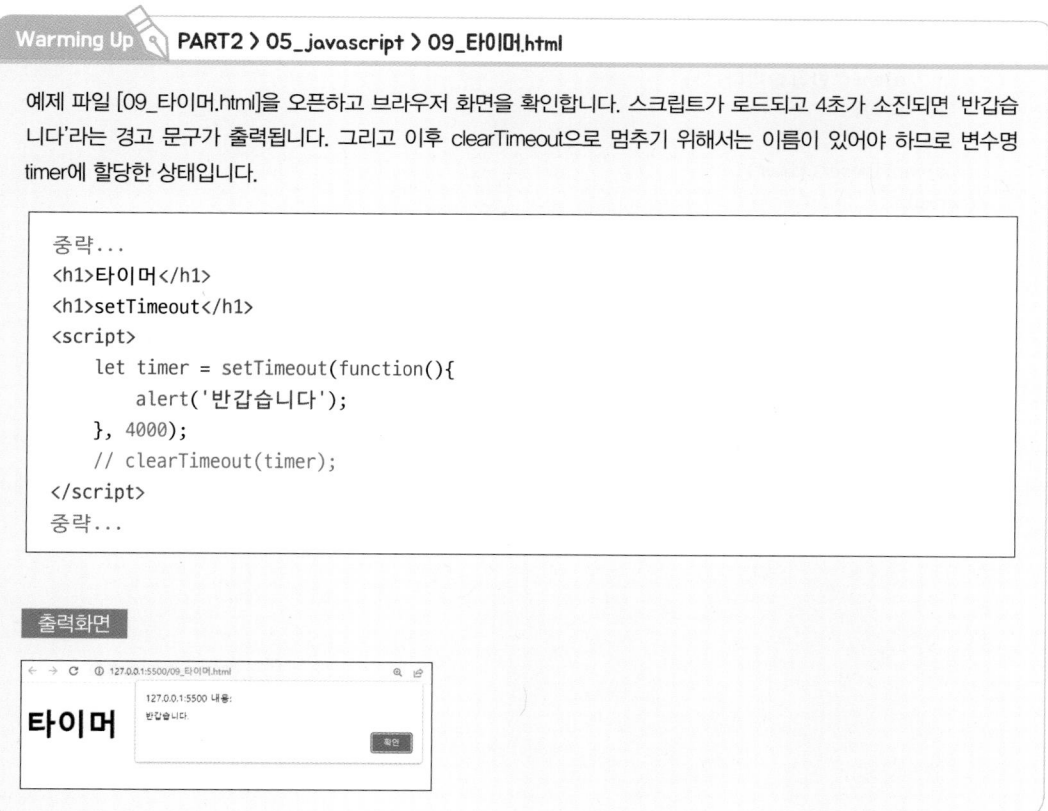

2 clearTimeout

setTimeout 함수로 지정한 할 일을 특정 상황에 따라 멈춰야 하는 경우가 있습니다. 이때 사용하는 함수가 clearTimeout입니다. clearTimeout(대상);clearTimeout 함수의 들어가는 매개변수로는 멈추고자 하는 대상의 이름이 있어야 합니다.

문법
clearTimeout(대상);

Warming Up 🖉 **PART2 > 05_javascript > 09_타이머.html**

다음과 같이 주석 처리되어있던 clearTimeout을 활성화하고 브라우저 화면을 확인하면 4초가 지나도 경고창은 나타나지 않습니다.

```
중략...
<script>
    let timer = setTimeout(function(){
        alert('반갑습니다.');
    }, 4000);

    clearTimeout(timer);
</script>
중략...
```

3 setInterval

setTimeout이 시간을 한 번 세팅하고 그 시간이 소진되면 지정한 코드를 실행하는 반면, setInterval은 일정 시간마다 반복적으로 지정한 코드를 실행할 수 있습니다. setInterval은 웹디자인기능사 시험에서 슬라이드가 자동으로 전환되는 효과를 구현할 때 필수 테크닉이므로 숙지하시기 바랍니다.

다음 코드를 브라우저 화면에서 확인하면 4초가 지날 때마다 경고창이 뜨고, 경고창의 확인을 클릭해서 닫아도 반복해서 경고창이 뜹니다. 주석처리되어 있는 clearInterval 라인을 다시 활성화하면 더이상 경고창이 뜨지 않게 됩니다.

```
<body>
  <h1>SetInterval</h1>
  <script>
    let interval = setInterval(function(){
        alert('반갑습니다.');
    }, 4000);
    //clearInterval(interval);
  </script>
</body>
```

11 수학 연산

Javascript에서 숫자를 다룰 때 필수 함수인 Math에 대해 살펴보겠습니다.

1 대표적인 함수

함수	설명	예시
Math.abs	숫자를 절댓값(양수)으로 반환	Math.abs(-7.5); 결과 : 7.5
Math.ceil	소수점을 무조건 올려서 반환	Math.ceil(7.1); 결과 : 8
Math.floor	소수점을 무조건 내려서 반환	Math.floor(7.6); 결과 : 7
Math.round	소수점을 반올림하여 반환	Math.round(7.6); 결과 : 8 Math.round(7.4); 결과 : 7
Math.random	0에서 1 사이의 난수를 반환	

2 난수 생성하기

Math.random을 활용하여 지정한 숫자 이하로만 출력되는 난수를 생성합니다.

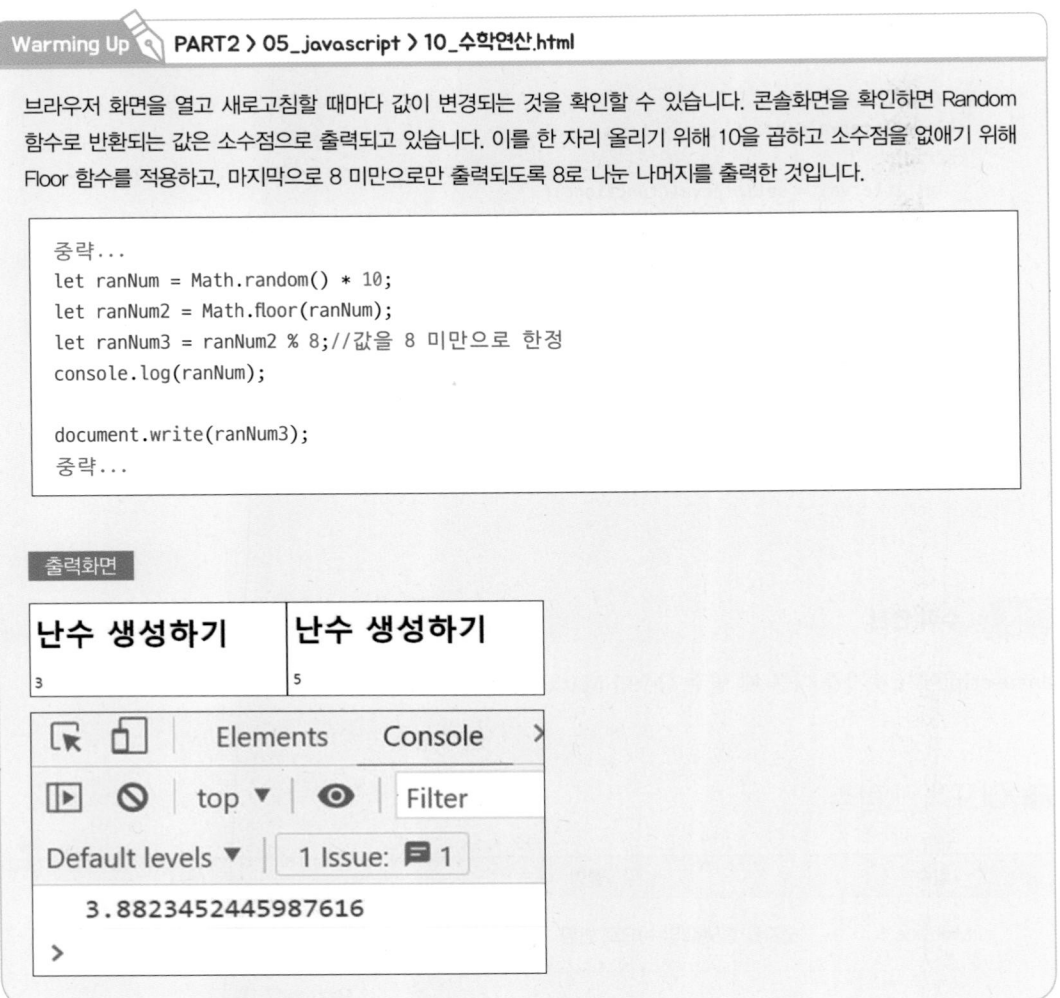

브라우저 화면을 열고 새로고침할 때마다 값이 변경되는 것을 확인할 수 있습니다. 콘솔화면을 확인하면 Random 함수로 반환되는 값은 소수점으로 출력되고 있습니다. 이를 한 자리 올리기 위해 10을 곱하고 소수점을 없애기 위해 Floor 함수를 적용하고, 마지막으로 8 미만으로만 출력되도록 8로 나눈 나머지를 출력한 것입니다.

```
중략...
let ranNum = Math.random() * 10;
let ranNum2 = Math.floor(ranNum);
let ranNum3 = ranNum2 % 8;//값을 8 미만으로 한정
console.log(ranNum);

document.write(ranNum3);
중략...
```

출력화면

난수 생성하기　난수 생성하기
3　　　　　　5

Elements　Console

top ▼ 　 👁 　 Filter

Default levels ▼ 　 1 Issue: 🚩 1

3.8823452445987616

>

CHAPTER

6

jQuery 핵심

JavaScript를 통해 웹페이지의 다양한 동적 효과를 구현할 때 브라우저의 종류마다, 브라우저의 버전별로 각기 지원하는 방식과 지원 유무가 달라서 같은 효과라도 버전에 맞춰 브라우저에 맞춰 별도로 개발해야 하는 불편함이 있었습니다. 이에 2006년 미국의 SW개발자 존 레식(John Resig)은 "Write Less, Do More(적게 작성하고 많은 것을 하자)"는 모토로 오픈소스 기반의 자바스크립트 라이브러리인 jQuery를 개발하게 되었습니다.

하지만 최근 브라우저들이 웹표준을 준수하며 꾸준히 발전하면서 순수 자바스크립트로 개발해도 브라우저 호환성에 문제가 없는 수준이 되었습니다. 또한, 제이쿼리와 같은 라이브러리를 통해서만 구현 가능했던 편의 기능들이 브라우저에서 기본 API로 제공되고 있어 더더욱 별도의 라이브러리를 사용할 이유가 사라지고 있습니다.

결론적으로 제이쿼리의 인기는 예전과 다르지만 여전히 높은 점유율을 보이고 있으며, 제이쿼리는 더욱 가볍게 진화하고 브라우저 호환기능을 강화하는 방향으로 개발되고 있습니다. 조만간 차기 버전(4.x)을 통해 여전히 그 위력을 유지할 것으로 기대됩니다. '지금도 제이쿼리를 배워야 하는가'라는 물음표를 가지고 있다면 망설임 없이 '그렇다'라고 답할 수 있습니다. 하지만 변화하는 추세에 대응하기 위해서는 JavaScript의 기본기를 튼튼히 하고 추가로 React, vue.js 등의 프론트엔드 프레임워크에 대한 학습도 이어서 할 것을 권장합니다.

그러면 본격적으로 jQuery를 이용한 다양한 UI/UX 효과를 구현하기 위해 필요한 기본 문법, 요소 선택, 이벤트 적용 및 다양한 애니메이션 구현에 대해 학습해보도록 하겠습니다.

jQuery 문법에 앞서 jQuery 라이브러리의 특징을 살펴봅니다.

> - 문법이 간결하다.
> - 사용하기 쉽다.
> - 빠르게 배울 수 있다.
> - 다양한 플러그인이 존재한다.
> - 브라우저 호환성 문제를 해결해준다.

jQuery 라이브러리의 가장 큰 특징은 문법이 간결하고 빠르게 배울 수 있다는 점입니다. 문법이 간결하다는 것은 이후 선택자에서도 학습하겠지만, 순수 자바스크립트보다 짧은 구문을 통해 효과들을 구현할 수 있다는 것입니다. 또한 빠르게 배울 수 있다는 것은 웹페이지의 요소를 선택하고 그 선택한 요소의 조작을 하는 것이 jQuery, Javascript가 하는 주된 역할인데, 이때 요소를 선택하는 방법에서 우리가 앞서 학습한 CSS 선택자를 그대로 사용할 수 있으므로 반은 이미 알고 시작할 수 있다는 것입니다.

> **제이쿼리, 자바스크립트가 하는 일**
> - HTML에서 요소(Element)를 찾는다.
> - 찾은 요소를 조작한다.

예를 들어 웹문서에서 h1요소를 선택하여 배경색을 Blue로 변경하는 것을 Javascript와 jQuery로 비교하면 다음과 같습니다.

구분	문법
JavaScript	`document.getElementsByTagName('h1')[0].style.background = 'blue';`
jQuery	`$('h1').css({background:'blue'});`

jQuery 문법이 Javascript 문법에 비해 훨씬 짧은 것을 확인할 수 있습니다. 하지만 여기에서 주목할 것은 우리가 사용하는 웹브라우저는 jQuery 문법은 이해하지 못한다는 것입니다.

다음 코드를 브라우저에서 오픈하고 F12 를 눌러 개발자도구의 Console 창을 보면 '$ is not defined'라는 문구가 출력된 것을 볼 수 있습니다. '$라는 변수 또는 함수는 정의되어 있지 않다'는 의미입니다. $(달러사인)으로 요소를 선택하는 방법은 순수 Javascript에 없는 문법이기 때문입니다. 이를 해결하기 위해서는 $(달러사인)으로 선택한 것을 웹 브라우저가 인식할 수 있는 기존 Javascript 문법으로 변환해야 합니다. 그것을 jQuery 라이브러리가 해주는 것입니다.

```html
<!DOCTYPE html>
<html lang="en">
<head>
    <meta charset="UTF-8">
    <meta http-equiv="X-UA-Compatible" content="IE=edge">
    <meta name="viewport" content="width=device-width, initial-scale=1.0">
    <title>javascript vs. jQuery</title>
</head>
<body>
    <h1>DOM Manipulation</h1>
    <script>
        //document.getElementsByTagName('h1')[0].style.background = 'blue';
        $('h1').css({
            background:'blue'
        });
    </script>
</body>
</html>
```

출력화면

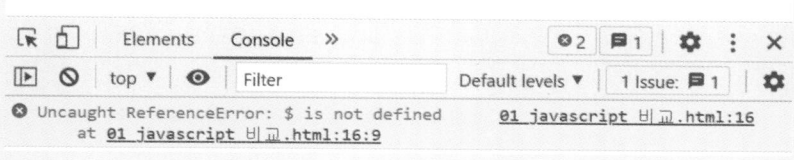

웹디자인기능사 시험에서는 jQuery를 파일로 제공해주기 때문에 HTML에서 로드만 하면 됩니다. 실무에서는 웹사이트 https://releases.jquery.com/에서 소스를 다운로드하거나 CDN 방식으로 주소를 복사하여 로드할 수 있습니다.

라이브러리의 종류별 특징은 다음과 같습니다.

구분	문법
uncompressed	모든 기능을 제공하며, 압축되어 있지 않은 라이브러리(공백, 주석 등이 그대로 있음)
minified	모든 기능을 제공하며, 공백 주석없이 코드를 압축한 버전으로 용량이 좀더 작음
slim	일부 기능(fn.extend, fn.laod, ajaxSetting, easing)이 제거된 슬림 버전의 비압축본
slim minified	일부 기능(fn.extend, fn.laod, ajaxSetting, easing)이 제거된 슬림 버전의 압축본

코드를 오픈하고 브라우저 화면을 보면 제목의 색상이 변경되어 있고, 개발자 도구의 콘솔에도 에러가 나타나지 않고 있는 것을 확인할 수 있습니다. 이때 스크립트는 되도록 Body 태그가 닫히기 전 위치에서 작성하는 것이 좋습니다. jQuery는 HTML, CSS가 모두 반영된 후 동적요소를 담당하는 파일이므로 Head 태그 내에서 로드하는 것보다는 모든 내용과 스타일이 반영된 후에 로드되는 것이 웹페이지의 로딩속도를 빠르게 할 수 있기 때문입니다.

```html
<!DOCTYPE html>
<html lang="ko">
<head>
    <meta charset="UTF-8">
    <meta http-equiv="X-UA-Compatible" content="IE=edge">
    <meta name="viewport" content="width=device-width, initial-scale=1.0">
    <title>jQuery 로드하기</title>
</head>
<body>
    <h1>jQuery 로드하기</h1>

    <script src="./js/jquery-3.6.1.min.js"></script>
    <script>
        $('h1').css({
            color:'blue'
        });
    </script>
</body>
</html>
```

출력화면

스타일이 변경된 화면

← → C ⓘ 127.0.0.1:5500/02_jQuery_로드.html

jQuery 로드하기

에러가 출력되지 않은 콘솔

jQuery 로드하기

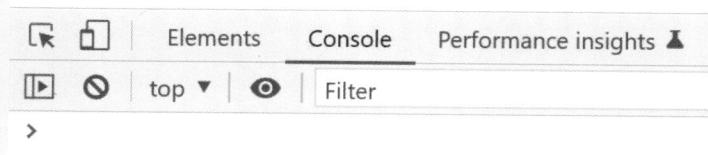

🔍 🗗 | Elements | Console | Performance insights 🧪

▶️ 🚫 | top ▼ | 👁 | Filter

>

1 선택자

jQuery에서 요소를 선택하는 방법은 $(달러사인) 안에 선택하고자 하는 요소를 기술하는 것입니다. HTML 요소에서 h1 요소를 선택하여 선택한 요소의 글자 색상을 변경하는 문장을 통해 선택자를 설명해 보겠습니다.

jQuery에서 선택자에 스타일을 변경하는 방법은 다음과 같습니다. 이때 달러사인 다음이 선택자 부분입니다.

```
$('h1').css('color', 'blue');
 선택자      속성       값
```

2 제이쿼리 요소 선택

선택자	CSS와 같은 선택자 지정
속성	CSS 속성 지정
값	속성에 설정할 값 지정

3 Javascript와 jQuery의 선택자 비교

Javascript	jQuery
document.getElementById("myDIV")	$('#myDiv')
document.getElementsByClassName("myDiv")	$('.myDiv')
document.getElementsByTagName("h1")	$('h1')
document.querySelector('#myStyle')	$('#myStyle')
document.querySelectorAll('.myStyle .list')	$('.#myStyle .list')

```
중략...
<body>
    <h1>선택자</h1>
    <script src="./js/jquery-3.6.1.min.js"></script>
    <script>
        $('h1').css('color', 'blue');
    </script>
</body>
중략...
```

출력화면

```
←  →  C   ① 127.0.0.1:5500/03_선택자.html
```

선택자

---

03 ▶ 스타일 변경

선택한 요소의 스타일을 변경할 때는 CSS 메서드를 사용합니다.

1 스타일 변경하기

h1 요소의 색상을 변경한 구분을 해석하면 jQuery는 명령대상에 명령내용을 보낸다고 해석합니다. 명령대상 CSS 메서드(함수)에 매개변수 2개를 전달하여 색상을 블루로 변경한 것입니다. 한 번에 하나 이상의 CSS 속성을 변경하려면 중괄호 안에 속성과 값을 콤마로 구분하여 나열합니다.

$('h1').css('color', 'blue');
　명령대상　　　　명령내용

2 jQuery 객체

요소를 선택할 때 $( ) 함수를 통해 jQuery 고유의 형식으로 변환된 요소를 'jQuery 객체'라고 합니다.

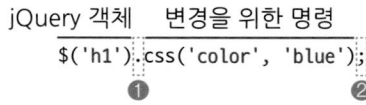

$$\underline{\$('h1')}.css(\underline{'color', 'blue'});$$
함수 매개변수

3 jQuery 문법

선택자 다음의 ❶ 점(.)은 앞의 jQuery 객체와 뒤 변경을 위한 명령을 이어주는 역할을 합니다. 그리고 ❷ 의 세미콜론(;)은 해당 행의 jQuery 명령이 끝났음을 나타내는 역할을 합니다.

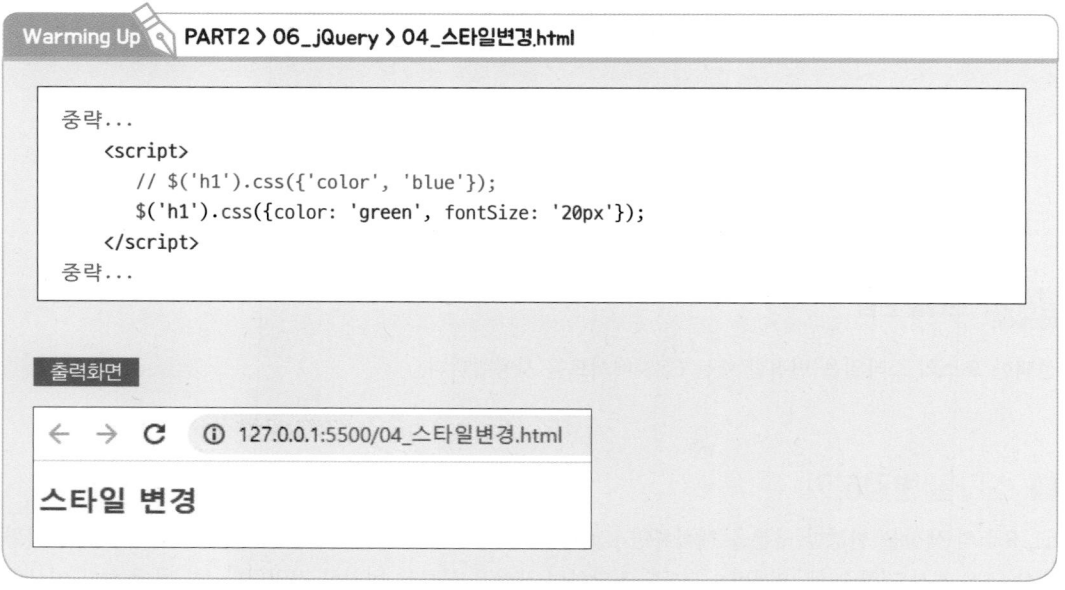

```
jQuery 객체    변경을 위한 명령
$('h1').css('color', 'blue');
  ❶              ❷
```

Warming Up ✏ PART2 > 06_jQuery > 04_스타일변경.html

```
중략...
    <script>
    // $('h1').css({'color', 'blue'});
       $('h1').css({color: 'green', fontSize: '20px'});
    </script>
중략...
```

출력화면

```
←  →  C    ⓘ 127.0.0.1:5500/04_스타일변경.html
```

스타일 변경

4 여러 속성 스타일 변경하기

h2 요소의 색상, 투명도, 폰트 사이즈, 회전 등을 jQuery를 통해 변경해봅니다.

Warming Up 🖍 **PART2 〉 06_jQuery 〉 04_스타일변경2.html**

코드에서 참고할 사항은 h2 요소를 변수명 contentTT에 할당하고, 속성의 값이 숫자인 경우는 따옴표가 필요 없고 값이 문자이거나 transform-origin처럼 두 개 이상의 값으로 구성된 숫자는 따옴표 안에 작성한다는 것입니다.

```
중략...
    <h1>Main Title</h1>
    <h2>Content Title</h2>
    <script src="./js/jquery-3.6.1.min.js"></script>
    <script>
    let contentTT = $('h2');
    contentTT.css({
        color: 'blue',
        opacity: 0.5,
        fontSize: '40px',
        transformOrigin: '0 0',
        transform: 'rotate(20deg)'
    });
    </script>
중략...
```

출력화면

Main Title

Content Title

jQuery에서 이벤트를 적용하는 방법도 앞서 학습한 Javascript와 비교하여 설명하겠습니다. 다음과 같이 간결하게 작성할 수 있습니다.

구분	이벤트 적용

javascript	```document.getElementById("target").addEventListener('click', function(){```
	
	 ```});```

jQuery	```$('#target').on('click',function(){```
	
	 ```});```

jQuery에서는 On 메서드의 첫 번째 매개변수로 이벤트의 종류를 지정하고 function( ){ } 함수에 지정한 이벤트가 일어났을 때 수행할 작업을 기술합니다.

■ 주요 이벤트 종류

jQuery의 이벤트 종류는 Javascript와 크게 다르지 않습니다. 대표적인 이벤트 몇 가지를 살펴보도록 하겠습니다.

mouseover	요소에 마우스 포인터를 올려놓을 때
mouseout	요소에 마우스 포인터를 올려놓은 상태에서 벗어날 때
mouseup	요소에 마우스 포인터를 올려놓은 상태에서 해당 요소를 클릭했다가 뗄 때
mousemove	요소 안에서 마우스 포인터를 움직일 때
click	요소를 클릭했을 때
dblclick	요소를 더블 클릭했을 때
keydown	키보드의 키를 눌렀을 때(누르고 있어도 한 번만 이벤트 발생. F1 , Esc 등 키보드의 키 전체)
keypress	키보드의 키를 눌렀을 때(누르고 있는 동안 계속 이벤트 발생, 텍스트로 입력되는 키만 해당)
keyup	키보드의 키를 뗄 때
focus	요소에 포커스가 일치했을 때(input, button, a태그 등)
blur	요소가 포커스를 잃어버렸을 때(input, button, a태그 등)
change	입력 내용이 변경되었을 때(textarea, input, select 등)
resize	요소의 크기가 변경되었을 때
scroll	요소에서 스크롤이 발생했을 때

jQuery 소스와 Script를 Head 태그 내에 작성한다면 다음 코드와 같이 Script 내의 코드가 문서가 준비된 후, 즉 브라우저가 HTML과 CSS를 모두 반영한 이후에 작동하도록 Ready 이벤트와 연결해야 합니다.
(document).ready(function( )는 $(function( )로 축약하여 작성할 수 있습니다. 하지만 앞서 jQuery 문법에서도 말씀드렸다시피, jQuery 소스 및 스크립트는 Body 태그의 종료 태그 바로 앞자리가 바람직합니다.

```
중략...
<head>
    <meta charset="UTF-8">
    <meta http-equiv="X-UA-Compatible" content="IE=edge">
    <meta name="viewport" content="width=device-width, initial-scale=1.0">
    <title>스크립트 로드 순서</title>
    <script src="./js/jquery-3.6.1.min.js"></script>
    <script>
        $(document).ready(function() {
            $('h1').css({
                color:'blue',
                fontSize:'20px'
            });
        });
    </script>
</head>
<body>
    <h1>스크립트 로드 순서</h1>
</body>
</html>
```

출력화면

← → C ① 127.0.0.1:5500/05_스크립트_로드.html

스크립트 로드 순서

2 이벤트 적용 문법의 축약1 - 메서드 체인

제목에 마우스를 올리면 Blue, 마우스가 나가면 다시 Black으로 되돌아가도록 Script를 작성합니다.

Warning Up   **PART2 〉 06_jQuery 〉 06_이벤트문법_축약.html**

1. 브라우저 화면에서 제목에 마우스를 올리면 색상이 변경되는 것을 확인할 수 있습니다. 위 스크립트에서 메서드 체인을 이용하여 변수명 mainTT에 mouseover 이벤트에서 문장을 종료하지 않고 이어서 작성할 수 있습니다.

```
중략...
<body>
    <h1>이벤트 문법 축약</h1>
    <h2>Main title</h2>
    <script src="./js/jquery-3.6.1.min.js"></script>
    <script>
    let mainTT = $('h2');
    mainTT.on('mouseover',function(){
        mainTT.css({color:'blue'});
    });
    mainTT.on('mouseout',function(){
        mainTT.css({color:'black'});
    });
    </script>
</body>
</html>
```

2. 기존 코드를 주석처리하고 다음과 같이 코드를 작성한 후 브라우저를 확인합니다.

```
중략...
    <h1>이벤트 문법 축약</h1>
    <h2>Main title</h2>
    <script src="./js/jquery-3.6.1.min.js"></script>
    <script>
    let mainTT = $('h2');
    /*
    mainTT.mouseover(function(){
    mainTT.css({color:'blue'});
    });
    mainTT.mouseout(function(){
    mainTT.css({color:'black'});
    });
    */
```

```
        mainTT.mouseover(function(){
            mainTT.css({color:'blue'});
        })
        .mouseout(function(){
            mainTT.css({color:'black'});
        });
        </script>
    </body>
</html>
```

3 이벤트 적용 문법의 축약2 – $(this)

두 번째 축약 방법은 이벤트가 적용된 그 요소를 변수명을 다시 호출하는 것이 아닌 $(this)로 호출할 수 있습니다. 이렇게 작성하면 스크립트를 해석하는 브라우저는 다시 변수명 mainTT를 찾는 것보다 빠르게 이벤트가 일어난 그 요소를 찾을 수 있습니다.

Warming Up PART2 〉 06_jQuery 〉 06_이벤트문법_축약.html

기존 코드를 주석처리하고 다음과 같이 작성한 후 브라우저를 확인합니다.

```
중략...
    let mainTT = $('h2');
    mainTT.mouseover(function(){
        mainTT.css({color:'blue'});
    })
    .mouseout(function(){
        mainTT.css({color:'black'});
    });
    */
    mainTT.mouseover(function(){
        $(this).css({color:'blue'});
    })
    .mouseout(function(){
        $(this).css({color:'black'});
    });
    </script>
</body>
</html>
```

← → C ⓘ 127.0.0.1:5500/06_이벤트문법_축약.html

이벤트 문법 축약

Main title

4 이벤트 적용 문법의 축약3 – Hover

요소에 마우스가 올라오고 나가는 이벤트는 Hover 메서드를 활용하면 좀 더 간략히 축약할 수 있습니다.

Warming Up PART2 〉 06_jQuery 〉 06_이벤트문법_축약.html

기존 코드를 주석처리하고 다음과 같이 작성한 후 브라우저를 확인합니다.

```
중략...
mainTT.mouseover(function(){
$(this).css({color:'blue'});
})
.mouseout(function(){
$(this).css({color:'black'});
});
*/
    let mainTT = $('h2');

    mainTT.hover(
        function(){
            $(this).css({color:'blue'});
        },
        function(){
            $(this).css({color:''});
        }
    </script>
</body>
</html>
```

jQuery에서는 Animate 메서드를 활용하여 애니메이션을 쉽게 구현할 수 있습니다. 문법을 확인하면 Animate 메서드를 활용하여 변경하고자 하는 CSS 속성명과 그 속성의 값을 지정하여 애니메이션을 구현합니다.

문법

대상.animate({속성 : 값, 속성 : 값});

---

1 애니메이션 구현

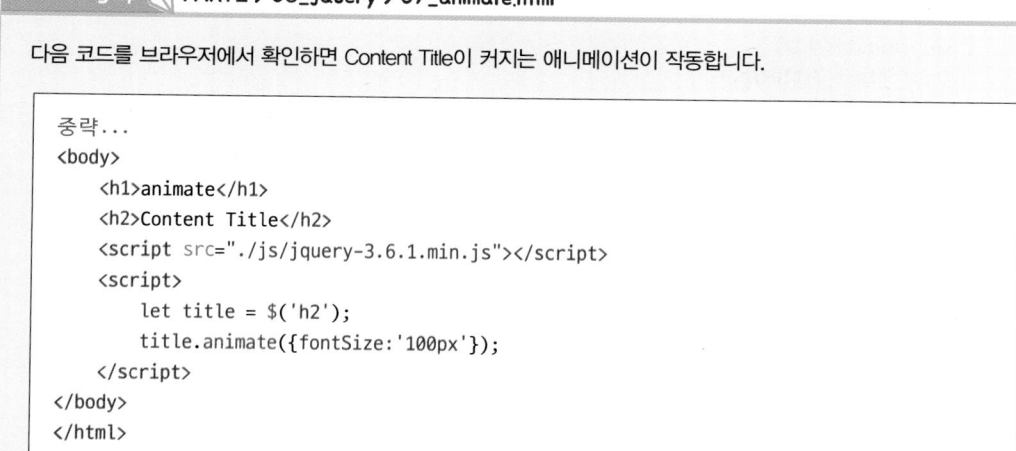

Warming Up **PART2 〉 06_jQuery 〉 07_animate.html**

다음 코드를 브라우저에서 확인하면 Content Title이 커지는 애니메이션이 작동합니다.

```
중략...
<body>
    <h1>animate</h1>
    <h2>Content Title</h2>
    <script src="./js/jquery-3.6.1.min.js"></script>
    <script>
        let title = $('h2');
        title.animate({fontSize:'100px'});
    </script>
</body>
</html>
```

출력화면

animate

Content Title

② 애니메이션 옵션 - Duration

속성 다음에 애니메이션의 시간을 추가합니다. 아래의 문법과 같이 코드를 작성하면 지정한 시간에 걸쳐
애니메이션이 작동하는 것을 확인할 수 있습니다.

문법
대상.animate({속성 : 값, 속성 : 값}, 시간);

Warming Up　　PART2 > 06_jQuery > 07_animate.html

다음과 같이 코드를 작성하고 브라우저에서 확인하면 2초에 걸쳐 Content Title이 커지는 애니메이션이 작동합니다.

```
중략...
<body>
    <h1>animate</h1>
    <h2>Content Title</h2>
    <script src="./js/jquery-3.6.1.min.js"></script>
    <script>
        let title = $('h2');
        // title.animate({fontSize: '100px'});
        title.animate({fontSize: '100px'}, 2000);
    </script>
</body>
</html>
```

❸ 애니메이션 옵션 – Easing

옵션으로 Easing을 추가하겠습니다. jQuery에서 기본적으로 제공하는 Easing은 Swing, Linear가 있습니다. Linear는 등속이며 Swing은 CSS의 Ease와 같은 속도 모델입니다. 그런데 두 값 모두 크게 차이가 없습니다. 좀 더 동적인 Easing을 추가하려면 jQueryUI의 Easing을 활용할 수 있지만 웹디자인기능사 시험에서는 추가 소스를 로드할 수는 없습니다. Swing은 애니메이션의 시작과 끝부분이 살짝 느린 속도 모델입니다.

문법

대상.animate({속성 : 값, 속성 : 값}, 시간, 이징);

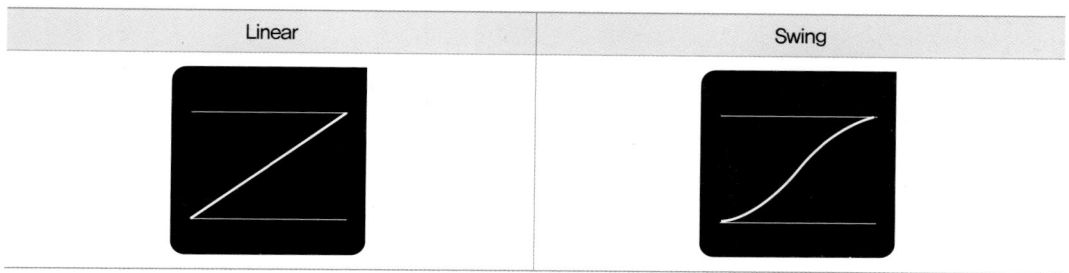

Linear	Swing

Warming Up **PART2 > 06_jQuery > 07_animate.html**

속도 모델(이징) 중 swing을 추가하여 애니메이션의 초반은 느리고, 중반은 빠르고, 종반이 느리도록 합니다.

```
중략...
<body>
    <h1>animate</h1>
    <h2>Content Title</h2>
    <script src="./js/jquery-3.6.1.min.js"></script>
    <script>
        let title = $('h2');
        // title.animate({fontSize: '100px'});
        // title.animate({fontSize: '100px'}, 2000);
        title.animate({fontSize: '100px'}, 2000, 'swing');
    </script>
</body>
```

애니메이션 옵션 – Complete

Complete는 애니메이션이 종료된 이후에 추가로 수행할 작업을 기술합니다.

문법

대상.animate(properties [, duration] [, easing] [, complete])

대상.animate({속성 : 값, 속성 : 값}, 시간, 이징, function( ){ });

Warming Up PART2 〉 06_jQuery 〉 07_animate.html

다음과 같이 작성한 후 브라우저를 확인해보면 글자가 100px까지 확대되고 다시 50px로 줄어드는 것을 볼 수 있습니다.

```
중략...
    <script>
    let title = $('h2');
    // title.animate({fontSize: '100px'});
    title.animate({fontSize: '100px'}, 2000, 'swing', function(){
        title.animate({fontSize: '50px'});
    });
    </script>
</body>
```

출력화면

animate

Content Title

animate

Content Title

유튜브 선생님에게 배우는

유선배

PART 3
파트별 집중
공략

1

와이어프레임

와이어프레임에서는 가로형, 세로형 레이아웃을 미리 너비와 높이를 지정하여 큰 틀을 작성하는 단계입니다. 한 가지 유념할 점은 기본 틀을 미리 잡는 단계이므로 작업하면서 일부 스타일을 변경하거나 삭제하면서 진행해야 합니다. 또한, 웹디자인기능사 시험은 와이어프레임 단계에서 주요 요소들의 높이를 모두 지정하는 방식으로 진행되고 있습니다. 하지만 실무에서는 높이를 직접 주는 방식보다는 각 내용들의 높이가 자연스럽게 나타나도록 하는 것이 대부분이며, 특히 반응형 레이아웃까지 고려한다면 높이를 지정하는 것은 더욱 바람직하지 않습니다. 실기시험 대비로만 참고해주세요.

01 가로형 레이아웃

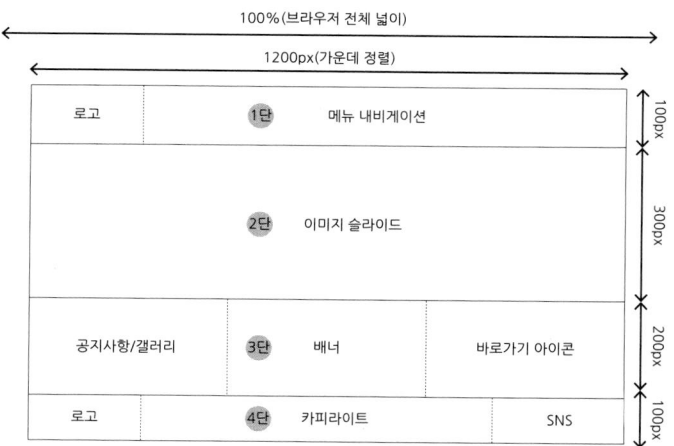

1 HTML

01 예제 폴더 [PART3] – [01_와이어프레임_가로유형] – BASE] 폴더를 VS Code에서 Open Folder로 오픈합니다. 기본적으로 폴더구조만 준비되어 있고 코드 작성은 되어 있지 않습니다. 하나씩 구현해 보도록 하겠습니다.

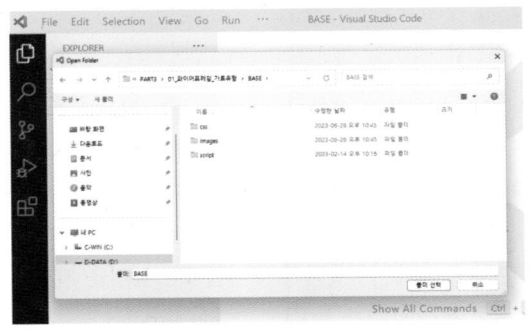 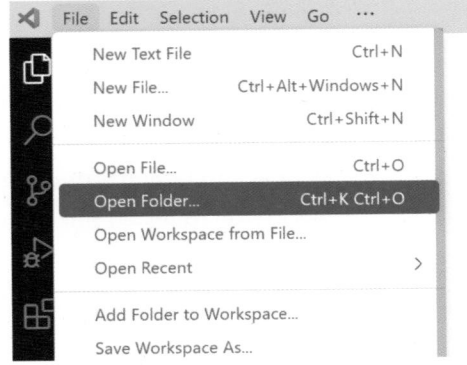

02 우선 [index.html]을 오픈합니다.

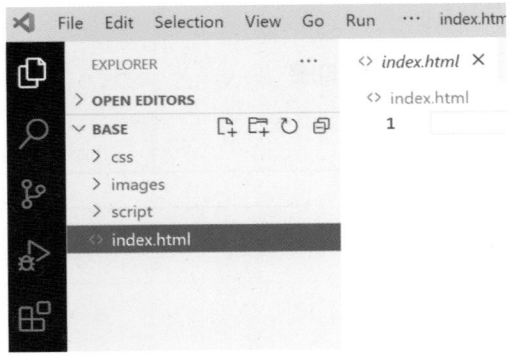

03 커서가 깜박거릴 때 !를 입력한 후 Emmet Abbreviation(에멧 약어) 표시가 나타나면 Tab을 이용하여 기본 코드를 생성합니다.

04 CSS 파일은 현 [index.html] 파일을 기준으로 상대경로로 지정합니다.

❶ 기본 코드가 생성되었으면 본문의 주 언어는 한글이므로 html lang="en"에서 html lang="ko"로 수정합니다.

❷ 각 파트별 패턴에 대한 학습이 목표이므로 Title 태그의 제목은 임시로 '주제명'으로 변경합니다.

❸ 연결될 CSS 파일의 경로를 지정합니다.

```html
<!DOCTYPE html>
<html lang="ko">                                    ❶
<head>
  <meta charset="UTF-8">
  <meta http-equiv="X-UA-Compatible"
  content="IE=edge">
  <meta name="viewport"
  content="width=device-width,
  initial-scale=1.0">
  <title>주제명</title>                             ❷
  <link rel="stylesheet" href="css/style.css">  ❸
</head>
<body>

</body>
</html>
```

② HTML 구조 작성

내용은 크게 4단으로 구성되어 있습니다. 각 구성요소의 의미를 알 수 있는 시멘틱 태그를 이용하여 큰 구조부터 작성합니다.

01 [PART3] – [01_와이어프레임_가로유형] – [BASE] 폴더의 [index.html] 파일을 열고 코드를 작성합니다.

❶ 모든 내용은 1200px 너비에 크기를 가지는 요소인 Wrapper에 가두기 위해 클래스명 Wrapper를 생성합니다.

❷ 상단의 로고와 메뉴는 Header, 슬라이드는 클래스명 Slides의 Div 태그, 이 페이지의 주요 콘텐츠는 Main 태그, 하단의 로고와 카피라이트, SNS 등은 Footer 태그로 작성합니다.

```html
중략...                                      [index.html]
<body>
  <div class="wrapper">              ❶
    <header></header>
    <div class="slides"></div>       ❷
    <main></main>
    <footer></footer>
  </div>
</body>
</html>
```

3 주요 파트별 내용 작성

01 Header 안에 제목과 메뉴, Main 태그 안에 콘텐츠들, Footer의 주요 내용들을 이후 CSS에서 선택하기 용이하도록 적절한 클래스 명을 추가하여 작성합니다.

현재 상태는 구조만 작성했을 뿐 아직 태그 안에 실제 콘텐츠를 작성하지 않았기 때문에 브라우저화면에는 아무것도 나타나지 않습니다.

```
중략...                                    [index.html]
  <div class="wrapper">
    <header>
        <h1 class="logo"></h1>
        <nav></nav>
    </header>
    <div class="slides"></div>
    <main>
      <section class="notice"></section>
      <section class="banner"></section>
      <section class="quick_links"></section>
    </main>
    <footer>
        <div class="logo"></div>
        <div class="copyright"></div>
        <div class="sns"></div>
    </footer>
  </div>
</body>
</html>
```

4 CSS

01 [css] 폴더 내 [style.css] 파일을 열고 [PART3] – [01_와이어프레임_가로유형] – [BASE] – [css] 폴더에서 [style.css] 파일을 열고 기본 코드를 작성합니다.

❶ CSS 최상단에는 charset을 설정하여 CSS 에서 :before, :after로 생성하는 텍스트들도 깨짐없이 출력되도록 합니다.

❷ * 전체 선택자를 활용하여 모든 태그들의 태생적으로 가지고 있는 여백, 목록 스타일, 밑줄, 글꼴, 폰트 사이즈, 색상을 리셋하고 요구사항의 컬러가이드에서 제시하는 기본 텍스트 색을 미리 반영해줍니다.

```
                                          [style.css]
@charset "utf-8"; ❶
*{                 ❷
    margin: 0;
    padding: 0;
    list-style: none;
    text-decoration: none;
    font-family: "맑은 고딕";
    font-size: 14px;
    color: #333;
/* 요구사항의 컬러가이드 기본 텍스트 색 반영 */
}
```

CSS-reset

실무에서는 https://meyerweb.com/eric/tools/css/reset/의 리셋이나 normalize CSS를 많이 활용합니다.

02 추가로 요소들을 좌우로 배치할 때 Float을 적용하면 부모요소의 높이가 제대로 반영되지 않으므로 요소들의 뒷공간에서 요소들이 달려드는 속성을 Clear할 공통의 CSS를 작성합니다.

[style.css]

```
중략...
.cf:after{
    content: '';
    display: block;
    clear: both;
}
```

03 클래스명 cf는 Float이 적용될 부모요소에 넣어주면 별도로 Clear를 할 필요가 없습니다. 앞서 작성했던 [index.html] 파일을 열고 클래스명을 추가합니다.

[index.html]

```
중략...
  <div class="wrapper">
    <header class="cf">
      <h1 class="logo"></h1>
      <nav></nav>
    </header>
    <div class="slides"></div>
    <main class="cf">
      <section class="notice"></section>
      <section class="banner"></section>
      <section class="quick_links"></section>
    </main>
    <footer class="cf">
      <div class="logo"></div>
      <div class="copyright"></div>
      <div class="sns"></div>
    </footer>
  </div>
</body>
중략...
```

5 CSS 와이어프레임

이제 요구사항의 와이어프레임에서 제시하는 너비와 높이를 확인하여 요소들의 스타일을 지정합니다. 지정할 때 요소들의 배치 및 크기가 제대로 반영되는지 확인하기 위해 각 요소에 배경색을 추가합니다. 배경색은 이후 요구사항을 확인한 후 모두 제거하거나 수정합니다. 편의상 상단부터 큰 구성요소들의 배경은 #aaa, #bbb, #ccc, #ddd으로, 각 내용들은 #999, #888, #777, #666, #555 식으로 빠르게 적용합니다.

01 [style.css] 파일에서 클래스명 wrapper 에 너비를 지정하고 화면 가운데 오도록 margin을 설정한 후 나머지 요소들의 너비, 높이, 배경색을 지정합니다. 브라우저 화면을 확인하면 1200px 너비를 가지는 요소가 화면 가운데 있는 것을 확인할 수 있습니다.

`출력화면`

[style.css]

```css
중략...
/* wireframe */
.wrapper{
    width: 1200px;
    margin: 0 auto;
}
header{
    height: 100px;
    background: #aaa;
}
.slides{
    height: 300px;
    background: #bbb;
}
main{
    height: 200px;
    background: #ccc;
}
footer{
    height: 100px;
    background: #ddd;
}
```

6 세부 내용들의 위치와 배경 지정

01 이제 각 파트별 주 내용들의 너비, 높이, 배경을 지정합니다. 특히 Header 안의 로고는 왼쪽, 메뉴는 오른쪽, Main 태그 안의 내용들은 각각 가로로 배치되어야 하기 때문에 Float을 적용합니다.
로고와 nav의 높이는 임시로 100%로 합니다. 이후 로고의 크기와 메뉴의 크기에 따라 수정합니다.

`출력화면`

[style.css]

```css
중략...
/* Main Contents */
main section{
    width: 400px;
    float: left;
    height: 100%;
}
main .notice{
    background: #777;
}
main .banner{
    background: #666;
}
main .quick_links{
    background: #555;
}
```

02 와이어 프레임 단계를 완성했습니다. 다음으로 요구사항의 각 파트를 확인하여 HTML, CSS, Script를 작성하면 되겠습니다. 푸터의 각 요소들을 float으로 가로 배치하고 너비와 배경을 지정합니다.

출력화면

[style.css]

```
중략...
/* Footer */
footer div{
    float: left;
    height: 100%;
}
footer .logo{
    width: 200px;
    background: #444;
}
footer .copyright{
    width: 800px;
    background: #333;
}
footer .sns{
    width: 200px;
    background: #222;
}
```

02 ▶ 세로형 레이아웃

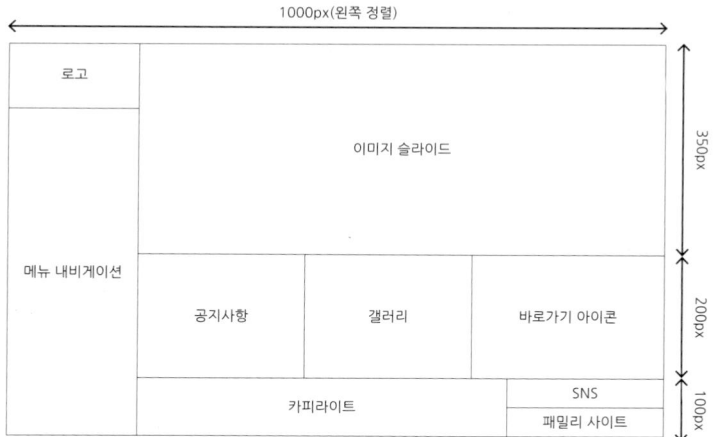

1 HTML

01 예제 폴더 [PART3] – [01_와이어프레임_세로유형] – [BASE] 폴더를 VS Code에서 Open Folder로 오픈합니다. 기본적으로 폴더구조만 준비되어 있고 코드 작성은 되어 있지 않습니다. 하나씩 구현해 보도록 하겠습니다.

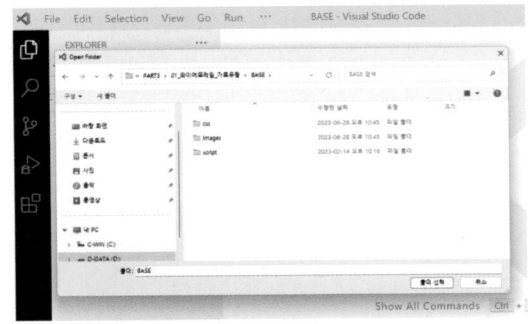

02 [index.html] 파일을 오픈합니다. 느낌표(!)를 입력한 후 Tab 을 눌러 기본 코드를 생성하고 title에 제목을 입력합니다. [css] 폴더 내 [style.css]를 생성하고 연결합니다.

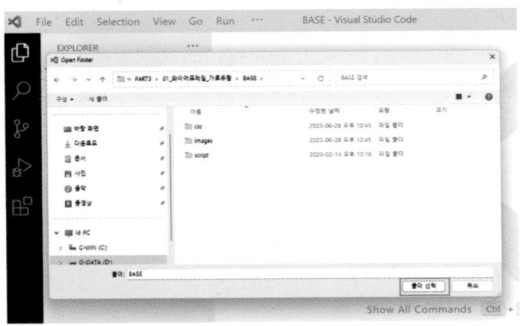

03 css/style.css 부분을 Ctrl +클릭할 경우 해당 파일이 생성되지 않았으면 생성할 것인지 묻습니다. Create File을 클릭하면 CSS 파일도 빠르게 생성할 수 있습니다.

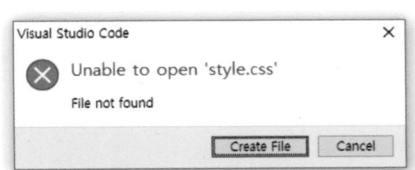

04 다시 [index.html] 파일로 돌아옵니다. 이제 요구사항의 와이어프레임을 보고 HTML 큰 구조를 먼저 작성합니다. 세로형 와이어프레임을 우선 크게 좌우로 나눈 상태입니다.
전체를 감싸는 Wrapper를 생성하고 좌우로 구분합니다.

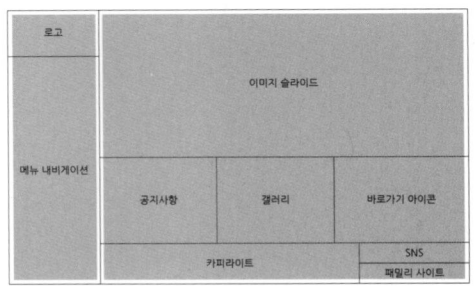

[index.html]

```
중략...
<body>
  <div class="wrapper">
    <aside>
    </aside>
    <main>
    </main>
  </div>
</body>
</html>
```

05 Aside 안에 제목과 메뉴, Main 태그 안에 주요 콘텐츠를 생성합니다. 이때 클래스명을 활용하여 적절하게 네이밍합니다.

[index.html]

```
중략...
<div class="wrapper">
  <aside>
    <h1 class="logo"></h1>
    <nav></nav>
  </aside>
  <main>
    <div class="slides"></div>
    <div class="contents">
      <div class="notice"></div>
      <div class="gallery"></div>
      <div class="quick_links"></div>
    </div>
    <footer>
      <div class="copyright"></div>
      <div class="sns">
        <ul class="sns_list"></ul>
        <div class="family_site"></div>
      </div>
    </footer>
  </main>
</div>
중략...
```

06 가로로 배치될 요소의 부모요소에 클래스명 cf를 추가하여 Float 속성을 Clear해줍니다. 크게 Aside 왼쪽, Main 오른쪽으로 배치하고 있으므로 그 부모에 cf를 추가하고 그 외 Contents, Footer에도 추가합니다.

[index.html]

```
중략...
<div class="wrapper cf">
  <aside>
    <h1 class="logo"></h1>
    <nav></nav>
  </aside>
  <main>
    <div class="slides"></div>
    <div class="contents cf">
      <div class="notice"></div>
      <div class="gallery"></div>
      <div class="quick_links"></div>
    </div>
    <footer class="cf">
      <div class="copyright"></div>
      <div class="sns"></div>
    </footer>
  </main>
</div>
중략...
```

사실 웹디자인기능사 시험에서는 거의 모든 요소의 높이를 직접 지정하고 있기 때문에 clear:both로 달려드는 속성을 해지하지 않아도 높이가 제대로 반영됩니다. 하지만 실무에서는 높이를 직접 주는 경우는 많지 않으니 Float 속성을 해지하는 방법을 숙지해야 합니다(물론, display: flex를 활용하면 Float 속성을 해지할 필요가 없습니다. flex를 활용한 레이아웃은 작성은 새롭게 추가된 신유형에서 진행하겠습니다).

2 CSS

01 [style.css]에서 기본 리셋을 추가합니다.

[style.css]

```css
@charset "utf-8";
*{
    margin: 0;
    padding: 0;
    list-style: none;
    text-decoration: none;
    font-family: "맑은 고딕";
    font-size: 14px;
    color: #333;
/* 요구사항의 컬러가이드 기본 텍스트 색 반영 */
}
```

02 기본 레이아웃 CSS를 작성하겠습니다. 우선 큰 레이아웃을 먼저 작성합니다. 모든 요소를 감싸는 부모의 너비와 Aside, Main의 너비를 지정하고 Float으로 좌우 배치합니다.

[style.css]

```css
중략...
/* wireframe */
.wrapper{
    width: 1000px;
    height: 650px;
}
.wrapper aside{
    width: 200px;
    height: 100%;
    float: left;
    background: #aaa;
}
.wrapper main{
    width: 800px;
    float: right;
    height: 100%;
    background: #bbb;
}
```

출력화면

03 Aside 스타일을 작성하겠습니다. 부모 요소의 높이 650px에 맞춰 logo와 nav의 높이를 지정합니다.

출력화면

```
중략...
/* aside */
aside .logo{
    height: 100px;
    background: #999;
}
aside nav{
    height: 550px;
    background: #888;
}
```

04 Main 스타일을 작성하겠습니다. Main 태그 내 주요 콘텐츠들의 너비, 높이, 배경을 설정한 후 Content 안의 내용을 동일한 너비로 설정하기 위해서 너비를 33.3333%로 설정했습니다.

출력화면

```
중략...
/* Main Contents */
main .slides{
    height: 350px;
    background: #777;
}
.contents > div{
    float: left;
    width: 33.3333%;
    height: 200px;
}
.contents .notice{
    background: #666;
}
.contents .gallery{
    background: #555;
}
.contents .quick_links{
    background: #444;
}
```

05 Footer 스타일을 작성하겠습니다.

❶ Float을 이용하여 크게 Copyright, SNS 를 좌우로 구분합니다.

❷ 클래스명 SNS 내의 자식요소 ul, div 요소 를 모두 선택하기 위해 *(전체선택자)를 활용 했습니다.

❸ SNS 내에서는 sns_list, family_site를 배 치합니다.

> 출력화면

[style.css]

```css
중략...
/* Footer */
footer .copyright{          ❶
    float: left;
    width: 200px;
    background: #333;
}
footer .sns{                ❶
    float: right;
    width: 600px;
}                           ❷
footer .sns > *{
    height: 50px;
}                           ❸
.sns_list{
    background: #222;
}                           ❸
.family_site{
    background: #ccc;
}
```

2022년 새롭게 추가된 D, E 유형은 브라우저 화면 전체를 사용하는 레이아웃입니다. 로고 부분의 너비를 제외하고 이미지 슬라이드 부분에 나머지 공간을 모두 사용해야 하므로 앞서 PART2에서 학습했던 Flex 속성을 활용하여 배치하도록 하겠습니다.

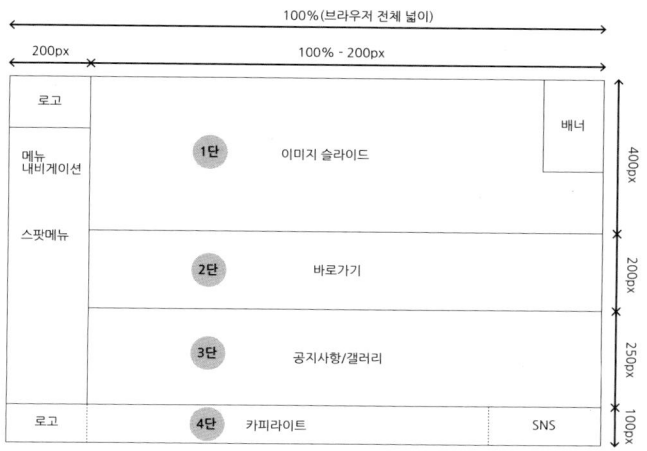

■ HTML

01 예제 폴더 [PART3] − [01_와이어프레임_신유형_D] − [D1] − [BASE]를 VS Code에서 Open Folder로 오픈합니다.

02 [index.html]을 오픈하고 커서가 깜박거릴 때 ! 를 입력한 후 Emmet Abbreviation(에멧 약어) 표시가 나타나면 Tab 을 눌러 기본 코드를 생성합니다. 언어는 ko로 수정하고 제목을 입력합니다. CSS 파일은 현 [index.html] 파일을 기준으로 상대경로로 지정합니다.

[index.html]

```html
<!DOCTYPE html>
<html lang="ko">
<head>
  <meta charset="UTF-8">
  <meta http-equiv="X-UA-Compatible"
  content="IE=edge">
  <meta name="viewport" content="width=device-
  width, initial-scale=1.0">
  <title>D1 와이어프레임</title>
  <link rel="stylesheet" href="css/style.css">
</head>
<body>
</body>
</html>
```

03 D1 신유형 레이아웃을 보면 크게 4단으로 구성되어 있습니다. 각 구성요소의 의미를 알 수 있는 시멘틱 태그를 이용하여 큰 구조부터 작성합니다.

브라우저 전체 너비는 body 태그에 적용할 예정이므로 별도의 container 요소를 만들지 않고 바로 A 영역의 aside와 B 영역의 content, C 영역의 footer를 생성합니다.

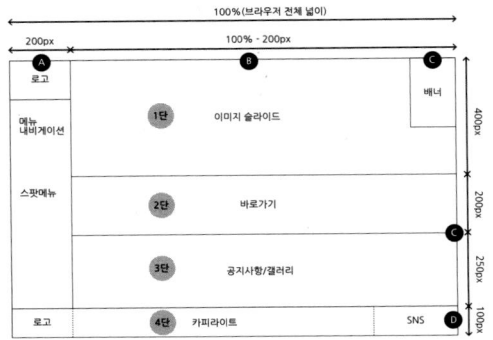

```
                                    [index.html]
<!DOCTYPE html>
<html lang="ko">
<head>
  <meta charset="UTF-8">
  <meta http-equiv="X-UA-Compatible"
  content="IE=edge">
  <meta name="viewport" content="width=device-
  width, initial-scale=1.0">
  <title>D1 와이어프레임</title>
  <link rel="stylesheet" href="css/style.css">
</head>
<body>
  <main>
    <aside></aside>
    <div class="content"></div>
  </main>
  <footer></footer>
</body>
</html>
```

04 각 파트의 내용을 작성합니다. aside 안에 주메뉴와 스팟메뉴, 클래스명 content 안에 슬라이드, 배너, 그리고 바로가기, 공지사항, 갤러리를 묶어줄 부모 요소 items를 생성합니다. 마지막으로 푸터 안에 로고, 카피라이트, sns 영역을 작성합니다.

일단 큰 구조 작성은 완성했습니다. 현재 상태는 구조만 작성했을 뿐 아직 태그 안에 실제 콘텐츠를 작성하지 않았기 때문에 브라우저 화면에는 아무것도 나타나지 않습니다. 이제 CSS로 레이아웃을 작성하겠습니다.

[index.html]

```html
중략...
<body>
  <main>
    <aside>
      <header>
        <div class="header-logo"></div>
      </header>
      <nav></nav>
      <ul class="spot-menu"></ul>
    </aside>
    <div class="content">
      <div class="slide_wrapper">
        <div class="slide-image"></div>
        <div class="slide-banner"></div>
      </div>
      <div class="items">
        <div class="shortcut"></div>
        <div class="news-gallery"></div>
      </div>
    </div>
  </main>
  <footer>
    <div class="footer-logo"></div>
    <div class="copyright"></div>
    <div class="sns"></div>
  </footer>
</body>
</html>
```

2 CSS

01 [css] 폴더 내 [style.css] 파일을 열고 기본 코드를 작성합니다.

* 전체 선택자를 활용하여 모든 태그들의 태생적으로 가지고 있는 여백, 목록 스타일, 밑줄, 글꼴, 폰트 사이즈, 색상을 리셋하고 요구사항의 컬러 가이드에서 제시하는 기본 텍스트 색을 미리 반영해줍니다. 또한 box—sizing: border—box를 추가하여 요소의 크기를 border까지 설정하여 요소의 width 지정 후 padding 및 border를 추가해도 요소의 크기가 변하지 않도록 합니다. 신유형의 와이어프레임에서는 요소의 배경이 아니라 border(테두리)를 추가하여 구분하고자 합니다. 이때 요소의 width와 border를 같이 사용하면 요소의 크기가 커져서 레이아웃이 틀어지므로 box—sizing: border—box를 추가한 것입니다.

```
                                            [style.css]
@charset "utf-8";
*{
  margin: 0;
  padding: 0;
  list-style: none;
  text-decoration: none;
  font-family: "맑은 고딕";
  font-size: 14px;
  color: #333;
/* 요구사항의 컬러 가이드 기본 텍스트 색 반영 */
  box-sizing: border-box;
}
a{
  color: inherit;
}
```

> **Tip** ✓
> - 추가적으로 앞서의 와이어프레임 레이아웃을 설정할 때는 float을 사용했기 때문에 float의 속성을 해제할 용도로 클래스명 cf를 별도로 작성해서 보완했지만 신유형부터는 flex를 활용하여 가로 배치할 예정이므로 클래스명 cf는 작성하지 않겠습니다.
> - 레이아웃을 작성하는 전통적인 방법은 float이므로 float을 이용한 레이아웃도 숙지하고 웹디자인기능사 시험에서는 float 또는 flex 중 숙달된 방법을 사용하기 바랍니다.
> - 신유형의 레이아웃은 float보다는 flex를 활용한 방법이 훨씬 편하고 빠르니 참고하시기 바랍니다.

02 주석으로 layout을 구분하고 큰 요소들의 너비를 지정합니다.

❶ main 태그에 display: flex를 이용하여 aside 와 클래스명 content를 가로 배치합니다.

❷ main>* 선택자를 이용하여 main 태그의 첫 번째 자식요소인 aside, div 요소에 테두리를 추가합니다.

❸ 클래스명 content가 브라우저 전체 화면에서 aside가 차지하는 공간 200px을 제외한 너비 전체를 사용하도록 width를 추가합니다.

❹ 이때 css 함수 calc를 이용하여 브라우저 전체 너비에서 200px를 뺀 수치를 적용할 수 있습니다. calc 함수 사용 시 주의점은 연산자(−) 양 옆으로 반드시 공백이 있어야 하고 수치에는 단위가 있어야 한다는 것입니다. 이렇게 너비를 지정할 수도 있지만 flex: 1이라고 간단히 작성하면 flex−grow: 1, flex−shirink: 1을 동시에 적용한 것과 같아서 클래스명 content의 너비가 나머지 공간을 채우기에 모자라면 늘려주고, 넘친다면 줄여서 빈 공간에 딱 맞도록 설정해줍니다.

코드 작성 후 브라우저 화면을 확인하면 아직 요소들의 높이를 지정하지 않았기 때문에 선만 나타납니다.

출력화면

[style.css]

```css
중략...
/* Layout */
main{                              ❶
    display: flex;
}
main>*{                            ❷
    border: 1px solid #ccc;
}
aside{                             ❸
    width: 200px;
}
.content{                          ❹
    /* width: calc(100% - 200px); */
    flex: 1;
}
```

요구사항의 wireframe에서 제시하는 너비와 높이를 확인하여 요소들의 스타일을 지정할 때 요소들의 배치 및 크기가 제대로 반영되는지 확인하기 위해 각 요소에 border를 추가합니다. border는 레이아웃 확인용으로, 이후 실제 내용을 추가하면서 완성할 때는 border 속성을 제거합니다.

별도의 높이가 지정되어 있지 않은 요소들은 와이어프레임 단계에서 영역을 확인할 수 있도록 임시로 높이를 주겠습니다. 지정한 높이는 이후 실제 콘텐츠를 작성한 후 제거합니다.

요소의 높이 지정하기(임시)

aside header	100px
aside nav	400px
spot—menu	50px
shortcut	200px
news—gallery	250px
slide—banner	300px

03 aside 내부 요소를 구분하기 위해 border를 추가하고 header, nav, spot—menu의 높이를 임시로 지정합니다. 지정한 높이는 이후 콘텐츠를 완성한 후 제거할 예정입니다. 브라우저 화면을 확인하면 요소들의 높이가 정확히 반영되어 있습니다.

출력화면

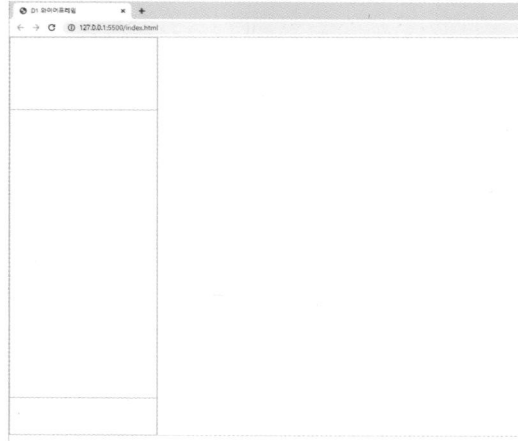

[style.css]

```
중략...
/* ASIDE */
aside>*{
  border: 1px solid #ccc;
}
aside header{height: 100px;}
aside nav{height: 400px;}
aside .spot-menu{height: 50px;}
```

04 슬라이드 영역에서 각 요소의 높이를 지정하고, slide—banner의 경우 slide_wrapper를 기준으로 우측 상단에 절댓값으로 배치되어야 하므로 position을 설정합니다. 브라우저를 확인하면 요소들의 높이가 반영되고, slide—banner도 지정한 위치에 배치되어 있습니다.

출력화면

```css
중략...
/* SLIDE */
.slide_wrapper{
  height: 400px;
  position: relative;
}
.slide-image{
  border: 1px solid blue;
  height: 400px;
}
.slide-banner{
  border: 1px solid green;
  width: 150px;
  height: 300px;
  position: absolute;
  right: 0;
  top: 0;
}
```

05 바로가기, 공지사항, 갤러리의 높이를 지정하고 브라우저를 확인합니다.

출력화면

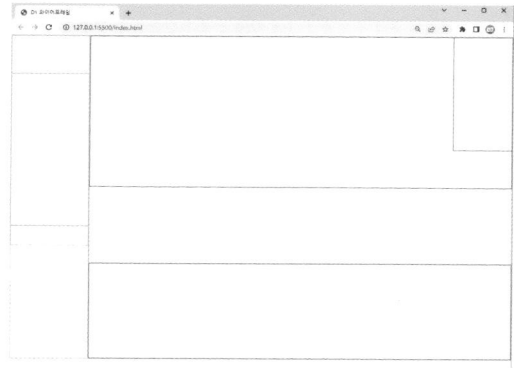

```css
중략...
/* SHORTCUT */
.shortcut{
  border: 1px solid pink;
  height: 200px;
}

/* NEWS GALLERY */
.news-gallery{
  border: 1px solid green;
  height: 250px;
}
```

06 footer의 자식요소 로고, 카피라이트, sns 영역을 가로배치하기 위해 footer에 display: flex를 설정하고 각 요소의 높이를 지정합니다. 이때 로고와 sns는 너비를 지정하고 카피라이트 영역은 나머지 빈 공간을 모두 사용하도록 display: flex를 설정합니다. 코드를 작성 후 브라우저를 확인합니다.

브라우저를 확인하면 모든 요소들의 너비, 높이, 위치가 지시사항과 일치하도록 완성되었습니다. 이후 요구사항의 각 파트를 확인하여 HTML, CSS, Script를 작성하면 됩니다.

출력화면

[style.css]

```
중략...
/* FOOTER */
footer{
  display: flex;
}
footer>*{
  border: 1px solid #ccc;
  height: 100px;
}
.footer-logo{
  width: 200px;
}
.copyright{
  flex: 1;
}
.sns{
  width: 250px;
}
```

D2 유형은 D1 유형에서 공지사항과 갤러리, 푸터의 변화가 있습니다.

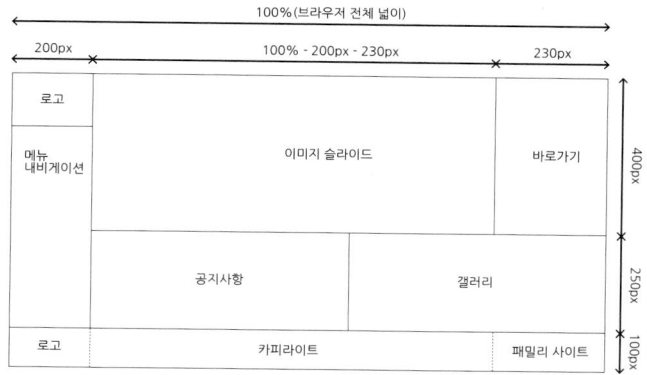

1 HTML

01 예제폴더 [PART3] — [01_와이어프레임_신유형_D] — [D2] — [BASE]를 VS Code에서 Open Folder로 오픈합니다. [index.html]을 열고 지시사항에 따라 하나씩 구현해 보도록 하겠습니다.

02 기본 코드를 생성한 후 각 구성요소의 의미에 맞춰 태그를 작성합니다. 크게 main, footer로 구분한 후 main의 자식요소로 aside, section을 작성하고, footer의 자식요소로 로고, 카피라이트, 패밀리 사이트를 작성합니다. 한 가지 유념할 것은 클래스명 main-content에 section 태그를 사용했습니다. section 태그는 반드시 제목을 수반해야 하지만 해당 제목은 화면에 노출될 필요가 없는 요소이므로 클래스명 hidden을 추가했고, 이후 CSS에서 클래스명 hidden을 화면에 출력되지 않도록 합니다.

[index.html]

```html
<!DOCTYPE html>
<html lang="ko">
<head>
  <meta charset="UTF-8">
  <meta http-equiv="X-UA-Compatible"
  content="IE=edge">
  <meta name="viewport" content="width=device-
  width, initial-scale=1.0">
  <title>D2 유형</title>
  <link rel="stylesheet" href="css/style.css">
</head>
<body>
  <main>
    <aside>
      <header></header>
      <nav></nav>
    </aside>
```

```
      <section class="main-content">
        <h2 class="hidden">Main content</h2>
        <div class="slide-wrapper"></div>
        <div class="news-gallery"></div>
      </section>
    </main>
    <footer>
      <div class="footer-logo"></div>
      <div class="copyright"></div>
      <div class="family-site"></div>
    </footer>
  </body>
</html>
```

03 큰 구조가 작성되었으면 다시 slide-wrapper, news-gallery의 자식요소를 추가합니다. slide-wrapper의 자식요소 slide-image와 slide-shortcut을 생성하고, news-gallery의 자식요소로는 article 태그를 생성합니다. article 태그도 section과 마찬가지로 제목이 반드시 수반되어야 하므로 h2 태그를 사용했고, 해당 제목은 실제로 화면에 노출되어야 하므로 클래스명 hidden을 추가하지 않습니다.

[index.html]

```
중략...
<body>
  <main>
    <aside>
      <header></header>
      <nav></nav>
    </aside>
    <section class="main-content">
      <h2 class="hidden">Main content</h2>
      <div class="slide-wrapper">
        <div class="slide-image"></div>
        <div class="slide-shortcut"></div>
      </div>
      <div class="news-gallery">
        <article id="notice">
          <h2>공지사항</h2>
        </article>
        <article id="gallery">
          <h2>갤러리</h2>
        </article>
      </div>
    </section>
  </main>
<footer>
중략...
```

2 CSS

01 [css] 폴더 내 [style.css] 파일을 열고 초기화 관련 스타일을 작성합니다. 이때 앞서 추가했던 클래스명 hidden의 스타일을 추가하여 화면에 표시되지 않도록 합니다.

[style.css]

```css
@charset "utf-8";
*{
    margin: 0;
    padding: 0;
    list-style: none;
    text-decoration: none;
    font-family: "맑은 고딕";
    font-size: 14px;
    color: #333;
    box-sizing: border-box;
}
a{
    color: inherit;
}
.hidden{
    display: none;
}
```

02 요구사항의 wireframe를 참조하여 D1 유형의 와이어프레임 작성 방법과 동일하게 border를 추가하면서 와이어프레임을 작성합니다.
main의 자식요소를 가로배치하고 border를 추가했습니다. 또한 aside의 너비를 지정하고 main-content 부분은 나머지 빈 공간을 모두 차지하도록 설정합니다.

[style.css]

```css
중략...
/* LAYOUT */
main{
  display: flex;
}
main>*{
  border: 1px solid #000;
}
aside{
  width: 200px;
}
.main-content{
  flex: 1;
}
```

Tip

요소의 높이 지정하기(임시)

aside header	100px
aside nav	400px
news-gallery	250px

03 aside 내부 요소를 구분하기 위해 border를 추가하고 header, nav의 높이를 임시로 지정합니다. 또한 slide−wrapper의 자식요소인 slide−image와 slide−shortcut을 가로 배치하기 위해 클래스명 slide−wrapper에 display: flex를 추가합니다. aside, slides 영역의 스타일을 작성하고 브라우저를 확인합니다.

출력화면

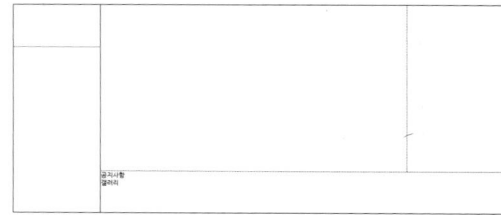

[style.css]

```
중략...
/* ASIDE */
aside>*{
  border: 1px solid #ccc;
}
aside header{
  height: 100px;
}
aside nav{
  height: 400px;
}

/* SLIDES */
.slide-wrapper{
  display: flex;
}
.slide-wrapper>*{
  border: 1px solid #ccc;
  height: 400px;
}
.slide-image{flex: 1;}
.slide-shortcut{
  width: 230px;
}
```

04 news−gallery의 자식요소인 notice, gallery를 가로배치하기 위해 display: flex를 추가하고, 동일한 너비를 주기 위해 flex: 1을 추가합니다. footer의 자식요소를 가로배치하고 카피라이트 부분이 빈 공간을 모두 차지하도록 flex: 1을 추가하면 D2 유형의 와이어프레임이 완성됩니다.

`출력화면`

```
                                    [style.css]
중략...
/* News Gallery */
.news-gallery{
  display: flex;
}
.news-gallery>*{
  border: 1px solid #ccc;
  height: 250px;
  flex: 1;
}

/* Footer */
footer{
  display: flex;
}
footer>*{
  border: 1px solid red;
  height: 100px;
}
.footer-logo{
  width: 200px;
}
.copyright{
  flex: 1;
}
.family-site{
  width: 230px;
}
```

D3 유형은 D1 유형에서 푸터 부분이 푸터 메뉴와 카피라이트로 구분되는 것 외에 와이어프레임 단계에서
는 큰 차이가 없습니다. 이후 메뉴 내비게이션 부분에서 메뉴에 마우스를 올렸을 때 서브메뉴가 나타나는
방식에서 큰 차이가 있습니다.

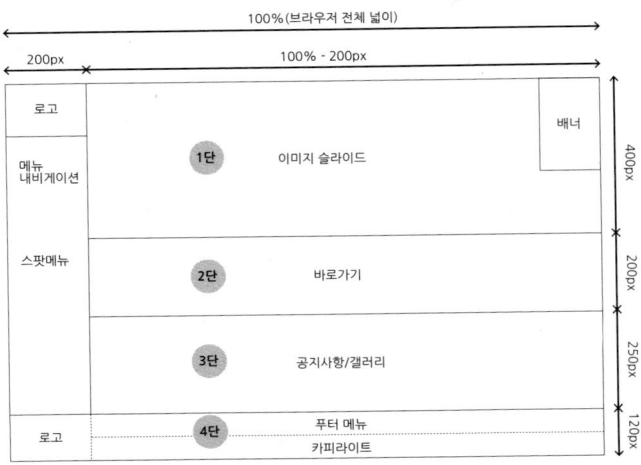

1 HTML

01 예제폴더 [PART3] — [01_와이어프레임_신유형_D] — [D3] — [BASE]를 VS Code에서 Open
Folder로 오픈합니다. [index.html]을 열고 지시사항에 따라 하나씩 구현해 보도록 하겠습니다.

02 기본 코드를 생성한 후 각 구성요소의 의미
에 맞춰 태그를 작성합니다. 앞서 했던 유형과 거
의 동일합니다. D3 유형의 와이어 프레임을 참조
하여 큰 레이아웃을 작성해보기 바랍니다.
바로가기가 있는 C영역은 클래스명 items로 지
정하고 자식요소로 shortcut과 news-gallery
를 생성합니다. 또한 footer의 경우 footer-
logo와 footer-contents를 가로배치하기 위해
footer의 자식요소로 생성하고 footer-
contents의 자식요소로 메뉴와 카피라이트를 생
성합니다.

[index.html]

```html
<!DOCTYPE html>
<html lang="ko">
<head>
  <meta charset="UTF-8">
  <meta http-equiv="X-UA-Compatible"
  content="IE=edge">
  <meta name="viewport" content="width=device-
  width, initial-scale=1.0">
  <title>D3</title>
  <link rel="stylesheet" href="css/style.css">
</head>
<body>
  <main>
    <aside>
      <header></header>
      <nav></nav>
      <div class="spot-menu"></div>
    </aside>
```

```html
    <div class="main-content">
      <div class="slide_wrapper">
        <div class="slide-image"></div>
        <div class="slide-banner"></div>
      </div>
      <div class="items">
        <div class="shortcut"></div>
        <div class="news-gallery">
          <article id="notice"></article>
          <article id="gallery"></article>
        </div>
      </div>
    </div>
  </main>
  <footer>
    <div class="footer-logo"></div>
    <div class="footer-contents">
      <div class="footer-menu"></div>
      <div class="copyright"></div>
    </div>
  </footer>
</body>
</html>
```

2 CSS

01 [css] 폴더 내 [style.css] 파일을 열고 초기화 관련 스타일을 작성합니다. 이때 앞서 추가했던 클래스명 hidden의 스타일을 추가하여 화면에 표시되지 않도록 합니다. 큰 구조는 앞서와 동일하므로 레이아웃까지 한 번에 작성합니다.

[style.css]

```css
@charset "utf-8";
*{
  margin: 0;
  padding: 0;
  list-style: none;
  text-decoration: none;
  font-family: "맑은 고딕";
  font-size: 14px;
  color: #333;
  box-sizing: border-box;
}
a{
  color: inherit;
}
.hidden{
  display: none;
}
```

```
/* Layout */
main{
  display: flex;
}
main>*{
  border: 1px solid #ccc;
}
aside{
  width: 200px;
}
.main-content{
  flex: 1;
}
```

Tip

요소의 높이 지정하기(임시)

aside header	100px
aside nav	400px
spot-menu	50px
shortcut	200px
notice	250px
gallery	250px

02 aside와 slide 영역도 앞서 D1 유형과 같습니다. 제시된 와이어프레임 구조를 참조하여 높이를 지정하고 포지션을 활용하여 slide-banner의 위치까지 스타일을 작성합니다. slide-image, shortcut은 지시사항의 높이를 그대로 반영합니다.

출력화면

[style.css]
```
중략...
/* Aside */
aside>*{
  border: 1px solid #ccc;
}
aside header{
  height: 100px;
}
aside nav{
  height: 400px;
}
aside .spot-menu{
  height: 50px;
}

/* Slides */
.slide_wrapper{
  height: 400px;
  position: relative;
}
```

```css
.slide_wrapper>*{
  border: 1px solid green;
}
.slide-image{
  height: 400px;
}
.slide-banner{
  width: 150px;
  height: 300px;
  position: absolute;
  top: 0;
  right: 0;
}
.shortcut{
  border: 1px solid #ccc;
  height: 200px;
}
```

03 news-gallery에서 notice와 gallery 부분은 이후 스크립트를 통해 탭으로 구현할 부분이므로, 와이어프레임 단계에서는 news-gallery 부분의 공간만 설정합니다. 푸터에서는 footer-menu와 copyright 부분은 높이만 지정하면 됩니다.

출력화면

[style.css]

```css
중략...
/* News Gallery */
.news-gallery{
  height: 250px;
}
.news-gallery>*{
  border: 1px solid #ddd;
}


/* Footer */
footer{
  display: flex;
}
footer>*{
  border: 1px solid #ccc;
  height: 120px;
}
.footer-logo{
  width: 200px;
}
.footer-contents{
  flex: 1;
}
.footer-contents>*{
  border: 1px solid #ccc;
  height: 60px;
}
```

D4 유형은 슬라이드 영역이 로고 부분을 제외하고 모든 너비를 사용하고, 슬라이드 하단에 슬라이드 배너가 있으며, 공지사항과 갤러리가 가로배치된 형태입니다.

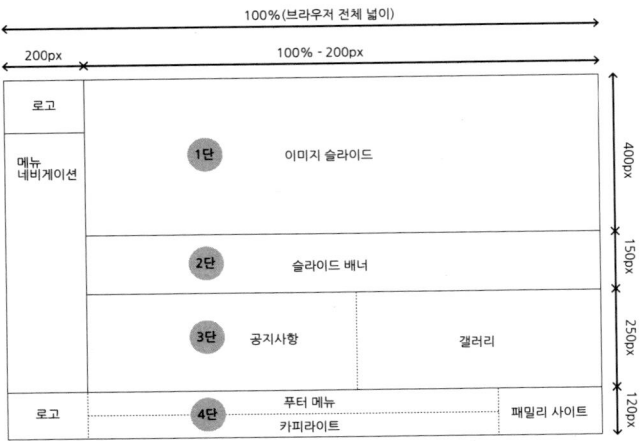

1 HTML

01 예제폴더 [PART3] – [01_와이어프레임_신유형_D] – [D4] – [BASE]를 VS Code에서 Open Folder로 오픈합니다. [index.html]을 열고 지시사항에 따라 하나씩 구현해 보도록 하겠습니다.

02 기본 코드를 생성한 후 각 구성요소의 의미에 맞춰 태그를 작성합니다. 주의해야 할 점은 D4 유형에서는 main–content의 자식요소로 slide–wrapper, slide–banner, news–gallery로 구분하고, footer의 자식요소로는 footer–logo, footer–contents, family–site로 구분한다는 것입니다.

[index.html]

```html
<!DOCTYPE html>
<html lang="ko">
<head>
  <meta charset="UTF-8">
  <meta http-equiv="X-UA-Compatible"
  content="IE=edge">
  <meta name="viewport" content="width=device-
  width, initial-scale=1.0">
  <title>D4</title>
  <link rel="stylesheet" href="css/style.css">
</head>
<body>
  <main>
    <aside>
      <header></header>
      <nav></nav>
    </aside>
```

```html
            <div class="main-content">
              <div class="slide-wrapper">
                <div class="slide-image"></div>
              </div>
              <div class="slide-banner"></div>
              <div class="news-gallery">
                <article class="news"></article>
                <article class="gallery"></article>
              </div>
            </div>
          </main>
          <footer>
            <div class="footer-logo"></div>
            <div class="footer-contents">
              <div class="footer-menu"></div>
              <div class="copyright"></div>
            </div>
            <div class="family-site"></div>
          </footer>
        </body>
      </html>
```

2 CSS

01 [css] 폴더 내 [style.css] 파일을 열고 초기
화 관련 스타일을 작성합니다. 이때 앞서 추가했
던 클래스명 hidden의 스타일을 추가하여 화면에
표시되지 않도록 합니다. 지시사항을 참고하여
요소의 너비와 높이를 지정합니다.

[style.css]

```css
@charset "utf-8";
*{
  margin: 0;
  padding: 0;
  list-style: none;
  text-decoration: none;
  font-family: "맑은 고딕";
  font-size: 14px;
  color: #333;
  box-sizing: border-box;
}
a{
  color: inherit;
}
.hidden{
  display: none;
}
```

```
/* Layout */
main{
  display: flex;
}
main>*{
  border: 1px solid #ccc;
}
aside{
  width: 200px;
}
.main-content{
  flex: 1;
}
```

02 D4 유형의 aside는 다른 유형과 차이가 없습니다. 다만 slide의 경우 이미지 슬라이드가 그 자리에서 fade-in, fade-out되는 효과를 구현해야 합니다. 한 자리에 겹쳐서 나타나고 사라지도록 할 때 각 슬라이드를 절댓값으로 설정해야 하므로 슬라이드의 부모에 높이를 지정하지 않으면 레이아웃이 제대로 잡히지 않는다는 점만 유의하시면 됩니다.

출력화면

[style.css]

```
중략...
/* Aside */
aside>*{
  border: 1px solid #ccc;
}
aside header{
  height: 100px;
}
aside nav{
  height: 400px;
}


/* Slides */
.slide_wrapper{
  height: 400px;
}
.slide-image{
  border: 1px solid #ccc;
  height: 400px;
}
```

Tip

요소의 높이 지정하기(임시)

aside header	100px
aside nav	400px
slide-banner	150px
notice	250px
gallery	250px

03 slide−banner는 높이만 지정하고, news−gallery의 자식요소 배치를 위해 flex를, footer의 자식요소를 배치하기 위해 flex를 설정하고 푸터로고와 패밀리 사이트를 제외한 부분이 공간을 모두 사용하도록 flex: 1을 추가합니다.

출력화면

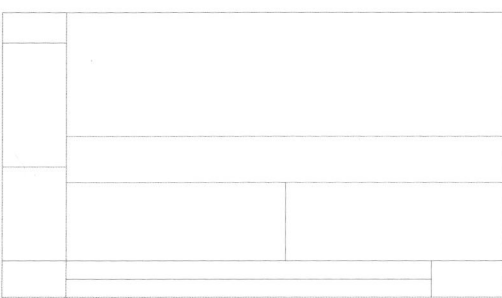

[style.css]

```css
중략...
.slide-banner{
  height: 150px;
  border: 1px solid #ccc;
}

/* News Gallery */
.news-gallery{
  display: flex;
}
.news-gallery>*{
  border: 1px solid #ccc;
  height: 250px;
  flex: 1;
}

/* Footer */
footer{
  display: flex;
}
footer>*{
  border: 1px solid #ccc;
  height: 120px;
}
.footer-logo{
  width: 200px;
}
.footer-contents{
  flex: 1;
}
.family-site{
  width: 230px;
}
.footer-contents>*{
  height: 60px;
  border: 1px solid #ccc;
}
```

E1 유형은 D 유형들과 마찬가지로 브라우저 전체화면을 모두 차지해야 합니다. D 유형과의 차이점은 ABC 영역이 가로로 배치된다는 점과 슬라이드 영역이 가로, 세로 모두 고정값이 아니라 A, C, D 영역을 제외하고 빈 공간을 모두 차지한다는 점입니다.

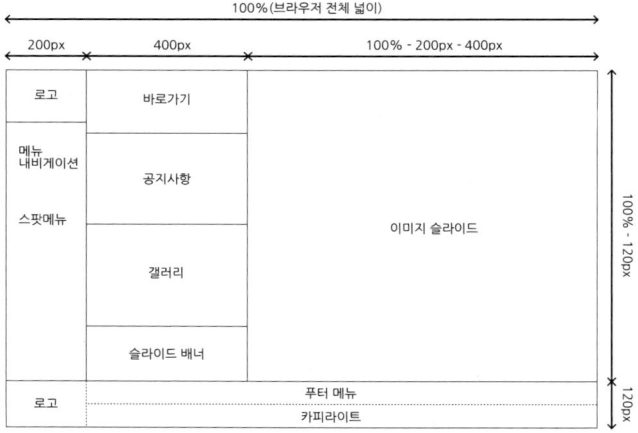

1 HTML

01 예제폴더 [PART3] − [01_와이어프레임_신유형_E] − [E1] − [BASE]의 [index.html]을 열고 레이아웃을 참조하여 구현해 보도록 하겠습니다.

02 기본 코드를 생성한 후 각 구성요소의 의미에 맞춰 A,C,B,D 영역 순서로 태그를 작성합니다. 큰 구조는 main, footer로 구분하고, main 태그 안에 aside, 클래스명 center, 클래스명 slide−wrapper로 구분합니다.

[index.html]

```html
<!DOCTYPE html>
<html lang="ko">
<head>
  <meta charset="UTF-8">
  <meta http-equiv="X-UA-Compatible"
  content="IE=edge">
  <meta name="viewport" content="width=device-
  width, initial-scale=1.0">
  <title>E1</title>
  <link rel="stylesheet" href="css/style.css">
</head>
<body>
  <main>
    <aside></aside>
    <section class="center">
      <h2 class="hidden">Center Content</h2>
    </section>
```

```
        <section class="slide-wrapper">
          <h2 class="hidden">Slide Content</h2>
        </section>
      </main>
      <footer></footer>
  </body>
</html>
```

03 큰 구조가 작성되었으면 aside 내부의 로고, 주메뉴, 스팟메뉴, 클래스명 center 내 바로가기, 공지사항, 갤러리를 추가하고 footer 내 로고, 메뉴, 카피라이트 영역의 태그를 작성합니다.

[index.html]

```
중략...
<body>
  <main>
    <aside>
      <header></header>
      <nav></nav>
      <div class="spot-menu"></div>
    </aside>
    <section class="center">
      <h2 class="hidden">Center Content</h2>
      <article class="shortcut"></article>
      <article id="notice"></article>
      <article id="gallery"></article>
      <article class="banner">
        <h2 class="hidden">banner</h2>
      </article>
    </section>
    <section class="slide-wrapper">
      <h2 class="hidden">Slide Content</h2>
    </section>
  </main>
  <footer>
    <div class="footer-logo"></div>
    <div class="footer-contents">
      <div class="footer-menu"></div>
      <div class="copyright"></div>
    </div>
  </footer>
</body>
중략...
```

2 CSS

01 [css] 폴더 내 [style.css] 파일을 열고 초기화 관련 스타일을 작성합니다. main 영역이 footer 영역의 높이를 제외하고 나머지 빈 공간을 모두 사용할 수 있도록 main 태그의 높이를 calc를 이용하여 설정합니다. 또한 body 태그에 height: 100vh를 추가하여 브라우저가 기본적으로 화면 전체를 사용하도록 해야 합니다. main 태그의 자식요소들을 가로 배치하기 위해서 display: flex로 추가합니다.

main 태그 내 aside, 클래스명 center의 너비를 지정하고 slide-wrapper는 나머지 공간을 모두 사용하도록 flex: 1을 추가했습니다. 작성 후 브라우저 화면을 확인하면 큰 레이아웃이 완성된 것을 볼 수 있습니다.

출력화면

[style.css]

```css
@charset "utf-8";
*{
  margin: 0;
  padding: 0;
  list-style: none;
  text-decoration: none;
  font-family: "맑은 고딕";
  font-size: 14px;
  color: #333;
  box-sizing: border-box;
}
a{
  color: inherit;
}
.hidden{
  display: none;
}

/* Layout */
body{
  width: 100%;
  height: 100vh;
}
main{
  display: flex;
  height: calc(100% - 120px);
}
main>*{
  border: 1px solid #ccc;
}
aside{
  width: 200px;
}
main .center{
  width: 400px;
}
main .slide-wrapper{
  flex: 1;
}
```

02 다음으로 footer 영역을 배치합니다. footer의 자식요소를 배치하기 위해 flex를 설정한 후 로고의 너비를 지정하고 클래스명 footer—contents 영역이 나머지 공간을 사용하도록 합니다.

출력화면

03 aside 내 메뉴, 스팟메뉴, 클래스명 center 내 바로가기, 공지사항, 갤러리, 배너의 스타일을 작성합니다. 이때 각 요소의 높이를 임시로 지정하고 이후 실제 콘텐츠를 배치할 때 높이를 제거하도록 합니다. 주석으로 각 영역을 구분하고 주요 요소들의 너비를 지정합니다.

출력화면

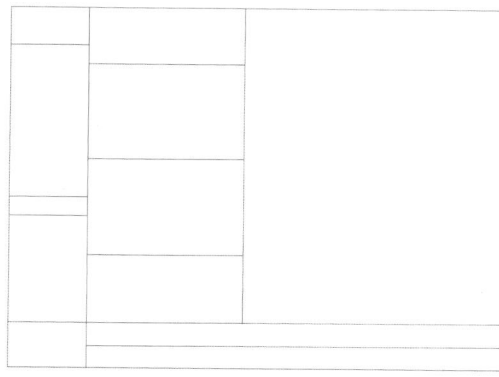

[style.css]

```css
중략...
/* Footer */
footer{
  display: flex;
  height: 120px;
}
.footer-logo{
  width: 200px;
}
footer>*{
  border: 1px solid #ccc;
}
.footer-contents{
  flex: 1;
}
.footer-contents>*{
  border: 1px solid #ccc;
  height: 60px;
}
```

[style.css]

```css
중략...
/* Aside */
aside>*{
  border: 1px solid #ccc;
}
aside header{
  height: 100px;
}
aside nav{
  height: 400px;
}
.spot-menu{
  height: 50px;
}

/* Slides */
.slide-wrapper{
  flex: 1;
}

/* Center */
.center>*{
  border: 1px solid #ccc;
}
.shortcut{
  height: 150px;
  /* 임시 */
}
```

```
/* News Gallery */
#notice{
  height: 250px;
  /* 임시 */
}
#gallery{
  height: 250px;
  /* 임시 */
}
.slide-banner{
  height: 150px;
  /* 임시 */
}
```

Tip ✓

요소의 높이 지정하기(임시)

aside header	100px
aside nav	400px
spot-menu	50px
shortcut	150px
notice	250px
gallery	250px
slide-banner	150px

E2 유형은 E1 유형과 유사하지만 B 영역의 슬라이드의 높이가 임의 지정이며, 푸터에서 푸터메뉴가 사라지고 패밀리 사이트가 추가되었습니다. 와이어프레임 작성 시 임의 지정으로 되어 있는 슬라이드의 높이는 편의상 E1 유형과 같이 푸터를 제외하고 브라우저 높이에 맞춰 빈 공간을 차지하도록 구현하겠습니다.

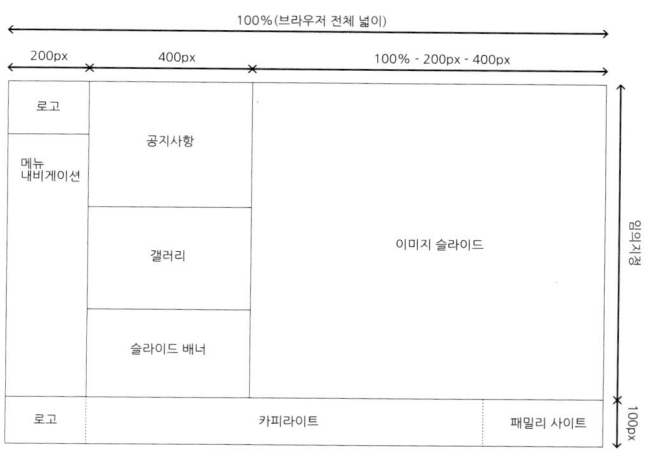

1 HTML

01 예제폴더 [PART3] — [01_와이어프레임_신유형_E] — [E2] — [BASE]의 [index.html]을 열고 레이아웃을 참조하여 구현해 보도록 하겠습니다.

02 기본적으로 E1 유형과 유사하고, 푸터 부분만 로고, 카피라이트, 패밀리사이트로 구분되어 있습니다. 코드 작성 시 section, article 태그를 사용했으므로 hidden 클래스명을 제목을 추가한 상태입니다. 만약 div 태그를 사용한다면 h2 태그와 제목은 필요하지 않지만, 의미에 맞춰 작성한다면 콘텐츠들은 성격에 맞춰 작성하는 것이 바람직합니다.

[index.html]

```
<!DOCTYPE html>
<html lang="ko">
<head>
  <meta charset="UTF-8">
  <meta http-equiv="X-UA-Compatible"
  content="IE=edge">
  <meta name="viewport" content="width=device-
  width, initial-scale=1.0">
  <title>E2</title>
  <link rel="stylesheet" href="css/style.css">
</head>
<body>
  <main>
    <aside>
      <header></header>
      <nav></nav>
    </aside>
```

```html
    <section class="center">
      <h2 class="hidden">Center Content</h2>
      <article id="notice"></article>
      <article id="gallery"></article>
      <article class="banner">
        <h2 class="hidden">banner</h2>
      </article>
    </section>
    <section class="slide-wrapper">
      <h2 class="hidden">Slide Content</h2>
    </section>
  </main>
  <footer>
    <div class="footer-logo"></div>
    <div class="copyright"></div>
    <div class="family-site"></div>
  </footer>
</body>
</html>
```

2 CSS

01 [css] 폴더 내 [style.css] 파일을 열고 초기
화 관련 스타일을 작성합니다. 이때 앞서 추가했
던 클래스명 hidden의 스타일을 추가하여 화면에
표시되지 않도록 합니다.

[style.css]

```css
@charset "utf-8";
*{
  margin: 0;
  padding: 0;
  list-style: none;
  text-decoration: none;
  font-family: "맑은 고딕";
  font-size: 14px;
  color: #333;
  box-sizing: border-box;
}
a{
  color: inherit;
}
.hidden{
  display: none;
}
```

02 body 태그에 height를 100vh으로 설정하여 브라우저 높이를 모두 사용하도록 하고, main 태그가 footer를 제외하고 나머지 빈 공간을 모두 사용하도록 calc(100% − 100px)를 설정합니다. 그 외 aside의 너비, 클래스명 center의 너비를 지정하고 클래스명 slide−wrapper가 나머지 빈 공간을 모두 사용하도록 flex: 1을 추가합니다.

출력화면

03 클래스명 center의 자식요소와 footer의 자식요소들의 스타일을 설정합니다. aside 내 header, nav의 높이를 임시로 지정하고, 클래스명 center의 자식요소로 공지사항, 갤러리의 높이를 임시로 지정합니다. 마지막으로 푸터의 요소들을 가로 배치하고 가운데 카피라이트 부분이 빈 공간을 차지하도록 합니다.

출력화면

[style.css]

```
중략...
/* Layout */
body{
    height: 100vh;
}
main{
    display: flex;
    height: calc(100% - 100px);
}
main>*{
    border: 1px solid #ccc;
}
aside{
    width: 200px;
}
main .center{
    width: 400px;
}
main .slide-wrapper{
    flex: 1;
}
```

[style.css]

```
중략...
/* Aside */
aside>*{
    border: 1px solid #ccc;
}
aside header{
    height: 100px;
}
aside nav{
    height: 400px;
}
.spot-menu{
    height: 50px;
}

/* Center */
.center>*{
    border: 1px solid #ccc;
}
```

```
/* News Gallery */
#notice{
  height: 250px; /* 임시 */
}
#gallery{
  height: 250px; /* 임시 */
}
.banner{
  height: 150px; /* 임시 */
}

/* Footer */
footer{
  display: flex;
  height: 100px;
}
.footer-logo{
  width: 200px;
}
footer>*{
  border: 1px solid #ccc;
}
.copyright{
  flex: 1;
}
.family-site{
  width: 230px;
}
```

Tip ✓

요소의 높이 지정하기(임시)

aside header	100px
aside nav	400px
notice	250px
gallery	250px
slide—banner	150px

E3 유형은 E1 유형과 유사하지만 C 영역에서 배너가 사라지고 D 영역에 sns 내용이 추가되었습니다. E1 유형과 크게 다르지 않으므로 제시된 와이어프레임을 참조로 내용에 맞춰 HTML을 작성하면 됩니다.

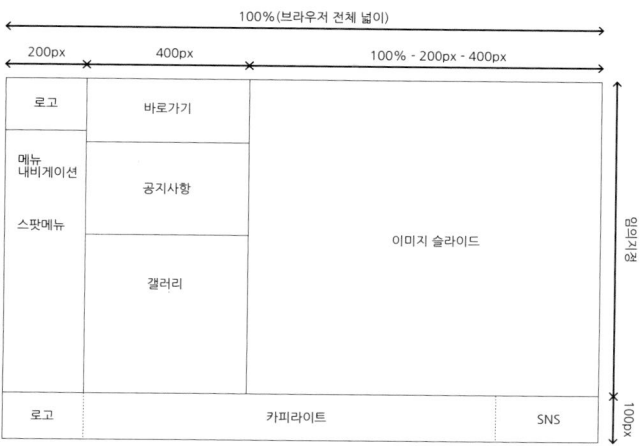

1 HTML

01 예제폴더 [PART3] ― [01_와이어프레임_신유형_E] ― [E3] ― [BASE]의 [index.html]을 열고 레이아웃을 참조하여 구현해 보도록 하겠습니다.

02 레이아웃을 참조하여 각 구성요소의 의미에 맞춰 태그를 작성합니다.

[index.html]

```html
<!DOCTYPE html>
<html lang="ko">
<head>
  <meta charset="UTF-8">
  <meta http-equiv="X-UA-Compatible"
  content="IE=edge">
  <meta name="viewport" content="width=device-
  width, initial-scale=1.0">
  <title>E3</title>
  <link rel="stylesheet" href="css/style.css">
</head>
<body>
  <main>
    <aside>
      <header></header>
      <nav></nav>
      <div class="spot-menu"></div>
    </aside>
    <section class="center">
      <h2 class="hidden">Center Content</h2>
      <article class="shortcut"></article>
      <article id="notice"></article>
      <article id="gallery"></article>
    </section>
    <section class="slide-wrapper">
      <h2 class="hidden">Slide Content</h2>
    </section>
  </main>
  <footer>
    <div class="footer-logo"></div>
    <div class="copyright"></div>
    <div class="sns"></div>
  </footer>
</body>
</html>
```

2 CSS

01 [css] 폴더 내 [style.css] 파일을 열고 초기화 관련 스타일을 작성합니다. 이때 앞서 추가했던 클래스명 hidden의 스타일을 추가하여 화면에 표시되지 않도록 합니다.

body 태그가 브라우저 높이를 모두 사용하고, main이 footer를 제외한 빈 공간을 모두 사용하는 것은 E1, E2와 같습니다.

[style.css]

```css
@charset "utf-8";
*{
    margin: 0;
    padding: 0;
    list-style: none;
    text-decoration: none;
    font-family: "맑은 고딕";
    font-size: 14px;
    color: #333;
    box-sizing: border-box;
}
a{
    color: inherit;
}
.hidden{
    display: none;
}

/* Layout */
body{
    height: 100vh;
}
main{
    display: flex;
    height: calc(100% - 100px);
}
main>*{
    border: 1px solid #ccc;
}
aside{
    width: 200px;
}
main .center{
    width: 400px;
}
main .slide-wrapper{
    flex: 1;
}
```

02 aside의 자식요소들의 높이를 지정하여 배치합니다.

[style.css]

```css
중략...
/* Aside */
aside>*{
  border: 1px solid #ccc;
}
aside header{
  height: 100px;
}
aside nav{
  height: 400px;
}
.spot-menu{
  height: 50px;
}
```

Tip ✅

요소의 높이 지정하기(임시)

aside header	100px
aside nav	400px
spot-menu	50px
shortcut	150px
notice	250px
gallery	250px

03 클래스명 center의 자식요소와 footer의 자식요소들의 스타일을 설정합니다. 클래스명 center의 자식요소인 바로가기, 공지사항, 갤러리의 높이를 임시로 지정합니다. 마지막으로 푸터의 요소들을 가로 배치하고 가운데 카피라이트 부분이 빈 공간을 차지하도록 합니다.

출력화면

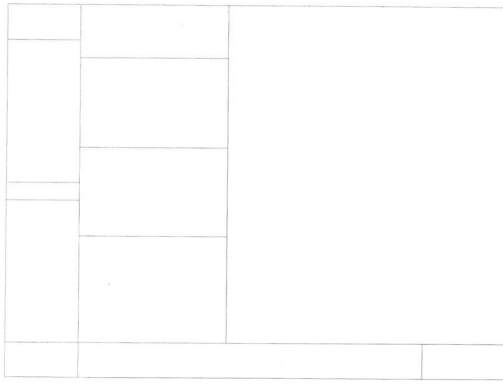

[style.css]

```css
중략...
/* Center */
.center>*{
  border: 1px solid #ccc;
}
.shortcut{
  height: 150px; /* 임시 */
}

/* News Gallery */
#notice{
  height: 250px; /* 임시 */
}
#gallery{
  height: 250px; /* 임시 */
}

/* Footer */
footer{
  display: flex;
  height: 100px;
}
.footer-logo{
  width: 200px;
}
footer>*{
  border: 1px solid #ccc;
}
.copyright{
  flex: 1;
}
.sns{
  width: 230px;
}
```

10 와이어프레임 신유형 - E4 유형

E4 유형은 E1 유형과 유사합니다. 다른 점은 spot-menu가 없고, 푸터에 family-site가 추가되었다는 것입니다. 레이아웃과 요소들의 임시 높이를 참조하여 HTML 구조와 CSS 스타일을 작성해봅니다.

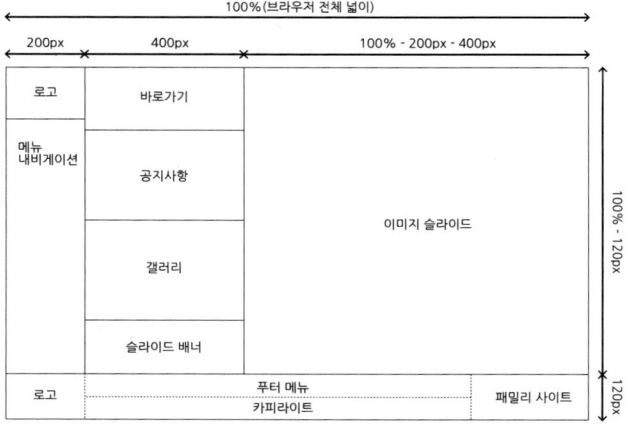

1 HTML

01 예제폴더 [PART3] − [01_와이어프레임_신유형_E] − [E4] − [BASE]의 [index.html]을 열고 레이아웃을 참조하여 구현해 보도록 하겠습니다.

02 각 구성요소의 의미에 맞춰 태그를 작성합니다.

[index.html]

```html
<!DOCTYPE html>
<html lang="ko">
<head>
  <meta charset="UTF-8">
  <meta http-equiv="X-UA-Compatible"
  content="IE=edge">
  <meta name="viewport" content="width=device-
  width, initial-scale=1.0">
  <title>E4</title>
  <link rel="stylesheet" href="css/style.css">
</head>
<body>
  <main>
    <aside>
      <header></header>
      <nav></nav>
    </aside>
    <section class="center">
      <h2 class="hidden">Center Content</h2>
      <article class="shortcut"></article>
```

```html
            <article id="notice"></article>
            <article id="gallery"></article>
            <article class="banner">
              <h2 class="hidden">banner</h2>
            </article>
          </section>
          <section class="slide-wrapper">
            <h2 class="hidden">Slide Content</h2>
          </section>
        </main>
        <footer>
          <div class="footer-logo"></div>
          <div class="footer-contents">
            <div class="footer-menu"></div>
            <div class="copyright"></div>
          </div>
          <div class="family-site"></div>
        </footer>
      </body>
    </html>
```

2 CSS

01 [css] 폴더 내 [style.css] 파일을 열고 초기화 및 레이아웃을 설정합니다.

레이아웃은 main 영역의 크기가 전체 브라우저 높이에서 푸터의 높이 120px를 제외한 크기만큼 이라는 것 외에는 다른 E형과 같습니다.

[style.css]

```css
@charset "utf-8";
*{
  margin: 0;
  padding: 0;
  list-style: none;
  text-decoration: none;
  font-family: "맑은 고딕";
  font-size: 14px;
  color: #333;
  box-sizing: border-box;
}
a{
  color: inherit;
}
.hidden{
  display: none;
}

/* Layout */
body{
  height: 100vh;
}
```

```css
main{
  display: flex;
  height: calc(100% - 120px);
}
main>*{
  border: 1px solid #ccc;
}
aside{
  width: 200px;
}
main .center{
  width: 400px;
}
main .slide-wrapper{
  flex: 1;
}
```

02 aside의 자식요소, 클래스명 center의 자식
요소, 푸터의 자식요소까지 모두 스타일을 설정
합니다.

`출력화면`

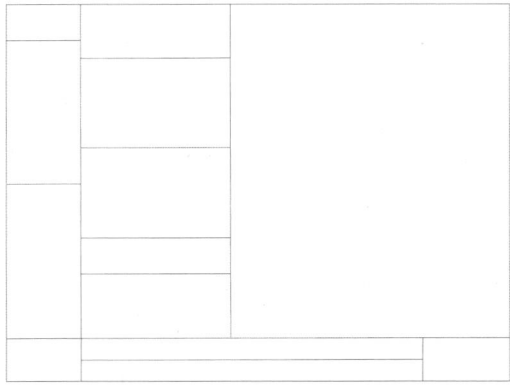

[style.css]

```css
중략...
/* Aside */
aside>*{
  border: 1px solid #ccc;
}
aside header{
  height: 100px;
}
aside nav{
  height: 400px;
}

/* Center */
.center>*{
  border: 1px solid #ccc;
}
.shortcut{
  height: 150px; /* 임시 */
}

/* News Gallery */
#notice{
  height: 250px; /* 임시 */
}
#gallery{
  height: 250px; /* 임시 */
}
```

```
.banner{
  height: 100px; /* 임시 */
}

/* Footer */
footer{
  display: flex;
  height: 120px;
}
footer>*{
  border: 1px solid #ccc;
}
.footer-logo{
  width: 200px;
}
.footer-contents{
  flex: 1;
}
.footer-contents>*{
  border: 1px solid #ccc;
  height: 60px;
}
.family-site{
  width: 230px;
}
```

> **Tip** ✓
>
> 요소의 높이 지정하기(임시)

aside header	100px
aside nav	400px
shortcut	150px
notice	250px
gallery	250px
slide—banner	100px

메뉴 내비게이션

01 가로고정형

가로고정형 내비게이션은 메인메뉴에 마우스를 올렸을 때 서브메뉴 전체가 보이는 메뉴입니다.

로고		MENU-1	MENU-2	MENU-3	MENU-4
		SubMenu-1	SubMenu-1	SubMenu-1	SubMenu-1
		SubMenu-2	SubMenu-2	SubMenu-2	SubMenu-2
		SubMenu-3	SubMenu-3	SubMenu-3	SubMenu-3
		SubMenu-4	SubMenu-4	SubMenu-4	SubMenu-4
이미지 슬라이드					
공지사항/갤러리		배너		바로가기 아이콘	
로고		카피라이트		SNS	

1 HTML

01 [PART3] – [02_내비게이션_가로형] – [01_가로고정형] – [BASE] 폴더를 VS Code에서 폴더 열기로 오픈한 후 [index.html] 파일을 오픈합니다. 참고로 예제는 앞서 Wireframe 단계에서 완성했던 소스입니다. nav 태그 내에 메인메뉴를 단축키로 빠르게 생성합니다. 단축키는 ul>li*4>a와 같이 입력하고 Tab 을 누릅니다.

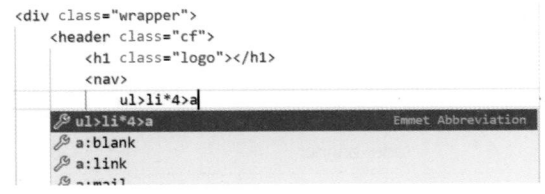

```
<div class="wrapper">
    <header class="cf">
        <h1 class="logo"></h1>
        <nav>
            ul>li*4>a
```
ul>li*4>a   Emmet Abbreviation
a:blank
a:link

02 메인메뉴가 생성되면 내용을 입력합니다.

[index.html]

```
중략...
<body>
  <div class="wrapper">
    <header class="cf">
      <h1 class="logo"></h1>
      <nav>
        <ul>
          <li><a href="">MENU-1</a></li>
          <li><a href="">MENU-2</a></li>
          <li><a href="">MENU-3</a></li>
          <li><a href="">MENU-4</a></li>
        </ul>
      </nav>
    </header>
중략...
```

03 각 메인메뉴의 서브메뉴는 메인메뉴의 li 태그가 닫히기 전 위치에 생성합니다.

출력화면

[index.html]

```
중략...
<body>
  <div class="wrapper">
    <header class="cf">
      <h1 class="logo"></h1>
      <nav>
        <ul>
          <li><a href="">MENU-1</a>
            <ul>
              <li><a href="">SubMenu-1</a></li>
              <li><a href="">SubMenu-2</a></li>
              <li><a href="">SubMenu-3</a></li>
              <li><a href="">SubMenu-4</a></li>
            </ul>
          </li>
          <li><a href="">MENU-2</a>
            <ul>
              <li><a href="">SubMenu-1</a></li>
              <li><a href="">SubMenu-2</a></li>
              <li><a href="">SubMenu-3</a></li>
              <li><a href="">SubMenu-4</a></li>
            </ul>
          </li>
          <li><a href="">MENU-3</a>
            <ul>
              <li><a href="">SubMenu-1</a></li>
              <li><a href="">SubMenu-2</a></li>
              <li><a href="">SubMenu-3</a></li>
              <li><a href="">SubMenu-4</a></li>
            </ul>
```

```
          </li>
          <li><a href="">MENU-4</a>
            <ul>
              <li><a href="">SubMenu-1</a></li>
              <li><a href="">SubMenu-2</a></li>
              <li><a href="">SubMenu-3</a></li>
              <li><a href="">SubMenu-4</a></li>
            </ul>
          </li>
        </ul>
      </nav>
    </header>
중략...
```

2 CSS

01 [PART3] – [02_내비게이션_가로형] – [01_가로고정형] – [BASE] – [css] 폴더의 [style.css] 파일을 오픈한 후 메뉴의 스타일을 작성합니다. 와이어프레임 단계에서 Header nav에 임시로 추가했던 Width, Background, Height를 제거합니다.

❶ Header nav에 너비와 외부에 여백을 추가합니다.

❷ Position 설정을 추가하고 이후 본문영역에서 Absolute를 적용하여 구현할 슬라이드보다 위로 올라올 수 있도록 z−index 값을 1로 줍니다.

❸ nav>ul>li 선택자로 메인메뉴만 선택한 후 Float으로 가로 배치, 높이와 너비를 지정하고 텍스트를 가운데로 정렬합니다.

❹ nav>ul>li a 선택자로 모든 a 태그를 선택하고 색상을 설정합니다. li 태그 내에서 전체 영역을 차지하여 클릭하기 쉽도록 display: block을 추가하고 기본 배경을 설정합니다.

[style.css]
```
중략...
header nav{
    float: right;
}

/* Navigation */
header nav{                      ❶
    width: 720px;
    margin-top: 30px;
    margin-right: 10px;
    position: relative;
    z-index: 1;                  ❷
}
nav>ul>li{                       ❸
    line-height: 40px;
    float: left;
    width: 180px;
    text-align: center;
}
nav>ul>li a{                     ❹
    color: #fff;
    display: block;
    background: #333;
}
```

출력화면

02 서브메뉴에 배경과 글자 색상을 추가합니다.

`출력화면`

[style.css]

```
중략...
nav ul ul li a{
    background: #fff;
    display: block;
    color: #333;
}
```

03 메뉴에 마우스를 올렸을 때 배경이 변경되도
록 마우스 호버 스타일을 작성합니다. 메인메뉴와
서브메뉴의 a 태그를 모두를 선택하고 배경색을
변경했습니다.
서브메뉴에 배경과 글자 색상을 추가합니다.

`출력화면`

[style.css]

```
중략...
nav>ul>li a:hover{
    background: #3498db;
}
```

04 서브메뉴의 스타일이 완성되었으니 이제 마
우스를 올리기 전에는 보이지 않도록 스타일을 설
정합니다. 이때 서브메뉴가 나타나도 메인메뉴의
스타일이 깨지지 않도록 주메뉴를 기준으로 서브
메뉴를 절댓값으로 배치합니다.
❶ nav>ul>li 선택자에 position : relative
로 기준을 설정합니다.

[style.css]

```
중략...
nav>ul>li{
    line-height: 40px;
    float: left;
    width: 180px;
    text-align: center;
    position: relative;      ❶
}
nav>ul>li a{
    color: #fff;
    display: block;
    background: #333;
}
nav ul ul li a{
    background:#fff;
    display: block;
    color:#333;
}
```

❷ nav ul ul로 서브메뉴를 선택하고 절댓값으로 배치합니다. 너비는 기준이 되는 바로 윗 부모의 너비와 같이 전체 너비를 사용하도록 하고 보이지 않도록 합니다.

출력화면

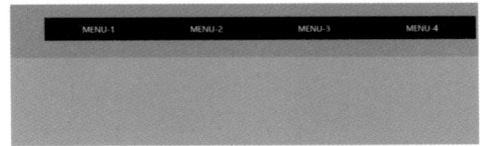

```
                                              [style.css]
nav>ul>li a:hover{
    background: #3498db;
}
nav ul ul{                          ❷
    position: absolute;
    left: 0;
    width: 100%;
    display: none;
}
중략...
```

05 다시 [index.html]로 돌아와서 스크립트에서는 변수를 설정하고 해당 변수에 마우스를 올렸을 때 서브메뉴 전체가 나타나도록 합니다. 우선 HTML에서 jQuery 라이브러리를 로드하고 [main.js] 파일의 경로를 지정합니다.

```
                                              [index.html]
중략...
    </footer>
  </div>
  <script src="js/jquery-3.6.1.min.js"></script>
  <script src="js/main.js"></script>
</body>
</html>
```

06 main.js 부분을 Ctrl+클릭하면 해당 파일을 열 수 없다는 경고창이 나타나고 생성할 것인지를 묻습니다. Create File 버튼을 클릭하여 생성합니다.

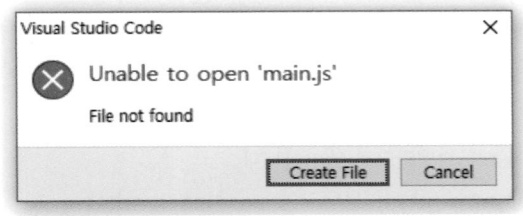

```
            <div class="sns"></div>
        </footer>
    </div>
    <script src="    Follow link (ctrl + click)  s"></script>
        <script src="js/main.js"></script>
</body>
</html>
```

Visual Studio Code   ×

❌ Unable to open 'main.js'

    File not found

                        Create File   Cancel

07 생성된 [main.js]에서 메인메뉴와 서브메뉴를 각각 변수로 지정하고 마우스 오버했을 때 subMenu가 slideDown 메서드를 통해 아래로 스윽 내려오면서 나타나도록 하고, 마우스가 나가면 다시 slideUp 메서드를 통해 스윽 접히도록 합니다.

[main.js]

```javascript
let mainMenu = $('nav > ul > li');
let subMenu  = mainMenu.find('ul');

mainMenu.mouseover(function(){
    subMenu.stop().slideDown();
}).mouseout(function(){
    subMenu.stop().slideUp();
});
```

출력화면

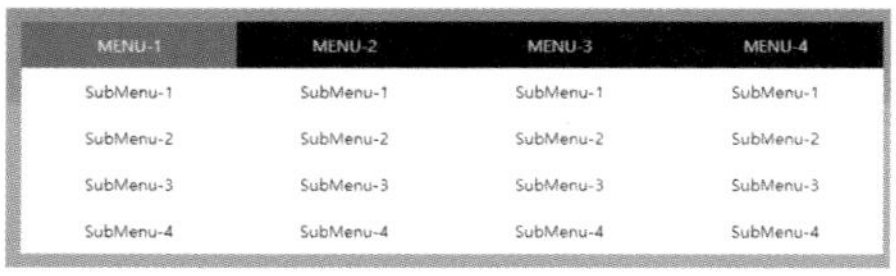

MENU-1	MENU-2	MENU-3	MENU-4
SubMenu-1	SubMenu-1	SubMenu-1	SubMenu-1
SubMenu-2	SubMenu-2	SubMenu-2	SubMenu-2
SubMenu-3	SubMenu-3	SubMenu-3	SubMenu-3
SubMenu-4	SubMenu-4	SubMenu-4	SubMenu-4

가로메뉴형 내비게이션은 메인메뉴에 마우스를 올렸을 때 해당 메뉴의 서브메뉴만 나타납니다. 기본적으로 앞서 작성한 가로고정형과 HTML과 CSS 구조는 동일하고 스크립트만 조금 다르게 작성하면 완성입니다.

1 스크립트

01 VS Code에서 [PART3] – [02_내비게이션_가로형] – [02_가로메뉴형1] – [BASE] 폴더를 Open Folder(폴더 열기)로 오픈합니다. 오픈하고 바로 [js] 폴더 내의 [main.js]를 오픈합니다. 메뉴를 변수 mainMenu로 지정하고 메뉴에 마우스가 올라갈 때와 나갈 때 할 일을 작성합니다.

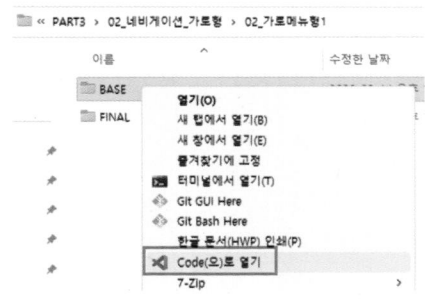

02 mainMenu에 마우스를 올렸을 때 mouseover 이벤트가 일어난 그 요소만을 선택하기 위해 $(this)로 해당 요소를 선택하고, 그 요소의 자식요소 중 ul 태그를 선택하기 위해 find 메서드를 활용합니다. 그리고 slideDown 메서드로 메뉴가 보이도록 하는데, 이때 stop( ) 메서드를 추가하여 이전의 어떤 애니메이션이 작동하든 그 효과를 멈추고 slideDown 또는 slideUp 메서드가 작동하도록 합니다. 만약 stop( )을 추가하지 않고 구현할 경우 메인메뉴 위를 마우스가 빠르게 지나가면 서브메뉴들이 뒤늦게 열리고 닫히는 현상이 발생합니다.

[main.js]

```js
let mainMenu = $('nav>ul>li');

mainMenu.mouseover(function(){
    $(this).find('ul').stop().slideDown();
}).mouseout(function(){
    $(this).find('ul').stop().slideUp();
});
```

출력화면

Tip

Find 메서드

• 자식요소 중 대상 선택

• CSS 선택자에서 자식 선택자와 같음

```js
let same0 = $('#button1 button');
let same1 = $('#button1 button>span');
let same2 = same0.find('>span');
let same3 = $('#buttons1').find('button').find('>span');
```

Filter 메서드

• 자신 중 대상 선택

• CSS 선택자에서 공백이 없이 붙여쓰기 한 선택자

```js
let same1 = $('#buttons1 button.btn');
let same2 = $('#buttons1 button').filter('.btn');
let same3 = $('#buttons1 button:last-child');
let same4 = $('#buttons1 button').filter(':last-child');
```

가로메뉴형2는 다음과 같이 서브메뉴의 높이에 맞춰 서브메뉴 배경의 높이가 변경되는 형태입니다.

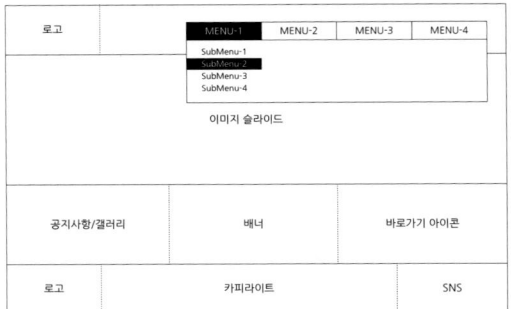

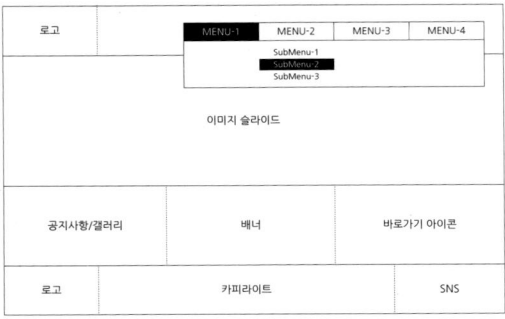

1 HTML

01 [PART3] – [02_내비게이션_가로형] – [03_가로메뉴형2] – [BASE] 폴더의 [index.html] 파일을 오픈합니다.

HTML 구조는 앞서 가로메뉴형1과 크게 다르지 않지만 서브메뉴의 개수가 각각 다릅니다. 가로형 와이어 프레임이 구현되어 있는 상태에서 메뉴는 가로배치까지 되어 있는 상태입니다.

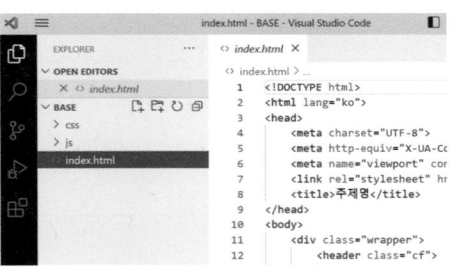

[index.html]

```
중략...
<body>
  <div class="wrapper">
    <header class="cf">
      <h1 class="logo"></h1>
      <nav>
        <ul class="cf">
          <li><a href="">MENU-1</a>
            <ul>
              <li><a href="">SubMenu-1</a></li>
              <li><a href="">SubMenu-2</a></li>
              <li><a href="">SubMenu-3</a></li>
              <li><a href="">SubMenu-4</a></li>
            </ul>
          </li>
          <li><a href="">MENU-2</a>
            <ul>
              <li><a href="">SubMenu-1</a></li>
              <li><a href="">SubMenu-2</a></li>
              <li><a href="">SubMenu-3</a></li>
            </ul>
          </li>
          <li><a href="">MENU-3</a>
            <ul>
              <li><a href="">SubMenu-1</a></li>
              <li><a href="">SubMenu-2</a></li>
            </ul>
```

```
                </li>
            <li><a href="">MENU-4</a>
              <ul>
                <li><a href="">SubMenu-1</a></li>
                <li><a href="">SubMenu-2</a></li>
                <li><a href="">SubMenu-3</a></li>
                <li><a href="">SubMenu-4</a></li>
              </ul>
            </li>
          </ul>
        </nav>
      </header>
중략...
```

02 [css] 폴더 내 [style.css]를 오픈합니다.
CSS는 다음 코드와 같이 로고는 왼쪽, 메뉴는
오른쪽으로 배치된 상태입니다.

출력화면

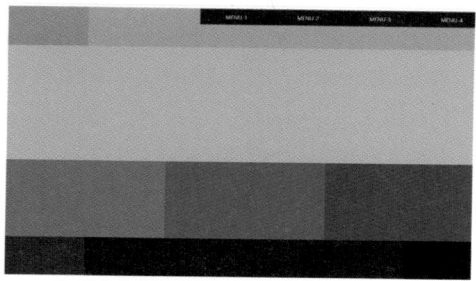

[style.css]

```
중략...
/* header */
header .logo{
    width: 200px;
    background: #999;
    float: left;
    height: 100%;
}
header nav{
    float: right;
}

/* Navigation */
header nav{
    width: 720px;
}
nav>ul>li{
    line-height: 40px;
    float: left;
    width: 180px;
    text-align: center;
    position: relative;
}
중략...
```

03 메인메뉴에 마우스를 올리면 서브메뉴가 나타나야 합니다. 이때 서브메뉴의 높이가 그대로 반영되어 서브메뉴의 부모인 nav의 높이가 커지도록 CSS를 작성합니다. 또한 nav의 높이가 변경되더라도 Header의 레이아웃이 깨지면 안됩니다.

❶ nav의 높이가 변경되어도 다른 요소에 영향을 주지 않는 방법은 nav에서 Absolute를 이용하여 절댓값으로 설정하는 것입니다.

다음과 같이 Header에 기준을 설정하고, Header nav를 top: 30px, right: 10px로 절댓값으로 우측 상단에 배치하고 배경색을 #fff으로 채워서 서브메뉴가 나타나면 그 배경이 #fff이 되도록 합니다. 또한 Position과 z-index 값을 추가하여 이후 구현될 슬라이드보다 위쪽으로 올라오도록 합니다. 서브메뉴가 나타날 때 서브메뉴의 크기가 그대로 잡히도록 position 값을 absolute로 지정하지 않습니다.

❷ 마우스호버 이전에는 서브메뉴가 나타나지 않도록 nav ul ul로 서브메뉴를 선택하고 표시되지 않도록 합니다.

출력화면

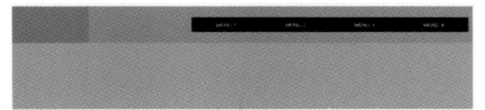

[style.css]

```css
/* header */
header{
    position: relative;
}
header .logo{
    width: 200px;
    background: #999;
    float: left;
    height: 100%;
}
header nav{
    float: right;
}


/* Navigation */
header nav{                        ❶
    position: absolute;
    top: 30px;
    right: 10px;
    width: 720px;
    background: #fff;
    position: relative;
    z-index: 1;
}

중략...

nav ul ul{                         ❷
    width: 100%;
    display: none;
}
```

Tip ✓

z-index

요소들을 z축으로, 즉 앞쪽으로 또는 뒤쪽으로 배치하는 속성입니다. 기본적으로 Position 값이 없는 요소들은 z-index 값이 높은 요소가 앞쪽으로 배치됩니다. 하지만 Position 속성이 있는 요소와 없는 요소는 z-index 값이 있는 요소가 무조건 앞으로 배치됩니다. Position 속성이 있는 요소와 앞뒤 배치설정을 하려면 비교되는 두 요소는 모두 Position 속성이 기본값(Static)이 아니어야 합니다.

참조 주소: https://codepen.io/alikerock/pen/poKjoMj

2 스크립트

01 [PART3] - [02_내비게이션_가로
형] - [03_가로메뉴형2] - [BASE] - [js] 폴더
의 [main.js] 파일을 오픈합니다.
메인메뉴의 변수를 설정하고 메인메뉴에 마우
스를 올렸을 때 마우스가 올라간 그 요소의 서
브메뉴를 slideDown 메서드를 활용하여 펼치
고, 마우스가 나가면 다시 slideUp 메서드를
이용하여 접습니다.

```
[main.js]
let mainMenu = $('nav > ul > li');

mainMenu.mouseover(function(){
    $(this).find('ul').stop().slideDown();
}).mouseout(function(){
    $(this).find('ul').stop().slideUp();
});
```

출력화면

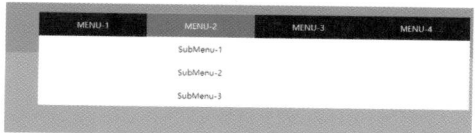

---

04 가로전체형

가로전체형 내비게이션은 다음과 같이 메인메뉴에 마우스를 올렸을 때 서브메뉴 배경이 화면의 가로 영역
전체를 차지하면서 나타납니다.

1 HTML

01 [PART3] – [02_내비게이션_가로형] – [03_가로전체형] – [BASE] 폴더를 오픈하고 [index.html]을 확인합니다. 예제는 와이어프레임까지는 완성된 상태입니다.

```
[index.html]
중략...
<body>
  <div class="wrapper">
    <header class="cf">
      <h1 class="logo"></h1>
      <nav>
        <ul class="cf">
          <li><a href="">MENU-1</a>
            <ul>
              <li><a href="">SubMenu-1</a></li>
              <li><a href="">SubMenu-2</a></li>
              <li><a href="">SubMenu-3</a></li>
              <li><a href="">SubMenu-4</a></li>
            </ul>
          </li>
          <li><a href="">MENU-2</a>
            <ul>
              <li><a href="">SubMenu-1</a></li>
              <li><a href="">SubMenu-2</a></li>
              <li><a href="">SubMenu-3</a></li>
              <li><a href="">SubMenu-4</a></li>
            </ul>
          </li>
          <li><a href="">MENU-3</a>
            <ul>
              <li><a href="">SubMenu-1</a></li>
              <li><a href="">SubMenu-2</a></li>
              <li><a href="">SubMenu-3</a></li>
              <li><a href="">SubMenu-4</a></li>
            </ul>
          </li>
          <li><a href="">MENU-4</a>
            <ul>
              <li><a href="">SubMenu-1</a></li>
              <li><a href="">SubMenu-2</a></li>
              <li><a href="">SubMenu-3</a></li>
              <li><a href="">SubMenu-4</a></li>
            </ul>
          </li>
        </ul>
      </nav>
    </header>
中略...
```

02 [index.html]에는 메뉴구조가 이전과 동일하게 서브메뉴 구조로 작성된 상태입니다. 이 상태에서 마우스를 올렸을 때 전체 영역을 차지하고 나타날 요소를 빈 div 태그를 생성하여 HTML에 작성할 수 있습니다.

```
                                        [index.html]
중략...
  <div class="wrapper">
    <header class="cf">
       <h1 class="logo"></h1>
       <div class="submenu_bg"></div>
       <nav>
          <ul class="cf">
중략...
```

03 하지만 위와 같이 아무 의미도 없는 빈 태그를 생성하는 것은 바람직하지 않고, 의미에 맞는 태그를 작성해야 한다는 symantic coding 기조에도 맞지 않습니다. 그래서 앞서 작성했던 클래스명 submenu_bg 요소는 제거하고, 마우스를 올렸을 때 나타날 배경을 header:after로 생성해서 배치하도록 하겠습니다.

```
                                        [index.html]
중략...
<body>
  <div class="wrapper">
    <header class="cf">
       <h1 class="logo"></h1>
       <nav>
          <ul class="cf">
중략...
```

❷ CSS 메뉴 스타일

01 [PART3] – [02_내비게이션_가로형] – [03_가로전체형] – [BASE] – [css] 폴더의 [style.css] 파일을 오픈합니다.
우선 메인메뉴를 가로 배치하고 헤더의 우측 하단에 배치되도록 합니다.

출력화면

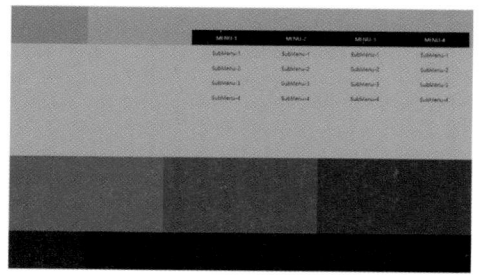

```
                                        [style.css]
중략...
header nav{
    float: right;
}

/* Navigation */
header nav{
    width: 720px;
    margin-top: 60px;
    margin-right: 10px;
}
nav>ul>li{
    line-height: 40px;
    float: left;
    width: 180px;
    text-align: center;
}
nav>ul>li>a{
    color: #fff;
    display: block;
    background: #333;
}
중략...
```

02 서브메뉴 스타일을 작성합니다. 서브메뉴는 메인메뉴를 기준으로 절댓값으로 배치하는 부분까지는 이전과 동일합니다.

출력화면

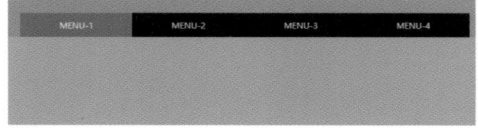

```
                                              [style.css]
중략...
nav>ul>li{
    line-height: 40px;
    float: left;
    width: 180px;
    text-align: center;
    position: relative;
}
nav>ul>li>a{
    color: #fff;
    display: block;
    background: #333;
}
nav ul ul li a{
    display: block;
    color: #333;
}
nav>ul>li a:hover{
    background: #3498db;
}
nav ul ul{
    position: absolute;
    left: 0;
    width: 100%;
    display: none;
}
중략...
```

03 서브메뉴 배경은 앞서 태그를 생성하지 않고 header: after에 생성한다고 말씀드렸습니다. 다음 코드를 작성합니다.

❶ header에 기준을 설정하고 header 안의 콘텐츠가 서브메뉴 배경보다 앞으로 나올 수 있도록 z-index를 1로 설정합니다.

❷ header:after 요소를 선택하고 Content 속성으로 빈 공간을 생성한 후 Header를 기준으로 절댓값으로 Header 바로 하단에 배치합니다. 메뉴에 마우스가 올라오면 높이가 변경되도록 하기 위해서 Transiton 속성을 추가하고 0.4초에 걸쳐 ease-in-out 속도로 움직이도록 합니다. ease-in-out은 서브메뉴가 jQuery slideDown으로 움직이는 속도와 같도록 한 것입니다. Header의 내용보다 아래에 배치되도록 z-index: -1을 추가합니다.

```
                                              [style.css]
중략...
/* header */
header{
    position: relative;          ❶
    z-index: 1;
}
header:after{                     ❷
    content: '';
    position: absolute;
    left: 0;
    top: 100%;
    right: 0;
    height: 0;
    background: #ebebeb;
    transition: height 0.4s ease-in-out;
    z-index: -1;
}
```

❸ Header에 Active가 추가되었을 때 :after 요소의 높이가 서브메뉴의 높이 160px로 변경되도록 합니다.

```css
header.active:after{            ❸
    height: 160px;
}
header .logo{
    width: 200px;
    background: #999;
    float: left;
    height: 100%;
}
중략...
```

❸ 스크립트

01 [PART3] − [02_내비게이션_가로형] − [03_가로전체형] − [BASE] − [js] 폴더의 [main.js] 파일을 오픈합니다.

스크립트에서는 메인메뉴, 서브메뉴, 헤더에 변수를 지정하고 마우스를 올렸을 때 Header 요소에 Active를 추가하고 서브메뉴 전체가 나타나도록 slideDown 메서드를 실행합니다. 마우스가 나가면 다시 원상태로 돌아오도록 추가했던 Active 클래스명을 제거하고 slideUp으로 서브메뉴를 접습니다.

메뉴에 마우스를 올렸을 때 서브메뉴 배경 전체가 나타납니다.

[main.js]

```javascript
let mainMenu = $('nav > ul > li');
let subMenu = mainMenu.find('ul');
let header = $('header');

mainMenu.mouseover(function(){
    header.addClass('active');
    subMenu.stop().slideDown();
}).mouseout(function(){
    header.removeClass('active');
    subMenu.stop().slideUp();
});
```

출력화면

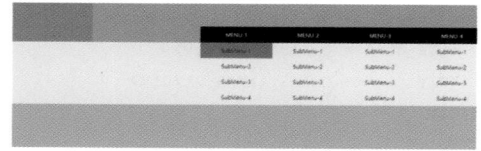

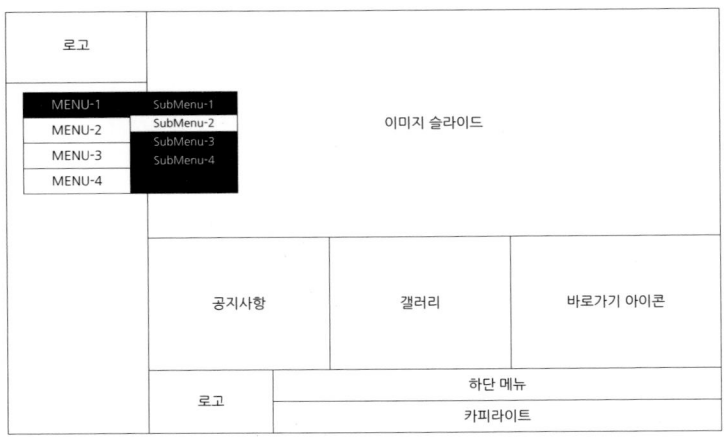

1 HTML

01 [PART3] – [02_내비게이션_세로형] – [01_세로낱개형1] – [BASE] 폴더의 [index.html] 파일을 오픈합니다.
앞서 완성했던 세로형 와이어프레임을 기초로 메뉴를 작성해보겠습니다.

출력화면

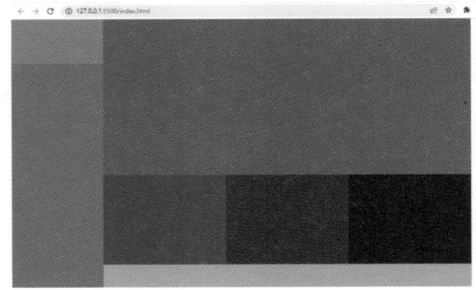

[index.html]

```
중략...
<body>
  <div class="wrapper cf">
    <aside>
      <h1 class="logo"></h1>
      <nav></nav>
    </aside>
    <main>
      <div class="slides"></div>
      <div class="contents cf">
        <div class="notice"></div>
        <div class="gallery"></div>
        <div class="quick_links"></div>
      </div>
      <footer class="cf">
        <div class="copyright"></div>
        <div class="sns"></div>
      </footer>
    </main>
  </div>
</body>
중략...
```

02 다음과 같이 로고와 서브메뉴 구조로 작성하
고, jQuery 라이브러리와 [main.js] 스크립트를
로드합니다.

출력화면

```
중략...
    <aside>
      <h1 class="logo">Logo</h1>
      <nav>
        <ul>
          <li><a href="">MENU-1</a>
            <ul>
              <li><a href="">SubMenu-11</a></li>
              <li><a href="">SubMenu-12</a></li>
              <li><a href="">SubMenu-13</a></li>
              <li><a href="">SubMenu-14</a></li>
            </ul>
          </li>
          <li><a href="">MENU-2</a>
            <ul>
              <li><a href="">SubMenu-21</a></li>
              <li><a href="">SubMenu-22</a></li>
              <li><a href="">SubMenu-23</a></li>
              <li><a href="">SubMenu-24</a></li>
            </ul>
          </li>
          <li><a href="">MENU-3</a>
            <ul>
              <li><a href="">SubMenu-31</a></li>
              <li><a href="">SubMenu-32</a></li>
              <li><a href="">SubMenu-33</a></li>
              <li><a href="">SubMenu-34</a></li>
            </ul>
          </li>
          <li><a href="">MENU-4</a>
            <ul>
              <li><a href="">SubMenu-41</a></li>
              <li><a href="">SubMenu-42</a></li>
              <li><a href="">SubMenu-43</a></li>
              <li><a href="">SubMenu-44</a></li>
            </ul>
          </li>
        </ul>
      </nav>
    </aside>
  중략...
  <script src="script/jquery-3.6.1.min.js"></script>
  <script src="script/main.js"></script>
</body>
</html>
```

② CSS

01 [PART3] – [02_내비게이션_세로형] – [01_세로낱개형1] – [BASE] – [css] 폴더의 [style.css] 파일을 오픈합니다.
메인메뉴의 배경과 높이를 설정하고 서브메뉴의 배경과 링크 색상을 설정합니다.
aside nav에 적용되어 있던 높이는 제거하고 배경, 너비, 여백을 설정합니다.

출력화면

[style.css]

```
중략...
/* aside */
aside .logo{
    height: 100px;
    background: #999;
}
aside nav{
    background: #333;
    width: 180px;
    margin: 10px 0 0 10px;
}
중략...
```

02 모든 메뉴의 높이를 설정하고 메뉴가 가운데 오도록 합니다. 메뉴 링크의 색상을 설정합니다.

출력화면

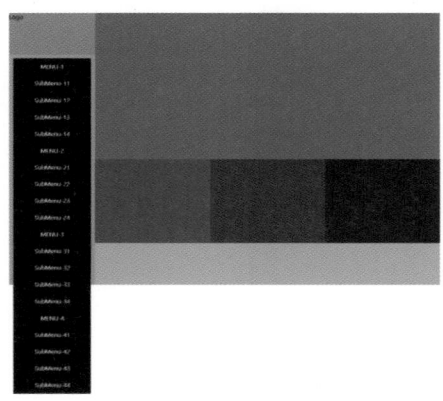

[style.css]

```
/* aside */
aside .logo{
    height: 100px;
    background: #999;
}
aside nav{
    background: #333;
    width: 180px;
    margin: 10px 0 0 10px;
}
aside nav>ul li{
    line-height: 40px;
    text-align: center;
}
aside nav>ul li a{
    display: block;
    color: #fff;
}
```

03 서브메뉴를 nav를 기준으로 절댓값으로
배치합니다.

브라우저 화면을 확인하면 모든 서브메뉴가
nav를 기준으로 절댓값으로 nav의 우측에 배
치된 것을 확인할 수 있습니다. 이는 모든 서브
메뉴의 Left가 기준위치인 nav에서 100% 거
리 위치에 있기 때문이며, 서브메뉴는
position: absolute로 모두 붕 뜬 상태로 마지
막 서브메뉴인 subMenu−41~44가 가장 위
쪽으로 겹쳐 있는 상태입니다.

출력화면

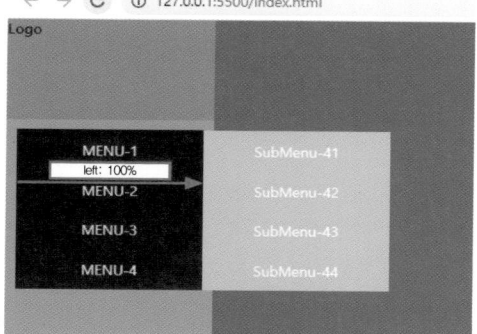

```
                                    [style.css]
중략...
aside nav{
    background: #333;
    width: 180px;
    margin: 10px 0 0 10px;
    position: relative;
    z-index: 1;
}
aside nav>ul li{
    line-height: 40px;
    text-align: center;
}
aside nav>ul li a{
    display: block;
    color: #fff;
}
aside nav>ul ul{
    position: absolute;
    top: 0;
    left: 100%;
    width: 100%;
    background: #ccc;
}
중략...
```

04 이제 모든 서브메뉴를 보이지 않도록 하
기 위해 display: none을 설정하고, 스크립트
를 작성하여 나타나도록 할 예정입니다.

출력화면

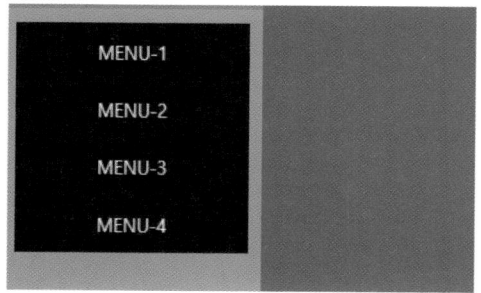

```
                                    [style.css]
중략...
aside nav>ul ul{
    position: absolute;
    top: 0;
    left: 100%;
    width: 100%;
    background: #ccc;
    display: none;
}
중략...
```

3 스크립트

01 [PART3] – [02_내비게이션_세로형] – [01_세로낱개형1] – [BASE] – [script] 폴더의 [main.js] 파일을 오픈합니다.

[main.js]에서 변수로 메인메뉴를 지정하고, 마우스를 올렸을 때 마우스가 올라간 그 메뉴의 서브메뉴가 slideDown 메서드를 활용하여 아래로 펼쳐지도록 하고, 마우스가 나가면 다시 접히도록 합니다.

출력화면

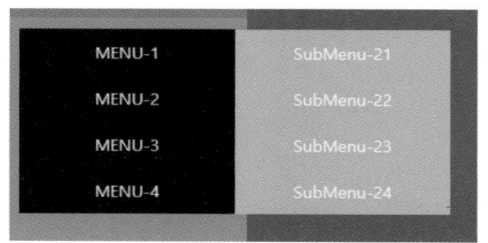

```
                                              [main.js]
let mainMenu = $('aside nav > ul > li');

mainMenu.mouseover(function(){
    $(this).find('ul').stop().slideDown();
}).mouseout(function(){
    $(this).find('ul').stop().slideUp();
});
```

06 세로 날개형2

세로 날개형 두 번째는 다음과 같이 마우스를 올렸을 때 서브메뉴가 나타나는데 그 높이가 정해져 있으며 메인메뉴보다 살짝 위쪽에 나타납니다. 앞서 완성한 세로 날개형1에서 CSS만 수정하면 완성할 수 있습니다.

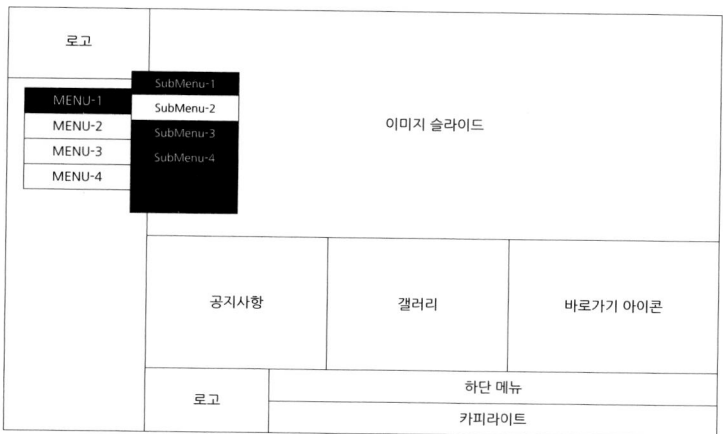

1 HTML

01 [PART3] – [02_내비게이션_세로형] – [01_세로날개형2] – [BASE] – [css] 폴더의 [style.css] 파일을 오픈한 후 높이와 위치를 설정합니다. 이때 이미지 슬라이드보다 위쪽에 나타나도록 Position과 z−index도 추가합니다.

Top, Height를 추가하고 서브메뉴에 마우스를 올렸을 때 배경색과 글자색을 변경합니다. 브라우저에서 확인하면 출력화면과 같이 메뉴가 나타납니다.

[style.css]

```
/* aside */
중략...
aside nav>ul ul{
    position: absolute;
    z-index: 10;
    top: -20px;
    left: 100%;
    width: 100%;
    height: 200px;
    background: #ccc;
    display: none;
}
aside ul ul a:hover{
    background-color: #ebebeb;
    color: #555;
}
중략...
```

출력화면

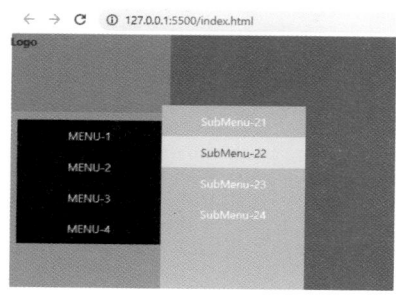

세로 메뉴에 마우스를 올리면 서브메뉴가 아래로 펼쳐지는 메뉴를 구현합니다. 실제 웹디자인기능사 시험의 지시사항은 다음과 같습니다.

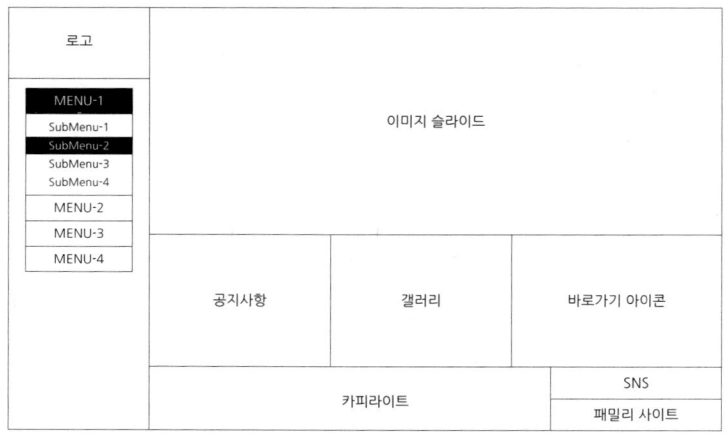

메뉴 구성

※ 사이트 구조도를 참고하여 메인 메뉴(Main Menu)와 서브 메뉴(Sub Menu)로 구성한다.

(1) 메인 메뉴(Main Menu) 효과 [와이어프레임 참조]

    ○ 메인 메뉴 중 하나에 마우스를 올리면(Mouse Over) 하이라이트 되고, 벗어나면(Mouse Out) 하이라이트를 해제한다.

    ○ 메인 메뉴를 마우스로 올리면(Mouse Over) 서브 메뉴 영역이 부드럽게 나타나면서, 서브 메뉴가 보이도록 한다.

    ○ 메인 메뉴에서 마우스커서가 벗어나면(Mouse Out) 서브 메뉴 영역은 부드럽게 사라져야 한다.

(2) 서브 메뉴 영역 효과

    ○ 서브 메뉴 영역은 메인페이지 콘텐츠를 고려하여 배경색상을 설정한다.

    ○ 서브 메뉴 중 하나에 마우스를 올리면(Mouse Over) 하이라이트 되고 벗어나면(Mouse Out) 하이라이트를 해제한다.

    ○ 마우스커서가 메뉴 영역을 벗어나면(Mouse Out) 서브메뉴 영역은 부드럽게 사라져야 한다.

1 HTML

01 [PART3] – [02_내비게이션_세로형] – [02_세로아코디언형] – [BASE] 폴더의 [index.html] 파일을 오픈합니다. 메뉴 HTML을 작성하고 스크립트를 로드합니다.

출력화면

[index.html]

```
중략...
    <aside>
        <h1 class="logo">Logo</h1>
        <nav>
          <ul>
            <li><a href="">MENU-1</a>
              <ul>
                <li><a href="">SubMenu-11</a></li>
                <li><a href="">SubMenu-12</a></li>
                <li><a href="">SubMenu-13</a></li>
                <li><a href="">SubMenu-14</a></li>
              </ul>
            </li>
            <li><a href="">MENU-2</a>
              <ul>
                <li><a href="">SubMenu-21</a></li>
                <li><a href="">SubMenu-22</a></li>
                <li><a href="">SubMenu-23</a></li>
                <li><a href="">SubMenu-24</a></li>
              </ul>
            </li>
            <li><a href="">MENU-3</a>
              <ul>
                <li><a href="">SubMenu-31</a></li>
                <li><a href="">SubMenu-32</a></li>
                <li><a href="">SubMenu-33</a></li>
              </ul>
            </li>
            <li><a href="">MENU-4</a>
              <ul>
                <li><a href="">SubMenu-41</a></li>
                <li><a href="">SubMenu-42</a></li>
                <li><a href="">SubMenu-43</a></li>
              </ul>
            </li>
          </ul>
        </nav>
    </aside>
중략...
    <script src="script/jquery-3.6.1.min.js"></script>
    <script src="script/main.js"></script>
</body>
중략...
```

2 CSS

01 [PART3] – [02_내비게이션_세로형] – [02_세로아코디언형] – [BASE] – [css] 폴더의 [style.css] 파일을 오픈한 후 메뉴의 기본 스타일을 설정합니다. 우선 메인메뉴가 세로로 배치되고, 서브메뉴도 별도의 Position 속성 없이 공간을 차지하도록 합니다.

❶ 배경과 너비를 지정하고 margin으로 위치를 설정합니다.

❷ 메인메뉴와 서브메뉴의 높이를 설정하고 그 높이 안에서 텍스트가 중앙에 있도록 line-height를 설정합니다.

❸ 서브메뉴의 배경색을 지정합니다.

❹ 모든 메뉴의 글자색을 설정하고 부모요소 안에서 전체 너비를 사용하도록 display 속성을 block으로 설정합니다.

❺ 메인메뉴에 마우스를 올렸을 때의 스타일을 설정합니다.

❻ 서브메뉴에 마우스를 올렸을 때의 스타일을 설정합니다.

출력화면

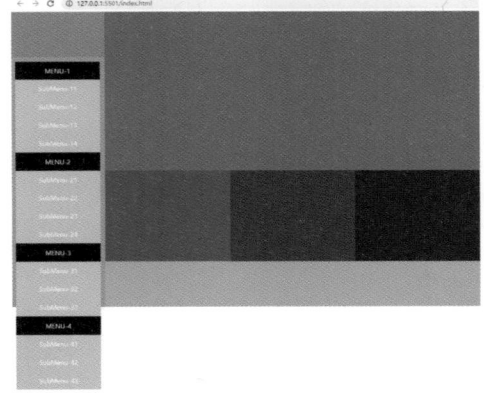

[style.css]

```
중략...
/* aside */
aside .logo{
    height: 100px;
    background: #999;
}
aside nav{                            ❶
    background: #333;
    width: 180px;
    margin: 10px 0 0 10px;
}
aside nav>ul li{                      ❷
    line-height: 40px;
    text-align: center;
}
aside nav>ul ul{                      ❸
    background: #ccc;
}
aside nav>ul li a{                    ❹
    display: block;
    color: #fff;
}
aside nav>ul>li>a:hover{              ❺
    background-color: #930930;
    color: #ffff00;
}
aside nav ul ul a:hover{              ❻
    background-color: #ebebeb;
    color: #555;
}

/* Main Contents */
중략...
```

02 이제 서브메뉴가 보이지 않도록 display: none을 추가합니다.

출력화면

[style.css]

```
중략...
aside nav>ul li{
    line-height: 40px;
    text-align: center;
}
aside nav>ul ul{
    background: #ccc;
    display: none;
}
aside nav>ul li a{
    display: block;
    color: #fff;
}
중략...
```

3 스크립트

01 [PART3] – [02_내비게이션_세로형] – [02_세로아코디언형] – [BASE] – [script] 폴더의 [main.js] 파일을 오픈합니다.

이제 스크립트에 메인메뉴와 서브메뉴를 변수로 설정하고 메인메뉴에 마우스를 올렸을 때 그 요소의 자식요소 중 서브메뉴를 선택하여 나타나도록 합니다.

출력화면

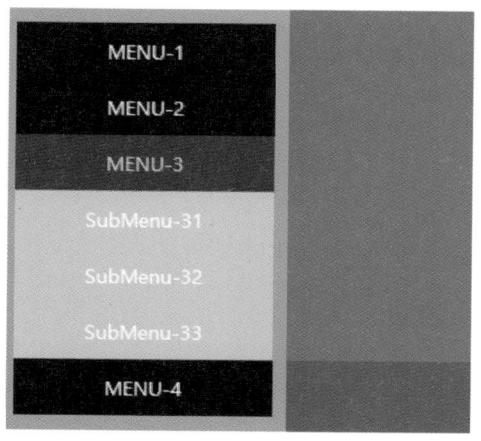

[main.js]

```
let mainMenu = $('aside nav > ul > li');

mainMenu.mouseover(function(){
    $(this).find('ul').stop().slideDown();
}).mouseout(function(){
    $(this).find('ul').stop().slideUp();
});
```

이미지 슬라이드

01 좌우 슬라이드 1형

좌우 슬라이드 1형의 지시사항은 다음과 같습니다.

B. Slide 애니메이션 작업

※ 위에서 작업한 결과물을 이용하여 슬라이드 작업을 한다.

○ 이미지만 바뀌면 안 되고, 이미지가 좌에서 우 또는 우에서 좌로 이동하면서 전환되어야 한다.

○ 슬라이드는 매 3초 이내로 하나의 이미지에서 다른 이미지로 전환되어야 한다.

○ 웹사이트를 열었을 때 자동으로 시작되어 반복적으로(마지막 이미지가 슬라이드 되면 다시 첫 번째 이미지가 슬라이드 되는 방식) 슬라이드 되어야 한다.

■ HTML

01 [PART3] – [03_슬라이드] – [01_좌우슬라이드 1형] – [BASE] 폴더의 [index.html]을 오픈합니다.

일정 시간마다 슬라이드가 우에서 좌로 이동하면서 전환되도록 구현하겠습니다. 앞서 완성한 와이어프레임 가로형 예제의 완성본에서 시작합니다. 클래스명 slides 부분에 클래스명 sliderwrapper를 추가하고 ul 태그와 li 태그를 코드와 같이 작성한 후 브라우저를 확인하면 슬라이드는 세로로 배치되어 있습니다.

```
[index.html]
중략...
<body>
  <div class="wrapper">
    <header class="cf">
      <h1 class="logo"></h1>
      <nav></nav>
    </header>
    <div class="slides slidewrapper">
      <ul class="container">
        <li class="slide">
          <a href="">
            <img src="images/slide_01.jpg"
            alt="slide 01">
          </a>
        </li>
        <li class="slide">
          <a href="">
            <img src="images/slide_02.jpg"
            alt="slide 01">
          </a>
        </li>
```

```
        <li class="slide">
          <a href="">
            <img src="images/slide_03.jpg"
            alt="slide 01">
          </a>
        </li>
      </ul>
    </div>
    <main class="cf">
      <section class="notice"></section>
      <section class="banner"></section>
      <section class="quick_links"></section>
    </main>
    <footer class="cf">
      <div class="logo"></div>
      <div class="copyright"></div>
      <div class="sns"></div>
    </footer>
  </div>
  <script src="script/jquery-3.6.1.min.js"></script>
  <script src="script/main.js"></script>
</body>
</html>
```

2 CSS

좌우로 움직이는 슬라이드 구조의 CSS는 클래스명 Slidewrapper에는 가로로 넘치는 요소가 보이지 않
도록 하고, 클래스명 Slide를 Float을 이용하여 가로로 배치한 후 슬라이드의 부모인 클래스명 Container
를 Margin을 이용하여 왼쪽으로 이동시키는 것입니다.

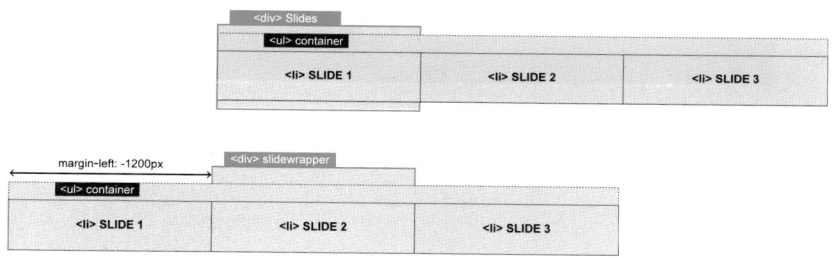

Transform을 활용해서 슬라이드를 움직일 수도 있지만 jQuery Animate 함수는 기본적으로 Transform이 작동하지
않습니다. Transform 속성도 jQuery의 animate 함수로 작동시키기 위해서는 별도의 라이브러리를 추가해야 하므로
본서에서는 Margin으로 이동시키고 있습니다.

01 [PART3] – [03_슬라이드] – [01_좌우슬라이드 1형] – [BASE] – [css] 폴더의 [style.css] 파일을 오픈합니다.

❶ 부모요소를 넘치는 슬라이드가 보이지 않도록 합니다.

❷ 슬라이드 부모의 너비를 슬라이드 개수에 맞게 늘려주어 자식요소 Slide가 가로 배치되도록 합니다.

❸ Float을 이용하여 슬라이드를 가로 배치합니다.

출력화면

[style.css]

```
중략...
/* Slides */
.slidewrapper{           ❶
    overflow: hidden;
}
.container{              ❷
    width: 3600px;
}
.slide{                  ❸
    float: left;
    width: 1200px;
    height: 300px;
}
중략...
```

Tip

본서에서는 Container의 너비를 직접 3600px로 지정했지만, 실무에서는 슬라이드 개수가 변경되어도 구조가 틀어지지 않게 하는 것이 바람직합니다. Container의 너비도 이후 스크립트를 통해 슬라이드 개수를 구하고 너비를 늘려주는 방식으로 구현합니다.

③ 스크립트 변수

01 [PART3] – [03_슬라이드] – [01_좌우슬라이드 1형] – [BASE] – [script] 폴더의 [main.js]을 오픈합니다.

이제 스크립트를 작성하여 자동으로 좌우로 움직이는 슬라이드를 구현합니다. 우선 필요한 변수를 생성합니다.

❶ 좌우로 이동할 대상을 변수로 지정합니다.

❷ 슬라이드 개수를 구하기 위해서 각 슬라이드를 변수로 지정합니다. 이때 앞서 생성한 변수명 slideContainer의 자식요소 중 클래스명 슬라이드를 지정하기 위해 find 메서드를 활용합니다.

❸ 변수명 slide에 할당되어 있는 객체의 수를 변수에 지정합니다.

❹ 슬라이드가 이동할 때마다 증가시킬 변수를 설정합니다.

```
                                        [main.js]
let slideContainer = $('.container');    ❶
let slide = slideContainer.find('.slide');  ❷
let slideCount = slide.length;           ❸
let currentIdx = 0;                      ❹
```

④ 자동 슬라이드 함수

일정 시간마다 슬라이드가 이동하는 기능을 반복하기 위해 SetInterval 함수를 작성합니다. 실무에서는 슬라이드에 마우스를 올렸을 때 멈추거나 다시 시작하려면 자동으로 움직이는 기능이 함수로 되어 있어야 제어할 수 있습니다. 본 도서에는 편의상 함수로 작성했습니다.

SetInterval 함수는 설정한 시간이 소진될 때마다 중괄호 안의 구문을 반복합니다.

```
setInterval(할 일,시간)
할 일 : function(){}
시간 : 밀리초(millisecond, ms) 천 분의 1초 기술, 1000이 1초

setInterval(function(){반복할 구문},3000)
```

01 [PART3] – [03_슬라이드] – [01_좌우슬라이드 1형] – [BASE] – [script] 폴더의 [main.js] 파일에서 이어서 작성합니다.

❶ nextIdx = (currentIdx + 1)%slideCount;

반복될 때마다 nextIdx의 값이 슬라이드 범위 안에서 만들어지도록 합니다.

❷ (currentIdx + 1)%slideCount

풀어서 계산하면 다음과 같습니다. %는 앞 값을 뒤의 값으로 나눈 나머지입니다.

currentIdx가 0일 때 $(0 + 1) \% 3 = 1$
currentIdx가 1일 때 $(1 + 1) \% 3 = 2$
currentIdx가 2일 때 $(2 + 1) \% 3 = 0$

currentIdx 값이 1씩 증가할 때마다 nextIdx의 값은 0, 1, 2만 반복됩니다.

❸ currentIdx = nextIdx;

currentIdx의 값을 nextIdx로 변경하여 다음 반복할 때 currentIdx도 0, 1, 2에서 값이 변경되도록 합니다.

이제 nextIdx 값을 활용하여 슬라이드 marginLeft 값을 변경합니다. 슬라이드가 3개이므로 slideContainer의 marginLeft 값은 0, −1200px, −2400px이 반복되어야 합니다.

❹ slideContainer.animate({marginLeft: −1200 * nextIdx + 'px'});

slideContainer의 marginLeft 값이 변경되는 과정이 보이도록 animate 메서드를 활용합니다.

대상.animate({속성명 : 값, 속성명 : 값}, 시간, 이징, 다른 할 일);

Animate 메서드는 대상의 CSS 속성의 값이 변경되는 과정을 지정한 시간과 속도(이징)로 보여줍니다. 별도로 시간과 속도를 지정하지 않으면 시간은 기본적으로 0.4s이며 속도는 Swing으로 적용됩니다.

작성 후 브라우저 화면을 보면 3초마다 슬라이드가 자동으로 이동하는 것을 확인할 수 있습니다.

[main.js]

```
function autoSlide(){
    setInterval(function(){
        //3초마다 반복수행할 구문 시작
        nextIdx = (currentIdx + 1)%slideCount;
        slideContainer.animate({marginLeft:-1200
* nextIdx + 'px'});
        currentIdx = nextIdx;
    }, 3000)
}
autoSlide();
```

좌우 슬라이드 2형의 지시사항은 기본적으로 좌우 슬라이드 1형과 같습니다.

B. Slide 애니메이션 작업

※ 위에서 작업한 결과물을 이용하여 슬라이드 작업을 한다.

○ 이미지만 바뀌면 안 되고, 이미지가 좌에서 우 또는 우에서 좌로 이동하면서 전환되어야 한다.

○ 슬라이드는 매 3초 이내로 하나의 이미지에서 다른 이미지로 전환되어야 한다.

○ 웹사이트를 열었을 때 자동으로 시작되어 반복적으로(마지막 이미지가 슬라이드 되면 다시 첫 번째 이미지가 슬라이드 되는 방식) 슬라이드 되어야 한다.

■ HTML

01 [PART3] – [03_슬라이드] – [02_좌우슬라이드 2형] – [BASE] 폴더의 [index.html] 파일을 오픈합니다.

일정시간마다 현재 슬라이드가 왼쪽으로 이동하는 슬라이드를 구현하겠습니다. 기본적으로 슬라이드 구조는 앞서의 좌우 슬라이드 1형과 같이 작성합니다.

```
[index.html]
중략...
<body>
  <div class="wrapper">
    <header class="cf">
      <h1 class="logo"></h1>
      <nav></nav>
    </header>
    <div class="slides slidewrapper">
      <ul class="container">
        <li class="slide">
          <a href="">
            <img src="images/slide_01.jpg"
            alt="slide 01">
          </a>
        </li>
        <li class="slide">
          <a href="">
            <img src="images/slide_02.jpg"
            alt="slide 01">
          </a>
        </li>
        <li class="slide">
          <a href="">
            <img src="images/slide_03.jpg"
            alt="slide 01">
          </a>
        </li>
      </ul>
```

```html
      </div>
      <main class="cf">
        <section class="notice"></section>
        <section class="banner"></section>
        <section class="quick_links"></section>
      </main>
      <footer class="cf">
        <div class="logo"></div>
        <div class="copyright"></div>
        <div class="sns"></div>
      </footer>
    </div>
    <script src="script/jquery-3.6.1.min.js"></script>
    <script src="script/main.js"></script>
  </body>
</html>
```

2 CSS

01 [PART3] – [03_슬라이드] – [02_좌우슬라이드 2형] – [BASE] – [css] 폴더의 [style.css] 파일을 오픈합니다.

슬라이드의 배치를 위한 스타일을 작성합니다. 기본적으로 모든 슬라이드들을 겹쳐놓고 스크립트를 통해 순차적으로 왼쪽으로 이동하는 슬라이드를 구현할 예정입니다. 다음과 같이 슬라이드가 겹치도록 작성합니다.

❶ 왼쪽으로 움직이는 슬라이드가 보이지 않도록 가립니다.

❷ 겹쳐질 슬라이드의 기준을 설정합니다.

❸ 각 슬라이드를 position을 이용하여 모두 겹쳐지도록 absolute로 설정합니다.

[style.css]
```css
중략...
/* Slides */
.slidewrapper{           ❶
    overflow: hidden;
}
.container{              ❷
    width: 100%;
    position: relative;
}
.slide{                  ❸
    position: absolute;
    width: 1200px;
    height: 300px;
    left: 0;
    top: 0;
}
```

3 변수 설정 및 슬라이드 이동 스크립트

01 [PART3] - [03_슬라이드] - [02_좌우슬라이드 2형] - [BASE] - [script] 폴더의 [main.js] 파일을 오픈합니다.

변수를 설정하고 첫 번째 슬라이드를 제외한 나머지 요소들을 모두 왼쪽으로 이동시켜 처음에는 첫 번째 슬라이드만 보이도록 합니다.

❶ 변수명 slide에 저장되어 있는 제이쿼리 객체 중에서 eq 메서드를 이용하여 0번째 요소를 선택합니다. 그 요소의 형제들 중 나머지 요소들을 siblings( ) 메서드로 선택한 후 CSS 메서드를 이용하여 maginLeft 값을 – 1200px로 왼쪽으로 이동시킵니다.

.eq(index)	선택한 요소들 중에서 인덱스와 일치하는 단일 요소를 선택 반환합니다.
.first( )	선택한 요소에서 첫 번째 단일 요소를 선택 반환합니다.
.last( )	.first( )와 반대되는 메서드로 마지막 단일 요소를 선택 반환합니다.

[main.js]

```
let slideContainer = $('.container');
let slide = slideContainer.find('.slide');
let slideCount = slide.length;
let currentIdx = 0;
```

❶
```
slide.eq(0).siblings().css({marginLeft:
'-1200px'});
```

4 자동 슬라이드 스크립트

01 SetInterval 함수를 이용하여 3초마다 반복적으로 수행될 구문을 작성합니다.

❶ 변수명 nextIdx에는 슬라이드 개수번호보다는 넘치지 않게 나눈 나머지 값이 저장되도록 합니다.

❷ 슬라이드에서 currentIdx 번호에 해당하는 요소를 선택하고 animate 함수를 이용하여 왼쪽으로 이동시킵니다.

❸ 현재 슬라이드가 왼쪽으로 이동하는 동시에 다음 슬라이드를 원래 자리에 배치합니다.

❹ 현재 슬라이드가 왼쪽으로 이동하고 다음 슬라이드가 제 위치에 배치되면 currentIdx 번호를 nextIdx로 업데이트하여 3초 후에는 다음 슬라이드가 왼쪽으로 이동하도록 합니다.

브라우저 화면을 확인하면 3초마다 현재 슬라이드와 다음 슬라이드가 살짝 교차하면서 슬라이드가 왼쪽으로 이동하는 것을 확인할 수 있습니다.

> 출력화면

[main.js]

```
중략...
slide.eq(0).siblings().css({marginLeft:
'-1200px'});


function autoSlide(){
  setInterval(function(){
    //3초마다 반복수행할 구문 시작
❶   let nextIdx = (currentIdx + 1)%slideCount;
❷   slide.eq(currentIdx).animate({marginLeft:
'-1200px'});
❸   slide.eq(nextIdx).animate({marginLeft: '0px'});
❹   currentIdx = nextIdx;
  }, 3000)
}
autoSlide();
```

03 상하 슬라이드

상하 슬라이드의 지시사항은 다음과 같습니다.

B. Slide 애니메이션 작업

※ 위에서 작업한 결과물을 이용하여 슬라이드 작업을 한다.

○ 이미지만 바뀌면 안 되고, 이미지가 위에서 아래 또는 아래에서 위로 이동하면서 전환되어야 한다.

○ 슬라이드는 매 3초 이내로 하나의 이미지에서 다른 이미지로 전환되어야 한다.

○ 웹사이트를 열었을 때 자동으로 시작되어 반복적으로(마지막 이미지가 슬라이드 되면 다시 첫 번째 이미지가 슬라이드 되는 방식) 슬라이드 되어야 한다.

1 HTML

01 [PART3] – [03_슬라이드] – [03_상하슬라이드] – [BASE] 폴더의 [index.html] 파일을 오픈합니다.

클래스명 slides에 클래스명 sliderwrapper를 추가하고 ul 태그와 li 태그를 작성하여 슬라이드 구조를 만든 후 jQuery 스크립트를 로드합니다. [main.js] 파일을 추가한 후 경로 부분을 `Tab`＋클릭하여 파일을 생성합니다.

```
[index.html]
중략...
<body>
  <div class="wrapper">
    <header class="cf">
      <h1 class="logo"></h1>
      <nav></nav>
    </header>
    <div class="slides slidewrapper">
      <ul class="container">
        <li class="slide">
          <a href="">
            <img src="images/slide_01.jpg"
             alt="slide 01">
          </a>
        </li>
        <li class="slide">
          <a href="">
            <img src="images/slide_02.jpg"
             alt="slide 01">
          </a>
        </li>
        <li class="slide">
          <a href="">
            <img src="images/slide_03.jpg"
             alt="slide 01">
          </a>
        </li>
      </ul>
    </div>
```

```
    <main class="cf">
      <section class="notice"></section>
      <section class="banner"></section>
      <section class="quick_links"></section>
    </main>
    <footer class="cf">
      <div class="logo"></div>
      <div class="copyright"></div>
      <div class="sns"></div>
    </footer>
  </div>
  <script src="script/jquery-3.6.1.min.js"></script>
  <script src="script/main.js"></script>
</body>
</html>
```

② 슬라이드 구조

상하로 이동하는 슬라이드는 좌우로 이동하는 슬라이드 구조의 세로 버전입니다. 다음 그림과 같이 우선 슬라이드의 부모인 Container를 세로로 길게 설정합니다.

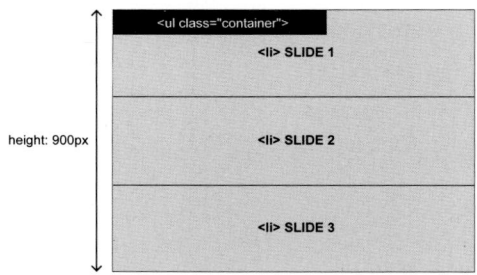

ul의 부모인 slidewrapper의 높이는 슬라이드 하나의 높이인 300px로 한정합니다. slidewrapper의 넘치는 요소는 보이지 않도록 하고, 슬라이드 이동은 ul의 margin−top 값을 −300px, −600px과 같이 설정하여 슬라이드 전체를 위로 이동시키는 것입니다.

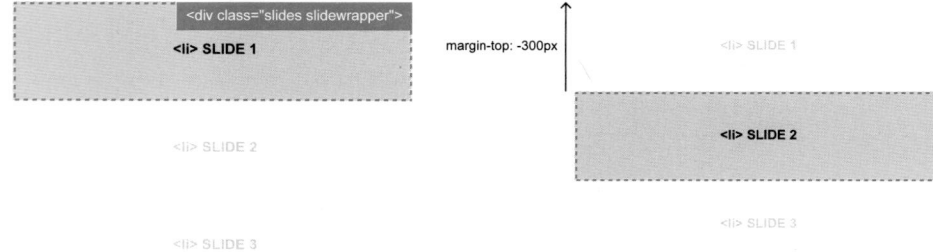

3 CSS

01 [PART3] – [03_슬라이드] – [03_상하슬라이드] – [BASE] – [css] 폴더의 [style.css] 파일을 오픈합니다.
슬라이드 스타일을 작성합니다. slidewrapper의 높이를 지정하고 슬라이드는 자연스럽게 세로로 배치되도록 합니다.

[style.css]

```css
중략...
/* Slides */
.slidewrapper{
    overflow: hidden;
    height: 300px;
}
.container{
    height: 900px;
}
.slide{
    width: 1200px;
    height: 300px;
}
```

4 스크립트

01 [PART3] – [03_슬라이드] – [03_상하슬라이드] – [BASE] – [script] 폴더의 [main.js] 파일을 오픈합니다.
변수를 설정하고 3초마다 클래스명 container의 margin−top 값이 0, −300px, −600px이 되도록 스크립트를 작성합니다. 기본적인 방식은 좌우 슬라이드와 같으며, marin−left가 아니라 margin−top 값을 변경한다는 것만 다릅니다.
브라우저 화면을 확인하면 3초마다 슬라이드가 위로 이동하고 3번째 슬라이드가 보이면 다시 1번 슬라이드로 이동하면서 반복됩니다.

[main.js]

```javascript
let slideContainer = $('.container');
let slide = slideContainer.find('.slide');
let slideCount = slide.length;
let currentIdx = 0;

function autoSlide(){
    setInterval(function(){
        //3초마다 반복수행할 구문 시작
        let nextIdx = (currentIdx + 1)%slideCount;
        slideContainer.animate({marginTop:
        -300*nextIdx + 'px'});
        currentIdx = nextIdx;
    }, 3000)
}
autoSlide();
```

페이드인아웃 슬라이드의 지사사항은 다음과 같습니다.

B. Slide 애니메이션 작업

※ 위에서 작업한 결과물을 이용하여 슬라이드 작업을 한다.

○ 이미지 슬라이드는 「Fade-in, Fade-out」 효과를 이용하여 제작한다(하나의 이미지가 서서히 사라지고, 다른 이미지가 서서히 나타나는 효과이다).

○ 슬라이드는 매 3초 이내로 하나의 이미지에서 다른 이미지로 전환되어야 한다.

○ 웹사이트를 열었을 때 자동으로 시작되어 반복적으로(마지막 이미지가 사라지면 다시 첫 번째 이미지가 나타나는 방식) 전환되어야 한다.

예제의 슬라이드 구조는 앞선 슬라이드 구조와 같은 상태입니다. 페이드인아웃 슬라이드는 모든 슬라이드에 대해 슬라이드 부모를 기준으로 절댓값으로 배치하여 겹쳐있도록 하고, 3초마다 현재 슬라이드는 fadeOut되고 동시에 다음 슬라이드는 fadeIn이 되도록 구현합니다.

■ CSS

01 [PART3] - [03_슬라이드] - [04_페이드인아웃 슬라이드] - [BASE] - [css] 폴더의 [style.css] 파일을 오픈합니다.

css를 작성하여 슬라이드를 모두 겹쳐있도록 합니다. 브라우저를 확인하면 모든 슬라이드가 한 자리에 겹쳐있으므로 일단 모두 보이지 않도록 display: none을 설정합니다. 스크립트에서 순차적으로 나타나도록 하겠습니다.

```
[sytle.css]
중략...
/* Slides */
.container{
    width: 100%;
    position: relative;
    height: 300px;
}
.slide{
    position: absolute;
    width: 1200px;
    height: 300px;
    left: 0;
    top: 0;
    display: none;
}
```

❷ 스크립트

01 [PART3] – [03_슬라이드] – [04_페이드 인아웃 슬라이드] – [BASE] – [script] 폴더 의 [main.js] 파일을 오픈합니다.

❶ 브라우저가 열리면 바로 첫 번째 슬라이드 가 보이도록 eq(0)으로 첫 슬라이드를 선택하 여 fadeIn으로 나타나도록 합니다.

❷ 3초마다 showNextSlide 함수가 작동하도 록 합니다.

❸ showNextSlide 함수가 할 일을 기술합니다.

❹ 함수가 작동할 때마다 nextIdx 값을 currrentIdx에 1을 추가한 값을 slideCount 로 나눈 나머지로 설정하여, 반복될 때마다 0, 1, 2가 할당되도록 합니다.

❺ 현재 슬라이드는 사라지고, 동시에 다음 슬 라이드가 나타나도록 합니다.

❻ 슬라이드가 전환되면 currentIdx 값을 nextIdx로 업데이트하여 다음 반복할 때 currentIdx의 값이 변경되도록 합니다.

작성 후 브라우저 화면을 확인하면 3초마다 슬 라이드가 그 자리에서 서서히 나타나고 사라지 는 것을 확인할 수 있습니다. 변수를 설정하고 일정 시간마다 페이드인, 페이드아웃 효과가 작동하도록 합니다.

[main.js]

```js
let slideContainer = $('.container');
let slide = slideContainer.find('.slide');
let slideCount = slide.length;
let currentIdx = 0;
```

❶ `slide.eq(currentIdx).fadeIn();`
❷ `setInterval(showNextSlide, 3000);`

❸ `function showNextSlide(){`
❹   `let nextIdx = (currentIdx+1)%slideCount;`
❺   `slide.eq(currentIdx).fadeOut();`
     `slide.eq(nextIdx).fadeIn();`
❻   `currentIdx = nextIdx;`
`}`

팝업 구현

웹디자인기능사 시험에서 팝업은 다음 그림과 같이 레이어 팝업, 모달 레이어 팝업의 두 가지 유형이 있습니다. 두 가지 유형 모두 HTML 구조와 Script는 동일하고 CSS에서 팝업 주변에 배경을 설정하는 여부가 다를 뿐입니다.

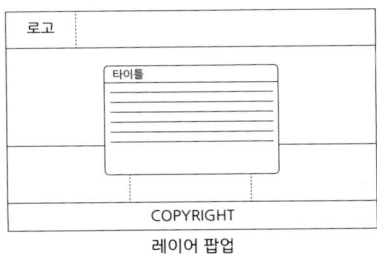
레이어 팝업

모달레이어 팝업

01 레이어 팝업

1 HTML

01 [PART3] – [04_팝업] – [레이어 팝업] – [BASE] 폴더의 [index.htm] 파일을 오픈합니다.
예제파일의 HTML에는 공지사항의 리스트가 작성되어 있습니다. 시험에서 공지사항의 첫 번째 글을 클릭할 때 팝업을 띄우기 때문입니다.

```
                                    [index.html]
중략...
<body>
  <div class="wrapper cf">
    <aside>
      <h1 class="logo"></h1>
      <nav></nav>
    </aside>
    <main>
      <div class="slides"></div>
      <div class="contents cf">
        <div class="notice">
          <h3>공지사항</h3>
          <ul>
            <li><a href="">Lorem ipsum, dolor sit
amet consectetur</a></li>
            <li><a href="">Lorem ipsum, dolor sit
amet consectetur</a></li>
```

```
                    <li><a href="">Lorem ipsum, dolor sit
        amet consectetur</a></li>
                    <li><a href="">Lorem ipsum, dolor sit
        amet consectetur</a></li>
                </ul>
            </div>
            <div class="gallery">
                <h3>갤러리</h3>
            </div>
            <div class="quick_links">
                <h3>바로가기</h3>
            </div>
        </div>
        <footer class="cf">
            <div class="copyright"></div>
            <div class="sns"></div>
        </footer>
    </main>
    </div>
    <script src="script/jquery-3.6.1.min.js"></script>
    <script src="script/main.js"></script>
</body>
</html>
```

② CSS

01 PART3] – [04_팝업] – [레이어 팝업] – [BASE] – [css] 폴더의 [style.css] 파일을 오픈합니다.

현재 CSS에는 공지사항의 스타일이 간략하게 작성된 상태입니다. 클래스명 contents의 자식 요소인 div들, 즉 시험에서 C영역의 배경을 설정하고 리스트들의 높이와 짝수 번째 리스트에 배경색을 지정한 상태입니다.

출력화면

[style.css]

```
중략...
.contents>div{
    float: left;
    width: 33.33333%;
    height: 200px;
    padding: 10px 0;
    box-sizing: border-box;
    background: #fff;
}
.contents .notice ul li{
    line-height: 38px;
}
.contents .notice ul li:nth-child(even){
    background: #ebebeb;
}
중략...
```

3 팝업 HTML

01 [PART3] – [04_팝업] – [레이어 팝업] – [BASE] 폴더의 [index.htm] 파일을 오픈한 후 팝업의 HTML을 작성합니다. 전체화면을 차지할 요소를 아이디명 popup으로 생성하고 가운데 나타날 창을 클래스명 popup_content로 작성합니다. CSS에서 id명 popup을 전체화면을 기준으로 고정할 것이므로 작성 위치는 어디든 상관없습니다.

```
[index.html]
중략...
    <footer class="cf">
      <div class="copyright"></div>
      <div class="sns"></div>
    </footer>
    <!-- popup-->
    <div id="popup">
      <div class="popup_content">
          <h2>popup title</h2>
          <p>
Lorem ipsum dolor sit amet, consectetur
adipisicing elit. Accusamus excepturi doloribus,
quam esse optio est blanditiis cumque molestiae
consequatur laborum ut ipsam. Quod, corporis
nostrum eius consequuntur magnam libero quisquam.
          </p>
          <div class="close">닫기</div>
        </div>
      </div>
      <!-- //popup -->
    </main>
  </div>
중략...
```

4 모달 CSS

01 [PART3] – [04_팝업] – [레이어 팝업] – [BASE] – [css] 폴더의 [style.css] 파일을 오픈합니다.

id popup이 전체화면을 차지하도록 하고 그 가운데 팝업 내용이 오도록 작성합니다.

❶ 전체화면을 기준으로 고정하고 left, right, top, bottom 값을 0으로 설정하여 전체화면을 차지하도록 합니다. 화면에 원하는 형태로 나오는지 확인하기 위해 /* display: none; */으로 주석처리하여 확인한 후, 다시 display: none;으로 수정하여 보이지 않도록 할 예정입니다.

```
[style.css]
/* popup */
#popup{                        ❶
    position: fixed;
    left: 0;
    right: 0;
    top: 0;
    bottom: 0;
    /* display: none; */
}
```

❷ popup_content는 부모인 #popup 기준의
절댓값으로 화면의 정 가운데 배치되도록 left:
50%, top: 50%를 설정합니다. 정중앙에 오도
록 popup_content 가로 크기의 반만큼 왼쪽
으로, popup_content의 세로 크기의 반만큼
위쪽으로 이동시키기 위해 transform을 추가
합니다. 이렇게 하면 popup_content의 크기
에 상관없이 정중앙에 배치할 수 있습니다. 기
존 화면 위에 떠 있는 느낌을 주기 위해 box−
shadow를 추가합니다.

❸ 닫기 버튼은 부모인 .popup_content를 기
준으로 우측 하단에 배치하고 커서 모양을 링
크와 같이 변경합니다.

❹ 아이디 popup에 active 클래스명이 추가되
면 화면에 나타나도록 합니다.

`출력화면`

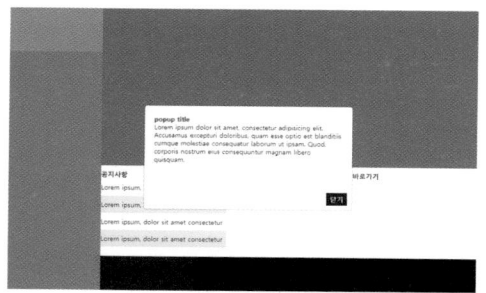

02 이제 CSS에서 아이디 팝업이 보이지 않
도록 display: none을 활성화합니다.

```css
#popup .popup_content{              ❷
    width: 400px;
    padding: 20px 20px 100px;
    background: #fff;
    border-radius: 5px;
    position: absolute;
    left: 50%;
    top: 50%;
    transform: translate(-50%, -50%);
    box-shadow: 0 0 3px rgba(0,0,0,.5);
}
#popup .popup_content .close{       ❸
    position: absolute;
    right: 10px;
    bottom: 10px;
    background: #333;
    color: #fff;
    cursor: pointer;
    padding: 5px 8px;
}
#popup.active{                      ❹
    display: block;
}
```

[style.css]

```css
/* popup */
#popup{
    position: fixed;
    left: 0;
    right: 0;
    top: 0;
    bottom: 0;
    display: none;
}
```

5 스크립트

01 [PART3] – [04_팝업] – [레이어 팝업] – [BASE] – [script] 폴더의 [main.js] 파일을 오픈합니다.

스크립트에서는 클릭할 대상과 클래스명 active가 추가될 대상을 변수로 지정한 후 클릭 이벤트가 일어나면 대상에 class명을 추가하고, 닫기 버튼을 클릭하면 클래스명을 제거합니다.

❶ 공지사항의 첫 번째는 링크입니다. 링크를 클릭하면 링크 본연의 기능인 페이지 이동이 작동합니다. 페이지 이동 기능을 막기 위하여 preventDefault 메서드를 추가했습니다.

스크립트 작성 후 브라우저 화면에서 공지사항의 첫 번째 글을 클릭하면 팝업이 나타나고, 팝업의 닫기 버튼을 클릭하면 팝업이 사라집니다.

```
                                              [main.js]
let popupLink = $('.notice li:first');
let popup = $('#popup');
let popupCloseBtn = popup.find('.close');

popupLink.click(function(e){
    e.preventDefault();                ❶
    popup.addClass('active');
});

popupCloseBtn.click(function(){
    popup.removeClass('active');
});
```

02 모달 레이어 팝업

모달 레이어 팝업은 레이어 팝업에서 CSS만 변경하면 완성할 수 있습니다. 예제파일도 레이어 팝업의 완료본에서 CSS만 다시 작성하여 구현해보겠습니다. 이번에는 전체화면이 검게 나타나고, 레이어 팝업이 팝업창이 뜨는 과정이 보이도록 transition을 이용하여 부드럽게 나타나도록 하겠습니다.

1 CSS

01 [PART3] – [04_팝업] – [모달 레이어 팝업] – [BASE] – [css] 폴더의 [style.css] 파일을 오픈합니다.

display: none에서 block으로 변경되는 과정은 수치가 변경되는 것이 아니기 때문에 transition을 적용할 수 없습니다. 수치가 변경되는 opacity를 0에서 1로 변경해야 합니다. 하지만 opacity만 0으로 낮추면 웹페이지의 기존 내용 위에 #popup이 덮어서 기존 내용에 있던 링크도 막기 때문에 공지사항을 클릭할 수 없게 됩니다. 따라서 display: none은 삭제하고 visibility: hidden을 추가하여 기존 내용의 링크를 막지 않도록 해줍니다. 그리고 transition 속성을 이용하여 opacity가 변경되는 과정을 0.4초에 걸쳐 보이도록 합니다.

[style.css]

```css
/* popup */
#popup{
    position: fixed;
    left: 0;
    right: 0;
    top: 0;
    bottom: 0;
    background: rgba(0,0,0,.6);
    visibility: hidden;
    opacity: 0;
    transition: opacity 0.4s;
}
```

02 #popup에 active가 추가되면 visibility 속성을 다시 visible로 변경해야 #popup 안의 닫기 버튼을 클릭할 수 있게 됩니다. #popup. acitve 선택자의 display: none은 제거하고 visibility: visible과 opacity를 1로 추가하여 서서히 나타나도록 합니다.

CSS 작성 후 브라우저 화면에서 공지사항의 첫 글을 클릭하면 다음과 같이 팝업창이 나타나는 것을 확인할 수 있습니다.

[style.css]

```css
#popup .popup_content .close{
    position: absolute;
    right: 10px;
    bottom: 10px;
    background: #333;
    color: #fff;
    cursor: pointer;
    padding: 5px 8px;
}
#popup.active{
    visibility: visible;
    opacity: 1;
}
```

출력화면

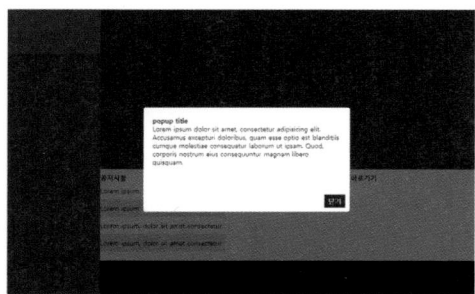

탭

탭은 한정된 공간 안에서 콘텐츠를 효율적으로 보여주는 방식 중 하나입니다. 다음 그림과 같이 메뉴를 클릭하면 해당 메뉴와 관련된 내용이 하단에 표시되는 UI입니다. 탭을 두 가지 방식으로 구현해보겠습니다. 첫 번째 방식은 jqueryUI의 탭 구현방식과 동일한 방식이고, 두 번째 방식은 서브메뉴와 같이 공지사항, 갤러리를 메인메뉴로 구성하고 그 하위에 나타날 내용을 작성하는 방식입니다. 두 가지 방식 중 선택하여 구현하시면 되겠습니다.

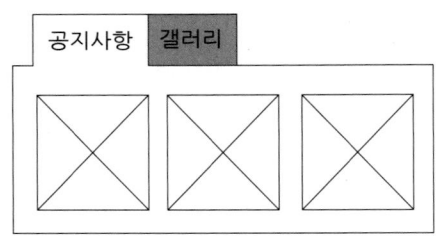

02 내부 링크 방식

내부 링크 방식은 jQueryUI의 Widget 중 Tab의 구조와 같은 방식으로 구현하겠습니다. 메뉴를 구성하고 그 메뉴를 클릭했을 때 나타날 내용을 내부 링크 방식, 즉 hreft의 #값과 id를 매치하는 방식입니다.

① HTML

01 [PART3] – [05_탭] – [내부링크방식] – [BASE] 폴더의 [index.html] 파일을 오픈합니다.

메뉴와 메뉴를 클릭했을 때 나타날 내용을 구분하여 HTML 태그를 작성합니다.

코드에서 주목할 부분은 클래스명 tabmenu의 a 태그의 href 속성의 값으로 각각 #notice, #gallery로 작성했고, 클래스명 tabcontent의 자식요소에 링크를 클릭할 때 연결될 요소에 id 명을 각각 notice, gallery로 입력해서 링크를 클릭하면 각 아이디 위치로 링크가 작동하도록 했습니다. 이렇게 HTML 태그에서는 내부 링크 방식으로 클릭 시 해당 내용의 위치로 이동하도록 하고 CSS와 Javascript에서 스타일과 스크립트를 작성하여 탭을 구현하겠습니다.

페이지가 열리자마자 활성화되어 있을 메뉴와 내용 부분에 클래스명 active를 미리 넣어놓았습니다. CSS에서는 active 클래스명이 있을 때 메뉴와 내용이 보이도록 스타일을 작성합니다.

출력화면

```html
[index.html]
중략...
    <main class="cf">
      <section class="notice">
        <ul class="tabmenu cf">
          <li class="active">
            <a href="#notice">공지사항</a>
          </li>
          <li>
            <a href="#gallery">갤러리</a>
          </li>
        </ul>
        <div class="tabcontent">
          <div id="notice" class="active">
            <ul>
              <li><a href="">Lorem ipsum dolor
sit <span class="date">2024.00.00</span></a></li>
              <li><a href="">Lorem ipsum dolor
sit <span class="date">2024.00.00</span></a></li>
              <li><a href="">Lorem ipsum dolor
sit <span class="date">2024.00.00</span></a></li>
              <li><a href="">Lorem ipsum dolor
sit <span class="date">2024.00.00</span></a></li>
            </ul>
          </div>
          <div id="gallery">
            <ul class="cf">
              <li><a href=""><img src="images/
gallery1.jpg" alt="gallery1"></a></li>
              <li><a href=""><img src="images/
gallery2.jpg" alt="gallery2"></a></li>
              <li><a href=""><img src="images/
gallery3.jpg" alt="gallery3"></a></li>
            </ul>
          </div>
        </div>
      </section>
      <section class="banner"></section>
      <section class="quick_links"></section>
    </main>
    <footer class="cf">
      <div class="logo"></div>
      <div class="copyright"></div>
      <div class="sns"></div>
    </footer>
  </div>
  <script src="script/jquery-3.6.1.min.js"></script>
  <script src="script/main.js"></script>
중략...
```

2 CSS

01 [PART3] – [05_탭] – [01_내부링크방식] – [BASE] – [css] 폴더의 [style.css] 파일을 오픈합니다.

CSS에서 메뉴를 가로배치하고, 보여질 탭의 내용은 클래스명 tabcontent를 기준으로 절댓값으로 배치하여 겹쳐 있도록 합니다. 기본적으로 탭 내용이 보이지 않도록 하고 클래스명 active가 있을 때 보이도록 합니다.
우선 CSS에서 공지사항 부분에 기존에 적용했던 배경색을 #fff로 변경합니다.

출력화면

[style.css]

```
중략...
main .notice{
    background: #fff;
}
main .banner{
    background: #666;
}
main .quick_links{
    background: #555;
}
중략...
```

3 탭메뉴와 탭콘텐츠 배치

01 계속해서 [style.css]에서 탭메뉴는 float으로 가로 배치하고, 탭콘텐츠는 position으로 tabcontent를 기준으로 겹쳐놓습니다.
❶ 공지사항, 배너, 바로가기의 부모인 main 요소에 위아래 여백과 배경을 설정합니다.

[style.css]

```
중략...
main{                    ❶
    height: 200px;
    background: #fff;
    padding: 10px 0;
    box-sizing: border-box;
}
중략...
main .quick_links{
  background: #555;
}

/* TAB */
.tabmenu li{
    float: left;
}
```

❷ li 태그에 active가 있을 때 a 태그의 배경색을 변경하여 활성화된 메뉴를 표현합니다.

❸ position.relative로 기준을 설정하고 자식 요소를 모두 position: absolute로 설정하면 부모인 tabcontent의 높이가 반영되지 않을 것이기 때문에 높이를 150px 추가하고 padding 값과 합산되어 높이가 150px보다 커지지 않도록 box−sizing 속성의 값을 border−box로 설정합니다.

❹ tabcontent의 내용 모두를 position: absolute로 절댓값으로 설정하고 기본 위치를 기준요소인 tabcontent를 기준으로 너비 모두를 사용하도록 left와 right값을 추가하고 보이지 않도록 display: none을 추가합니다.

❺ 탭 내용인 div 요소에 active가 추가되었을 때 내용이 보이도록 display: block을 추가합니다.

출력화면

```css
.tabmenu li a{
    display: block;
    padding: 5px 10px;
    border: 1px solid #ccc;
    border-bottom: none;
    background: #ccc;
}
.tabmenu li.active a{              ❷
    background: #fff;
}
.tabcontent{                       ❸
    padding: 10px;
    border: 1px solid #ccc;
    position: relative;
    height: 150px;
    box-sizing: border-box;
}
.tabcontent>div{                   ❹
    position: absolute;
    left: 0;
    right: 0;
    display: none;
}
.tabcontent>div.active{            ❺
    display: block;
}
중략...
```

4 메뉴와 갤러리 스타일

01 [style.css]에서 메뉴의 높이 간격과 갤러리의 간격 등을 설정합니다.

❶ 공지사항 목록에서 날짜 부분이 오른쪽에 배치되도록 float을 설정합니다.

❷ 메뉴들 중 짝수 번째를 선택하고 배경을 설정합니다.

출력화면

공지사항	갤러리	
Lorem ipsum dolor sit		2024.00.00
Lorem ipsum dolor sit		2024.00.00
Lorem ipsum dolor sit		2024.00.00
Lorem ipsum dolor sit		2024.00.00

[style.css]

```
중략...
.tabcontent>div.active{
    display: block;
}
#notice{
    padding: 0 10px;
}
#notice li{
    line-height: 30px;
}
#notice li span{              ❶
    float: right;
}
#notice li:nth-child(even){   ❷
    background: #ccc;
}
#notice li a:hover{
    font-weight: bold;
}
#gallery{
    padding: 20px;
}
#gallery ul li{
    float: left;
    margin-right: 40px;
}
#gallery ul li:last-child{
    margin-right: 0;
}
중략...
```

02 [index.html]에서 임시로 갤러리 부분의 화면을 확인하기 위해 HTML에서 active를 id gallery 위치로 변경해봅니다.

출력화면

```
[index.html]
중략...
<section class="notice">
    <ul class="tabmenu cf">
      <li>
        <a href="#notice">공지사항</a>
      </li>
      <li class="active">
        <a href="#gallery">갤러리</a>
      </li>
    </ul>
    <div class="tabcontent">
        <div id="notice">
          중략...
        </div>
        <div id="gallery" class="active">
          중략...
        </div>
    </div>
  </section>
중략...
```

03 위의 내용까지 작업한 후 출력화면을 보면 갤러리가 이상 없이 배치된 것을 확인할 수 있습니다. 하지만 자세히 보면 메뉴 밑에 선이 보이고 있습니다. 메뉴의 CSS를 확인하면 테두리 아래쪽은 제거한 상태이지만 tabcontent 가 메뉴보다 앞쪽으로 나타나기 때문에 선이 보이는 것입니다. 이를 해결하기 위해 메뉴가 tabcontent보다 위쪽으로 있도록 position을 주고, z-index 값을 추가하여 위로 올라오도록 한 후 top 값을 주어 1px 아래로 내려와 tabcontent의 상단 테두리를 가릴 수 있도록 합니다.

출력화면

```
[style.css]
중략...
main .quick_links{
    background: #555;
}

/* TAB */
.tabmenu{
    position: relative;
    z-index: 1;
    top: 1px;
}
.tabmenu li{
    float:left;
}
중략...
```

04 [index.html]에서 임시로 옮겼던 클래스명 active를 다시 원위치로 되돌립니다.

[index.html]

```html
<section class="notice">
    <ul class="tabmenu cf">
        <li class="active">
            <a href="#notice">공지사항</a>
        </li>
        <li>
            <a href="#gallery">갤러리</a>
        </li>
    </ul>
    <div class="tabcontent">
        <div id="notice" class="active">
            중략...
        </div>
        <div id="gallery">
            중략...
        </div>
    </div>
</section>
```

메뉴를 클릭하면 클릭된 그 메뉴에 active를 추가하고, 메뉴의 a 태그의 href 속성의 값을 활용해서 그 값과 매치되는 id 요소를 선택하여 화면에 나타나도록 합니다. 물론 클릭한 요소의 인덱스 번호를 확인하여 탭콘텐츠의 내용을 인덱스 번호로 선택하여 클래스명을 추가하는 방식도 가능합니다.

01 [PART3] - [05_탭] - [내부링크방식] - [BASE] - [script] 폴더의 [main.js] 파일을 오픈합니다.

변수를 설정하고 메뉴에 클래스명을 추가하는 부분부터 작성합니다.

tabMenu를 클릭하면 모든 tabMenu에서 active를 제거하고 클릭된 그 요소에만 active를 추가합니다.

스크립트 작성 후 브라우저에서 갤러리 메뉴를 클릭하면 클릭한 메뉴에 클래스명 active가 추가되어 배경이 변경되는 것을 확인할 수 있습니다.

[main.js]

```javascript
let tabMenu = $('.tabmenu li');
let tabContent = $('.tabcontent > div');

tabMenu.click(function(e){
    e.preventDefault();
    tabMenu.removeClass('active');
    $(this).addClass('active');
});
```

출력화면

공지사항	갤러리	
Lorem ipsum dolor sit		2024.00.00
Lorem ipsum dolor sit		2024.00.00
Lorem ipsum dolor sit		2024.00.00
Lorem ipsum dolor sit		2024.00.00

02 이제 내용이 나타나도록 하겠습니다. 핵심포인트는 jQuery에서 아이디 notice를 선택하는 방법을 이용하는 것입니다. jQuery에서 아이디 notice는 $('#notice')와 같이 선택합니다. 메뉴를 클릭했을 때 클릭된 그 요소의 href의 속성을 확인해서 그 값을 그대로 아이디 notice 또는 gallery를 선택하는 선택자로 활용하는 것입니다.

❶ 변수명 target에 클릭된 그 요소의 속성명 href의 값을 저장합니다. 저장된 값은 #notice 또는 #gallery와 같습니다.

❷ 모든 탭콘텐츠에서 클래스명 active를 제거합니다.

❸ 변수명 target의 저장된 #notice 또는 #gallery 값이 $( ) 안쪽에 들어오도록 합니다. 이렇게 보여질 아이디 요소를 선택하고 클래스명 active를 추가하여 내용이 보이도록 합니다.

[main.js]

```
let tabMenu = $('.tabmenu li');
let tabContent = $('.tabcontent > div');

tabMenu.click(function(e){
    e.preventDefault();
    tabMenu.removeClass('active');
    $(this).addClass('active');

    let target = $(this).find('a').attr('href');   ❶
    tabContent.removeClass('active');               ❷
    $(target).addClass('active');                   ❸
});
```

출력화면

공지사항 갤러리

1 HTML

01 [PART3] – [05_탭] – [서브메뉴방식] – [BASE] 폴더의 [index.html] 파일을 오픈한 후 서브메뉴 방식으로 탭을 구현합니다.
작성한 메뉴구조를 축약해보면 다음과 같습니다.

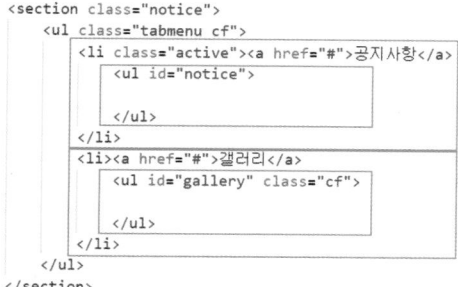

```
<section class="notice">
  <ul class="tabmenu cf">
    <li class="active"><a href="#">공지사항</a>
      <ul id="notice">

      </ul>
    </li>
    <li><a href="#">갤러리</a>
      <ul id="gallery" class="cf">

      </ul>
    </li>
  </ul>
</section>
```

서브메뉴 구조의 핵심은 메인메뉴의 li의 종료 태그 전에 서브메뉴의 내용이 있어야 한다는 것입니다.

출력화면

[index.html]

```
중략...
<section class="notice">
  <ul class="tabmenu cf">
    <li class="active"><a href="#">공지사항</a>
      <ul id="notice">
        <li>
          <a href="#">Lorem ipsum dolor sit
          <span class="date">2024.00.00</span></a>
        </li>
        <li>
          <a href="#">Lorem ipsum dolor sit
          <span class="date">2024.00.00</span></a>
        </li>
        <li>
          <a href="#">Lorem ipsum dolor sit
          <span class="date">2024.00.00</span></a>
        </li>
        <li>
          <a href="#">Lorem ipsum dolor sit
          <span class="date">2024.00.00</span></a>
        </li>
      </ul>
    </li>
    <li><a href="#">갤러리</a>
      <ul id="gallery" class="cf">
        <li><a href="#">
          <img src="images/gallery1.jpg"
          alt="gallery1">
        </a></li>
        <li><a href="#">
          <img src="images/gallery2.jpg"
          alt="gallery2">
        </a></li>
        <li><a href="#">
          <img src="images/gallery3.jpg"
          alt="gallery3">
        </a></li>
      </ul>
    </li>
  </ul>
</section>
중략...
```

2 CSS

01 [PART3] – [05_탭] – [서브메뉴방식] – [BASE] – [css] 폴더의 [style.css] 파일을 오픈합니다.

❶ 메뉴를 float으로 가로배치합니다.

❷ tabmenu>li>a 선택자로 a 태그를 선택한 후 현재 자리를 기준으로 설정하기 위해 position: realative를 주고 top 값을 조절하여 1px 아래로 내려 탭메뉴 아랫부분이 선이 보이지 않도록 합니다.

❸ 서브메뉴인 ul에 높이와 테두리를 추가하고 크기가 넘치지 않도록 한 후 보이지 않도록 합니다.

❹ 클래스명 active가 있을 때 서브메뉴인 ul이 보이도록 .tabmenu>li.active ul 선택자에 display: block을 추가합니다.

[style.css]

```
중략...
/* TAB */
.notice{
    position: relative;
}
.tabmenu>li{                          ❶
    float: left;
}
.tabmenu>li>a{                        ❷
  position: relative;
  z-index: 1;
  top: 1px;
}
.tabmenu>li>ul{                       ❸
    position: absolute;
    left: 0;
    right: 0;
    top: 29px;
    height: 150px;
    border: 1px solid #ccc;
    background: #fff;
    box-sizing: border-box;
    display: none;
}
.tabmenu>li.active ul{                ❹
    display: block;
}
중략...
```

③ 공지사항 및 갤러리 스타일

01 [style.css]에서 메뉴의 스타일을 설정하고 클래스명 active가 있을 때 배경이 변경되도록 작성합니다. 공지사항 리스트와 갤러리의 스타일을 작성합니다.

출력화면

공지사항	갤러리	
Lorem ipsum dolor sit		2024.00.00
Lorem ipsum dolor sit		2024.00.00
Lorem ipsum dolor sit		2024.00.00
Lorem ipsum dolor sit		2024.00.00

[style.css]

```css
중략...
.tabmenu>li>a{
    display: block;
    padding: 5px 10px;
    border: 1px solid #ccc;
    border-bottom: none;
    background: #ccc;
}
.tabmenu li.active>a{
    background: #fff;
}
#notice{
    padding: 0 10px;
}
#notice li{
    line-height: 25px;
}
#notice li span{
    float: right;
}
#notice li:nth-child(even){
    background: #ccc;
}
#notice li a:hover{
    font-weight: bold;
}
#gallery{
    padding: 20px;
}
#gallery li{
    float: left;
    margin-right: 40px;
}
#gallery li:last-child{
    margin-right: 0;
}
#gallery li:hover{
    opacity: 0.5;
}
중략...
```

02 현재 탭메뉴가 상단에 치우쳐 있습니다. 탭메뉴의 부모인 main 태그에 공간을 추가하여 내용들이 세로 기준 가운데 있도록 합니다. height가 지정된 상태에서 padding을 추가하면 요소의 높이가 늘어나므로, 이를 방지하기 위해 box-sizing: border-box를 추가하여 지정한 높이 안쪽에서 padding이 만들어지도록 합니다.

```css
중략...
/* wireframe */
.wrapper{
  width: 1200px;
  margin: 0 auto;
}
header{
  height: 100px;
  background: #aaa;
}
.slides{
  height: 300px;
  background: #bbb;
}
main{
  height: 200px;
  background: #fff;
  padding: 10px 0;
  box-sizing: border-box;
}
footer{
  height: 100px;
  background: #ddd;
}
중략...
```

4 스크립트

01 [PART3] - [05_탭] - [서브메뉴방식] - [BASE] - [script] 폴더의 [main.js] 파일을 오픈합니다.

스크립트는 앞서 완성했던 코드와 다르지 않습니다. 다만, 이번에는 클릭했을 때 클릭된 그 요소에만 클래스명을 추가하면 됩니다.

이제 메뉴를 클릭하면 탭의 내용이 나타나는 UI가 완성되었습니다.

```js
                                              [main.js]
let tabMenu = $('.tabmenu li');
let tabContent = $('.tabcontent > div');

tabMenu.click(function(e){
    e.preventDefault();
    tabMenu.removeClass('active');
    $(this).addClass('active');
});
```

출력화면

공지사항 갤러리

SD에듀가 합격을 준비하는 당신에게 제안합니다.

성공의 기회! **SD에듀**를 잡으십시오.
성공의 Next Step!

결심하셨다면 지금 당장 실행하십시오.
SD에듀와 함께라면 문제없습니다.

기회란 포착되어 활용되기 전에는
기회인지조차 알 수 없는 것이다.

– 마크 트웨인 –

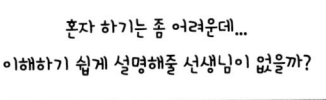

유선배 과외!

자격증 다 덤벼!
나랑 한판 붙자

✓ 혼자 하기 어려운 공부, 도움이 필요한 학생들!
✓ 체계적인 커리큘럼으로 공부하고 싶은 학생들!
✓ 열심히는 하는데 성적이 오르지 않는 학생들!

유튜브 무료 강의 제공
핵심 내용만 쏙쏙! 개념 이해 수업

[자격증 합격은 유선배와 함께!]

맡겨주시면 결과로 보여드리겠습니다.

| SQL개발자
(SOLD) | GTQ일러스트
(GTQi) 1급 | 웹디자인기능사 | 사무자동화
산업기사 | 사회조사분석사
2급 | SMAT Module
A·B·C |

나는 이렇게 합격했다

여러분의 힘든 노력이 기억될 수 있도록
당신의 합격 스토리를 들려주세요.

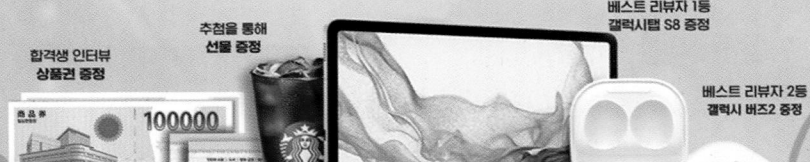

합격생 인터뷰
상품권 증정

추첨을 통해
선물 증정

베스트 리뷰자 1등
갤럭시탭 S8 증정

베스트 리뷰자 2등
갤럭시 버즈2 증정

*SD*에듀 합격생이 전하는 합격 노하우

"기초 없는 저도 합격했어요
여러분도 가능해요."
검정고시 합격생 이*주

"불안하시다고요?
시대에듀와 나 자신을 믿으세요."
소방직 합격생 이*화

"강의를 듣다 보니
자연스럽게 합격했어요."
사회복지직 합격생 곽*수

"선생님 감사합니다.
제 인생의 최고의 선생님입니다."
G-TELP 합격생 김*진

"시험에 꼭 필요한 것만 딱딱!
시대에듀 인강 추천합니다."
물류관리사 합격생 이*환

"시작과 끝은 시대에듀와 함께!
시대에듀를 선택한 건 최고의 선택"
경비지도사 합격생 박*익

합격을 진심으로 축하드립니다!

합격수기 작성 / 인터뷰 신청

QR코드 스캔하고 ▷ ▷ ▷ ▶
이벤트 참여하여 푸짐한 경품받자!

합격의 공식
*SD*에듀

 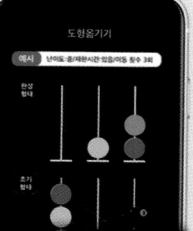 

유튜브 선생님에게 배우는

유선배 웹디자인기능사
|실기| 과외노트

현재 웹디자인 트렌드를 반영한 수험서입니다. 이 책을 통해 기초를 다지고, 빈출 유형에 대한 반복 학습을 할 수 있으며, 신유형 문제까지 수록되어 든든하게 시험을 준비할 수 있습니다. '유선배 웹디자인기능사 실기' 도서에 수록된 다양한 예제를 깊이 있게 학습해서 자격증을 취득하길 기대합니다. **정혜원 님**

평소 강의하셨던 것처럼 요점정리와 합격 꿀팁이 기대됩니다. 강의도 너무 재밌고, 개념 이해가 어려웠던 부분과 코딩이 잘 되지 않았던 부분들이 쉽게 이해되었어요. 선생님을 만난 게 어쩌면 제게는 큰 전환점이 되었다고 생각합니다. **우예지 님**

학생들이 궁금해하는 내용들을 미리 파악해서 알려주셔서 도움이 많이 되었습니다. 이 책도 선생님의 그런 노하우를 잘 담아내어 앞으로 웹디자인기능사를 공부하시는 분들께 큰 도움이 될 것이라 생각합니다. 추가로 신유형까지 대비할 수 있으니 선생님께서 옆에서 함께 해주신다는 느낌으로 이 책이 든든한 동반자가 되어주면 좋겠습니다. 앞으로도 좋은 내용을 담은 책들로 사수처럼 함께해주셨으면 좋겠습니다. **김성원 님**

현직 웹퍼블리셔이자 면접관으로서 면접을 진행할 때 웹디자인기능사 자격증이 있는 면접자는 최소한의 기본기는 갖추고 있을 것이라 생각합니다. 그런 면에서 상당히 기대되는 도서입니다. 웹퍼블리셔가 되고자 하는 면접자들에게 이 책을 소개해주고 싶습니다. **노정환 님**

웹디자인기능사 시험을 준비하면서 선생님의 유튜브 채널을 보며 많은 도움을 받고 있습니다. 이 책은 신유형인 D·E유형까지 담고 있어서 너무 기대됩니다. 하나하나 꼼꼼하게 짚어서 설명해 주시는 내용들이 새로운 분야에 도전하는 저에게도 큰 희망이 되어줄 것이라 믿어 의심치 않습니다. **김경미 님**

주관 및 시행처 한국산업인력공단

2024

유튜브 선생님에게 배우는

저자 ― 김동주

Craftsman Web Design

웹디자인기능사
|실기| 과외노트

2권 기출 공략

Part 4 최신 기출 유형 공략

Part 5 신유형 기출 공략

(주)시대고시기획

PROFILE

저자_김동주

- 그린컴퓨터아트학원 웹퍼블리셔 강사
- '이지웹' 대표
- 「Rock's Easyweb」 유튜브 채널 운영
  홈페이지 : http://www.ezwebpub.com
  블로그 : https://alikerock.tistory.com

前 더조은 컴퓨터아트학원 웹퍼블리셔 강사
   그린컴퓨터아트학원 웹퍼블리셔 강사
   우리한복아카데미 정보화센터 팀장

- 2015~2018년 그린컴퓨터아카데미 신촌 지점 우수강사 부문 표창장 수상

[자격사항]
- 직업능력훈련교사 정보처리 3급
- 직업능력훈련교사 산업디자인 3급
- 직업능력개발훈련교사 멀티미디어 3급
- 멀티미디어콘텐츠제작전문가

편 집 진 행 │ 노윤재 · 윤소진
표지디자인 │ 김도연
본문디자인 │ 채경신 · 곽은슬

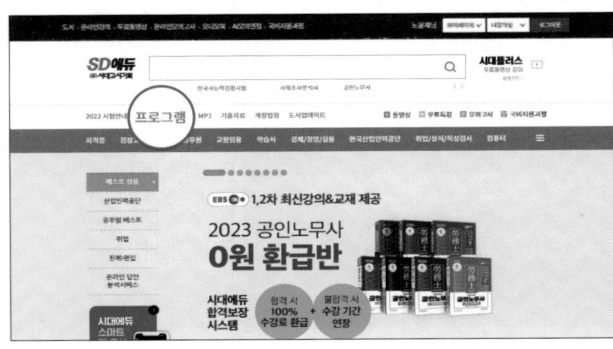

예제 파일 다운로드

예제 파일 및 부록 실습 자료는 SD에듀 사이트 (www.sdedu.co.kr/book/)의 [프로그램]에서 「유선배 웹디자인기능사 실기 과외노트」를 검색한 후 첨부파일을 다운로드 받아주세요.

유튜브 선생님에게 배우는

유선배

PART 4
최신 기출
유형 공략

기출 유형 문제

은빛 억새 축제

한눈에 보는 순서

1. 바탕화면에 수험자 본인의 '비번호' 이름의 폴더에 css, script, images 폴더 생성
2. 와이어프레임 파악 후 HTML, CSS로 와이어프레임 작성
3. 세부 지시사항 파악 후 이미지를 제작하여 'images' 폴더에 저장
   - 상단로고 : header_logo.png
   - 하단로고 : footer_logo.png (Grayscale)
   - 메인 이미지 3장
   - 갤러리 이미지 3장
   - 배너 이미지
   - 바로가기 이미지
4. index.html, main.css, main.js 생성, jQuery 오픈소스 저장
5. 각 영역별 HTML 작성
6. 각 영역별 CSS 작성
7. 메뉴, 슬라이드, 탭, 모달 Script 작성

국가기술자격 실기시험 문제

자격종목	웹디자인기능사	과제명	은빛 억새 축제

※ 다음 요구사항을 준수하여 주어진 자료(수험자 제공파일)를 활용하여 시험시간 내에 웹 페이지를 제작 후 **5MB 용량**이 초과되지 않게 저장 후 제출하시오.

※ 웹 페이지 코딩은 **HTML5 기준 웹 표준**을 준수하여야 하며, 요구사항에 지정되지 않는 요소들은 주제 특성에 맞게 자유롭게 디자인하시오.

※ 문제에서 지시하지 않은 와이어프레임 영역 비율, 레이아웃, 텍스트의 글자체/색상/크기, 요소별 크기, 색상 등은 수험자가 과제명(가. 주제)에 맞게 자유롭게 디자인하시오.

가. 주제 : 은빛 억새 축제 웹사이트 개선을 위한 메인페이지 제작

나. 개요
우리나라를 대표하는 축제인 「은빛 억새 축제」 홍보를 위하여 홈페이지 제작을 하려 한다. 춤추는 억새, 행복여행을 위한 공연, 전시, 체험 프로그램을 홍보하는 웹사이트 제작을 요청하였다. 아래의 요구사항에 따라 메인페이지를 제작하시오.

다. 요구사항
1) 메인페이지를 디자인하고 HTML, CSS, Javascript 기반의 웹 페이지를 제작한다.
   (이때 jQuery 오픈소스, 이미지, 텍스트 등의 제공된 리소스를 활용하여 제작할 수 있다)
2) HTML, CSS의 charset는 utf-8로 해야 한다.
3) 컬러 가이드

주조색 (Main Color)	보조색 (Sub Color)	배경색 (Background Color)	기본 텍스트의 색 (Text Color)
자유롭게 지정	자유롭게 지정	#FFFFFF	#333333

4) 사이트 맵(Site Map)

Index Page / 메인(Main)				
메인메뉴 (Main Menu)	이용안내	이벤트정보	프로그램	고객센터
서브메뉴 (Sub Menu)	이용방법 이용시간 이용요금	현장이벤트 온라인이벤트 이벤트예약	프로그램안내 온라인예약 단체예약상담	공지사항 자주묻는질문 자료실

5) 와이어프레임(Wireframe)

※ Ⓐ~Ⓓ 영역에 제시된 지시사항에 맞춰서 프레임을 구성하고, 자유롭게 디자인을 구성하시오.

C영역 콘텐츠 각각의 넓이는 수험자가 판단

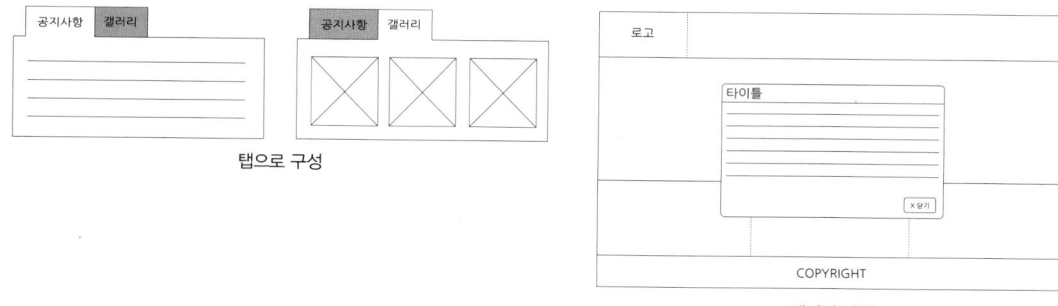

탭으로 구성

레이어 팝업

라. 세부 영역별 지시사항

영역 및 명칭	세부 지시사항
Ⓐ Header	**A.1 로고** ○ 가로세로 200픽셀×40픽셀 크기로 웹사이트의 이미지에 적합한 로고를 직접 디자인하여 삽입한다. ○ 심벌 없이 로고명을 포함한 워드타입으로 디자인한다. 로고명은 Header 폴더의 제공된 텍스트를 사용한다. **A.2 메뉴 구성** ※ 사이트 구조도를 참고하여 메인메뉴(Main Menu)와 서브메뉴(Sub Menu)로 구성한다. **(1) 메인메뉴(Main Menu) 효과 [와이어프레임 참조]** ○ 메인메뉴 중 하나에 마우스를 올리면(Mouse Over) 하이라이트 되고, 벗어나면(Mouse Out) 하이라이트를 해제한다. ○ 메인메뉴를 마우스로 올리면(Mouse Over) 서브메뉴 영역이 부드럽게 나타나면서, 서브메뉴가 보이도록 한다. ○ 메인메뉴에서 마우스커서가 벗어나면(Mouse Out) 서브메뉴 영역은 부드럽게 사라져야 한다. **(2) 서브메뉴 영역 효과** ○ 서브메뉴 영역은 메인페이지 콘텐츠를 고려하여 배경색상을 설정한다. ○ 서브메뉴 중 하나에 마우스를 올리면(Mouse Over) 하이라이트 되고 벗어나면(Mouse Out) 하이라이트를 해제한다. ○ 마우스커서가 메뉴 영역을 벗어나면(Mouse Out) 서브메뉴 영역은 부드럽게 사라져야 한다.
Ⓑ Slide	**B. Slide 이미지 제작** ○ [Slide] 폴더에 제공된 3개의 이미지로 제작한다. ○ [Slide] 폴더에 제공된 3개의 텍스트를 각 이미지에 적용하되, 텍스트의 글자체, 굵기, 색상, 크기를 적절하게 설정하여 가독성을 높이고, 독창성이 드러나도록 제작한다. **B. Slide 애니메이션 작업** ※ 위에서 작업한 결과물을 이용하여 슬라이드 작업을 한다. ○ 이미지만 바뀌면 안 되고, 이미지가 위에서 아래 또는 아래에서 위로 이동하면서 전환되어야 한다. ○ 슬라이드는 매 3초 이내로 하나의 이미지에서 다른 이미지로 전환되어야 한다. ○ 웹사이트를 열었을 때 자동으로 시작되어 반복적으로(마지막 이미지가 슬라이드 되면 다시 첫 번째 이미지가 슬라이드 되는 방식) 슬라이드 되어야 한다.
Ⓒ Contents	**C.1 공지사항** ○ 공지사항 타이틀 영역과 콘텐츠 영역을 구분하여 표현해야 한다. 　(단, 콘텐츠는 HTML 코딩으로 작성해야 하며, 이미지로 삽입하면 안 된다) ○ 콘텐츠는 Contents 폴더의 제공된 텍스트를 적용하여 제작한다. ○ 공지사항의 첫 번째 콘텐츠를 클릭(Click)할 경우 레이어 팝업창(Layer Pop_up)이 나타나며, 레이어 팝업창 내에 닫기 버튼을 두어서 클릭하면 해당 팝업창이 닫혀야 한다. [와이어프레임 참조] ○ 레이어 팝업의 제목과 내용은 Contents 폴더의 제공된 텍스트 파일을 사용한다. **C.2 갤러리** ○ Contents 폴더의 제공된 이미지 3개를 사용하여 가로방향으로 배치한다. [와이어프레임 참조] ○ 공지사항과 갤러리는 탭 기능을 이용하여 제작하여야 한다. ○ 각 탭을 클릭(Click) 시 해당 탭에 대한 내용이 보여야 한다. [와이어프레임 참조] **C.3 배너** ○ Contents 폴더의 제공된 파일을 활용하여 편집 또는 디자인하여 제작한다. **C.4 바로가기** ○ Contents 폴더의 제공된 파일을 활용하여 편집 또는 디자인하여 제작한다.
Ⓓ Footer	**D. Footer** ○ 로고를 Grayscale(무채색)로 변경하고 사용자의 접근성을 고려하여 배치한다. ○ Footer 폴더의 제공된 텍스트를 사용하여 Copyright, SNS(3개)를 제작한다.

마. 기술적 준수 사항

1) 웹페이지 코딩은 HTML5 기준 웹 표준을 준수하여야 하며, HTML 유효성검사(W3C Validator)에서 오류('ERROR')가 없도록 코딩하여야 한다.

   ※ HTML 유효성검사 서비스는 시험 시 제공하지 않는다(인터넷 사용불가).

2) CSS는 별도의 파일로 제작하여 링크하여야 하며, CSS3 기준(W3C Validator)에서 오류('ERROR')가 없도록 코딩되어야 한다.

3) JavaScript 코드는 별도의 파일로 제작하여 연결하여야 하며 브라우저(Google Chrome)에 내장된 개발도구의 Console 탭에서 오류('ERROR')가 표시되지 않아야 한다.

4) 상호작용이 필요한 모든 콘텐츠(로고, 메뉴, Slide, 공지사항, 갤러리 등)는 임시링크(예 #)를 적용하고 'Tab'(Tab) 키로 이동 선택할 수 있어야 한다.

5) 사이트는 다양한 화면 해상도에서 일관성 있는 페이지 레이아웃을 제공해야 한다.

6) 웹 페이지 전체 레이아웃은 Table 태그 사용이 아닌 CSS를 통한 레이아웃 작업으로 해야 한다.

7) 브라우저에서 CSS를 '사용 안 함'으로 설정한 경우 콘텐츠가 세로로 나열된다.

8) 타이틀 텍스트(Title Text), 바디 텍스트(Body Text), 메뉴 텍스트(Menu Text)의 각 글자체/굵기/색상/크기 등을 적절하게 설정하여 사용자가 텍스트 간의 위계질서(Hierarchy)를 직관적으로 알 수 있도록 한다.

9) 모든 이미지에는 이미지에 대한 대체 텍스트를 표현할 수 있는 alt 속성이 있어야 한다.

10) 제작된 사이트 메인페이지의 레이아웃, 구성요소의 크기 및 위치 등은 최신버전의 MS Edge와 Google Chrome에서 동일하게 표시되어야 한다.

바. 제출 방법

1) 수험자는 비번호로 된 폴더명으로 완성된 작품 파일을 저장하여 제출한다.

2) 폴더 안에는 images, script, css 등의 자료를 분류하여 저장한 폴더도 포함되어 있어야 하며, 메인페이지는 반드시 최상위 폴더에 index.html로 저장하여 제출해야 한다.

3) 수험자는 제출하는 폴더에 index.html을 열었을 때 연결되거나 표시되어야 할 모든 리소스들을 포함하여 제출해야 하며 수험자의 컴퓨터가 아닌 채점위원의 컴퓨터에서 정상 작동해야 한다.

4) 전체 결과물의 용량은 5MB 용량이 초과되지 않게 제출하며 ai, psd 등 웹서비스에 사용하지 않는 파일은 제출하지 않는다.

2. 수험자 유의사항

※ 다음의 유의사항을 고려하여 요구사항을 완성하시오.

1) 수험자 인적사항 및 답안작성은 반드시 검은색 필기구만 사용하여야 하며, 그 외 연필류, 유색 필기구, 지워지는 펜 등을 사용한 답안은 채점하지 않으며 0점 처리됩니다.

2) 수험에 필요한 소프트웨어 및 참고자료가 하드웨어에 설치되어 있는지 확인 후 작업하시오.

3) 참고자료의 내용 중 오자 및 탈자 등이 있을 때는 수정하여 작업하시오.

4) 지참공구[수험표, 신분증, 흑색 필기도구] 이외의 참고자료 및 외부장치(USB, 키보드, 마우스, 이어폰) 등 어떠한 물품도 시험 중에 지참할 수 없음을 유의하시오.

   (단, 시설목록 이외의 정품 소프트웨어(폰트 제외)를 설치하고자 할 때에는 감독위원의 입회하에 설치하여 사용하시오)

5) 수험자가 컴퓨터 활용 미숙 등으로 인한 시험의 진행이 어렵다고 판단되었을 때는 감독위원은 시험을 중지시키고 실격처리를 할 수 있음을 유의하시오.

6) 바탕화면에 수험자 본인의 "비번호" 이름을 가진 폴더에 완성된 작품의 파일만을 저장하시오.

7) 모든 작품을 감독위원 또는 채점위원이 검토하여 복사된 작품(동일 작품)이 있을 때에는 관련된 수험자 모두를 부정행위로 처리됨을 유의하시오.

8) 장시간 컴퓨터 작업으로 신체에 무리가 가지 않도록 적절한 몸풀기(스트레칭) 후 작업하시오.

9) 다음 사항에 대해서는 실격에 해당되어 채점 대상에서 제외됩니다.

   가) 수험자 본인이 수험 도중 시험에 대한 포기(기권) 의사를 표시하고 포기하는 경우

   나) 작업범위(용량, 시간)를 초과하거나, 요구사항과 현격히 다른 경우(채점위원이 판단)

   다) Slide가 JavaScript(jQuery 포함), CSS 중 하나 이상의 방법을 이용하여 제작되지 않은 경우

   ※ 움직이는 Slide를 제작하지 않고 이미지 하나만 배치한 경우도 실격처리됨

   라) 수험자 미숙으로 비번호 폴더에 완성된 작품 파일을 저장하지 못했을 경우

   마) 압축프로그램을 사용하여 작품을 압축 후 제출한 경우

   바) 과제기준 20% 이상 완성이 되지 않은 경우(채점위원이 판단)

단계별 작업 따라하기

01 폴더 및 파일 생성

01 다음과 같이 폴더구조를 생성하고 필수 파일들을 생성합니다. 웹디자인기능사 시험에서는 시험장 컴퓨터 바탕화면의 비번호 폴더에 폴더 및 파일을 생성해야 합니다. 편의상 예제 폴더 내에 비번호 폴더를 만들고 생성하겠습니다.

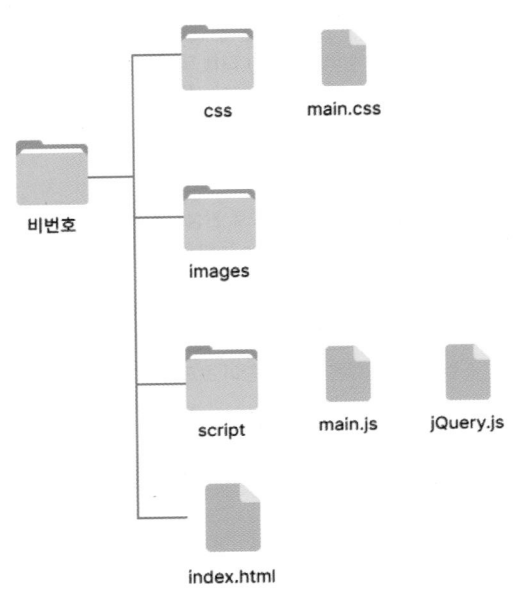

02 예제 폴더에서 [PART4] – [기출 유형 문제 1] – [BASE] – [비번호] 폴더를 VS CODE에서 폴더로 열기로 오픈하고 폴더와 새 파일을 생성합니다. VS Code에서 새 폴더는 [New Folder] 아이콘을 클릭하여 생성할 수 있습니다.

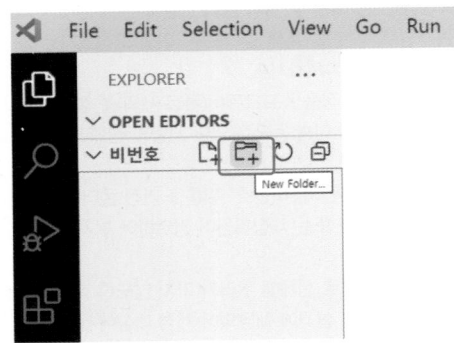

03 [css], [images], [script] 폴더를 생성합니다.

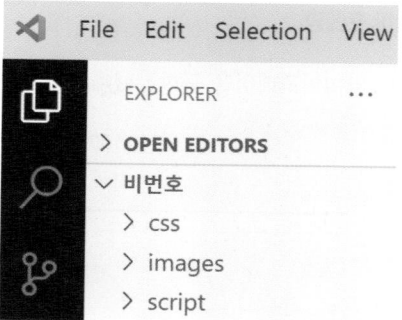

04 같은 폴더에 [New File] 아이콘을 클릭한 후 [index.html]을 생성합니다.

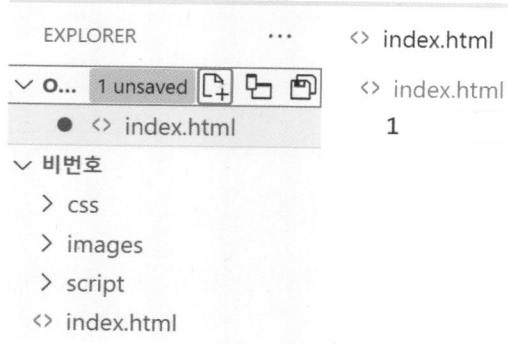

05 [css] 폴더를 클릭하여 오픈한 후 [New File] 아이콘을 클릭하고 [main.css]를 만듭니다. [script] 폴더를 클릭하여 오픈한 후 [main.js] 파일을 생성합니다. [수험자 제공 파일] 폴더에서 [jQuery 오픈소스 파일] 폴더 내의 파일을 현재 예제의 [script] 폴더로 복사해 옵니다.

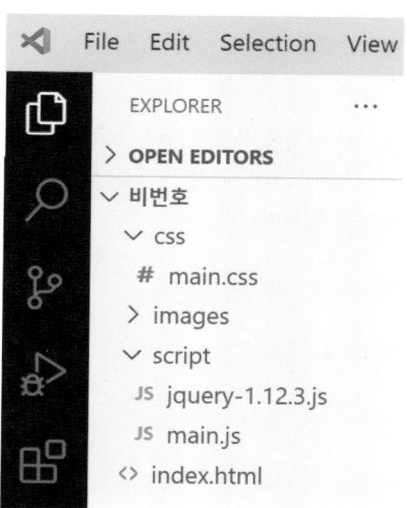

HTML, CSS로 와이어프레임을 구현합니다.

1 HTML

01 [index.html] 파일을 오픈합니다. 느낌표 (!)를 입력한 후 Tab 을 눌러 기본 코드를 생성 하고 title에 제목을 입력합니다.

[index.html]

```html
<!DOCTYPE html>
<html lang="ko">
<head>
  <meta charset="UTF-8">
  <meta http-equiv="X-UA-Compatible"
  content="IE=edge">
  <meta name="viewport" content="width=device-
  width, initial-scale=1.0">
  <title>은빛 억새 축제</title>
</head>
<body>

</body>
</html>
```

02 A파트 header, B파트 slides, C파트 main, D파트 footer로 구분하여 큰 구획을 먼저 작성합니다. 모든 요소를 1200px 너비에 가두기 위해 wrapper를 생성하고, 각 요소의 내용에 따라 적절하게 클래스명을 추가합니다.

[index.html]

```html
<!DOCTYPE html>
<html lang="ko">
<head>
  <meta charset="UTF-8">
  <meta http-equiv="X-UA-Compatible"
  content="IE=edge">
  <meta name="viewport" content="width=device-
  width, initial-scale=1.0">
  <title>은빛 억새 축제</title>
</head>
<body>
  <div class="wrapper">
    <header>
      <h1 class="logo"></h1>
      <nav></nav>
    </header>
    <div class="slides"></div>
    <main>
      <section class="notice"></section>
      <section class="banner"></section>
      <section class="quick_links"></section>
    </main>
    <footer>
      <div class="logo"></div>
      <div class="copyright"></div>
      <ul class="sns"></ul>
    </footer>
  </div>
</body>
</html>
```

❷ CSS

01 [index.html] 상단에 link 태그를 이용하여 [main.css]와 연결합니다.

```
[index.html]
<!DOCTYPE html>
<html lang="ko">
<head>
  <meta charset="UTF-8">
  <meta http-equiv="X-UA-Compatible"
  content="IE=edge">
  <meta name="viewport" content="width=device-
  width, initial-scale=1.0">
  <title>은빛 억새 축제</title>
  <link rel="stylesheet" href="css/main.css">
</head>
<body>
```

02 [css] 폴더 내 [main.css] 파일을 열고 리셋용 기본 코드를 작성합니다.

❶ CSS 최상단에는 charset을 설정하여, CSS에서 :before, :after로 생성하는 텍스트들도 깨짐 없이 출력되도록 합니다.

❷ * 전체 선택자를 활용하여 모든 태그들이 태생적으로 가지고 있는 여백, 목록 스타일, 밑줄, 글꼴, 폰트 사이즈, 색상 등을 리셋하고 요구사항의 컬러 가이드에서 제시하는 기본 텍스트 색을 미리 반영해줍니다.

❸ 또한, 별도의 지정이 없는 주조색(Main Color)과 보조색(Sub Color)은 각각 #FCA148, #49D2FC로 설정하고 주조색은 메인메뉴의 호버 시 배경색, 보조색은 서브메뉴에 활용할 예정입니다.

```
[main.css]
@charset "utf-8";              ❶
*{                             ❷
    margin: 0;
    padding: 0;
    list-style: none;
    text-decoration: none;
    font-family: "맑은 고딕";
    font-size: 14px;
    color: #333;
    box-sizing: border-box;
    /*
    main color #FCA148         ❸
    sub color #49D2FC
    text color #333
    */
}
```

03 img 요소는 inline-block 성격을 가지고 있어 img 요소 밑에 1~2px에 공간이 생기게 됩니다. 해당 공간은 vertical-align 속성의 값에 top 또는 bottom을 추가하면 공간이 사라집니다.

추가로 요소들을 좌우로 배치할 때 float을 적용하면 부모요소의 높이가 제대로 반영이 되지 않기 때문에 부모요소 내용의 뒷 공간(:after)에서 요소들이 달려드는 속성을 해지(clear)해줄 공통의 CSS를 작성합니다.

[main.css]

```css
@charset "utf-8";
*{
    margin: 0;
    padding: 0;
    list-style: none;
    text-decoration: none;
    font-family: "맑은 고딕";
    font-size: 14px;
    color: #333;
    box-sizing: border-box;
}
img{
    vertical-align: top;
}
.cf:after{
    content: '';
    display: block;
    clear: both;
}
```

04 클래스명 cf는 플롯이 적용될 요소의 부모에 추가하면 별도로 부모요소를 매번 선택하여 clear를 할 필요가 없습니다. 앞서 작성했던 [index.html]에 클래스명을 추가합니다.

[index.html]

```html
  <div class="wrapper">
    <header class="cf">
      <h1 class="logo"></h1>
      <nav></nav>
    </header>
    <div class="slides"></div>
    <main class="cf">
      <section class="notice"></section>
      <section class="banner"></section>
      <section class="quick_links"></section>
    </main>
    <footer class="cf">
      <div class="logo"></div>
      <div class="copyright"></div>
      <ul class="sns"></ul>
    </footer>
  </div>
</body>
```

05 이제 요구사항의 wireframe에서 제시하는 너비와 높이를 확인하여 요소들의 스타일을 지정합니다. [main.css] 파일을 열고, 스타일을 지정할 때 요소들의 배치 및 크기가 제대로 반영되는지 확인하기 위해 각 요소에 배경색을 추가합니다. 배경색은 이후 요구사항을 확인 후 모두 제거하거나 수정할 예정입니다. 편의 상 상단부터 큰 구성요소들의 배경은 #aaa, #bbb, #ccc, #ddd로, 각 내용들은 #999, #888, #777, #666, #555 식으로 빠르게 적용합니다.

클래스명 wrapper에 너비를 지정하고 화면 가운데 오도록 margin을 설정한 후 나머지 요소들의 너비, 높이, 배경색을 지정합니다. 브라우저 화면을 확인하면 1200px 너비를 가지는 요소가 화면 가운데 있는 것을 확인할 수 있습니다.

출력화면

[main.css]

```css
/* wireframe */
.wrapper{
    width: 1200px;
    margin: 0 auto;
}
header{
    height: 100px;
    background: #aaa;
}
.slides{
    height: 300px;
    background: #bbb;
}
main{
    height: 200px;
    background: #ccc;
}
footer{
    height: 100px;
    background: #ddd;
}
```

3 세부 내용들의 위치와 배경 지정

01 이제 각 파트별 주 내용들의 너비, 높이, 배경을 지정하고 특히 header 안에 로고는 왼쪽, 메뉴는 오른쪽, main 태그 안의 내용들은 각각 가로로 배치되어야 하므로 float을 적용합니다.

로고와 nav의 높이는 임시로 100%로 지정합니다. 이후 로고의 크기와 메뉴의 크기에 따라 수정합니다.

출력화면

```
                                              [main.css]
/* header */
header .logo{
    width: 200px;
    background: #999;
    float: left;
    height: 100%;
}

/* Navigation */
header nav{
    width: 1000px;
    background: #888;
    float: right;
    height: 100%;
}
```

02 메인 영역 콘텐츠들의 너비와 높이를 지정하고 float를 이용하여 배치합니다.

출력화면

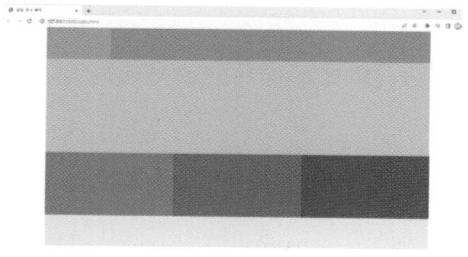

```
                                              [main.css]
/* Main Contents */
main section{
    width: 400px;
    float: left;
    height: 100%;
}
main .notice{
    background: #777;
}
main .banner{
    background: #666;
}
main .quick_links{
    background: #555;
}
```

03 푸터 영역도 와이어 프레임을 참조하여
너비를 지정하고 가로 배치합니다.

출력화면

[main.css]

```
/* Footer */
footer div{
    float: left;
    height: 100%;
}
footer .logo{
    width: 200px;
    background: #444;
}
footer .copyright{
    width: 800px;
    background: #333;
}
footer .sns{
    width: 200px;
    float: left;
    background: #222;
    height: 100%;
}
```

03 로고 제작

A.1 로고
○ 가로세로 200픽셀×40픽셀 크기로 웹사이트의 이미지에 적합한 로고를 직접 디자인하여 삽입한다.
○ 심벌 없이 로고명을 포함한 워드타입으로 디자인한다. 로고명은 Header 폴더의 제공된 텍스트를 사용한다.

D. Footer
○ 로고를 Grayscale(무채색)로 변경하고 사용자의 접근성을 고려하여 배치한다.

◼ Photoshop

01 Photoshop을 실행하고 [File] – [New]
를 선택합니다.

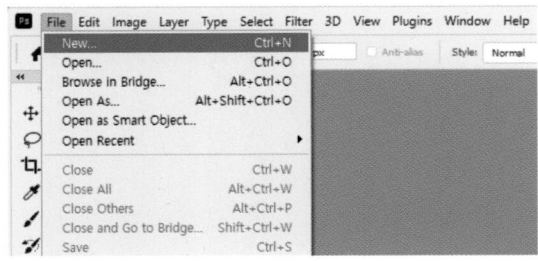

02 새 문서를 설정하는 화면에서 상단의 Web 을 선택하여 기본설정을 웹 이미지를 생성할 수 있도록 합니다. 이렇게 하면 기본단위가 px로, Color Mode가 RGB로 자동 설정됩니다.

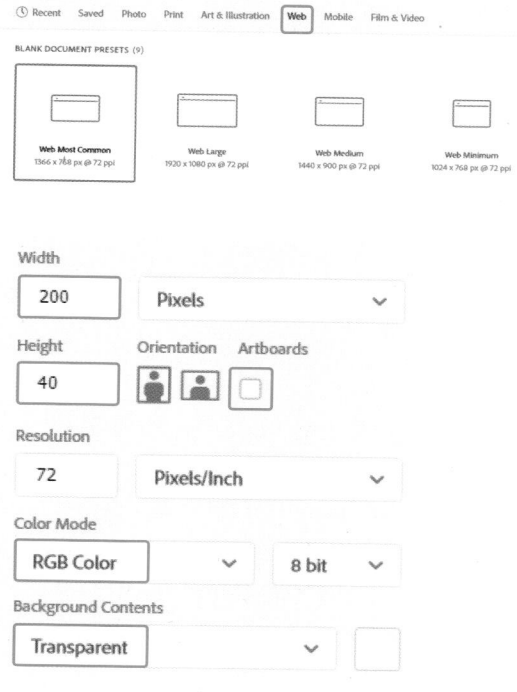

03 다음과 같이 새 문서를 설정합니다.
- Width : 200px
- Height : 40px
- Artboards : 체크 해제
- Color Mode : RGB Color
- Background Contents : Transparent (투명한 배경)

Artboard는 CC에서 도입된 기능으로 포토샵에서도 일러스트레이터와 같이 하나의 파일 안에서 여러 개의 Artboard(도화지)를 생성하여 작업할 수 있습니다. 페이지별로 일관성 있는 디자인을 할 때 유용합니다.

04 [Type] 툴을 선택하고 은빛억새축제를 입력합니다. [Layers] 패널에서 섬네일 부분을 더블 클릭하여 입력한 글자를 모두 선택합니다.

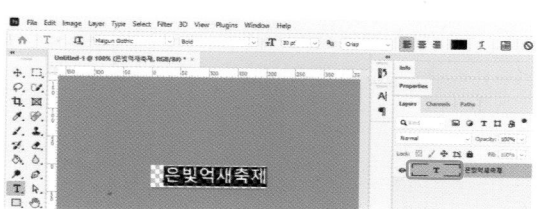

05 Ctrl + T 를 눌러 [Character] 패널을 열고 다음과 같이 설정한 후 다시 텍스트 레이어의 섬네일 부분을 클릭하여 설정을 마무리합니다.

- Font : 맑은 고딕
- Size : 30pt
- Color : #000(검은색)
- Style : Bold

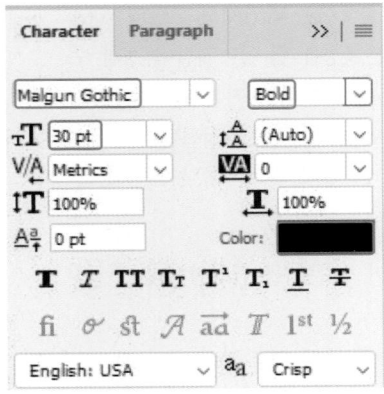

06 현재 화면을 보면 텍스트가 중앙에 위치해 있지 않습니다. 로고를 정중앙에 두기 위해 ❶ 텍스트 레이어를 선택한 후 Ctrl + A 를 눌러 전체 영역에 선택영역을 만듭니다. 선택영역이 만들어지면 ❷ [Move Tool]을 선택한 후 ❸ 가로 세로 가운데 정렬을 합니다.

07 텍스트가 가운데 정렬이 된 것을 확인한 후 정렬이 완료되었으면 Ctrl + D 를 눌러 선택영역을 해제합니다.

08 생성된 텍스트에 Gradient Overlay(그래디언트 오버레이)를 설정하고자 합니다. 텍스트 레이어가 선택된 상태에서 fx (레이어 스타일) − [Gradient Overlay]를 선택합니다.

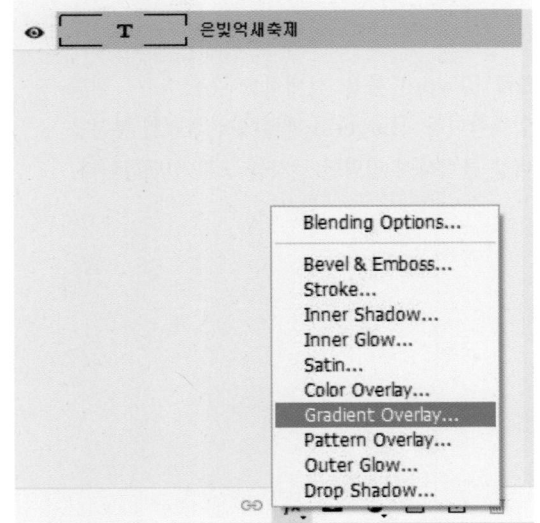

09 [Layer Style] 창이 열리면 색상을 설정하기 위해 [Gradient] 부분을 클릭합니다.

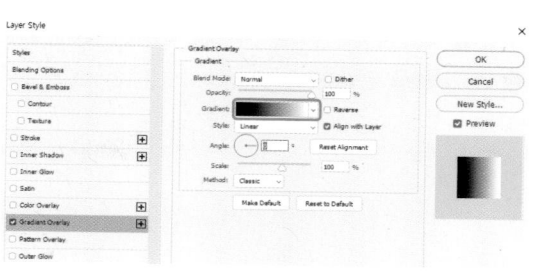

10 [Gradient Editor] 창이 열리면 Presets 중에서 Orange를 선택하거나(Photoshop CC 2022 기준), ❶ 시작색을 선택한 후 ❷ 컬러 파레트를 열고 ❸ 색상을 #facc22로 설정합니다.

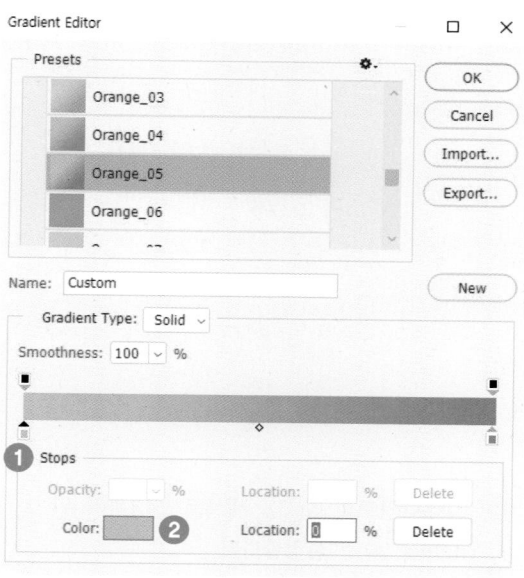

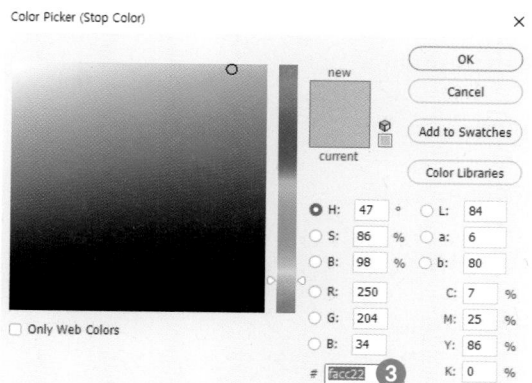

11 ❶ 끝 색을 선택한 후 ❷ Color에서
❸ #f83600을 입력합니다.

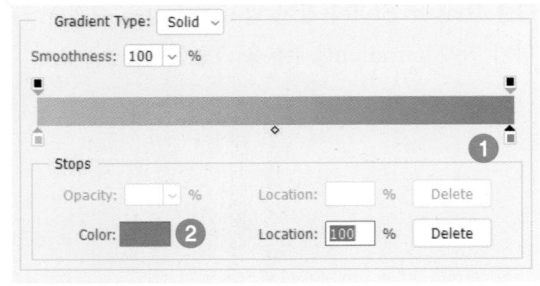

12 그래디언트의 방향을 세로로 변경하기 위
해 Angle을 90˚로 설정합니다.

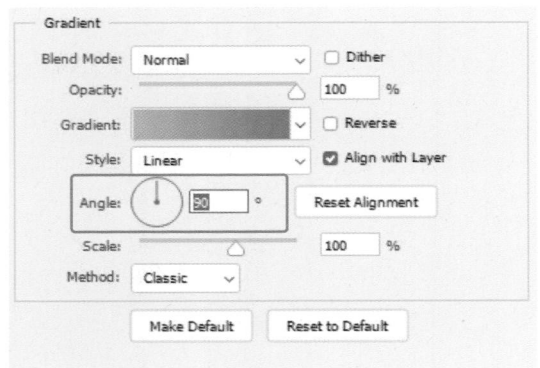

13 만든 로고는 배경이 투명한 png 파일로 저장해야 합니다. Photoshop CC에서는 레이어가 선택된 상태에서 바로 이미지를 png로 저장할 수 있습니다. 텍스트 레이어를 선택하고 레이어 이름 부분에서 마우스 우클릭을 한 후 [Quick Export As PNG]를 선택합니다.

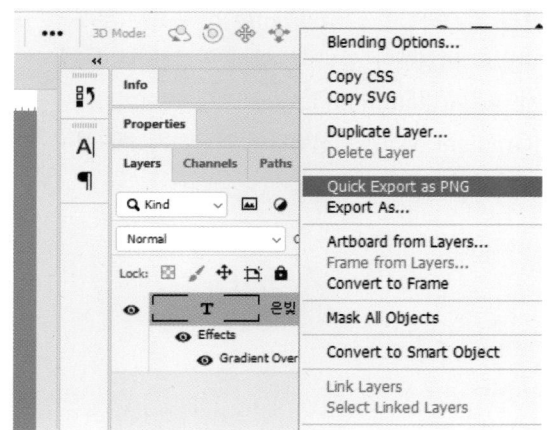

14 [비번호] ─ [images] 폴더를 선택한 후 'header_logo.png'로 저장합니다.

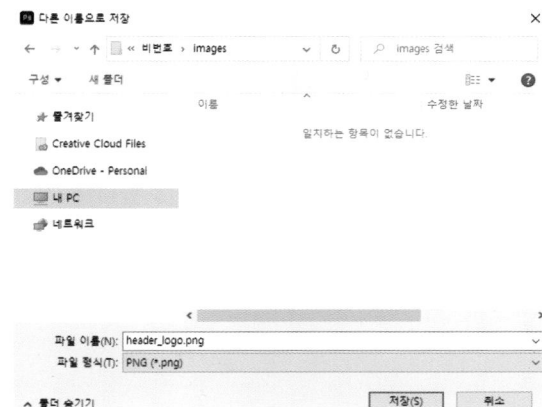

CC버전 이전의 포토샵에서는 [File] ─ [Save for Web]으로 저장할 수 있습니다.

15 지시사항을 따라 Footer의 로고는 무채색으로 변경해야 합니다. 앞서 완성한 로고에서 ◉.[Adjustment Layer(보정 레이어)]−[Gradient Map]을 선택하여 간단하게 채도를 제거할 수 있습니다.

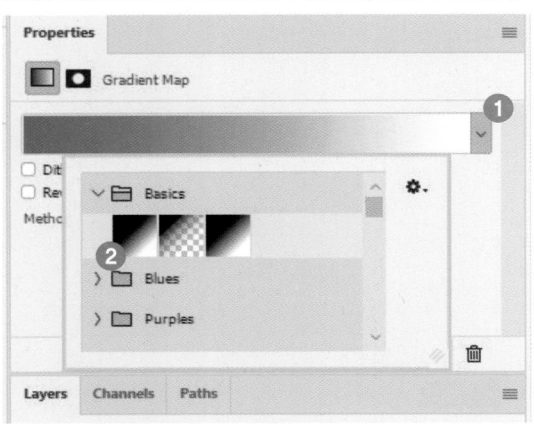

16 [Properties]에서 ❶ 색상 부분을 클릭한 후 ❷ 검은색 흰색의 기본값을 선택합니다 (CC2022 기준).

Tip ✅

보정 레이어
로고를 무채색으로 변경하는 또 다른 방법은 [Text Layer]를 선택한 상태에서 마우스 우클릭 후 [Rasterize Layer Style]을 선택하여 이미지로 변경하고, 포토샵 상단의 [Image] − [Adjustment] − [Desaturate]로도 채도를 낮출 수 있습니다. 하지만 메뉴를 통해서 변경하는 방식은 이후 수정이 불가하기 때문에 주의해야 합니다. 보정 레이어를 통해 이미지를 보정하면 언제든 설정한 값을 변경할 수 있으므로 효율적입니다.

22 PART 4 | 최신 기출 유형 공략

16 보정 레이어를 통해 무채색으로 변경하였으면 'footer_logo.png'로 저장합니다.

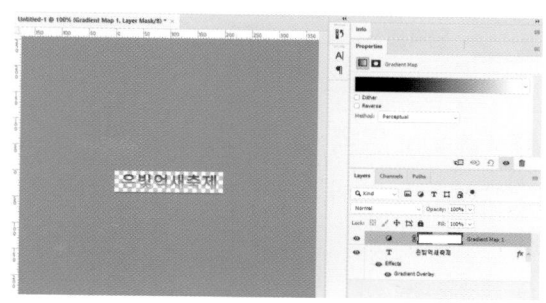

17 수험자 제공 파일에서 [slide] 폴더, [Contents] − [gallery 이미지], [Contents] − [바로가기 이미지], [footer] 폴더의 이미지도 모두 [images] 폴더로 복사합니다.

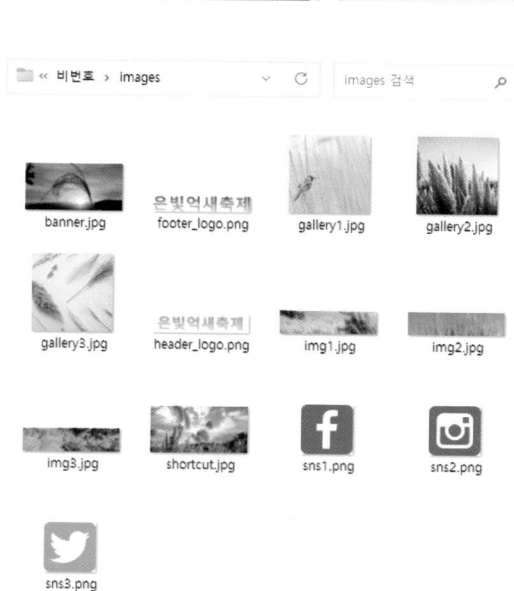

1 Header 영역

사이트맵을 참조하여 로고와 메뉴 구조의 HTML을 작성합니다.

Index Page / 메인(Main)				
메인메뉴 (Main Menu)	이용안내	이벤트정보	프로그램	고객센터
서브메뉴 (Sub Menu)	이용방법 이용시간 이용요금	현장이벤트 온라인이벤트 이벤트예약	프로그램안내 온라인예약 단체예약상담	공지사항 자주묻는질문 자료실

01 h1 태그 안에 a 태그를 생성하고 img 태그를 작성합니다. 메인메뉴 리스트를 작성한 후 각 li의 종료태그 안쪽에 ul 태그로 각 메뉴의 하위메뉴를 작성합니다.

[index.html]

```html
<body>
  <div class="wrapper">
    <header class="cf">
      <h1 class="logo">
        <a href="#">
          <img src="images/header_logo.png"
          alt="은빛억새축제 로고">
        </a>
      </h1>
      <nav>
        <ul class="main_menu cf">
          <li><a href="#">이용안내</a></li>
          <li><a href="#">이벤트정보</a></li>
          <li><a href="#">프로그램</a></li>
          <li><a href="#">고객센터</a></li>
        </ul>
      </nav>
    </header>
```

02 메인메뉴와 서브메뉴의 ul 태그에는 이후 CSS를 작성할 때 선택이 용이하도록 main_menu, sub_menu 클래스명을 추가합니다.

출력화면

```
                                                    [index.html]
<nav>
  <ul class="main_menu cf">
    <li><a href="#">이용안내</a>
      <ul class="sub_menu">
        <li><a href="#">이용방법</a></li>
        <li><a href="#">이용시간</a></li>
        <li><a href="#">이용요금</a></li>
      </ul>
    </li>
    <li><a href="#">이벤트정보</a>
      <ul class="sub_menu">
        <li><a href="#">현장이벤트</a></li>
        <li><a href="#">온라인이벤트</a></li>
        <li><a href="#">이벤트예약</a></li>
      </ul>
    </li>
    <li><a href="#">프로그램</a>
      <ul class="sub_menu">
        <li><a href="#">프로그램안내</a></li>
        <li><a href="#">온라인예약</a></li>
        <li><a href="#">단체예약상담</a></li>
      </ul>
    </li>
    <li><a href="#">고객센터</a>
      <ul class="sub_menu">
        <li><a href="#">공지사항</a></li>
        <li><a href="#">자주묻는질문</a></li>
        <li><a href="#">자료실</a></li>
      </ul>
    </li>
  </ul>
</nav>
```

Tip ✓

로고 이미지 구현 방식

본서에서는 로고 이미지를 구현할 때 a 태그 안에 img 태그를 생성하여 구현하였습니다. 하지만 실무에서는 텍스트를 작성하고 이후 CSS에서 해당 텍스트를 가리고 이미지를 배경으로 구현하는 방식이 일반적입니다. 이미지 대신 텍스트를 작성하는 이유는 텍스트가 검색에 훨씬 용이하기 때문입니다. 네이버와 애플 사이트도 텍스트를 사용하고 이미지를 배경으로 처리했었지만, 최근(2023년) a 태그 안 svg 코드로 이미지를 표현하는 방식으로 변경되었습니다.

2 슬라이드 영역

슬라이드 영역의 지시사항에 따라 HTML을 작성합니다.

B. Slide 이미지 제작
○ [Slide] 폴더에 제공된 3개의 이미지로 제작한다.
○ [Slide] 폴더에 제공된 3개의 텍스트를 각 이미지에 적용하되, 텍스트의 글자체, 굵기, 색상, 크기를 적절하게 설정하여 가독성을 높이고, 독창성이 드러나도록 제작한다.

B. Slide 애니메이션 작업
※ 위에서 작업한 결과물을 이용하여 슬라이드 작업을 한다.
○ 이미지만 바뀌면 안 되고, 이미지가 위에서 아래 또는 아래에서 위로 이동하면서 전환되어야 한다.
○ 슬라이드는 매 3초 이내로 하나의 이미지에서 다른 이미지로 전환되어야 한다.
○ 웹사이트를 열었을 때 자동으로 시작되어 반복적으로(마지막 이미지가 슬라이드 되면 다시 첫 번째 이미지가 슬라이드 되는 방식) 슬라이드 되어야 한다.

01 각 슬라이드에 나타날 텍스트는 [수험자 제공 파일] — [Slide] — [Slide 이미지 텍스트.txt]를 참조하여 작성합니다. 슬라이드 텍스트는 태그를 작성하고 CSS 스타일을 이용하여 각 이미지 위에 표시되도록 할 예정입니다.

[index.html]

```html
<div class="slides">
  <ul class="container">
    <li class="slide">
      <a href="#">
        <img src="images/img1.jpg"
        alt="은빛 억새 1">
        <h2>은빛 억새 1</h2>
      </a>
    </li>
    <li class="slide">
      <a href="#">
        <img src="images/img2.jpg"
        alt="은빛 억새 2">
        <h2>은빛 억새 2</h2>
      </a>
    </li>
    <li class="slide">
      <a href="#">
        <img src="images/img3.jpg"
        alt="은빛 억새 3">
        <h2>은빛 억새 3</h2>
      </a>
    </li>
  </ul>
</div>
```

❸ 메인 영역 내 공지사항 탭

01 메인 영역의 HTML을 작성하기 전에 section 태그는 반드시 제목 태그가 수반되어야 합니다. 그렇지 않으면 웹표준 검사에서 오류가 발생합니다.

```
[index.html]
<main class="cf">
  <section class="notice">
    <h2 class="hidden">notice</h2>
  </section>
  <section class="banner">
    <h2>banner</h2>
  </section>
  <section class="quick_links">
    <h2>바로가기</h2>
  </section>
</main>
```

02 제목을 입력한 후 해당 제목은 이후 스타일을 작성하여 보이지 않도록 하기 위해 클래스명 hidden을 추가합니다.

```
[main.css]
.cf:after{
    content: '';
    display: block;
    clear: both;
}
.hidden{
    display: none;
}

/* wireframe */
```

03 탭 구현은 앞서 파트별 집중 공략 파트에서 학습했던 내부 링크 방식으로 작성하겠습니다. 브라우저 화면을 확인하면 아직 슬라이드 부분 CSS를 작성하지 않았기 때문에 슬라이드와 탭 내용이 겹쳐 보입니다.

```
[index.html]
<section class="notice">
  <h2 class="hidden">notice</h2>
  <ul class="tabmenu cf">
    <li class="active">
      <a href="#notice">공지사항</a>
    </li>
    <li>
      <a href="#gallery">갤러리</a>
    </li>
  </ul>
  <div class="tabcontent">
    <div id="notice" class="active">
      <ul>
        <li>
          <a href="#">은빛 억새 축제 공지1
          <span class="date">2024.03.01</span></a>
        </li>
```

출력화면

```html
        <li>
          <a href="#">은빛 억새 축제 공지2
          <span class="date">2024.03.01</span></a>
        </li>
        <li>
          <a href="#">은빛 억새 축제 공지3
          <span class="date">2024.03.01</span></a>
        </li>
        <li>
          <a href="#">은빛 억새 축제 공지4
          <span class="date">2024.03.01</span></a>
        </li>
      </ul>
    </div>
    <div id="gallery">
      <ul class="cf">
        <li>
          <a href="#">
          <img src="images/gallery1.jpg"
          alt="gallery1">
          </a>
        </li>
        <li>
          <a href="#">
          <img src="images/gallery2.jpg"
          alt="gallery2">
          </a>
        </li>
        <li>
          <a href="#">
          <img src="images/gallery3.jpg"
          alt="gallery3">
          </a>
        </li>
      </ul>
    </div>
  </div>
</section><!-- //notice tab -->
```

4 메인 영역 내 배너 및 바로가기

01 제목과 이미지로 구성하고 a tag로 두 요소를 감싸줍니다. 이후 제목은 a 태그를 기준으로 절댓값으로 배치할 예정입니다.

[index.html]

```html
  <section class="banner">
    <a href="#">
      <h2>banner</h2>
      <img src="images/banner.jpg" alt="banner">
    </a>
  </section>
  <section class="quick_links">
    <a href="#">
      <h2>바로가기</h2>
      <img src="images/shortcut.jpg"
      alt="바로가기">
    </a>
  </section>
</main>
```

5 푸터

01 푸터 부분은 로고, 카피라이트, sns 링크로 구성되어 있습니다.

로고	카피라이트	SNS

푸터 로고, 저작권, sns 링크를 작성합니다. 이때 저작권 표시 ©는 엔터티 코드 ©으로 입력했습니다.

[index.html]

```html
<footer class="cf">
  <div class="logo">
    <a href="#">
      <img src="images/footer_logo.png"
      alt="footer logo">
    </a>
  </div>
  <div class="copyright">
    <p>COPYRIGHT&copy;by WebDesign.
    ALL RIGHTS RESERVED</p>
  </div>
  <ul class="sns">
    <li><a href="#">
      <img src="images/sns1.png" alt="facebook">
    </a></li>
    <li><a href="#">
      <img src="images/sns2.png" alt="instagram">
    </a></li>
    <li><a href="#">
      <img src="images/sns3.png" alt="twitter">
    </a></li>
  </ul>
</footer>
```

6 팝업

01 수험자 제공 파일 내 [contents] 폴더의 [Contents텍스트.txt]를 참조하여 팝업용 HTML을 작성합니다. css에서 id명 popup을 전체 화면을 기준으로 고정할 것이므로 작성 위치는 어디든 상관없지만 footer 다음에 작성했습니다.

HTML을 작성하고 브라우저를 확인해보면 아직 CSS를 작성하기 전이므로 와이어프레임에서 설정한 높이보다 넘치는 부분들이 보이는 상태입니다.

출력화면

[index.html]

```
</footer>
<!-- popup-->
<div id="popup" class="active">
  <div class="popup_content">
    <h2>은빛 억새 축제</h2>
    <p>
가을철 해발 1,118m의 산이 억새꽃으로 덮여 장관을
이루는 광경을 관광객들에게 알리기 위해 만들어진
축제입니다. 산신제, 가요제, 축하공연, 불꽃놀이 등
많은 참여를 바랍니다.
    </p>
    <div class="close">닫기</div>
  </div>
</div>
<!-- //popup -->
```

1 Header 영역

01 와이어프레임 단계에서 설정했던 header 와 header nav의 배경을 제거하고 클래스명 로고에 내부 여백(Padding)을 이용하여 간격 을 추가합니다. 임시로 추가했던 height: 100%도 주석처리하거나 제거합니다.

출력화면

은빛역새축제

[main.css]

```css
/* wireframe */
.wrapper{
    width: 1200px;
    margin: 0 auto;
}
header{
    height: 100px;
    /* background: #aaa; 배경 제거 */
}
.slides{
    height: 300px;
    background: #bbb;
}
main{
    height: 200px;
    background: #fff;
}
footer{
    height: 100px;
    background: #ddd;
}

/* header */
header .logo{
    width: 200px;
    /* background: #999; 배경 제거 */
    float: left;
    /* height: 100%; */
    padding-top: 30px;
}

/* Navigation */
header nav{
    width: 1000px;
    /* background: #888; 배경 제거 */
    float: right;
    height: 100%;
}
```

2 헤더 메뉴 CSS

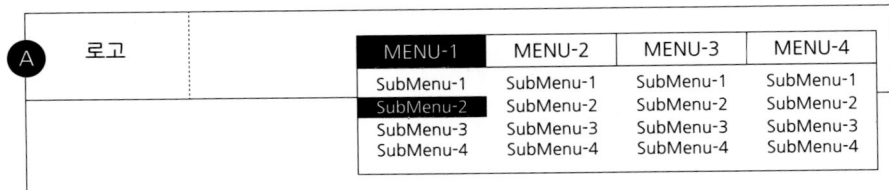

	로고	MENU-1	MENU-2	MENU-3	MENU-4
		SubMenu-1	SubMenu-1	SubMenu-1	SubMenu-1
		SubMenu-2	SubMenu-2	SubMenu-2	SubMenu-2
		SubMenu-3	SubMenu-3	SubMenu-3	SubMenu-3
		SubMenu-4	SubMenu-4	SubMenu-4	SubMenu-4

01 헤더의 메뉴는 가로고정형 메뉴로 구현합니다.

❶ header nav의 너비를 720px로 수정하고 외부 여백을 추가합니다. position 설정을 추가하고 이후 본문 영역에서 absolute를 적용하여 구현할 슬라이드보다 위로 올라올 수 있도록 z-index를 1로 설정합니다.

❷ nav>ul>li 선택자로 메인메뉴만 선택한 후 float으로 가로 배치, 높이와 너비를 지정하고 텍스트를 가운데로 정렬합니다.

❸ nav>ul>li a 선택자로 모든 a 태그를 선택한 후 색상을 설정하고 li 태그 내에서 전체 영역을 차지하여 클릭하기 쉽도록 display: block을 추가하고 기본 배경을 설정합니다.

출력화면

[main.css]

```css
/* header */
header .logo{
    width: 200px;
    float: left;
    /* height: 100%; */
    padding-top: 30px;
}

/* Navigation */
header nav{                    ❶
    float: right;
    width: 720px;
    margin-top: 30px;
    margin-right: 10px;
    position: relative;
    z-index: 1;
}
nav>ul>li{                     ❷
    line-height: 40px;
    float: left;
    width: 180px;
    text-align: center;
}
nav>ul>li a{                   ❸
    color: #fff;
    display: block;
    background: #333;
}
```

3 서브메뉴 스타일

01 서브메뉴에 배경과 글자 색상을 추가합니다.

출력화면

은빛역새축제

```
nav ul ul li a{
    background: #fff;
    display: block;
    color: #333;
}


/* Main Contents */
```

[main.css]

4 마우스 호버 스타일

01 메뉴에 마우스를 올렸을 때 배경이 변경되도록 스타일을 작성합니다. 주조색을 메인메뉴에 적용하고, 보조색을 서브메뉴의 배경에 적용할 때 메인메뉴와 서브메뉴의 a 태그 모두를 선택하고 배경색을 변경했습니다.

출력화면

```
nav>ul>li a:hover{
    background: #FCA148;
}
nav ul ul a:hover{
    background: #49D2FC;
}


/* Main Contents */
```

[main.css]

5 서브메뉴 감추기

01 마우스를 올리기 전에는 서브메뉴가 보이지 않도록 스타일을 설정합니다. 이때 서브메뉴가 나타나도 메인메뉴의 스타일이 깨지지 않도록 서브메뉴는 주메뉴를 기준으로 절댓값으로 배치합니다.
❶ nav>ul>li 선택자에 position: relative로 기준을 설정합니다.

```
nav>ul>li{            ❶
    line-height: 40px;
    float: left;
    width: 180px;
    text-align: center;
    position: relative;
}
```

[main.css]

❷ nav ul ul로 서브메뉴를 선택하고 절댓값으로 배치한 후 너비는 기준이 되는 바로 윗 부모의 너비와 같이 전체 너비를 사용하도록 하고 보이지 않게 합니다.

출력화면

```
nav>ul>li a{
    color: #fff;
    display: block;
    background: #333;
}
nav ul ul li a{
    background: #fff;
    display: block;
    color: #333;
}
nav>ul>li a:hover{
    background: #FCA148;
}
nav ul ul{              ❷
    position: absolute;
    left: 0;
    width: 100%;
    display: none;
}
```

6 슬라이드 영역

슬라이드 영역의 CSS는 다음 지시사항이 구현되도록 스타일을 작성해야 합니다.

B. Slide 이미지 제작
○ [Slide] 폴더에 제공된 3개의 이미지로 제작한다.
○ [Slide] 폴더에 제공된 3개의 텍스트를 각 이미지에 적용하되, 텍스트의 글자체, 굵기, 색상, 크기를 적절하게 설정하여 가독성을 높이고, 독창성이 드러나도록 제작한다.

B. Slide 애니메이션 작업
※ 위에서 작업한 결과물을 이용하여 슬라이드 작업을 한다.
○ 이미지만 바뀌면 안 되고, 이미지가 위에서 아래 또는 아래에서 위로 이동하면서 전환되어야 한다.
○ 슬라이드는 매 3초 이내로 하나의 이미지에서 다른 이미지로 전환되어야 한다.
○ 웹사이트를 열었을 때 자동으로 시작되어 반복적으로(마지막 이미지가 슬라이드 되면 다시 첫 번째 이미지가 슬라이드 되는 방식) 슬라이드 되어야 한다.

01 슬라이드가 위 아래로 이동하려면 클래스명 slides를 기준으로 ul을 세로로 길게 절댓값으로 배치하고 클래스명 slides를 넘치는 요소는 보이지 않도록 스타일을 작성해야 합니다. 이후 스크립트에서 ul의 top 값을 변경하도록 작성하면 됩니다.

[index.html]

```html
<div class="slides">
  <ul class="container">
    <li class="slide">
      <a href="#">
        <img src ="images/img1.jpg"
        alt="은빛 억새 1">
        <h2>은빛 억새 1</h2>
      </a>
    </li>
    <li class="slide">
      <a href="#">
        <img src ="images/img2.jpg"
        alt="은빛 억새 2">
        <h2>은빛 억새 2</h2>
      </a>
    </li>
    <li class="slide">
      <a href="#">
        <img src ="images/img3.jpg"
        alt="은빛 억새 3">
        <h2>은빛 억새 3</h2>
      </a>
    </li>
  </ul>
</div>
```

02 자세히 보면 ul의 부모인 slides의 높이는 슬라이드 하나의 높이인 300px로 설정한 후 slides를 넘치는 요소는 보이지 않도록 하고, 슬라이드 이동은 ul의 margin-top 값을 -300px, -600px과 같이 설정하여 슬라이드 전체를 위로 이동시키는 것입니다.

[main.css]

```css
/* Slides */
.slides{
    overflow: hidden;
    height: 300px;
}
.slide>ul{
    height: 900px;
}
.slide{
    width: 1200px;
    height: 300px;
}

/* Footer */
```

7 슬라이드 제목 스타일

01 각 슬라이드 이미지 위에 제목이 나타나도록 하겠습니다. 클래스명 slide를 기준으로 h2 요소를 절댓값으로 배치합니다.

h2 요소를 정가운데 두기 위해 left: 50%; top: 50%를 입력하고 배경은 검은색에 투명도 80%를 적용하고 내부 여백은 상하 10px 좌우 25px 적용한 상태입니다. 브라우저 화면을 확인하면 출력화면과 같이 h2 제목이 정가운데가 아닌 상태입니다.

[main.css]

```css
.slide{
    width: 1200px;
    height: 300px;
    position: relative;
}
.slide h2{
    position: absolute;
    left: 50%;
    top: 50%;
    background: rgba(0,0,0,.8);
    padding: 10px 25px;
    color: #fff;
}

/* Footer */
```

출력화면

02 정가운데에 위치하기 위해서는 h2가 차지하는 너비의 반만큼 왼쪽으로, 높이의 반만큼 위로 올라가야 합니다. margin을 이용하여 왼쪽과 위쪽으로 배치할 수도 있지만 슬라이드 제목이 길이가 모두 다른 상황이라면 marin-left 값을 px로 줄 수 없습니다. 요소의 크기에 상관없이 해당 요소의 크기의 정확히 반만큼 이동할 수 있는 방법은 transform의 translate 입니다.

[main.css]

```css
.slide h2{
    position: absolute;
    left: 50%;
    top: 50%;
    background: rgba(0,0,0,.8);
    padding: 10px 25px;
    color: #fff;
    transform: translate(-50%, -50%);
}

/* Footer */
```

출력화면

⑧ 메인 영역 – 공지사항과 탭

01 와이어 프레임단계에서 추가했던 'main', 'main .notice', 'main .banner', 'main .quick_links'의 배경을 제거합니다.

출력화면

```css
[main.css]

/* wireframe */
중략...
main{
    height: 200px;
    background: #fff;
}
footer{
    height: 100px;
    background: #ddd;
}

/* Main Contents */
중략...
/* 제거
main .notice{
    background: #777;
}
main .banner{
    background: #666;
}
main .quick_links {
    background: #555;
}
*/
```

02 탭 메뉴를 가로 배치하고, 보여질 탭의 내용은 클래스명 tabcontent를 기준으로 절댓값으로 배치하여 겹쳐 있도록 합니다. 기본적으로 탭 내용이 보이지 않도록 하고 클래스명 active가 있을 때 보이도록 하겠습니다. 탭 메뉴는 float으로 가로 배치하고, 탭 콘텐츠는 position으로 tabcontent를 기준으로 겹쳐놓습니다.

❶ 공지사항, 배너, 바로가기의 부모인 main 요소에 위아래 여백과 배경을 설정합니다.

```css
[main.css]

/* wireframe */
중략...
main{                    ❶
    height: 200px;
    background: #fff;
    padding: 10px 0;
    box-sizing: border-box;
}
중략...
```

❷ li 태그에 active가 있을 때 a 태그의 배경색을 변경하여 활성화된 메뉴를 표현합니다.

❸ position: relative로 기준을 설정하고 자식 요소를 모두 position: absolute로 설정하면 부모인 tabcontent의 높이가 반영되지 않을 것이므로 높이를 150px 추가합니다. padding 값과 합산되어 높이가 150px보다 커지지 않도록 box-sizing 속성의 값을 border-box로 설정합니다.

❹ tabcontent의 내용 모두를 position: absolute로 절댓값으로 설정합니다. 기본 위치를 기준요소인 tabcontent를 기준으로 너비 모두를 사용하도록 left와 right 값을 추가하고 보이지 않도록 display: none을 추가합니다.

❺ 탭 내용인 div 요소에 active가 추가되었을 때 내용이 보이도록 display: block을 추가합니다.

출력화면

```
/* TAB */
.tabmenu li{
    float: left;
}
.tabmenu li a{
    display: block;
    padding: 5px 10px;
    border: 1px solid #ccc;
    border-bottom: none;
    background: #ccc;
}
.tabmenu li.active a{          ❷
    background: #fff;
}
.tabcontent{                   ❸
    padding: 10px;
    border: 1px solid #ccc;
    position: relative;
    height: 150px;
    box-sizing: border-box;
}
.tabcontent>div{               ❹
    position: absolute;
    left: 0;
    right: 0;
    display: none;
}
.tabcontent>div.active{        ❺
    display: block;
}
```

9 메뉴와 갤러리 스타일

01 메뉴의 높이, 간격, 갤러리 목록의 간격 등을 설정합니다.

❶ 공지사항 목록에서 날짜 부분이 오른쪽에 배치되도록 float을 설정합니다.

❷ 메뉴들 중 짝수 번째를 선택하고 배경을 설정합니다.

[main.css]

```css
#notice{
    padding: 0 10px;
}
#notice li{
    line-height: 30px;
}
#notice li span{            ❶
    float: right;
}
#notice li:nth-child(even){  ❷
    background: #ccc;
}
#notice li a:hover{
    font-weight: bold;
}
#gallery{
    padding: 20px;
}
#gallery ul li{
    float: left;
    margin-right: 40px;
}
#gallery ul li:last-child{
    margin-right: 0;
}

/* Footer */
```

02 임시로 갤러리 부분의 화면을 확인하기 위해 HTML에서 클래스명 active를 갤러리 링크 부분의 li로 옮기고, id명 gallery 위치로 클래스명 active를 이동시킵니다.

출력화면

```
                                              [index.html]
<ul class="tabmenu cf">
  <li>
    <a href="#notice">공지사항</a>
  </li>
  <li class="active">
    <a href="#gallery">갤러리</a>
  </li>
</ul>
<div class="tabcontent">
  <div id="notice">
    <ul>
      <li><a href="#">은빛 억새 축제 공지1
        <span class="date">2024.03.01</span>
      </a></li>
      <li><a href="#">은빛 억새 축제 공지2
        <span class="date">2024.03.01</span>
      </a></li>
      <li><a href="#">은빛 억새 축제 공지3
        <span class="date">2024.03.01</span>
      </a></li>
      <li><a href="#">은빛 억새 축제 공지4
        <span class="date">2024.03.01</span>
      </a></li>
    </ul>
  </div>
  <div id ="gallery" class="active">
    <ul class="cf">
      <li><a href="#">
        <img src ="images/gallery1.jpg"
        alt="gallery1">
      </a></li>
      <li><a href="#">
        <img src ="images/gallery2.jpg"
        alt="gallery2">
      </a></li>
      <li><a href="#">
        <img src ="images/gallery3.jpg"
        alt="gallery3">
      </a></li>
    </ul>
  </div>
</div>
```

03 위의 작업으로 갤러리가 이상 없이 배치된 것을 확인했습니다. 하지만 자세히 보면 메뉴 밑에 선이 보이고 있습니다. 메뉴의 CSS를 확인하면 아래쪽은 테두리를 제거한 상태이지만 tabcontent가 메뉴보다 앞쪽으로 나타나기 때문에 선이 보이는 것입니다. 이를 해결하기 위해서 메뉴가 tabcontent보다 위쪽으로 있도록 position을 준 후 z－index 값을 추가하여 위로 올라오도록 하고 top 값을 주어 1px 아래로 내려와 tabcontent의 상단 테두리를 가릴 수 있도록 합니다.

[main.css]

```css
/* TAB */
.tabmenu{
    position: relative;
    z-index: 1;
    top: 1px;
}
.tabmenu li{
    float: left;
}
```

출력화면

04 임시로 옮겼던 클래스명 active를 다시 원위치로 되돌립니다.

출력화면

공지사항	갤러리	
은빛 억새 축제 공지1		2024.03.01
은빛 억새 축제 공지2		2024.03.01
은빛 억새 축제 공지3		2024.03.01
은빛 억새 축제 공지4		2024.03.01

[index.html]

```html
<ul class="tabmenu cf">
  <li class="active">
    <a href="#notice">공지사항</a>
  </li>
  <li>
    <a href="#gallery">갤러리</a>
  </li>
</ul>
<div class="tabcontent">
  <div id="notice" class="active">
    중략...
  </div>
  <div id="gallery">
    중략...
  </div>
</div>
```

🔟 메인 영역 - 배너와 바로가기

01 클래스명 banner를 기준으로 h2 제목을 절댓값으로 정중앙에 배치하고 클래스명 banner에는 좌우 여백과 넘치는 요소는 보이지 않도록 합니다. banner 안의 이미지는 부모인 li 너비에 맞춰 width 100%로 늘려주어 이미지의 원래 비율을 유지하도록 합니다.

출력화면

```css
[main.css]
/* Banner */
.banner{
    position: relative;
    padding: 0 10px;
    overflow: hidden;
}
.banner h2{
    position: absolute;
    left: 50%;
    top: 50%;
    transform: translate(-50%, -50%);
    background: rgba(0,0,0,0.6);
    color: #fff;
    padding: 10px 20px;
}
.banner img{
    width: 100%;
}

/* Footer */
```

02 바로가기도 banner와 같은 스타일로 작성합니다. 기존의 배너와 스타일이 같기 때문에 그룹 선택자로, 즉 콤마로 구분하여 추가합니다. 이때 바로가기 옆부분에 공간이 생기지 않도록 클래스명 quick_links 부분에는 좌우 padding을 제거합니다.

출력화면

[main.css]

```css
/* Banner links */
.banner,
.quick_links{
    position: relative;
    padding: 0 10px;
    overflow: hidden;
}
.quick_links{
    padding: 0;
}
.banner h2,
.quick_links h2{
    position: absolute;
    left: 50%;
    top: 50%;
    transform: translate(-50%,-50%);
    background: rgba(0,0,0,0.6);
    color: #fff;
    padding: 10px 20px;
}
.banner img,
.quick_links img{
    width: 100%;
}

/* Footer */
```

03 마지막으로 마우스를 올렸을 때 효과를 추가합니다. 마우스를 올리면 opacity를 조금 낮춰서 표현하겠습니다.
banner a와 quick_links a에 마우스를 올리면 투명도가 50%가 되도록 낮추었습니다.

출력화면

[main.css]

```css
.banner img,
.quick_links img{
    width: 100%;
}
.banner a:hover,
.quick_links a:hover{
    opacity: 0.5;
}

/* Footer */
```

🔟 푸터

01 우선 와이어프레임 단계에서 'footer .logo', 'footer .copyright', 'footer .sns'에 추가했던 배경을 모두 제거합니다. footer 배경은 밝은 회색 #ebebeb로 지정합니다.

출력화면

```
                                          [main.css]
/* Footer */
footer{
    background: #ebebeb;
}
footer div{
    float: left;
    height: 100%;
}
footer .logo{
    width: 200px;
}
footer .copyright{
    width: 800px;
}
footer .sns{
    width: 200px;
    float: left;
}
```

02 로고는 클래스명 logo에 padding을 추가하여 안쪽으로 배치하고, copyright 문구는 정중앙에 배치합니다. sns는 float를 이용하여 가로 배치하고 간격을 10px로 설정합니다. sns 리스트를 가로 배치하기 위해 float을 이용하면 클래스명 ul의 높이가 나타나지 않을 것입니다. CSS 리셋 단계에서 미리 설정해놓았던 클래스명 cf를 추가하여 요소의 뒤에 공간을 만들고 clear가 작동하도록 합니다.

```
                                        [index.html]
<footer class="cf">
  <div class="logo">
    <a href="#">
      <img src ="images/footer_logo.png"
      alt="footer logo">
    </a>
  </div>
  <div class="copyright">
    <p>COPYRIGHT&copy; by WebDesign. ALL RIGHTS
RESERVED </p>
  </div>
  <ul class="sns cf">
    <li><a href="#">
      <img src="images/sns1.png" alt="facebook">
    </a></li>
    <li><a href="#">
      <img src="images/sns2.png" alt="instagram">
    </a></li>
    <li><a href="#">
      <img src="images/sns3.png" alt="twitter">
    </a></li>
  </ul>
</footer>
```

03 ❶ 저작권 문구가 세로 높이 100px에서 가운데 있도록 line－height를 적용합니다.

❷ 형제 선택자를 이용하여 두 번째, 세 번째 리스트만 선택하여 왼쪽의 여백을 10px 추가합니다. 이렇게 하면 li에 왼쪽이나 오른쪽으로 마진을 공통으로 설정하고 막내요소 또는 첫째 요소를 다시 선택하여 마진을 제거할 필요가 없습니다.

출력화면

```
                                               [main.css]
footer .logo{
    width: 200px;
    padding: 30px 0 0 20px;
}
footer .copyright{
    width: 800px;
    text-align: center;
    line-height: 100px;        ❶
}
footer .sns{
    width: 200px;
    float: left;
    padding-top: 24px;
}
footer .sns li{
    float: left;
}
footer .sns li+li{             ❷
    margin-left: 10px;
}
```

12 팝업 CSS

01 id popup이 전체 화면을 차지하도록 하고 그 가운데 팝업 내용이 오도록 작성합니다.

❶ 전체화면을 기준으로 고정하고 left, right, top, bottom 값을 0으로 설정하여 전체화면을 차지하도록 합니다. z-index 값을 추가하여 다른 요소들보다 위에 올라오도록 합니다.

❷ 부모인 #popup을 기준으로 절댓값으로 화면의 정가운데 배치되도록 left : 50%, top : 50%를 설정합니다. 정중앙에 오도록 popup_content 가로 크기의 반만큼 왼쪽으로, popup_content의 세로 크기의 반만큼 위쪽으로 이동시키기 위해 transform을 추가합니다. 이렇게 하면 popup_content의 크기에 상관없이 정중앙에 배치할 수 있습니다. 기존 화면 위에 떠 있는 느낌을 주기 위해 box-shadow로 그림자를 추가합니다.

❸ 부모인 .popup_content를 기준으로 우측 하단에 배치하고 커서 모양을 링크와 같이 변경합니다.

❹ 아이디 popup에 active 클래스명이 추가되면 화면에 나타나도록 합니다. 작성 후 브라우저 화면을 확인합니다.

[main.css]

```css
/* popup */
#popup{                                    ❶
    position: fixed;
    left: 0;
    right: 0;
    top: 0;
    bottom: 0;
    display: none;
    z-index: 10;
}
#popup .popup_content{                     ❷
    width: 400px;
    padding: 20px 20px 100px;
    background: #fff;
    border-radius: 5px;
    position: absolute;
    left: 50%;
    top: 50%;
    transform: translate(-50%, -50%);
    box-shadow: 0 0 3px rgba(0,0,0,.5);
}
#popup .popup_content .close{              ❸
    position: absolute;
    right: 10px;
    bottom: 10px;
    background: #333;
    color: #fff;
    cursor: pointer;
    padding: 5px 8px;
}
#popup.active{                             ❹
    display: block;
}
```

02 아직 스크립트 작성 전이므로 임시로 HMTL에서 아이디 popup에 클래스명 active 를 추가한 후 스타일을 확인하고 임시로 작성 했던 클래스명 active는 제거합니다. 모든 영역의 스타일이 완성되었습니다.

출력화면

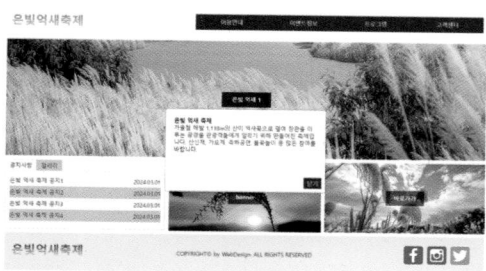

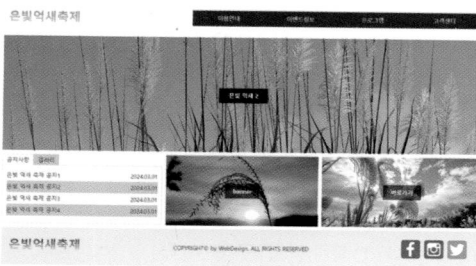

```
<!-- popup -->                확인 후 삭제
<div id="popup" class="active">
  <div class="popup_content">
      <h2>은빛 억새 축제</h2>
      <p>
가을철 해발 1,118m의 산이 억새꽃으로 덮여 장관을
이루는 광경을 관광객들에게 알리기 위해 만들어진
축제입니다. 산신제, 가요제, 축하공연, 불꽃놀이 등
많은 참여를 바랍니다.
      </p>
      <div class="close">닫기</div>
  </div>
</div>
<!-- //popup -->
```

---

06 **영역별 SCRIPT**

1 Header 영역

01 헤더 영역의 메인메뉴 스크립트를 작성합니다. 우선 HTML의 body 태그 앞자리에 스크립트를 로드합니다.

```
                                    [index.html]
  <!-- //popup -->
</div>
<script src="script/jquery-1.12.3.js"></script>
<script src="script/main.js"></script>
</body>
</html>
```

02 mainMenu, subMenu 변수를 지정하고, mainMenu에 마우스를 올렸을 때 서브메뉴는 slideDown으로 펼치고, 마우스가 나가면 서브메뉴를 slideUp으로 접습니다.

[main.js]

```javascript
let mainMenu = $('nav > ul > li');
let suBMenu = mainMenu.find('ul');

mainMenu.mouseover(function(){
    suBMenu.stop().slideDown();
}).mouseout(function(){
    suBMenu.stop().slideUp();
});
```

출력화면

2 슬라이드 영역

01 상하로 이동하는 슬라이드 스크립트를 작성합니다. 변수를 설정하고 3초마다 클래스명 container의 margin−top 값이 0, −300px, −600px이 되도록 스크립트를 작성합니다. 기본적인 방식은 좌우 슬라이드와 같으며 marin−left가 아니라 margin−top 값을 변경한다는 것만 다릅니다.

❶ 변수명 slideContainer에 클래스명 container를 저장합니다.

❷ 변수명 slideContainer에서 자식요소인 클래스명 .slide를 find 메서드를 이용하여 찾아서 저장합니다.

❸ 변수명 슬라이드의 개수를 저장합니다.

❹ 자동으로 변경될 때마다 현재 슬라이드 번호를 업데이트할 변수명 currentIdx를 설정합니다. 슬라이드가 이동할 때마다 1씩 증가하도록 합니다. autoSlide 함수에 setInterval 함수를 이용하여 3초마다 함수 안의 구문이 실행되도록 합니다.

❺ 변수명 nextIdx에는 슬라이드 개수번호보다는 넘치지 않도록 나눈 나머지 값이 저장되도록 합니다.

[main.js]

```javascript
let slideContainer = $('.container');        ❶
let slide = slideContainer.find('.slide');   ❷
let slideCount = slide.length;               ❸
let currentIdx = 0;                          ❹

function autoSlide(){
  setInterval(function(){
    //3초마다 반복수행할 구문 시작
    let nextIdx = (currentIdx + 1)%slideCount;   ❺
    slideContainer.animate({marginTop: -300 *    ❻
nextIdx + 'px'});
    currentIdx = nextIdx;                        ❼
  }, 3000)
}
autoSlide();
```

❻ 0, 1, 2로 업데이트되는 nextIdx의 숫자를 활
용하여 slideContainer를 위쪽으로
marginTop을 이용하여 0, −300px,
−600px로 움직이도록 합니다.
❼ 현재 슬라이드가 상단으로 이동하고 다음 슬라
이드 제 위치에 배치되면 currentIdx 번호를
nextIdx로 업데이트하여 현재 슬라이드 번호
를 갱신합니다.

스크립트 작성 후 화면을 확인하면 순차적으로 슬
라이드가 위로 올라가고 마지막에 다다르면 다시
1번 슬라이드 위치로 내려오는 것을 반복합니다.

3 메인 영역 – 공지사항 팝업

01 공지사항의 첫 글을 클릭하면 레이어 팝
업이 뜨도록 합니다.
❶ 공지사항 중 첫 번째 리스트를 변수로 지정
합니다.
❷ 클래스명 active를 추가하여 보여질 대상인
아이디 popup을 지정합니다.
❸ 닫기 버튼은 popup의 자식요소 중 클래스
명 close를 찾아 지정합니다.
❹ 공지사항 링크를 클릭하면 링크의 기본 속
성을 막고 popup에 클래스명 active를 추가합
니다.
❺ 닫기 버튼을 클릭하면 popup에서 추가했던
클래스명 active를 제거합니다.

스크립트 작성 후 공지사항 첫 글을 클릭하면
팝업이 뜨고, 닫기를 클릭하면 팝업이 닫히고
있습니다.

[main.js]

```
let popupLink = $('#notice li:first');    ❶
let popup = $('#popup');                   ❷
let popupCloseBtn = popup.find('.close');  ❸

popupLink.click(function(e){
    e.preventDefault();                    ❹
    popup.addClass('active');
});

popupCloseBtn.click(function(){
    popup.removeClass('active');           ❺
});
```

◢ 메인 영역 – 공지사항 탭

01 탭 메뉴를 클릭하면 클릭된 그 메뉴에 active를 추가하고, 메뉴 a 태그의 href 속성 값을 활용해서 그 값과 매치되는 id 요소를 선택하여 화면에 나타나도록 합니다. 물론 클릭한 요소의 인덱스 번호를 확인한 후 탭 콘텐츠의 내용을 인덱스 번호로 선택하여 클래스명을 추가하는 방식도 가능합니다. 변수를 설정하고 메뉴에 클래스명을 추가하는 부분부터 작성합니다.

출력화면

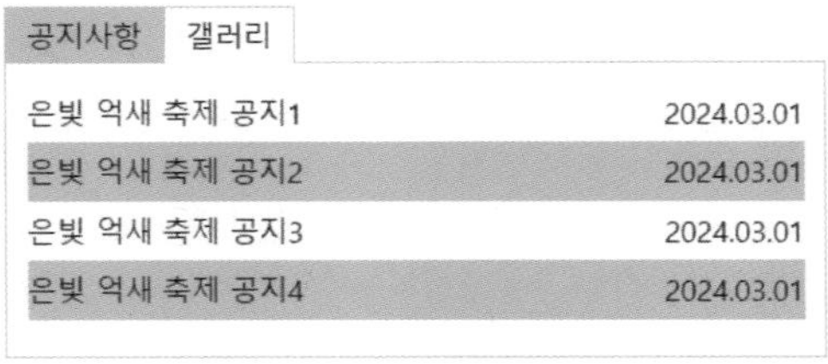

공지사항	갤러리	
은빛 억새 축제 공지1		2024.03.01
은빛 억새 축제 공지2		2024.03.01
은빛 억새 축제 공지3		2024.03.01
은빛 억새 축제 공지4		2024.03.01

[main.js]

```
let tabMenu = $('.tabmenu li');
let tabContent = $('.tabcontent > div');

tabMenu.click(function(e){
    e.preventDefault();
    tabMenu.removeClass('active');
    $(this).addClass('active');

});
```

02 이제 내용이 나타나도록 하겠습니다. 핵심포인트는 jQuery에서 아이디 notice를 선택하는 방법을 이용하는 것입니다. jQuery에서 아이디 notice는 $('#notice')와 같이 선택합니다. 메뉴를 클릭했을 때 클릭된 그 요소의 href의 속성을 확인해서 그 값을 그대로 아이디 notice 또는 gallery를 선택하는 선택자로 활용하는 것입니다.

❶ 변수명 target에 클릭된 그 요소의 속성명 href의 값을 저장합니다. 저장된 값은 #notice 또는 #gallery와 같습니다.

❷ 모든 탭 콘텐츠에서 클래스명 active를 제거합니다.

❸ 변수명 target의 저장된 #notice 또는 #gallery 값이 $( ) 안쪽에 들어오도록 합니다. 이렇게 보여질 아이디 요소를 선택하고 클래스명 active를 추가하여 내용이 보이도록 합니다.

`출력화면`

[main.js]

```
let tabMenu = $('.tabmenu li');
let tabContent = $('.tabcontent > div');

tabMenu.click(function(e){
    e.preventDefault();
    tabMenu.removeClass('active');
    $(this).addClass('active');

    let target = $(this).find('a').attr('href'); ❶
    tabContent.removeClass('active');              ❷
    $(target).addClass('active');                  ❸
});
```

기출 유형 문제

조은은행

한눈에 보는 순서

1. 바탕화면에 수험자 본인의 '비번호' 이름의 폴더에 css, script, images 폴더 생성
2. 와이어프레임 파악 후 HTML, CSS로 와이어프레임 작성
3. 세부 지시사항 파악 후 이미지를 제작하여 'images' 폴더에 저장
   - 상단로고 : header_logo.png
   - 메인 이미지 3장
   - 갤러리 이미지 3장
   - 바로 가기 이미지
4. index.html, main.css, main.js 생성, jQuery 오픈소스 저장
5. 각 영역별 HTML 작성
6. 각 영역별 CSS 작성
7. 메뉴, 슬라이드, 모달 레이어 팝업 Script 작성

국가기술자격 실기시험 문제

자격종목	웹디자인기능사	과제명	조은은행

1. 요구사항

※ 다음 요구사항을 준수하여 주어진 자료(수험자 제공파일)를 활용하여 시험시간 내에 웹 페이지를 제작 후 **5MB 용량**이 초과되지 않게 저장 후 제출하시오.

※ 웹 페이지 코딩은 **HTML5 기준 웹 표준**을 준수하여야 하며, 요구사항에 지정되지 않은 요소들은 주제 특성에 맞게 자유롭게 디자인하시오.

※ 문제에서 지시하지 않은 와이어프레임 영역 비율, 레이아웃, 텍스트의 글자체/색상/크기, 요소별 크기, 색상 등은 수험자가 과제명(가. 주제)에 맞게 자유롭게 디자인하시오.

가. 주제 : 조은은행 웹사이트 개선을 위한 메인페이지 제작

나. 개요

조은은행 홍보를 위하여 홈페이지 제작을 하려고 한다. 스마트 뱅킹 서비스를 이용하는 사용자에게 편리한 은행 업무 서비스를 제공하는 웹사이트 제작을 요청하였다. 아래의 요구사항에 따라 메인페이지를 제작하시오.

다. 요구사항

1) 메인페이지를 디자인하고 HTML, CSS, JavaScript 기반의 웹 페이지를 제작한다.
    (이때 jQuery 오픈소스, 이미지, 텍스트 등의 제공된 리소스를 활용하여 제작할 수 있다)
2) HTML, CSS의 charset는 utf-8로 해야 한다.
3) 컬러 가이드

주조색 (Main Color)	보조색 (Sub Color)	배경색 (Background Color)	기본 텍스트의 색 (Text Color)
자유롭게 지정	자유롭게 지정	#FFFFFF	#333333

4) 사이트 맵(Site Map)

Index Page / 메인(Main)				
메인메뉴 (Main Menu)	개인	기업	금융상품	카드
서브메뉴 (Sub Menu)	조회 이체 공과금 예금/신탁	조회 이체 전자결제 수표/어음	저축상품 대출상품 투자상품	카드정보 카드신청 이용내역조회

5) 와이어프레임(Wireframe)

※ Ⓐ~Ⓓ 영역에 제시된 지시사항에 맞춰서 프레임을 구성하고, 자유롭게 디자인을 구성하시오.

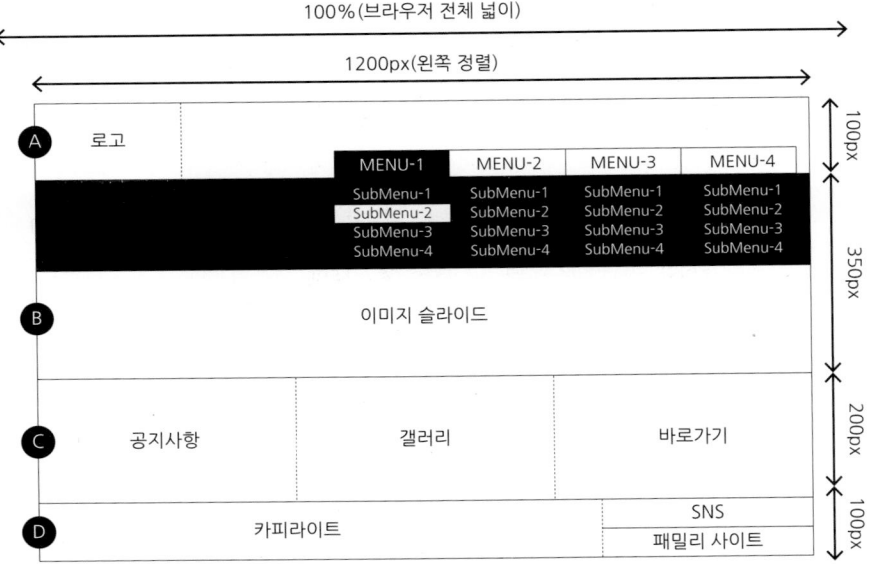

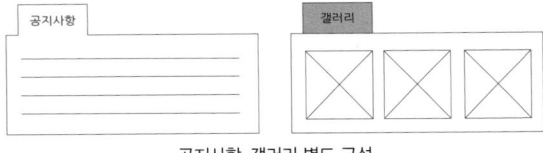

공지사항, 갤러리 별도 구성

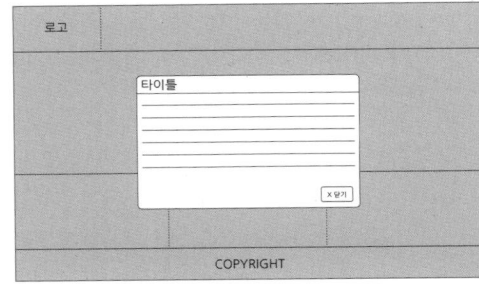

모달 레이어 팝업 구성

라. 세부 영역별 지시사항

영역 및 명칭	세부 지시사항
Ⓐ Header	**A.1 로고** ○ Header 폴더에 제공된 로고를 삽입한다. 로고의 색은 과제명(가. 주제)에 맞게 반드시 변경하여야 한다. ※ 로고의 크기 변경 시, 가로세로 비율(종횡비, Aspect Ratio)을 유지하여야 한다. 　(가로세로 비율을 유지하며 크기변경 가능) **A.2 메뉴 구성** ※ 사이트 구조도를 참고하여 메인메뉴(Main Menu)와 서브메뉴(Sub Menu)로 구성한다. **(1) 메인메뉴(Main Menu) 효과 [와이어프레임 참조]** ○ 메인메뉴 중 하나에 마우스를 올리면(Mouse Over) 하이라이트 되고, 벗어나면(Mouse Out) 하이라이트를 해제한다. ○ 메인메뉴를 마우스로 올리면(Mouse Over) 서브메뉴 영역이 부드럽게 나타나면서, 서브메뉴가 보이도록 한다. ○ 메인메뉴에서 마우스커서가 벗어나면(Mouse Out) 서브메뉴 영역은 부드럽게 사라져야 한다. **(2) 서브메뉴 영역 효과** ○ 서브메뉴 영역은 메인 페이지 콘텐츠를 고려하여 배경색상을 설정한다. ○ 서브메뉴 중 하나에 마우스를 올리면(Mouse Over) 하이라이트 되고 벗어나면(Mouse Out) 하이라이트를 해제한다. ○ 마우스커서가 메뉴 영역을 벗어나면(Mouse Out) 서브메뉴 영역은 부드럽게 사라져야 한다.
Ⓑ Slide	**B. Slide 이미지 제작** ○ [Slide] 폴더에 제공된 3개의 이미지로 제작한다. ○ [Slide] 폴더에 제공된 3개의 텍스트를 각 이미지에 적용하되, 텍스트의 글자체, 굵기, 색상, 크기를 적절하게 설정하여 가독성을 높이고, 독창성이 드러나도록 제작한다. **B. Slide 애니메이션 작업** ※ 위에서 작업한 결과물을 이용하여 슬라이드 작업을 한다. ○ 이미지만 바뀌면 안 되고, 이미지가 좌에서 우 또는 우에서 좌로 이동하면서 전환되어야 한다. ○ 슬라이드는 매 3초 이내로 하나의 이미지에서 다른 이미지로 전환되어야 한다. ○ 웹사이트를 열었을 때 자동으로 시작되어 반복적으로(마지막 이미지가 슬라이드 되면 다시 첫 번째 이미지가 슬라이드 되는 방식) 슬라이드 되어야 한다.
Ⓒ Contents	**C.1 공지사항** ○ 공지사항 타이틀 영역과 콘텐츠 영역을 구분하여 표현해야 한다. 　(단, 콘텐츠는 HTML 코딩으로 작성해야 하며, 이미지로 삽입하면 안 된다) ○ 콘텐츠는 Contents 폴더의 제공된 텍스트를 적용하여 제작한다. ○ 공지사항의 첫 번째 콘텐츠를 클릭(Click)할 경우 모달 레이어 팝업창(Modal Layer Pop_up)이 나타나며, 레이어 팝업창 내에 닫기 버튼을 두어서 클릭하면 해당 팝업창이 닫혀야 한다. [와이어프레임 참조] ○ 레이어 팝업의 제목과 내용은 Contents 폴더의 제공된 텍스트 파일을 사용한다. **C.2 갤러리** ○ Contents 폴더의 제공된 이미지 3개를 사용하여 가로방향으로 배치한다. [와이어프레임 참조] **C.3 바로가기** ○ Contents 폴더의 제공된 파일을 활용하여 편집 또는 디자인하여 제작한다.
Ⓓ Footer	**D. Footer** ○ Footer 폴더의 제공된 텍스트를 사용하여 Copyright, 하단메뉴, 패밀리 사이트를 제작한다.

마. 기술적 준수 사항

1) 웹페이지 코딩은 HTML5 기준 웹 표준을 준수하여야 하며, HTML 유효성검사(W3C Validator)에서 오류('ERROR')가 없도록 코딩하여야 한다.

   ※ HTML 유효성검사 서비스는 시험 시 제공하지 않는다(인터넷 사용불가).

2) CSS는 별도의 파일로 제작하여 링크하여야 하며, CSS3 기준(W3C Validator)에서 오류('ERROR')가 없도록 코딩되어야 한다.

3) JavaScript 코드는 별도의 파일로 제작하여 연결하여야 하며 브라우저(Google Chrome)에 내장된 개발도구의 Console 탭에서 오류('ERROR')가 표시되지 않아야 한다.

4) 상호작용이 필요한 모든 콘텐츠(로고, 메뉴, Slide, 공지사항, 갤러리 등)는 임시링크(예 #)를 적용하고 'Tab'(⬚Tab) 키로 이동 선택할 수 있어야 한다.

5) 사이트는 다양한 화면 해상도에서 일관성 있는 페이지 레이아웃을 제공해야 한다.

6) 웹 페이지 전체 레이아웃은 Table 태그 사용이 아닌 CSS를 통한 레이아웃 작업으로 해야 한다.

7) 브라우저에서 CSS를 "사용 안 함"으로 설정한 경우 콘텐츠가 세로로 나열된다.

8) 타이틀 텍스트(Title Text), 바디 텍스트(Body Text), 메뉴 텍스트(Menu Text)의 각 글자체/굵기/색상/크기 등을 적절하게 설정하여 사용자가 텍스트 간의 위계질서(Hierarchy)를 직관적으로 알 수 있도록 한다.

9) 모든 이미지에는 이미지에 대한 대체 텍스트를 표현할 수 있는 alt 속성이 있어야 한다.

10) 제작된 사이트 메인페이지의 레이아웃, 구성요소의 크기 및 위치 등은 최신버전의 MS Edge와 Google Chrome에서 동일하게 표시되어야 한다.

바. 제출 방법

1) 수험자는 비번호로 된 폴더명으로 완성된 작품 파일을 저장하여 제출한다.

2) 폴더 안에는 images, script, css 등의 자료를 분류하여 저장한 폴더도 포함되어 있어야 하며, 메인페이지는 반드시 최상위 폴더에 index.html로 저장하여 제출해야 한다.

3) 수험자는 제출하는 폴더에 index.html을 열었을 때 연결되거나 표시되어야 할 모든 리소스들을 포함하여 제출해야 하며 수험자의 컴퓨터가 아닌 채점위원의 컴퓨터에서 정상 작동해야 한다.

4) 전체 결과물의 용량은 5MB 용량이 초과되지 않게 제출하며 ai, psd 등 웹서비스에 사용하지 않는 파일은 제출하지 않는다.

---

2. 수험자 유의사항

※ 다음의 유의사항을 고려하여 요구사항을 완성하시오.

1) 수험자 인적사항 및 답안작성은 반드시 검은색 필기구만 사용하여야 하며, 그 외 연필류, 유색 필기구, 지워지는 펜 등을 사용한 답안은 채점하지 않으며 0점 처리됩니다.

2) 수험에 필요한 소프트웨어 및 참고자료가 하드웨어에 설치되어 있는지 확인 후 작업하시오.

3) 참고자료의 내용 중 오자 및 탈자 등이 있을 때는 수정하여 작업하시오.

4) 지참공구[수험표, 신분증, 흑색 필기도구] 이외의 참고자료 및 외부장치(USB, 키보드, 마우스, 이어폰) 등 어떠한 물품도 시험 중에 지참할 수 없음을 유의하시오.

   (단, 시설목록 이외의 정품 소프트웨어(폰트 제외)를 설치하고자 할 때에는 감독위원의 입회하에 설치하여 사용하시오)

5) 수험자가 컴퓨터 활용 미숙 등으로 인한 시험의 진행이 어렵다고 판단되었을 때는 감독위원은 시험을 중지시키고 실격처리를 할 수 있음을 유의하시오.

6) 바탕화면에 수험자 본인의 "비번호" 이름을 가진 폴더에 완성된 작품의 파일만을 저장하시오.

7) 모든 작품을 감독위원 또는 채점위원이 검토하여 복사된 작품(동일 작품)이 있을 때에는 관련된 수험자 모두를 부정행위로 처리됨을 유의하시오.

8) 장시간 컴퓨터 작업으로 신체에 무리가 가지 않도록 적절한 몸풀기(스트레칭) 후 작업하시오.

9) 다음 사항에 대해서는 실격에 해당되어 채점 대상에서 제외됩니다.

   가) 수험자 본인이 수험 도중 시험에 대한 포기(기권) 의사를 표시하고 포기하는 경우

   나) 작업범위(용량, 시간)를 초과하거나, 요구사항과 현격히 다른 경우(채점위원이 판단)

   다) Slide가 JavaScript(jQuery 포함), CSS 중 하나 이상의 방법을 이용하여 제작되지 않은 경우

      ※ 움직이는 Slide를 제작하지 않고 이미지 하나만 배치한 경우도 실격처리됨

   라) 수험자 미숙으로 비번호 폴더에 완성된 작품 파일을 저장하지 못했을 경우

   마) 압축프로그램을 사용하여 작품을 압축 후 제출한 경우

   바) 과제기준 20% 이상 완성이 되지 않은 경우(채점위원이 판단)

작업 따라하기

01 폴더 및 파일 생성

01 다음과 같이 폴더구조를 생성하고 필수 파일들을 생성합니다. 웹디자인기능사 시험에서는 시험장 컴퓨터 바탕화면의 비번호 폴더에 폴더 및 파일을 생성해야 합니다. 편의상 예제 폴더 내에 비번호 폴더를 만들고 생성하겠습니다.

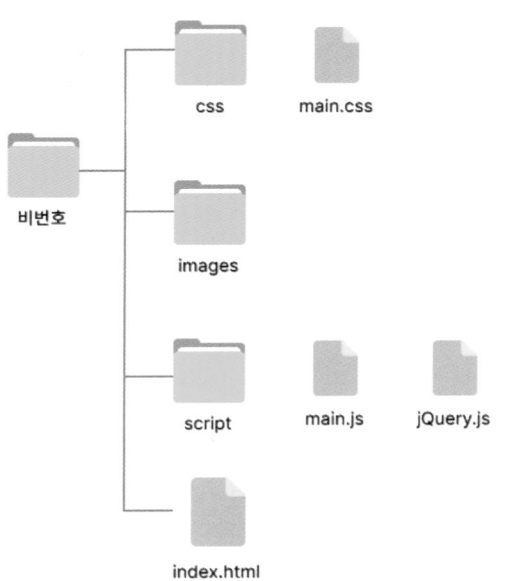

02 예제 폴더에서 [PART4] – [기출 유형 문제 2] – [BASE] – [비번호] 폴더를 VS CODE에서 폴더로 열기로 오픈하고 폴더와 새 파일을 생성합니다.
[css] 폴더를 선택하고 [File] — [New File] 메뉴를 이용하여 [main.css]를 생성합니다. 같은 방법으로 [script] 폴더 내 [main.js] 파일을 생성합니다. [수험자 제공 파일] 폴더에서 [jQuery 오픈소스 파일] 폴더 내의 파일을 복사하여 [script] 폴더에 넣어줍니다.

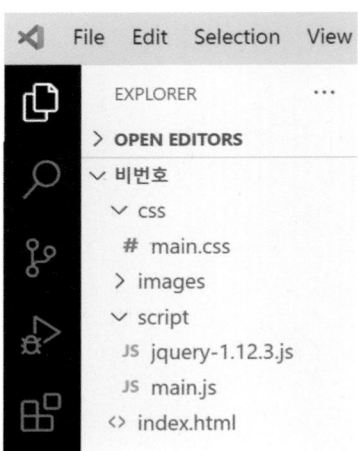

HTML, CSS로 와이어프레임을 구현합니다.

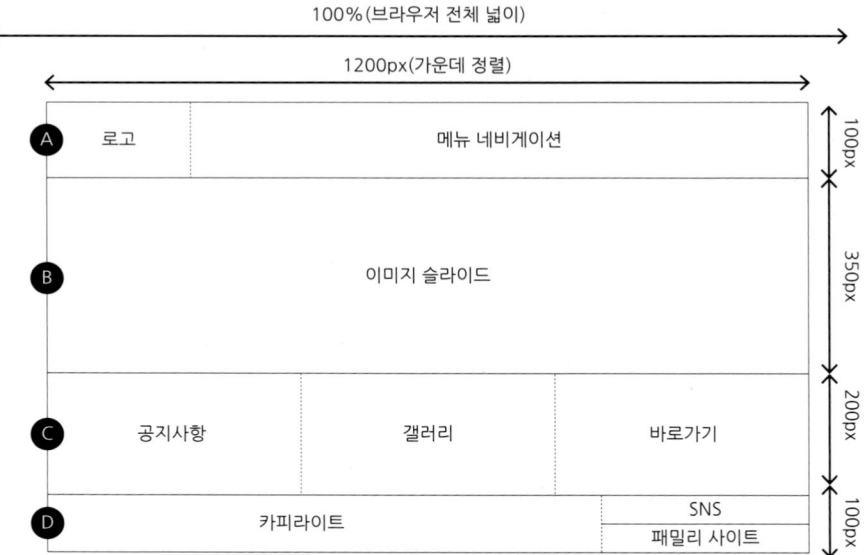

1 HTML

01 [index.html] 파일을 오픈합니다. 느낌표
(!)를 입력한 후 Tab 을 눌러 기본 코드를 생성
하고 title에 제목을 입력합니다.

[index.html]

```
<!DOCTYPE html>
<html lang="ko">
<head>
  <meta charset="UTF-8">
  <meta http-equiv="X-UA-Compatible"
  content="IE=edge">
  <meta name="viewport" content="width=device-
  width, initial-scale=1.0">
  <title>조은은행</title>
</head>
<body>

</body>
</html>
```

02 A파트 header, B파트 slides, C파트 main, D파트 footer로 구분하여 큰 구획을 먼저 작성합니다. 모든 요소들을 1200px 너비에 가두기 위해 wrapper를 생성하고, 각 요소에는 의미에 따라 적절하게 클래스명을 추가합니다.

[index.html]

```html
<body>
    <div class="wrapper">
        <header>
            <h1 class="logo"></h1>
            <nav></nav>
        </header>
        <div class="slides"></div>
        <main>
            <section class="notice"></section>
            <section class="gallery"></section>
            <section class="quick_links"></section>
        </main>
        <footer>
            <div class="copyright"></div>
            <div class="menu_family"></div>
        </footer>
    </div>
</body>
```

2 CSS

01 [index.html] 상단에 link 태그를 이용하여 [main.css]와 연결합니다.

[index.html]

```html
<head>
    <meta charset="UTF-8">
    <meta http-equiv="X-UA-Compatible"
    content="IE=edge">
    <meta name="viewport" content="width=device-
    width, initial-scale=1.0">
    <title>조은은행</title>
    <link rel="stylesheet" href="css/main.css">
</head>
```

02 [css] 폴더 내 [main.css] 파일을 열고 리셋용 기본 코드를 작성합니다.

CSS 최상단에는 charset을 설정하여, CSS에서 :before, :after로 생성하는 텍스트들도 깨짐 없이 출력되도록 합니다. * 전체 선택자를 활용하여 모든 태그들이 태생적으로 가지고 있는 여백, 목록 스타일, 밑줄, 글꼴, 폰트 사이즈, 색상을 리셋하고 요구사항의 컬러가이드에서 제시하는 기본 텍스트 색을 미리 반영해줍니다.

또한 별도의 지정이 없는 주조색(Main Color)과 보조색(Sub Color)은 각각 #FCA148, #49D2FC로 설정하고 주조색은 메인메뉴 호버 시 배경색, 보조색은 서브메뉴에 활용할 예정입니다.

03 img 요소는 inline−block 성격을 가지고 있어 img 요소 밑에 1~2px에 공간이 생기게 됩니다. 해당 공간은 vertical−align 속성의 값을 top 또는 bottom을 추가하면 사라집니다.

추가로 요소들을 좌우로 배치할 때 float을 적용하면 부모요소의 높이가 제대로 반영이 되지 않기 때문에 부모요소 내용의 뒷공간에서 요소들이 달려드는 속성을 clear해 줄 공통의 CSS를 작성합니다.

[main.css]

```css
@charset "utf-8";
*{
    margin: 0;
    padding: 0;
    list-style: none;
    text-decoration: none;
    font-family: "맑은 고딕";
    font-size: 14px;
    color: #333;
    box-sizing: border-box;
}
img{
    vertical-align: top;
}
```

[main.css]

```css
@charset "utf-8";
*{
    margin: 0;
    padding: 0;
    list-style: none;
    text-decoration: none;
    font-family: "맑은 고딕";
    font-size: 14px;
    color: #333;
    box-sizing : border-box;
}
img{
    vertical-align: top;
}
.cf:after{
    content: '';
    display: block;
    clear: both;
}
```

04 클래스명 cf는 플롯이 적용될 부모요소에 넣어주면 별도로 매번 요소를 선택하여 clear 를 할 필요가 없습니다. 앞서 작성했던 HTML 에 클래스명을 추가합니다.

[index.html]

```html
<body>
  <div class="wrapper">
    <header>
      <h1 class="logo"></h1>
      <nav></nav>
    </header>
    <div class="slides"></div>
    <main class="cf">
      <section class="notice"></section>
      <section class="gallery"></section>
      <section class="quick_links"></section>
    </main>
    <footer class="cf">
      <div class="copyright"></div>
      <div class="menu_family"></div>
    </footer>
  </div>
</body>
```

05 이제 요구 사항의 wireframe에서 제시하는 너비와 높이를 확인하여 요소들의 스타일을 지정합니다. 지정할 때 요소들의 배치 및 크기가 제대로 반영되는지 확인하기 위해 각 요소에 배경색을 추가합니다. 배경색은 이후 요구 사항을 확인한 후 모두 제거하거나 수정할 예정입니다. 편의상 상단부터 큰 구성요소들의 배경은 #aaa, #bbb, #ccc, #ddd으로, 각 내용들은 #999, #888, #777, #666, #555 식으로 빠르게 적용합니다.

클래스명 wrapper에 너비를 지정하고 화면 가운데 오도록 margin을 설정한 후 나머지 요소들의 너비, 높이, 배경색을 지정합니다. 브라우저 화면을 확인하면 1200px 너비를 가지는 요소가 화면 가운데 있는 것을 확인할 수 있습니다.

[main.css]

```css
/* wireframe */
.wrapper{
    width: 1200px;
    margin: 0 auto;
}
header{
    height: 100px;
    background: #aaa;
}
.slides{
    height: 300px;
    background: #bbb;
}
main{
    height: 200px;
    background: #ccc;
}
footer{
    height: 100px;
    background: #ddd;
}
```

출력화면

3 세부 내용들의 위치와 배경 지정

01 이제 각 파트별 주 내용들의 너비, 높이, 배경을 지정합니다. 특히 header 안 로고는 왼쪽, 메뉴는 오른쪽, main 태그 안의 내용들은 각각 가로로 배치되어야 하므로 float을 적용합니다. 로고와 nav의 높이는 임시로 100%로 하고, 이후 로고의 크기와 메뉴의 크기에 따라 수정합니다.

출력화면

[main.css]

```
/* header */
header .logo{
    width: 200px;
    background: #999;
    float: left;
    height: 100%;
}
header nav{
    width: 1000px;
    background: #888;
    float: right;
    height: 100%;
}
```

02 메인 영역 콘텐츠들의 너비와 높이를 지정하고 float를 이용하여 배치합니다.

출력화면

[main.css]

```
/* Main Contents */
main section{
    width: 400px;
    float: left;
    height: 100%;
}
main .notice{
    background: #777;
}
main .gallery{
    background: #666;
}
main .quick_links{
    background: #555;
}
```

03 푸터 영역의 요소들도 와이어 프레임을 참조하여 너비를 지정하고 가로 배치합니다.

출력화면

```css
/* Footer */
footer div{
    float: left;
    height: 100%;
}
footer .copyright{
    width: 900px;
    background: #333;
}
footer .menu_family{
    width: 300px;
    float: left;
    background: #222;
}
```

A.1 로고
○ Header 폴더에 제공된 로고를 삽입한다. 로고의 색은 과제명(가. 주제)에 맞게 반드시 변경하여야 한다.
※ 로고의 크기 변경 시, 가로세로 비율(종횡비, Aspect Ratio)을 유지하여야 한다(가로세로 비율을 유지하며 크기변경 가능).

D. Footer
○ 로고를 Grayscale(무채색)로 변경하고 사용자의 접근성을 고려하여 배치한다.

■ Photoshop

01 지시사항에 따라 제공된 로고를 활용하여 로고를 제작합니다. 로고 파일의 크기가 적당한지 확인한 후 Color Overlay를 이용하여 색상을 변경하겠습니다. [PART4] – [기출 유형 문제 2] – [수험자 제공 파일] – [Header] 폴더에 'logo.png'를 오픈합니다.

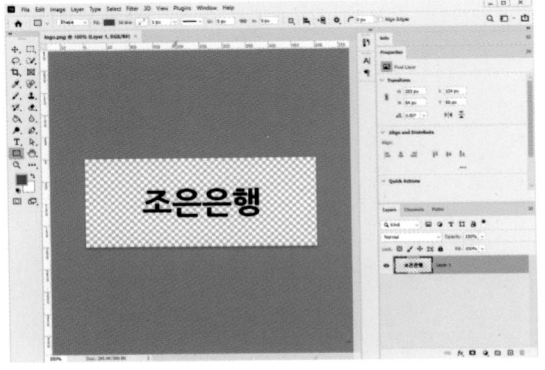

02 오픈한 이미지의 크기를 [Image] – [Image Size]에서 확인하면 로고로 사용하기에는 큰 상태입니다. 가장 먼저 투명한 영역을 제거하고 이미지의 사이즈를 수정합니다. 이때 이미지의 원본 비율을 유지해야 하며, [Image] – [Trim]으로 투명한 영역을 제거합니다.

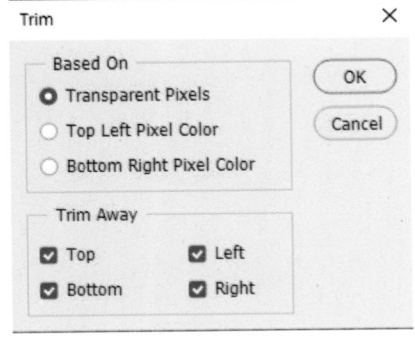

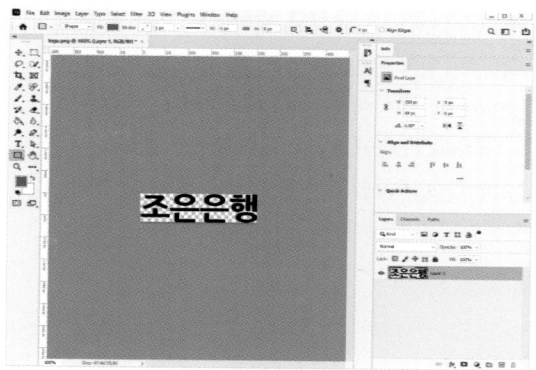

03 투명한 영역이 제거되었으면 [Image] – [Image Size] 메뉴를 선택하고 높이를 40px로 수정합니다. 이때 그림과 같이 비율이 유지되도록 링크 아이콘이 체크되어 있어야 합니다.

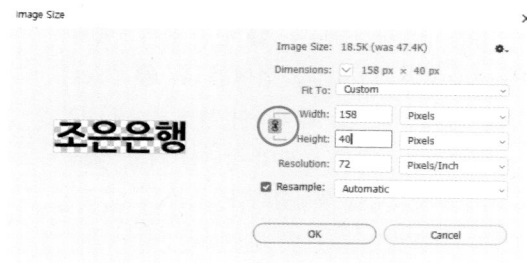

04 별도의 주조색과 보조색이 설정되어 있지 않지만 주조색을 #3498DB, 보조색을 #1266BB으로 설정합니다. 로고의 상단은 보조색, 하단은 주조색으로 구현하겠습니다.
[Layer 1] 레이어를 선택한 상태에서 *fx* (레이어 스타일) – [Coler Overlay]를 선택합니다.

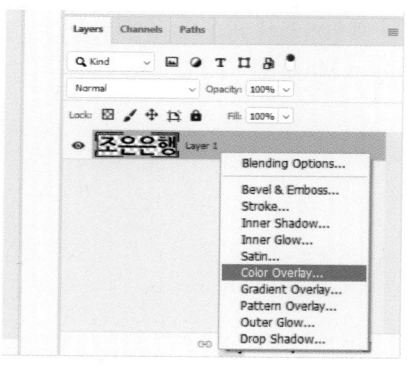

05 [Layer Style] 창이 열리면 색상을 #3498DB로 지정합니다.

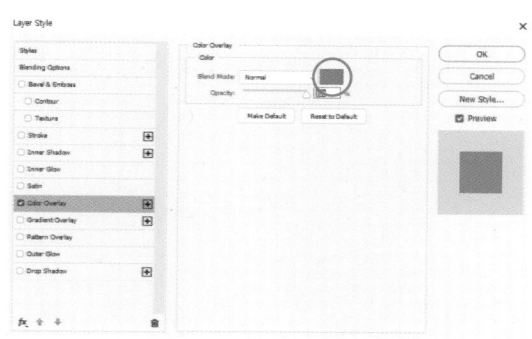

06 이제 색상이 변경된 레이어를 Rasterize 시킨 후 일부분만 색상을 변경하겠습니다. [Layer 1] 레이어를 선택하고 마우스 우클릭 후 [Rasterize Layer Style]을 클릭하여 Color Overlay를 적용한 상태로 하나의 레이어가 되도록 합니다.

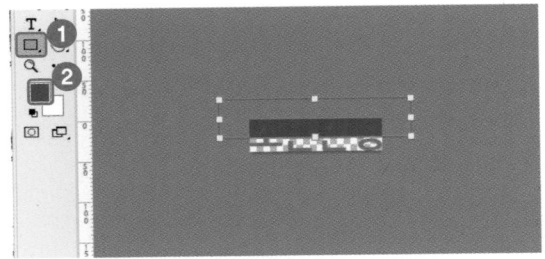

07 [Layer 1] 레이어 위에 #1266BB 색상의 사각형을 생성하겠습니다. ❶ 왼쪽 툴박스에서 [Rectangle Tool]을 선택한 후 ❷ [Set foreground color]를 클릭하여 색을 #1266BB 로 설정합니다. 로고 글씨의 상단을 가릴 정도의 크기로 사각형을 생성합니다.

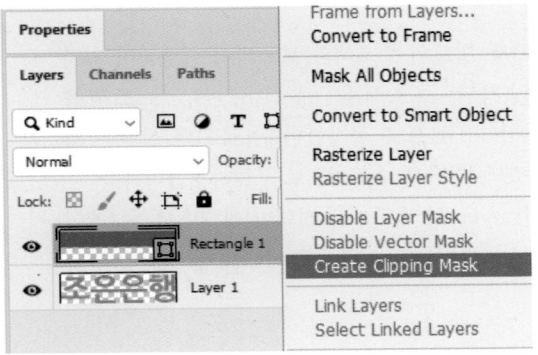

08 생성한 사각형 아래의 글자가 보이도록 [Rectangle 1] 레이어에서 마우스 우클릭 후 [Create Clipping Mask]를 적용합니다.

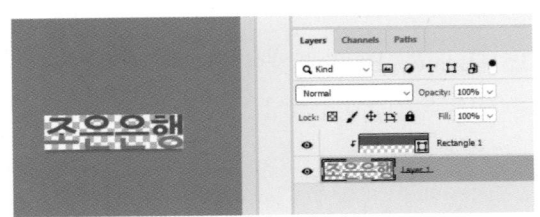

09 마스크를 적용하면 상단은 주조색, 하단은 보조색인 로고가 만들어집니다.

10 [Layer 1]이 선택된 상태에서 마우스 우 클릭 후 [Quick Export as PNG]로 저장합니다. 비번호 폴더 내 [images] 폴더에 파일명을 'header_logo.png'로 지정하고 저장합니다.

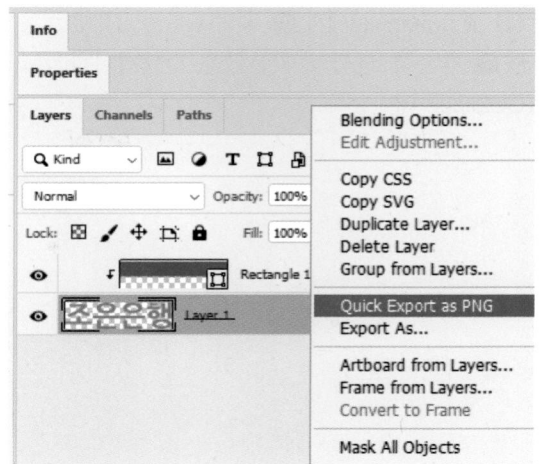

11 무채색 Footer 로고를 작업하기 위해 로고 위 [Rectangel 1] 레이어를 선택한 후 ❍. [Adjustment Layer(보정 레이어)] – [Gradient Map]을 선택합니다.

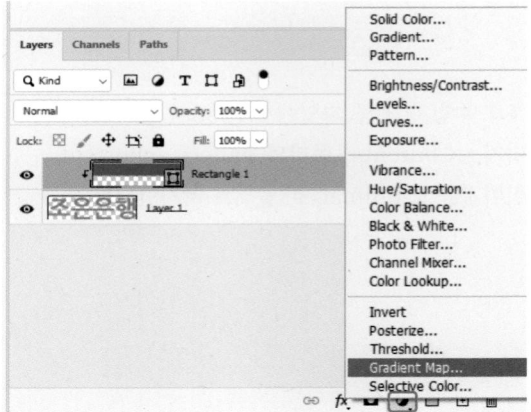

12 [Properties]에서 ❶ 색상 부분을 클릭한 후 ❷ 검은색 흰색의 기본값을 선택합니다 (CC2022 기준).

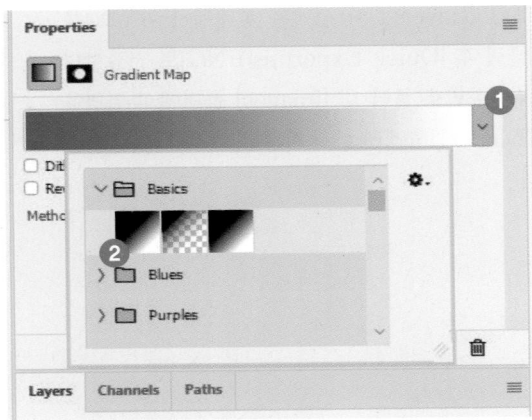

13 보정레이어를 통해 무채색으로 변경하였으면 [images] 폴더 내 'footer_logo.png'로 저장합니다.

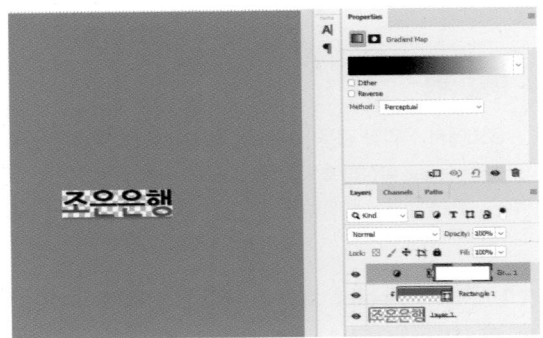

14 수험자 제공 파일에서 [Slide] 폴더의 이미지, [Contents] 폴더의 gallery, shortcut 이미지를 모두 [images] 폴더로 복사합니다.

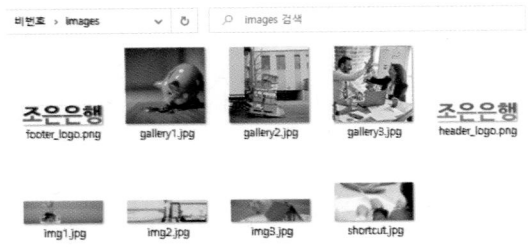

1 Header 영역

사이트맵을 참조하여 로고와 메뉴 구조의 HTML을 작성합니다.

Index Page / 메인(Main)				
메인메뉴 (Main Menu)	개인	기업	금융상품	카드
서브메뉴 (Sub Menu)	조회 이체 공과금 예금/신탁	조회 이체 전자결제 수표/어음	저축상품 대출상품 투자상품	카드정보 카드신청 이용내역조회

01 h1 태그 안에 a 태그를 생성하고 img 태그를 작성합니다. 우선 메인메뉴 리스트를 작성한 후 각 메뉴의 하위메뉴를 각 li의 종료태그 안쪽에 ul 태그를 작성하여 서브메뉴 구조를 완성합니다.

[index.html]

```
<body>
  <div class="wrapper">
    <header class="cf">
      <h1 class="logo">
        <a href="#">
          <img src="images/header_logo.png"
          alt="조은은행 로고">
        </a>
      </h1>
      <nav>
        <ul class="main_menu cf">
          <li><a href="#">개인</a></li>
          <li><a href="#">기업</a></li>
          <li><a href="#">금융상품</a></li>
          <li><a href="#">카드</a></li>
        </ul>
      </nav>
    </header>
```

02 메인메뉴와 서브메뉴의 ul 태그에는 이후 CSS 작성 시 선택이 용이하도록 main_menu, sub_menu 클래스명을 추가합니다.

출력화면

```
                                                    [index.html]
<nav>
  <ul class="main_menu cf">
    <li><a href="#">개인</a>
      <ul class="sub_menu">
        <li><a href="#">조회</a></li>
        <li><a href="#">이체</a></li>
        <li><a href="#">공과금</a></li>
        <li><a href="#">예금/신탁</a></li>
      </ul>
    </li>
    <li><a href="#">기업</a>
      <ul class="sub_menu">
        <li><a href="#">조회</a></li>
        <li><a href="#">이체</a></li>
        <li><a href="#">전자결제</a></li>
        <li><a href="#">수표/어음</a></li>
      </ul>
    </li>
    <li><a href="#">금융상품</a>
      <ul class="sub_menu">
        <li><a href="#">저축상품</a></li>
        <li><a href="#">대출상품</a></li>
        <li><a href="#">투자상품</a></li>
      </ul>
    </li>
    <li><a href="#">카드</a>
      <ul class="sub_menu">
        <li><a href="#">카드정보</a></li>
        <li><a href="#">카드신청</a></li>
        <li><a href="#">이용내역조회</a></li>
      </ul>
    </li>
  </ul>
</nav>
```

② 슬라이드 영역

슬라이드 영역의 지시사항에 따라 HTML을 작성합니다.

B. Slide 애니메이션 작업

○ 이미지만 바뀌면 안 되고, 이미지가 좌에서 우 또는 우에서 좌로 이동하면서 전환되어야 한다.

01 각 슬라이드에 나타날 텍스트는 [수험자 제공 파일] – [Slide] – [Slide 이미지 텍스트.txt]를 참조하여 작성합니다. 슬라이드 텍스트는 태그를 작성하고 CSS 스타일을 이용하여 각 이미지 위에 표시되도록 할 예정입니다.

출력화면

```
                                                        [index.html]
<div class="slides">
  <ul class="container">
    <li class="slide">
      <a href="#">
        <img src="images/img1.jpg"
        alt="은빛 억새 1">
        <h2>대표 은행, 조은은행</h2>
      </a>
    </li>
    <li class="slide">
      <a href="#">
        <img src="images/img2.jpg"
        alt="은빛 억새 2">
        <h2>차원이 다른 조은은행</h2>
      </a>
    </li>
    <li class="slide">
      <a href="#">
        <img src="images/img3.jpg"
        alt="은빛 억새 3">
        <h2>더욱 쉬운 스마트뱅킹 서비스</h2>
      </a>
    </li>
  </ul>
</div>
```

3 메인 영역

메인 영역은 공지사항, 갤러리, 바로가기로 구성되어 있습니다. 공지사항과 갤러리는 리스트 태그를 활용하고 바로가기는 img에 링크를 적용합니다.

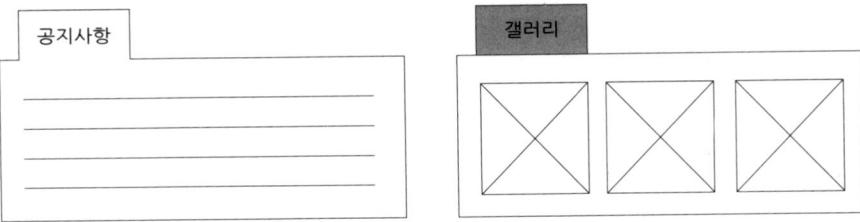

01 공지사항, 갤러리, 바로가기의 HTML 구조를 작성합니다. section 태그는 반드시 제목이 수반되어야 하므로 section 태그 바로 아래 제목을 추가했습니다. 와이어 프레임상에도 제목이 표현되어 있으므로 작성해줍니다.

[index.html]

```
<main class="cf">
  <section class="notice">
    <h2>공지사항</h2>
    <ul>
      <li><a href="#">영업점 이전 안내
      <span>2024.03.01</span></a></li>
      <li><a href="#">조은은행 스마트 뱅킹 안내
      <span>2024.03.01</span></a></li>
      <li><a href="#">조은은행 신입행원 특별 채용
      <span>2024.03.01</span></a></li>
      <li><a href="#">영업시간 연장 안내
      <span>2024.03.01</span></a></li>
    </ul>
  </section>
  <section class="gallery">
    <h2>갤러리</h2>
    <ul>
      <li><a href="#">
        <img src="images/gallery1.jpg"
        alt="갤러리1">
      </a></li>
      <li><a href="#">
        <img src="images/gallery2.jpg"
        alt="갤러리2">
      </a></li>
```

```
    <li><a href="#">
        <img src="images/gallery3.jpg"
        alt="갤러리3">
    </a></li>
    </ul>
</section>
<section class="quick_links">
    <a href="#">
        <h2>바로가기</h2>
        <img src="images/shortcut.jpg"
        alt="바로가기">
    </a>
</section>
</main>
```

4 푸터

01 푸터에는 왼편에 카피라이트 오른편에 하단메뉴와 패밀리 사이트로 갈 수 있는 select 메뉴가 있습니다.

카피라이트	하단메뉴
	패밀리 사이트

이때 저작권 표시 ©는 엔터티 코드 ©으로 입력했습니다.

[index.html]

```
<footer class="cf">
  <div class="copyright">
    <p>COPYRIGHT&copy;by EasyWeb. ALL RIGHTS
RESERVED</p>
  </div>
  <div class="menu_family">
    <ul>
      <li><a href="#">하단 메뉴1</a></li>
      <li><a href="#">하단 메뉴2</a></li>
      <li><a href="#">하단 메뉴3</a></li>
    </ul>
    <select name="sitelist">
      <option value="#">패밀리사이트1</option>
      <option value="#">패밀리사이트2</option>
      <option value="#">패밀리사이트3</option>
    </select>
  </div>
</footer>
```

5 팝업

01 전체화면을 차지할 요소를 아이디명 popup으로 생성하고 가운데 나타날 창 클래스명 popup_content를 작성합니다.

작업 후 출력화면을 보면 설정한 와이어프레임을 벗어난 상태입니다. 일단 지정한 그림들이 이상 없이 나오는지 확인하고 CSS와 Script 단계로 넘어가겠습니다.

출력화면

```
                                              [index.html]
</footer>
<!-- popup-->
<div id="popup">
  <div class="popup_content">
    <h2>영업점 이전 안내</h2>
    <p>
항상 조은은행을 이용해주셔서 감사합니다. <br>
조은은행 아래 영업점이 새로운 장소에서 고객님을
모시게 되었습니다. 해당 영업점을 이용하시는 고객
님께 불편함이 없도록 최선을 다하겠습니다.
    </p>
    <div class="close">닫기</div>
  </div>
</div>
<!-- //popup -->
```

1 Header 영역 로고 CSS

01 header 로고 부분에 임시로 추가했던 header의 배경색과 .logo의 배경색은 제거하고 내부의 여백(Padding)을 이용하여 로고의 위치를 설정합니다.

❶ 로고 이미지의 너비를 감안하여 기존에 설정했던 200px 보다 큰 300px로 수정합니다.
❷ Nav의 너비를 720px로 수정합니다.

출력화면

조은은행

개인
조회
이체
공과금
예금/신탁
기역

[main.css]

```css
header{
    height: 100px;
    /* 배경 제거 */
}

중략...

/* header */
header .logo{              ❶
    width: 300px;
    float: left;
    height: 100%;
    padding: 18px 0 0 20px;
}
header nav{                ❷
    width: 720px;
    float: right;
    height: 100%;
}
```

2 Header 영역 메뉴 CSS

헤더의 메뉴는 다음과 같이 가로 전체형 메뉴로 구현해야 합니다.

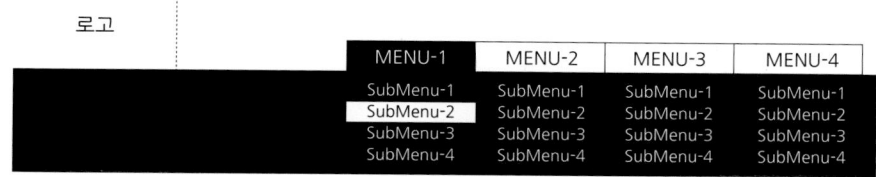

로고

MENU-1	MENU-2	MENU-3	MENU-4
SubMenu-1	SubMenu-1	SubMenu-1	SubMenu-1
SubMenu-2	SubMenu-2	SubMenu-2	SubMenu-2
SubMenu-3	SubMenu-3	SubMenu-3	SubMenu-3
SubMenu-4	SubMenu-4	SubMenu-4	SubMenu-4

01 우선 메인메뉴를 가로 배치하고 헤더 우측 하단에 배치되도록 합니다.

❶ 메인메뉴를 float으로 가로 배치하고 높이는 40px이 잡히도록 line-height를 추가합니다. 너비를 180px로 지정하고 메인메뉴를 기준으로 서브메뉴의 위치가 잡히도록 기준을 position: relative로 설정합니다.

❷ 메인메뉴의 배경색을 설정하고 li 안에서 a 태그가 공간을 모두 사용하도록 display: block을 추가합니다.

`출력화면`

02 서브메뉴는 메인메뉴를 기준으로 위치를 잡고 메인메뉴에 마우스를 올렸을 때 스타일을 설정합니다.

❶ 각각의 서브메뉴를 메인메뉴를 기준으로 절댓값으로 배치하고 위치는 바로 위 부모인 li를 기준으로 left: 0, 즉 왼쪽에 배치되었습니다. 위치 확인차 배경을 임시로 추가했고, 마우스를 올리기 전에는 보이지 않도록 display: none을 설정합니다. 현재는 위치 확인차 display: none 부분은 주석처리한 상태입니다.

❷ 메인메뉴에 마우스를 올렸을 때 배경색을 설정합니다.

`출력화면`

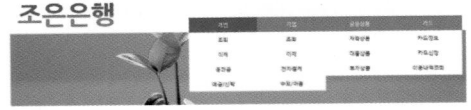

[main.css]

```
header nav{
    width: 720px;
    float: right;
    margin-top: 60px;
    margin-right: 10px;
}
nav>ul>li{                    ❶
    line-height: 40px;
    float: left;
    width: 180px;
    text-align: center;
    position: relative;
}
nav>ul>li>a{                  ❷
    color: #fff;
    display: block;
    background: #3498db;
}
```

[main.css]

```
nav>ul>li>a{
    color: #fff;
    display: block;
    background: #3498db;
}
nav ul ul{                    ❶
    position: absolute;
    left: 0;
    width: 100%;
    background: #fff; /* 임시 배경 */
    /* display: none; 임시 주석 */
}
nav>ul>li a:hover{            ❷
    background: #1266BB;
}
```

3 서브메뉴 배경 스타일

01 마우스를 올렸을 때 나타나는 서브메뉴의 배경은 header: after에 생성하고 클래스명 active가 있을 경우에만 나타나도록 합니다. 아직 스크립트 작성 전이므로 HTML에서 header 부분에 임시로 active를 추가해놓고 스타일을 작성합니다.

02 ❶ header에 기준을 설정하고 header 안의 콘텐츠가 서브메뉴 배경보다 앞으로 나올 수 있도록 z−index를 1로 설정합니다.
❷ header:after 요소를 선택한 후 content 속성으로 빈공간을 생성하고 header를 기준으로 절댓값으로 header 바로 하단에 배치합니다. 메뉴에 마우스가 올라오면 높이가 변경되도록 하기 위해서 transiton 속성을 추가하고 0.4초에 걸쳐 ease−in−out 속도로 움직이도록 합니다. ease−in−out은 서브메뉴가 jQuery slideDown으로 움직이는 속도와 같도록 한 것입니다. header의 내용보다 아래에 배치되도록 z−index: −1을 추가합니다.
❸ header에 active가 추가되었을 때 :after 요소의 높이가 서브메뉴의 높이 160px로 변경되도록 합니다.

출력화면

조은은행

[index.html]

```
<body>
  <div class="wrapper">
    <header class="cf active">
      <h1 class="logo">
        <a href="#">
```

[main.css]

```
/* wireframe */
.wrapper{
    width: 1200px;
    margin: 0 auto;
}
header{                              ❶
    height: 100px;
    position: relative;
    z-index: 1;
}
header:after{                        ❷
    content: '';
    position: absolute;
    left: 0;
    top: 100%;
    right: 0;
    height: 0;
    background: #ebebeb;
    transition: height 0.4s ease-in-out;
    z-index: -1;
}
header.active:after{                 ❸
    height: 160px;
}
```

03 서브메뉴에 임시로 추가했던 배경과 display: none을 다시 활성화하여 서브메뉴가 보이지 않도록 합니다.

```
[main.css]
/* header */
중략...
nav ul ul{
    position: absolute;
    left: 0;
    width: 100%;
    display: none;
}
nav>ul>li a:hover{
    background: #1266BB;
}
```

04 header에 추가했던 active 클래스명을 제거합니다.

출력화면

```
[index.html]
<body>
  <div class="wrapper">
    <header class="cf">
      <h1 class="logo">
        <a href="#">
```

4 서브메뉴 호버 효과

01 서브메뉴에 마우스를 올리면 배경색과 글 자색이 변경되도록 CSS를 작성합니다.

```
[main.css]
nav>ul>li a:hover{
    background: #1266BB;
}
nav ul ul a{
    display: block;
}
nav ul ul a:hover{
    background: #3498db;
    color: #fff;
}
```

5 메뉴 효과 스크립트

01 HTML에서 jQuery 라이브러리와 [main.js]를 로드합니다.

```
                                          [index.html]
  <script src="script/jquery-1.12.3.js"></script>
  <script src="script/main.js"></script>
</body>
```

02 스크립트에서는 메인메뉴, 서브메뉴, 헤더 변수를 지정한 후 마우스를 올렸을 때 header 요소에 active를 추가하고 서브메뉴 전체가 나타나도록 slideDown 메서드를 실행합니다. 마우스가 나가면 다시 원상태로 되돌아오도록 추가했던 active 클래스명을 제거하고 slideUp으로 서브메뉴를 접습니다.

```
                                              [main.js]
let mainMenu = $('nav > ul > li');
let subMenu = mainMenu.find('ul');
let header = $('header');

mainMenu.mouseover(function(){
    header.addClass('active');
    subMenu.stop().slideDown();
}).mouseout(function(){
    header.removeClass('active');
    subMenu.stop().slideUp();
});
```

출력화면

6 슬라이드 CSS

B. 슬라이드 애니메이션
○ 이미지만 바뀌면 안 되고, 이미지가 좌에서 우 또는 우에서 좌로 이동하면서 전환되어야 한다.
○ 슬라이드는 매 3초 이내로 하나의 이미지에서 다른 이미지로 전환되어야 한다.
○ 웹사이트를 열었을 때 자동으로 시작되어 반복적으로(마지막 이미지가 슬라이드 되면 다시 첫 번째 이미지가 슬라이드 되는 방식) 슬라이드 되어야 한다.

현 상태에서 브라우저를 확인하면 슬라이드는 세로로 배치되어 있습니다.

좌우로 움직이는 슬라이드 구조의 CSS는 클래스명 slides에는 가로로 넘치는 요소를 보이지 않도록 하고 클래스명 slide를 float을 이용하여 가로로 배치한 후 슬라이드의 부모인 클래스명 container를 margin 을 이용하여 왼쪽으로 이동시키는 것입니다.

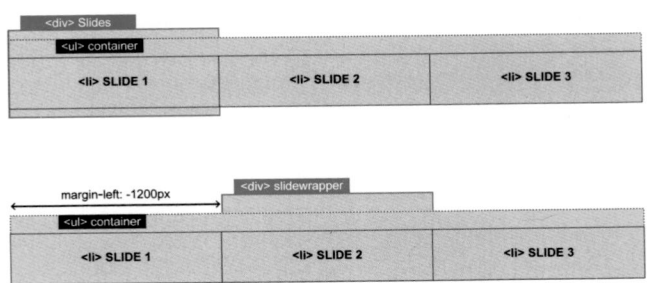

01 슬라이드 배치용 스타일을 작성합니다.

❶ 요소를 넘치는 슬라이드가 보이지 않도록 합니다.

❷ 슬라이드 부모의 너비를 슬라이드 개수에 맞게 늘려주어 자식요소 slide가 가로 배치되도록 합니다.

❸ float을 이용하여 슬라이드를 가로 배치합니다.

❹ 슬라이드를 기준으로 제목을 정중앙에 배치합니다. transform을 이용하여 정중앙에 오도록 제목의 크기와 상관없이 해당 요소 크기의 반만큼 왼쪽으로, 높이의 반만큼 위쪽으로 이동해서 중앙 배치했습니다.

출력화면

[main.css]

```css
/* Slides */
.slides{                          ❶
    overflow: hidden;
}
.container{                       ❷
    width: 3600px;
}
.slide{                           ❸
    float: left;
    width: 1200px;
    position: relative;
}
.slide h2{                        ❹
    position: absolute;
    left: 50%;
    top: 50%;
    background: rgba(0,0,0,.8);
    padding: 10px 25px;
    color: #fff;
    transform: translate(-50%, -50%);
}
```

⑦ 슬라이드 스크립트

01 스크립트를 작성하여 자동으로 좌우로 움직이는 슬라이드를 구현합니다. 우선 필요한 변수를 생성합니다.
❶ 좌우로 이동할 대상을 변수로 지정합니다.
❷ 슬라이드 개수를 구하기 위해서 각 슬라이드를 변수로 지정합니다. 이때 앞서 생성한 변수명 slideContainer의 자식요소 중 클래스명 슬라이드를 지정하기 위해 find 메서드를 활용합니다.
❸ 변수명 slide에 할당되어 있는 객체의 수를 변수에 지정합니다.
❹ 슬라이드가 이동할 때마다 증가시킬 변수를 설정합니다.

[main.js]

```
//슬라이드
let slideContainer = $('.container');        ❶
let slide = slideContainer.find('.slide');   ❷
let slideCount = slide.length;               ❸
let currentIdx = 0;                          ❹
```

⑧ 자동 슬라이드 함수

일정 시간마다 슬라이드가 이동하는 기능을 반복하기 위해서 setInterval 함수를 작성합니다. 실무에서는 슬라이드에 마우스를 올렸을 때 멈추거나 다시 시작하려면 자동으로 움직이는 기능이 함수로 되어 있어야 제어할 수 있기 때문입니다. 본 도서에는 편의상 함수로 작성했습니다.

setInterval 함수는 설정한 시간이 소진될 때마다 할 일 안에 기술된 내용을 반복합니다.

```
setInterval(할 일,시간)
할 일 : function(){}
시간 : 밀리초(millisecond, ms) 천 분의 1초 기술, 1000이 1초

setInterval(function(){반복할 구문},3000)
```

01 ❶ 반복될 때마다 nextIdx의 값이 슬라이드 범위 안에서 만들어지도록 합니다. (currentIdx + 1)%slideCount를 풀어서 계산하면 다음과 같습니다. %는 앞 값을 뒤 값으로 나눈 나머지입니다.

currentIdx가 0일 때 (0 + 1) % 3 = 1
currentIdx가 1일 때 (1 + 1) % 3 = 2
currentIdx가 2일 때 (2 + 1) % 3 = 0

currentIdx 값이 1씩 증가할 때마다 nextIndex의 값은 0, 1, 2만 반복됩니다.

currentIdx = nextIdx;

currentIdx의 값을 nextIdx로 변경하여 반복할 때 currentIdx도 0, 1, 2에서 값이 변경되도록 합니다.

❷ 이제 nextIdx 값을 활용하여 슬라이드 marginLeft 값을 변경합니다. 슬라이드가 3개이므로 slideContainer의 marginLeft 값은 0, -1200px, -2400px이 반복되어야 합니다. slideContainer의 marginLeft 값이 변경되는 과정이 보이도록 animate 메서드를 활용합니다. 대괄호 부분은 옵션사항으로 시간과 속도와 애니메이션인 종료된 후 추가로 할 일을 설정할 수 있습니다.

대상.animate({속성명 : 값, 속성명 : 값}, [시간], [이징], [다른 할 일]);

animate 메서드는 대상의 css 속성의 값이 변경되는 과정을 지정한 시간과 속도(이징)로 보여줍니다. 별도로 시간과 속도를 지정하지 않으면 시간은 기본적으로 0.4s이며 속도는 swing으로 적용됩니다.

작성 후 브라우저 화면을 확인하면 3초마다 슬라이드가 자동으로 이동하는 것을 확인할 수 있습니다.

[main.js]
```
function autoSlide(){
  setInterval(function(){
    //3초마다 반복수행할 구문 시작
    ❶ nextIdx = (currentIdx + 1)%slideCount;
    ❷ slideContainer.animate({marginLeft: -1200 *
nextIdx + 'px'});
       currentIdx = nextIdx;
  }, 3000)
}
autoSlide();
```

⑨ 메인 영역 CSS

01 와이어프레임 단계에서 'main', 'main
.notice', 'main .gallery', 'main .quick_
links'에 추가했던 배경을 모두 제거합니다.
main 요소에 상하 여백을 padding으로 추가
합니다.

[main.css]

```
/* wireframe */
.wrapper{
    width: 1200px;
    margin: 0 auto;
}

중략...

.slides{
    height: 300px;
    background: #bbb;
}
main{
    height: 200px;
    padding: 10px 0;
}
footer{
    height: 100px;
    background: #ddd;
}

/* header */
중략...

/* Main Contents */
main section{
    width: 400px;
    float: left;
    height: 100%;
}

/*
제거
main .notice{
  background: #777;
}
main .gallery{
  background: #666;
}
main .quick_links{
  background: #555;
}
*/

/* Slides */
```

🔟 공지사항 CSS

01 제목과 내용의 스타일을 작성합니다.

❶ 제목에 배경을 설정하고 글자 부분만 공간을 차지하도록 display: inline-block을 추가하고 padding으로 여백을 추가합니다.

❷ 제목 및 밑줄을 ul의 상단 테두리로 설정합니다.

❸ 리스트의 높이를 지정합니다.

❹ 날짜 부분은 float을 이용하여 오른쪽으로 배치합니다.

❺ 짝수 번째 리스트의 배경과 글자 색상을 지정합니다.

❻ 리스트에 마우스를 올렸을 때 글자의 두께를 설정합니다.

출력화면

공지사항	
영업점 이전 안내	2024.03.01
조은은행 신입행원 특별 채용	2024.03.01
영업시간 연장 안내	2024.03.01
조은은행 스마트 뱅킹 안내	2024.03.01

[main.css]

```css
/* notice & gallery */
.notice h2{                              ❶
    background: #1266BB;
    color: #fff;
    display: inline-block;
    padding: 5px 15px;
}
.notice ul{                              ❷
    border-top: 2px solid #1266BB;
}
.notice ul li{                           ❸
    line-height: 36px;
}
.notice ul li span{                      ❹
    float: right;
}
.notice ul li:nth-child(even){ ❺
    background: #1266BB;
    color: #fff;
}
.notice ul li:nth-child(even) a{
    color: #fff;
}
.notice ul li:nth-child(even) span{
    color: #fff;
}
.notice ul li:hover{                     ❻
    font-weight: bold;
}
```

🔟 갤러리 CSS

01 제목의 스타일은 공지사항과 같도록 스타일을 작성합니다. 앞서 작성한 스타일에 선택자를 추가합니다.

```
                                                              [main.css]
/* notice & gallery */
.notice h2, .gallery h2{
    background: #1266BB;
    color: #fff;
    display: inline-block;
    padding: 5px 15px;
}
.notice ul, .gallery ul{
    border-top: 2px solid #1266BB;
}
```

02 갤러리 부분의 내부 여백을 설정하고 리스트를 가로 배치합니다.

❶ 좌우 padding을 추가하여 공지사항과 바로가기 사이 공간을 생성합니다.

❷ 갤러리 위아래 공간을 추가하여 갤러리 이미지가 세로 기준으로 중앙에 오도록 합니다.

❸ 리스트 전체가 사용할 수 있는 공간은 380px입니다. 여기에서 가운데 여백 10px씩 2개가 필요합니다. 즉, 리스트가 순수하게 사용할 수 있는 공간은 120px입니다. 리스트의 너비를 지정하고 float으로 가로 배치되도록 합니다.

❹ 마지막 요소에는 마진을 제거하여 지정한 너비 안에 모든 리스트가 들어오도록 합니다.

❺ 부모요소인 li가 설정한 너비 120px 안에서 전체 너비를 사용하도록 width: 100%를 추가합니다.

❻ 마우스를 올리면 투명도를 낮춥니다.

```
                                                              [main.css]
.notice ul li:hover{
    font-weight: bold;
}
.gallery{                              ❶
    padding: 0 10px;
}
.gallery ul{                           ❷
    padding: 30px 0;
}
.gallery ul li{                        ❸
    float: left;
    width: 120px;
    margin-right: 10px;
}
.gallery ul li:last-child{             ❹
    margin-right: 0;
}
.gallery ul li img{                    ❺
    width: 100%;
}
.gallery ul li:hover{                  ❻
    opacity: 0.5;
}
```

03 [index.html]에서 플롯이 걸린 자식요소로 인해 높이가 반영되지 않는 오류를 수정하기 위해 css 상단에 미리 만들어 놓은 클래스명 cf를 추가합니다.

출력화면

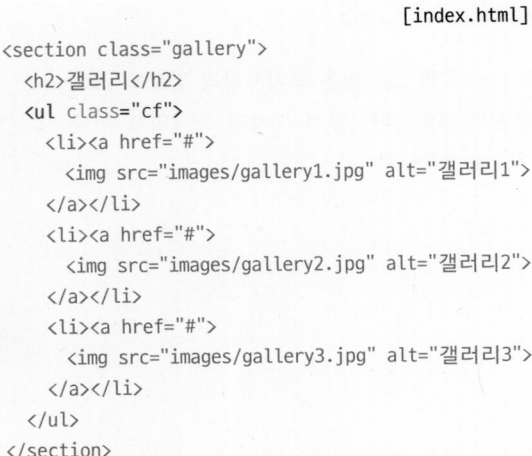

🔟 바로가기 CSS

01 클래스명 quick_links를 기준으로 h2 제목을 정가운데 위치하도록 스타일을 작성합니다.

❶ 기준을 설정하고 자식요소 img의 너비를 100%로 했을 때 이미지가 비율대로 커지는 경우 이미지의 높이가 quick_links보다 커서 넘치지 않도록 가립니다.

❷ 링크가 전체 영역에 걸치 반영되도록 display: block을 설정합니다.

❸ 제목에 절댓값으로 정중앙에 배치되도록 left: 50%, top: 50%를 지정하고 정중앙에 오도록 해당요소의 반만큼 좌측, 상단으로 이동하도록 합니다.

❹ 부모요소에 맞춰 img의 너비를 100%로 설정하여 부모 너비의 가로폭에 맞도록 합니다.

[index.html]

```
<section class="gallery">
  <h2>갤러리</h2>
  <ul class="cf">
    <li><a href="#">
      <img src="images/gallery1.jpg" alt="갤러리1">
    </a></li>
    <li><a href="#">
      <img src="images/gallery2.jpg" alt="갤러리2">
    </a></li>
    <li><a href="#">
      <img src="images/gallery3.jpg" alt="갤러리3">
    </a></li>
  </ul>
</section>
```

[main.css]

```
/* shortcut */
.quick_links{                          ❶
    position: relative;
    overflow: hidden;
}
.quick_links a{                        ❷
    display: block;
}
.quick_links h2{                       ❸
    position: absolute;
    left: 50%;
    top: 50%;
    transform: translate(-50%, -50%);
    background: rgba(0,0,0,0.6);
    color: #fff;
    padding: 10px 20px;
}
.quick_links img{
    width: 100%;                       ❹
}
.quick_links a:hover{
    opacity: 0.5;
}
```

13 푸터 CSS

01 푸터에 와이어프레임 단계에서 임시로 추가했던 배경을 모두 제거합니다. footer의 주조색을 반영합니다.

출력화면

```css
/* wireframe */
중략...
main{
    height: 200px;
    padding: 10px 0;
}
footer{
    height: 100px;
    background: #3498db; /* 배경 변경 */
}

/* header */
중략...

/* shortcut */
중략...
.quick_links img{
    width: 100%;
}
.quick_links a:hover{
    opacity: 0.5;
}

/* Footer */
footer div{
    float: left;
    /* 높이 제거 */
}
footer .copyright{
    width: 900px;
    /* 배경 제거 */
}
footer .menu_family{
    width: 300px;
    float: left;
    /* 배경 제거 */
}
```

02 우선 하단 메뉴를 가로 배치하기 위해 float을 사용하면 높이가 나오지 않는 부분을 보완할 클래스명 cf를 추가합니다.

```html
[index.html]
<div class="menu_family">
  <ul class="cf">
    <li><a href="#">하단 메뉴1</a></li>
    <li><a href="#">하단 메뉴2</a></li>
    <li><a href="#">하단 메뉴3</a></li>
  </ul>
```

03 ❶ 메뉴와 셀렉트 메뉴의 높이를 확인하면 두 요소의 합이 60px입니다. 그러면 100px의 푸터 높이에서 정가운데 오도록 상단에 마진을 추가합니다.
❷ 메뉴를 플롯으로 가로 배치합니다. 이때 마진을 추가하고 막내요소의 마진은 제거합니다.
❸ 셀렉트 메뉴의 너비와 높이를 지정합니다.

출력화면

```css
[main.css]
중략...
.quick_links a:hover{
    opacity: 0.5;
}
footer div{
    float: left;
}
footer .copyright{
    width: 900px;
}
footer .menu_family{
    width: 300px;
    float: left;
}
/* footer */
.copyright{                        ❶
    padding: 41px 0 0 40px;
}
.copyright p{
    color: #fff;
}
.menu_family{
    padding: 0 10px;
    margin-top: 20px;
}
.menu_family ul li{                ❷
    float: left;
    margin-right: 20px;
    line-height: 30px;
}
.menu_family ul li:last-child{
    margin-right: 0;
}
.menu_family ul li a{
    color: #fff;
}
.menu_family select{              ❸
    width: 100%;
    height: 30px;
}
```

14 팝업 CSS

01 팝업의 스타일을 작성합니다. id명 popup 이 전체 화면을 차지하도록 하고 그 가운데 팝업 내용이 오도록 작성합니다.

❶ 전체화면을 기준으로 고정하고 left, right, top, bottom 값을 0으로 설정하여 전체화면을 차지하도록 합니다. 투명도 60%의 배경색을 지정하고, 공지사항을 클릭하기 전에는 나타나지 않도록 display: none을 설정합니다.

❷ 부모인 #popup을 기준으로 절댓값으로 화면의 정가운데 배치되도록 left: 50%, top : 50%를 설정하고 정중앙에 오도록 popup_content 가로 크기의 반만큼 왼쪽으로, popup_content의 세로 크기의 반만큼 위쪽으로 이동시키기 위해 transform를 추가합니다. 이렇게 하면 popup_content의 크기에 상관없이 정중앙에 배치할 수 있습니다. 기존 화면 위에 떠 있는 느낌을 주기 위해 box-shadow를 추가합니다.

❸ 제목의 스타일을 지정하여 판독성을 올려줍니다.

❹ 부모인 .popup_content를 기준으로 우측 하단에 배치하고 커서 모양을 링크와 같이 변경합니다.

❺ 아이디 popup에 active 클래스명이 추가되면 화면에 나타나도록 합니다. 작성 후 브라우저 화면을 확인합니다. 아직 스크립트를 작성하기 전이므로 임시로 HMTL에서 아이디 popup에 클래스명 active를 추가한 후 스타일을 확인하고 임시로 작성했던 클래스명 active는 제거합니다.

[main.css]

```css
/* popup */
#popup{                                    ❶
    position: fixed;
    left: 0;
    right: 0;
    top: 0;
    bottom: 0;
    background-color: rgba(0,0,0,.6);
    z-index: 100;
    display: none;
}
#popup .popup_content{                     ❷
    width: 400px;
    padding: 20px 20px 100px;
    background: #fff;
    border-radius: 5px;
    position: absolute;
    left: 50%;
    top: 50%;
    transform: translate(-50%, -50%);
    box-shadow: 0 0 3px rgba(0,0,0,.5);
}
#popup .popup_content h2{                   ❸
    font-size: 20px;
    margin-bottom: 20px;
}
#popup .popup_content .close{               ❹
    position: absolute;
    right: 10px;
    bottom: 10px;
    background: #333;
    color: #fff;
    cursor: pointer;
    padding: 5px 8px;
}
#popup.active{                              ❺
    display: block;
}
```

02 아이디 popup에 임시로 class명 active를 추가하고 브라우저를 확인하면 팝업이 나타나는 것을 확인할 수 있습니다.

출력화면

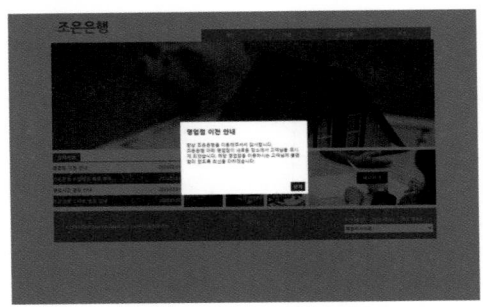

03 스타일이 확인되었으면 임시로 아이디 popup에 추가했던 active를 제거합니다.

[index.html]

```html
<!-- popup-->
<div id="popup" class="active">
  <div class="popup_content">
    <h2>영업점 이전 안내</h2>
    <p>
항상 조은은행을 이용해주셔서 감사합니다.<br>
조은은행 아래 영업점이 새로운 장소에서 고객님을
모시게 되었습니다. 해당 영업점을 이용하시는 고객
님께 불편함이 없도록 최선을 다하겠습니다.
    </p>
    <div class="close">닫기</div>
  </div>
</div>
```

[index.html]

```html
<!-- popup-->
<div id="popup">
  <div class="popup_content">
    <h2>영업점 이전 안내</h2>
    <p>
항상 조은은행을 이용해주셔서 감사합니다.<br>
조은은행 아래 영업점이 새로운 장소에서 고객님을
모시게 되었습니다. 해당 영업점을 이용하시는 고객
님께 불편함이 없도록 최선을 다하겠습니다.
    </p>
    <div class="close">닫기</div>
  </div>
</div>
```

15 팝업 스크립트

01 ❶ 공지사항 중 첫 번째 리스트를 변수로 지정합니다.

❷ 클래스명 active를 추가하여 보여질 대상인 아이디 popup을 지정합니다.

❸ 닫기 버튼은 popup의 자식요소 중 클래스명 close를 찾아 지정합니다.

❹ 공지사항 링크를 클릭하면 링크의 기본 속성을 막고 popup에 클래스명 active를 추가합니다.

❺ 닫기 버튼을 클릭하면 popup에서 추가했던 클래스명 active를 제거합니다.

스크립트 작성 후 공지사항 첫 글을 클릭하면 팝업이 뜨고, 닫기를 클릭하면 팝업이 닫히고 있습니다.

[main.js]
```javascript
//팝업
let popupLink = $('.notice li:first');        ❶
let popup = $('#popup');                       ❷
let popupCloseBtn = popup.find('.close');      ❸

popupLink.click(function(e){
    e.preventDefault();                        ❹
    popup.addClass('active');
});

popupCloseBtn.click(function(){
    popup.removeClass('active');               ❺
});
```

출력화면

공지사항 클릭 전

공지사항 클릭 후

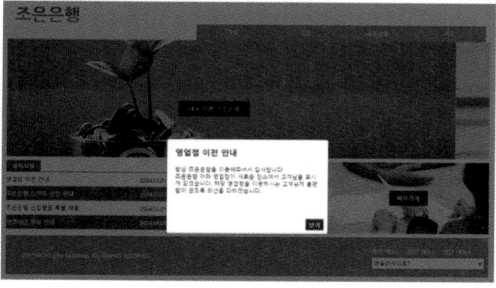

기출 유형 문제

WD중공업

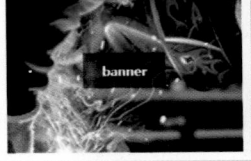

한눈에 보는 순서

1. 바탕화면에 수험자 본인의 '비번호' 이름의 폴더에 css, script, images 폴더 생성
2. 와이어프레임 파악 후 HTML, CSS로 와이어프레임 작성
3. 세부 지시사항 파악 후 이미지를 제작하여 'images' 폴더에 저장
   - 상단로고 : header_logo.png
   - 하단로고 : footer_logo.png (Grayscale)
   - 메인 이미지 3장
   - 갤러리 이미지 3장
   - 배너 이미지
   - 바로 가기 이미지
4. index.html, main.css, main.js 생성, jQuery 오픈소스 저장
5. 각 영역별 HTML 작성
6. 각 영역별 CSS 작성
7. 메뉴, 슬라이드, 탭, 레이어 팝업 Script 작성

국가기술자격 실기시험 문제

자격종목	웹디자인기능사	과제명	WD중공업

※ 다음 요구사항을 준수하여 주어진 자료(수험자 제공파일)를 활용하여 시험시간 내에 웹 페이지를 제작 후 **5MB 용량**이 초과되지 않게 저장 후 제출하시오.

※ 웹 페이지 코딩은 **HTML5 기준 웹 표준**을 준수하여야 하며, 요구사항에 지정되지 않는 요소들은 주제 특성에 맞게 자유롭게 디자인하시오.

※ 문제에서 지시하지 않은 와이어프레임 영역 비율, 레이아웃, 텍스트의 글자체/색상/크기, 요소별 크기, 색상 등은 수험자가 과제명(가. 주제)에 맞게 자유롭게 디자인하시오.

가. 주제 : WD 중공업 웹사이트 개선을 위한 메인페이지 제작

나. 개요

해외시장을 공략하는 WD중공업 홍보를 위하여 홈페이지 제작을 하려고 한다. 이 웹사이트는 독창적인 중공업 문화를 추구하며, 더 나은 내일, 더 풍요로운 삶을 지향하는 웹사이트 제작을 요청하였다. 아래의 요구사항에 따라 메인페이지를 제작하시오.

다. 요구사항

1) 메인페이지를 디자인하고 HTML, CSS, JavaScript 기반의 웹 페이지를 제작한다.
   (이때 jQuery 오픈소스, 이미지, 텍스트 등의 제공된 리소스를 활용하여 제작할 수 있다)
2) HTML, CSS의 charset는 utf-8로 해야 한다.
3) 컬러 가이드

주조색 (Main Color)	보조색 (Sub Color)	배경색 (Background Color)	기본 텍스트의 색 (Text Color)
자유롭게 지정	자유롭게 지정	#FFFFFF	#333333

4) 사이트 맵(Site Map)

Index Page / 메인(Main)				
메인메뉴 (Main Menu)	기업소개	사업분야	홍보	투자자정보
서브메뉴 (Sub Menu)	인사말 기업현황 연혁 경영이념	조선해양 특수선박 엔진기계	견학신청 보도자료 사보	공시/공고 지배구조 재무정보 주가정보

5) 와이어프레임(Wireframe)
※ Ⓐ~Ⓓ 영역에 제시된 지시사항에 맞춰서 프레임을 구성하고, 자유롭게 디자인을 구성하시오.

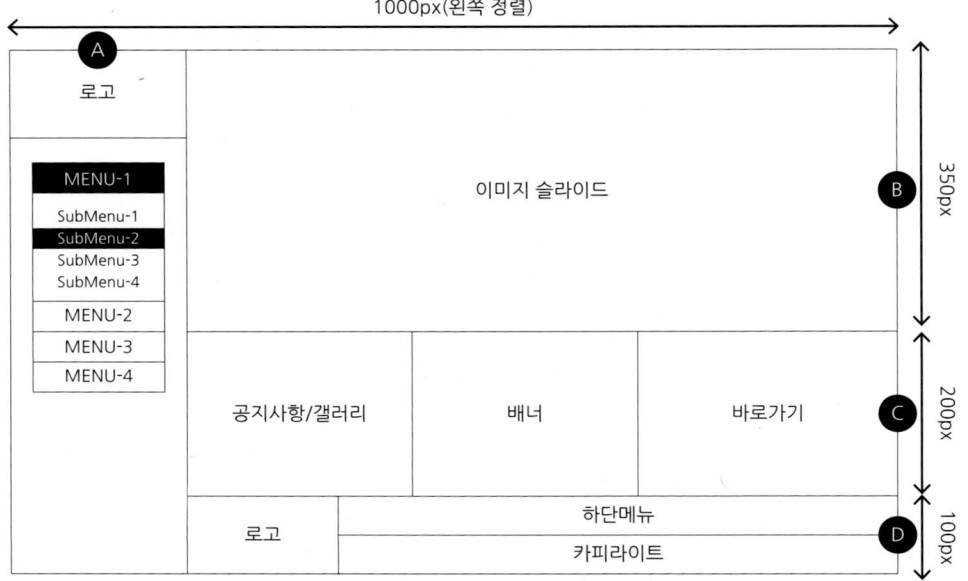

C영역 콘텐츠 각각의 넓이는 수험자가 판단

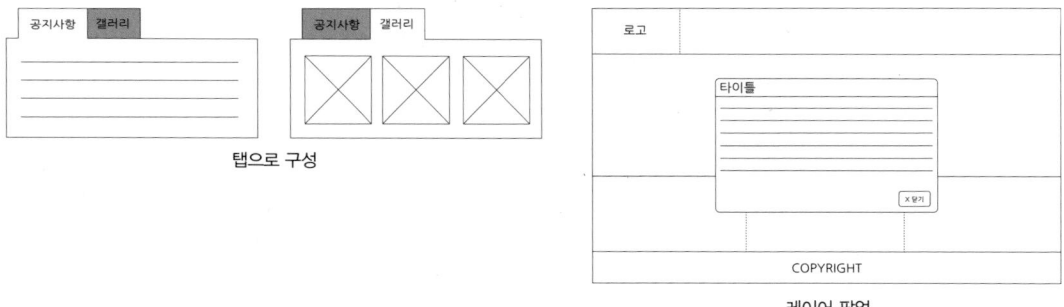

탭으로 구성   레이어 팝업

라. 세부 영역별 지시사항

영역 및 명칭	세부 지시사항
Ⓐ Header	**A.1 로고** ○ 가로세로 200픽셀×40픽셀 크기로 웹사이트의 이미지에 적합한 로고를 직접 디자인하여 삽입한다. ○ 심벌 없이 로고명을 포함한 워드타입으로 디자인한다. 로고명은 Header 폴더의 제공된 텍스트를 사용한다. **A.2 메뉴 구성** ※ 사이트 구조도를 참고하여 메인메뉴(Main Menu)와 서브메뉴(Sub Menu)로 구성한다. **(1) 메인메뉴(Main Menu) 효과 [와이어프레임 참조]** ○ 메인메뉴 중 하나에 마우스를 올리면(Mouse Over) 하이라이트 되고, 벗어나면(Mouse Out) 하이라이트를 해제한다. ○ 메인메뉴를 마우스로 올리면(Mouse Over) 서브메뉴 영역이 부드럽게 나타나면서, 서브메뉴가 보이도록 한다. ○ 메인메뉴에서 마우스커서가 벗어나면(Mouse Out) 서브메뉴 영역은 부드럽게 사라져야 한다. **(2) 서브메뉴 영역 효과** ○ 서브메뉴 영역은 메인 페이지 콘텐츠를 고려하여 배경색상을 설정한다. ○ 서브메뉴 중 하나에 마우스를 올리면(Mouse Over) 하이라이트 되고 벗어나면(Mouse Out) 하이라이트를 해제한다. ○ 마우스커서가 메뉴 영역을 벗어나면(Mouse Out) 서브메뉴 영역은 부드럽게 사라져야 한다.
Ⓑ Slide	**B. Slide 이미지 제작** ○ [Slide] 폴더에 제공된 3개의 이미지로 제작한다. ○ [Slide] 폴더에 제공된 3개의 텍스트를 각 이미지에 적용하되, 텍스트의 글자체, 굵기, 색상, 크기를 적절하게 설정하여 가독성을 높이고, 독창성이 드러나도록 제작한다. **B. Slide 애니메이션 작업** ※ 위에서 작업한 결과물을 이용하여 슬라이드 작업을 한다. ○ 이미지 슬라이드는 「Fade-in, Fade-out」 효과를 이용하여 제작한다. 　(하나의 이미지가 서서히 사라지고, 다른 이미지가 서서히 나타나는 효과이다) ○ 슬라이드는 매 3초 이내로 하나의 이미지에서 다른 이미지로 전환되어야 한다. ○ 웹사이트를 열었을 때 자동으로 시작되어 반복적으로(마지막 이미지가 사라지면 다시 첫 번째 이미지가 나타나는 방식) 전환되어야 한다.
Ⓒ Contents	**C.1 공지사항** ○ 공지사항 타이틀 영역과 콘텐츠 영역을 구분하여 표현해야 한다. 　(단, 콘텐츠는 HTML 코딩으로 작성해야 하며, 이미지로 삽입하면 안 된다) ○ 콘텐츠는 Contents 폴더의 제공된 텍스트를 적용하여 제작한다. ○ 공지사항의 첫 번째 콘텐츠를 클릭(Click)할 경우 모달 레이어 팝업창(Modal Layer Pop_up)이 나타나며, 레이어 팝업창 내에 닫기 버튼을 두어서 클릭하면 해당 팝업창이 닫혀야 한다. [와이어프레임 참조] ○ 레이어 팝업의 제목과 내용은 Contents 폴더의 제공된 텍스트 파일을 사용한다. **C.2 갤러리** ○ Contents 폴더의 제공된 이미지 3개를 사용하여 가로방향으로 배치한다. [와이어프레임 참조] ○ 공지사항과 갤러리는 탭 기능을 이용하여 제작하여야 한다. ○ 각 탭을 클릭(Click) 시 해당 탭에 대한 내용이 보여야 한다. [와이어프레임 참조] **C.3 배너** ○ Contents 폴더의 제공된 파일을 활용하여 편집 또는 디자인하여 제작한다. **C.4 바로가기** ○ Contents 폴더의 제공된 파일을 활용하여 편집 또는 디자인하여 제작한다.
Ⓓ Footer	**D. Footer** ○ Footer 폴더의 제공된 텍스트를 사용하여 Copyright, 하단메뉴를 제작한다.

마. 기술적 준수 사항

1) 웹페이지 코딩은 HTML5 기준 웹 표준을 준수하여야 하며, HTML 유효성검사(W3C Validator)에서 오류('ERROR')가 없도록 코딩
   하여야 한다.
   ※ HTML 유효성검사 서비스는 시험 시 제공하지 않는다(인터넷 사용불가).
2) CSS는 별도의 파일로 제작하여 링크하여야 하며, CSS3 기준(W3C Validator)에서 오류('ERROR')가 없도록 코딩되어야 한다.
3) JavaScript 코드는 별도의 파일로 제작하여 연결하여야 하며 브라우저(Google Chrome)에 내장된 개발도구의 Console 탭에서
   오류('ERROR')가 표시되지 않아야 한다.
4) 상호작용이 필요한 모든 콘텐츠(로고, 메뉴, Slide, 공지사항, 갤러리 등)는 임시링크(예 #)를 적용하고 'Tab'(Tab) 키로 이동 선택
   할 수 있어야 한다.
5) 사이트는 다양한 화면 해상도에서 일관성 있는 페이지 레이아웃을 제공해야 한다.
6) 웹 페이지 전체 레이아웃은 Table 태그 사용이 아닌 CSS를 통한 레이아웃 작업으로 해야 한다.
7) 브라우저에서 CSS를 "사용 안 함"으로 설정한 경우 콘텐츠가 세로로 나열된다.
8) 타이틀 텍스트(Title Text), 바디 텍스트(Body Text), 메뉴 텍스트(Menu Text)의 각 글자체/굵기/색상/크기 등을 적절하게 설정하
   여 사용자가 텍스트 간의 위계질서(Hierarchy)를 직관적으로 알 수 있도록 한다.
9) 모든 이미지에는 이미지에 대한 대체 텍스트를 표현할 수 있는 alt 속성이 있어야 한다.
10) 제작된 사이트 메인페이지의 레이아웃, 구성요소의 크기 및 위치 등은 최신버전의 MS Edge와 Google Chrome에서 동일하게
    표시되어야 한다.

바. 제출 방법

1) 수험자는 비번호로 된 폴더명으로 완성된 작품 파일을 저장하여 제출한다.
2) 폴더 안에는 images, script, css 등의 자료를 분류하여 저장한 폴더도 포함되어 있어야 하며, 메인페이지는 반드시 최상위 폴더
   에 index.html로 저장하여 제출해야 한다.
3) 수험자는 제출하는 폴더에 index.html을 열었을 때 연결되거나 표시되어야 할 모든 리소스들을 포함하여 제출해야 하며 수험자
   의 컴퓨터가 아닌 채점위원의 컴퓨터에서 정상 작동해야 한다.
4) 전체 결과물의 용량은 5MB 용량이 초과되지 않게 제출하며 ai, psd 등 웹서비스에 사용하지 않는 파일은 제출하지 않는다.

2. 수험자 유의사항

※ 다음의 유의사항을 고려하여 요구사항을 완성하시오.

1) 수험자 인적사항 및 답안작성은 반드시 검은색 필기구만 사용하여야 하며, 그 외 연필류, 유색 필기구, 지워지는 펜 등을 사용한
   답안은 채점하지 않으며 0점 처리됩니다.
2) 수험에 필요한 소프트웨어 및 참고자료가 하드웨어에 설치되어 있는지 확인 후 작업하시오.
3) 참고자료의 내용 중 오자 및 탈자 등이 있을 때는 수정하여 작업하시오.
4) 지참공구[수험표, 신분증, 흑색 필기도구] 이외의 참고자료 및 외부장치(USB, 키보드, 마우스, 이어폰) 등 어떠한 물품도 시험 중
   에 지참할 수 없음을 유의하시오.
   (단, 시설목록 이외의 정품 소프트웨어(폰트 제외)를 설치하고자 할 때에는 감독위원의 입회하에 설치하여 사용하시오)
5) 수험자가 컴퓨터 활용 미숙 등으로 인한 시험의 진행이 어렵다고 판단되었을 때는 감독위원은 시험을 중지시키고 실격처리를 할
   수 있음을 유의하시오.
6) 바탕화면에 수험자 본인의 "비번호" 이름을 가진 폴더에 완성된 작품의 파일만을 저장하시오.
7) 모든 작품을 감독위원 또는 채점위원이 검토하여 복사된 작품(동일 작품)이 있을 때에는 관련된 수험자 모두를 부정행위로 처리
   됨을 유의하시오.
8) 장시간 컴퓨터 작업으로 신체에 무리가 가지 않도록 적절한 몸풀기(스트레칭) 후 작업하시오.
9) 다음 사항에 대해서는 실격에 해당되어 채점 대상에서 제외됩니다.
   가) 수험자 본인이 수험 도중 시험에 대한 포기(기권) 의사를 표시하고 포기하는 경우
   나) 작업범위(용량, 시간)를 초과하거나, 요구사항과 현격히 다른 경우(채점위원이 판단)
   다) Slide가 JavaScript(jQuery 포함), CSS 중 하나 이상의 방법을 이용하여 제작되지 않은 경우
      ※ 움직이는 Slide를 제작하지 않고 이미지 하나만 배치한 경우도 실격처리됨
   라) 수험자 미숙으로 비번호 폴더에 완성된 작품 파일을 저장하지 못했을 경우
   마) 압축프로그램을 사용하여 작품을 압축 후 제출한 경우
   바) 과제기준 20% 이상 완성이 되지 않은 경우(채점위원이 판단)

단계별 ## 작업 따라하기

01 ▶ **폴더 및 파일 생성**

01 다음과 같이 폴더구조를 생성하고 필수 파일들을 생성합니다. 웹디자인기능사 시험에서는 시험장 컴퓨터 바탕화면의 비번호 폴더에 폴더 및 파일을 생성해야 합니다. 편의상 예제 폴더 내에 비번호 폴더를 만들고 생성하겠습니다.

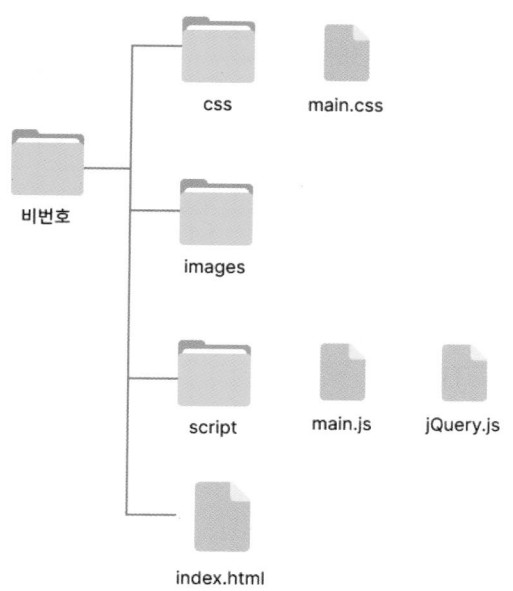

02 [PART4] − [기출유형 문제 3] − [BASE] − [비번호] 폴더를 VS CODE에서 [File] − [Open Folder] 메뉴를 통해 오픈합니다. 구현에 필요한 [css], [images], [script] 폴더를 생성합니다. [css] 폴더에는 [main.css]를 생성하고, [script] 폴더에는 [main.js] 파일을 생성합니다. [수험자 제공 파일] 폴더에서 [jQuery 오픈소스 파일] 폴더 내의 파일을 복사하여 [script] 폴더에 넣어줍니다.

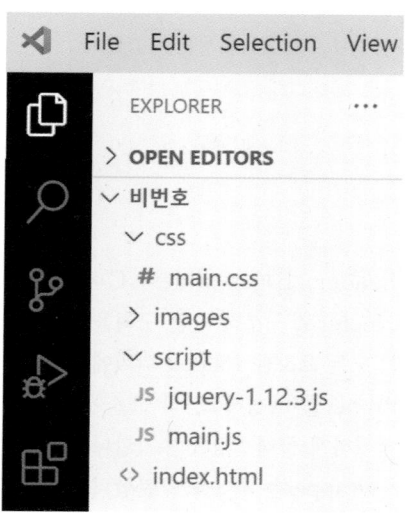

HTML, CSS로 와이어프레임을 구현합니다.

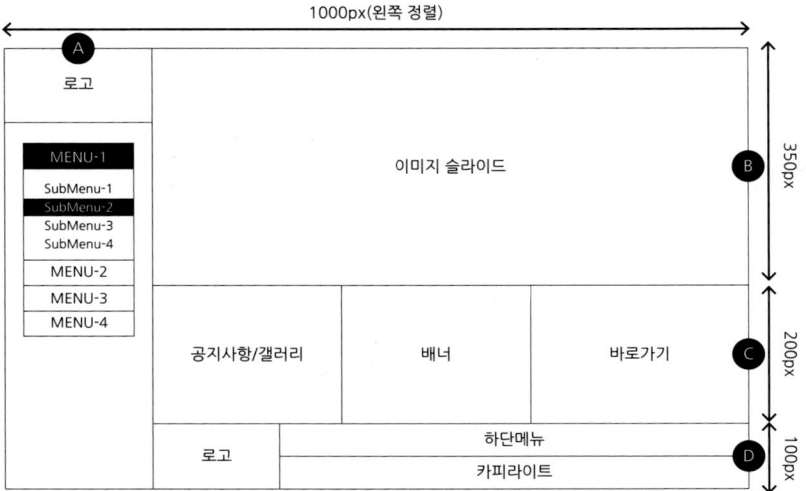

1 HTML

01 [index.html] 파일을 오픈합니다. 느낌표 (!)를 입력한 후 Tab 을 눌러 기본 코드를 생성 하고 title에 제목을 입력합니다.

[index.html]

```
<!DOCTYPE html>
<html lang="ko">
<head>
  <meta charset="UTF-8">
  <meta http-equiv="X-UA-Compatible"
  content="IE=edge">
  <meta name="viewport" content="width=device
  -width, initial-scale=1.0">
  <title>WD중공업</title>
</head>
<body>
</body>
</html>
```

02 A파트 header, B파트 slides, C파트 main, D파트 footer로 구분하여 큰 구획을 먼 저 작성합니다. 모든 요소를 1000px 너비에 가 두기 위해 wrapper를 생성하고, 각 요소에는 의미에 따라 적절하게 클래스명을 추가합니다. 전체를 감싸는 wrapper는 좌우로 구분합니다.

[index.html]

```
<body>
  <div class="wrapper cf">
    <aside></aside>
    <main></main>
  </div><!-- //wrapper -->
</body>
</html>
```

03 다음으로 aside 안에 제목과 메뉴, main 태그 안에 주요 콘텐츠를 생성합니다. 이때 클래스명을 활용하여 적절하게 네이밍을 합니다. 가로로 배치될 요소의 부모요소에 클래스명 cf를 추가하여 플롯 속성을 clear해줍니다. 크게 aside 왼쪽, main 오른쪽으로 배치하기 때문에 그 부모에 cf를 추가하고 그 외 contents, footer에도 추가합니다.

[index.html]

```html
<body>
  <div class="wrapper cf">
    <aside>
      <h1 class="logo">Logo</h1>
      <nav></nav>
    </aside>
    <main>
      <div class="slides"></div>
      <div class="contents cf">
        <div class="notice"></div>
        <div class="banner"></div>
        <div class="quick_links"></div>
      </div><!-- //contents -->
      <footer class="cf">
        <h2 class="logo"></h2>
        <div class="menu_copyright cf">
          <ul class="footer_menu"></ul>
          <div class="copyright"></div>
        </div>
      </footer>
    </main>
  </div><!-- //wrapper -->
  <script src="script/jquery-1.12.3.js"></script>
  <script src="script/main.js"></script>
</body>
</html>
```

2 CSS

01 [index.html] 상단에 link 태그를 이용하여 [main.css]와 연결합니다.

[index.html]

```html
<head>
  <meta charset="UTF-8">
  <meta http-equiv="X-UA-Compatible"
  content="IE=edge">
  <meta name="viewport" content="width=device-
  width, initial-scale=1.0">
  <title>WD중공업</title>
  <link rel="stylesheet" href="css/main.css">
</head>
```

02 [main.css]에서 기본 리셋을 추가합니다.
플롯의 달려드는 속성을 해제할 공통의 클래스
명 cf도 작성합니다.

[main.css]

```css
@charset "utf-8";
*{
    margin: 0;
    padding: 0;
    list-style: none;
    text-decoration: none;
    font-family: "맑은 고딕";
    font-size: 14px;
    color: #333;
    box-sizing: border-box;
}
img{
    vertical-align: top;
}
.cf:after{
    content: '';
    display: block;
    clear: both;
}
```

03 큰 레이아웃을 먼저 작성합니다. 모든 요
소를 감싸는 부모의 너비와 aside, main의 너
비를 지정하고 플롯으로 좌우 배치합니다.

출력화면

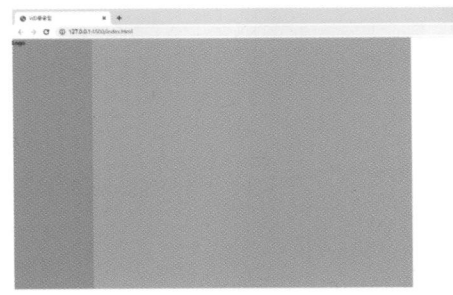

[main.css]

```css
/* wireframe */
.wrapper{
    width: 1000px;
    height: 650px;
}
.wrapper aside{
    width: 200px;
    height: 100%;
    float: left;
    background: #aaa;
}
.wrapper main{
    width: 800px;
    float: right;
    height: 100%;
    background: #bbb;
}
```

04 aside 스타일을 작성합니다. 부모요소의 높이 650px에 맞춰 logo와 nav의 높이를 지정합니다.

[main.css]

출력화면

```css
/* aside */
aside .logo{
    height: 100px;
    background: #999;
}
aside nav{
    height: 550px;
    background: #888;
}
```

05 Main 태그 내 주요 콘텐츠들의 너비, 높이, 배경을 설정합니다. Content 안의 내용들은 동일한 너비로 설정하기 위해 너비를 33.3333%로 설정했습니다.

[main.css]

출력화면

```css
/* Main Contents */
main .slides{
    height: 350px;
    background: #777;
}
.contents>*{
    height: 200px;
    float: left;
    width: 33.3333%;
}
.contents .notice{
    background: #666;
}
.contents .banner{
    background: #555;
}
.contents .quick_links{
    background: #444;
}
```

06 Footer 스타일을 작성합니다. 로고를 float을 이용하여 왼쪽, menu_copyright를 오른쪽으로 배치합니다. 하단 메뉴와 카피라이트 부분은 간단히 높이와 배경색을 지정합니다.

출력화면

[main.css]

```css
/* Footer */
footer .logo{
    float: left;
    width: 200px;
    background: #333;
}
footer .menu_copyright{
    float: right;
    width: 600px;
}
footer .footer_menu{
    height: 50px;
    background: #222;
}
footer .copyright{
    height: 50px;
    background: #ddd;
}
```

A.1 로고
○ 가로세로 200픽셀×40픽셀 크기로 웹사이트의 이미지에 적합한 로고를 직접 디자인하여 삽입한다.
○ 심벌 없이 로고명을 포함한 워드타입으로 디자인한다. 로고명은 Header 폴더의 제공된 텍스트를 사용한다.

D. Footer
○ 로고를 Grayscale(무채색)로 변경하고 사용자의 접근성을 고려하여 배치한다.

1 Photoshop

01 Photoshop을 실행하고 [File] ─ [New]를 선택합니다.

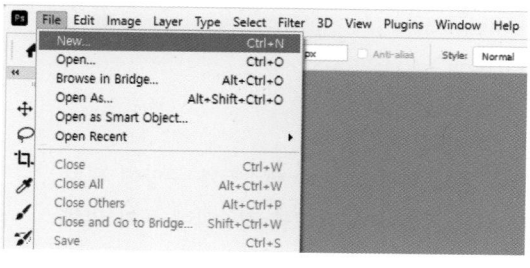

02 새 문서를 설정하는 화면에서 상단의 Web을 선택하여 포토샵의 기본 설정들을 웹디자인에 적합하도록 변경합니다. 이렇게 하면 기본단위가 px로, Color Mode가 RGB로 자동 설정됩니다.

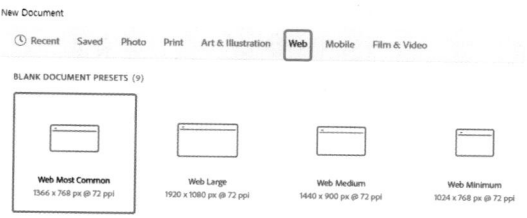

03 다음과 같이 새 문서를 설정합니다.
• Width : 200px
• Height : 40px
• Artboards : 체크 해제
• Color Mode : RGB Color
• Background Contents : Transparent(투명한 배경)

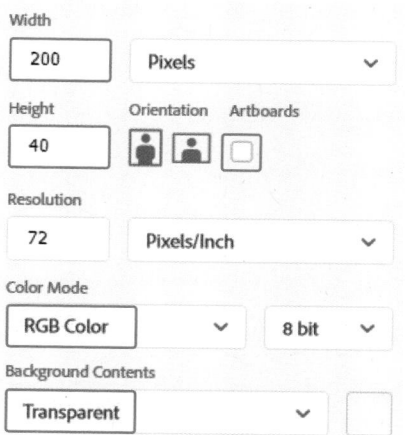

04 [Type] 툴을 선택하고 WD중공업을 입력합니다. [Layer] 패널에서 섬네일 부분을 더블 클릭하여 입력한 글자를 모두 선택합니다.

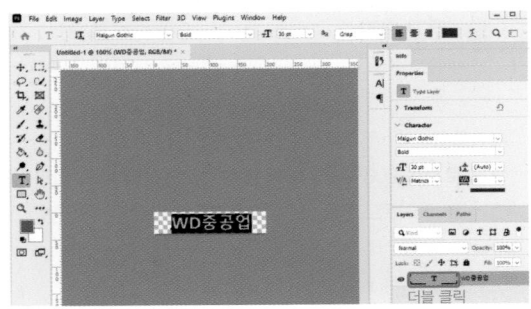

05 Ctrl + T 를 눌러 [Character] 패널을 열고 다음과 같이 설정한 후 다시 텍스트 레이어의 섬네일 부분을 클릭하여 설정을 마무리합니다.

• Font : 맑은 고딕
• Size : 30pt
• Color : #035262
• Style : Bold

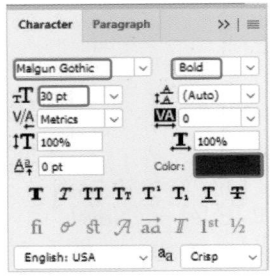

06 현재 화면을 보면 텍스트가 중앙에 위치해 있지 않습니다. 로고를 정중앙에 두기 위해 ❶ 텍스트 레이어를 선택한 후 Ctrl + A 를 눌러 전체 영역에 선택영역을 만듭니다. 선택영역이 만들어지면 ❷ [Move Tool]을 선택한 후 ❸ 가로 세로 가운데 정렬을 합니다.

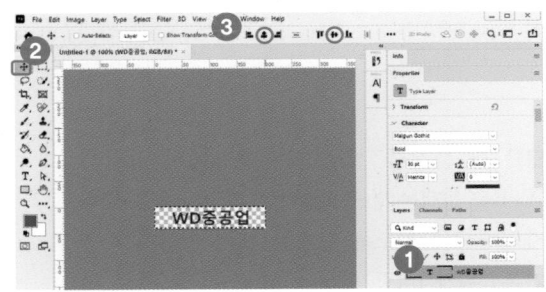

07 텍스트가 가운데 정렬이 된 것을 확인한 후 Ctrl + D 로 선택영역을 해제합니다.

08 생성된 텍스트에 Drop Shadow를 적용하겠습니다. 레이어 패널 하단의 *fx* (레이어 스타일) 아이콘을 클릭한 후 [Drop Shadow]를 선택합니다.

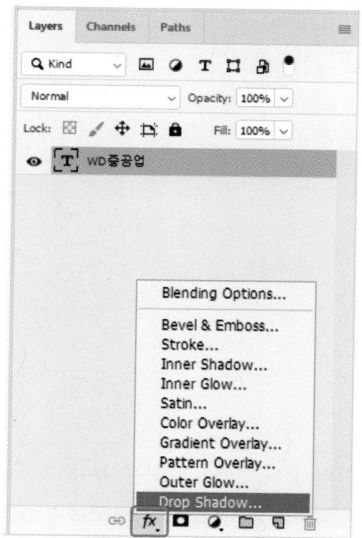

09 색상 #FFB547, Angle 135°, Distance 3px, Spread 0%, Size 0px으로 설정하여 퍼지지 않는 그림자를 생성합니다.

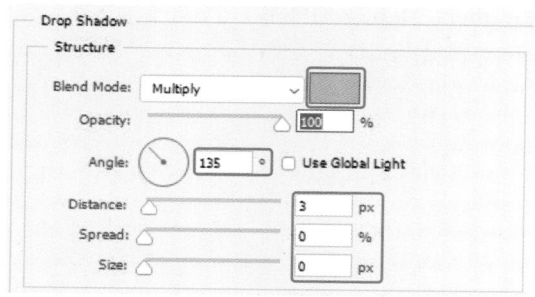

10 배경이 투명한 png 파일로 로고를 저장합니다. Photoshop CC에서는 레이어가 선택된 상태에서 바로 이미지를 png로 저장할 수 있습니다. 텍스트 레이어를 선택하고 레이어 이름 부분에서 마우스 우클릭을 한 후 [Quick Export As PNG]를 선택합니다.

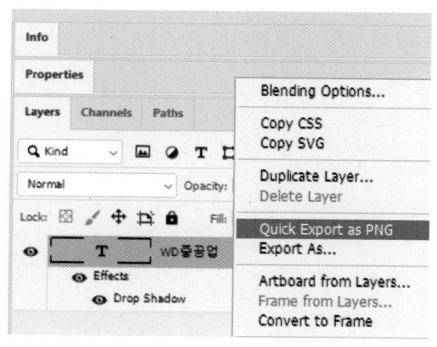

11 [비번호] — [images] 폴더를 선택한 후 'header_logo.png'로 저장합니다.

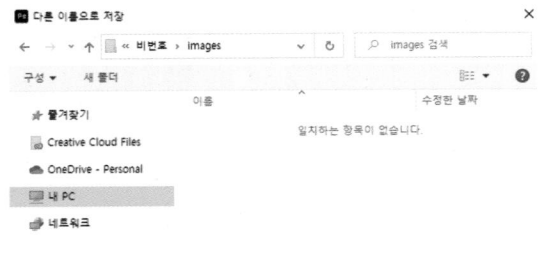

12 지시사항을 따라 Footer의 로고는 무채색으로 변경해야 합니다. 앞서 완성한 로고에서 ◉[Adjustment Layer(보정 레이어)] — [Gradient Map]을 선택하여 간단하게 채도를 제거할 수 있습니다.

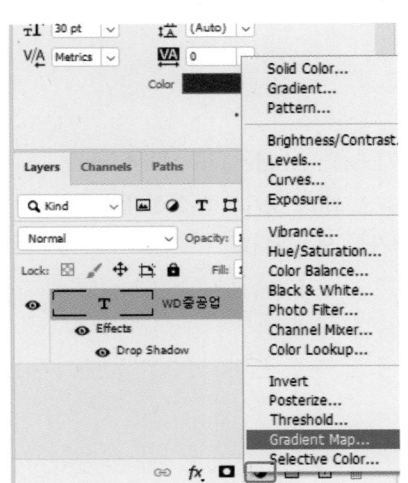

13 Gradient Map에서 기본으로 제공되는 설정에서 Basic의 검은색에서 흰색으로 순차적으로 변화는 설정을 선택합니다.

14 [File] − [Export] − [Save for Web (legacy)] 메뉴를 클릭한 후 파일 포맷을 png 로 설정하고 'footer_logo.png'로 저장합니다.

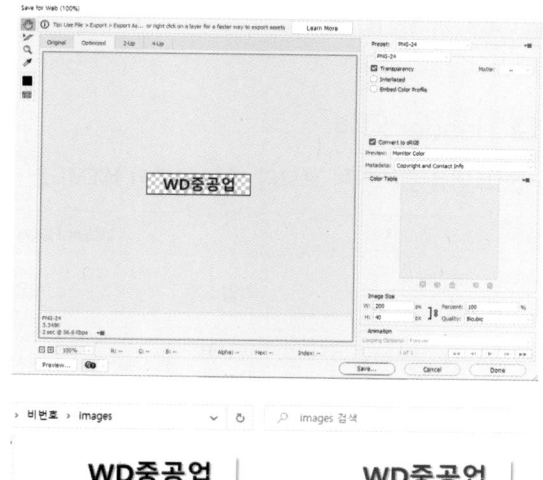

15 수험자 제공 파일에서 [Slide] 폴더의 이 미지, [Contents] 폴더의 이미지를 모두 [images] 폴더로 복사합니다.

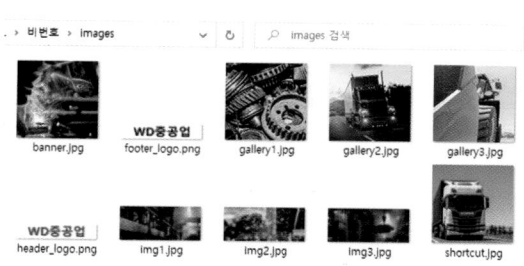

1 Header 영역

사이트맵을 참조하여 로고와 메뉴 구조의 HTML을 작성합니다.

Index Page / 메인(Main)				
메인메뉴 (Main Menu)	기업소개	사업분야	홍보	투자자정보
서브메뉴 (Sub Menu)	인사말 기업현황 연혁 경영이념	조선해양 특수선박 엔진기계	견학신청 보도자료 사보	공시/공고 지배구조 재무정보 주가정보

01 h1 태그 안에 a 태그를 생성하고 img 태그를 작성합니다. 우선 메인메뉴 리스트를 작성한 후 각 메뉴의 하위메뉴를 각 li의 종료태그 안쪽에 ul 태그를 작성하여 서브메뉴 구조를 완성합니다.

[index.html]

```
<body>
  <div class="wrapper cf">
    <aside>
      <h1 class="logo">
        <img src="images/header_logo.png"
        alt="WD중공업 로고">
      </h1>
      <nav>
        <ul class="main_menu cf">
          <li><a href="#">기업소개</a></li>
          <li><a href="#">사업분야</a></li>
          <li><a href="#">홍보</a></li>
          <li><a href="#">투자자정보</a></li>
        </ul>
      </nav>
    </aside>
```

02 메인메뉴와 서브메뉴의 ul 태그에는 이후 CSS 작성 시 선택이 용이하도록 main_menu, sub_menu 클래스명을 추가합니다.

출력화면

```html
<aside>
  <h1 class="logo">
    <img src="images/header_logo.png"
    alt="WD중공업 로고">
  </h1>
  <nav>
    <ul class="main_menu cf">
      <li><a href="#">기업소개</a>
        <ul class="sub_menu">
          <li><a href="#">인사말</a></li>
          <li><a href="#">기업현황</a></li>
          <li><a href="#">연혁</a></li>
          <li><a href="#">경영이념</a></li>
        </ul>
      </li>
      <li><a href="#">사업분야</a>
        <ul class="sub_menu">
          <li><a href="#">조선해양</a></li>
          <li><a href="#">특수선박</a></li>
          <li><a href="#">엔진기계</a></li>
        </ul>
      </li>
      <li><a href="#">홍보</a>
        <ul class="sub_menu">
          <li><a href="#">견학신청</a></li>
          <li><a href="#">보도자료</a></li>
          <li><a href="#">사보</a></li>
        </ul>
      </li>
      <li><a href="#">투자자정보</a>
        <ul class="sub_menu">
          <li><a href="#">공시/공고</a></li>
          <li><a href="#">지배구조</a></li>
          <li><a href="#">재무정보</a></li>
          <li><a href="#">주가정보</a></li>
        </ul>
      </li>
    </ul>
  </nav>
</aside>
```

2 슬라이드 영역

슬라이드 영역의 지시사항에 따라 HTML을 작성합니다.

B. Slide 애니메이션 작업

※ 위에서 작업한 결과물을 이용하여 슬라이드 작업을 한다.

○ 이미지 슬라이드는 「Fade-in, Fade-out」 효과를 이용하여 제작한다.

　(하나의 이미지가 서서히 사라지고, 다른 이미지가 서서히 나타나는 효과이다)

○ 슬라이드는 매 3초 이내로 하나의 이미지에서 다른 이미지로 전환되어야 한다.

○ 웹사이트를 열었을 때 자동으로 시작되어 반복적으로(마지막 이미지가 사라지면 다시 첫 번째 이미지가 나타나는 방식) 전환되어야 한다.

---

01 각 슬라이드에 나타날 텍스트는 [수험자 제공 파일] − [Slide] − [Slide 이미지 텍스트.txt]를 참조하여 작성합니다. 슬라이드 텍스트는 태그를 작성하고 CSS 스타일을 이용하여 각 이미지 위에 표시되도록 할 예정입니다.

[index.html]

```html
</aside>
<main>
  <div class="slides">
    <ul class="slide_container">
      <li class="slide">
        <a href="#">
          <img src="images/img1.jpg"
          alt="슬라이드1">
          <h2>더 나은 세상을 위한 항해</h2>
        </a>
      </li>
      <li class="slide">
        <a href="#">
          <img src="images/img2.jpg"
          alt="슬라이드2">
          <h2>창의와 혁신</h2>
        </a>
      </li>
      <li class="slide">
        <a href="#">
          <img src="images/img3.jpg"
          alt="슬라이드3">
          <h2>더불어 행복한 사회</h2>
        </a>
      </li>
    </ul>
  </div>
  <div class="contents cf">
```

3 메인 영역

01 공지사항/갤러리 부분은 탭 구조, 내부 링크 방식으로 작성합니다.

공지사항/갤러리	배너	바로가기

출력화면

[index.html]

```html
<div class="contents cf">
  <div class="notice">
    <ul class="tabmenu cf">
      <li class="active">
        <a href="#notice">공지사항</a>
      </li>
      <li>
        <a href="#gallery">갤러리</a>
      </li>
    </ul>
    <div class="tabcontent">
      <div id="notice" class="active">
        <ul>
          <li><a href="#">K-방산 영역 넓혔다
<span class="date">2024.03.01</span></a></li>
          <li><a href="#">2024년도 임원인사 단행
<span class="date">2024.03.01</span></a></li>
          <li><a href="#">컨테이너선 개념 확 바꿨
다<span class="date">2024.03.01</span></a></li>
          <li><a href="#">자선 바자회로 이웃 도와
요!<span class="date">2024.03.01</span></a></li>
        </ul>
      </div>
      <div id="gallery">
        <ul class="cf">
          <li><a href="#">
            <img src="images/gallery1.jpg"
            alt="gallery1">
          </a></li>
          <li><a href="#">
            <img src="images/gallery2.jpg"
            alt="gallery2">
          </a></li>
          <li><a href="#">
            <img src="images/gallery3.jpg"
            alt="gallery3">
          </a></li>
        </ul>
      </div>
    </div>
  </div><!-- //notice tab -->
  <div class="banner"></div>
  <div class="quick_links"></div>
</div><!-- //contents -->
```

❹ 메인 영역 내 배너 및 바로가기

01 배너와 바로가기 부분의 HTML을 작성합니다. 제목과 이미지로 구성하고 a tag로 두 요소를 감싸줍니다. 이후 제목은 a 태그를 기준으로 절댓값으로 h2 제목을 배치할 예정입니다.

```html
</div><!--// notice tab-->
<div class="banner">
  <a href="#">
    <h2>banner</h2>
    <img src="images/banner.jpg" alt="banner">
  </a>
</div>
<div class="quick_links">
  <a href="#">
    <h2>바로가기</h2>
    <img src="images/shortcut.jpg"
    alt="바로가기">
  </a>
</div>
</div><!-- //contents -->
```

❺ 푸터

01 로고는 왼쪽에 있고 오른쪽은 하단메뉴와 카피라이트가 배치되어 있습니다. [수험자 제공 파일] – [Footer] 폴더의 [Footer텍스트.txt] 내용을 참조하여 내용을 작성합니다.

로고	하단메뉴
	카피라이트

```html
<footer class="cf">
  <h2 class="logo">
    <a href="#">
      <img src="images/footer_logo.png"
      alt="footer logo">
    </a>
  </h2>
  <div class="menu_copyright cf">
    <ul class="footer_menu">
      <li><a href="#">개인정보 처리방침</a></li>
      <li><a href="#">이메일무단수집거부</a></li>
      <li><a href="#">운영관리방침</a></li>
    </ul>
    <div class="copyright">
      <p>
        Copyright&copy; by WD중공업 All rights
reserved;
      </p>
    </div>
  </div>
</footer>
```

6 팝업

01 전체화면을 차지할 요소를 아이디명 popup으로 생성하고 가운데 나타날 창을 클래스명 popup_content를 작성합니다.
[수험자 제공 파일] – [Contents] 폴더의 [Contents텍스트.txt]를 참조하여 팝업용 HTML을 작성합니다. css에서 id명 popup을 전체화면 기준으로 고정할 것이기 때문에 작성 위치는 어디든 상관없습니다. 코드에서는 body 태그 바로 전 위치에 작성했습니다.
HTML을 작성하고 브라우저를 확인해보면 아직 CSS를 작성하기 전이므로 와이어프레임에서 설정한 높이보다 넘치는 부분들이 보이는 상태입니다.

출력화면

[index.html]

```html
</div><!-- //wrapper -->
<!-- popup -->
<div id="popup">
  <div class="popup_content">
    <h2>함정 정비지원으로 K-방산 영역 넓혔다</h2>
    <p>
      함정 정비지원으로 K-방산 영역 넓혔다. WD
중공업이 우리나라 사상 처음으로 해외 함정 정비지
원 서비스 사업에 본격적으로 나섰습니다. WD중공업
은 해군기지에 군수지원센터를 구축하고, 현지에서
개소식을 가졌습니다
    </p>
    <div class="close">닫기</div>
  </div>
</div>
<!-- //popup -->
<script src="script/jquery-1.12.3.js"></script>
<script src="script/main.js"></script>
</body>
</html>
```

1 Header 영역 로고 CSS

01 Aside와 h1 요소에 임시로 추가했던 배경을 제거하고 h1 로고에 padding을 이용하여 로고를 가운데 배치합니다.

출력화면

[main.css]

```css
/* wireframe */
.wrapper{
    width: 1000px;
    height: 650px;
}
.wrapper aside{
    width: 200px;
    height: 100%;
    float: left;
    /* 배경 제거 */
}
.wrapper main{
    width: 800px;
    float: right;
    height: 100%;
    /* 배경 제거 */
}

/* aside */
aside .logo{
    height: 100px;
    padding-top: 30px;
    /* 배경 제거 */
}
```

② 메뉴 영역 CSS

01 메뉴의 기본 스타일을 설정합니다. 우선 메인메뉴가 세로로 배치되고, 서브메뉴도 별도의 position 속성 없이 공간을 차지하도록 합니다.

❶ 너비를 지정하고 aside 안에서 가운데 있도록 margin을 설정합니다.

❷ 모든 메뉴들의 높이가 40px이 되고 그 세로 높이 안에서 메뉴 글씨가 나타나도록 합니다.

❸ 메인메뉴의 로고 색상을 #fff으로 설정합니다. 메인메뉴만 선택하기 위해 자식 선택자를 사용했습니다.

❹ 메인메뉴에 마우스를 올렸을 때 배경색과 글자색을 지정합니다.

❺ 서브메뉴에 마우스를 올렸을 때 배경색과 글자색을 지정합니다.

출력화면

[main.css]

```css
/* aside */
aside .logo{
    height: 100px;
    padding-top: 30px;
    /* 배경 제거 */
}
aside nav{                          ❶
    background: #035262;
    width: 180px;
    margin: 10px 0 0 10px;
}
aside li{                           ❷
    line-height: 40px;
    text-align: center;
}
.main_menu>li>a{                    ❸
    color: #fff;
}
.sub_menu{
    background: #ccc;
}
.sub_menu li a{
    display: block;
    color: #fff;
}
.main_menu>li a:hover{              ❹
    background-color: #FFB547;
    color: #333;
    display: block;
}
.sub_menu li a:hover{              ❺
    background-color: #ddd;
    color: #333;
}

/* Main Contents */
```

02 마지막으로 서브메뉴들을 모두 보이지 않도록 합니다. 스크립트에서 메인메뉴를 클릭했을 때 나타나도록 할 예정입니다.

출력화면

[main.css]

```css
.sub_menu li a:hover{
    background-color: #FFB547;
    color: #333;
}
.sub_menu{
    display: none;
}

/* Main Contents */
```

3 메뉴 영역 스크립트

01 메인메뉴와 서브메뉴를 변수로 설정하고 메인메뉴에 마우스를 올렸을 때 그 요소의 자식요소 중 서브메뉴를 선택하여 나타나도록 합니다.

❶ 메인메뉴를 변수를 지정합니다.
❷ 메인메뉴에 마우스가 올라가면, mouseover 이벤트가 일어난 요소를 $(this)로 선택하고 그 요소의 자식요소를 find('ul')을 통해 선택 후 어떤 이벤트가 진행 중이든 stop( ) 메서드로 멈추고 slideDown( ) 메서드를 통해 서브메뉴를 펼칩니다.

[main.js]

```js
let mainMenu = $('.main_menu > li');   ❶

mainMenu.mouseover(function(){
    $(this).find('ul').stop().slideDown();   ❷
}).mouseout(function(){
    $(this).find('ul').stop().slideUp();
});
```

출력화면

④ 슬라이드 CSS

B. Slide 애니메이션 작업

※ 위에서 작업한 결과물을 이용하여 슬라이드 작업을 한다.

○ 이미지 슬라이드는 「Fade-in, Fade-out」 효과를 이용하여 제작한다.

　(하나의 이미지가 서서히 사라지고, 다른 이미지가 서서히 나타나는 효과이다)

○ 슬라이드는 매 3초 이내로 하나의 이미지에서 다른 이미지로 전환되어야 한다.

○ 웹사이트를 열었을 때 자동으로 시작되어 반복적으로(마지막 이미지가 사라지면 다시 첫 번째 이미지가 나타나는 방식) 전환되어야 한다.

01 예제파일에서 css를 작성하여 슬라이드를 모두 겹쳐있도록 합니다.

❶ 와이어 프레임 단계에서 추가했던 배경을 제거합니다.

❷ 슬라이드의 부모인 ul에 기준을 설정하고 자식요소가 모두 absolute로 설정되어 높이가 나타나지 않기 때문에 높이를 지정합니다.

❸ 각 슬라이드를 절댓값으로 배치하고 모두 보이지 않도록 합니다.

[main.css]

```
/* Main Contents */
main .slides{              ❶
    height: 350px;
    /* 배경 제거 */
}
중략...

/* Slides */
.slide_container{          ❷
    width: 100%;
    position: relative;
    height: 350px;
}
.slide{                    ❸
    position: absolute;
    width: 100%;
    height: 350px;
    left: 0;
    top: 0;
    display: none;
}
```

02 슬라이드 스크립트를 작성합니다. 변수를 설정하고 일정시간마다 페이드 인, 페이드 아웃 효과가 작동하도록 합니다.

❶ 슬라이드 개수를 변수에 저장합니다.

❷ 슬라이드 함수가 작동할 때마다 현재 슬라이드 번호를 저장할 변수를 생성하고 0을 설정합니다.

❸ 브라우저가 열리면 바로 첫 번째 슬라이드가 보이도록 eq메서드를 이용하여 첫 슬라이드를 선택하여 fadeIn( ) 메서드로 나타나도록 합니다.

❹ 3초마다 showNextSlide 함수가 작동하도록 합니다.

❺ showNextSlide 함수가 할 일을 기술합니다.

❻ 함수가 작동할 때마다 nextIdex 값을 currrentIdx에 1을 추가한 값을 slideCount로 나눈 나머지로 설정하여, 반복될 때마다 0, 1, 2가 할당되도록 합니다.

❼ 현재 슬라이드는 사라지고, 동시에 다음 슬라이드가 나타나도록 합니다.

❽ 슬라이드가 전환되면 currentIdx 값을 nextIdx로 업데이트하여 다음 반복할 때 currentIdx의 값이 변경되도록 합니다.

작성 후 브라우저 화면을 확인하면 3초마다 슬라이드가 그 자리에서 서서히 나타나고 사라지는 것을 확인할 수 있습니다.

출력화면

[main.js]

```
//슬라이드
let slideContainer = $('.slide_container');
let slide = slideContainer.find('.slide');
let slideCount = slide.length;              ❶
let currentIdx = 0;                         ❷

slide.eq(currentIdx).fadeIn();              ❸

setInterval(showNextSlide, 3000);           ❹
function showNextSlide(){                    ❺
    let nextIdx = (currentIdx + 1) % slideCount; ❻
    slide.eq(currentIdx).fadeOut();         ]
    slide.eq(nextIdx).fadeIn();             ] ❼
    currentIdx = nextIdx;                   ❽
}
```

5 슬라이드 제목 CSS

01 마지막으로 각 슬라이드의 제목 스타일을 작성합니다. 슬라이드를 기준으로 절댓값으로 정중앙에 배치합니다.

[main.css]
```css
.slide{
    position: absolute;
    width: 100%;
    height: 350px;
    left: 0;
    top: 0;
  /* display: none; 임시로 추가했던 속성 제거 */
}
.slide h2{
    position: absolute;
    left: 50%;
    top: 50%;
    transform: translate(-50%, -50%);
    padding: 10px 20px;
    background: rgba(0,0,0,.6);
    color: #fff;
    font-size: 20px;
}
```

6 메인 영역

01 클래스명 contents의 자식요소를 *(별표)로 선택하고 3등분이 되도록 너비를 주고 float을 추가합니다.
와이어 프레임단계에서 추가했던 '.contents .notice', '.contents .gallery', '.contents .quick_links'의 배경을 제거합니다.

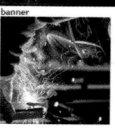

[main.css]
```css
/* Main Contents */
main .slides{
    height : 350px;
}
.contents>*{
    float: left;
    width: 33.3333%;
}
/*
배경 제거
.contents .notice{
    background: #666;
}
.contents .banner{
    background: #555;
}
.contents .quick_links{
    background: #444;
}
*/

/* Slides */
```

02 탭 메뉴를 가로 배치하고, 보여질 탭의 내용은 클래스명 tabcontent를 기준으로 절댓값으로 배치하여 겹쳐있도록 합니다. 기본적으로 탭 내용이 보이지 않도록 하고 클래스명 active가 있을 때 보이도록 하겠습니다. 탭 메뉴는 float으로 가로 배치하고, 탭 콘텐츠는 position으로 tabcontent를 기준으로 겹쳐놓습니다.

❶ 공지사항, 배너, 바로가기의 부모인 main .contents 요소에 위아래 여백과 배경을 설정합니다.

❷ li 태그에 active가 있을 때 a 태그의 배경색을 변경하여 활성화된 메뉴를 표현합니다.

❸ position: relative로 기준을 설정하고 자식 요소를 모두 position: absolute로 설정하면 부모인 tabcontent의 높이가 반영되지 않을 것이기 때문에 높이를 150px 추가하고 padding 값과 합산되어 높이가 150px보다 커지지 않도록 box-sizing 속성의 값을 border-box로 설정합니다.

❹ tabcontent의 내용들 모두를 position: absolute로 절댓값으로 설정하고 기본 위치를 기준요소인 tabcontent를 기준으로 너비 모두를 사용하도록 left와 right 값을 추가하고 보이지 않도록 display: none을 추가합니다.

❺ 탭 내용인 div 요소에 active가 추가되었을 때 내용이 보이도록 display: block을 추가합니다.

[main.css]

```css
/* Main Contents */
main .contents{                    ❶
    height: 200px;
    background: #fff;
    padding: 10px 0;
}
main .slides{
    height: 350px;
}
중략...

/* Slides */
.slide_container{
    width: 100%;
    position: relative;
    height: 350px;
}
중략...

/* TAB */
.tabmenu li{
  float: left;
}
.tabmenu li a{
    display: block;
    padding: 5px 10px;
    border: 1px solid #ccc;
    border-bottom: none;
    background: #ccc;
}
.tabmenu li.active a{              ❷
    background: #fff;
}
.tabcontent{                      ❸
    padding: 10px;
    border: 1px solid #ccc;
    position: relative;
    height: 150px;
    box-sizing: border-box;
}
.tabcontent>div{                  ❹
    position: absolute;
    left: 0;
    right: 0;
    display: none;
}
```

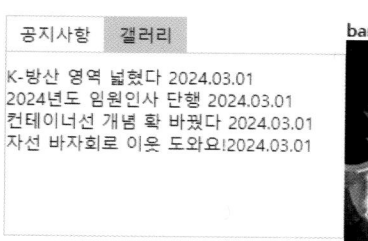

```
.tabcontent>div.active{         ⑤
    display: block;
}


/* Footer */
```

7 메뉴와 갤러리 스타일

01 메뉴의 높이 간격과 갤러리의 간격 등을 설정합니다.
❶ 공지사항 목록에서 날짜 부분이 오른쪽에 배치되도록 float을 설정합니다.
❷ 메뉴 중 짝수 번째를 선택하고 배경을 설정합니다.

출력화면

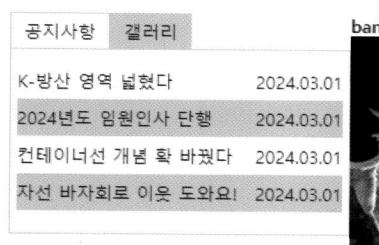

[main.css]

```
#notice{
    padding: 0 5px;
}
#notice li{
    line-height: 30px;
}
#notice li span{                ❶
    float: right;
}
#notice li:nth-child(even){     ❷
    background: #ccc;
}
#notice li a:hover{
    font-weight: bold;
}
#gallery{
    padding: 30px 10px;
}
#gallery ul li{
    float: left;
    width: 70px;
    margin: 0 5px;
}
#gallery ul li img{
    width: 100%;
}
#gallery ul li:hover{
    opacity: 0.5;
}

/* Footer */
```

02 마지막으로 탭메뉴 하단 선을 가릴수 있도록 tabmenu에 포지션을 설정하고 다른 요소보다 앞으로 나오도록 하고 1px 내려줍니다.

[main.css]

```css
/* TAB */
.tabmenu li{
    float: left;
}
.tabmenu{
    position: relative;
    z-index: 1;
    top: 1px;
}
.tabmenu li a{
    display: block;
}
```

03 임시로 갤러리 부분의 화면을 확인하기 위해 HTML에서 클래스명 active를 갤러리 링크 부분의 li로 옮기고, id명 gallery 위치로 클래스명 active를 이동시킵니다.
브라우저 화면을 확인한 후 클래스명을 다시 원 위치로 이동시킵니다.

출력화면

[index.html]

```html
<div class="tabcontent">
  <div id="notice">
    <ul>
      <li><a href="#">K-방산 영역 넓혔다<span
class="date">2022.03.01</span></a></li>
      <li><a href="#">2024년도 임원인사 단행<span
class="date">2023.03.01</span></a></li>
      <li><a href="#">컨테이너선 개념 확 바꿨다
<span class="date">2023.03.01</span></a></li>
      <li><a href="#">자선 바자회로 이웃 도와
요!<span class="date">2023.03.01</span></a></li>
    </ul>
  </div>
  <div id="gallery" class="active">
    <ul class="cf">
      <li><a href="#">
        <img src="images/gallery1.jpg"
        alt="gallery1">
      </a></li>
      <li><a href="#">
        <img src="images/gallery2.jpg"
        alt="gallery2">
      </a></li>
      <li><a href="#">
        <img src="images/gallery3.jpg"
        alt="gallery3">
      </a></li>
    </ul>
  </div>
</div>
```

8 메인 영역 - 배너와 바로가기

01 클래스명 banner를 기준으로 h2 제목을 절댓값으로 정중앙에 배치하고 클래스명 banner에는 좌우 여백과 넘치는 요소는 보이지 않도록 합니다. banner 안에 이미지는 너비에 맞춰 높이는 이미지의 원래 비율을 유지하도록 합니다.

❶ 두 요소에 기준을 설정하고 해당 요소를 넘치는 요소를 가리도록 합니다. 이미지의 너비를 늘리면 비율에 맞춰 높이도 늘어나서 넘칠 수 있기 때문입니다.

❷ 좌우 패딩을 이용하여 메인 콘텐츠들의 간격을 설정합니다.

❸ 제목들은 부모를 기준으로 절댓값으로 정중앙에 배치하고 배경색과 글자색을 적용합니다.

❹ 이미지는 부모가 만들어준 공간 안에서 너비를 모두 사용하도록 합니다.

출력화면

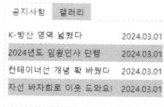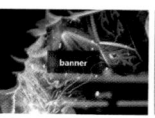

[main.css]

```css
/* Banner */
.banner,                       ❶
.quick_links{
    position: relative;
    overflow: hidden;
    height: 180px;
}
.banner{                       ❷
    padding: 0 10px;
}
.banner h2,                    ❸
.quick_links h2{
    position: absolute;
    left: 50%;
    top: 50%;
    transform: translate(-50%, -50%);
    background: rgba(0,0,0,0.6);
    color: #fff;
    padding: 10px 20px;
}
.banner img,
.quick_links img{              ❹
    width: 100%;
}
```

02 마지막으로 마우스를 올렸을 때 효과를 추가합니다. 마우스를 올리면 opacity를 조금 낮춰서 표현하겠습니다.

출력화면

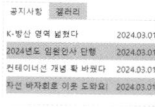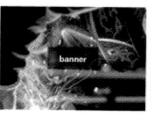

[main.css]

```css
.banner img,
.quick_links img{
    width: 100%;
}
.banner a:hover,
.quick_links a:hover{
    opacity: 0.5;
}

/* Footer */
```

01 탭 메뉴를 클릭하면 클릭된 그 메뉴에 active를 추가하고, 메뉴의 href 속성의 값을 활용하여 그 값과 매치되는 id 요소를 선택해 화면에 나타나도록 합니다. 물론 클릭한 요소의 인덱스 번호를 확인해서 탭 콘텐츠의 내용을 인덱스 번호로 선택하여 클래스명을 추가하는 방식도 가능합니다. 변수를 설정하고 메뉴에 클래스명을 추가하는 부분부터 작성합니다.

출력화면

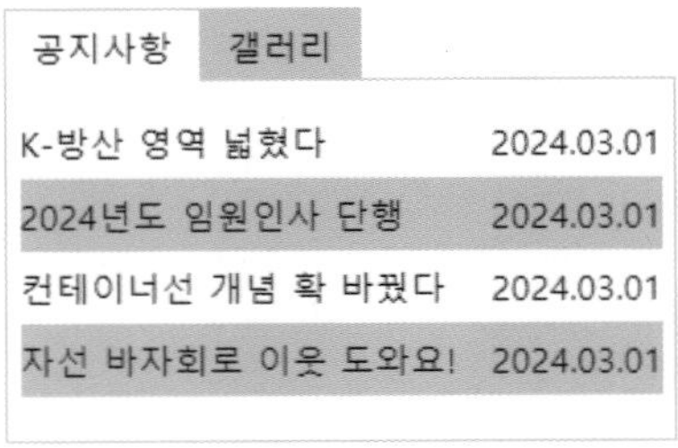

공지사항	갤러리	
K-방산 영역 넓혔다		2024.03.01
2024년도 임원인사 단행		2024.03.01
컨테이너선 개념 확 바꿨다		2024.03.01
자선 바자회로 이웃 도와요!		2024.03.01

[main.js]

```
let tabMenu = $('.tabmenu li');
let tabContent = $('.tabcontent > div');

tabMenu.click(function(e){
    e.preventDefault();
    tabMenu.removeClass('active');
    $(this).addClass('active');

});
```

02 이제 내용이 나타나도록 하겠습니다. 핵심포인트는 jQuery에서 아이디 notice를 선택하는 방법을 이용하는 것입니다. jQuery에서 아이디 notice는 $('#notice')와 같이 선택합니다. 메뉴를 클릭했을 때 클릭된 그 요소의 href의 속성을 확인해서 그 값을 그대로 아이디 notice 또는 gallery를 선택하는 선택자로 활용하는 것입니다.

출력화면

[main.js]
```
let tabMenu = $('.tabmenu li');
let tabContent = $('.tabcontent > div');

tabMenu.click(function(e){
    e.preventDefault();
    tabMenu.removeClass('active');
    $(this).addClass('active');

    let target = $(this).find('a').attr('href');
    tabContent.removeClass('active');
    $(target).addClass('active');
});
```

🔟 푸터

01 우선 와이어프레임 단계에서 'footer .logo', 'footer .footer_menu', 'footer .copyright'의 배경색을 모두 제거합니다. footer의 배경은 밝은 회색 #ccc로 지정합니다.

출력화면

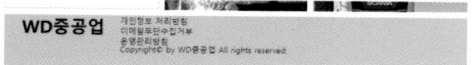

[main.css]
```
/* Footer */
footer{
    background: #ccc;
}
footer .logo{
    float: left;
    width: 200px;
}
footer .menu_copyright{
    float: right;
    width: 600px;
}
footer .footer_menu{
    height: 50px;
}
footer .copyright{
    height: 50px;
}
```

🔟 푸터 스타일

01 로고 내부 여백을 설정한 후 푸터 메뉴는 너비 600px 안에서 가운데 오도록 text—align: center를 지정하고 메뉴의 display 속성을 inline—block으로 글씨 취급하여 중앙 정렬합니다. 메뉴와 저작권은 50px 높이에서 글자가 세로 기준 중앙에 오도록 line—height를 추가합니다. 마지막으로 메뉴에 마우스를 올렸을 때 링크 두께를 두껍게 하여 마무리합니다.

출력화면

WD중공업　　　　개인정보 처리방침 이메일무단수집거부 운영관리방침
　　　　　　　　　　Copyright© by WD중공업 All rights reserved.

[main.css]

```css
/* Footer */
footer{
    background: #ccc;
}
footer .logo{
    float: left;
    width: 200px;
    padding: 30px 0;
}
footer .menu_copyright{
    float: right;
    width: 600px;
    text-align: center;
}
footer .footer_menu{
    height: 50px;
    text-align: center;
}
footer .copyright{
    height: 50px;
    line-height: 50px;
}
footer .footer_menu li{
    display: inline-block;
    line-height: 50px;
}
footer .footer_menu li a:hover{
    font-weight: bold;
}
```

12 팝업 CSS

01 id popup이 전체화면을 차지하도록 하고 그 가운데 팝업 내용이 오도록 작성합니다.

❶ 전체화면을 기준으로 고정하고 left, right, top, bottom 값을 0으로 설정하여 전체화면을 차지하도록 합니다. z−index 값을 추가하여 다른 요소들보다 위에 있도록 합니다.

❷ 부모인 #popup을 기준으로 절댓값으로 배치합니다. 와이어 프레임 지시사항을 보면 본문은 왼쪽 상단을 기준으로 배치하도록 되어 있으니, 팝업의 내용도 왼쪽 상단에 치우쳐 있는 내용의 중앙에 오도록 left: 400px, top: 200px로 화면 중앙에 오도록 합니다.

❸ 부모인 .popup_content를 기준으로 우측 하단에 배치하고 커서 모양을 링크와 같이 변경합니다.

❹ 아이디 popup에 active 클래스명이 추가되면 화면에 나타나도록 합니다. 작성 후 브라우저 화면을 확인합니다.

[main.css]

```css
/* popup */
#popup{                                    ❶
    position: fixed;
    left: 0;
    right: 0;
    top: 0;
    bottom: 0;
    display: none;
    z-index: 10;
}
#popup .popup_content{                     ❷
    width: 400px;
    padding: 20px 20px 100px;
    background: #fff;
    border-radius: 5px;
    position: absolute;
    left: 400px;
    top: 200px;
    box-shadow: 0 0 3px rgba(0,0,0,.5);
}
#popup .popup_content .close{              ❸
    position: absolute;
    right: 10px;
    bottom: 10px;
    background: #333;
    color: #fff;
    cursor: pointer;
    padding: 5px 8px;
}
#popup.active{                             ❹
    display: block;
}
```

02 아직 스크립트를 작성하기 전이므로 임시로 HMTL에서 아이디 popup에 클래스명 active를 추가한 후 스타일을 확인합니다.

出력화면

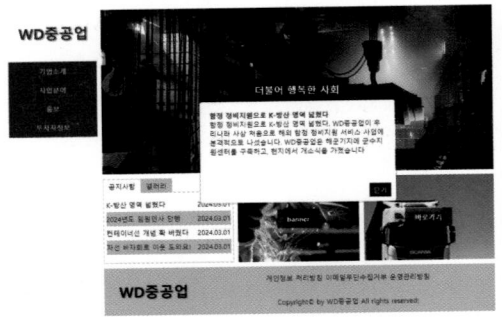

```html
[index.html]
<div id="popup" class="active">
  <div class="popup_content">
      <h2>함정 정비지원으로 K-방산 영역 넓혔다</h2>
      <p>
함정 정비지원으로 K-방산 영역 넓혔다. WD중공업이
우리나라 사상 처음으로 해외 함정 정비지원 서비스
사업에 본격적으로 나섰습니다. WD중공업은 해군기지
에 군수지원센터를 구축하고, 현지에서 개소식을 가
졌습니다
      </p>
      <div class="close">닫기</div>
  </div>
</div>
```

03 id popup에 추가했던 클래스명 active를 제거합니다.

```html
[index.html]
<div id="popup">
  <div class="popup_content">
      <h2>함정 정비지원으로 K-방산 영역 넓혔다</h2>
      <p>
```

13 팝업 SCRIPT

01 공지사항의 첫 글을 클릭하면 레이어 팝업이 뜨도록 합니다.

❶ 공지사항 중 첫 번째 리스트를 변수로 지정합니다.

❷ 클래스명 active를 추가하여 보여질 대상인 아이디 popup을 지정합니다.

❸ 닫기 버튼은 popup의 자식요소 중 클래스명 close를 찾아 지정합니다.

❹ 공지사항 링크를 클릭하면 링크의 기본 속성을 막고 popup에 클래스명 active를 추가합니다.

❺ 닫기 버튼을 클릭하면 popup에서 추가했던 클래스명 active를 제거합니다.

스크립트 작성 후 공지사항 첫 글을 클릭하면 팝업이 뜨고 닫기를 클릭하면 팝업이 닫히고 있습니다.

```javascript
[main.js]
//팝업
let popupLink = $('#notice li:first');          ❶
let popup = $('#popup');                         ❷
let popupCloseBtn = popup.find('.close');        ❸

popupLink.click(function(e){
    e.preventDefault();                          ❹
    popup.addClass('active');
});

popupCloseBtn.click(function(){
    popup.removeClass('active');                 ❺
});
```

YOUNG 쇼핑몰

한눈에 보는 순서

1. 바탕화면에 수험자 본인의 '비번호' 이름의 폴더에 css, script, images 폴더 생성
2. 와이어프레임 파악 후 HTML, CSS로 와이어프레임 작성
3. 세부 지시사항 파악 후 이미지를 제작하여 'images' 폴더에 저장
   - 상단로고 : header_logo.png
   - 메인 이미지 3장
   - 갤러리 이미지 3장
   - 바로가기 이미지
4. index.html, main.css, main.js 생성, jQuery 오픈소스 저장
5. 각 영역별 HTML 작성
6. 각 영역별 CSS 작성
7. 메뉴, 슬라이드, 탭, 레이어 팝업 Script 작성

국가기술자격 실기시험 문제

자격종목	웹디자인기능사	과제명	YOUNG 쇼핑몰

1. 요구사항

※ 다음 요구사항을 준수하여 주어진 자료(수험자 제공파일)를 활용하여 시험시간 내에 웹 페이지를 제작 후 **5MB 용량**이 초과되지 않게 저장 후 제출하시오.

※ 웹 페이지 코딩은 **HTML5 기준 웹 표준**을 준수하여야 하며, 요구사항에 지정되지 않는 요소들은 주제 특성에 맞게 자유롭게 디자인하시오.

※ 문제에서 지시하지 않은 와이어프레임 영역 비율, 레이아웃, 텍스트의 글자체/색상/크기, 요소별 크기, 색상 등은 수험자가 과제명(가. 주제)에 맞게 자유롭게 디자인하시오.

가. 주제: YOUNG 쇼핑몰 웹사이트 개선을 위한 메인페이지 제작

나. 개요
우리나라를 대표하는 쇼핑몰 「YOUNG 쇼핑몰」 웹사이트를 제작하려고 한다. 최근 사업영역의 확장에 따른 웹사이트 제작을 요청하였다. 아래의 요구사항에 따라 메인페이지를 제작하시오.

다. 요구사항
1) 메인페이지를 디자인하고 HTML, CSS, JavaScript 기반의 웹 페이지를 제작한다.
   (이때 jQuery 오픈소스, 이미지, 텍스트 등의 제공된 리소스를 활용하여 제작할 수 있다)
2) HTML, CSS의 charset는 utf-8로 해야 한다.
3) 컬러 가이드

주조색 (Main Color)	보조색 (Sub Color)	배경색 (Background Color)	기본 텍스트의 색 (Text Color)
자유롭게 지정	자유롭게 지정	#FFFFFF	#333333

4) 사이트 맵(Site Map)

Index Page / 메인(Main)				
메인메뉴 (Main Menu)	아우터	상의	팬츠	악세사리
서브메뉴 (Sub Menu)	가디건 점퍼 자켓 패딩	긴팔티셔츠 맨투맨 후드	청바지 롱팬츠 면바지 레깅스	주얼리 모자/벨트 양말/스타킹

5) 와이어프레임(Wireframe)

※ Ⓐ~Ⓓ 영역에 제시된 지시사항에 맞춰서 프레임을 구성하고, 자유롭게 디자인을 구성하시오.

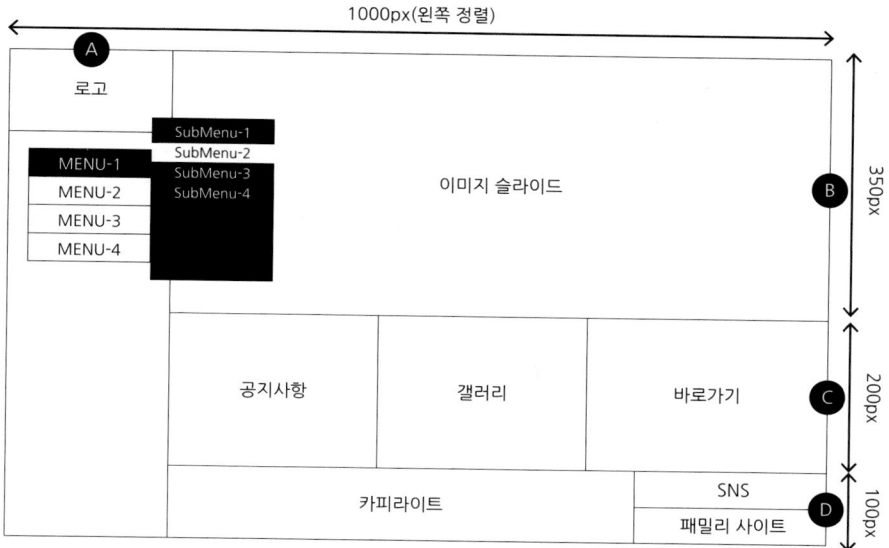

C영역 콘텐츠 각각의 넓이는 수험자가 판단

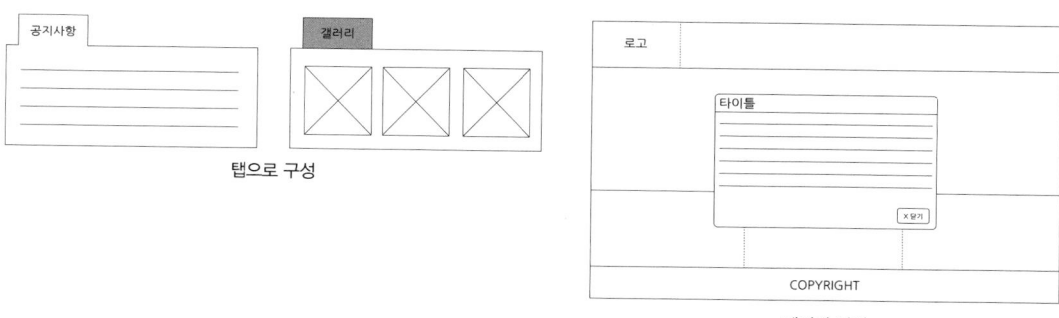

탭으로 구성

레이어 팝업

라. 세부 영역별 지시사항

영역 및 명칭	세부 지시사항
Ⓐ Header	**A.1 로고** ○ Header 폴더에 제공된 로고를 삽입한다. 로고의 색은 과제명(가. 주제)에 맞게 반드시 변경하여야 한다. ※ 로고의 크기 변경 시, 가로세로 비율(종횡비, Aspect Ratio)을 유지하여야 한다. 　(가로세로 비율을 유지하며 크기변경 가능) **A.2 메뉴 구성** ※ 사이트 구조도를 참고하여 메인메뉴(Main Menu)와 서브메뉴(Sub Menu)로 구성한다. **(1) 메인메뉴(Main Menu) 효과 [와이어프레임 참조]** ○ 메인메뉴 중 하나에 마우스를 올리면(Mouse Over) 하이라이트 되고, 벗어나면(Mouse Out) 하이라이트를 해제한다. ○ 메인메뉴를 마우스로 올리면(Mouse Over) 서브메뉴 영역이 부드럽게 나타나면서, 서브메뉴가 보이도록 한다. ○ 메인메뉴에서 마우스커서가 벗어나면(Mouse Out) 서브메뉴 영역은 부드럽게 사라져야 한다. **(2) 서브메뉴 영역 효과** ○ 서브메뉴 영역은 메인 페이지 콘텐츠를 고려하여 배경색상을 설정한다. ○ 서브메뉴 중 하나에 마우스를 올리면(Mouse Over) 하이라이트 되고 벗어나면(Mouse Out) 하이라이트를 해제한다. ○ 마우스커서가 메뉴 영역을 벗어나면(Mouse Out) 서브메뉴 영역은 부드럽게 사라져야 한다.
Ⓑ Slide	**B. Slide 이미지 제작** ○ [Slide] 폴더에 제공된 3개의 이미지로 제작한다. ○ [Slide] 폴더에 제공된 3개의 텍스트를 각 이미지에 적용하되, 텍스트의 글자체, 굵기, 색상, 크기를 적절하게 설정하여 가독성을 높이고, 독창성이 드러나도록 제작한다. **B. Slide 애니메이션 작업** ※ 위에서 작업한 결과물을 이용하여 슬라이드 작업을 한다. ○ 이미지만 바뀌면 안 되고, 이미지가 좌에서 우 또는 우에서 좌로 이동하면서 전환되어야 한다. ○ 슬라이드는 매 3초 이내로 하나의 이미지에서 다른 이미지로 전환되어야 한다. ○ 웹사이트를 열었을 때 자동으로 시작되어 반복적으로(마지막 이미지가 슬라이드 되면 다시 첫 번째 이미지가 슬라이드 되는 방식) 슬라이드 되어야 한다.
Ⓒ Contents	**C.1 공지사항** ○ 공지사항 타이틀 영역과 콘텐츠 영역을 구분하여 표현해야 한다. 　(단, 콘텐츠는 HTML 코딩으로 작성해야 하며, 이미지로 삽입하면 안 된다) ○ 콘텐츠는 Contents 폴더의 제공된 텍스트를 적용하여 제작한다. ○ 공지사항의 첫 번째 콘텐츠를 클릭(Click)할 경우 레이어 팝업창(Layer Pop_up)이 나타나며, 레이어 팝업창 내에 닫기 버튼을 두어서 클릭하면 해당 팝업창이 닫혀야 한다. [와이어프레임 참조] ○ 레이어 팝업의 제목과 내용은 Contents 폴더의 제공된 텍스트 파일을 사용한다. **C.2 갤러리** ○ Contents 폴더의 제공된 이미지 3개를 사용하여 가로방향으로 배치한다. [와이어프레임 참조] ○ 갤러리의 이미지에 마우스 오버(Mouse Over) 시 해당 객체의 투명도(Opacity)에 변화가 있어야 한다. **C.3 배너** ○ Contents 폴더의 제공된 파일을 활용하여 편집 또는 디자인하여 제작한다.
Ⓓ Footer	**D. Footer** ○ Footer 폴더의 제공된 텍스트를 사용하여 Copyright, SNS, 패밀리사이트를 제작한다.

마. 기술적 준수 사항

1) 웹페이지 코딩은 HTML5 기준 웹 표준을 준수하여야 하며, HTML 유효성검사(W3C Validator)에서 오류('ERROR')가 없도록 코딩하여야 한다.

　　※ HTML 유효성검사 서비스는 시험 시 제공하지 않는다(인터넷 사용불가).

2) CSS는 별도의 파일로 제작하여 링크하여야 하며, CSS3 기준(W3C Validator)에서 오류('ERROR')가 없도록 코딩되어야 한다.

3) JavaScript 코드는 별도의 파일로 제작하여 연결하여야 하며 브라우저(Google Chrome)에 내장된 개발도구의 Console 탭에서 오류('ERROR')가 표시되지 않아야 한다.

4) 상호작용이 필요한 모든 콘텐츠(로고, 메뉴, Slide, 공지사항, 갤러리 등)는 임시링크(예 #)를 적용하고 'Tab'(⎇Tab) 키로 이동 선택할 수 있어야 한다.

5) 사이트는 다양한 화면 해상도에서 일관성 있는 페이지 레이아웃을 제공해야 한다.

6) 웹 페이지 전체 레이아웃은 Table 태그 사용이 아닌 CSS를 통한 레이아웃 작업으로 해야 한다.

7) 브라우저에서 CSS를 "사용 안 함"으로 설정한 경우 콘텐츠가 세로로 나열된다.

8) 타이틀 텍스트(Title Text), 바디 텍스트(Body Text), 메뉴 텍스트(Menu Text)의 각 글자체/굵기/색상/크기 등을 적절하게 설정하여 사용자가 텍스트 간의 위계질서(Hierarchy)를 직관적으로 알 수 있도록 한다.

9) 모든 이미지에는 이미지에 대한 대체 텍스트를 표현할 수 있는 alt 속성이 있어야 한다.

10) 제작된 사이트 메인페이지의 레이아웃, 구성요소의 크기 및 위치 등은 최신버전의 MS Edge와 Google Chrome에서 동일하게 표시되어야 한다.

바. 제출 방법

1) 수험자는 비번호로 된 폴더명으로 완성된 작품 파일을 저장하여 제출한다.

2) 폴더 안에는 images, script, css 등의 자료를 분류하여 저장한 폴더도 포함되어 있어야 하며, 메인페이지는 반드시 최상위 폴더에 index.html로 저장하여 제출해야 한다.

3) 수험자는 제출하는 폴더에 index.html을 열었을 때 연결되거나 표시되어야 할 모든 리소스들을 포함하여 제출해야 하며 수험자의 컴퓨터가 아닌 채점위원의 컴퓨터에서 정상 작동해야 한다.

4) 전체 결과물의 용량은 5MB 용량이 초과되지 않게 제출하며 ai, psd 등 웹서비스에 사용하지 않는 파일은 제출하지 않는다.

---

2. 수험자 유의사항

※ 다음의 유의사항을 고려하여 요구사항을 완성하시오.

1) 수험자 인적사항 및 답안작성은 반드시 검은색 필기구만 사용하여야 하며, 그 외 연필류, 유색 필기구, 지워지는 펜 등을 사용한 답안은 채점하지 않으며 0점 처리됩니다.

2) 수험에 필요한 소프트웨어 및 참고자료가 하드웨어에 설치되어 있는지 확인 후 작업하시오.

3) 참고자료의 내용 중 오자 및 탈자 등이 있을 때는 수정하여 작업하시오.

4) 지참공구[수험표, 신분증, 흑색 필기도구] 이외의 참고자료 및 외부장치(USB, 키보드, 마우스, 이어폰) 등 어떠한 물품도 시험 중에 지참할 수 없음을 유의하시오.

　　(단, 시설목록 이외의 정품 소프트웨어(폰트 제외)를 설치하고자 할 때에는 감독위원의 입회하에 설치하여 사용하시오)

5) 수험자가 컴퓨터 활용 미숙 등으로 인한 시험의 진행이 어렵다고 판단되었을 때는 감독위원은 시험을 중지시키고 실격처리를 할 수 있음을 유의하시오.

6) 바탕화면에 수험자 본인의 "비번호" 이름을 가진 폴더에 완성된 작품의 파일만을 저장하시오.

7) 모든 작품을 감독위원 또는 채점위원이 검토하여 복사된 작품(동일 작품)이 있을 때에는 관련된 수험자 모두를 부정행위로 처리됨을 유의하시오.

8) 장시간 컴퓨터 작업으로 신체에 무리가 가지 않도록 적절한 몸풀기(스트레칭) 후 작업하시오.

9) 다음 사항에 대해서는 실격에 해당되어 채점 대상에서 제외됩니다.

　　가) 수험자 본인이 수험 도중 시험에 대한 포기(기권) 의사를 표시하고 포기하는 경우

　　나) 작업범위(용량, 시간)를 초과하거나, 요구사항과 현격히 다른 경우(채점위원이 판단)

　　다) Slide가 JavaScript(jQuery 포함), CSS 중 하나 이상의 방법을 이용하여 제작되지 않은 경우

　　　　※ 움직이는 Slide를 제작하지 않고 이미지 하나만 배치한 경우도 실격처리됨

　　라) 수험자 미숙으로 비번호 폴더에 완성된 작품 파일을 저장하지 못했을 경우

　　마) 압축프로그램을 사용하여 작품을 압축 후 제출한 경우

　　바) 과제기준 20% 이상 완성이 되지 않은 경우(채점위원이 판단)

작업 따라하기

단계별

01 폴더 및 파일 생성

01 다음과 같이 폴더구조를 생성하고 필수 파일들을 생성합니다. 웹디자인기능사 시험에서는 시험장 컴퓨터 바탕화면의 비번호 폴더에 폴더 및 파일을 생성해야 합니다. 편의상 예제 폴더 내에 비번호 폴더를 만들고 생성하겠습니다.

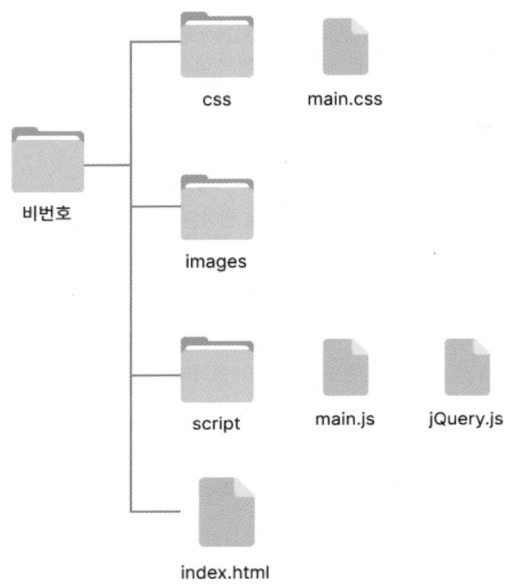

02 예제 폴더에서 [PART4] – [기출 유형 문제 4] – [BASE] – [비번호] 폴더를 VS CODE에서 폴더로 열기로 오픈하고 폴더와 새 파일을 생성합니다. 같은 폴더에 [index. html]을 생성한 후 [index.html]을 생성했던 방법과 같이 [css] 폴더를 클릭하여 오픈하고 New File 아이콘을 이용하여 [main.css]를 생성합니다. [script] 폴더를 선택하고 [main. js] 파일을 생성한 후 [수험자 제공 파일] 폴더에서 [jQuery 오픈소스 파일] 폴더 내의 파일을 복사하여 [script] 폴더에 넣어줍니다.

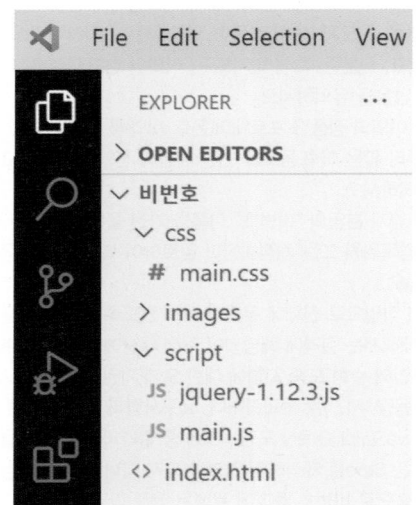

HTML, CSS로 와이어프레임을 구현합니다.

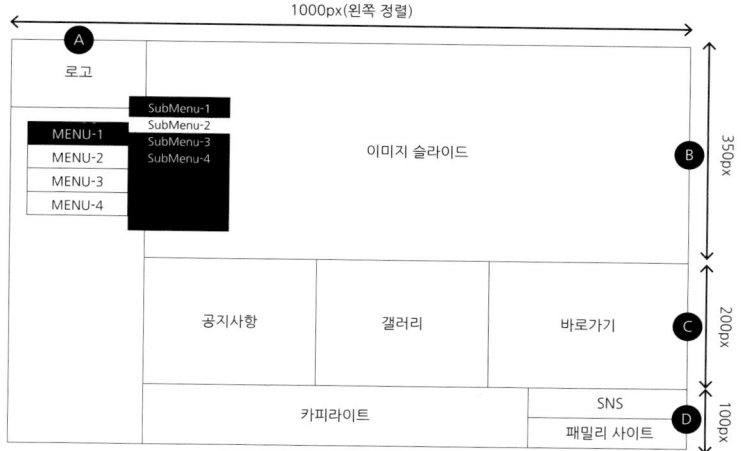

1 HTML

01 [index.html] 파일을 오픈합니다. 느낌표 (!)를 입력한 후 [Tab]을 눌러 기본 코드를 생성하고 title에 제목을 입력합니다.

[index.html]

```html
<!DOCTYPE html>
<html lang="ko">
<head>
  <meta charset="UTF-8">
  <meta http-equiv="X-UA-Compatible"
  content="IE=edge">
  <meta name="viewport" content="width=device-
  width, initial-scale=1.0">
  <title>YOUNG 쇼핑몰</title>
</head>
<body>

</body>
</html>
```

02 A파트 header, B파트 slides, C파트 main, D파트 footer로 구분하여 큰 구획을 먼저 작성합니다. 모든 요소들을 1000px 너비에 가두기 위해 wrapper를 생성하고, 각 요소에는 의미에 따라 적절하게 클래스명을 추가합니다. 전체를 감싸는 wrapper를 생성하고 좌우로 구분합니다.

```
                                        [index.html]
<body>
  <div class="wrapper cf">
    <aside></aside>
    <main></main>
  </div><!-- //wrapper -->
</body>
</html>
```

03 다음으로 aside 안에 제목과 메뉴, main 태그 안에 주요 콘텐츠도 생성합니다. 이때 클래스명을 활용하여 적절하게 네이밍을 합니다. 가로로 배치될 요소의 부모요소에 클래스명 cf를 추가하여 플롯 속성을 clear해줍니다. 크게 aside 왼쪽, main 오른쪽으로 배치하므로 그 부모에 cf를 추가하고 그 외 contents, footer에도 추가합니다.

```
                                        [index.html]
<body>
  <div class="wrapper cf">
    <aside>
      <h1 class="logo">Logo</h1>
      <nav></nav>
    </aside>
    <main>
      <div class="slides"></div>
      <div class="contents cf">
        <div class="notice"></div>
        <div class="gallery"></div>
        <div class="quick_links"></div>
      </div><!-- //contents -->
      <footer class="cf">
        <div class="copyright"></div>
        <div class="sns_family cf">
          <ul class="sns cf"></ul>
          <div class="family"></div>
        </div>
      </footer>
    </main>
  </div><!-- //wrapper -->
  <script src="script/jquery-1.12.3.js"></script>
  <script src="script/main.js"></script>
</body>
</html>
```

2 CSS

01 [index.html] 상단에 link 태그를 이용하여 [main.css]와 연결합니다.

[index.html]

```
<head>
  <meta charset="UTF-8">
  <meta http-equiv="X-UA-Compatible"
  content="IE=edge">
  <meta name="viewport" content="width=device-
  width, initial-scale=1.0">
  <title>YOUNG 쇼핑몰</title>
  <link rel="stylesheet" href="css/main.css">
</head>
```

02 [main.css]에서 기본 리셋을 추가합니다. 플롯의 달려드는 속성을 해제할 공통의 클래스명 cf도 작성합니다.

[main.css]

```
@charset "utf-8";
*{
    margin: 0;
    padding: 0;
    list-style: none;
    text-decoration: none;
    font-family: "맑은 고딕";
    font-size: 14px;
    color: #333;
    box-sizing: border-box;
}
img{
    vertical-align: top;
}
.cf:after{
    content: '';
    display: block;
    clear: both;
}
```

03 기본 레이아웃을 먼저 작성합니다. 모든 요소를 감싸는 부모의 너비와 aside, main의 너비를 지정하고 플롯으로 좌우 배치합니다.

출력화면

```
                                              [main.css]
/* wireframe */
.wrapper{
    width: 1000px;
    height: 650px;
}
.wrapper aside{
    width: 200px;
    height: 100%;
    float: left;
    background: #aaa;
}
.wrapper main{
    width: 800px;
    float: right;
    height: 100%;
    background: #bbb;
}
```

04 Aside 스타일을 작성합니다. 부모요소의 높이 650px에 맞춰 logo와 nav의 높이를 지정합니다.

출력화면

```
                                              [main.css]
/* aside */
aside .logo{
    height: 100px;
    background: #999;
}
aside nav{
    height: 550px;
    background: #888;
}
```

05 main 태그 내 주요 콘텐츠들의 너비, 높이, 배경을 설정합니다. content 안의 내용들을 동일한 너비로 설정하기 위해서 너비를 33.3333%로 설정했습니다.

출력화면

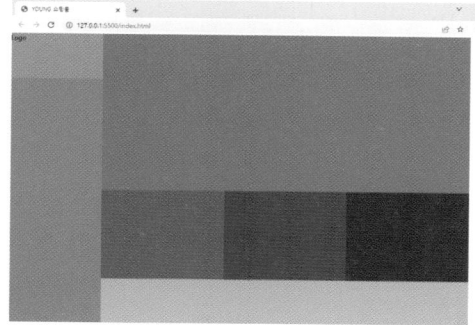

```css
/* Main Contents */
main .slides{
    height: 350px;
    background: #777;
}
.contents>*{
    float: left;
    width: 33.3333%;
    height: 200px;
}
.contents .notice{
    background: #666;
}
.contents .gallery{
    background: #555;
}
.contents .quick_links{
    background: #444;
}
```

06 Footer 스타일을 작성합니다. 카피라이트를 왼쪽, .sns_family를 오른쪽으로 배치합니다. sns와 familysite 부분은 간단히 높이와 배경색을 지정합니다.

출력화면

[main.css]

```css
/* Footer */
footer .copyright{
    float: left;
    width: 600px;
    background: #333;
}
footer .sns_family{
    float: right;
    width: 200px;
}
footer .sns{
    height: 50px;
    background: #222;
}
footer .family{
    height: 50px;
    background: #ddd;
}
```

A.1 로고

○ Header 폴더에 제공된 로고를 삽입한다. 로고의 색은 과제명(가. 주제)에 맞게 반드시 변경하여야 한다.

※ 로고의 크기 변경 시, 가로세로 비율(종횡비, Aspect Ratio)을 유지하여야 한다.

 (가로세로 비율을 유지하며 크기변경 가능)

1 Photoshop

01 [수험자 제공 파일] − [Header] 폴더 내 'logo.png' 파일을 포토샵에서 오픈하고 로고의 사이즈를 200픽셀×40픽셀 사이즈로 Crop합니다. 너비와 높이를 지정할 때 단위는 px로 입력하고 [Enter]를 누릅니다.

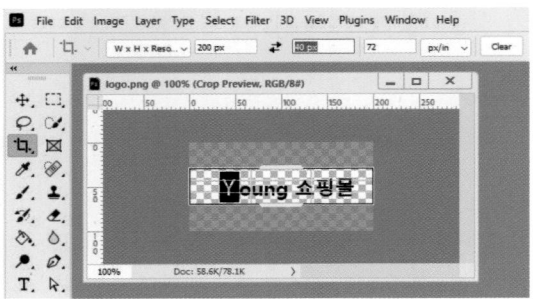

02 Crop된 이미지에서 Y부분의 색상을 #8C031C으로 변경하고 나머지 글자 부분의 색상은 #590212으로 변경하려고 합니다. Y부분만 [Rectangular Marquee Tool]을 이용하여 사각형 선택영역을 선택하고 [Ctrl] + [Shift] + [J](Layer via Cut)를 눌러 새 레이어를 생성합니다.

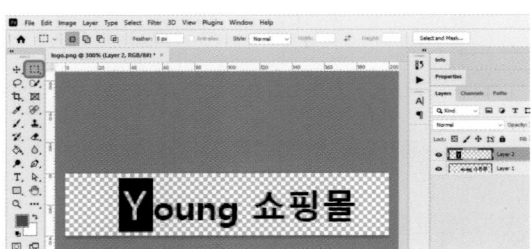

03 새 레이어(Layer 2)가 선택된 상태에서 *fx.* (레이어 스타일) − [Color Overlay]를 선택합니다. [Layer Style] 창에서 Set Color of Overlay 부분을 클릭하여 컬러 팔레트를 열고 색상을 #8C031C로 변경합니다. 같은 방법으로 아래 레이어(Layer 1)를 선택하고 *fx.* (레이어 스타일) − [Color Overlay]를 선택한 후 색상을 #590212로 변경합니다.

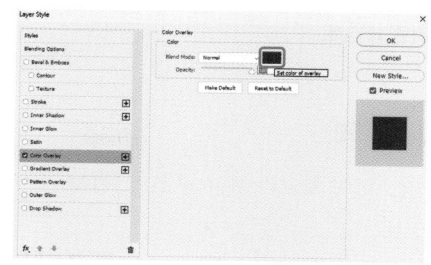

04 색상이 변경되었습니다. [File] − [Export] − [Save for Web]을 선택하고 파일 포맷을 png로 설정한 후 비번호 폴더 내 [images] 폴더에 'header_logo.png'로 저장합니다.

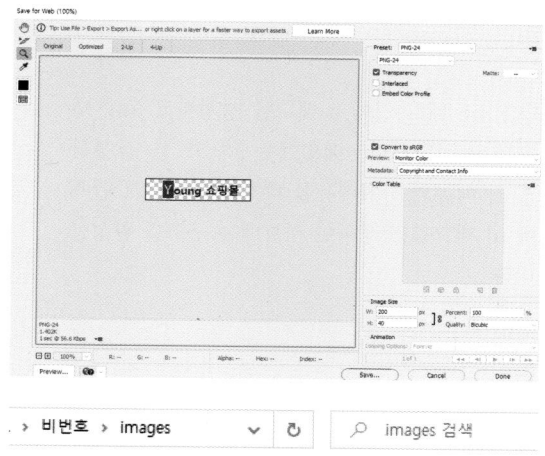

header_logo.png

05 수험자 제공 파일에서 [Slide] 폴더 내 이미지, [Contents] 폴더 내 이미지, [Footer] 폴더와 [Header] 폴더 내 이미지를 모두 [images] 폴더로 복사합니다.

banner.jpg gallery1.jpg gallery2.jpg gallery3.jpg header_logo.png img1.jpg

img2.jpg img3.jpg shortcut.jpg sns1.jpg sns2.jpg sns3.jpg

1 Header 영역

사이트맵을 참조하여 로고와 메뉴 구조의 HTML을 작성합니다.

Index Page / 메인(Main)				
메인메뉴 (Main Menu)	아우터	상의	팬츠	악세사리
서브메뉴 (Sub Menu)	가디건 점퍼 자켓 패딩	긴팔티셔츠 맨투맨 후드	청바지 롱팬츠 면바지 레깅스	주얼리 모자/벨트 양말/스타킹

01 h1 태그 안에 a 태그를 생성하고 img 태그를 작성합니다. 메인메뉴 리스트를 작성한 후 각 메뉴의 하위메뉴를 각 li의 종료태그 안쪽에 ul 태그를 작성하여 서브메뉴 구조를 완성합니다.

[index.html]

```html
<body>
  <div class="wrapper cf">
    <aside>
      <h1 class="logo">
        <img src="images/header_logo.png"
        alt="Young 쇼핑몰 로고">
      </h1>
      <nav>
        <ul class="main_menu cf">
          <li><a href="#">아우터</a></li>
          <li><a href="#">상의</a></li>
          <li><a href="#">팬츠</a></li>
          <li><a href="#">악세사리</a></li>
        </ul>
      </nav>
    </aside>
```

02 메뉴를 작성합니다. 아우터, 상의, 팬츠, 악세사리의 메뉴를 먼저 작성하고 각 메뉴의 서브메뉴를 작성합니다. 스타일 설정이 용이하도록 1 depth 메뉴에는 main_menu, 서브메뉴의 ul 태그에는 sub_menu 클래스명을 추가합니다.

출력화면

```
                                          [index.html]
<aside>
  <h1 class="logo">
    <img src="images/header_logo.png"
    alt="Young 쇼핑몰 로고">
  </h1>
  <nav>
    <ul class="main_menu cf">
      <li><a href="#">아우터</a>
        <ul class="sub_menu">
          <li><a href="#">가디건</a></li>
          <li><a href="#">점퍼</a></li>
          <li><a href="#">자켓</a></li>
          <li><a href="#">패딩</a></li>
        </ul>
      </li>
      <li><a href="#">상의</a>
        <ul class="sub_menu">
          <li><a href="#">긴팔티셔츠</a></li>
          <li><a href="#">맨투맨</a></li>
          <li><a href="#">후드</a></li>
        </ul>
      </li>
      <li><a href="#">팬츠</a>
        <ul class="sub_menu">
          <li><a href="#">청바지</a></li>
          <li><a href="#">롱팬츠</a></li>
          <li><a href="#">면바지</a></li>
          <li><a href="#">레깅스</a></li>
        </ul>
      </li>
      <li><a href="#">악세사리</a>
        <ul class="sub_menu">
          <li><a href="#">주얼리</a></li>
          <li><a href="#">모자/벨트</a></li>
          <li><a href="#">양말/스타킹</a></li>
        </ul>
      </li>
    </ul>
  </nav>
</aside>
```

2 슬라이드 영역

슬라이드 영역의 지시사항에 따라 HTML을 작성합니다.

B. Slide 애니메이션 작업

※ 위에서 작업한 결과물을 이용하여 슬라이드 작업을 한다.

○ 이미지만 바뀌면 안 되고, 이미지가 좌에서 우 또는 우에서 좌로 이동하면서 전환되어야 한다.

○ 슬라이드는 매 3초 이내로 하나의 이미지에서 다른 이미지로 전환되어야 한다.

○ 웹사이트를 열었을 때 자동으로 시작되어 반복적으로(마지막 이미지가 슬라이드 되면 다시 첫 번째 이미지가 슬라이드 되는 방식) 슬라이드 되어야 한다.

01 각 슬라이드에 나타날 텍스트는 [수험자 제공 파일] – [Slide] – [Slide 이미지 텍스트.txt]를 참조하여 작성합니다. 슬라이드 텍스트는 태그를 작성하고 CSS 스타일을 이용하여 각 이미지 위에 표시되도록 할 예정입니다.

`출력화면`

[index.html]

```html
<main>
  <div class="slides">
    <ul class="slide_container">
      <li class="slide">
        <a href="#">
          <img src="images/img1.jpg"
          alt="슬라이드1">
          <h2>전품목 최대 50% OFF</h2>
        </a>
      </li>
      <li class="slide">
        <a href="#">
          <img src="images/img2.jpg"
          alt="슬라이드2">
          <h2>새로운 경험을 제공하는 New take</h2>
        </a>
      </li>
      <li class="slide">
        <a href="#">
          <img src="images/img3.jpg"
          alt="슬라이드3">
          <h2>2025년 New LOOKBOOK</h2>
        </a>
      </li>
    </ul>
  </div>
<div class="contents cf">
```

3 메인영역

메인영역은 공지사항, 갤러리, 바로가기로 구성되어 있습니다. 공지사항과 갤러리는 리스트 태그를 활용하고 바로가기는 img에 링크를 적용합니다.

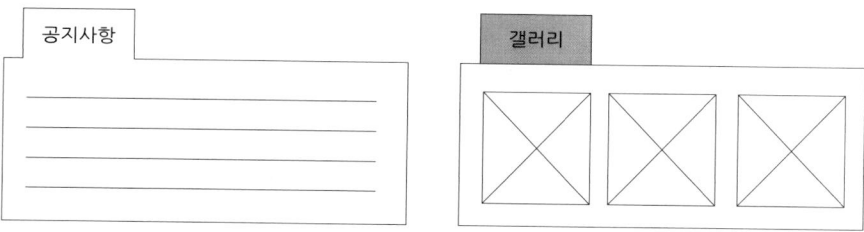

01 공지사항, 갤러리, 바로가기 HTML 구조를 작성합니다. 작성 시 주의점은 section 태그는 반드시 제목이 수반되어야 하므로 section 태그 바로 아래 제목을 추가했습니다. 제목을 추가하지 않으면 웹표준 검사에서 오류가 출력되며, 와이어 프레임상에도 제목이 표현되어 있으므로 작성해줍니다.

[index.html]

```html
<div class="contents cf">
  <section class="notice">
    <h2>공지사항</h2>
    <ul>
      <li><a href="#">리뷰 적립금 기준 변경 안내
<span>2024.03.01</span></a></li>
      <li><a href="#">개인정보 처리방침 개정 안내
<span>2024.03.01</span></a></li>
      <li><a href="#">신규 회원 혜택 변경 안내
<span>2024.03.01</span></a></li>
      <li><a href="#">배송 업무 휴무 안내
<span>2024.03.01</span></a></li>
    </ul>
  </section>
  <section class="gallery">
    <h2>갤러리</h2>
    <ul>
      <li><a href="#">
        <img src="images/gallery1.jpg" alt="갤러리1">
      </a></li>
      <li><a href="#">
        <img src="images/gallery2.jpg" alt="갤러리2">
      </a></li>
      <li><a href="#">
        <img src="images/gallery3.jpg" alt="갤러리3">
      </a></li>
    </ul>
  </section>
```

```
<section class="quick_links">
  <a href="#">
    <h2>바로가기</h2>
    <img src="images/shortcut.jpg" alt="바로가기">
  </a>
</section>
</div><!-- //contents -->
<footer class="cf">
```

4 푸터

01 푸터 HTML을 작성합니다. 푸터는 왼편에 카피라이트, 오른편에 SNS와 패밀리 사이트로 갈 수 있는 select 메뉴가 있습니다. 이때 저작권 표시 ©는 엔터티 코드 ©으로 입력했습니다.

[index.html]

```
<footer class="cf">
  <div class="copyright">
    <p>COPYRIGHT&copy;by Young쇼핑몰. ALL RIGHTS
RESERVED</p>
  </div>
  <div class="sns_family cf">
    <ul class="sns cf">
      <li><a href="#">
        <img src="images/sns1.jpg" alt="facebook">
      </a></li>
      <li><a href="#">
        <img src="images/sns2.jpg" alt="twitter">
      </a></li>
      <li><a href="#">
        <img src="images/sns3.jpg" alt="instagram">
      </a></li>
    </ul>
    <div class="family">
      <select name="sitelist">
        <option value="#">패밀리사이트1</option>
        <option value="#">패밀리사이트2</option>
        <option value="#">패밀리사이트3</option>
      </select>
    </div>
  </div>
</footer>
```

5 팝업

01 전체화면을 차지할 요소를 아이디명 popup으로 생성하고 가운데 나타날 창을 클래스명 popup_content를 작성합니다.

출력화면

[index.html]

```html
  </div><!-- //wrapper -->
  <!-- popup -->
  <div id="popup">
    <div class="popup_content">
      <h2>리뷰 적립금 기준 변경 안내</h2>
      <p>
        - 모든 제품 실 결제 1만원 이상<br>
        - 글 또는 사진만 1000원 지급<br>
        - 글 + 사진 : 3000원 지급
      </p>
      <div class="close">닫기</div>
    </div>
  </div>
  <!-- //popup -->
  <script src="script/jquery-1.12.3.js"></script>
  <script src="script/main.js"></script>
</body>
```

---

1 Header 영역 로고 CSS

01 Aside와 h1 요소에 임시로 추가했던 배경을 제거하고 h1 로고에 padding을 이용하여 로고를 가운데에 배치합니다.

출력화면

[main.css]

```css
.wrapper aside{
    width: 200px;
    height: 100%;
    float: left;
    /* 배경 제거 */
}
.wrapper main{
    width: 800px;
    float: right;
    height: 100%;
    /* 배경 제거 */
}

/* aside */
aside .logo{
    height: 100px;
    padding-top: 30px;
    /* 배경 제거 */
}
```

2 메뉴 영역 CSS

구현해야 할 메뉴는 마우스를 올렸을 때 서브메뉴가 나타나는데, 그 높이가 정해져 있으며 메인메뉴보다 살짝 위쪽에 나타납니다.

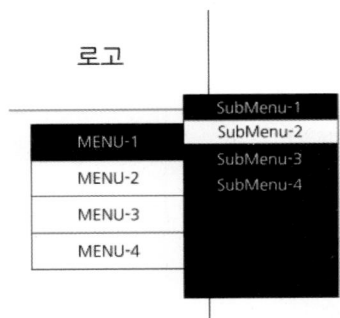

01 메인메뉴의 배경과 높이를 설정하고 서브메뉴의 배경과 링크 색상을 설정합니다. aside nav에 적용되어 있던 높이는 제거하고 배경, 너비, 여백을 설정합니다.

출력화면

[main.css]

```css
/* aside */
aside .logo{
    height: 100px;
    padding-top: 30px;
}
aside nav{
    background: #590212;
    width: 180px;
    margin: 10px 0 0 10px;
}

/* Main Contents */
```

02 모든 메뉴의 높이를 설정하고 메뉴가 가운데 오도록 합니다. 메뉴 링크의 색상을 설정합니다.

출력화면

```css
aside nav{
    background: #590212;
    width: 180px;
    margin: 10px 0 0 10px;
}
.main_menu li{
    line-height: 40px;
    text-align: center;
}
.main_menu li a{
    display: block;
    color: #fff;
}

/* Main Contents */
```

03 서브메뉴를 nav를 기준으로 절댓값으로 배치합니다. 이때 20px 위쪽으로 올라오고 기준위치의 왼쪽에서 100% 위치에 오도록 left: 100%, 높이는 메뉴 40개 높이보다 크도록 200px로 지정합니다.

출력화면

```css
aside nav{
    background: #590212;
    width: 180px;
    margin: 10px 0 0 10px;
    position: relative;
    z-index: 1;
}
.main_menu li{
    line-height: 40px;
    text-align: center;
}
.main_menu li a{
    display: block;
    color: #fff;
}
aside nav>ul ul{
    position: absolute;
    top: -20px;
    left: 100%;
    width: 100%;
    background: #ccc;
}

/* Main Contents */
```

04 브라우저 화면을 확인하면 모든 서브메뉴가 nav 기준 절댓값으로 nav의 우측에 배치된 것을 확인할 수 있습니다. 이는 모든 서브메뉴의 left가 기준위치인 nav에서 100% 거리 위치에 있기 때문입니다. 서브메뉴는 position: absolute로 모두 붕 뜬 상태이며, 마지막 서브메뉴인 악세사리 메뉴가 가장 위쪽으로 겹쳐 있는 상태입니다.

이제 모든 서브메뉴를 보이지 않도록 display: none을 설정하고 스크립트를 작성하여 나타나도록 합니다.

[main.css]

```css
aside nav>ul ul{
    position: absolute;
    top: -20px;
    left: 100%;
    width: 100%;
    height: 200px;
    background: #ccc;
    display: none;
}
```

출력화면

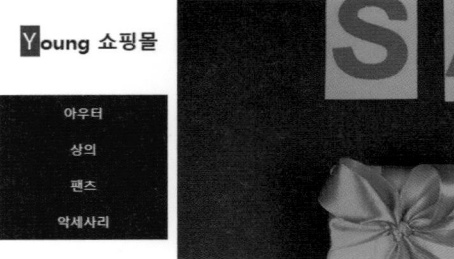

③ 메뉴 영역 스크립트

01 [main.js]에서 변수로 메인메뉴를 지정합니다. 마우스를 올렸을 때 마우스가 올라간 그 메뉴의 서브메뉴가 slideDown 메서드를 활용하여 아래로 펼쳐지도록 하고, 마우스가 나가면 다시 접히도록 합니다.

출력화면

[main.js]

```js
let mainMenu = $('.main_menu > li');

mainMenu.mouseover(function(){
    $(this).find('ul').stop().slideDown();
}).mouseout(function(){
    $(this).find('ul').stop().slideUp();
});
```

4 서브메뉴 CSS

01 마우스 호버 시 서브메뉴가 나타나는 것을 확인했습니다. 메뉴들에 마우스를 올렸을 때 스타일을 완성합니다.

출력화면

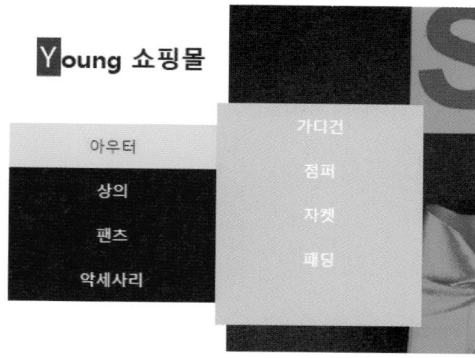

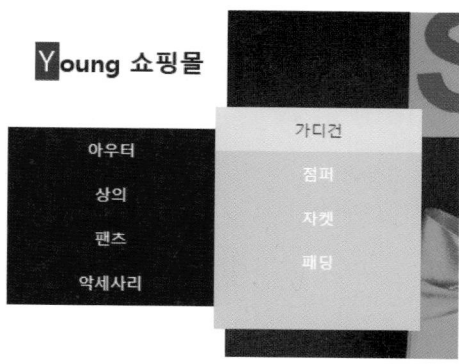

[main.css]

```css
.main_menu>li a:hover{
    background-color: #E5F27E;
    color: #333;
    display: block;
}
.sub_menu li a:hover{
    background-color: #ddd;
    color: #333;
}

/* Main Contents */
```

5 슬라이드 CSS

01 일정 시간마다 슬라이드가 우에서 좌로 이동하면서 전환되도록 구현하겠습니다.

❶ 요소를 넘치는 부분은 보이지 않도록 합니다.

❷ 슬라이드 부모의 너비를 슬라이드 개수에 맞게 늘려주어 자식요소 slide가 가로 배치되도록 합니다. 기준을 설정하여 이후 스크립트에서 left 값을 변경할 때 움직일 수 있도록 합니다.

❸ float을 이용하여 슬라이드를 가로 배치합니다. 슬라이드 안 제목들을 정중앙에 배치하기 위해 기준을 설정합니다.

❹ slide를 기준으로 제목을 정중앙에 배치하고 배경과 여백을 설정합니다.

출력화면

[main.css]

```css
/* Slides */
.slides{                        ❶
    overflow: hidden;
}
.slide_container{               ❷
    width: 2400px;
    position: relative;
}
.slide{                         ❸
    float: left;
    width: 800px;
    height: 350px;
    position: relative;
}
.slide h2{                      ❹
    position: absolute;
    left: 50%;
    top: 50%;
    transform: translate(-50%, -50%);
    padding: 10px 20px;
    background: rgba(0,0,0,.6);
    color: #fff;
    font-size: 20px;
}
```

6 슬라이드 스크립트

01 스크립트를 작성하여 자동으로 좌우로 움직이는 슬라이드를 구현합니다. 우선 필요한 변수를 생성합니다.

❶ 좌우로 이동할 대상을 변수로 지정합니다.

❷ 슬라이드 개수를 구하기 위해 각 슬라이드를 변수로 지정합니다. 이때 앞서 생성한 변수명 slideContainer의 자식요소 중 클래스명 슬라이드를 지정하기 위해 find 메서드를 활용합니다.

❸ 변수명 slide에 할당된 객체의 수를 변수에 지정합니다.

❹ 슬라이드가 이동할 때마다 증가시킬 변수를 설정합니다.

[main.js]
```
let slideContainer = $('.slide_container'); ❶
let slide = slideContainer.find('.slide'); ❷
let slideCount = slide.length; ❸
let currentIdx = 0; ❹
```

7 자동 슬라이드 함수

01 일정 시간마다 슬라이드가 이동하는 기능을 구현하기 위해 setInterval 함수를 작성합니다. 슬라이드에 마우스를 올렸을 때 멈추거나 다시 시작하려면 자동으로 움직이는 기능이 함수로 되어 있어야 제어할 수 있습니다.

❶ 반복될 때마다 nextIdx의 값이 슬라이드 범위 안에서 만들어지도록 합니다.

(currentIdx + 1)%slideCount를 풀어서 계산하면 다음과 같습니다. %는 앞 값을 뒤 값으로 나눈 나머지입니다.

[main.js]
```
function autoSlide(){
    setInterval(function(){
        //3초마다 반복수행할 구문 시작
        nextIdx = (currentIdx + 1) % slideCount; ❶
        slideContainer.animate({        ┐
            left: -100 * nextIdx + '%'  │ ❸
        });                             ┘
        currentIdx = nextIdx;              ❷
    }, 3000)
}
autoSlide();
```

currentIdx가 0일 때 (0 + 1) % 3 = 1
currentIdx가 1일 때 (1 + 1) % 3 = 2
currentIdx가 2일 때 (2 + 1) % 3 = 0

currentIdx 값이 1씩 증가할 때마다 nextIndex의 값은 0, 1, 2만 반복됩니다.

❷ currentIdx의 값을 nextIdx로 변경하여 다음 반복할 때 currentIdx도 0, 1, 2에서 값이 변경되도록 합니다. nextIdx 값을 활용하여 슬라이드 marginLeft 값을 변경합니다. 슬라이드가 3개이므로 slideContainer의 marginLeft 값은 0, −1200px, −2400px이 반복되어야 합니다.

❸ slideContainer의 Left 값이 변경되는 과정이 보이도록 animate 메서드를 활용합니다.

> 대상.animate({속성명 : 값, 속성명 : 값}, [시간], [이징], [다른 할 일]);

animate 메서드는 css 속성의 값이 변경되는 과정을 지정한 시간과 속도(이징)로 보여줍니다. 별도로 시간과 속도를 지정하지 않으면 시간은 기본적으로 0.4s이며, 속도는 swing으로 적용됩니다.

작성 후 브라우저 화면을 확인하면 3초마다 슬라이드가 자동으로 이동하는 것을 확인할 수 있습니다.

출력화면

8 메인 영역 - 공지사항과 갤러리 바로가기 CSS

01 ❶ 와이어 프레임 단계에서 추가했던 '.contents .notice', '.contents .gallery', '.contents .quick_links'의 배경을 제거합니다. ❷ 클래스명 contents에 높이를 지정하고 상하 여백을 추가합니다. css reset 단계에서 box−sizing: border−box를 설정했으므로 padding을 추가해도 높이는 늘어나지 않아 레이아웃은 정상적으로 출력됩니다.
❸ 각 요소에 추가했던 높이를 제거합니다.

출력화면

[main.css]

```
/* Main Contents */
main .slides{
    height: 350px;
    background: #777;
}
main .contents{           ❷
    height: 200px;
    padding: 10px 0;
}
.contents>*{
    float: left;
    width: 33.3333%;
    /* 높이 제거 */         ❸
}

/*
배경 제거                  ❶
.contents .notice{
  background: #666;
}
.contents .gallery{
  background: #555;
}
.contents .quick_links{
  background: #444;
}
*/

/* Footer */
```

9 공지사항 CSS

01 제목과 내용의 스타일을 작성합니다.
❶ 제목에 배경을 설정하고 글자 부분만 공간을 차지하도록 display: inline-block을 추가하고 padding으로 여백을 추가합니다.
❷ 제목 및 밑줄을 ul의 상단 테두리로 설정합니다.
❸ 리스트의 높이를 지정합니다.
❹ float을 이용하여 날짜 부분을 오른쪽으로 배치합니다.
❺ 짝수 번째 리스트의 배경과 글자 색상을 지정합니다.
❻ 리스트에 마우스를 올렸을 때 글자의 두께를 설정합니다.

출력화면

공지사항	
리뷰 적립금 기준 변경 안내	2024.03.01
개인정보 처리방침 개정 안내	2024.03.01
신규 회원 혜택 변경 안내	2024.03.01
배송 업무 휴무 안내	2024.03.01

[main.css]

```css
/* notice & gallery */
.notice h2{                              ❶
    background: #8C031C;
    color: #fff;
    display: inline-block;
    padding: 5px 15px;
}
.notice ul{                              ❷
    border-top: 2px solid #8C031C;
}
.notice ul li{                           ❸
    line-height: 36px;
}
.notice ul li span{                      ❹
    float: right;
}
.notice ul li:nth-child(even){           ❺
    background: #8C031C;
    color: #fff;
}
.notice ul li:nth-child(even) a{
    color: #fff;
}
.notice ul li:nth-child(even) span{
    color: #fff;
}
.notice ul li:hover{                     ❻
    font-weight: bold;
}
```

🔟 갤러리 CSS

01 제목의 스타일은 공지사항과 같도록 스타일을 작성합니다. 앞서 작성한 스타일에 선택자를 추가합니다.

출력화면

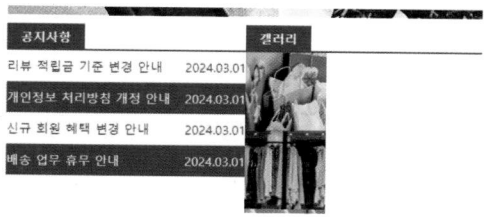

02 갤러리 부분의 내부 여백을 설정하고 리스트를 가로 배치합니다.

❶ 메인 콘텐츠의 주요 내용들은 33.3%로 비율로 3등분한 상태입니다. 현재 갤러리 부분이 차지하는 공간은 246px입니다. 이미지 사이 간격을 5px씩 주면 이미지 3개가 차지할 수 있는 공간은 236px입니다. 236px을 3등분하면 약 78px이므로 리스트의 너비를 78px로 설정합니다.

❷ 너비와 높이를 지정하고 object−fit 속성의 값을 cover로 설정하여 배경 속성 중 background−size: cover와 같이 이미지의 원래 비율을 유지하되 지정한 크기의 가운데에 표현되도록 합니다.

출력화면

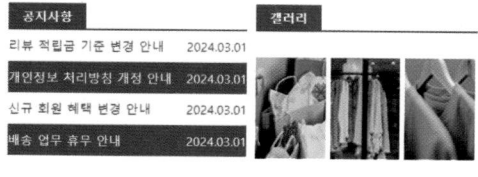

[main.css]

```css
/* notice & gallery */
.notice h2, .gallery h2{
    background: #8c031c;
    color: #fff;
    display: inline-block;
    padding: 5px 15px;
}
.notice ul, .gallery ul{
    border-top: 2px solid #8c031c;
}
중략...
```

[main.css]

```css
.notice ul li:hover{
    font-weight: bold;
}
.gallery{
    padding: 0 10px;
}
.gallery ul{
    padding: 30px 0;
}
.gallery ul li{          ❶
    float: left;
    width: 78px;
    margin-right: 5px;
}
.gallery ul li:last-child{
    margin-right: 0;
}
.gallery ul li img{      ❷
    width: 78px;
    height: 115px;
    object-fit: cover;
}
.gallery ul li:hover{
    opacity: 0.5;
}

/* Footer */
```

11 바로가기 CSS

01 클래스명 quick_links를 기준으로 h2 제목을 정가운데 위치하도록 스타일을 작성합니다.

```
                                                    [main.css]
/* shortcut */
.quick_links{
    position: relative;
}
.quick_links a{
    display: block;
}
.quick_links h2{
    position: absolute;
    left: 50%;
    top: 50%;
    transform: translate(-50%, -50%);
    background: rgba(0,0,0,0.6);
    color: #fff;
    padding: 10px 20px;
}
.quick_links img{
    width: 100%;
    height: 180px;
    object-fit: cover;
}
.quick_links a:hover{
    opacity: 0.5;
}

/* Footer */
```

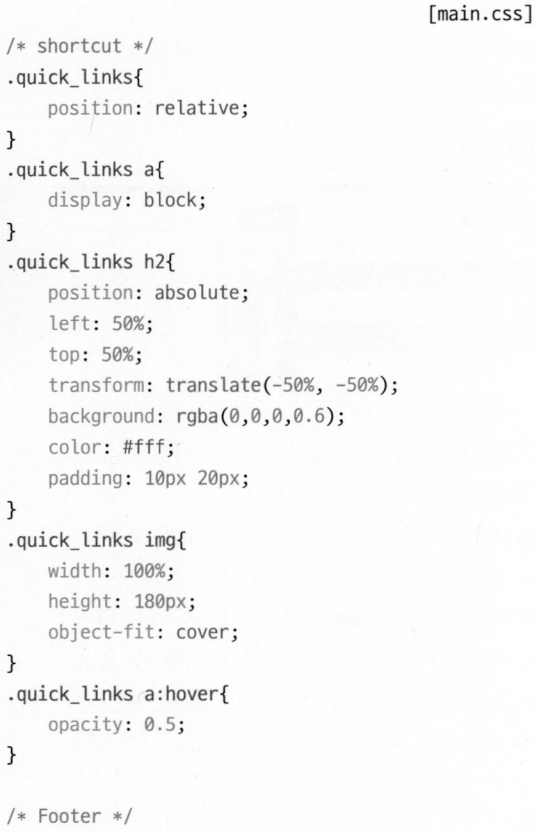

12 푸터 CSS

01 와이어프레임 단계에서 임시로 추가했던 배경을 모두 제거하고, 푸터의 색상은 회색으로 변경합니다.

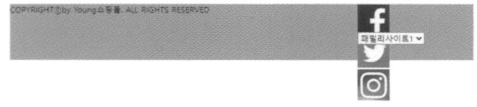

```
                                                    [main.css]
/* Footer */
footer{
    height: 100px;
    background: #ababab;
}
footer .copyright{
    float: left;
    width: 600px;
    /* background: #333; 배경 제거 */
}
footer .sns_family{
    float: right;
    width: 200px;
}
```

```
footer .sns{
    height: 50px;
    /* background: #222; 배경 제거 */
}
/* 제거
footer .family{
    height: 50px;
    background: #ddd;
}
*/
```

02 저작권 부분을 작성합니다.

❶ 글자를 가운데 정렬하고 line−height를 이용하여 높이 100px의 가운데에 오도록 합니다.
❷ sns 이미지는 인라인 속성을 이용하여 가로 배치합니다.
❸ select의 너비를 설정합니다.

출력화면

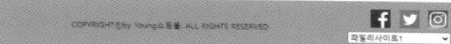

[main.css]

```
footer .copyright{               ❶
    float: left;
    width: 600px;
    text-align: center;
    font-size: 14px;
    line-height: 100px;
}
footer .sns_family{
    float: right;
    width: 200px;
    padding: 0 10px;
    margin-top: 10px;
}
.sns{
    text-align: right;
}
.sns li{                         ❷
    display: inline-block;
}
.sns img{
    height: 45px;
    width: 45px;
    padding: 5px;
}
.sns img:hover{
    opacity: 0.5;
}
.family select{                  ❸
    width: 100%;
    font-size: 14px;
}
```

🔢 팝업 CSS와 스크립트

01 팝업의 스타일을 작성합니다. id명 popup이 전체화면을 차지하도록 하고 그 가운데 팝업 내용이 오도록 작성합니다.

❶ 전체화면을 id명 popup으로 고정하고 left, right, top, bottom 값을 0으로 설정하여 전체 화면을 차지하도록 합니다. 공지사항을 클릭하기 전에는 나타나지 않도록 display: none을 설정합니다.

❷ 부모인 #popup 기준 절댓값으로 화면의 정가운데에 배치되도록 left: 50%, top: 50%를 설정합니다. 정중앙에 오도록 popup_content 가로 크기의 반만큼 왼쪽으로, popup_content의 세로 크기의 반만큼 위쪽으로 이동시키기 위해 transform을 추가합니다. 이렇게 하면 popup_content의 크기에 상관없이 정중앙에 배치할 수 있습니다. 기존 화면 위에 떠 있는 느낌을 주기 위해 box-shadow를 추가합니다.

❸ 제목의 스타일을 지정하여 판독성을 올려줍니다.

❹ 부모인 .popup_content를 기준으로 우측 하단에 배치하고 커서 모양을 링크와 같이 변경합니다.

❺ 아이디 popup에 active 클래스명이 추가되면 화면에 나타나도록 합니다.

[main.css]

```css
/* popup */
#popup{                                    ❶
    position: fixed;
    left: 0;
    right: 0;
    top: 0;
    bottom: 0;
    z-index: 100;
    display: none;
}
#popup .popup_content{                     ❷
    width: 400px;
    padding: 20px 20px 100px;
    background: #fff;
    border-radius: 5px;
    position: absolute;
    left: 50%;
    top: 50%;
    transform: translate(-50%, -50%);
    box-shadow: 0 0 3px rgba(0,0,0,.5);
}
#popup .popup_content h2{                   ❸
    font-size: 20px;
    margin-bottom: 20px;
}
#popup .popup_content .close{               ❹
    position: absolute;
    right: 10px;
    bottom: 10px;
    background: #333;
    color: #fff;
    cursor: pointer;
    padding: 5px 8px;
}
#popup.active{                             ❺
    display: block;
}
```

14 팝업 스크립트

01 ❶ 공지사항 중 첫 번째 리스트를 변수로 지정합니다.

❷ 클래스명 active를 추가하여 보여질 대상인 아이디 popup을 지정합니다.

❸ 닫기 버튼은 popup의 자식요소 중 클래스명 close를 찾아 지정합니다.

❹ 공지사항 링크를 클릭하면 링크의 기본 속성을 막고 popup에 클래스명 active를 추가합니다.

❺ 닫기 버튼을 클릭하면 popup에서 추가했던 클래스명 active를 제거합니다.

스크립트 작성 후 공지사항 첫 글을 클릭하면 팝업이 뜨고 닫기를 클릭하면 팝업이 닫히고 있습니다.

```
                                          [main.js]
//팝업
let popupLink = $('.notice li:first');    ❶
let popup = $('#popup');                   ❷
let popupCloseBtn = popup.find('.close');  ❸

popupLink.click(function(e){               ❹
    e.preventDefault();
    popup.addClass('active');
});

popupCloseBtn.click(function(){            ❺
    popup.removeClass('active');
});
```

출력화면

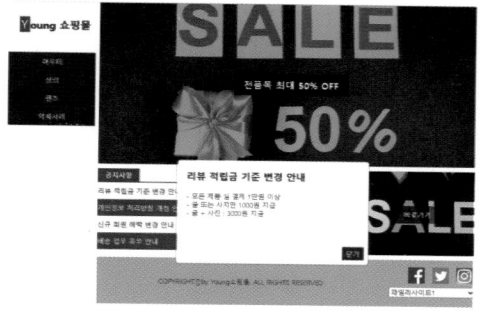

조은 여행사

한눈에 보는 순서

1. 바탕화면에 수험자 본인의 '비번호' 이름의 폴더에 css, script, images 폴더 생성
2. 와이어프레임 파악 후 HTML, CSS로 와이어프레임 작성
3. 세부 지시사항 파악 후 이미지를 제작하여 'images' 폴더에 저장
    - 상단로고 : header_logo.png
    - 하단로고 : footer_logo.png (Grayscale)
    - 메인 이미지 3장
    - 갤러리 이미지 3장
    - 배너 이미지
    - 바로가기 이미지
4. index.html, main.css, main.js 생성, jQuery 오픈소스 저장
5. 각 영역별 HTML 작성
6. 각 영역별 CSS 작성
7. 메뉴, 슬라이드, 탭, 레이어 팝업 Script 작성

국가기술자격 실기시험 문제

자격종목	웹디자인기능사	과제명	조은 여행사

※ 다음 요구사항을 준수하여 주어진 자료(수험자 제공파일)를 활용하여 시험시간 내에 웹 페이지를 제작 후 **5MB 용량**이 초과되지 않게 저장 후 제출하시오.
※ 웹 페이지 코딩은 **HTML5 기준 웹 표준**을 준수하여야 하며, 요구사항에 지정되지 않는 요소들은 주제 특성에 맞게 자유롭게 디자인하시오.
※ 문제에서 지시하지 않은 와이어프레임 영역 비율, 레이아웃, 텍스트의 글자체/색상/크기, 요소별 크기, 색상 등은 수험자가 과제명(가. 주제)에 맞게 자유롭게 디자인하시오

가. 주제: 「조은 여행사」 홈페이지 제작
나. 개요
대한민국 대표 여행 회사인 「조은 여행사」는 온라인 상품 판매 웹사이트를 신규 제작하려고 한다. 좋은 품질의 여행 상품을 소개하고 판매하여 매출을 올릴 수 있는 웹사이트 제작을 요청하였다. 아래의 요구사항에 따라 메인페이지를 제작하시오.

다. 요구사항
1) 메인페이지를 디자인하고 HTML, CSS, JavaScript 기반의 웹 페이지를 제작한다.
   (이때 jQuery 오픈소스, 이미지, 텍스트 등의 제공된 리소스를 활용하여 제작할 수 있다)
2) HTML, CSS의 charset는 utf-8로 해야 한다.
3) 컬러 가이드

주조색 (Main Color)	보조색 (Sub Color)	배경색 (Background Color)	기본 텍스트의 색 (Text Color)
자유롭게 지정	자유롭게 지정	#FFFFFF	#333333

4) 사이트 맵(Site Map)

Index Page / 메인(Main)				
메인메뉴 (Main Menu)	국내/제주	해외여행	여행정보	공지사항
서브메뉴 (Sub Menu)	내륙 섬 여행 골프 지방출발	설날연휴 유럽 동남아 중남미	여행후기 웹진 여행준비물 시차정보	고객의 소리 자주묻는질문 이용약관

5) 와이어프레임(Wireframe)
※ Ⓐ~Ⓓ 영역에 제시된 지시사항에 맞춰서 프레임을 구성하고, 자유롭게 디자인을 구성하시오.

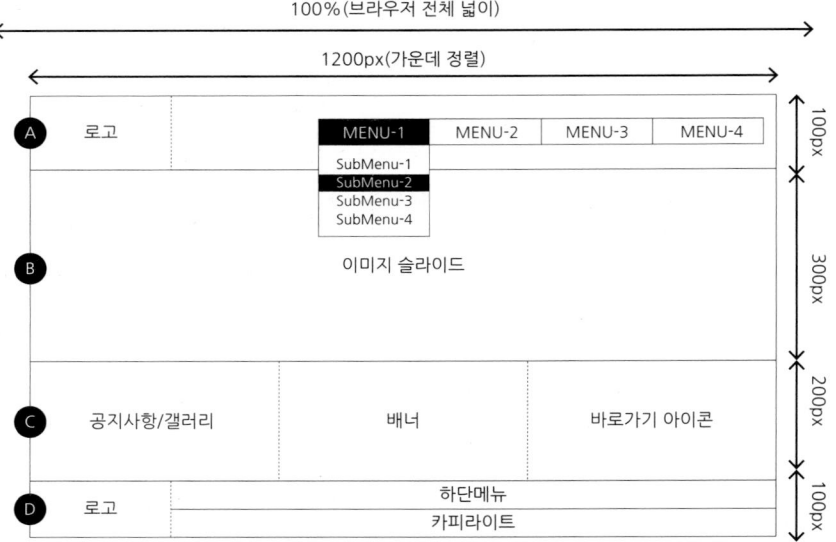

C영역 콘텐츠 각각의 넓이는 수험자가 판단

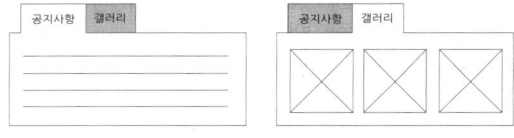

탭으로 구성

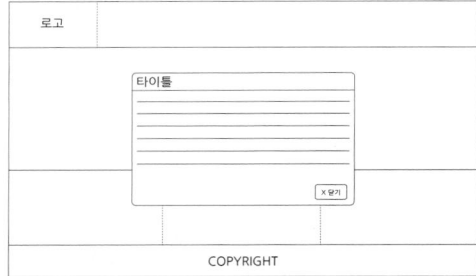

레이어 팝업

라. 세부 영역별 지시사항

영역 및 명칭	세부 지시사항
Ⓐ Header	**A.1 로고** ○ 가로세로 200픽셀×40픽셀 크기로 웹사이트의 이미지에 적합한 로고를 직접 디자인하여 삽입한다. ○ 심벌 없이 로고명을 포함한 워드타입으로 디자인한다. 로고명은 Header 폴더의 제공된 텍스트를 사용한다. **A.2 메뉴 구성** ※ 사이트 구조도를 참고하여 메인메뉴(Main Menu)와 서브메뉴(Sub Menu)로 구성한다. **(1) 메인메뉴(Main Menu) 효과 [와이어프레임 참조]** ○ 메인메뉴 중 하나에 마우스를 올리면(Mouse Over) 하이라이트 되고, 벗어나면(Mouse Out) 하이라이트를 해제한다. ○ 메인메뉴를 마우스로 올리면(Mouse Over) 서브메뉴 영역이 부드럽게 나타나면서, 서브메뉴가 보이도록 한다. ○ 메인메뉴에서 마우스커서가 벗어나면(Mouse Out) 서브메뉴 영역은 부드럽게 사라져야 한다. **(2) 서브메뉴 영역 효과** ○ 서브메뉴 영역은 메인 페이지 콘텐츠를 고려하여 배경색상을 설정한다. ○ 서브메뉴 중 하나에 마우스를 올리면(Mouse Over) 하이라이트 되고 벗어나면(Mouse Out) 하이라이트를 해제한다. ○ 마우스커서가 메뉴 영역을 벗어나면(Mouse Out) 서브메뉴 영역은 부드럽게 사라져야 한다.
Ⓑ Slide	**B. Slide 이미지 제작** ○ [Slide] 폴더에 제공된 3개의 이미지로 제작한다. ○ [Slide] 폴더에 제공된 3개의 텍스트를 각 이미지에 적용하되, 텍스트의 글자체, 굵기, 색상, 크기를 적절하게 설정하여 가독성을 높이고, 독창성이 드러나도록 제작한다. **B. Slide 애니메이션 작업** ※ 위에서 작업한 결과물을 이용하여 슬라이드 작업을 한다. ○ 이미지만 바뀌면 안 되고, 이미지가 위에서 아래 또는 아래에서 위로 이동하면서 전환되어야 한다. ○ 슬라이드는 매 3초 이내로 하나의 이미지에서 다른 이미지로 전환되어야 한다. ○ 웹사이트를 열었을 때 자동으로 시작되어 반복적으로(마지막 이미지가 슬라이드 되면 다시 첫 번째 이미지가 슬라이드 되는 방식) 슬라이드 되어야 한다.
Ⓒ Contents	**C.1 공지사항** ○ 공지사항 타이틀 영역과 콘텐츠 영역을 구분하여 표현해야 한다. (단, 콘텐츠는 HTML 코딩으로 작성해야 하며, 이미지로 삽입하면 안 된다) ○ 콘텐츠는 Contents 폴더의 제공된 텍스트를 적용하여 제작한다. ○ 공지사항의 첫 번째 콘텐츠를 클릭(Click)할 경우 레이어 팝업창(Layer Pop_up)이 나타나며, 레이어 팝업창 내에 닫기 버튼을 두어서 클릭하면 해당 팝업창이 닫혀야 한다. [와이어프레임 참조] ○ 레이어 팝업의 제목과 내용은 Contents 폴더의 제공된 텍스트 파일을 사용한다. **C.2 갤러리** ○ Contents 폴더의 제공된 이미지 3개를 사용하여 가로방향으로 배치한다. [와이어프레임 참조] ○ 공지사항과 갤러리는 탭 기능을 이용하여 제작하여야 한다. ○ 각 탭을 클릭(Click) 시 해당 탭에 대한 내용이 보여야 한다. [와이어프레임 참조] **C.3 배너** ○ Contents 폴더의 제공된 파일을 활용하여 편집 또는 디자인하여 제작한다. **C.4 바로가기** ○ Contents 폴더의 제공된 파일을 활용하여 편집 또는 디자인하여 제작한다.
Ⓓ Footer	**D. Footer** ○ 로고를 grayscale(무채색)로 변경하고 사용자의 접근성을 고려하여 배치한다. ○ Footer 폴더의 제공된 텍스트를 사용하여 Copyright, SNS(3개)를 제작한다.

마. 기술적 준수 사항

1) 웹페이지 코딩은 HTML5 기준 웹 표준을 준수하여야 하며, HTML 유효성검사(W3C Validator)에서 오류('ERROR')가 없도록 코딩하여야 한다.
   ※ HTML 유효성검사 서비스는 시험 시 제공하지 않는다(인터넷 사용불가).
2) CSS는 별도의 파일로 제작하여 링크하여야 하며, CSS3 기준(W3C Validator)에서 오류('ERROR')가 없도록 코딩되어야 한다.
3) JavaScript 코드는 별도의 파일로 제작하여 연결하여야 하며 브라우저(Google Chrome)에 내장된 개발도구의 Console 탭에서 오류('ERROR')가 표시되지 않아야 한다.
4) 상호작용이 필요한 모든 콘텐츠(로고, 메뉴, Slide, 공지사항, 갤러리 등)는 임시링크(예 #)를 적용하고 'Tab'(Tab) 키로 이동 선택할 수 있어야 한다.
5) 사이트는 다양한 화면 해상도에서 일관성 있는 페이지 레이아웃을 제공해야 한다.
6) 웹 페이지 전체 레이아웃은 Table 태그 사용이 아닌 CSS를 통한 레이아웃 작업으로 해야 한다.
7) 브라우저에서 CSS를 "사용 안 함"으로 설정한 경우 콘텐츠가 세로로 나열된다.
8) 타이틀 텍스트(Title Text), 바디 텍스트(Body Text), 메뉴 텍스트(Menu Text)의 각 글자체/굵기/색상/크기 등을 적절하게 설정하여 사용자가 텍스트 간의 위계질서(Hierarchy)를 직관적으로 알 수 있도록 한다.
9) 모든 이미지에는 이미지에 대한 대체 텍스트를 표현할 수 있는 alt 속성이 있어야 한다.
10) 제작된 사이트 메인페이지의 레이아웃, 구성요소의 크기 및 위치 등은 최신버전의 MS Edge와 Google Chrome에서 동일하게 표시되어야 한다.

바. 제출 방법

1) 수험자는 비번호로 된 폴더명으로 완성된 작품 파일을 저장하여 제출한다.
2) 폴더 안에는 images, script, css 등의 자료를 분류하여 저장한 폴더도 포함되어 있어야 하며, 메인페이지는 반드시 최상위 폴더에 index.html로 저장하여 제출해야 한다.
3) 수험자는 제출하는 폴더에 index.html을 열었을 때 연결되거나 표시되어야 할 모든 리소스들을 포함하여 제출해야 하며 수험자의 컴퓨터가 아닌 채점위원의 컴퓨터에서 정상 작동해야 한다.
4) 전체 결과물의 용량은 5MB 용량이 초과되지 않게 제출하며 ai, psd 등 웹서비스에 사용하지 않는 파일은 제출하지 않는다.

2. 수험자 유의사항

※ 다음의 유의사항을 고려하여 요구사항을 완성하시오.
1) 수험자 인적사항 및 답안작성은 반드시 검은색 필기구만 사용하여야 하며, 그 외 연필류, 유색 필기구, 지워지는 펜 등을 사용한 답안은 채점하지 않으며 0점 처리됩니다.
2) 수험에 필요한 소프트웨어 및 참고자료가 하드웨어에 설치되어 있는지 확인 후 작업하시오.
3) 참고자료의 내용 중 오자 및 탈자 등이 있을 때는 수정하여 작업하시오.
4) 지참공구[수험표, 신분증, 흑색 필기도구] 이외의 참고자료 및 외부장치(USB, 키보드, 마우스, 이어폰) 등 어떠한 물품도 시험 중에 지참할 수 없음을 유의하시오.
   (단, 시설목록 이외의 정품 소프트웨어(폰트 제외)를 설치하고자 할 때에는 감독위원의 입회하에 설치하여 사용하시오)
5) 수험자가 컴퓨터 활용 미숙 등으로 인한 시험의 진행이 어렵다고 판단되었을 때는 감독위원은 시험을 중지시키고 실격처리를 할 수 있음을 유의하시오.
6) 바탕화면에 수험자 본인의 "비번호" 이름을 가진 폴더에 완성된 작품의 파일만을 저장하시오.
7) 모든 작품을 감독위원 또는 채점위원이 검토하여 복사된 작품(동일 작품)이 있을 때에는 관련된 수험자 모두를 부정행위로 처리됨을 유의하시오.
8) 장시간 컴퓨터 작업으로 신체에 무리가 가지 않도록 적절한 몸풀기(스트레칭) 후 작업하시오.
9) 다음 사항에 대해서는 실격에 해당되어 채점 대상에서 제외됩니다.
   가) 수험자 본인이 수험 도중 시험에 대한 포기(기권) 의사를 표시하고 포기하는 경우
   나) 작업범위(용량, 시간)를 초과하거나, 요구사항과 현격히 다른 경우(채점위원이 판단)
   다) Slide가 JavaScript(jQuery 포함), CSS 중 하나 이상의 방법을 이용하여 제작되지 않은 경우
      ※ 움직이는 Slide를 제작하지 않고 이미지 하나만 배치한 경우도 실격처리됨
   라) 수험자 미숙으로 비번호 폴더에 완성된 작품 파일을 저장하지 못했을 경우
   마) 압축프로그램을 사용하여 작품을 압축 후 제출한 경우
   바) 과제기준 20% 이상 완성이 되지 않은 경우(채점위원이 판단)

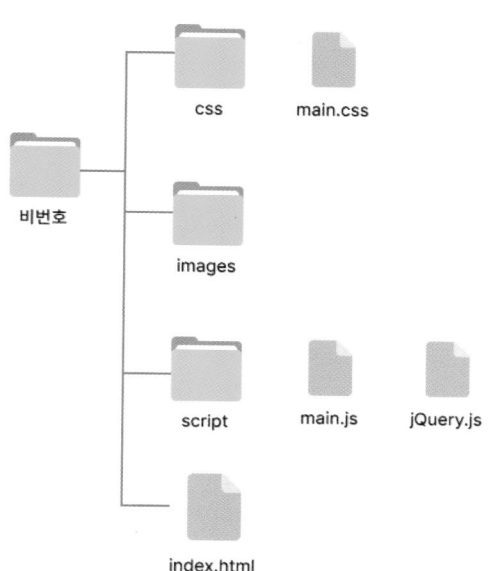

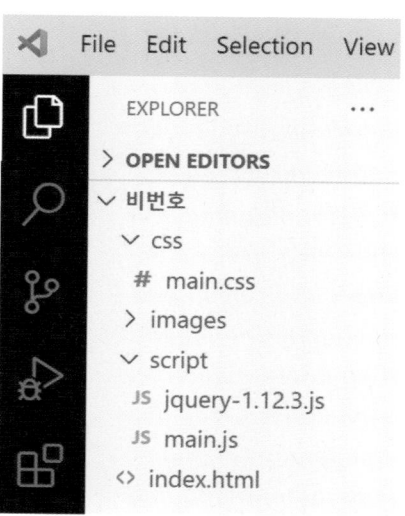

01 폴더 및 파일 생성

01 다음과 같이 폴더구조를 생성하고 필수 파일들을 생성합니다. 웹디자인기능사 시험에서는 시험장 컴퓨터 바탕화면의 비번호 폴더에 폴더 및 파일을 생성해야 합니다. 편의상 예제 폴더 내에 비번호 폴더를 만들고 생성하겠습니다.

02 예제 폴더에서 [PART4] – [기출 유형 문제 5] – [BASE] – [비번호] 폴더를 VS CODE에서 폴더로 열기로 오픈하고 폴더와 새 파일을 생성합니다. 같은 폴더에 [index.html]을 생성한 후 [index.html]을 생성했던 방법과 같이 [css] 폴더를 클릭하여 오픈하고 New File 아이콘을 이용하여 [main.css]를 생성합니다. [script] 폴더를 선택하고 [main.js] 파일을 생성한 후 [수험자 제공 파일] 폴더에서 [jQuery 오픈소스 파일] 폴더 내의 파일을 복사하여 [script] 폴더에 넣어줍니다.

HTML, CSS로 와이어프레임을 구현합니다.

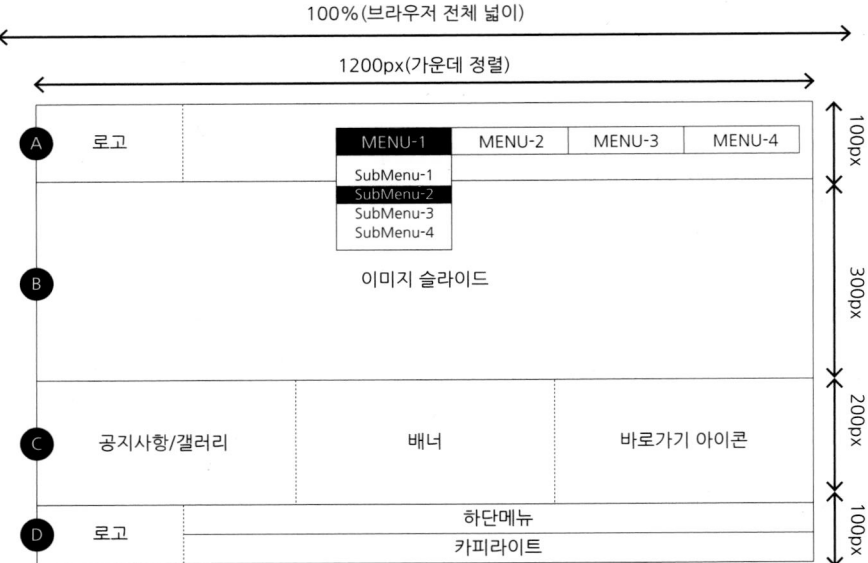

1 HTML

01 [index.html] 파일을 오픈합니다. 느낌표 (!)를 입력한 후 `Tab`을 눌러 기본 코드를 생성하고 title에 제목을 입력합니다.

[index.html]

```
<!DOCTYPE html>
<html lang="ko">
<head>
  <meta charset="UTF-8">
  <meta http-equiv="X-UA-Compatible"
  content="IE=edge">
  <meta name="viewport" content="width=device-
  width, initial-scale=1.0">
  <title>조은 여행사</title>
</head>
<body>


</body>
</html>
```

02 A파트 header, B파트 slides, C파트 main, D파트 footer로 구분하여 큰 구획을 먼저 작성합니다. 모든 요소들을 1200px 너비에 가두기 위해 wrapper를 생성하고, 각 요소에는 의미에 따라 적절하게 클래스명을 추가합니다.

[index.html]

```html
<!DOCTYPE html>
<html lang="ko">
<head>
  <meta charset="UTF-8">
  <meta http-equiv="X-UA-Compatible"
  content="IE=edge">
  <meta name="viewport" content="width=device-
  width, initial-scale=1.0">
  <title>조은 여행사</title>
</head>
<body>
  <div class="wrapper">
    <header>
      <h1 class="logo"></h1>
      <nav></nav>
    </header>
    <div class="slides"></div>
    <main>
      <div class="notice_gallery"></div>
      <div class="banner"></div>
      <div class="quick_links"></div>
    </main>
    <footer>
      <div class="logo"></div>
      <div class="menu_copy">
        <ul class="menu"></ul>
        <p class="copyright"></p>
      </div>
    </footer>
  </div>
</body>
</html>
```

② CSS

01 [index.html] 상단에 link 태그를 이용하여 [main.css]와 연결합니다.

```
                                          [index.html]
<!DOCTYPE html>
<html lang="ko">
<head>
  <meta charset="UTF-8">
  <meta http-equiv="X-UA-Compatible"
  content="IE=edge">
  <meta name="viewport" content="width=device-
  width, initial-scale=1.0">
  <title>조은 여행사</title>
  <link rel="stylesheet" href="css/main.css">
</head>
<body>
```

02 [css] 폴더 내 [main.css] 파일을 열고 리셋용 기본 코드를 작성합니다.

❶ CSS 최상단에는 charset을 설정하여, CSS에서 :before, :after로 생성하는 텍스트가 깨짐 없이 출력되도록 합니다.

❷ 전체 선택자를 활용하여 모든 태그가 태생적으로 가지고 있는 여백, 목록 스타일, 밑줄, 글꼴, 폰트 사이즈, 색상을 리셋하고 요구사항의 컬러가이드에서 제시하는 기본 텍스트 색을 미리 반영해줍니다.

❸ 별도의 지정 없는 주조색(Main Color)과 보조색(Sub Color)은 각각 #1243A6, #4384D9로 설정합니다. 주조색은 메인메뉴의 호버 시 배경색, 보조색은 서브메뉴에 활용할 예정입니다.

❹ img 요소는 inline−block 성격을 가지고 있어 img 요소 밑에 1~2px에 공간이 생기게됩니다. 해당 공간은 vertical−align 속성의 값을 top 또는 bottom을 추가하면 됩니다.

❺ 추가로 요소들을 좌우로 배치할 때 float을 적용하면 부모요소의 높이가 제대로 반영이 되지 않기 때문에 부모요소의 뒷공간에서 요소들이 달려드는 속성을 clear 해 줄 공통의 CSS를 작성합니다.

```
                                          [main.css]
@charset "utf-8";                         ❶
*{                                        ❷
    margin: 0;
    padding: 0;
    list-style: none;
    text-decoration: none;
    font-family: "맑은 고딕";
    font-size: 14px;
    color: #333;
    box-sizing: border-box;
    /*
    main color #1243A6                    ❸
    sub color #4384D9
    text color #333
    */
}
img{                                      ❹
    vertical-align: top;
}
.cf:after{                                ❺
    content: '';
    display: block;
    clear: both;
}
```

03 클래스명 cf는 플롯이 적용될 부모요소에 넣어주면 별도로 clear를 할 필요가 없습니다. 앞서 작성했던 HTML에 클래스명을 추가합니다.

```html
<body>
  <div class="wrapper">
    <header class="cf">
      <h1 class="logo"></h1>
      <nav></nav>
    </header>
    <div class="slides"></div>
    <main class="cf">
      <div class="notice_gallery"></div>
      <div class="banner"></div>
      <div class="quick_links"></div>
    </main>
    <footer class="cf">
      <div class="logo"></div>
      <div class="menu_copy">
        <ul class="menu cf"></ul>
        <p class="copyright"></p>
      </div>
    </footer>
  </div>
</body>
```

04 이제 요구사항의 wireframe에서 제시하는 너비와 높이를 확인하여 요소들의 스타일을 지정합니다. 지정할 때 요소들의 배치 및 크기가 제대로 반영되는지 확인하기 위해 각 요소에 배경색을 추가합니다. 배경색은 이후 요구사항을 확인 후 모두 제거하거나 수정합니다. 각 요소들의 크기와 위치를 확인하기 위해 임시로 상단부터 큰 구성요소들의 배경은 #aaa, #bbb, #ccc, #ddd으로, 각 내용들은 #999, #888, #777, #666, #555 식으로 빠르게 적용합니다.

클래스명 wrapper에 너비를 지정하고 화면 가운데 오도록 margin을 설정한 후 나머지 요소들의 너비, 높이, 배경색을 지정합니다. 브라우저 화면을 확인하면 1200px 너비를 가지는 요소가 화면 가운데 있는 것을 확인할 수 있습니다.

```css
/* wireframe */
.wrapper{
    width: 1200px;
    margin: 0 auto;
}
header{
    height: 100px;
    background: #aaa;
}
.slides{
    height: 300px;
    background: #bbb;
}
main{
    height: 200px;
    background: #ccc;
}
footer{
    height: 100px;
    background: #ddd;
}
```

출력화면

05 이제 각 파트별 주 내용들의 너비, 높이, 배경을 지정합니다. 특히 header 안 로고는 왼쪽, 메뉴는 오른쪽, main 태그 안의 내용들은 각각 가로로 배치되어야 하므로 float을 적용합니다.

로고와 nav의 높이는 임시로 100%로 합니다. 이후 로고의 크기와 메뉴의 크기에 따라 수정합니다.

출력화면

[main.css]

```css
/* header */
header .logo{
    width: 200px;
    background: #999;
    float: left;
    height: 100%;
}
header nav{
    width: 1000px;
    background: #888;
    float: right;
    height: 100%;
}
```

06 메인 영역의 콘텐츠들의 너비와 높이를 지정하고 float을 이용하여 배치합니다.

출력화면

[main.css]

```css
/* Main Contents */
main>div{
    width: 400px;
    float: left;
    height: 100%;
}
main .notice_gallery{
    background: #777;
}
main .banner{
    background: #666;
}
main .quick_links{
    background: #555;
}
```

07 푸터 영역도 와이어 프레임을 참조하여 너비를 지정하고 가로 배치합니다.

출력화면

```css
/* Footer */
footer div{
    float: left;
    height: 100%;
}
footer .logo{
    width: 200px;
    background: #ccc;
}
footer .menu_copy{
    width: 1000px;
}
footer .menu{
    background: #ddd;
    height: 50px;
}
footer .copyright{
    background: #eee;
    height: 50px;
}
```

A.1 로고

○ 가로세로 200픽셀×40픽셀 크기로 웹사이트의 이미지에 적합한 로고를 직접 디자인하여 삽입한다.

○ 심벌 없이 로고명을 포함한 워드타입으로 디자인한다. 로고명은 Header 폴더의 제공된 텍스트를 사용한다.

D. Footer

○ 로고를 Grayscale(무채색)로 변경하고 사용자의 접근성을 고려하여 배치한다.

---

1 Photoshop

01 로고는 200px×40px로 심벌 없이 워드타입으로 제작해야 합니다. 문구는 [수험자 제공 파일] − [Header] 폴더에서 [Header텍스트.txt]의 내용을 참조합니다. 포토샵을 실행한 후 200px×40px의 새 문서를 만듭니다.

- Width : 200px
- Height : 40px
- Artboards : 체크 해제
- Color Mode : RGB Color
- Background Contents : Transparent (투명한 배경)

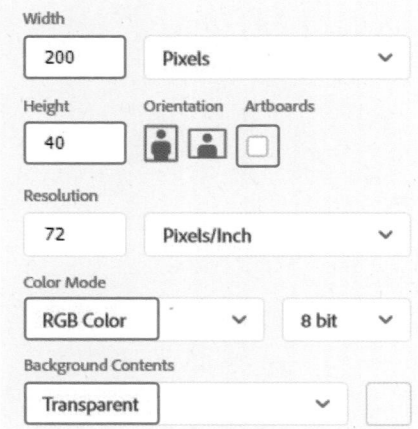

02 T. (Type Tool)을 선택한 후 조은 여행사를 입력합니다.

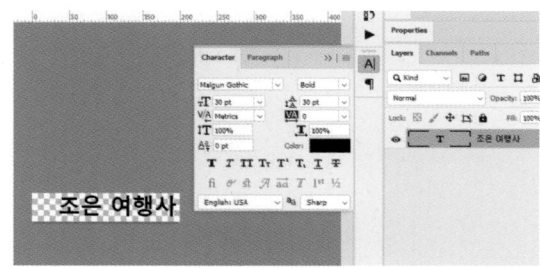

03 레이어의 섬네일 부분을 더블 클릭하여 텍스트를 모두 선택합니다. `Ctrl`+`T`를 눌러 [Character] 패널을 열고 다음과 같이 설정한 후 다시 텍스트 레이어의 섬네일 부분을 클릭하여 설정을 마무리합니다.

- Font : 맑은 고딕
- Size : 30pt
- Color : #000
- Style : Bold

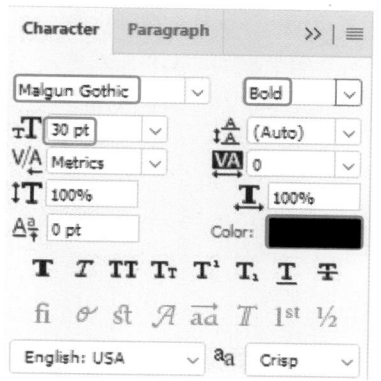

04 현재 화면을 보면 텍스트가 중앙에 위치해 있지 않습니다. 로고를 정중앙에 두기 위해 ❶ 텍스트 레이어를 선택한 후 `Ctrl`+`A`를 눌러 전체 영역에 선택영역을 만듭니다. 선택영역이 만들어지면 ❷ [Move Tool] 툴을 선택한 후 ❸ 정렬아이콘을 클릭하여 가운데 배치합니다. `Ctrl`+`D`를 눌러 선택영역을 해제합니다.

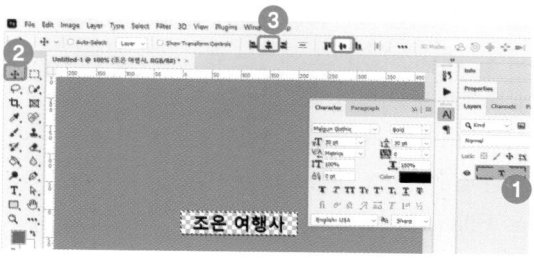

05 ❶ 섬네일 부분을 더블 클릭하여 텍스트를 모두 선택한 후 ❷를 클릭하여 컬러 피커를 열고 ❸ 색상을 #1243A6으로 변경합니다.

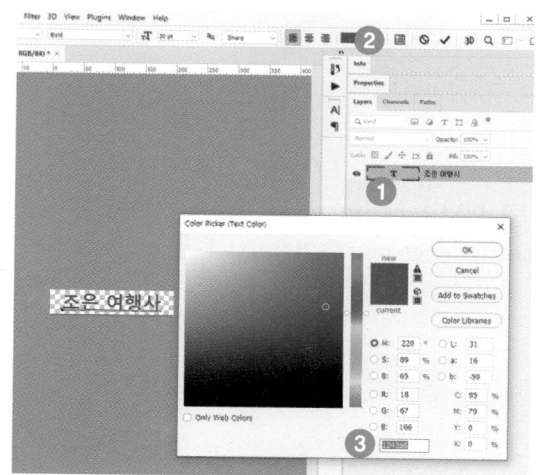

06 툴박스에서 T.(Type Tool)을 선택한 후 조은 부분만 선택하고 색상을 #4384D9으로 변경합니다.

07 배경이 투명한 png 파일로 로고를 저장합니다. Photoshop CC에서는 레이어가 선택된 상태에서 바로 이미지를 png로 저장할 수 있습니다. 텍스트 레이어를 선택하고 레이어 이름 부분에서 마우스 우클릭한 후 [Quick Export as PNG]를 선택합니다.

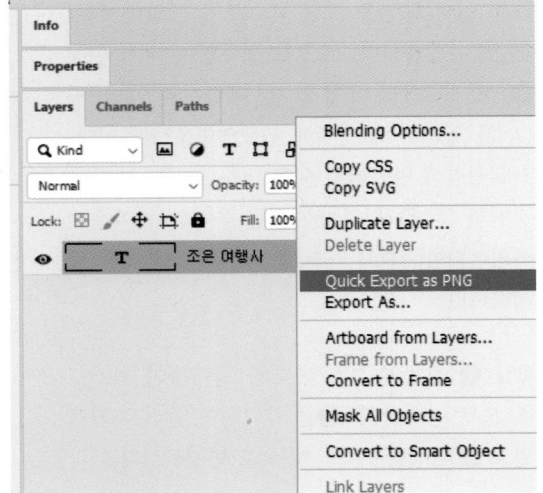

08 비번호 안 [images] 폴더를 선택한 후 'header_logo.png'로 저장합니다.

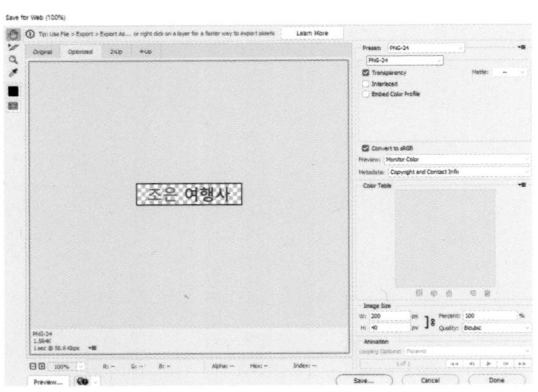

CC 버전 이전의 포토샵에서는 [File] – [Save for Web] 메뉴를 통해 저장할 수 있습니다.

09 지시사항을 따라 Footer의 로고는 무채색으로 변경해야 합니다. 앞서 완성한 로고에서 ◉.[Adjustment Layer(보정 레이어)] — [Gradient Map]을 선택하여 간단하게 채도를 제거할 수 있습니다.

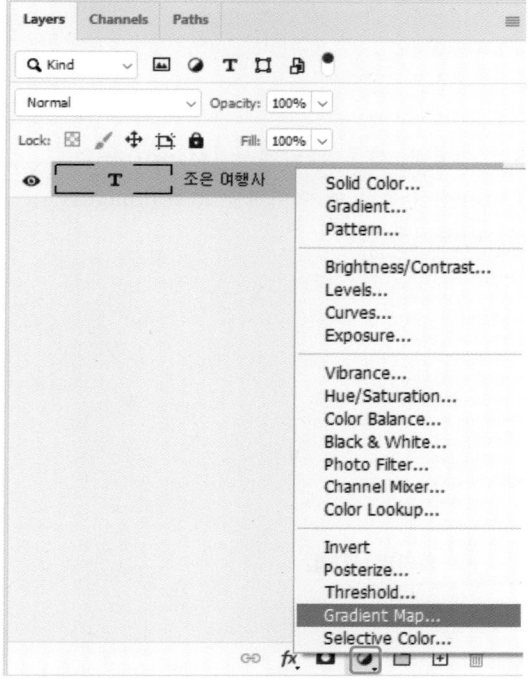

10 Gradient Map 설정 화면에서 **❶**을 클릭하여 설정 창을 열고 **❷** Basics에서 Black, white를 클릭합니다.

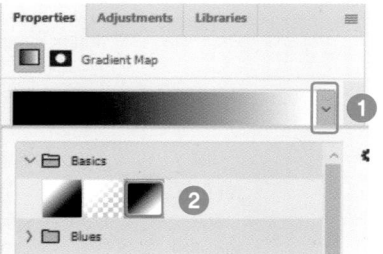

무채색으로 변경하는 또 다른 방법은 글자가 적힌 레이어를 마우스 우클릭하여 [Rasterize Type]을 선택하고 이미지로 변경한 후, 상단 메뉴의 [Image] – [Adustments] – [Desaturate]를 적용해주는 것입니다.

11 보정 레이어를 통해 무채색으로 변경하였으면 [File] − [Export] −[Save for Web(legacy)] 메뉴에서 파일확장자를 png로 선택하고 'footer_logo.png'로 저장합니다.

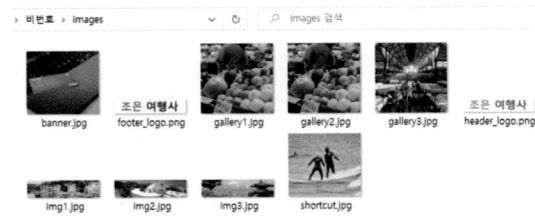

12 수험자 제공 파일에서 [slide] 폴더, [Contents] 폴더 내 이미지를 모두 [images] 폴더로 복사합니다.

04 ▶ 영역별 HTML

1 Header 영역

사이트맵을 참조하여 로고와 메뉴 구조의 HTML을 작성합니다.

Index Page / 메인(Main)				
메인메뉴 (Main Menu)	국내/제주	해외여행	여행정보	공지사항
서브메뉴 (Sub Menu)	내륙 섬 여행 골프 지방출발	설날연휴 유럽 동남아 중남미	여행후기 웹진 여행준비물 시차정보	고객의 소리 자주묻는질문 이용약관

01 h1 태그 안에 a 태그를 생성하고 img 태그를 작성합니다. 우선 메인메뉴 리스트를 작성한 후 각 메뉴의 하위 메뉴를 각 li의 종료태그 안쪽에 ul 태그를 작성하여 서브메뉴 구조를 완성합니다.

메인메뉴와 서브메뉴의 ul 태그에는 이후 CSS 작성 시 선택이 용이하도록 main_menu, sub_menu 클래스명을 추가합니다.

출력화면

```html
<header class="cf">
  <h1 class="logo">
    <a href="#">
      <img src="images/header_logo.png"
      alt="조은 여행사 로고">
    </a>
  </h1>
  <nav>
    <ul class="main_menu cf">
      <li><a href="#">국내/제주</a>
        <ul class="sub_menu">
          <li><a href="#">내륙</a></li>
          <li><a href="#">섬 여행</a></li>
          <li><a href="#">골프</a></li>
          <li><a href="#">지방출발</a></li>
        </ul>
      </li>
      <li><a href="#">해외여행</a>
        <ul class="sub_menu">
          <li><a href="#">설날연휴</a></li>
          <li><a href="#">유럽</a></li>
          <li><a href="#">동남아</a></li>
          <li><a href="#">중남미</a></li>
        </ul>
      </li>
      <li><a href="#">여행정보</a>
        <ul class="sub_menu">
          <li><a href="#">여행후기</a></li>
          <li><a href="#">웹진</a></li>
          <li><a href="#">여행준비물</a></li>
          <li><a href="#">시차정보</a></li>
        </ul>
      </li>
      <li><a href="#">공지사항</a>
        <ul class="sub_menu">
          <li><a href="#">고객의 소리</a></li>
          <li><a href="#">자주묻는질문</a></li>
          <li><a href="#">이용약관</a></li>
        </ul>
      </li>
    </ul>
  </nav>
</header>
```

② 슬라이드 영역

슬라이드 영역의 지시사항에 따라 HTML을 작성합니다.

B. Slide 이미지 제작
○ [Slide] 폴더에 제공된 3개의 이미지로 제작한다.
○ [Slide] 폴더에 제공된 3개의 텍스트를 각 이미지에 적용하되, 텍스트의 글자체, 굵기, 색상, 크기를 적절하게 설정
   하여 가독성을 높이고, 독창성이 드러나도록 제작한다.

B. Slide 애니메이션 작업
※ 위에서 작업한 결과물을 이용하여 슬라이드 작업을 한다.
○ 이미지만 바뀌면 안 되고, 이미지가 위에서 아래 또는 아래에서 위로 이동하면서 전환되어야 한다.
○ 슬라이드는 매 3초 이내로 하나의 이미지에서 다른 이미지로 전환되어야 한다.
○ 웹사이트를 열었을 때 자동으로 시작되어 반복적으로(마지막 이미지가 슬라이드 되면 다시 첫 번째 이미지가 슬
   라이드 되는 방식) 슬라이드 되어야 한다.

01 각 슬라이드에 나타날 텍스트는 [수험자 제공 파일] – [Slide] – [Slide 이미지 텍스트.txt]를 참조하여 작성합니다. 슬라이드 텍스트는 태그를 작성하고 CSS 스타일을 이용하여 각 이미지 위에 표시되도록 할 예정입니다.

출력화면

[index.html]

```
</header>
<div class="slides">
  <ul class="container">
    <li class="slide">
      <a href="#">
        <img src="images/img1.jpg"
        alt="마음이 이끄는 대로 유럽">
        <h2>마음이 이끄는 대로 유럽</h2>
      </a>
    </li>
    <li class="slide">
      <a href="#">
        <img src="images/img2.jpg"
        alt="모두가 기다린 괌 여행">
        <h2>모두가 기다린 괌 여행</h2>
      </a>
    </li>
    <li class="slide">
      <a href="#">
        <img src="images/img3.jpg"
        alt="해외여행 - 일본편">
        <h2>해외여행 - 일본편</h2>
      </a>
    </li>
  </ul>
</div>
<main class="cf">
```

3 메인 영역 내 공지사항 탭

01 탭 구현은 내부 링크 방식으로 작성합니다.

```html
<main class="cf">
  <div class="notice_gallery">
    <ul class="tabmenu cf">
      <li class="active">
        <a href="#notice">공지사항</a>
      </li>
      <li>
        <a href="#gallery">갤러리</a>
      </li>
    </ul>
    <div class="tabcontent">
      <div id="notice" class="active">
        <ul>
          <li><a href="#">여행 후기 이벤트 안내
<span class="date">2024.03.01</span></a></li>
          <li><a href="#">라오스 여행관련 안내사
항<span class="date">2024.03.01</span></a></li>
          <li><a href="#">이벤트 당첨자 안내<span
class="date">2024.03.01</span></a></li>
          <li><a href="#">고객 서비스 점검 안내
<span class="date">2024.03.01</span></a></li>
        </ul>
      </div>
      <div id="gallery">
        <ul class="cf">
          <li><a href="#">
            <img src="images/gallery1.jpg"
            alt="gallery1">
          </a></li>
          <li><a href="#">
            <img src="images/gallery2.jpg"
            alt="gallery2">
          </a></li>
          <li><a href="#">
            <img src="images/gallery3.jpg"
            alt="gallery3">
          </a></li>
        </ul>
      </div>
    </div>
  </div>
  <!-- //notice_gallery -->
  <div class="banner"></div>
```

◢ 메인 영역 내 배너 및 바로가기

01 배너와 바로가기 부분의 HTML을 작성합니다. 제목과 이미지로 구성하고 a tag로 두 요소를 감싸줍니다. 이후 제목은 a 태그를 기준으로 절댓값으로 배치할 예정입니다.

[index.html]

```html
<!-- //notice_gallery -->
<div class="banner">
  <a href="#">
    <h2>banner</h2>
    <img src="images/banner.jpg" alt="banner">
  </a>
</div>
<div class="quick_links">
  <a href="#">
    <h2>바로가기</h2>
    <img src="images/shortcut.jpg"
    alt="바로가기">
  </a>
</div>
</main>
```

◢ 푸터

01 푸터 부분은 로고, 하단메뉴, 카피라이트로 구성되어 있습니다.

로고	하단메뉴
	카피라이트

푸터 로고, 하단메뉴, 카피라이트를 작성합니다. 이때 저작권 표시 ©는 엔터티 코드 ©으로 입력했습니다.

[index.html]

```html
<footer class="cf">
  <div class="logo">
    <a href="#">
      <img src="images/footer_logo.png"
      alt="footer logo">
    </a>
  </div>
  <div class="menu_copy">
    <ul class="menu cf">
     <li><a href="#">법적고지</a></li>
     <li><a href="#">개인정보취급방침</a></li>
     <li><a href="#">개인정보처리방침</a></li>
    </ul>
    <p class="copyright">COPYRIGHT&copy;by 조은여
행사. ALL RIGHTS RESERVED</p>
  </div>
</footer>
```

6 팝업

01 전체화면을 차지할 요소를 아이디명 popup으로 생성하고 가운데 나타날 창을 클래스명 popup_content를 작성합니다.

[수험자 제공 파일] - [contents] 폴더의 [Contents텍스트.txt]를 참조하여 팝업용 HTML을 작성합니다. css에서 id명 popup를 전체 화면을 기준으로 고정할 것이기 때문에 작성 위치는 어디든 상관없지만 footer 다음에 작성했습니다.

HTML을 작성하고 브라우저를 확인해보면 아직 CSS를 작성하기 전이므로 와이어프레임에서 설정한 높이보다 넘치는 부분들이 보이는 상태입니다.

출력화면

[index.html]

```
</footer>
</div><!-- //wrapper -->
<!-- popup -->
<div id="popup">
  <div class="popup_content">
    <h2>여행 후기 이벤트 안내</h2>
    <p>
    조은 여행사입니다.<br>
    여행 후기 이벤트를 2024년 3월부터 시작하고자
    합니다. 고객님의 소중한 이야기 중 '베스트 여
    행 후기'를 선정하여 감사의 마음을 전하는 이
    벤트입니다.
    </p>
    <div class="close">닫기</div>
  </div>
</div>
<!-- //popup -->
</body>
```

■ Header 영역

01 우선 와이어프레임 단계에서 설정했던 header와 header nav의 배경을 제거하고 클래스명 로고에 내부여백(Padding)을 이용하여 간격을 추가합니다. 임시로 추가했던 height: 100%도 주석처리하거나 제거합니다.

출력화면

조은 **여행사** 국내/제주
내륙
섬 여행
골드
지방출발

```css
[main.css]

/* wireframe */
.wrapper{
    width: 1200px;
    margin: 0 auto;
}
header{
    height: 100px;
    /* 배경 제거 */
}
중략...

/* header */
header .logo{
    width: 200px;
    /* 배경 제거 */
    float: left;
    height: 100%;
}
header nav{
    width: 1000px;
    /* 배경 제거 */
    float: right;
    height: 100%;
}
```

■ 메뉴 영역

헤더의 메뉴는 가로조정형 메뉴로 구현합니다.

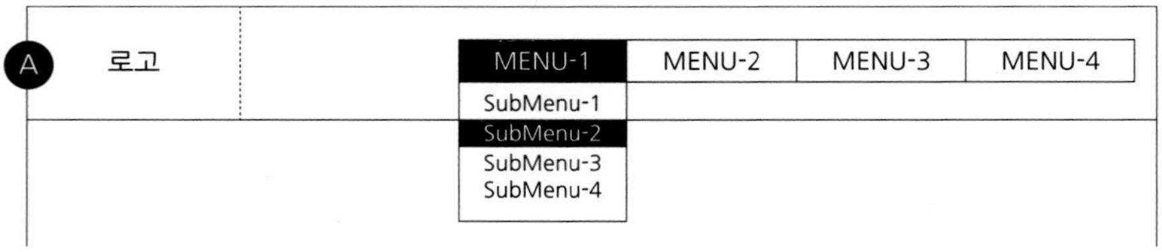

(A) 로고		MENU-1	MENU-2	MENU-3	MENU-4
		SubMenu-1			
		SubMenu-2			
		SubMenu-3			
		SubMenu-4			

01 ❶ 메뉴의 너비와 외부에 여백을 추가합
니다. position 설정을 추가하고 이후 본문영역
에서 absolute를 적용하여 구현할 슬라이드보
다 위로 올라올 수 있도록 z−index: 1을 설정
합니다.

❷ 선택자로 메인메뉴만 선택한 후 float으로
가로 배치, 높이와 너비를 지정하고 텍스트를
가운데로 정렬합니다.

❸ 선택자로 모든 a 태그를 선택하고 색상을 설
정한 후 li 태그 내에서 전체 영역을 차지하여
클릭하기 쉽도록 display: block을 추가하고
기본 배경을 설정합니다.

> 출력화면

02 서브메뉴에 배경과 글자 색상을 추가합니다.

> 출력화면

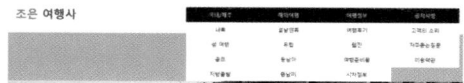

[main.css]

```css
/* header */
header .logo{
    width: 200px;
    float: left;
    height: 100%;
}

/* Navigation */
header nav{                    ❶
    float: right;
    width: 720px;
    margin-top: 30px;
    margin-right: 10px;
    position: relative;
    z-index: 1;
}
nav>ul>li{                     ❷
    line-height: 40px;
    float: left;
    width: 180px;
    text-align: center;
}
nav>ul>li a{                   ❸
    color: #fff;
    display: block;
    background: #333;
}

/* Main Contents */
```

[main.css]

```css
nav>ul>li a{
    color: #fff;
    display: block;
    background: #333;
}
.sub_menu li a{
    background: #fff;
    display: block;
    color: #333;
}

/* Main Contents */
```

03 메뉴에 마우스를 올렸을 때의 배경이 변경되도록 스타일을 작성합니다. 이때 주조색을 메인메뉴의 배경에 적용하고, 보조색을 서브메뉴의 배경에 적용했습니다. 메인메뉴와 서브메뉴의 a 태그를 모두 선택하고 배경색을 변경합니다.

출력화면

메인메뉴 호버 시 배경

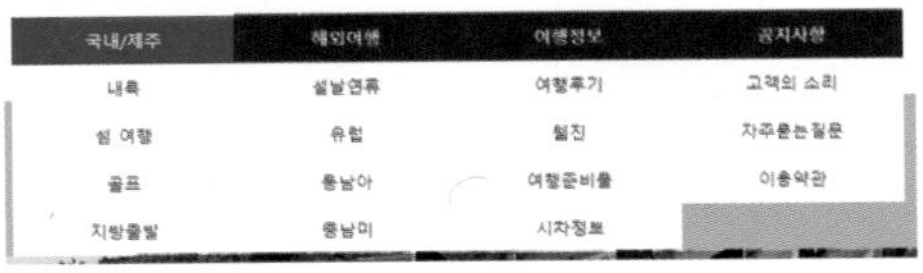

서브메뉴 호버 시 배경

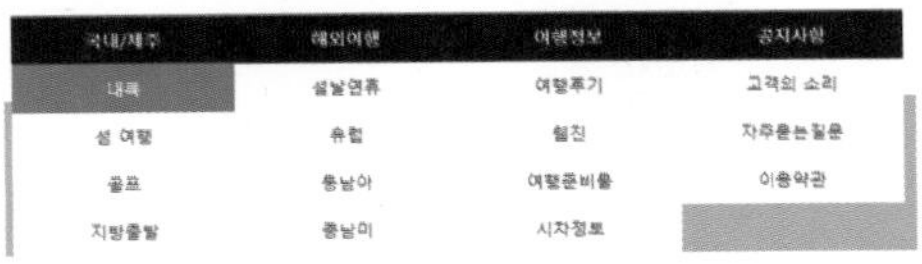

[main.css]

```css
.sub_menu li a{
    background: #fff;
    display: block;
    color: #333;
}
.main_menu>li>a:hover{
    background: #1243A6;
    color: #fff;
}
.sub_menu a:hover{
    background: #4384D9;
    color: #fff;
}

/* Main Contents */
```

04 서브메뉴의 스타일이 완성되었으니 이제 마우스를 올리기 전에는 보이지 않도록 스타일을 설정합니다. 이때 서브메뉴가 나타나도 메인메뉴의 스타일이 깨지지 않도록 서브메뉴는 주메뉴를 기준으로 서브메뉴를 절댓값으로 배치합니다.

❶ 주메뉴를 기준으로 설정하기 위해 nav>ul>li 에 position: relative를 추가합니다.

❷ 서브메뉴를 절댓값으로 배치하고 바로 위 부모인 메인메뉴를 기준으로 배치되도록 합니다.

출력화면

```
                                                    [main.css]
/* Navigation */
header nav{
    float: right;
    width: 720px;
    margin-top: 30px;
    margin-right: 10px;
    position: relative;
    z-index: 1;
}
nav>ul>li{                                          ❶
    line-height: 40px;
    float: left;
    width: 180px;
    text-align: center;
    position: relative;
}
nav>ul>li a{
    color: #fff;
    display: block;
    background: #333;
}
.sub_menu{                                          ❷
    position: absolute;
    left: 0;
    width: 100%;
    display: none;
}
.sub_menu li a{
    background: #fff;
    display: block;
    color: #333;
}
```

◢3◣ 슬라이드 영역

B. Slide 이미지 제작

○ [Slide] 폴더에 제공된 3개의 이미지로 제작한다.

○ [Slide] 폴더에 제공된 3개의 텍스트를 각 이미지에 적용하되, 텍스트의 글자체, 굵기, 색상, 크기를 적절하게 설정
하여 가독성을 높이고, 독창성이 드러나도록 제작한다.

B. Slide 애니메이션 작업

※ 위에서 작업한 결과물을 이용하여 슬라이드 작업을 한다.

○ 이미지만 바뀌면 안 되고, 이미지가 위에서 아래 또는 아래에서 위로 이동하면서 전환되어야 한다.

○ 슬라이드는 매 3초 이내로 하나의 이미지에서 다른 이미지로 전환되어야 한다.

○ 웹사이트를 열었을 때 자동으로 시작되어 반복적으로(마지막 이미지가 슬라이드 되면 다시 첫 번째 이미지가 슬
라이드 되는 방식) 슬라이드 되어야 한다.

01 슬라이드를 위 아래로 이동하려면 클래스명 slides를 기준으로 ul을 세로로 길게 절댓값으로 배치하고, 클래스명 slides를 넘치는 요소는 보이지 않도록 스타일을 작성해야 합니다. 이후 스크립트에서 ul의 top 값을 변경하도록 작성하면 됩니다.

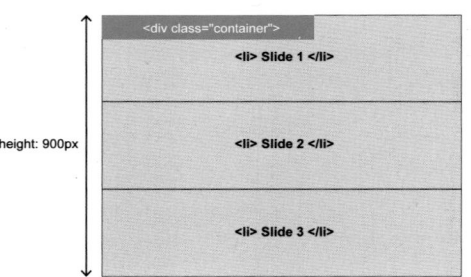

[index.html]

```
<div class="slides">
  <ul class="container">
    <li class="slide">
      <a href="#">
        <img src="images/img1.jpg"
        alt="마음이 이끄는 대로 유럽">
        <h2>마음이 이끄는 대로 유럽</h2>
      </a>
    </li>
    <li class="slide">
      <a href="#">
        <img src="images/img2.jpg"
        alt="모두가 기다린 괌 여행">
        <h2>모두가 기다린 괌 여행/h2>
      </a>
    </li>
    <li class="slide">
      <a href="#">
        <img src="images/img3.jpg"
        alt="해외여행 - 일본편">
        <h2>해외여행 - 일본편</h2>
      </a>
    </li>
  </ul>
</div>
```

02 좀더 자세히 보면 ul의 부모인 conatiner의 높이는 슬라이드 하나의 높이인 300px로 설정하고 conatiner를 넘치는 요소는 보이지 않도록 합니다. 슬라이드 이동은 ul의 margin—top 값을 -300px, -600px과 같이 설정하여 슬라이드 전체를 위로 이동시키는 것입니다.

조은 여행사

03 각 슬라이드 이미지 위에 제목이 나타나도록 하겠습니다. 클래스명 slide를 기준으로 h2 요소를 절댓값으로 배치합니다.

이때 h2 요소를 정가운데 두기 위해 left: 50%, top: 50%를 입력하고 배경은 검은색에 투명도 80%를 적용합니다. 내부 여백은 상하 10px 좌우 25px을 적용한 상태입니다.

현재 h2가 차지하는 크기의 너비의 반만큼 왼쪽으로, 높이의 반만큼 위로 올라가야 합니다. margin을 이용하여 왼쪽과 위쪽으로 배치할 수도 있지만 슬라이드 제목이 길이가 모두 다른 상황이라면 marin—left 값을 px로 줄 수는 없습니다. 그래서 요소의 크기에 상관없이 해당 요소의 크기의 정확히 반만큼 이동할 수 있는 방법은 transform의 translate입니다.

조은 여행사

[main.css]

```css
/* Slides */
.slides{
    width: 100%;
    overflow: hidden;
    height: 300px;
}
slides>ul{
    height: 900px;
}
.slide{
    width: 1200px;
    height: 300px;
    position: relative;
}

/* Main Contents */
```

[main.css]

```css
.slide{
    width: 1200px;
    height: 300px;
    position: relative;
}
.slide h2{
    position: absolute;
    left: 50%;
    top: 50%;
    transform: translate(-50%, -50%);
    background: rgba(0,0,0,.8);
    padding: 10px 25px;
    color: #fff;
}

/* Main Contents */
```

4 메인 영역 - 공지사항과 탭

01 와이어 프레임단계에서 추가했던 'main', 'main .notice_gallery', 'main .banner', 'main .quick_links'의 배경을 제거합니다.

출력화면

 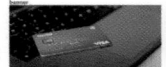 

[main.css]

```css
/* wireframe */
중략...

main{
    height: 200px;
    /* 배경 제거 */
}

중략...

/* Main Contents */
main>div{
    width: 400px;
    float: left;
    height: 100%;
}

/*
배경을 제거하기 위해 모두 제거
main .notice_gallery{
    background: #777;
}
main .banner{
    background: #666;
}
main .quick_links{
    background: #555;
}
*/

/* Footer */
```

02 탭 메뉴를 가로 배치하고, 보여질 탭의 내용은 클래스명 tabcontent를 기준으로 절댓값으로 배치하여 겹쳐 있도록 합니다. 기본적으로 탭 내용이 보이지 않도록 하고 클래스명 active가 있을 때 보이도록 하겠습니다. 탭 메뉴는 float으로 가로 배치하고, 탭 콘텐츠는 position으로 tabcontent를 기준으로 겹쳐놓습니다.

❶ 공지사항, 배너, 바로가기의 부모인 main 요소에 위아래 여백과 배경을 설정합니다.

❷ li 태그에 active가 있을 때 a 태그의 배경색을 변경하여 활성화된 메뉴를 표현합니다.

❸ position: relative로 기준을 설정하고 자식 요소를 모두 position: absolute로 설정하면 부모인 tabcontent의 높이가 반영되지 않을 것이기 때문에 높이를 150px 추가합니다. padding 값과 합산되어 높이가 150px보다 커지지 않도록 box−sizing 속성의 값을 border−box로 설정합니다.

❹ tabcontent의 내용들 모두를 position: absolute로 절댓값으로 설정합니다. 기본 위치를 기준요소인 tabcontent를 기준으로 너비 모두를 사용하도록 left와 right 값을 추가하고, 보이지 않도록 display: none을 추가합니다.

❺ 탭 내용인 div 요소에 active가 추가되었을 때 내용이 보이도록 display: block을 추가합니다.

출력화면

[main.css]

```css
/* wireframe */
중략...

main{                                    ❶
    height: 200px;
    padding: 10px 0;
}

중략...

/* TAB */
.tabmenu li{
    float: left;
}
.tabmenu li a{
    display: block;
    padding: 5px 10px;
    border: 1px solid #ccc;
    border-bottom: none;
    background: #ccc;
}
.tabmenu li.active a{                    ❷
    background: #fff;
}
.tabcontent{                             ❸
    padding: 10px;
    border: 1px solid #ccc;
    position: relative;
    height: 150px;
    box-sizing: border-box;
}
.tabcontent>div{                         ❹
    position: absolute;
    left: 0;
    right: 0;
    display: none;
}
.tabcontent>div.active{                  ❺
    display: block;
}

/* Footer */
```

5 메뉴와 갤러리 스타일

01 메뉴의 높이와 간격, 갤러리의 간격 등을 설정합니다.

❶ 공지사항 목록에서 날짜 부분이 오른쪽에 배치되도록 float을 설정합니다.

❷ 메뉴들 중 짝수 번째를 선택하고 배경을 설정합니다.

❸ 자식요소 ul 전체를 가로측에서 가운데 배치할 수 있도록 text-align: center와 상하 여백을 추가합니다.

❹ ul 요소를 가로측에서 중앙에 배치하기 위해서 속성을 inline-block으로 변경합니다.

❺ 갤러리를 정중앙에 최대한 큰 이미지로 배치하기 위해서 너비를 110px로 지정하고 마진을 이용하여 간격을 추가합니다.

❻ 마지막 li에 마진을 제거합니다.

❼ 이미지의 너비가 100%가 되도록 설정합니다.

[main.css]

```css
#notice{
    padding: 0 10px;
}
#notice li{                         ❶
    line-height: 30px;
}
#notice li span{
    float: right;
}
#notice li:nth-child(even){         ❷
    background: #ccc;
}
#notice li a:hover{
    font-weight: bold;
}
#gallery{                           ❸
    padding: 20px 0;
    text-align: center;
}
#gallery ul{                        ❹
    display: inline-block;
}
#gallery ul li{                     ❺
    float: left;
    width: 110px;
    margin-right: 10px;
}
#gallery ul li:last-child{          ❻
    margin-right: 0;
}
#gallery ul li img{                 ❼
    width: 100%;
}

/* Footer */
```

02 임시로 갤러리 부분의 화면을 확인하기 위해 HTML에서 클래스명 active를 갤러리 링크 부분의 li로 옮기고, id명 gallery 위치로 클래스명 active를 이동시킵니다.

HTML을 작성해주면 출력화면과 같이 갤러리가 이상 없이 배치됩니다. 하지만 자세히 보면 메뉴 밑에 선이 보이고 있습니다. 메뉴의 CSS를 확인해보면 테두리 아래쪽은 제거한 상태이지만 tabcontent가 메뉴보다 앞쪽으로 나타나기 때문에 선이 보이고 있습니다.

[index.html]

```html
<main class="cf">
  <div class="notice_gallery">
    <ul class="tabmenu cf">
      <li>
        <a href="#notice">공지사항</a>
      </li>
      <li class="active">
        <a href="#gallery">갤러리</a>
      </li>
    </ul>
    <div class="tabcontent">
      <div id="notice">
        중략...
      </div>
      <div id="gallery" class="active">
        중략...
      </div>
    </div>
  </div>
  <!-- //notice_gallery -->
```

출력화면

03 위의 작업에서 메뉴 밑에 선이 보이는 문제를 해결하기 위해 메뉴가 tabcontent보다 위쪽에 있도록 position을 주고 z-index 값을 추가하여 위로 올라오도록 합니다. top 값을 주어 1px 아래로 내려와 tabcontent의 상단 테두리를 가릴 수 있도록 합니다.

[main.css]

```css
/* TAB */
.tabmenu{
    position: relative;
    z-index: 1;
    top: 1px;
}
.tabmenu li{
    float: left;
}
```

출력화면

04 임시로 옮겼던 클래스명 active를 다시 원위치로 되돌립니다.

출력화면

공지사항	갤러리	
여행 후기 이벤트 안내		2024.03.01
라오스 여행관련 안내사항		2024.03.01
이벤트 당첨자 안내		2024.03.01
고객 서비스 점검 안내		2024.03.01

[index.html]

```html
<main class="cf">
  <div class="notice_gallery">
    <ul class="tabmenu cf">
      <li  class="active">
        <a href="#notice">공지사항</a>
      </li>
      <li>
        <a href="#gallery">갤러리</a>
      </li>
    </ul>
    <div class="tabcontent">
      <div id="notice" class="active">
        중략...
      </div>
      <div id="gallery">
        중략...
      </div>
    </div>
  </div>
  <!-- //notice_gallery -->
```

6 메인 영역 – 배너와 바로가기

01 클래스명 banner를 기준으로 h2 제목을 절댓값으로 정중앙에 배치한 후 클래스명 banner에는 좌우 여백과 넘치는 요소가 보이지 않도록 합니다. banner 안 이미지는 너비에 맞추고 높이는 이미지의 원래 비율을 유지하도록 합니다.

출력화면

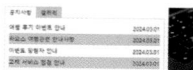 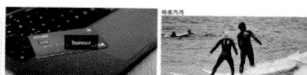

[main.css]

```css
/* Banner */
.banner{
    position: relative;
    padding: 0 10px;
    overflow: hidden;
}
.banner h2{
    position: absolute;
    left: 50%;
    top: 50%;
    transform: translate(-50%, -50%);
    background: rgba(0,0,0,0.6);
    color: #fff;
    padding: 10px 20px;
}
.banner img{
    width: 100%;
}

/* Footer */
```

02 바로가기도 banner와 같은 스타일로 작성합니다. 기존 배너와 스타일이 같으므로 그룹 선택자, 즉 콤마로 구분하여 추가합니다. 이때 바로가기 옆부분에 공간이 생기지 않도록 클래스명 quick_links 부분에는 좌우 padding을 제거합니다.

`출력화면`

```
                                              [main.css]
/* Banner */
.banner,
.quick_links{
    position: relative;
    padding: 0 10px;
    overflow: hidden;
}
.quick_links{
    padding: 0;
}
.banner h2,
.quick_links h2{
    position: absolute;
    left: 50%;
    top: 50%;
    transform: translate(-50%, -50%);
    background: rgba(0,0,0,0.6);
    color: #fff;
    padding: 10px 20px;
}
.banner img,
.quick_links img{
    width: 100%;
}

/* Footer */
```

03 마지막으로 마우스를 올렸을 때 효과를 추가합니다. 마우스를 올리면 opacity가 조금 낮아지도록 표현하겠습니다.
banner a와 quick_links a에 마우스를 올리면 투명도를 50%로 낮춥니다.

`출력화면`

```
                                              [main.css]
.banner img,
.quick_links img{
    width: 100%;
}
.banner a:hover,
.quick_links a:hover{
    opacity: 0.5;
}

/* Footer */
```

7 푸터

01 와이어프레임 단계에서 'footer .logo', 'footer .menu', 'footer .copyright'에 추가했던 배경을 모두 제거합니다. footer 배경색은 #ebebeb로 지정합니다.

출력화면

조은 **여행사**

```css
[main.css]

/* Footer */
footer{
    background: #ebebeb;
}
footer div{
    float: left;
    height: 100%;
}
footer .logo{
    width: 200px;
}
footer .menu_copy{
    width: 1000px;
}
footer .menu{
    height: 50px;
}
footer .copyright{
    height: 50px;
}
```

02 ❶ 로고는 클래스명 logo에 padding을 추가하여 안쪽으로 배치합니다.

❷ copyright 문구는 text-align 속성을 활용하여 중앙에 배치합니다.

❸ 하단메뉴를 가운데 정렬하기 위해 li 태그의 display 속성을 inline-block으로 변경하여 inline 속성과 block 속성이 동시에 나타나도록 합니다. 이렇게 하면 li의 부모요소에서 text-align: center의 영향을 받아 li 태그가 글씨처럼 가운데 배치됩니다.

❹ 푸터 메뉴에 마우스를 올렸을 때 font-weight와 text-decoration에 변화를 줍니다.

출력화면

조은 **여행사**

```css
[main.css]

footer .logo{                    ❶
    width: 200px;
    padding: 30px 0 0 20px;
}
footer .menu_copy{
    width: 1000px;
}
footer .menu{
    line-height: 50px;
    text-align: center;
}
footer .copyright{               ❷
    text-align: center;
    line-height: 50px;
}
footer .menu li{                 ❸
    display: inline-block;
    margin: 0 10px;
}
footer .menu li a:hover{         ❹
    font-weight: bold;
    text-decoration: underline;
}
```

8 **팝업**

01 id popup이 전체 화면을 차지하도록 하고 그 가운데 팝업 내용이 오도록 작성합니다.

❶ 전체화면을 기준으로 고정하고 left, right, top, bottom 값을 0으로 설정하여 전체화면을 차지하도록 합니다. z-index 값을 추가하여 다른 요소들보다 위에 올라오도록 합니다. 화면에 원하는 형태로 보이는지 확인한 후 display: none을 설정하여 보이지 않도록 합니다.

❷ 부모인 #popup 기준 절댓값으로 화면의 정 가운데에 배치되도록 left: 50%, top: 50%를 설정한 후 popup_content 가로 크기의 반만큼 왼쪽으로, popup_content의 세로 크기의 반만큼 위쪽으로 이동시키기 위해 transform을 추가합니다. 이렇게 하면 popup_content의 크기에 상관없이 정중앙에 배치할 수 있습니다. 기존 화면 위에 떠 있는 느낌을 주기 위해 box-shadow를 추가합니다.

❸ 부모인 .popup_content를 기준으로 우측 하단에 배치하고 커서 모양을 링크와 같이 변경합니다.

❹ 아이디 popup에 active 클래스명이 추가되면 화면에 나타나도록 합니다.

출력화면

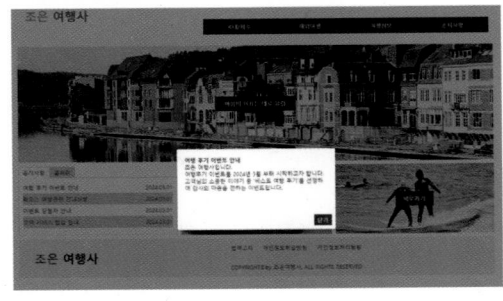

[main.css]

```css
/* popup */
#popup{                                    ❶
    position: fixed;
    left: 0;
    right: 0;
    top: 0;
    bottom: 0;
    z-index: 10;
    background: rgba(0,0,0,0.5);
    /* display: none; */
}
#popup .popup_content{                     ❷
    width: 400px;
    padding: 20px 20px 100px;
    background: #fff;
    border-radius: 5px;
    position: absolute;
    left: 50%;
    top: 50%;
    transform: translate(-50%, -50%);
    box-shadow: 0 0 3px rgba(0,0,0,.5);
}
#popup .popup_content .close{              ❸
    position: absolute;
    right: 10px;
    bottom: 10px;
    background: #333;
    color: #fff;
    cursor: pointer;
    padding: 5px 8px;
}
#popup.active{                             ❹
    display: block;
}
```

02 임시로 주석처리했던 display: none 부분의 주석을 제거합니다.

```css
[main.css]

/* popup */
#popup{
    position: fixed;
    left: 0;
    right: 0;
    top: 0;
    bottom: 0;
    z-index: 10;
    background: rgba(0,0,0,0.5);
    display: none;
}
```

1 Header 영역

01 헤더 영역의 메인메뉴 스크립트를 작성합니다. 우선 HTML의 body 태그 앞에 스크립트를 로드합니다.

[index.html]
```
    </div>
    <!-- //popup -->
    <script src="script/jquery-1.12.3.js"></script>
    <script src="script/main.js"></script>
</body>
</html>
```

02 변수를 설정하고 해당 변수에 마우스를 올렸을 때 서브메뉴 전체가 나타나도록 합니다. HTML에서 jQuery 라이브러리를 로드하고 [main.js] 파일의 경로를 지정합니다.

[main.js]
```
let mainMenu = $('.main_menu > li');
mainMenu.mouseover(function(){
    $(this).find('ul').stop().slideDown();
}).mouseout(function(){
    $(this).find('ul').stop().slideUp();
});
```

출력화면

② 슬라이드 영역

01 상하로 이동하는 슬라이드 스크립트를 작성합니다. 변수를 설정하고 3초마다 클래스명 container의 margin-top 값이 0, -300px, -600px이 되도록 스크립트를 작성합니다. 기본적인 방식은 좌우 슬라이드와 같으며 marin-left가 아니라 margin-top 값을 변경한다는 것만 다릅니다.

❶ 변수명 slideContainer에 클래스명 container를 저장합니다.

❷ 변수명 slideContainer에서 자식요소인 클래스명 .slide를 find 메서드를 이용하여 찾아 저장합니다.

❸ 변수명 슬라이드의 개수를 저장합니다.

❹ 자동으로 변경될 때마다 현재 슬라이드 번호를 업데이트할 변수명 currentIdx를 설정합니다. 슬라이드가 이동할 때마다 1씩 증가하도록 합니다.

❺ autoSlide 함수에 setInterval 함수를 이용하여 3초마다 함수 안의 구문이 실행되도록 합니다.

❻ 변수명 nextIdx에는 슬라이드 개수번호보다는 넘치지 않도록 나눈 나머지 값이 저장되도록 합니다.

❼ 0, 1, 2로 업데이트되는 nextIdx의 숫자를 활용하여 slideContainer를 위쪽으로 marginTop을 이용하여 0, -300px, -600px로 움직이도록 합니다.

❽ 현재 슬라이드가 상단으로 이동하고 다음 슬라이드가 제 위치에 배치되면 currentIdx 번호를 nextIdx로 업데이트하여 현재 슬라이드 번호를 갱신합니다.

스크립트 작성 후 화면을 확인하면 순차적으로 슬라이드가 위로 올라가고 마지막에 다다르면 다시 1번 슬라이드 위치로 내려오는 것을 반복하는 것을 볼 수 있습니다.

[main.js]

```javascript
let slideContainer = $('.container');      ❶
let slide = slideContainer.find('.slide'); ❷
let slideCount = slide.length;             ❸
let currentIdx = 0;                        ❹

function autoSlide(){                      ❺
  setInterval(function(){
    //3초마다 반복수행할 구문 시작
    let nextIdx = (currentIdx + 1)%slideCount; ❻
    slideContainer.animate({
      marginTop: -300 * nextIdx + 'px'     ❼
    });
    currentIdx = nextIdx;                  ❽
  }, 3000)
}
autoSlide();
```

③ 메인 영역 – 공지사항 팝업

01 공지사항의 첫 글을 클릭하면 레이어 팝업이 뜨도록 합니다.

❶ 공지사항 중 첫 번째 리스트를 변수로 지정합니다.

❷ 클래스명 active를 추가하여 보여질 대상인 아이디 popup을 지정합니다.

❸ 닫기 버튼은 popup의 자식요소 중 클래스명 close를 찾아 지정합니다.

❹ 공지사항 링크를 클릭하면 링크의 기본 속성을 막고 popup에 클래스명 active를 추가합니다.

❺ 닫기 버튼을 클릭하면 popup에서 추가했던 클래스명 active를 제거합니다.

스크립트 작성 후 공지사항 첫 글을 클릭하면 팝업이 뜨고 닫기를 클릭하면 팝업이 닫히고 있습니다.

[main.js]

```
let popupLink = $('#notice li:first');      ❶
let popup = $('#popup');                     ❷
let popupCloseBtn = popup.find('.close');    ❸

popupLink.click(function(e){
    e.preventDefault();                       ❹
    popup.addClass('active');
});

popupCloseBtn.click(function(){
    popup.removeClass('active');              ❺
});
```

4 메인 영역 – 공지사항 탭

01 탭 메뉴를 클릭하면 클릭된 그 메뉴에 active를 추가하고, 메뉴의 a 태그의 href 속성의 값을 활용해서 그 값과 매치되는 id 요소를 선택하여 화면에 나타나도록 합니다. 물론 클릭한 요소의 인덱스 번호를 확인한 후 탭 콘텐츠의 내용을 인덱스 번호로 선택하여 클래스명을 추가하는 방식도 가능합니다. 변수를 설정하고 메뉴에 클래스명을 추가하는 부분부터 작성합니다.

현재는 메뉴를 클릭하면 탭메뉴가 변경됩니다. 아직 내용은 변경되지 않습니다.

출력화면

공지사항	갤러리	
여행 후기 이벤트 안내		2024.03.01
라오스 여행관련 안내사항		2024.03.01
이벤트 당첨자 안내		2024.03.01
고객 서비스 점검 안내		2024.03.01

[main.js]

```javascript
let tabMenu = $('.tabmenu li');
let tabContent = $('.tabcontent > div');

tabMenu.click(function(e){
    e.preventDefault();
    tabMenu.removeClass('active');
    $(this).addClass('active');

});
```

02 이제 내용이 나타나도록 하겠습니다. 핵심 포인트는 jQuery에서 아이디 notice를 선택하는 방법을 이용하는 것입니다. jQuery에서 아이디 notice는 $('#notice')와 같이 선택합니다. 메뉴를 클릭했을 때 클릭된 그 요소의 href 속성을 확인해서 그 값을 아이디 notice 또는 gallery를 선택하는 선택자로 활용하는 것입니다.

❶ 변수명 target에 클릭된 요소의 속성명 href의 값을 저장합니다. 저장된 값은 #notice 또는 #gallery와 같습니다.

❷ 모든 탭 콘텐츠에서 클래스명 active를 제거합니다.

❸ 변수명 target의 저장된 #notice 또는 #gallery 값이 $( ) 안쪽에 들어오도록 합니다. 이렇게 보여질 아이디 요소를 선택하고 클래스명 active를 추가하여 내용이 보이도록 합니다.

[main.js]

```
let tabMenu = $('.tabmenu li');
let tabContent = $('.tabcontent > div');

tabMenu.click(function(e){
    e.preventDefault();
    tabMenu.removeClass('active');
    $(this).addClass('active');

    let target = $(this).find('a').attr('href'); ❶
    tabContent.removeClass('active');            ❷
    $(target).addClass('active');                ❸
});
```

출력화면

03 이로써 모든 스크립트가 완성되었습니다. 마지막으로 현재 작성한 HTML 소스의 웹표준 검사를 실시하여 오류가 없는지 확인합니다. https://validator.w3.org/에서 HTML 코드를 업로드하고 검사를 실시해봅니다. HTML 소스를 모두 복사하고 validate by Direct input 탭을 클릭한 후 소스를 붙여넣기하고 Check 버튼을 클릭합니다.

04 작성한 모든 코드는 오른쪽 화면과 같이
에러나 경고가 없어야 합니다.

Document checking completed. No errors or warnings to show.

Source

```
1.  <!DOCTYPE html>
2.  <html lang="en">
3.
4.  <head>
5.      <meta charset="UTF-8">
6.      <meta http-equiv="X-UA-Compatible" content="IE=edge">
7.      <meta name="viewport" content="width=device-width, initial-scale=1.0">
8.      <title>조은 여행사</title>
9.      <link rel="stylesheet" href="css/main.css">
10. </head>
```

유튜브 션생님에게 배우는

유선배

PART 5
신유형
기출 공략

• 새롭게 추가된 D, E형의 기출 문제 풀이는 모두 같은 소스를 가지고 유형별로 다르게 구현해보겠습니다.
• 로고 제작이나 이미지 제작 부분을 제외하고 HTML, CSS, Script 작성에 중점을 두고 진행하겠습니다.
• E2 · E4형은 E1 · E3과 유사하므로 실전처럼 직접 작성해본 후 정답 파일과 비교해보세요.

신유형 문제(D1형)

서울 구석구석(D1형)

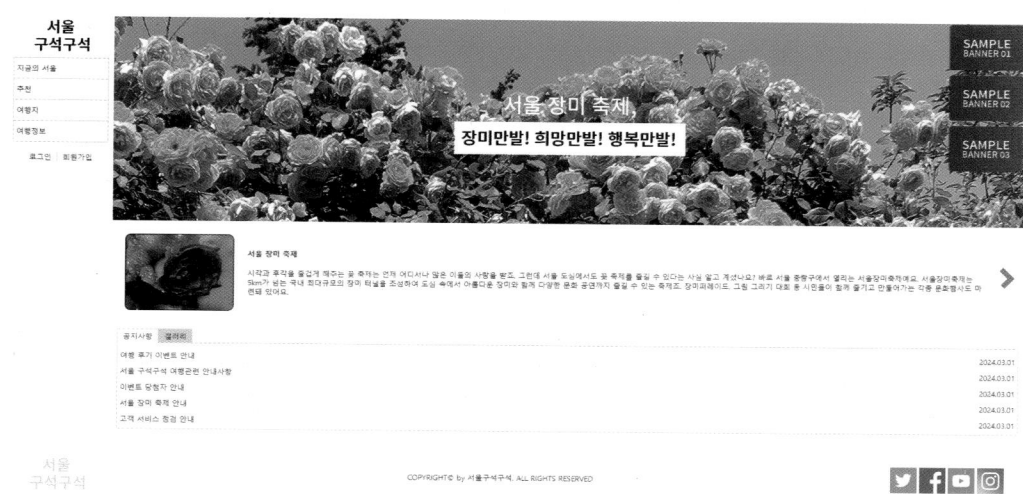

한눈에 보는 순서

1. 바탕화면에 수험자 본인의 '비번호' 이름의 폴더에 css, script, images 폴더 생성
2. 와이어프레임 파악 후 HTML, CSS로 와이어프레임 작성
3. 세부 지시사항 파악 후 이미지를 제작하여 'images' 폴더에 저장
   - 상단로고 : logo.png
   - 하단로고 : footer_logo.png (Grayscale)
   - 메인 이미지 3장
   - 갤러리 이미지 7장
   - 배너 이미지
   - 바로가기 이미지
4. index.html, main.css, main.js 생성, jQuery 오픈소스 저장
5. 각 영역별 HTML 작성
6. 각 영역별 CSS 작성
7. 메뉴, 슬라이드, 탭, 레이어 팝업 Script 작성

국가기술자격 실기시험 문제

자격종목	웹디자인기능사	과제명	서울 구석구석

1. 요구사항

※ 다음 요구사항을 준수하여 주어진 자료(수험자 제공파일)를 활용하여 시험시간 내에 웹 페이지를 제작 후 **5MB 용량**이 초과되지 않게 저장 후 제출하시오.

※ 웹 페이지 코딩은 **HTML5 기준 웹 표준**을 준수하여야 하며, 요구사항에 지정되지 않는 요소들은 주제 특성에 맞게 자유롭게 디자인하시오.

※ 문제에서 지시하지 않은 와이어프레임 영역 비율, 레이아웃, 텍스트의 글자체/색상/크기, 요소별 크기, 색상 등은 수험자가 과제명(가. 주제)에 맞게 자유롭게 디자인하시오.

가. 주제: 서울 구석구석 웹사이트 오픈을 위한 메인페이지 제작

나. 개요
서울 여행객들에게 다양한 정보를 제공하는 「서울 구석구석」의 웹사이트를 제작하려고 한다. 재단법인 GusukGusuk에서는 일반인들이 이용하기에 편리한 웹사이트 제작을 요청하였다. 아래의 요구사항에 따라 메인페이지를 제작하시오.

다. 요구사항
1) 메인페이지를 디자인하고 HTML, CSS, JavaScript 기반의 웹 페이지를 제작한다.
   (이때 jQuery 오픈소스, 이미지, 텍스트 등의 제공된 리소스를 활용하여 제작할 수 있다)
2) HTML, CSS의 charset는 utf-8로 해야 한다.
3) 컬러 가이드

주조색 (Main Color)	보조색 (Sub Color)	배경색 (Background Color)	기본 텍스트의 색 (Text Color)
자유롭게 지정	자유롭게 지정	#FFFFFF	#333333

4) 사이트 맵(Site Map)

Index Page / 메인(Main)				
메인메뉴 (Main Menu)	지금의 서울	추천	여행지	여행정보
서브메뉴 (Sub Menu)	이벤트 축제&행사 전시	에디터 추천 테마코스 도보해설관광 한류관광	명소 엔터테인먼트 음식 게스트하우스	가이드북&지도 시티투어버스 날씨

5) 와이어프레임(Wireframe)

※ Ⓐ~Ⓓ 영역에 제시된 지시사항에 맞춰서 프레임을 구성하고, 자유롭게 디자인을 구성하시오.

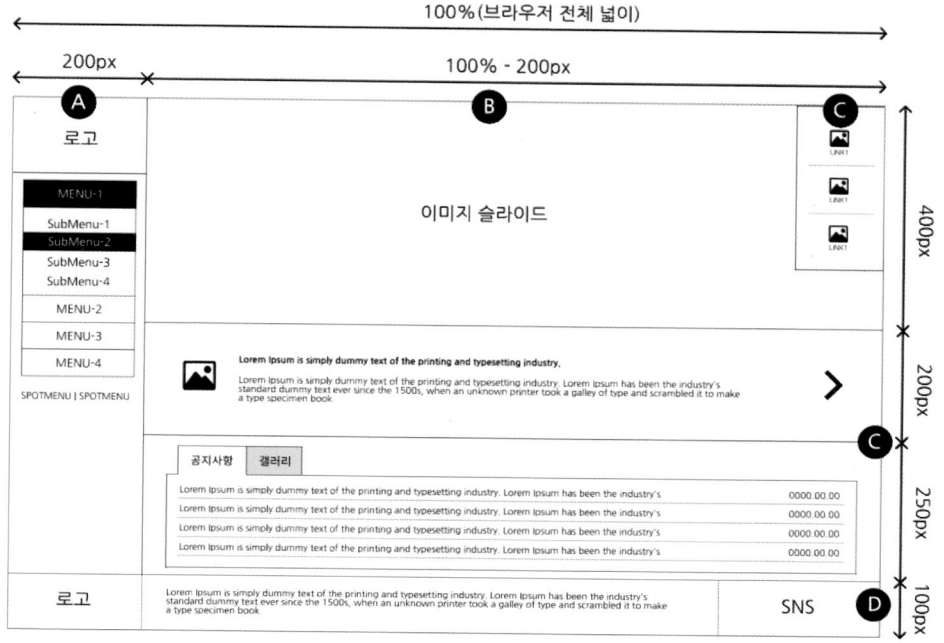

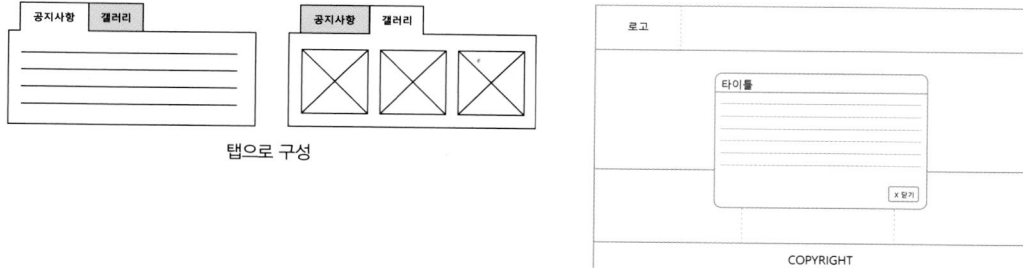

탭으로 구성

레이어 팝업

라. 세부 영역별 지시사항

영역 및 명칭	세부 지시사항
⒜ Header	**A.1 로고** ○ Header 폴더에 제공된 로고를 삽입한다. ※ 로고의 크기 변경 시, 가로세로 비율(종횡비, Aspect Ratio)을 유지하여야 한다. 　(가로세로 비율을 유지하며 크기 변경 가능) **A.2 메뉴 구성** ※ 사이트 구조도를 참고하여 메인메뉴(Main Menu)와 서브메뉴(Sub Menu)로 구성하고, 별도의 스팟메뉴 　(Spot Menu)를 둔다. 스팟메뉴 명칭은 「로그인」과 「회원가입」으로 각각 지정한다. **(1) 메인메뉴(Main Menu) 효과 [와이어프레임 참조]** ○ 메인메뉴 중 하나에 마우스를 올리면(Mouse Over) 하이라이트 되고, 벗어나면(Mouse Out) 하이라이트 　를 해제한다. ○ 메인메뉴에 마우스를 올리면(Mouse Over) 서브메뉴 영역이 부드럽게 나타나면서, 서브메뉴가 보이도 　록 한다. ○ 메인메뉴에서 마우스커서가 벗어나면(Mouse Out) 서브메뉴 영역은 부드럽게 사라져야 한다. **(2) 서브메뉴 영역 효과** ○ 서브메뉴 영역은 메인페이지 콘텐츠를 고려하여 배경색상을 설정한다. ○ 서브메뉴 중 하나에 마우스를 올리면(Mouse Over) 하이라이트 되고 벗어나면(Mouse Out) 하이라이트 　를 해제한다. ○ 마우스커서가 메뉴 영역을 벗어나면(Mouse Out) 서브메뉴 영역은 부드럽게 사라져야 한다.
⒝ Slide	**B. Slide 이미지 제작** ○ [Slide] 폴더에 제공된 3개의 텍스트를 각 이미지에 적용하되, 텍스트의 글자체, 굵기, 색상, 크기를 적절 　하게 설정하여 가독성을 높이고, 독창성이 드러나도록 제작한다. **B. Slide 애니메이션 작업** ※ 위에서 작업한 결과물을 이용하여 슬라이드 작업을 한다. ○ 이미지만 바뀌면 안 되고, 이미지가 위에서 아래 또는 아래에서 위로 이동하면서 전환되어야 한다. ○ 슬라이드는 매 3초 이내로 하나의 이미지에서 다른 이미지로 전환되어야 한다. ○ 웹사이트를 열었을 때 자동으로 시작되어 반복적으로(마지막 이미지가 슬라이드 되면 다시 첫 번째 이 　미지가 슬라이드 되는 방식) 슬라이드 되어야 한다.
⒞ Contents	**C.1 배너** ○ Contents 폴더의 제공된 파일을 활용하여 편집 또는 디자인하여 제작한다. **C.2 공지사항** ○ 공지사항 타이틀 영역과 콘텐츠 영역을 구분하여 표현해야 한다. 　(단, 콘텐츠는 HTML 코딩으로 작성해야 하며, 이미지로 삽입하면 안 된다) ○ 콘텐츠는 Contents 폴더의 제공된 텍스트를 적용하여 제작한다. ○ 공지사항의 첫 번째 콘텐츠를 클릭(Click)할 경우 레이어 팝업창(Layer Pop_up)이 나타나며, 레이어 팝 　업창 내에 닫기 버튼을 두어서 클릭하면 해당 팝업창이 닫혀야 한다. [와이어프레임 참조] ○ 레이어 팝업의 제목과 내용은 Contents 폴더의 제공된 텍스트 파일을 사용한다. **C.3 갤러리** ○ Contents 폴더의 제공된 이미지 7개와 텍스트 파일을 사용하여 가로방향으로 배치한다. [와이어프레임 　참조] ○ 공지사항과 갤러리는 탭 기능을 이용하여 제작하여야 한다. ○ 각 탭을 클릭(Click) 시 해당 탭에 대한 내용이 보여야 한다. [와이어프레임 참조] **C.4 바로가기** ○ Contents 폴더의 제공된 파일을 활용하여 편집 또는 디자인하여 제작한다. ※ 콘텐츠는 HTML 코딩으로 작성해야 하며, 이미지로 삽입하면 안 된다.
⒟ Footer	**D. Footer** ○ 로고를 Grayscale(무채색)로 변경하고 사용자의 접근성을 고려하여 배치한다. ○ Footer 폴더의 제공된 텍스트를 사용하여 Copyright, SNS(4개)를 제작한다.

마. 기술적 준수 사항

1) 웹페이지 코딩은 HTML5 기준 웹 표준을 준수하여야 하며, HTML 유효성검사(W3C Validator)에서 오류('ERROR')가 없도록 코딩하여야 한다.

   ※ HTML 유효성검사 서비스는 시험 시 제공하지 않는다(인터넷 사용불가).

2) CSS는 별도의 파일로 제작하여 링크하여야 하며, CSS3 기준(W3C Validator)에서 오류('ERROR')가 없도록 코딩되어야 한다.

3) JavaScript 코드는 별도의 파일로 제작하여 연결하여야 하며 브라우저(Google Chrome)에 내장된 개발도구의 Console 탭에서 오류('ERROR')가 표시되지 않아야 한다.

4) 별도로 지정하지 않은 상호작용이 필요한 모든 콘텐츠(로고, 메뉴, 버튼, 바로가기 등)는 임시링크(예 #)를 적용하고 'Tab'(Tab) 키로 이동 선택할 수 있어야 한다.

5) 사이트는 다양한 화면 해상도에서 일관성 있는 페이지 레이아웃을 제공해야 한다.

6) 웹 페이지 전체 레이아웃은 Table 태그 사용이 아닌 CSS를 통한 레이아웃 작업으로 해야 한다.

7) 브라우저에서 CSS를 "사용 안 함"으로 설정한 경우 콘텐츠가 세로로 나열된다.

8) 타이틀 텍스트(Title Text), 바디 텍스트(Body Text), 메뉴 텍스트(Menu Text)의 각 글자체/굵기/색상/크기 등을 적절하게 설정하여 사용자가 텍스트 간의 위계질서(Hierarchy)를 직관적으로 알 수 있도록 한다.

9) 모든 이미지에는 이미지에 대한 대체 텍스트를 표현할 수 있는 alt 속성이 있어야 한다.

10) 제작된 사이트 메인페이지의 레이아웃, 구성요소의 크기 및 위치 등은 최신버전의 MS Edge와 Google Chrome에서 동일하게 표시되어야 한다.

바. 제출 방법

1) 수험자는 비번호로 된 폴더명으로 완성된 작품 파일을 저장하여 제출한다.

2) 폴더 안에는 images, script, css 등의 자료를 분류하여 저장한 폴더도 포함되어 있어야 하며, 메인페이지는 반드시 최상위 폴더에 index.html로 저장하여 제출해야 한다.

3) 수험자는 제출하는 폴더에 index.html을 열었을 때 연결되거나 표시되어야 할 모든 리소스들을 포함하여 제출해야 하며 수험자의 컴퓨터가 아닌 채점위원의 컴퓨터에서 정상 작동해야 한다.

4) 전체 결과물의 용량은 5MB 용량이 초과되지 않게 제출하며 ai, psd 등 웹서비스에 사용하지 않는 파일은 제출하지 않는다.

2. 수험자 유의사항

※ 다음의 유의사항을 고려하여 요구사항을 완성하시오.

1) 수험자 인적사항 및 답안작성은 반드시 검은색 필기구만 사용하여야 하며, 그 외 연필류, 유색 필기구, 지워지는 펜 등을 사용한 답안은 채점하지 않으며 0점 처리됩니다.

2) 수험에 필요한 소프트웨어 및 참고자료가 하드웨어에 설치되어 있는지 확인 후 작업하시오.

3) 참고자료의 내용 중 오자 및 탈자 등이 있을 때는 수정하여 작업하시오.

4) 지참공구[수험표, 신분증, 필기도구] 이외의 참고자료 및 외부장치(USB, 키보드, 마우스, 이어폰) 등 어떠한 물품도 시험 중에 지참할 수 없음을 유의하시오.

   (단, 시설목록 이외의 정품 소프트웨어(폰트 제외)를 설치하고자 할 때에는 감독위원의 입회하에 설치하여 사용하시오)

5) 수험자가 컴퓨터 활용 미숙 등으로 인한 시험의 진행이 어렵다고 판단되었을 때는 감독위원은 시험을 중지시키고 실격처리를 할 수 있음을 유의하시오.

6) 바탕화면에 수험자 본인의 "비번호" 이름을 가진 폴더에 완성된 작품의 파일만을 저장하시오.

7) 모든 작품을 감독위원 또는 채점위원이 검토하여 복사된 작품(동일 작품)이 있을 때에는 관련된 수험자 모두를 부정행위로 처리됨을 유의하시오.

8) 장시간 컴퓨터 작업으로 신체에 무리가 가지 않도록 적절한 몸풀기(스트레칭) 후 작업하시오.

9) 다음 사항에 대해서는 실격에 해당되어 채점 대상에서 제외됩니다.

   가) 수험자 본인이 수험 도중 시험에 대한 포기(기권) 의사를 표시하고 포기하는 경우

   나) 작업범위(용량, 시간)를 초과하거나, 요구사항과 현격히 다른 경우(채점위원이 판단)

   다) Slide가 JavaScript(jQuery 포함), CSS 중 하나 이상의 방법을 이용하여 제작되지 않은 경우

   ※ 움직이는 Slide를 제작하지 않고 이미지 하나만 배치한 경우도 실격처리 됨

   라) 수험자 미숙으로 비번호 폴더에 완성된 작품 파일을 저장하지 못했을 경우

   마) 압축프로그램을 사용하여 작품을 압축 후 제출한 경우

   바) 과제기준 20% 이상 완성이 되지 않은 경우(채점위원이 판단)

01 폴더 및 파일 생성

01 폴더구조를 생성하고 필수 파일들을 생성합니다. 웹디자인기능사 시험에는 시험장 컴퓨터 바탕화면의 비번호 폴더에 폴더 및 파일을 생성해야 합니다. 편의상 [PART5] — [기출 유형 문제 6 (D1형)] — [BASE] 폴더에 생성하겠습니다.

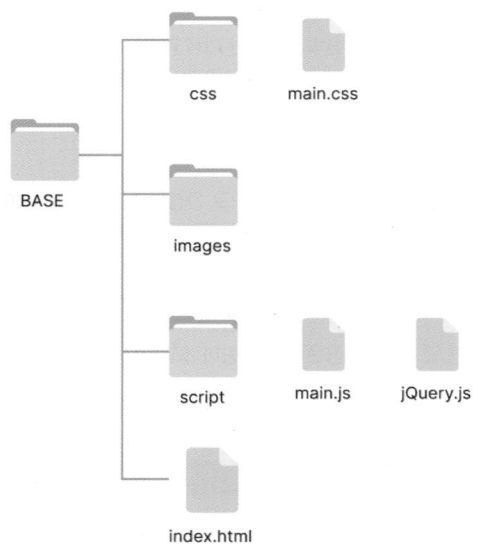

02 예제 폴더에서 [PART5] — [기출 유형 문제 6 (D1형)] — [BASE] 폴더를 VS CODE에서 폴더로 열기로 오픈하고 폴더와 새 파일을 생성합니다. 같은 폴더에 [index.html]을 생성한 후 [index.html]을 생성했던 방법과 같이 [css] 폴더를 클릭하여 오픈하고 New File 아이콘을 이용하여 [main.css]를 생성합니다. [script] 폴더를 선택하고 [main.js] 파일을 생성한 후 [수험자 제공 파일] 폴더에서 [jQuery 오픈소스 파일] 폴더 내의 파일을 복사하여 [script] 폴더에 넣어줍니다.

HTML, CSS로 와이어프레임을 구현합니다.

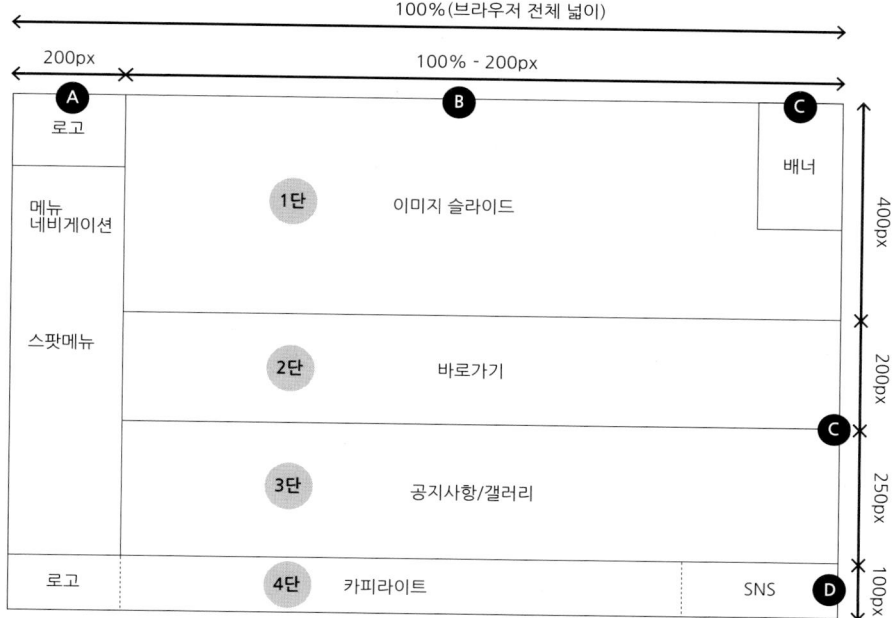

1 HTML

01 [index.html] 파일을 오픈합니다. 느낌표
(!)를 입력한 후 Tab 을 눌러 기본 코드를 생성하
고 title에 제목을 입력합니다.

[index.html]

```
<!DOCTYPE html>
<html lang="ko">
<head>
  <meta charset="UTF-8">
  <meta http-equiv="X-UA-Compatible"
  content="IE=edge">
  <meta name="viewport" content="width=device-
  width, initial-scale=1.0">
  <title>서울 구석구석</title>
  <link rel="stylesheet" href="css/main.css">
</head>
<body>

</body>
</html>
```

02 레이아웃은 크게 4단으로 구성되어 있습니다. 각 구성요소의 의미를 알 수 있는 시멘틱 태그를 이용하여 큰 구조부터 작성합니다.

브라우저 전체 너비는 body 태그에 적용할 예정이므로 별도의 container 요소를 만들지 않고 바로 A영역의 aside와 B영역의 content, C영역의 footer를 생성합니다.

```
                                          [index.html]
<!DOCTYPE html>
<html lang="ko">
<head>
  <meta charset="UTF-8">
  <meta http-equiv="X-UA-Compatible"
  content="IE=edge">
  <meta name="viewport" content="width=device-
  width, initial-scale=1.0">
  <title>서울 구석구석</title>
  <link rel="stylesheet" href="css/main.css">
</head>
<body>
    <main>
        <aside>
        </aside>
        <div class="content">
        </div>
    </main>
    <footer>
    </footer>
</body>
</html>
```

03 각 파트의 내용들을 작성합니다. aside 안에 주메뉴와 스팟메뉴, 클래스명 content 안에 슬라이드, 배너, 그리고 바로가기, 공지사항, 갤러리를 묶어줄 부모 요소 items를 생성합니다. 마지막으로 푸터 안에 로고, 카피라이트, sns 영역을 작성합니다.

현재 상태는 구조만 작성했을 뿐 아직 태그 안에 실제 콘텐츠를 작성하지 않았기 때문에 브라우저 화면에는 아무것도 나타나지 않습니다.

```
                                          [index.html]
중략...
<body>
  <main>
    <aside>
      <header>
        <h1 class="header-logo"></h1>
      </header>
      <nav></nav>
      <ul class="spot-menu"></ul>
    </aside>
    <div class="content">
      <div class="slide-wrapper">
        <div class="slide-image"></div>
        <div class="slide-banner"></div>
      </div><!-- //slide-wrapper -->
      <div class="items">
        <div class="shortcut"></div>
        <div class="news-gallery"></div>
      </div><!-- //items -->
    </div><!-- //contents -->
  </main>
```

```
<footer>
    <div class="footer-logo"></div>
    <div class="copyright"></div>
    <div class="sns"></div>
  </footer>
</body>
</html>
```

2 CSS

01 [css] 폴더 내 [main.css] 파일을 생성한 후 해당 파일을 열고 기본 코드를 작성합니다.
* 전체 선택자를 활용하여 모든 태그들의 태생적으로 가지고 있는 여백, 목록 스타일, 밑줄, 글꼴, 폰트 사이즈, 색상을 리셋하고 요구사항의 컬러 가이드에서 제시하는 기본 텍스트 색을 미리 반영해줍니다. 또한 box-sizing: border-box를 추가하여 요소의 크기를 border까지 설정하여 요소의 width 지정 후 padding 및 border를 추가해도 요소의 크기가 변하지 않도록 합니다.
신유형의 와이어프레임에서는 요소의 배경이 아니라 border(테두리)를 추가하여 구분하려고 합니다. 이때 요소의 width와 border를 같이 사용하면 요소의 크기가 커져서 레이아웃이 틀어지므로 box-sizing: border-box를 추가했습니다.

[main.css]

```
@charset "utf-8";
*{
  margin: 0;
  padding: 0;
  list-style: none;
  text-decoration: none;
  font-family: "맑은 고딕";
  font-size: 14px;
  color: #333;
  box-sizing: border-box;
}
a{
  color: inherit;
}
```

Tip ✓

• 앞서 와이어프레임 레이아웃을 설정할 때는 float을 사용했기 때문에 플롯의 속성을 해제할 용도로 클래스명 cf를 별도로 작성해서 보완했습니다. 하지만 신유형부터는 flex를 활용하여 가로 배치할 예정이므로 클래스명 cf는 작성하지 않겠습니다.
• 레이아웃을 작성하는 전통적인 방법은 float이며, float을 이용한 레이아웃도 숙지하고 웹디자인기능사 시험에서는 float 또는 flex 중 숙달된 방법을 사용하기 바랍니다. 신유형의 레이아웃은 float보다는 flex를 활용한 방법이 훨씬 편하고 빠르니 참고하시기 바랍니다.

02 이제 요구사항의 wireframe에서 제시하는 너비와 높이를 확인하여 요소들의 스타일을 지정합니다. 지정할 때 요소들의 배치 및 크기가 제대로 반영되는지 확인하기 위해 각 요소에 border를 추가합니다. border는 레이아웃 확인용으로 이후 실제 내용을 추가하면서 완성할 때는 border 속성을 제거하겠습니다. 별도의 높이가 지정되어 있지 않은 요소들은 와이어프레임 단계에서 영역을 확인할 수 있도록 임시로 높이를 주겠습니다. 지정한 높이는 이후 실제 콘텐츠를 작성한 후에는 제거하겠습니다.

 **Tip**

요소의 높이 지정하기(임시)

aside header	100px
aside nav	400px
spot-menu	50px
shortcut	150px
notice	250px
gallery	250px
slide-banner	150px

03 주석으로 layout을 구분하고 큰 요소들의 너비를 지정합니다.

❶ 작성한 코드를 살펴보면, main 태그에 display: flex를 이용하여 aside와 클래스명 content를 가로 배치했습니다.

❷ main>* 선택자를 이용하여 main 태그의 첫 번째 자식요소인 aside, div 요소에 테두리를 추가했습니다.

❸ 클래스명 content가 브라우저 전체 화면에서 aside가 차지하는 공간 200px을 제외한 너비 전체를 사용하도록 width를 추가합니다.

❹ 이때 css 함수 calc를 이용하여 브라우저 전체 너비에서 200px를 뺀 수치를 적용할 수 있습니다. calc 함수 사용 시 주의점은 연산자(−) 양 옆으로 반드시 공백이 있어야 하고 수치에는 단위가 있어야 한다는 것입니다.

[main.css]

```css
/* Layout */
main{                          ❶
  display: flex;
}
main>*{                        ❷
  border: 1px solid #ccc;
}
aside{                         ❸
  width: 200px;
}
.content{                      ❹
  /* width: calc(100% - 200px); */
  flex: 1;
}
```

이렇게 너비를 지정할 수도 있지만 flex: 1이라고 간단히 작성하면 flex−grow: 1, flex−shirink: 1을 동시에 적용한 것과 같기 때문에 클래스명 content의 너비가 나머지 공간을 채우기에 모자라면 늘려주고, 넘친다면 줄여서 빈 공간에 딱 맞도록 설정해줍니다.

04 aside 내부 요소를 구분하기 위해 border를 추가하고 header, nav, spot−menu의 높이를 임시로 지정합니다. 지정한 높이는 이후 콘텐츠 완성 후 제거할 예정입니다.

[main.css]

```
중략...
/* ASIDE */
aside>*{
  border: 1px solid #ccc;
}
aside header{height: 100px;}
aside nav{height: 400px;}
aside .spot-menu{height: 50px;}
```

05 슬라이드 영역에서 각 요소의 높이를 지정하고, slide−banner의 경우 slide−wrapper를 기준으로 우측 상단에 절댓값으로 배치되어야 하므로 position을 설정합니다.
브라우저를 확인하면 요소들의 높이가 반영되고, slide−banner도 지정한 위치에 배치되어 있습니다.

[main.css]

```
중략...
/* SLIDE */
.slide-wrapper{
  height: 400px;
  position: relative;
}
.slide-image{
  border: 1px solid blue;
  height: 400px;
}
.slide-banner{
  border: 1px solid green;
  width: 150px;
  height: 300px;
  position: absolute;
  right: 0;
  top: 0;
}
```

출력화면

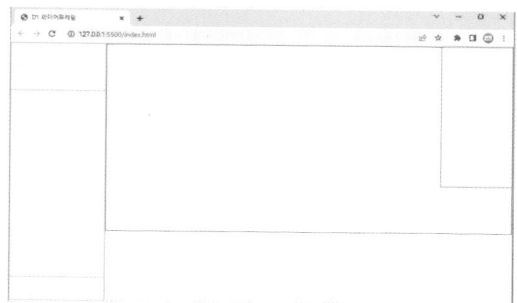

06 바로가기, 공지사항, 갤러리의 높이를 지정하고 브라우저를 확인합니다.

[main.css]

중략...

```css
/* SHORTCUT */
.shortcut{
  border: 1px solid pink;
  height: 200px;
}


/* NEWS GALLERY */
.news-gallery{
  border: 1px solid green;
  height: 250px;
}
```

출력화면

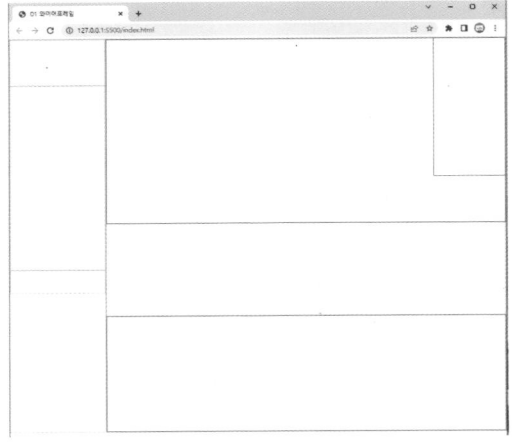

07 footer의 자식요소 로고, 카피라이트, sns 영역을 가로배치하기 위해 footer에 display: flex를 설정하고 각 요소의 높이를 지정합니다. 이때 로고와 sns는 너비를 지정하고 카피라이트 영역은 나머지 빈 공간을 모두 사용하도록 display: flex를 설정합니다.
브라우저를 확인하면 모든 요소들의 너비, 높이, 위치가 지시사항과 일치하도록 완성되어있습니다.

[main.css]

중략...

```css
/* FOOTER */
footer{
  display: flex;
}
footer>*{
  border: 1px solid #ccc;
  height: 100px;
}
.footer-logo{
  width: 200px;
}
.copyright{
  flex: 1;
}
.sns{
  width: 250px;
}
```

출력화면

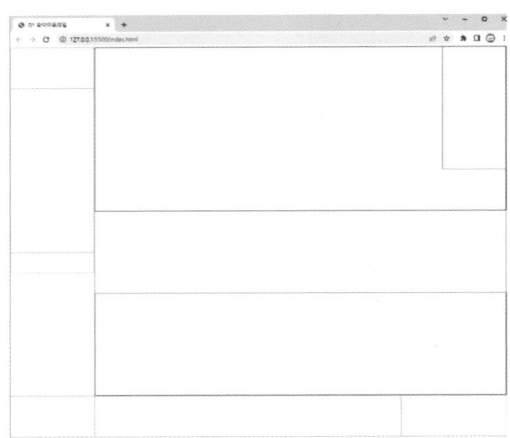

※ 신유형의 기출문제 풀이에서는 이미지 제작 과정은 제외하고 HTML, CSS, Script 작성에 중점을 두고 구현하겠습니다.

1 Header 영역

사이트맵을 참조하여 로고와 메뉴 구조의 HTML을 작성합니다.

Index Page / 메인(Main)				
메인메뉴 (Main Menu)	지금의 서울	추천	여행지	여행정보
서브메뉴 (Sub Menu)	이벤트 축제&행사 전시	에디터 추천 테마코스 도보해설관광 한류관광	명소 엔터테인먼트 음식 게스트하우스	가이드북&지도 시티투어버스 날씨

01 h1 태그 안에 a 태그를 생성하고 img 태그를 작성합니다. 메인메뉴 리스트를 작성한 후 각 메뉴의 하위메뉴를 각 li의 종료 태그 안쪽에 ul 태그로 작성합니다.

메인메뉴와 서브메뉴의 ul 태그에는 이후 CSS 작성 시 선택이 용이하도록 main-menu, sub-menu 클래스명을 추가합니다.

출력화면

[index.html]

```html
<body>
  <main>
    <aside>
      <header>
        <h1 class="header-logo">
          <a href="#">
            <img src="images/logo.png"
            alt="서울 구석구석">
          </a>
        </h1>
      </header>
      <nav>
        <ul class="main-menu">
          <li><a href="#">지금의 서울</a>
            <ul class="sub-menu">
              <li><a href="#">이벤트</a></li>
              <li><a href="#">축제&행사</a></li>
              <li><a href="#">전시</a></li>
            </ul>
          </li>
          <li><a href="#">추천</a>
            <ul class="sub-menu">
              <li><a href="#">에디터 추천</a></li>
              <li><a href="#">테마코스</a></li>
              <li><a href="#">도보해설관광</a></li>
              <li><a href="#">한류관광</a></li>
            </ul>
          </li>
```

```
    <li><a href="#">여행지</a>
      <ul class="sub-menu">
        <li><a href="#">명소</a></li>
        <li><a href="#">엔터테인먼트</a></li>
        <li><a href="#">음식</a></li>
        <li><a href="#">게스트하우스</a></li>
      </ul>
    </li>
    <li><a href="#">여행정보</a>
      <ul class="sub-menu">
        <li><a href="#">가이드북&지도</a></li>
        <li><a href="#">시티투어버스</a></li>
        <li><a href="#">날씨</a></li>
      </ul>
    </li>
  </ul>
</nav>
<ul class="spot-menu">
  <li><a href="#">로그인</a></li>
  <li><a href="#">회원가입</a></li>
</ul>
</aside>
중략...
```

2 슬라이드 영역

슬라이드 영역의 지시사항에 따라 HTML을 작성합니다.

B. Slide 이미지 제작

○ [Slide] 폴더에 제공된 3개의 이미지로 제작한다.
○ [Slide] 폴더에 제공된 3개의 텍스트를 각 이미지에 적용하되, 텍스트의 글자체, 굵기, 색상, 크기를 적절하게 설정하여 가독성을 높이고, 독창성이 드러나도록 제작한다.

B. Slide 애니메이션 작업

※ 위에서 작업한 결과물을 이용하여 슬라이드 작업을 한다.
○ 이미지만 바뀌면 안 되고, 이미지가 위에서 아래 또는 아래에서 위로 이동하면서 전환되어야 한다.
○ 슬라이드는 매 3초 이내로 하나의 이미지에서 다른 이미지로 전환되어야 한다.
○ 웹사이트를 열었을 때 자동으로 시작되어 반복적으로(마지막 이미지가 슬라이드 되면 다시 첫 번째 이미지가 슬라이드 되는 방식) 슬라이드 되어야 한다.

 **01** 슬라이드는 미리 제공된 이미지를 활용하여 구현하겠습니다.

출력화면

```html
</aside>
<div class="content">
  <div class="slide-wrapper">
    <div class="slide-image">
      <ul class="container">
        <li class="slide">
          <a href="#">
            <img src="images/slide_d_01.jpg"
            alt="서울 장미 축제">
          </a>
        </li>
        <li class="slide">
          <a href="#">
            <img src="images/slide_d_02.jpg"
            alt="북촌 한옥 마을">
          </a>
        </li>
        <li class="slide">
          <a href="#">
            <img src="images/slide_d_03.jpg"
            alt="궁중문화축전">
          </a>
        </li>
      </ul>
    </div>
    <div class="slide-banner">
```

❸ 메인 영역 내 슬라이드 배너

01 클래스명 slide-image 다음에 slide-banner 부분은 리스트로 작성합니다.

출력화면

```
                                      [index.html]
    <div class="slide-banner">
      <ul>
        <li><a href="#">
          <img src="images/banner_01.png"
          alt="banner 01">
        </a></li>
        <li><a href="#">
          <img src="images/banner_02.png"
          alt="banner 02">
        </a></li>
        <li><a href="#">
          <img src="images/banner_03.png"
          alt="banner 03">
        </a></li>
      </ul>
    </div>
  </div><!-- //slide-wrapper -->
  <div class="items">
```

4 메인 영역 내 바로가기

Lorem Ipsum is simply dummy text of the printing and typesetting industry.

Lorem Ipsum is simply dummy text of the printing and typesetting industry. Lorem Ipsum has been the industry's standard dummy text ever since the 1500s, when an unknown printer took a galley of type and scrambled it to make a type specimen book.

01 바로가기는 이미지, 설명, 화살표의 3개 요소로 구분하고 설명 부분은 제목 태그와 문단 태그로 작성합니다.

[index.html]

```html
<div class="items">
  <div class="shortcut">
    <img src="images/shortcut.png"
    alt="shortcut image">
    <div class="shortcut-content">
      <h3>서울 장미 축제</h3>
      <p>시각과 후각을 즐겁게 해주는 꽃 축제는 언제 어디서나 많은 이들의 사랑을 받죠. 그런데 서울 도심에서도 꽃 축제를 즐길 수 있다는 사실 알고 계셨나요? 바로 서울 중랑구에서 열리는 서울 장미 축제예요. 서울 장미 축제는 5km가 넘는 국내 최대규모의 장미 터널을 조성하여 도심 속에서 아름다운 장미와 함께 다양한 문화 공연까지 즐길 수 있는 축제죠. 장미퍼레이드, 그림 그리기 대회 등 시민들이 함께 즐기고 만들어가는 각종 문화행사도 마련돼 있어요.</p>
    </div>
    <a href="#">
      <img src="images/shortcut_arrow.png"
      alt="arrow">
    </a>
  </div>
  <div class="news-gallery">
```

5 메인 영역 내 공지사항 및 갤러리

01 공지사항 탭 부분은 앞서 파트별 집중 공략 파트에서 학습했던 내부 링크 방식으로 작성하겠습니다.

[index.html]

```html
<div class="news-gallery">
  <div class="notice">
    <ul class="tabmenu">
      <li class="active">
        <a href="#notice">공지사항</a>
      </li>
      <li>
        <a href="#gallery">갤러리</a>
      </li>
    </ul>
    <div class="tabcontent">
      <div id="notice" class="active">
        <ul>
          <li><a href="#">여행 후기 이벤트 안내</a><span class="date">2024.03.01</span></li>
          <li><a href="#">서울 구석구석 여행관련 안내사항</a><span class="date">2023.03.01</span></li>
          <li><a href="#">이벤트 당첨자 안내</a><span class="date">2024.03.01</span></li>
          <li><a href="#">서울 장미 축제 안내</a><span class="date">2024.03.01</span></li>
          <li><a href="#">고객 서비스 점검 안내</a><span class="date">2024.03.01</span></li>
        </ul>
      </div>
      <div id="gallery">
        <ul>
          <li><a href="#">
            <img src="images/gallery_01.png"
            alt="gallery1">
          </a></li>
          <li><a href="#">
            <img src="images/gallery_02.png"
            alt="gallery2">
          </a></li>
          <li><a href="#">
            <img src="images/gallery_03.png"
            alt="gallery3">
          </a></li>
          <li><a href="#">
            <img src="images/gallery_04.png"
            alt="gallery4">
          </a></li>
```

```
                                       <li><a href="#">
                                         <img src="images/gallery_05.png"
                                         alt="gallery5">
                                       </a></li>
                                       <li><a href="#">
                                         <img src="images/gallery_06.png"
                                         alt="gallery6">
                                       </a></li>
                                       <li><a href="#">
                                         <img src="images/gallery_07.png"
                                         alt="gallery7">
                                       </a></li>
                                     </ul>
                                   </div>
                                 </div>
                               </div>
                             </div><!-- //news-gallery tab -->
```

6 푸터 영역

| 로고 | Lorem Ipsum is simply dummy text of the printing and typesetting industry. Lorem Ipsum has been the industry's standard dummy text ever since the 1500s, when an unknown printer took a galley of type and scrambled it to make a type specimen book. | SNS |

01 푸터 부분은 로고, 카피라이트, sns로 구성
되어 있습니다. 푸터의 자식요소로 나열합니다.

[index.html]

```
<footer>
  <div class="footer-logo">
    <a href="#">
      <img src="images/footer_logo.png"
      alt="footer logo">
    </a>
  </div>
  <div class="copyright">
    <p>
        COPYRIGHT&copy;by 서울구석구석. ALL
RIGHTS RESERVED
    </p>
  </div>
  <div class="sns">
    <ul>
      <li><a href="#">
        <img src="images/sns_01.png"
        alt="twitter">
      </a></li>
```

```
<li><a href="#">
    <img src="images/sns_02.png"
    alt="facebook">
</a></li>
<li><a href="#">
    <img src="images/sns_03.png"
    alt="youtube">
</a></li>
<li><a href="#">
    <img src="images/sns_04.png"
    alt="instagram">
</a></li>
    </ul>
  </div>
</footer>
```

7 팝업

01 전체화면을 차지할 요소를 아이디명 popup 으로 생성하고 가운데 나타날 창을 클래스명 popup－content를 작성합니다.
HTML 완성 후 모든 요소들이 화면에 출력되는 지 확인합니다.

출력화면

[index.html]
```
</footer>
<!-- popup -->
<div id="popup">
  <div class="popup-content">
    <h2>여행 후기 이벤트 안내</h2>
    <p>
서울 구석구석입니다.
여행 후기 이벤트를 2024년 3월부터 시작하고자 합
니다.
고객님의 소중한 이야기 중 '베스트 여행 후기'를
선정하여 감사의 마음을 전하는 이벤트입니다.
    </p>
    <div class="close">닫기</div>
  </div>
</div>
<!-- //popup -->
<script src="script/jquery-1.12.3.js"></script>
<script src="script/main.js"></script>
</body>
</html>
```

1 Header 영역

01 와이어프레임 단계에서 설정했던 main>* 와 aside>*의 테두리를 제거하고 header, nav 에 지정했던 높이도 제거합니다.

❶ aside nav에 배경과 여백을 추가하고 테두리를 추가합니다.

❷ aside nav li 선택자로 모든 메뉴의 높이를 line-height를 이용하여 추가합니다.

❸ aside nav>ul>li+li 선택자를 이용하여 메뉴마다 상단 테두리를 추가합니다.

❹ 메뉴 링크의 스타일과 메뉴에 마우스를 올렸을 때 배경색상과 링크 색상이 변하도록 합니다.

❺ sub-menu는 마우스를 올렸을 때만 나타나도록 하기 위해 display: none을 설정합니다.

❻ spot-menu는 flex를 이용하여 가로 배치합니다.

❼ 메뉴 사이의 선은 보더로 설정합니다.

출력화면

서울
구석구석

| 지금의 서울 |
| 추천 |
| 여행지 |
| 여행정보 |

로그인 ｜ 회원가입

마우스 올리기 전 메뉴

서울
구석구석

| 지금의 서울 |
| 추천 |
| 여행지 |
| 여행정보 |

로그인 ｜ 회원가입

메뉴에 마우스를 올렸을 때

[main.css]

```css
/* ASIDE */
aside nav{                    ❶
  background: #fff;
  margin: 0 10px 20px;
  border: 1px solid #ccc;
}
.sub-menu{                    ❺
  background: #ccc;
  display: none;
}
aside nav li{                 ❷
  line-height: 40px;
}
aside nav>ul>li+li{           ❸
  border-top: 1px solid #ccc;
}
aside nav a{
  display: block;
  padding: 0 5px;
  color: #333;
  transition: 0.3s;
}
aside nav li:hover>a{         ❹
  background: #666;
  color: #fff;
}
aside .spot-menu{             ❻
  display: flex;
  justify-content: center;
}
aside .spot-menu li{
  padding: 0 10px;
}
aside .spot-menu li:first-child{   ❼
  border-right: 1px solid #ccc;
}
aside .spot-menu li a:hover{
  text-decoration: underline;
}
```

2 슬라이드 영역

01 슬라이드는 이후 스크립트를 통해 위아래로 이동시킬 예정이므로 CSS에서는 슬라이드 이미지들이 세로로 나열되도록 합니다. 클래스명 slide−wrapper를 넘치도록 하고, 넘치는 요소는 감추도록 합니다.

슬라이드 배너는 slide−wrapper를 기준으로 우측 상단에 고정하고, 이미지들은 너비를 주어 부모의 크기 안에서 너비를 모두 사용하도록 합니다.

출력화면

[main.css]

```css
/* SLIDE */
.slide-wrapper{
  height: 400px;
  position: relative;
  overflow: hidden;
}
.slide>a>img{
  width: 100%;
  height: 400px;
  object-fit: cover;
}
.slide-image{
  height: 400px;
}
.slide-banner{
  width: 150px;
  position: absolute;
  right: 0;
  top: 0;
}
.slide-banner img{
  width: 100%;
}
```

3 바로가기

01 바로가기는 클래스명 shortcut의 자식요소를 가로배치하고 gap을 설정하여 사이사이 간격을 추가합니다. 제목 아래 여백을 추가한 후 완료합니다.

출력화면

[main.css]

```css
/* SHORTCUT */
.shortcut{
  height: 200px;
  display: flex;
  padding: 0 15px;
  align-items: center;
  gap: 20px;
}
.shortcut-content h3{
  margin-bottom: 20px;
}
```

4 공지사항 및 갤러리

01 ❶ 탭 메뉴를 flex를 활용하여 가로배치하고 현재 위치를 기준으로 1px 내려서 탭 내용의 보더와 겹쳐서 아래 선이 보이지 않도록 합니다.

❷ 탭 메뉴는 padding과 border를 주되 아래쪽은 선이 나타나지 않도록 하고 탭 메뉴 리스트에 클래스명 active가 있을 때 배경색이 흰색으로 변하도록 합니다.

❸ 탭 내용의 부모인 클래스명 tabcontent는 자식요소들을 모두 absolute로 배치할 것이기 때문에 높이가 잡히도록 height를 추가하고 position: relative로 기준을 설정합니다.

❹ 탭의 내용을 절댓값으로 배치하고 기준위치의 왼쪽 상단에 배치하여 보이지 않도록 합니다.

❺ 클래스명 active가 있을 때 나타나도록 display 설정을 추가합니다.

출력화면

공지사항 갤러리
여행 후기 이벤트 안내2024.03.01
서울 구석구석 여행관련 안내사항2024.03.01
이벤트 당첨자 안내2024.03.01
서울 장미 축제 안내2024.03.01
고객 서비스 점검 안내2024.03.01

[main.css]

```css
/* NEWS GALLERY */
.news-gallery{
    height: 250px;
    padding: 10px;
}
.tabmenu{                    ❶
    display: flex;
    position: relative;
    z-index: 1;
    top: 1px;
}
.tabmenu li a{               ❷
    display: block;
    padding: 5px 10px;
    border: 1px solid #ccc;
    border-bottom: none;
    background: #ccc;
}
.tabmenu li.active a{
    background: #fff;
}
.tabcontent{                 ❸
    padding: 10px;
    border: 1px solid #ccc;
    position: relative;
    height: 170px;
    box-sizing: border-box;
}
.tabcontent>div{             ❹
    position: absolute;
    left: 0;
    right: 0;
    display: none;
}
.tabcontent>div.active{      ❺
    display: block;
}
```

02 공지사항 리스트 스타일, 갤러리 리스트 스타일을 작성합니다.

❶ 공지사항 리스트에서 제목과 날짜를 양쪽 끝으로 배치하기 위해 #notice li에 justify-content: space-between을 설정합니다.

❷ 리스트에는 마우스를 올렸을 때 배경색에 변화를 줍니다.

❸ 갤러리 리스트들도 flex로 가로배치하고 리스트들이 양쪽 끝에 맞춰 배치되도록 #gallery ul에 justify-content: space-between을 설정합니다.

❹ 갤러리 내 이미지들은 li의 크기에 맞춰 크기가 나타나도록 width: 100%를 추가합니다.

❺ 마지막으로 갤러리 리스트에 마우스를 올렸을 때 투명도를 조절합니다.

출력화면

[main.css]

```css
.tabcontent>div.active{
  display: block;
}
#notice{
  padding: 0 5px;
}
#notice li{                          ❶
  line-height: 30px;
  display: flex;
  justify-content: space-between;
  transition: 0.3s;
  border-bottom: 1px dashed #ebebeb;
}
#notice li:last-child{
  border-bottom: none;
}
#notice li:hover{                    ❷
  background: #ebebeb;
}
#notice li a:hover{
  font-weight: bold;
}
#gallery{
  padding: 30px 10px;
}
#gallery ul{                         ❸
  display: flex;
  justify-content: space-between;
  gap: 10px;
}
#gallery ul li{
  transition: 0.3s;
}
#gallery ul li img{                  ❹
  width: 100%;
}
#gallery ul li:hover{                ❺
  opacity: 0.5;
}
```

03 갤러리 스타일을 확인하기 위해 임시로 [index.html]에서 공지사항에 있던 클래스명 active를 갤러리로 이동시키고 브라우저 화면을 확인합니다.

출력화면

5 푸터 영역

01 와이어프레임 단계에서 추가했던 테두리는 모두 제거하고, sns 리스트를 flex로 가로배치한 후 간격을 추가합니다. 이미지는 width: 100% 를 추가하여 부모인 li의 크기에 맞춰 나타나도록 합니다.

출력화면

[index.html]

```html
<ul class="tabmenu">
  <li>
    <a href="#notice">공지사항</a>
  </li>
  <li class="active">
    <a href="#gallery">갤러리</a>
  </li>
</ul>
<div class="tabcontent">
  <div id="notice">
      중략...
  </div>
  <div id="gallery" class="active">
```

[main.css]

```css
/* FOOTER */
footer{
  display: flex;
  height: 100px;
  align-items: center;
  text-align: center;
}
.footer-logo{
  width: 200px;
}
.copyright{
  flex: 1;
}
.sns{
  width: 250px;
}
.sns ul{
  display: flex;
  gap: 5px;
}
.sns ul li{
  width: 50px;
}
.sns ul li img{
  width: 100%;
}
```

6 팝업

01 아이디 popup이 전체화면을 차지하도록 하고 그 가운데 팝업 내용이 오도록 작성합니다.

❶ 전체화면을 기준으로 고정하고 left, right, top, bottom 값을 0으로 설정하여 전체화면을 차지하도록 합니다. z-index 값을 추가하여 다른 요소들보다 위에 올라오도록 하고, popup은 화면에 보이지 않도록 display: none을 설정합니다. 화면에 스타일대로 잘 나타나는지 확인하기 위해 display: none은 잠시 주석처리하고, 브라우저 화면을 확인한 후 다시 주석은 제거하여 popup이 보이지 않도록 합니다.

❷ 부모인 #popup 기준 절댓값으로 화면의 정가운데에 배치되도록 left: 50%; top: 50%를 설정합니다. popup-content의 크기에 상관없이 정중앙에 배치되도록 popup-content 가로 크기의 반만큼 왼쪽으로 popup-content의 세로 크기의 반만큼 위쪽으로 이동시키기 위해 transform을 추가합니다. 기존 화면 위에 떠 있는 느낌을 주기 위해 box-shadow를 추가합니다.

❸ 부모인 .popup-content를 기준으로 우측 하단에 배치하고 커서 모양을 링크와 같이 변경합니다.

❹ 아이디 popup에 active 클래스명이 추가되면 화면에 나타나도록 합니다.

[main.css]

```css
/* popup */
#popup{                                    ❶
  position: fixed;
  left: 0;
  right: 0;
  top: 0;
  bottom: 0;
  display: none;
  z-index: 10;
}
#popup .popup-content{                     ❷
  width: 400px;
  padding: 20px 20px 100px;
  background: #fff;
  border-radius: 5px;
  position: absolute;
  left: 50%;
  top: 50%;
  transform: translate(-50%, -50%);
  box-shadow: 0 0 3px rgba(0,0,0,.5);
}
#popup .popup-content .close{  ❸
  position: absolute;
  right: 10px;
  bottom: 10px;
  background: #333;
  color: #fff;
  cursor: pointer;
  padding: 5px 8px;
}
#popup.active{                             ❹
  display: block;
}
```

출력화면

팝업 스타일 확인

스타일이 완성된 화면

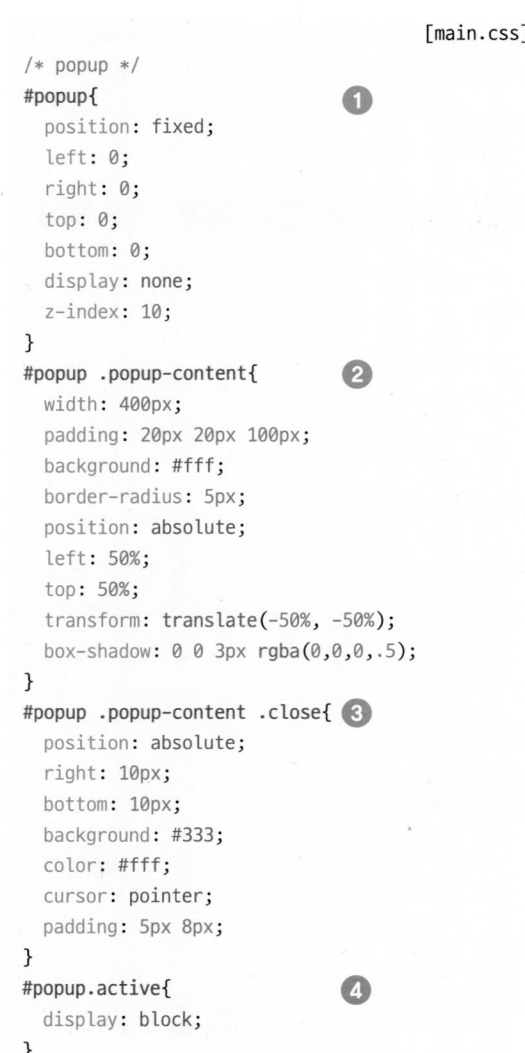

1 Aside 메인메뉴

01 메뉴 스크립트는 메인메뉴에 마우스를 올리면 서브메뉴가 나타나도록 합니다. 서브메뉴를 접고 펼치는 것은 slideDown, slideUP 메서드를 활용합니다.

메인메뉴 .main−menu > li를 변수로 설정한 후 메인메뉴에 마우스를 올리면 mouseover 이벤트가 일어난 요소의 자식요소 중 ul 요소를 find 메서드를 이용하여 선택합니다. 그 후 stop( ) 메서드를 이용하여 이전에 어떤 효과든 멈추고 slideDown 메서드를 이용하여 펼칩니다. 마우스가 나가면 자식요소를 찾고 slideUp 메서드를 활용하여 메뉴를 접습니다.

[main.js]

```javascript
//메뉴
let mainMenu = $('.main-menu > li');
mainMenu.mouseover(function(){
  $(this).find('ul').stop().slideDown();
}).mouseout(function(){
  $(this).find('ul').stop().slideUp();
});
```

출력화면

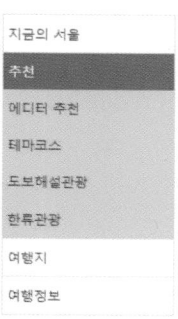

② 슬라이드 영역

01 상하로 이동하는 슬라이드 스크립트를 작성합니다. 변수를 설정하고 3초마다 클래스명 container의 margin-top 값이 0, -300px, -600px이 되도록 스크립트를 작성합니다. 기본적인 방식은 좌우 슬라이드와 같으며 marin-left가 아니라 margin-top 값을 변경한다는 것만 다릅니다.

❶ 변수명 slideContainer에 클래스명 container를 저장합니다.

❷ 변수명 slideContainer에서 자식요소인 클래스명 .slide를 find 메서드를 이용하여 찾아 저장합니다.

❸ 변수명 슬라이드의 개수를 저장합니다.

❹ 자동으로 변경될 때마다 현재 슬라이드 번호를 업데이트할 변수명 currentIdx를 설정합니다. 슬라이드가 이동할 때마다 1씩 증가하도록 합니다.

autoSlide 함수에 setInterval 함수를 이용하여 3초마다 함수 안의 구문이 실행되도록 합니다.

❺ 변수명 nextIdx에는 슬라이드 개수번호보다는 넘치지 않도록 나눈 나머지 값이 저장되도록 합니다.

❻ 0, 1, 2로 업데이트되는 nextIdx의 숫자를 활용하여 slideContainer를 위쪽으로 marginTop을 이용하여 0, -400px, -800px로 움직이도록 합니다.

❼ 현재 슬라이드가 상단으로 이동하고 다음 슬라이드가 제 위치에 배치되면 currentIdx 번호를 nextIdx로 업데이트하여 현재 슬라이드 번호를 갱신합니다.

스크립트 작성 후 화면을 확인하면 순차적으로 슬라이드가 위로 올라가고 마지막에 다다르면 다시 1번 슬라이드 위치로 내려오는 것을 반복합니다.

[main.js]

```
//슬라이드
let slideContainer = $('.container');            ❶
let slide = slideContainer.find('.slide');       ❷
let slideCount = slide.length;                   ❸
let currentIdx = 0;                              ❹
function autoSlide(){
  setInterval(function(){
  //3초마다 반복 수행할 구문 시작
  let nextIdx = (currentIdx + 1) % slideCount;   ❺
  slideContainer.animate({
    marginTop: -400 * nextIdx + 'px'             ❻
  });
  currentIdx = nextIdx;                          ❼
  }, 3000)
}
autoSlide();
```

3 공지사항 탭

01 탭 메뉴를 클릭하면 클릭된 메뉴에 active 를 추가하고, 메뉴의 a 태그의 href 속성의 값을 활용하여 그 값과 매치되는 id 요소를 선택해서 화면에 나타나도록 합니다. 물론 클릭한 요소의 인덱스 번호를 확인하고 탭 콘텐츠의 내용을 인덱스 번호로 선택하여 클래스명을 추가하는 방식도 가능합니다. 변수를 설정하고 메뉴에 클래스명을 추가하는 부분부터 작성합니다.

❶ tabMenu를 클릭하면 링크의 기본속성을 제거합니다.

❷ 모든 메뉴에서 active 클래스명을 제거합니다.

❸ 클릭 이벤트가 일어난 그 메뉴에 active 클래스명을 추가합니다.

❹ 변수명 target에 클릭된 그 요소의 속성명 href의 값을 저장합니다. 저장된 값은 #notice 또는 #gallery와 같습니다.

❺ 모든 탭 콘텐츠에서 클래스명 active를 제거합니다.

❻ 변수명 target에 저장된 #notice 또는 #gallery 값이 $( ) 안쪽에 들어오도록 합니다. 이렇게 보여질 아이디 요소를 선택하고 클래스명 active를 추가하여 내용이 보이도록 합니다.

작성 후 탭 메뉴를 클릭하여 정상적으로 작동하는지 확인합니다.

[main.js]

```
//탭
let tabMenu = $('.tabmenu li');
let tabContent = $('.tabcontent > div');
tabMenu.click(function(e){
    e.preventDefault();                              ❶
    tabMenu.removeClass('active');                   ❷
    $(this).addClass('active');                      ❸
    let target = $(this).find('a').attr('href');     ❹
    tabContent.removeClass('active');                ❺
    $(target).addClass('active');                    ❻
});
```

출력화면

4 공지사항 팝업

01 공지사항의 첫 글을 클릭하면 레이어 팝업이 뜨도록 합니다.

❶ 공지사항 중 첫 번째 리스트를 변수로 지정합니다.

❷ 클래스명 active를 추가하여 보여질 대상인 아이디 popup을 지정합니다.

❸ 닫기 버튼은 popup의 자식요소 중 클래스명 close를 찾아 지정합니다.

❹ 공지사항 링크를 클릭하면 링크의 기본 속성을 막고 popup에 클래스명 active를 추가합니다.

❺ 닫기 버튼을 클릭하면 popup에서 추가했던 클래스명 active를 제거합니다.

스크립트 작성 후 공지사항 첫 글을 클릭하면 팝업이 뜨고, 닫기를 클릭하면 팝업이 닫히고 있습니다.

[main.js]

```javascript
//팝업
let popupLink = $('#notice li:first');     ❶
let popup = $('#popup');                    ❷
let popupCloseBtn = popup.find('.close');   ❸

popupLink.click(function(e){
  e.preventDefault();                       ❹
  popup.addClass('active');
});

popupCloseBtn.click(function(){
  popup.removeClass('active');              ❺
});
```

출력화면

02 이로써 모든 스크립트가 완성되었습니다. 마지막으로 현재 작성한 HTML 소스의 웹표준 검사를 실시하여 오류가 없는지 확인합니다. https://validator.w3.org/에서 HTML 코드를 업로드하고 검사를 실시해봅니다. HTML 소스를 모두 복사하고 validate by Direct input 탭을 클릭한 후 소스를 붙여넣기 하고 Check 버튼을 클릭합니다.

작성한 모든 코드는 오른쪽 화면과 같이 에러나 경고가 없어야 합니다.

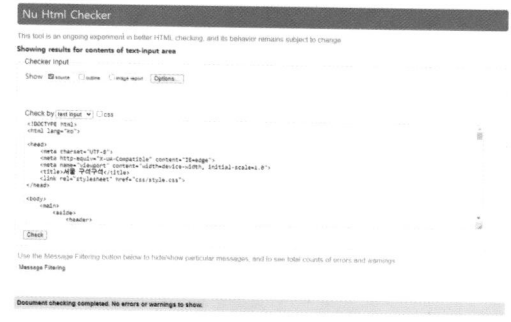

신유형 문제(D2형)

서울 구석구석(D2형)

한눈에 보는 순서

1. 바탕화면에 수험자 본인의 '비번호' 이름의 폴더에 css, script, images 폴더 생성
2. 와이어프레임 파악 후 HTML, CSS로 와이어프레임 작성
3. 세부 지시사항 파악 후 이미지를 제작하여 'images' 폴더에 저장
   - 상단로고 : logo.png
   - 하단로고 : footer_logo.png (Grayscale)
   - 메인 이미지 3장
   - 갤러리 이미지 3장
   - 바로가기 이미지
4. index.html, main.css, main.js 생성, jQuery 오픈소스 저장
5. 각 영역별 HTML 작성
6. 각 영역별 CSS 작성
7. 메뉴, 슬라이드, 탭, 모달 레이어 팝업 Script 작성

국가기술자격 실기시험 문제

자격종목	웹디자인기능사	과제명	서울 구석구석

1. 요구사항

※ 다음 요구사항을 준수하여 주어진 자료(수험자 제공파일)를 활용하여 시험시간 내에 웹 페이지를 제작 후 **5MB 용량**이 초과되지 않게 저장 후 제출하시오.

※ 웹 페이지 코딩은 **HTML5 기준 웹 표준**을 준수하여야 하며, 요구사항에 지정되지 않는 요소들은 주제 특성에 맞게 자유롭게 디자인하시오.

※ 문제에서 지시하지 않은 와이어프레임 영역 비율, 레이아웃, 텍스트의 글자체/색상/크기, 요소별 크기, 색상 등은 수험자가 과제명(가. 주제)에 맞게 자유롭게 디자인하시오.

가. 주제: 서울 구석구석 웹사이트 오픈을 위한 메인페이지 제작

나. 개요

서울 여행객들에게 다양한 정보를 제공하는 「서울 구석구석」의 웹사이트를 제작하려고 한다. 재단법인 GusukGusuk에서는 일반인들이 이용하기에 편리한 웹사이트 제작을 요청하였다. 아래의 요구사항에 따라 메인페이지를 제작하시오.

다. 요구사항

1) 메인페이지를 디자인하고 HTML, CSS, JavaScript 기반의 웹 페이지를 제작한다.
   (이때 jQuery 오픈소스, 이미지, 텍스트 등의 제공된 리소스를 활용하여 제작할 수 있다)
2) HTML, CSS의 charset는 utf-8로 해야 한다.
3) 컬러 가이드

주조색 (Main Color)	보조색 (Sub Color)	배경색 (Background Color)	기본 텍스트의 색 (Text Color)
자유롭게 지정	자유롭게 지정	#FFFFFF	#333333

4) 사이트 맵(Site Map)

Index Page / 메인(Main)				
메인메뉴 (Main Menu)	지금의 서울	추천	여행지	여행정보
서브메뉴 (Sub Menu)	이벤트 축제&행사 전시	에디터 추천 테마코스 도보해설관광 한류관광	명소 엔터테인먼트 음식 게스트하우스	가이드북&지도 시티투어버스 날씨

5) 와이어프레임(Wireframe)

※ Ⓐ~Ⓓ 영역에 제시된 지시사항에 맞춰서 프레임을 구성하고, 자유롭게 디자인을 구성하시오.

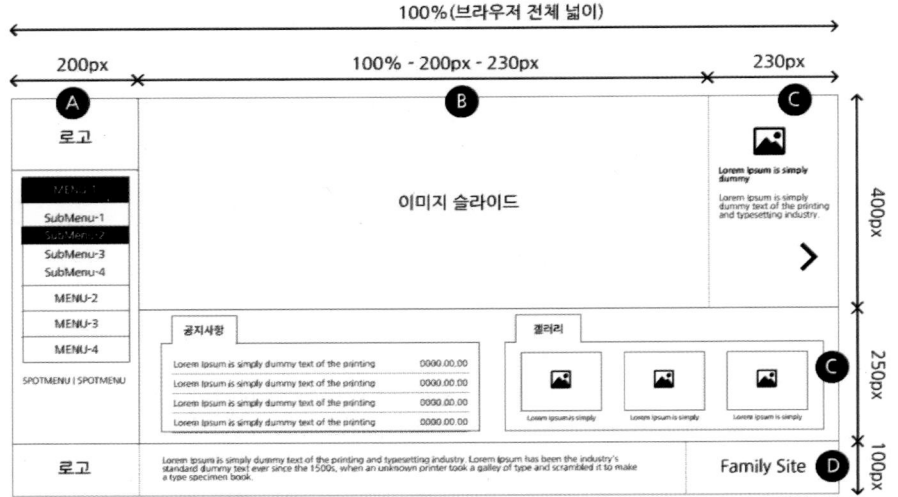

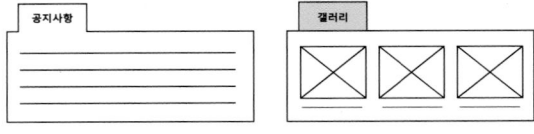

공지사항, 갤러리 별도 구성

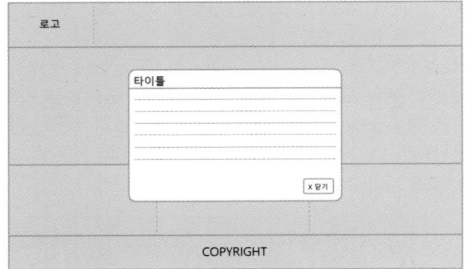

모달 레이어 팝업

라. 세부 영역별 지시사항

영역 및 명칭	세부 지시사항
Ⓐ Header	**A.1 로고** ○ Header 폴더에 제공된 로고를 삽입한다. ※ 로고의 크기 변경 시, 가로세로 비율(종횡비, Aspect Ratio)을 유지하여야 한다. (가로세로 비율을 유지하며 크기 변경 가능) **A.2 메뉴 구성** ※ 사이트 구조도를 참고하여 메인메뉴(Main Menu)와 서브메뉴(Sub Menu)로 구성하고, 별도의 스팟 메뉴 (Spot Menu)를 둔다. 스팟메뉴 명칭은 「로그인」과 「회원가입」으로 각각 지정한다. **(1) 메인메뉴(Main Menu) 효과 [와이어프레임 참조]** ○ 메인메뉴 중 하나에 마우스를 올리면(Mouse Over) 하이라이트 되고, 벗어나면(Mouse Out) 하이라이트 를 해제한다. ○ 메인메뉴에 마우스를 올리면(Mouse Over) 서브메뉴 영역이 부드럽게 나타나면서, 서브메뉴가 보이도 록 한다. ○ 메인메뉴에서 마우스커서가 벗어나면(Mouse Out) 서브메뉴 영역은 부드럽게 사라져야 한다. **(2) 서브메뉴 영역 효과** ○ 서브메뉴 영역은 메인페이지 콘텐츠를 고려하여 배경색상을 설정한다. ○ 서브메뉴 중 하나에 마우스를 올리면(Mouse Over) 하이라이트 되고 벗어나면(Mouse Out) 하이라이트 를 해제한다. ○ 마우스커서가 메뉴 영역을 벗어나면(Mouse Out) 서브메뉴 영역은 부드럽게 사라져야 한다.
Ⓑ Slide	**B. Slide 이미지 제작** ○ [Slide] 폴더에 제공된 3개의 텍스트를 각 이미지에 적용하되, 텍스트의 글자체, 굵기, 색상, 크기를 적절 하게 설정하여 가독성을 높이고, 독창성이 드러나도록 제작한다. **B. Slide 애니메이션 작업** ※ 위에서 작업한 결과물을 이용하여 슬라이드 작업을 한다. ○ 이미지만 바뀌면 안 되고, 이미지가 좌에서 우 또는 우에서 좌로 이동하면서 전환되어야 한다. ○ 슬라이드는 매 3초 이내로 하나의 이미지에서 다른 이미지로 전환되어야 한다. ○ 웹사이트를 열었을 때 자동으로 시작되어 반복적으로(마지막 이미지가 슬라이드 되면 다시 첫 번째 이 미지가 슬라이드 되는 방식) 슬라이드 되어야 한다.
Ⓒ Contents	**C.1 배너** ○ Contents 폴더의 제공된 파일을 활용하여 편집 또는 디자인하여 제작한다. **C.2 공지사항** ○ 공지사항 타이틀 영역과 콘텐츠 영역을 구분하여 표현해야 한다. (단, 콘텐츠는 HTML 코딩으로 작성해야 하며, 이미지로 삽입하면 안 된다) ○ 콘텐츠는 Contents 폴더의 제공된 텍스트를 적용하여 제작한다. ○ 공지사항의 첫 번째 콘텐츠를 클릭(Click)할 경우 레이어 팝업창(Layer Pop_up)이 나타나며, 레이어 팝 업창 내에 닫기 버튼을 두어서 클릭하면 해당 팝업창이 닫혀야 한다. [와이어프레임 참조] ○ 레이어 팝업의 제목과 내용은 Contents 폴더의 제공된 텍스트 파일을 사용한다. **C.3 갤러리** ○ Contents 폴더의 제공된 이미지 3개와 텍스트 파일을 사용하여 가로방향으로 배치한다. [와이어프레임 참조] ※ 콘텐츠는 HTML 코딩으로 작성해야 하며, 이미지로 삽입하면 안 된다.
Ⓓ Footer	**D. Footer** ○ 로고를 Grayscale(무채색)로 변경하고 사용자의 접근성을 고려하여 배치한다. ○ Footer 폴더의 제공된 텍스트를 사용하여 Copyright, 패밀리 사이트를 제작한다.

마. 기술적 준수 사항

1) 웹페이지 코딩은 HTML5 기준 웹 표준을 준수하여야 하며, HTML 유효성검사(W3C Validator)에서 오류('ERROR')가 없도록 코딩하여야 한다.

   ※ HTML 유효성검사 서비스는 시험 시 제공하지 않는다(인터넷 사용불가).

2) CSS는 별도의 파일로 제작하여 링크하여야 하며, CSS3 기준(W3C Validator)에서 오류('ERROR')가 없도록 코딩되어야 한다.

3) JavaScript 코드는 별도의 파일로 제작하여 연결하여야 하며 브라우저(Google Chrome)에 내장된 개발도구의 Console 탭에서 오류('ERROR')가 표시되지 않아야 한다.

4) 별도로 지정하지 않은 상호작용이 필요한 모든 콘텐츠(로고, 메뉴, 버튼, 바로가기 등)는 임시링크(예 #)를 적용하고 'Tab'(Tab) 키로 이동 선택할 수 있어야 한다.

5) 사이트는 다양한 화면 해상도에서 일관성 있는 페이지 레이아웃을 제공해야 한다.

6) 웹 페이지 전체 레이아웃은 Table 태그 사용이 아닌 CSS를 통한 레이아웃 작업으로 해야 한다.

7) 브라우저에서 CSS를 "사용 안 함"으로 설정한 경우 콘텐츠가 세로로 나열된다.

8) 타이틀 텍스트(Title Text), 바디 텍스트(Body Text), 메뉴 텍스트(Menu Text)의 각 글자체/굵기/색상/크기 등을 적절하게 설정하여 사용자가 텍스트 간의 위계질서(Hierarchy)를 직관적으로 알 수 있도록 한다.

9) 모든 이미지에는 이미지에 대한 대체 텍스트를 표현할 수 있는 alt 속성이 있어야 한다.

10) 제작된 사이트 메인페이지의 레이아웃, 구성요소의 크기 및 위치 등은 최신버전의 MS Edge와 Google Chrome에서 동일하게 표시되어야 한다.

바. 제출 방법

1) 수험자는 비번호로 된 폴더명으로 완성된 작품 파일을 저장하여 제출한다.

2) 폴더 안에는 images, script, css 등의 자료를 분류하여 저장한 폴더도 포함되어 있어야 하며, 메인페이지는 반드시 최상위 폴더에 index.html로 저장하여 제출해야 한다.

3) 수험자는 제출하는 폴더에 index.html을 열었을 때 연결되거나 표시되어야 할 모든 리소스들을 포함하여 제출해야 하며 수험자의 컴퓨터가 아닌 채점위원의 컴퓨터에서 정상 작동해야 한다.

4) 전체 결과물의 용량은 5MB 용량이 초과되지 않게 제출하며 ai, psd 등 웹서비스에 사용하지 않는 파일은 제출하지 않는다.

---

2. 수험자 유의사항

※ 다음의 유의사항을 고려하여 요구사항을 완성하시오.

1) 수험자 인적사항 및 답안작성은 반드시 검은색 필기구만 사용하여야 하며, 그 외 연필류, 유색 필기구, 지워지는 펜 등을 사용한 답안은 채점하지 않으며 0점 처리됩니다.

2) 수험에 필요한 소프트웨어 및 참고자료가 하드웨어에 설치되어 있는지 확인 후 작업하시오.

3) 참고자료의 내용 중 오자 및 탈자 등이 있을 때는 수정하여 작업하시오.

4) 지참공구[수험표, 신분증, 필기도구] 이외의 참고자료 및 외부장치(USB, 키보드, 마우스, 이어폰) 등 어떠한 물품도 시험 중에 지참할 수 없음을 유의하시오.

   (단, 시설목록 이외의 정품 소프트웨어(폰트 제외)를 설치하고자 할 때에는 감독위원의 입회하에 설치하여 사용하시오)

5) 수험자가 컴퓨터 활용 미숙 등으로 인한 시험의 진행이 어렵다고 판단되었을 때는 감독위원은 시험을 중지시키고 실격처리를 할 수 있음을 유의하시오.

6) 바탕화면에 수험자 본인의 "비번호" 이름을 가진 폴더에 완성된 작품의 파일만을 저장하시오.

7) 모든 작품을 감독위원 또는 채점위원이 검토하여 복사된 작품(동일 작품)이 있을 때에는 관련된 수험자 모두를 부정행위로 처리됨을 유의하시오.

8) 장시간 컴퓨터 작업으로 신체에 무리가 가지 않도록 적절한 몸풀기(스트레칭) 후 작업하시오.

9) 다음 사항에 대해서는 실격에 해당되어 채점 대상에서 제외됩니다.

   가) 수험자 본인이 수험 도중 시험에 대한 포기(기권) 의사를 표시하고 포기하는 경우

   나) 작업범위(용량, 시간)를 초과하거나, 요구사항과 현격히 다른 경우(채점위원이 판단)

   다) Slide가 JavaScript(jQuery 포함), CSS 중 하나 이상의 방법을 이용하여 제작되지 않은 경우

      ※ 움직이는 Slide를 제작하지 않고 이미지 하나만 배치한 경우도 실격처리됨

   라) 수험자 미숙으로 비번호 폴더에 완성된 작품 파일을 저장하지 못했을 경우

   마) 압축프로그램을 사용하여 작품을 압축 후 제출한 경우

   바) 과제 기준 20% 이상 완성이 되지 않은 경우(채점위원이 판단)

작업 따라하기

01 폴더 및 파일 생성

01 다음과 같이 폴더구조를 생성하고 필수 파일들을 생성합니다. 웹디자인기능사 시험에는 시험장 컴퓨터 바탕화면의 비번호 폴더에 폴더 및 파일을 생성해야 합니다. 편의상 [PART5] − [기출 유형 문제 6(D2형)] − [BASE] 폴더에 생성하겠습니다.

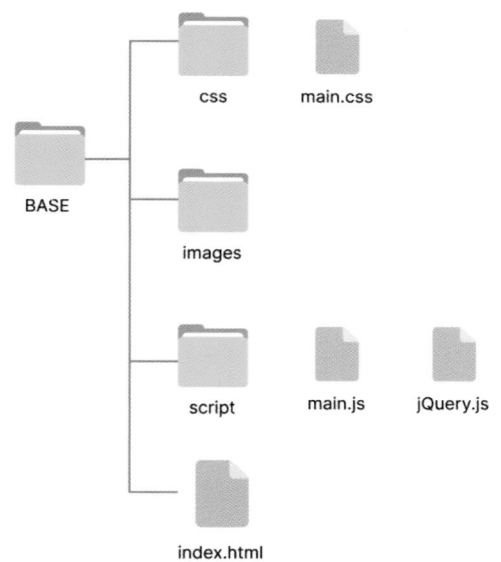

02 예제 폴더에서 [PART5] − [기출 유형 문제 6 (D2형)] − [BASE] 폴더를 VS CODE에서 폴더로 열기로 오픈하고 폴더와 새 파일을 생성합니다. 같은 폴더에 [index.html]을 생성한 후 [index.html]을 생성했던 방법과 같이 [css] 폴더를 클릭하여 오픈하고 New File 아이콘을 이용하여 [main.css]를 생성합니다. [script] 폴더를 선택하고 [main.js] 파일을 생성한 후 [수험자 제공 파일] 폴더에서 [jQuery 오픈소스 파일] 폴더 내의 파일을 복사하여 [script] 폴더에 넣어줍니다.

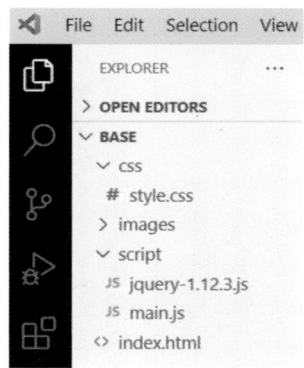

HTML, CSS로 와이어프레임을 구현합니다.

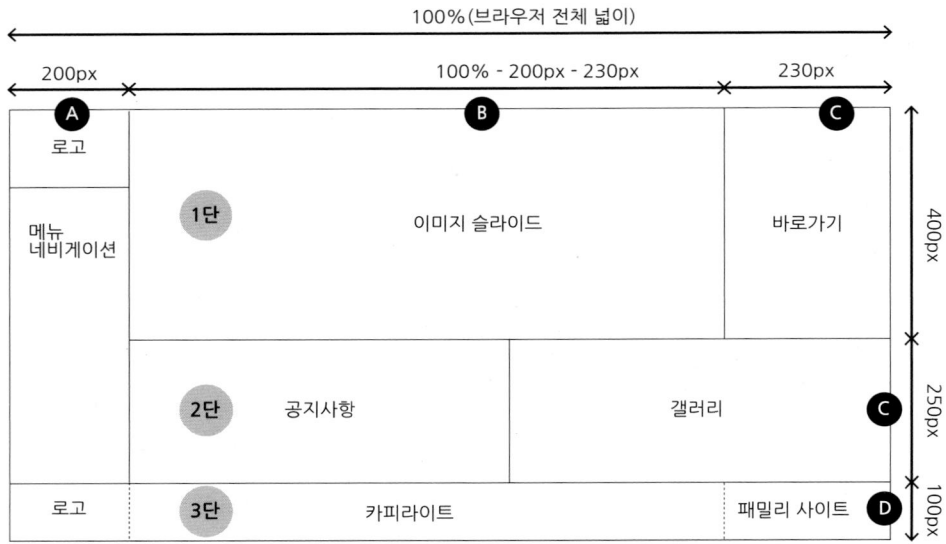

1 HTML

01 [index.html] 파일을 오픈합니다. 느낌표
(!)를 입력한 후 Tab 을 눌러 기본 코드를 생성하
고 title에 제목을 입력합니다.

[index.html]

```
<!DOCTYPE html>
<html lang="ko">
<head>
  <meta charset="UTF-8">
  <meta http-equiv="X-UA-Compatible"
  content="IE=edge">
  <meta name="viewport" content="width=device-
  width, initial-scale=1.0">
  <title>서울 구석구석</title>
  <link rel="stylesheet" href="css/main.css">
</head>
<body>

</body>
</html>
```

02 레이아웃은 크게 3단으로 구성되어 있습니다. 각 구성요소의 의미를 알 수 있는 시멘틱 태그를 이용하여 큰 구조부터 작성합니다.

브라우저 전체 너비는 body 태그에 적용할 예정이므로 별도의 container 요소를 만들지 않고 바로 A영역의 aside와 B영역의 main-content, C영역의 footer를 생성합니다.

[index.html]

```html
<!DOCTYPE html>
<html lang="ko">
<head>
  <meta charset="UTF-8">
  <meta http-equiv="X-UA-Compatible"
  content="IE=edge">
  <meta name="viewport" content="width=device-
  width, initial-scale=1.0">
  <title>서울 구석구석</title>
  <link rel="stylesheet" href="css/main.css">
</head>
<body>
  <main>
    <aside></aside>
    <section class="main-content"></section>
  </main>
  <footer></footer>
</body>
</html>
```

03 각 파트의 내용을 작성합니다. aside 안에 주메뉴, 클래스명 main-content 안에 slider-wrapper와 news-gallery를 생성하고 각 요소 안의 슬라이드, 바로가기, 뉴스와 갤러리를 생성합니다. 마지막으로 푸터 안에 로고, 카피라이트, 패밀리 사이트 영역을 작성합니다.

현재 상태는 구조만 작성했을 뿐 아직 태그 안에 실제 콘텐츠를 작성하지 않았으므로 브라우저 화면에는 아무것도 나타나지 않습니다.

[index.html]

```html
중략...
<body>
  <main>
    <aside>
      <header>
        <h1 class="header-logo"></h1>
      </header>
      <nav></nav>
    </aside>
    <section class="main-content">
      <h2 class="hidden">Main content</h2>
      <div class="slide-wrapper">
        <div class="slide-image"></div>
        <div class="slide-shortcut"></div>
      </div>
      <div class="news-gallery">
        <article id="notice"></article>
        <article id="gallery"></article>
      </div>
    </section>
  </main>
  <footer>
    <div class="footer-logo"></div>
    <div class="copyright"></div>
    <div class="family-site"></div>
  </footer>
</body>
</html>
```

② CSS

01 [css] 폴더 내 [main.css] 파일을 생성한 후 해당 파일을 열고 기본 코드를 작성합니다.

* 전체 선택자를 활용하여 모든 태그들의 태생적으로 가지고 있는 여백, 목록 스타일, 밑줄, 글꼴, 폰트 사이즈, 색상을 리셋하고 요구사항의 컬러가이드에서 제시하는 기본 텍스트 색을 미리 반영해 줍니다. 또한 box−sizing: border−box를 추가하고 요소의 크기를 border까지 설정하여 요소의 width를 지정한 후 padding 및 border를 추가해도 요소의 크기가 변하지 않도록 합니다. 신유형의 와이어프레임에서는 요소의 배경이 아니라 border(테두리)를 추가하여 구분하려고 합니다. 이때 요소의 width와 border를 같이 사용하면 요소의 크기가 커져서 레이아웃이 틀어지기 때문에 box−sizing: border−box를 추가합니다.

[main.css]

```css
@charset "utf-8";
*{
  margin: 0;
  padding: 0;
  list-style: none;
  text-decoration: none;
  font-family: "맑은 고딕";
  font-size: 14px;
  color: #333;
  box-sizing: border-box;
}
a{
  color: inherit;
}
body{
  margin: 0;
  background: #fff;
  color: #333;
}
.hidden{
  display: none;
}
```

02 이제 요구사항의 wireframe에서 제시하는 너비와 높이를 확인하여 요소들의 스타일을 지정합니다. 지정할 때 요소들의 배치 및 크기가 제대로 반영되는지 확인하기 위해 각 요소에 border를 추가합니다. border는 레이아웃 확인용으로 이후 실제 내용을 추가하면서 완성할 때는 border 속성을 제거합니다. 별도의 높이가 지정되어 있지 않은 요소들은 와이어프레임 단계에서 영역을 확인할 수 있도록 임시로 높이를 주겠습니다. 지정한 높이는 이후 실제 콘텐츠를 작성한 후 제거하겠습니다.

 Tip

요소의 높이 지정하기(임시)

aside header	100px
aside nav	400px
notice	250px
gallery	250px
slide—wrapper>*	400px

03 주석으로 layout을 구분하고 큰 요소들의 너비를 지정합니다. 작성한 코드를 살펴보면, main 태그에 display: flex를 이용하여 aside와 클래스명 content를 가로 배치했습니다. 그리고 main>* 선택자를 이용하여 main 태그의 첫 번째 자식요소인 aside, div 요소에 테두리를 추가했고, 클래스명 main—content에 flex: 1을 추가하여 클래스명 aside의 너비를 제외한 나머지 공간을 모두 차지하도록 합니다.

[main.css]

```css
/* LAYOUT */
main{
  display: flex;
}
main>*{
  border: 1px solid #000;
}
aside{
  width: 200px;
}
.main-content{
  flex: 1;
}
```

04 aside 내부 요소를 구분하기 위해 border를 추가하고 header, nav의 높이를 임시로 지정합니다. 지정한 높이는 이후 콘텐츠를 완성한 후 제거할 예정입니다.

[main.css]

```css
/* ASIDE */
aside>*{
  border: 1px solid #ccc;
}
aside header{
  height: 100px;
}
aside nav{
  height: 400px;
}
```

05 슬라이드 영역은 슬라이드 영역과 바로가기 영역을 가로 배치해야 합니다. slide-image와 slide-shorcut의 부모요소인 slide-wrapper에 display: flex를 추가하여 가로배치하고, slide-shorcut의 너비를 지정하고 slide-image는 나머지 영역을 모두 사용하도록 flex: 1을 추가합니다.

브라우저 화면을 확인하면 요소들의 높이가 반영되고, slide-banner도 지정한 위치에 배치되어 있습니다.

[main.css]

```css
/* SLIDES */
.slide-wrapper{
  display: flex;
}
.slide-wrapper>*{
  border: 1px solid #ccc;
  height: 400px;
}
.slide-image{flex: 1;}
.slide-shortcut{
  width: 230px;
}
```

출력화면

06 공지사항, 갤러리의 높이를 지정하고 가로 배치하기 위해 news—gallery에 display: flex를 지정합니다. 공지사항, 갤러리는 동일한 너비를 사용하도록 flex: 1을 추가합니다.

[main.css]
```css
/* News Gallery */
.news-gallery{
    display: flex;
}
.news-gallery>*{
    border: 1px solid #ccc;
    height: 250px;
    flex: 1;
}
```

출력화면

07 footer의 자식요소 로고, 카피라이트, 패밀리 사이트 영역을 가로배치하기 위해 footer에 display: flex를 설정하고 각 요소의 높이를 지정합니다. 이때 로고와 패밀리 사이트는 너비를 지정하고 카피라이트 영역은 나머지 빈 공간을 모두 사용하도록 display: flex를 설정합니다.

브라우저를 확인하면 모든 요소들의 너비, 높이, 위치가 지시사항과 일치하도록 완성되어있습니다. 이후 요구사항의 각 파트를 확인하여 HTML, CSS, Script를 작성하면 되겠습니다.

[main.css]
```css
/* Footer */
footer{
    display: flex;
}
footer>*{
    border: 1px solid red;
    height: 100px;
}
.footer-logo{
    width: 200px;
}
.copyright{
    flex: 1;
}
.family-site{
    width: 230px;
}
```

출력화면

※ 신유형의 기출 문제 풀이에서는 이미지 제작 과정은 제외하고 HTML, CSS, Script 작성에 중점을 두고 구현하겠습니다.

1 Header 영역

사이트맵을 참조하여 로고와 메뉴 구조의 HTML을 작성합니다.

Index Page / 메인(Main)				
메인메뉴 (Main Menu)	지금의 서울	추천	여행지	여행정보
서브메뉴 (Sub Menu)	이벤트 축제&행사 전시	에디터 추천 테마코스 도보해설관광 한류관광	명소 엔터테인먼트 음식 게스트하우스	가이드북&지도 시티투어버스 날씨

01 h1 태그 안에 a 태그를 생성하고 img 태그를 작성합니다. 메인메뉴 리스트를 작성한 후 각 메뉴의 하위메뉴를 각 li의 종료 태그 안쪽에 ul 태그로 작성합니다.

메인메뉴와 서브메뉴의 ul 태그에는 이후 CSS 작성 시 선택이 용이하도록 main−menu, sub−menu 클래스명을 추가합니다.

출력화면

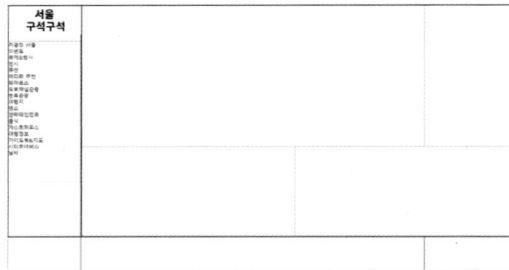

[index.html]

```html
<body>
  <main>
    <aside>
      <header>
        <h1 class="header-logo">
          <a href="#">
            <img src="images/logo.png"
            alt="서울 구석구석">
          </a>
        </h1>
      </header>
      <nav>
        <ul class="main-menu">
          <li><a href="#">지금의 서울</a>
            <ul class="sub-menu">
              <li><a href="#">이벤트</a></li>
              <li><a href="#">축제&행사</a></li>
              <li><a href="#">전시</a></li>
            </ul>
          </li>
          <li><a href="#">추천</a>
            <ul class="sub-menu">
              <li><a href="#">에디터 추천</a></li>
              <li><a href="#">테마코스</a></li>
              <li><a href="#">도보해설관광</a></li>
```

```
                            <li><a href="#">한류관광</a></li>
                        </ul>
                    </li>
                    <li><a href="#">여행지</a>
                        <ul class="sub-menu">
                            <li><a href="#">명소</a></li>
                            <li><a href="#">엔터테인먼트</a></li>
                            <li><a href="#">음식</a></li>
                            <li><a href="#">게스트하우스</a></li>
                        </ul>
                    </li>
                    <li><a href="#">여행정보</a>
                        <ul class="sub-menu">
                            <li><a href="#">가이드북&지도</a></li>
                            <li><a href="#">시티투어버스</a></li>
                            <li><a href="#">날씨</a></li>
                        </ul>
                    </li>
                </ul>
            </nav>
        </aside>
중략...
```

2 슬라이드 영역

슬라이드 영역의 지시사항에 따라 HTML을 작성합니다.

B. Slide 이미지 제작
- [Slide] 폴더에 제공된 3개의 이미지로 제작한다.
- [Slide] 폴더에 제공된 3개의 텍스트를 각 이미지에 적용하되, 텍스트의 글자체, 굵기, 색상, 크기를 적절하게 설정하여 가독성을 높이고, 독창성이 드러나도록 제작한다.

B. Slide 애니메이션 작업
- ※ 위에서 작업한 결과물을 이용하여 슬라이드 작업을 한다.
- 이미지만 바뀌면 안 되고, 이미지가 좌에서 우 또는 우에서 좌로 이동하면서 전환되어야 한다.
- 슬라이드는 매 3초 이내로 하나의 이미지에서 다른 이미지로 전환되어야 한다.
- 웹사이트를 열었을 때 자동으로 시작되어 반복적으로(마지막 이미지가 슬라이드 되면 다시 첫 번째 이미지가 슬라이드 되는 방식) 슬라이드 되어야 한다.

01 슬라이드는 미리 제공된 이미지를 활용하여
구현하겠습니다.

클래스명 slide−image의 자식요소로 ul을 생성
하고 이후 css와 스크립트에서 container의 너비
를 슬라이드 3개가 가로 배치되도록 300% 늘려
줄 예정입니다. 각 슬라이드에는 클래스명 slide
를 추가합니다.

출력화면

[index.html]

```html
</aside>
<section class="main-content">
  <h2 class="hidden">Main content</h2>
  <div class="slide-wrapper">
    <div class="slide-image">
      <ul class="container">
        <li class="slide">
          <a href="#">
            <img src="images/slide_d_01.jpg"
            alt="서울 장미 축제">
          </a>
        </li>
        <li class="slide">
          <a href="#">
            <img src="images/slide_d_02.jpg"
            alt="북촌 한옥 마을">
          </a>
        </li>
        <li class="slide">
          <a href="#">
            <img src="images/slide_d_03.jpg"
            alt="궁중문화축전">
          </a>
        </li>
      </ul>
    </div>
    <div class="slide-shortcut"></div>
```

❸ 메인 영역 내 슬라이드 바로가기

01 클래스명 slide—image 다음에 slide—shortcut 부분은 이미지, 제목, 설명으로 작성하면 됩니다. 제목과 설명 부분은 shortcut—content로 묶어주어 이후 여백을 주기 편하도록 합니다.

작성 후 브라우저 화면을 확인합니다. 참고로 출력화면 이미지는 브라우저 화면을 90%로 축소한 상태입니다. 현재는 슬라이드 이미지가 브라우저 화면을 모두 차지하고 있으므로 바로가기가 나타나지 않아서 축소했습니다. 이후 스타일을 완성하면 100% 크기에서 정상적으로 나타날 것입니다.

출력화면

```
                                          [index.html]
<div class="slide-shortcut">
  <img src="images/shortcut.png"
  alt="shortcut image">
  <div class="shortcut-content">
     <h3>서울 장미 축제</h3>
     <p>시각과 후각을 즐겁게 해주는 꽃 축
제는 언제 어디서나 많은 이들의 사랑을 받죠. 그
런데 서울 도심에서도 꽃 축제를 즐길 수 있다는
사실 알고 계셨나요? 바로 서울 중랑구에서 열리는
서울장미축제예요.</p>
  </div>
  <a href="#">
     <img src="images/shortcut_arrow.png"
     alt="arrow">
  </a>
 </div>
</div>
<div class="news-gallery">
```

4 공지사항 및 갤러리

01 공지사항, 갤러리는 article 태그로 제목 리스트로 작성하면 되겠습니다. article 태그도 HTML5에서 새롭게 도입된 시멘틱 태그로서 반드시 제목을 수반해야 합니다.

[index.html]

```html
<div class="news-gallery">
  <article id="notice">
    <h2>공지사항</h2>
    <ul>
      <li><a href="#">여행 후기 이벤트 안내</a><span class="date">2024.03.01</span></li>
      <li><a href="#">서울 구석구석 여행관련 안내사항</a><span class="date">2024.03.01</span></li>
      <li><a href="#">이벤트 당첨자 안내</a><span class="date">2024.03.01</span></li>
      <li><a href="#">서울 장미 축제 안내</a><span class="date">2024.03.01</span></li>
      <li><a href="#">고객 서비스 점검 안내</a><span class="date">2024.03.01</span></li>
    </ul>
  </article>
  <article id="gallery">
    <h2>갤러리</h2>
    <ul>
      <li>
        <a href="#">
          <img src="images/gallery_01.png"
          alt="gallery1">
        </a>
        <h3>gallery title1</h3>
      </li>
      <li>
        <a href="#">
          <img src="images/gallery_02.png"
          alt="gallery2">
        </a>
        <h3>gallery title2</h3>
      </li>
      <li>
        <a href="#">
          <img src="images/gallery_03.png"
          alt="gallery3">
        </a>
        <h3>gallery title3</h3>
      </li>
    </ul>
  </article>
</div>
  </section>
</main>
```

5 푸터

로고	Lorem Ipsum is simply dummy text of the printing and typesetting industry. Lorem Ipsum has been the industry's standard dummy text ever since the 1500s, when an unknown printer took a galley of type and scrambled it to make a type specimen book.	Family Site

01 푸터 부분은 로고, 카피라이트, 패밀리사이트로 구성되어 있습니다. 푸터의 자식요소로 나열합니다.

[index.html]

```html
<footer>
  <div class="footer-logo">
    <a href="#">
      <img src="images/footer_logo.png"
      alt="footer logo">
    </a>
  </div>
  <div class="copyright">
    <p>
COPYRIGHT&copy;by 서울 구석구석. ALL RIGHTS
RESERVED
    </p>
  </div>
  <div class="family-site">
    <select id="family-site">
      <option value="">서울시청</option>
      <option value="">서울관광재단</option>
      <option value="">관광불편 처리센터</option>
    </select>
  </div>
</footer>
```

6 팝업

01 전체화면을 차지할 요소를 아이디명 popup
으로 생성하고 가운데 나타날 창을 클래스명
popup-content를 작성합니다. 그리고 jQuery
라이브러리와 [main.js]를 생성하고 로드합니다.

출력화면

[index.html]

```
</footer>
<!-- popup -->
<div id="popup">
  <div class="popup-content">
    <h2>여행 후기 이벤트 안내</h2>
    <p>
서울 구석구석입니다. 여행 후기 이벤트를 2024년
3월부터 시작하고자 합니다. 고객님의 소중한 이야
기 중 '베스트 여행 후기'를 선정하여 감사의 마음
을 전하는 이벤트입니다.
    </p>
    <div class="close">닫기</div>
  </div>
</div>
<!-- //popup -->
<script src="script/jquery-1.12.3.js"></script>
<script src="script/main.js"></script>
</body>
</html>
```

04 영역별 CSS

1 Header 영역

01 와이어프레임 단계에서 설정했던 main>*
와 aside>*의 테두리를 제거하고 header, nav
에 지정했던 높이도 제거합니다. aside nav에 배
경과 여백을 추가하고 테두리를 추가합니다.
aside nav li 선택자로 모든 메뉴의 높이를
line-height를 이용하여 추가하고 aside nav>
ul>li+li 선택자를 이용하여 메뉴마다 상단에
테두리를 추가합니다. 메뉴 링크의 스타일과 메
뉴에 마우스를 올렸을 때, 배경 색상과 링크 색상
이 변하도록 합니다.
sub-menu는 마우스를 올렸을 때만 나타나도
록 하기 위해 display: none을 설정합니다.

`출력화면`

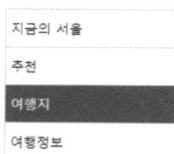

```css
                                    [main.css]
/* LAYOUT */
main{
    display: flex;
}
aside{
    width: 200px;
}
.main-content{
    flex: 1;
}

/* ASIDE */
aside header{
    height: 100px;
}
aside nav{
    background: #fff;
    margin: 20px 10px 20px;
    border: 1px solid #ccc;
}
.sub-menu{
    background: #ccc;
    display: none;
}
aside nav li{
    line-height: 40px;
}
aside nav>ul>li+li{
    border-top: 1px solid #ccc;
}
aside nav a{
    display: block;
    padding: 0 5px;
    color: #333;
    transition: 0.3s;
}
aside nav li:hover>a{
    background: #666;
    color: #fff;
}

/* SLIDES */
```

2 슬라이드 영역

01 슬라이드는 이후 스크립트를 통해 좌에서 우로 이동시킬 예정이므로 css에서는 슬라이드 이미지들이 가로로 나열되도록 하고, 클래스명 slide-wrapper를 넘치도록 하고, 넘치는 요소는 감추도록 합니다.

클래스명 slide-image에 flex: 1을 추가하여 너비를 부모 사용하도록 하고, slide-image의 자식요소인 container의 너비를 300%로 지정하여 container 안에 클래스명 slide가 가로 배치되도록 합니다. 각 슬라이드의 너비는 부모 너비의 1/3이 되도록 calc(100%/3)을 지정합니다. 그 후 클래스명 slide-image 내부의 img 요소는 너비와 높이를 지정하고 object-fit: cover를 추가하여 이미지가 채워지도록 해서 요소의 높이에 맞춰 크기를 늘려줍니다.

출력화면

[main.css]

```css
/* SLIDES */
.slide-wrapper{
  display: flex;
}
.slide-wrapper>*{
  height: 400px;
}
.slide-image{
  flex: 1;
  overflow: hidden;
}
.slide-image .container{
  width: 300%;
  display: flex;
  position: relative;
}
.slide-image .container .slide{
  width: calc(100%/3);
}
.slide-image img{
  width: 100%;
  height: 400px;
  object-fit: cover;
}
```

3 바로가기

01 바로가기는 클래스명 shortcut 내부의 여백(padding)을 추가하고 shortcut 내부의 이미지는 너비를 모두 사용하도록 하고 shortcut—content에 여백을 추가하고 제목과 링크의 스타일을 작성합니다.

출력화면

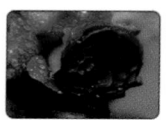

서울 장미 축제

시각과 후각을 즐겁게 해주는 꽃 축제는 언제 어디서나 많은 이들의 사랑을 받죠. 그런데 서울 도심에서도 꽃 축제를 즐길 수 있다는 사실 알고 계셨나요? 바로 서울 중랑구에서 열리는 서울장미축제예요.

```css
.slide-image img{
    width: 100%;
    height: 400px;
    object-fit: cover;
}
.slide-shortcut{
    width: 230px;
    padding: 15px;
}
.slide-shortcut>img{
    width: 100%;
}
.shortcut-content{
    margin: 10px 0;
}
.shortcut-content h3{
    margin-bottom: 10px;
}
.slide-shortcut a{
  margin-left: 80%;
  display: inline-block;
}

/* News Gallery */
```

4 공지사항 및 갤러리

01 공지사항, 갤러리 부분은 정확하게 50% 크기를 유지하고 있습니다. 각 파트의 제목 스타일을 작성하고, 공지사항의 리스트는 높이를 설정하고 각 리스트 안의 내용과 날짜를 양쪽으로 배치하기 위해 justify-content: space-between을 추가합니다. 공지사항 리스트에 테두리를 추가하고 마우스 호버 시 배경과 글자 스타일을 bold로 처리합니다.

출력화면

공지사항	
여행 후기 이벤트 안내	2024.03.01
서울구석구석 여행관련 안내사항	2024.03.01
이벤트 당첨자 안내	2024.03.01
서울 장미 축제 안내	2024.03.01
고객 서비스 점검 안내	2024.03.01

[main.css]

```css
/* News Gallery */
.news-gallery{
  display: flex;
  gap: 30px;
}
.news-gallery>*{
  height: 250px;
  flex: 1;
  padding: 10px;
}
.news-gallery h2{
  border-radius: 5px 5px 0 0;
  display: inline-block;
  padding: 5px 10px;
  background: #666;
  color: #fff;
  margin-bottom: -2px;
}
.news-gallery ul{
  border: 1px solid #666;
  height: 160px;
}
#notice ul li{
  line-height: 30px;
  display: flex;
  justify-content: space-between;
  transition: 0.3s;
  border-bottom: 1px dashed #ebebeb;
  padding: 0 5px;
}
#notice ul li:last-child{
  border-bottom: none;
}
#notice ul li:hover{
  background: #ebebeb;
}
#notice ul li a:hover{
  font-weight: bold;
}
```

02 갤러리 내 리스트를 가로 배치하되 양쪽 끝으로 배치하기 위해 justify—content: space—between을 설정하고 간격을 추가합니다. 갤러리 내 요소들을 가운데 정렬하고 마우스를 올렸을 때 투명도를 설정합니다.

갤러리 스타일을 확인하기 위해 임시로 [index.html]에서 공지사항에 있던 클래스명 active를 갤러리로 이동시키고 브라우저 화면을 확인합니다.

출력화면

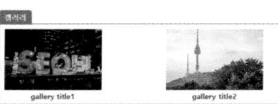

[main.css]

```css
#notice ul li a:hover{
  font-weight: bold;
}
#gallery{
  padding-right: 15px;
}
#gallery ul{
  display: flex;
  justify-content: space-between;
  padding: 30px 20px;
}
#gallery ul li{
  transition: 0.3s;
  text-align: center;
}
#gallery ul li img{
  height: 100%;
}
#gallery ul li:hover{
  opacity: 0.5;
}
```

5 푸터

01 와이어프레임 단계에서 추가했던 테두리는 모두 제거합니다. footer>* 선택자로 footer의 자식요소들을 선택한 후 높이를 지정하고 주축(가로), 교차축(세로) 중앙에 배치되도록 패밀리사이트의 select 태그는 테두리, 여백 등을 추가합니다.

출력화면

[main.css]

```css
/* Footer */
footer{
  display: flex;
}
footer>*{
  display: flex;
  height: 100px;
  align-items: center;
  justify-content: center;
}
.footer-logo{
  width: 200px;
}
.copyright{
  flex: 1;
}
.family-site{
  width: 230px;
}
.family-site select{
  border: 1px solid #ccc;
  padding: 5px;
  border-radius: 3px;
}
```

6 팝업

01 아이디 popup이 전체화면을 차지하도록 하고 그 가운데 팝업 내용이 오도록 작성합니다.
❶ 전체화면을 기준으로 고정하고 left, right, top, bottom 값을 0으로 설정하여 전체화면을 차지하도록 합니다. z−index 값을 추가하여 다른 요소들보다 위에 올라오도록 합니다. popup은 화면에 보이지 않도록 display: none을 설정합니다. 하지만 화면에 스타일대로 잘 나타나는지 확인하기 위해 display: none은 임시로 주석 처리합니다. 브라우저 화면 확인 후 다시 주석은 제거하여 popup이 보이지 않도록 합니다.

[main.css]

```css
/* popup */
#popup{          ❶
  position: fixed;
  left: 0;
  right: 0;
  top: 0;
  bottom: 0;
  display: none;
  z-index: 10;
  background: rgba(0,0,0,.5);
}
```

❷ 부모인 #popup을 기준으로 절댓값으로 화면의 정가운데에 배치되도록 left: 50%; top: 50%를 설정한 후 정중앙에 오도록 popup-content 가로 크기의 반만큼 왼쪽으로 popup-content의 세로 크기의 반만큼 위쪽으로 이동시키기 위해 transform을 추가합니다. 이렇게 하면 popup-content의 크기에 상관없이 정중앙에 배치할 수 있습니다. 기존 화면 위에 떠 있는 느낌을 주기 위해 box-shadow를 추가합니다.

❸ 부모인 .popup-content를 기준으로 우측 하단에 배치하고 커서 모양을 링크와 같이 변경합니다.

❹ 아이디 popup에 active 클래스명이 추가되면 화면에 나타나도록 합니다.

```css
#popup .popup-content{          ❷
  width: 400px;
  padding: 20px 20px 100px;
  background: #fff;
  border-radius: 5px;
  position: absolute;
  left: 50%;
  top: 50%;
  transform: translate(-50%, -50%);
  box-shadow: 0 0 3px rgba(0,0,0,.5);
}
#popup .popup-content .close{    ❸
  position: absolute;
  right: 10px;
  bottom: 10px;
  background: #333;
  color: #fff;
  cursor: pointer;
  padding: 5px 8px;
}
#popup.active{                   ❹
  display: block;
}
```

출력화면

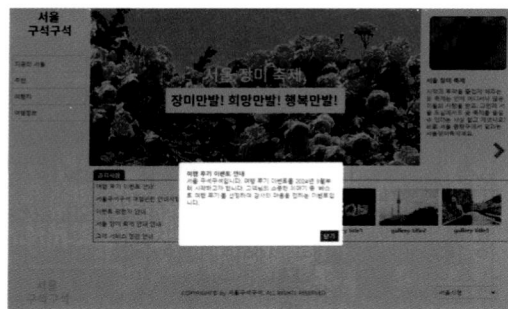

팝업 스타일 확인

스타일이 완성된 화면

1 Aside 메인메뉴

01 메뉴 스크립트는 메인메뉴에 마우스를 올리면 서브메뉴가 나타나도록 합니다. 서브메뉴를 접고 펼치는 것은 slideDown, slideUP 메서드를 활용합니다.

메인메뉴 .main−menu > li를 변수로 설정하고 메인메뉴에 마우스를 올리면 mouseover 이벤트가 일어난 그 요소의 자식요소 중 ul 요소를 find 메서드를 이용하여 선택합니다. 그 후 stop( ) 메서드를 이용하여 이전에 어떤 효과든 멈추고 slideDown 메서드를 이용하여 펼칩니다. 마우스가 나가면 mouseout 이벤트가 일어난 그 요소의 자식요소를 찾고 slideUp 메서드를 활용하여 메뉴를 접습니다.

출력화면

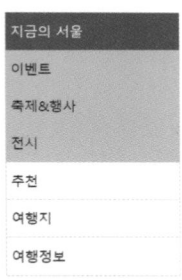

[main.js]

```
//메뉴
let mainMenu = $('.main-menu > li');
mainMenu.mouseover(function(){
  $(this).find('ul').stop().slideDown();
}).mouseout(function(){
  $(this).find('ul').stop().slideUp();
});
```

2 슬라이드 영역

01 상하로 이동하는 슬라이드 스크립트를 작성합니다. 변수를 설정하고 3초마다 클래스명 container의 left 값이 0, −100%, −200%이 되도록 스크립트를 작성합니다. container를 left 값으로 이동할 수 있는 이유는 container 요소에 position : relative를 설정했기 때문입니다. left, right, top, bottom 값들은 position 속성의 값이 기본값(Static)이 아닐 때만 작동합니다.

❶ 변수명 slideContainer에 클래스명 container를 저장합니다.

❷ 변수명 slideContainer에서 자식요소인 클래스명 .slide를 find 메서드를 이용하여 찾아 저장합니다.

❸ 변수명 슬라이드의 개수를 저장합니다.

❹ 자동으로 변경될 때마다 현재 슬라이드 번호를 업데이트할 변수명 currentIdx를 설정합니다. 슬라이드가 이동할 때마다 1씩 증가하도록 합니다.

❺ autoSlide 함수에 setInterval 함수를 이용하여 3초마다 함수 안의 구문이 실행되도록 합니다.

❻ 변수명 nextIdx에는 슬라이드 개수번호보다는 넘치지 않도록 나눈 나머지 값이 저장되도록 합니다.

❼ 0, 1, 2로 업데이트되는 nextIdx의 숫자를 활용하여 slideContainer를 왼쪽으로 left 값을 이용하여 0, −100%, −200%로 움직이도록 합니다.

❽ 현재 슬라이드가 상단으로 이동하고 다음 슬라이드 제 위치에 배치되면 currentIdx 번호를 nextIdx로 업데이트하여 현재 슬라이드 번호를 갱신합니다.

스크립트 작성 후 화면을 확인하면 순차적으로 슬라이드가 위로 올라가고 마지막에 다다르면 다시 1번 슬라이드 위치로 내려오는 것을 반복합니다.

[main.js]

```
//슬라이드
let slideContainer = $('.container');          ❶
let slide = slideContainer.find('.slide');     ❷
let slideCount = slide.length;                 ❸
let currentIdx = 0;                            ❹

function autoSlide(){
  setInterval(function(){                      ❺
    //3초마다 반복 수행할 구문 시작
    let nextIdx = (currentIdx + 1) % slideCount;  ❻
    slideContainer.animate({
      left: -100 * nextIdx + '%'               ❼
    });
    currentIdx = nextIdx;                      ❽
  }, 3000)
}
autoSlide();
```

3 공지사항 팝업

01 공지사항의 첫 글을 클릭하면 레이어 팝업이 뜨도록 합니다.

❶ 공지사항 중 첫 번째 리스트를 변수로 지정합니다.

❷ 클래스명 active를 추가하여 보여질 대상인 아이디 popup을 지정합니다.

❸ 닫기 버튼은 popup의 자식요소 중 클래스명 close를 찾아 지정합니다.

❹ 공지사항 링크를 클릭하면 링크의 기본 속성을 막고 popup에 클래스명 active를 추가합니다.

❺ 닫기 버튼을 클릭하면 popup에서 추가했던 클래스명 active를 제거합니다.

스크립트 작성 후 공지사항 첫 글을 클릭하면 팝업이 뜨고 닫기를 클릭하면 팝업이 닫히고 있습니다.

[main.js]

```
//팝업
let popupLink = $('#notice li:first');        ❶
let popup = $('#popup');                       ❷
let popupCloseBtn = popup.find('.close');      ❸
popupLink.click(function(e){
  e.preventDefault();                          ❹
  popup.addClass('active');
});
popupCloseBtn.click(function(){               ❺
  popup.removeClass('active');
});
```

출력화면

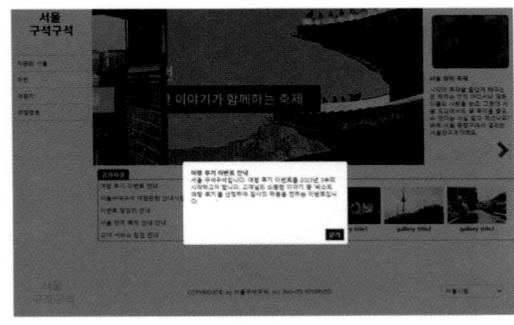

02 이로써 모든 스크립트가 완성되었습니다. 마지막으로 현재 작성한 HTML 소스의 웹표준 검사를 실시하여 오류가 없는지 확인합니다. https://validator.w3.org/에서 HTML 코드를 업로드하고 검사를 실시해봅니다. HTML 소스를 모두 복사하고 validate by Direct input 탭을 클릭한 후 소스를 붙여넣기 하고 Check 버튼을 클릭합니다.

작성한 모든 코드는 오른쪽 화면과 같이 에러나 경고가 없어야 합니다.

신유형 문제(D3형)

서울 구석구석(D3형)

※ D3 유형은 기본적으로 D1 유형과 유사하고 메뉴에 마우스 호버 시 효과만 다릅니다.

한눈에 보는 순서

1. 바탕화면에 수험자 본인의 '비번호' 이름의 폴더에 css, script, images 폴더 생성
2. 와이어프레임 파악 후 HTML, CSS로 와이어프레임 작성
3. 세부 지시사항 파악 후 이미지를 제작하여 'images' 폴더에 저장
   - 상단로고 : logo.png
   - 하단로고 : footer_logo.png (Grayscale)
   - 메인 이미지 3장
   - 갤러리 이미지 7장
   - 배너 이미지
   - 바로가기 이미지
4. index.html, main.css, main.js 생성, jQuery 오픈소스 저장
5. 각 영역별 HTML 작성
6. 각 영역별 CSS 작성
7. 메뉴, 슬라이드, 탭, 레이어 팝업 Script 작성

국가기술자격 실기시험 문제

자격종목	웹디자인기능사	과제명	서울 구석구석

1. 요구사항

※ 다음 요구사항을 준수하여 주어진 자료(수험자 제공파일)를 활용하여 시험시간 내에 웹 페이지를 제작 후 **5MB 용량**이 초과되지 않게 저장 후 제출하시오.

※ 웹 페이지 코딩은 **HTML5 기준 웹 표준**을 준수하여야 하며, 요구사항에 지정되지 않는 요소들은 주제 특성에 맞게 자유롭게 디자인하시오.

※ 문제에서 지시하지 않은 와이어프레임 영역 비율, 레이아웃, 텍스트의 글자체/색상/크기, 요소별 크기, 색상 등은 수험자가 과제명(가. 주제)에 맞게 자유롭게 디자인하시오.

가. 주제: 서울 구석구석 웹사이트 오픈을 위한 메인페이지 제작

나. 개요

서울 여행객들에게 다양한 정보를 제공하는 「서울 구석구석」의 웹사이트를 제작하려고 한다. 재단법인 GusukGusuk에서는 일반인들이 이용하기에 편리한 웹사이트 제작을 요청하였다. 아래의 요구사항에 따라 메인페이지를 제작하시오.

다. 요구사항

1) 메인페이지를 디자인하고 HTML, CSS, JavaScript 기반의 웹 페이지를 제작한다.
   (이때 jQuery 오픈소스, 이미지, 텍스트 등의 제공된 리소스를 활용하여 제작할 수 있다)
2) HTML, CSS의 charset는 utf-8로 해야 한다.
3) 컬러 가이드

주조색 (Main Color)	보조색 (Sub Color)	배경색 (Background Color)	기본 텍스트의 색 (Text Color)
자유롭게 지정	자유롭게 지정	#FFFFFF	#333333

4) 사이트 맵(Site Map)

Index Page / 메인(Main)				
메인메뉴 (Main Menu)	지금의 서울	추천	여행지	여행정보
서브메뉴 (Sub Menu)	이벤트 축제&행사 전시	에디터 추천 테마코스 도보해설관광 한류관광	명소 엔터테인먼트 음식 게스트하우스	가이드북&지도 시티투어버스 날씨

5) 와이어프레임(Wireframe)

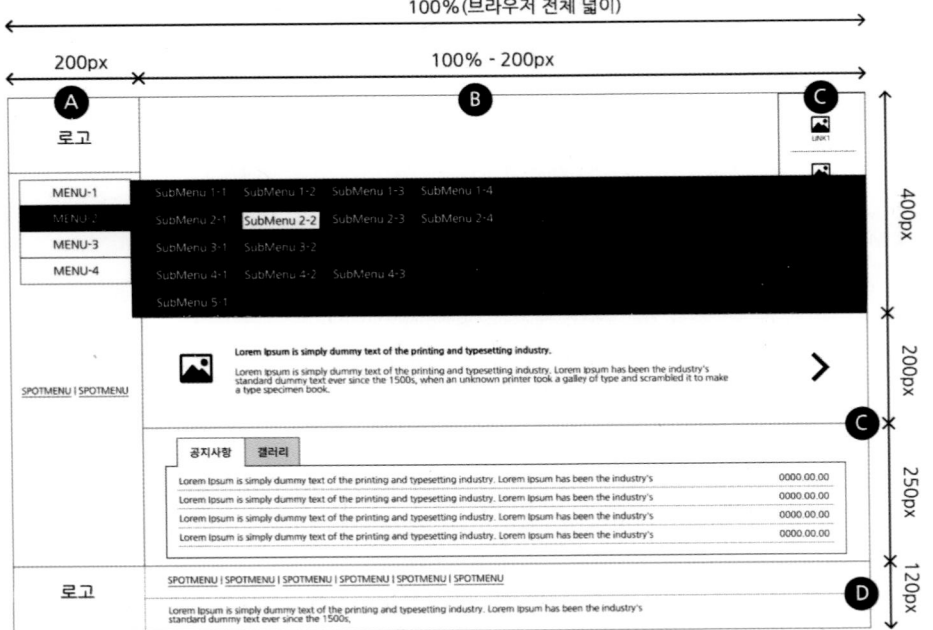

탭으로 구성

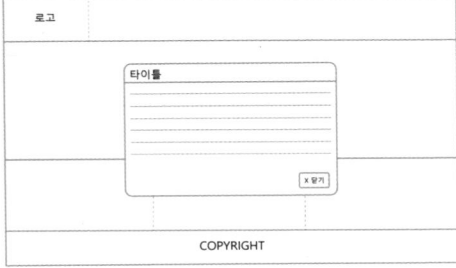

레이어 팝업

라. 세부 영역별 지시사항

영역 및 명칭	세부 지시사항
Ⓐ Header	**A.1 로고** ○ Header 폴더에 제공된 로고를 삽입한다. ※ 로고의 크기 변경 시, 가로세로 비율(종횡비, Aspect Ratio)을 유지하여야 한다. (가로세로 비율을 유지하며 크기 변경 가능) **A.2 메뉴 구성** ※ 사이트 구조도를 참고하여 메인메뉴(Main Menu)와 서브메뉴(Sub Menu)로 구성하고, 별도의 스팟 메뉴(Spot Menu)를 둔다. 스팟메뉴 명칭은 「로그인」과 「회원가입」으로 각각 지정한다. **(1) 메인메뉴(Main Menu) 효과 [와이어프레임 참조]** ○ 메인메뉴 중 하나에 마우스를 올리면(Mouse Over) 하이라이트 되고, 벗어나면(Mouse Out) 하이라이트를 해제한다. ○ 메인메뉴에 마우스를 올리면(Mouse Over) 서브메뉴 영역이 부드럽게 나타나면서, 서브메뉴가 보이도록 한다. ○ 메인메뉴에서 마우스커서가 벗어나면(Mouse Out) 서브메뉴 영역은 부드럽게 사라져야 한다. **(2) 서브메뉴 영역 효과** ○ 서브메뉴 영역은 메인 페이지 콘텐츠를 고려하여 배경색상을 설정한다. ○ 서브메뉴 중 하나에 마우스를 올리면(Mouse Over) 하이라이트 되고 벗어나면(Mouse Out) 하이라이트를 해제한다. ○ 마우스커서가 메뉴 영역을 벗어나면(Mouse Out) 서브메뉴 영역은 부드럽게 사라져야 한다.
Ⓑ Slide	**B. Slide 이미지 제작** ○ [Slide] 폴더에 제공된 3개의 텍스트를 각 이미지에 적용하되, 텍스트의 글자체, 굵기, 색상, 크기를 적절하게 설정하여 가독성을 높이고, 독창성이 드러나도록 제작한다. **B. Slide 애니메이션 작업** ※ 위에서 작업한 결과물을 이용하여 슬라이드 작업을 한다. ○ 이미지 슬라이드는 「Fade-in, Fade-out」 효과를 이용하여 제작한다. (하나의 이미지가 서서히 사라지고, 다른 이미지가 서서히 나타나는 효과이다) ○ 슬라이드는 매 3초 이내로 하나의 이미지에서 다른 이미지로 전환되어야 한다. ○ 웹사이트를 열었을 때 자동으로 시작되어 반복적으로(마지막 이미지가 사라지면 다시 첫 번째 이미지가 나타나는 방식) 전환되어야 한다.
Ⓒ Contents	**C.1 배너** ○ Contents 폴더의 제공된 파일을 활용하여 편집 또는 디자인하여 제작한다. **C.2 공지사항** ○ 공지사항 타이틀 영역과 콘텐츠 영역을 구분하여 표현해야 한다. (단, 콘텐츠는 HTML 코딩으로 작성해야 하며, 이미지로 삽입하면 안 된다) ○ 콘텐츠는 Contents 폴더의 제공된 텍스트를 적용하여 제작한다. ○ 공지사항의 첫 번째 콘텐츠를 클릭(Click)할 경우 레이어 팝업창(Layer Pop_up)이 나타나며, 레이어 팝업창 내에 닫기 버튼을 두어서 클릭하면 해당 팝업창이 닫혀야 한다. [와이어프레임 참조] ○ 레이어 팝업의 제목과 내용은 Contents 폴더의 제공된 텍스트 파일을 사용한다. **C.3 갤러리** ○ Contents 폴더의 제공된 이미지 3개와 텍스트 파일을 사용하여 가로방향으로 배치한다. ○ 공지사항과 갤러리는 탭 기능을 이용하여 제작하여야 한다. ○ 각 탭을 클릭(Click) 시 해당 탭에 대한 내용이 보여야 한다. [와이어프레임 참조] ※ 콘텐츠는 HTML 코딩으로 작성해야 하며, 이미지로 삽입하면 안 된다.
Ⓓ Footer	**D. Footer** ○ 로고를 Grayscale(무채색)로 변경하고 사용자의 접근성을 고려하여 배치한다. ○ Footer 폴더의 제공된 텍스트를 사용하여 Copyright, 하단메뉴를 제작한다.

마. 기술적 준수 사항

1) 웹페이지 코딩은 HTML5 기준 웹 표준을 준수하여야 하며, HTML 유효성검사(W3C Validator)에서 오류('ERROR')가 없도록 코딩하여야 한다.

   ※ HTML 유효성검사 서비스는 시험 시 제공하지 않는다(인터넷 사용불가).

2) CSS는 별도의 파일로 제작하여 링크하여야 하며, CSS3 기준(W3C Validator)에서 오류('ERROR')가 없도록 코딩되어야 한다.

3) JavaScript 코드는 별도의 파일로 제작하여 연결하여야 하며 브라우저(Google Chrome)에 내장된 개발도구의 Console 탭에서 오류('ERROR')가 표시되지 않아야 한다.

4) 별도로 지정하지 않은 상호작용이 필요한 모든 콘텐츠(로고, 메뉴, 버튼, 바로가기 등)는 임시링크(예 #)를 적용하고 'Tab'(Tab) 키로 이동 선택할 수 있어야 한다.

5) 사이트는 다양한 화면 해상도에서 일관성 있는 페이지 레이아웃을 제공해야 한다.

6) 웹 페이지 전체 레이아웃은 Table 태그 사용이 아닌 CSS를 통한 레이아웃 작업으로 해야 한다.

7) 브라우저에서 CSS를 "사용 안 함"으로 설정한 경우 콘텐츠가 세로로 나열된다.

8) 타이틀 텍스트(Title Text), 바디 텍스트(Body Text), 메뉴 텍스트(Menu Text)의 각 글자체/굵기/색상/크기 등을 적절하게 설정하여 사용자가 텍스트 간의 위계질서(Hierarchy)를 직관적으로 알 수 있도록 한다.

9) 모든 이미지에는 이미지에 대한 대체 텍스트를 표현할 수 있는 alt 속성이 있어야 한다.

10) 제작된 사이트 메인페이지의 레이아웃, 구성요소의 크기 및 위치 등은 최신버전의 MS Edge와 Google Chrome에서 동일하게 표시되어야 한다.

바. 제출 방법

1) 수험자는 비번호로 된 폴더명으로 완성된 작품 파일을 저장하여 제출한다.

2) 폴더 안에는 images, script, css 등의 자료를 분류하여 저장한 폴더도 포함되어 있어야 하며, 메인페이지는 반드시 최상위 폴더에 index.html로 저장하여 제출해야 한다.

3) 수험자는 제출하는 폴더에 index.html을 열었을 때 연결되거나 표시되어야 할 모든 리소스들을 포함하여 제출해야 하며 수험자의 컴퓨터가 아닌 채점위원의 컴퓨터에서 정상 작동해야 한다.

4) 전체 결과물의 용량은 5MB 용량이 초과되지 않게 제출하며 ai, psd 등 웹서비스에 사용하지 않는 파일은 제출하지 않는다.

2. 수험자 유의사항

※ 다음의 유의사항을 고려하여 요구사항을 완성하시오.

1) 수험자 인적사항 및 답안작성은 반드시 검은색 필기구만 사용하여야 하며, 그 외 연필류, 유색 필기구, 지워지는 펜 등을 사용한 답안은 채점하지 않으며 0점 처리됩니다.

2) 수험에 필요한 소프트웨어 및 참고자료가 하드웨어에 설치되어 있는지 확인 후 작업하시오.

3) 참고자료의 내용 중 오자 및 탈자 등이 있을 때는 수정하여 작업하시오.

4) 지참공구[수험표, 신분증, 필기도구] 이외의 참고자료 및 외부장치(USB, 키보드, 마우스, 이어폰) 등 어떠한 물품도 시험 중에 지참할 수 없음을 유의하시오.

   (단, 시설목록 이외의 정품 소프트웨어(폰트 제외)를 설치하고자 할 때에는 감독위원의 입회하에 설치하여 사용하시오)

5) 수험자가 컴퓨터 활용 미숙 등으로 인한 시험의 진행이 어렵다고 판단되었을 때는 감독위원은 시험을 중지시키고 실격처리를 할 수 있음을 유의하시오.

6) 바탕화면에 수험자 본인의 "비번호" 이름을 가진 폴더에 완성된 작품의 파일만을 저장하시오.

7) 모든 작품을 감독위원 또는 채점위원이 검토하여 복사된 작품(동일 작품)이 있을 때에는 관련된 수험자 모두를 부정행위로 처리됨을 유의하시오.

8) 장시간 컴퓨터 작업으로 신체에 무리가 가지 않도록 적절한 몸풀기(스트레칭) 후 작업하시오.

9) 다음 사항에 대해서는 실격에 해당되어 채점 대상에서 제외됩니다.

   가) 수험자 본인이 수험 도중 시험에 대한 포기(기권) 의사를 표시하고 포기하는 경우

   나) 작업범위(용량, 시간)를 초과하거나, 요구사항과 현격히 다른 경우(채점위원이 판단)

   다) Slide가 JavaScript(jQuery 포함), CSS 중 하나 이상의 방법을 이용하여 제작되지 않은 경우

   ※ 움직이는 Slide를 제작하지 않고 이미지 하나만 배치한 경우도 실격처리됨

   라) 수험자 미숙으로 비번호 폴더에 완성된 작품 파일을 저장하지 못했을 경우

   마) 압축프로그램을 사용하여 작품을 압축 후 제출한 경우

   바) 과제기준 20% 이상 완성이 되지 않은 경우(채점위원이 판단)

01 폴더 및 파일 생성

01 폴더구조를 생성하고 필수 파일들을 생성합니다. 웹디자인기능사 시험에는 시험장 컴퓨터 바탕화면의 비번호 폴더에 폴더 및 파일을 생성해야 합니다. 편의상 [PART5] – [기출 유형 문제 6 (D3형)] – [BASE] 폴더에 생성하겠습니다.

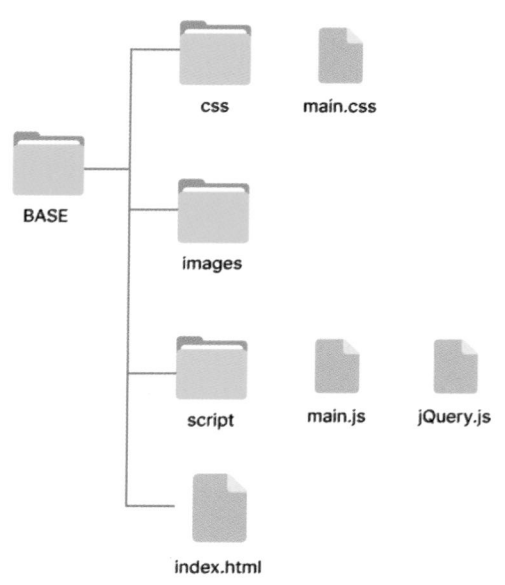

02 예제 폴더에서 [PART5] – [기출 유형 문제 6 (D3형)] – [BASE] 폴더를 VS CODE에서 폴더로 열기로 오픈하고 폴더와 새 파일을 생성합니다. 같은 폴더에 [index.html]을 생성한 후 [index.html]을 생성했던 방법과 같이 [css] 폴더를 클릭하여 오픈하고 New File 아이콘을 이용하여 [main.css]를 생성합니다. [script] 폴더를 선택하고 [main.js] 파일을 생성한 후 [수험자 제공 파일] 폴더에서 [jQuery 오픈소스 파일] 폴더 내의 파일을 복사하여 [script] 폴더에 넣어줍니다.

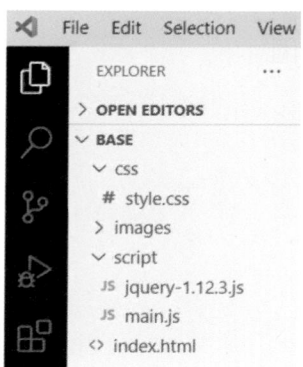

HTML, CSS로 와이어프레임을 구현합니다.

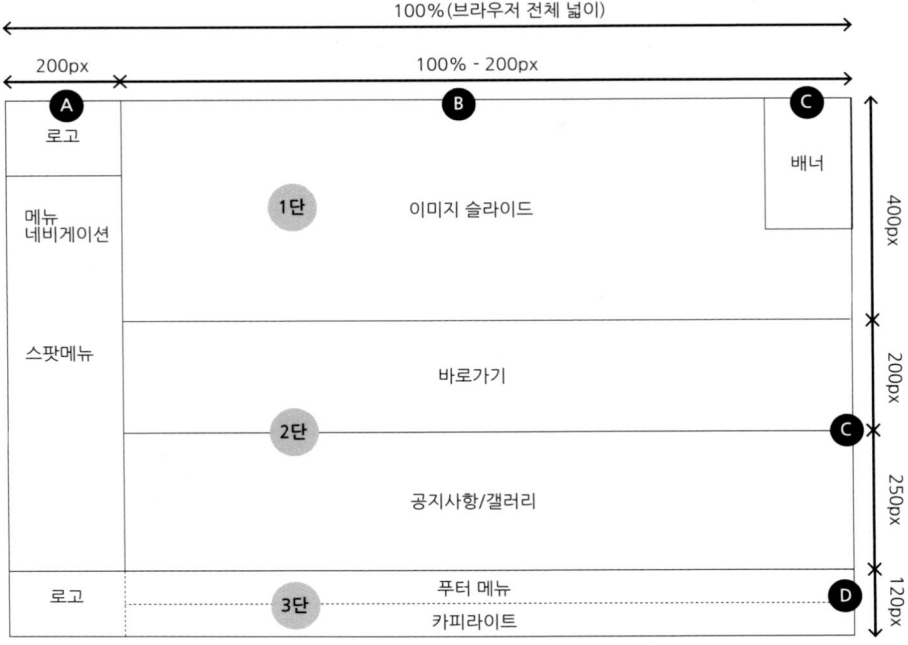

1 HTML

01 [index.html] 파일을 오픈합니다. 느낌표 (!)를 입력한 후 Tab 을 눌러 기본 코드를 생성하고 title에 제목을 입력합니다.

[index.html]

```
<!DOCTYPE html>
<html lang="ko">
<head>
  <meta charset="UTF-8">
  <meta http-equiv="X-UA-Compatible"
  content="IE=edge">
  <meta name="viewport" content="width=device-
  width, initial-scale=1.0">
  <title>서울 구석구석</title>
  <link rel="stylesheet" href="css/main.css">
</head>
<body>

</body>
</html>
```

02 레이아웃은 크게 3단으로 구성되어 있습니다. 각 구성요소의 의미를 알 수 있는 시멘틱 태그를 이용하여 큰 구조부터 작성합니다.

브라우저 전체 너비는 이제 body 태그에 적용할 예정이므로 별도의 container 요소를 만들지 않고 바로 A영역의 aside와 B영역의 content, D영역의 footer를 생성합니다.

[index.html]

```html
<!DOCTYPE html>
<html lang="ko">
<head>
  <meta charset="UTF-8">
  <meta http-equiv="X-UA-Compatible"
  content="IE=edge">
  <meta name="viewport" content="width=device-
  width, initial-scale=1.0">
  <title>서울 구석구석</title>
  <link rel="stylesheet" href="css/main.css">
</head>
<body>
  <main>
    <aside></aside>
    <div class="content">
    </div>
  </main>
  <footer></footer>
</body>
</html>
```

03 각 파트의 내용들을 작성합니다. aside 안에 로고, 주메뉴, 스팟메뉴, 클래스명 content 안에 slide－wrapper와 items를 생성하고, slide－wrapper에는 슬라이드, 슬라이드 배너, items에는 바로가기, 공지사항, 갤러리를 생성합니다. 마지막으로 푸터 안에 로고, 메뉴, 카피라이트 영역을 작성합니다.

```
                                          [index.html]
중략...
<body>
  <main>
    <aside>
      <header>
        <h1 class="header-logo"></h1>
      </header>
      <nav></nav>
      <ul class="spot-menu"></ul>
    </aside>
    <div class="content">
      <div class="slide-wrapper">
        <div class="slide-image"></div>
        <div class="slide-banner"></div>
      </div>
      <div class="items">
        <div class="shortcut"></div>
        <div class="news-gallery"></div>
      </div>
    </div>
  </main>
  <footer>
    <div class="footer-logo"></div>
    <div class="footer-contents">
      <div class="footer-menu"></div>
      <div class="copyright"></div>
    </div>
  </footer>
</body>
</html>
```

2 CSS

01 [css] 폴더 내 [main.css] 파일을 생성하고 해당 파일을 열고 기본 코드를 작성합니다.

* 전체 선택자를 활용하여 모든 태그들의 태생적으로 가지고 있는 여백, 목록 스타일, 밑줄, 글꼴, 폰트 사이즈, 색상을 리셋하고 요구사항의 컬러 가이드에서 제시하는 기본 텍스트 색을 미리 반영해줍니다. 또한 box-sizing: border-box를 추가하여 요소의 크기를 border까지 설정하여 요소의 width 지정 후 padding 및 border를 추가해도 요소의 크기가 변하지 않도록 합니다.

신유형의 와이어프레임에서는 요소의 배경이 아니라 border(테두리)를 추가하여 구분하려고 합니다. 이때 요소의 width와 border를 같이 사용하면 요소의 크기가 커져서 레이아웃이 틀어지므로 box-sizing: border-box를 추가했습니다.

[main.css]

```css
@charset "utf-8";
*{
  margin: 0;
  padding: 0;
  list-style: none;
  text-decoration: none;
  font-family: "맑은 고딕";
  font-size: 14px;
  color: #333;
  box-sizing: border-box;
}
a{
  color: inherit;
}
```

02 이제 요구사항의 wireframe에서 제시하는 너비와 높이를 확인하여 요소들의 스타일을 지정합니다. 지정할 때 요소들의 배치 및 크기가 제대로 반영되는지 확인하기 위해 각 요소에 border를 추가합니다. border는 레이아웃 확인용으로 이후 실제 내용을 추가하면서 완성할 때는 border 속성을 제거하겠습니다. 별도의 높이가 지정되어 있지 않은 요소들은 와이어프레임 단계에서 영역을 확인할 수 있도록 임시로 높이를 주겠습니다. 지정한 높이는 이후 실제 콘텐츠를 작성한 후 제거하겠습니다.

> **Tip** ✓
>
> 요소의 높이 지정하기(임시)

aside header	100px
aside nav	400px
spot-menu	50px
slide-wrapper	400px
slide-banner	300px
shortcut	200px
notice	250px
gallery	250px
footer	120px

03 주석으로 layout을 구분하고 큰 요소들의
너비를 지정합니다.

작성한 코드를 살펴보면, main 태그에 display:
flex를 이용하여 aside와 클래스명 content를 가
로 배치했습니다. 그리고 main>* 선택자를 이
용하여 main 태그의 첫 번째 자식요소인 aside,
div 요소에 테두리를 추가했고, 클래스명
content에 flex: 1을 추가하여 클래스명 aside의
너비를 제외한 나머지 공간을 모두 차지하도록 합
니다.

[main.css]

```css
/* Layout */
main{
  display: flex;
}
main>*{
  border: 1px solid #ccc;
}
aside{
  width: 200px;
}
.content{
  flex: 1;
}
```

04 aside 내부 요소를 구분하기 위해 border를
추가하고 header, nav의 높이를 임시로 지정합
니다. 지정한 높이는 이후 콘텐츠 완성 후 제거할
예정입니다.

[main.css]

```css
/* ASIDE */
aside>*{
  border: 1px solid #ccc;
}
aside header{
  height: 100px;
}
aside nav{
  height: 400px;
}
aside .spot-menu{
  height: 50px;
}
```

05 구현해야 할 효과는 Fade—in, Fade—out 입니다. 이를 구현하기 위해서는 slide—wrapper를 기준으로 각 슬라이드를 절댓값으로 배치하여 겹쳐놓아야 합니다. slide—wrapper 에 기준을 설정한 후 slide—image에서 높이를 지정합니다. 클래스명 slide—banner는 slide—wrapper를 기준으로 우측 상단에 배치합니다. 브라우저 화면을 확인하면 요소들의 높이가 반영 되고, slide—banner도 지정한 위치에 배치되어 있습니다.

출력화면

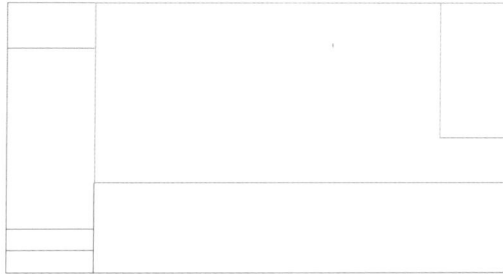

06 공지사항, 갤러리의 높이를 지정하고 자식 요소들을 확인하기 위해 테두리를 추가합니다.

출력화면

[main.css]

```css
/* SLIDE */
.slide-wrapper{
  height: 400px;
  position: relative;
}
.slide-wrapper>*{
  border: 1px solid green;
}
.slide-image{
  height: 400px;
}
.slide-banner{
  width: 150px;
  height: 300px;
  position: absolute;
  right: 0;
  top: 0;
}
.shortcut{
  border: 1px solid #ccc;
  height: 200px;
}
```

[main.css]

```css
/* NEWS GALLERY */
.news-gallery{
  height: 250px;
}
.news-gallery>*{
  border: 1px solid #ddd;
}
```

07 footer의 자식요소로 로고, 메뉴, 카피라이트가 있습니다. 우선 footer—logo과 메뉴와 카피라이트를 묶는 footer—contents 영역을 가로 배치합니다. 이때 footer—logo 영역은 너비를 지정하고 footer—contents 영역은 나머지 빈 공간을 모두 사용하도록 flex: 1을 설정합니다.
브라우저를 확인해 보면 모든 요소들의 너비, 높이, 위치가 지시사항과 일치하도록 완성되어 있습니다.

```css
/* FOOTER */
footer{
  display: flex;
}
footer>*{
  border: 1px solid #ccc;
  height: 120px;
}
.footer-logo{
  width: 200px;
}
.footer-contents{
  flex: 1;
}
.footer-contents>*{
  border: 1px solid #ccc;
  height: 60px;
}
```

`출력화면`

※ 신유형의 기출문제 풀이에서는 이미지 제작 과정은 제외하고 HTML, CSS, Script 작성에 중점을 두고 구현하겠습니다.

03 영역별 HTML

1 Header 영역

사이트맵을 참조하여 로고와 메뉴 구조의 HTML을 작성합니다.

Index Page / 메인(Main)				
메인메뉴 (Main Menu)	지금의 서울	추천	여행지	여행정보
서브메뉴 (Sub Menu)	이벤트 축제&행사 전시	에디터 추천 테마코스 도보해설관광 한류관광	명소 엔터테인먼트 음식 게스트하우스	가이드북&지도 시티투어버스 날씨

01 사이트의 가장 중요한 제목으로 로고를 h1 태그 안에 a 태그를 생성하고 img 태그를 작성합니다. 메인메뉴 리스트를 작성한 후 각 메뉴의 하위메뉴를 각 li의 종료 태그 안쪽에 ul 태그로 작성합니다. spot-menu도 리스트로 작성합니다. 메인메뉴와 서브메뉴의 ul 태그에는 이후 CSS 작성 시 선택이 용이하도록 main-menu, sub-menu 클래스명을 추가합니다.

[index.html]

```html
<body>
  <main>
    <aside>
      <header>
        <h1 class="header-logo">
          <a href="#">
            <img src="images/logo.png"
            alt="서울 구석구석">
          </a>
        </h1>
      </header>
      <nav>
        <ul class="main-menu">
          <li><a href="#">지금의 서울</a>
            <ul class="sub-menu">
              <li><a href="#">이벤트</a></li>
              <li><a href="#">축제&행사</a></li>
              <li><a href="#">전시</a></li>
            </ul>
          </li>
          <li><a href="#">추천</a>
            <ul class="sub-menu">
              <li><a href="#">에디터 추천</a></li>
              <li><a href="#">테마코스</a></li>
              <li><a href="#">도보해설관광</a></li>
              <li><a href="#">한류관광</a></li>
            </ul>
          </li>
```

```
        <li><a href="#">여행지</a>
          <ul class="sub-menu">
            <li><a href="#">명소</a></li>
            <li><a href="#">엔터테인먼트</a></li>
            <li><a href="#">음식</a></li>
            <li><a href="#">게스트하우스</a></li>
          </ul>
        </li>
        <li><a href="#">여행정보</a>
          <ul class="sub-menu">
            <li><a href="#">가이드북&지도</a></li>
            <li><a href="#">시티투어버스</a></li>
            <li><a href="#">날씨</a></li>
          </ul>
        </li>
      </ul>
    </nav>
    <ul class="spot-menu">
      <li><a href="#">로그인</a></li>
      <li><a href="#">회원가입</a></li>
    </ul>
  </aside>
중략...
```

② 슬라이드 영역

슬라이드 영역의 지시사항에 따라 HTML을 작성합니다.

※ 위에서 작업한 결과물을 이용하여 슬라이드 작업을 한다.
○ 이미지 슬라이드는 「Fade-in, Fade-out」 효과를 이용하여 제작한다.
  (하나의 이미지가 서서히 사라지고, 다른 이미지가 서서히 나타나는 효과이다)
○ 슬라이드는 매 3초 이내로 하나의 이미지에서 다른 이미지로 전환되어야 한다.
○ 웹사이트를 열었을 때 자동으로 시작되어 반복적으로(마지막 이미지가 사라지면 다시 첫 번째 이미지가 나타나는 방식)
  전환되어야 한다.

01 슬라이드는 미리 제공된 이미지를 활용하여 구현하겠습니다. 클래스명 slide—image의 자식 요소로 container를 지정하고 각 슬라이드는 li 로 작성합니다. 이후 CSS에서 container를 기준 으로 클래스명 slide를 절댓값으로 겹쳐놓을 예정 입니다. slide—banner 부분에서 리스트로 작성 합니다. slide—banner의 자식요소에 바로 클래 스명을 추가해도 상관없습니다만 와이어프레임 단계에서 작성한 태그를 그대로 활용하겠습니다.

출력화면

[index.html]

```html
</aside>
<div class="content">
  <div class="slide-wrapper">
    <div class="slide-image">
      <ul class="container">
        <li class="slide">
          <a href="#">
            <img src="images/slide_d_01.jpg"
            alt="서울 장미 축제">
          </a>
        </li>
        <li class="slide">
          <a href="#">
            <img src="images/slide_d_02.jpg"
            alt="북촌 한옥 마을">
          </a>
        </li>
        <li class="slide">
          <a href="#">
            <img src="images/slide_d_03.jpg"
            alt="궁중문화축전">
          </a>
        </li>
      </ul>
    </div>
    <div class="slide-banner">
      <ul>
        <li><a href="#">
          <img src="images/banner_01.png"
          alt="banner 01">
        </a></li>
        <li><a href="#">
          <img src="images/banner_02.png"
          alt="banner 02">
        </a></li>
        <li><a href="#">
          <img src="images/banner_03.png"
          alt="banner 03">
        </a></li>
      </ul>
    </div>
  </div>
  <div class="items">
```

3 ITEMS 영역

01 Items 영역의 바로가기를 작성합니다.

[index.html]

```html
<div class="items">
  <div class="shortcut">
    <img src="images/shortcut.png"
    alt="shortcut image">
    <div class="shortcut-content">
      <h3>서울 장미 축제</h3>
      <p>시각과 후각을 즐겁게 해주는 꽃 축제는
언제 어디서나 많은 이들의 사랑을 받죠. 그런데
서울 도심에서도 꽃 축제를 즐길 수 있다는 사실
알고 계셨나요? 바로 서울 중랑구에서 열리는 서울
장미 축제예요. 서울 장미 축제는 5km가 넘는 국내
최대규모의 장미 터널을 조성하여 도심 속에서 아
름다운 장미와 함께 다양한 문화 공연까지 즐길 수
있는 축제죠. 장미퍼레이드, 그림 그리기 대회 등
시민들이 함께 즐기고 만들어가는 각종 문화행사도
마련돼 있어요.</p>
    </div>
    <a href="#">
      <img src="images/shortcut_arrow.png"
      alt="arrow">
    </a>
  </div>
  <div class="news-gallery">
```

02 Items 영역의 공지사항, 갤러리를 작성합니
다. 탭 구조로 작성하면 되겠습니다.

출력화면

[index.html]

```html
<div class="news-gallery">
  <div class="notice">
    <ul class="tabmenu">
      <li class="active">
        <a href="#notice">공지사항</a>
      </li>
      <li>
        <a href="#gallery">갤러리</a>
      </li>
    </ul>
    <div class="tabcontent">
      <div id="notice" class="active">
        <ul>
          <li><a href="#">여행 후기 이벤트 안내
</a><span class="date">2024.03.01</span></li>
          <li><a href="#">서울 구석구석 여행관
련 안내사항</a><span class="date">2024.03.01</
span></li>
```

```
            <li><a href="#">이벤트 당첨자 안내</
a><span class="date">2024.03.01</span></li>
            <li><a href="#">서울 장미 축제 안내
</a><span class="date">2024.03.01</span></li>
            <li><a href="#">고객 서비스 점검 안내
</a><span class="date">2024.03.01</span></li>
        </ul>
      </div>
      <div id="gallery">
       <ul>
        <li><a href="#">
          <img src="images/gallery_01.png"
          alt="gallery1">
        </a></li>
        <li><a href="#">
          <img src="images/gallery_02.png"
          alt="gallery2">
        </a></li>
        <li><a href="#">
          <img src="images/gallery_03.png"
          alt="gallery3">
        </a></li>
        <li><a href="#">
          <img src="images/gallery_04.png"
          alt="gallery4">
        </a></li>
        <li><a href="#">
          <img src="images/gallery_05.png"
          alt="gallery5">
        </a></li>
        <li><a href="#">
          <img src="images/gallery_06.png"
          alt="gallery6">
        </a></li>
        <li><a href="#">
          <img src="images/gallery_07.png"
          alt="gallery7">
        </a></li>
       </ul>
      </div>
    </div>
  </div>
</div><!-- //notice tab -->
```

4 FOOTER 영역

로고	SPOTMENU | SPOTMENU | SPOTMENU | SPOTMENU | SPOTMENU | SPOTMENU
	Lorem Ipsum is simply dummy text of the printing and typesetting industry. Lorem Ipsum has been the industry's standard dummy text ever since the 1500s,

01 푸터영역에는 로고, 메뉴, 카피라이트를 작성합니다.

[index.html]

```html
<footer>
  <div class="footer-logo">
    <a href="#">
      <img src="images/footer_logo.png"
      alt="footer logo">
    </a>
  </div>
  <div class="footer-contents">
    <div class="footer-menu">
      <ul>
        <li><a href="#">기업소개</a></li>
        <li><a href="#">이용약관 개인정보처리방침
</a></li>
        <li><a href="#">이메일무단수집거부</a></li>
        <li><a href="#">사이트맵</a></li>
      </ul>
    </div>
    <div class="copyright">
      <p>
      COPYRIGHT&copy;by 서울 구석구석. ALL
RIGHTS RESERVED
      </p>
    </div>
  </div>
</footer>
```

5 팝업

01 전체화면을 차지할 요소를 아이디명 popup으로 생성하고 가운데 나타날 창을 클래스명 popup-content를 작성합니다. 그리고 jquery 라이브러리와 [main.js]를 생성하고 로드합니다.

출력화면

[index.html]

```
    </footer>
    <!-- popup -->
    <div id="popup">
        <div class="popup-content">
            <h2>여행 후기 이벤트 안내</h2>
            <p>
서울 구석구석입니다. 여행 후기 이벤트를 2024년 3월부터 시작하고자 합니다. 고객님의 소중한 이야기 중 '베스트 여행 후기'를 선정하여 감사의 마음을 전하는 이벤트입니다.
            </p>
            <div class="close">닫기</div>
        </div>
    </div>
    <!-- //popup -->
    <script src="script/jquery-1.12.3.js"></script>
    <script src="script/main.js"></script>
</body>
</html>
```

1 Header 영역

01 와이어프레임 단계에서 설정했던 main>* 와 aside>*의 테두리를 제거하고 header, nav 에 지정했던 높이도 제거합니다.

❶ aside nav에 배경과 여백을 추가하고 테두리 를 추가합니다.

❷ aside nav li 선택자로 모든 메뉴의 높이를 line-height를 이용하여 추가합니다.

❸ aside nav a에 링크들이 li가 만들어준 공간을 모두 사용할 수 있도록 display 속성을 추가하고 이후 마우스 올렸을 때 속성이 전환되는 과정이 보이도록 transition을 추가합니다.

❹ 링크에 마우스를 올렸을 때 배경색과 글자색을 변경합니다.

❺ 서브메뉴의 배치에 기준이 설정되도록 sub-menu의 부모인 li에 position을 추가합니다.

❻ 메인메뉴들마다 하단에 선을 추가하고 마지막 메뉴의 하단 선을 보이지 않도록 합니다.

❼ sub-menu는 바로 위 부모인 li를 기준으로 절댓값으로 배치하고, sub-menu는 마우스를 올렸을 때만 나타나도록 display: none을 설정 합니다.

서브메뉴의 크기를 설정한 부분을 더 설명하겠습니 다. 클래스명 sub-menu의 스타일에서 서브메뉴 의 너비를 aside의 너비를 제외하고 나머지 빈 공 간을 모두 사용해야 하므로 width: calc(100vw - 200px)로 지정했습니다. 100vw는 viewport, 즉 브라우저 전체화면을 의미합니다.

❽ 서브메뉴들은 가로로 글씨처럼 옆으로 배치되 도록 display 속성을 display: inline-block으 로 설정하고 글자색을 설정합니다.

[main.css]

```
/* ASIDE */
aside nav{                            ❶
  background: #fff;
  margin: 0 10px 20px;
  border: 1px solid #ccc;
}
aside nav li{                         ❷
  line-height: 40px;
  height: 40px;
}
aside nav a{                          ❸
  display: block;
  padding: 0 5px;
  color: #333;
  transition: 0.3s;
}
aside nav li:hover>a{                 ❹
  background: #666;
  color: #fff;
}
.main-menu>li{                        ❺
  position: relative;
}
.main-menu>li>a{                      ❻
  border-bottom: 1px solid #ccc;
}
.main-menu>li:last-child a{
  border-bottom: none;
}
.sub-menu{                            ❼
  background: rgba(0,0,0,.7);
  display: none;
  position: absolute;
  top: 0;
  left: 100%;
  width: calc(100vw - 200px);
  z-index: 100;
}
```

```
.sub-menu li{
    display: inline-block;
}
.sub-menu li a{
    color: #ccc;
}
```
⑧

2 스팟 메뉴 영역

01 spot-menu는 flex를 활용하여 가로배치하고, 메뉴 사이의 세로선은 첫 번째 리스트의 테두리로 구현합니다. 메뉴에 마우스를 올렸을 때 밑줄이 나타나도록 합니다.

출력화면

[main.css]

```
.sub-menu li a{
    color: #ccc;
}
aside .spot-menu{
    display: flex;
    justify-content: center;
}
aside .spot-menu li{
    padding: 0 10px;
}
aside .spot-menu li:first-child{
    border-right: 1px solid #ccc;
}
aside .spot-menu li a:hover{
    text-decoration: underline;
}

/* SLIDE */
```

3 슬라이드 영역

01 슬라이드는 이후 스크립트를 통해 그 자리에서 fadeOut, fadeIn을 구현할 예정이므로 CSS에서는 각 슬라이드를 절댓값으로 배치하여 겹쳐놓아야 합니다. 이때 slider−wrapper에는 높이를 설정하고 기준을 설정하여 slider−banner의 기준역할을 하도록 합니다. 각 슬라이드는 절댓값으로 배치하고 기준은 container로 설정합니다.

slide−banner에 position: absolute를 추가하여 절댓값으로 우측 상단에 배치합니다.

작성 후 브라우저 화면을 확인하면, 슬라이드에는 이미지가 나타나고 있지 않습니다. 절댓값으로 겹쳐놓고 display: none으로 보이지 않도록 했기 때문입니다. 슬라이드는 스크립트를 통해 서서히 보이도록 할 예정입니다.

```
                                        [main.css]
/* SLIDE */
.slide-wrapper{
  height: 400px;
  position: relative;
}
.slide>a>img{
  width: 100%;
  height: 400px;
  object-fit: cover;
}
.slide-image .container{
  position: relative;
  height: 400px;
}
.slide-image .slide{
  position: absolute;
  display: none;
}
.slide-banner{
  width: 150px;
  position: absolute;
  right: 0;
  top: 0;
}
.slide-banner img{
  width: 100%;
}
```

4 바로가기

01 클래스명 shortcut 내부의 여백(Padding)을 추가합니다. shortcut 내부의 이미지는 너비를 모두 사용하도록 하고 shortcut−content에 여백을 추가한 후 제목과 링크의 스타일을 작성합니다.

```
                                        [main.css]
/* SHORTCUT */
.shortcut{
  height: 200px;
  display: flex;
  padding: 0 15px;
  align-items: center;
  gap: 20px;
}
.shortcut-content h3{
  margin-bottom: 20px;
}

/* NEWS GALLERY */
```

5 공지사항 및 갤러리

01 공지사항, 갤러리 부분은 탭으로 구현합니다. 우선 클래스명 .tabcontent>div로 메뉴를 클릭할 때 나타날 공지사항과 갤러리를 절댓값으로 설정할 예정이므로 부모 요소인 tabcontent에 높이를 주고, 가장 큰 부모인 news-gallery에도 높이와 패딩을 추가합니다.

갤러리, 공지사항은 플렉스를 이용하여 가로배치하고 아래 요소들과 1px 겹칠 수 있도록 top 값을 주어 1px 내려줍니다. 탭의 내용들은 display: none으로 보이지 않도록 하고 해당 요소에 클래스명 active가 있을 때 나타나도록 합니다.

출력화면

공지사항 갤러리
여행 후기 이벤트 안내2024.03.01
서울 구석구석 여행관련 안내사항2024.03.01
이벤트 당첨자 안내2024.03.01
서울 장미 축제 안내2024.03.01
고객 서비스 점검 안내2024.03.01

[main.css]

```css
/* NEWS GALLERY */
.news-gallery{
  height: 250px;
  padding: 10px;
}
.tabmenu{
  display: flex;
}
.tabmenu{
  position: relative;
  z-index: 1;
  top: 1px;
}
.tabmenu li a{
  display: block;
  padding: 5px 10px;
  border: 1px solid #ccc;
  border-bottom: none;
  background: #ccc;
}
.tabmenu li.active a{
  background: #fff;
}
.tabcontent{
  padding: 10px;
  border: 1px solid #ccc;
  position: relative;
  height: 170px;
  box-sizing: border-box;
}
.tabcontent>div{
  position: absolute;
  left: 0;
  right: 0;
  display: none;
}
.tabcontent>div.active{
  display: block;
}
```

02 공지사항 리스트 스타일, 갤러리 리스트 스타일을 작성합니다. 공지사항 리스트에서 제목과 날짜를 양쪽 끝으로 배치하기 위해 #notice li에 justify−content: space−between을 설정합니다. 리스트에는 마우스를 올렸을 때 배경색에 변화를 줍니다. 갤러리 리스트들도 flex로 가로배치하고 리스트들이 양쪽 끝에 맞춰 배치되도록 #gallery ul에 space−between을 설정합니다. 갤러리 내 이미지들은 li의 크기에 맞춰 크기가 나타나도록 width: 100%를 추가합니다. 마지막으로 갤러리 리스트에 마우스를 올렸을 때 투명도를 조절합니다.

출력화면

[main.css]

```css
.tabcontent>div.active{
  display: block;
}
#notice{
  padding: 0 5px;
}
#notice li{
  line-height: 30px;
  display: flex;
  justify-content: space-between;
  transition: 0.3s;
  border-bottom: 1px dashed #ebebeb;
}
#notice li:last-child{
  border-bottom: none;
}
#notice li:hover{
  background: #ebebeb;
}
#notice li a:hover{
  font-weight: bold;
}
#gallery{
  padding: 30px 10px;
}
#gallery ul{
  display: flex;
  justify-content: space-between;
  gap: 10px;
}
#gallery ul li{
  transition: 0.3s;
}
#gallery ul li img{
  width: 100%;
}
#gallery ul li:hover{
  opacity: 0.5;
}
```

03 갤러리 스타일을 확인하기 위해 임시로 [index.html]에서 공지사항에 있던 클래스명 active를 갤러리로 이동시키고 브라우저 화면을 확인합니다.

```
                                              [index.html]
<ul class="tabmenu">
  <li>
     <a href="#notice">공지사항</a>
  </li>
  <li class="active">
     <a href="#gallery">갤러리</a>
  </li>
</ul>
<div class="tabcontent">
  <div id="notice">
       중략...
  </div>
  <div id="gallery" class="active">
```

6 푸터

01 와이어 프레임단계에서 footer>* 선택자와 .footer-contents>*로 작성한 부분을 삭제하여 테두리를 제거합니다. footer에 높이를 지정한 후 주축(가로), 교차축(세로) 중앙에 배치되도록 합니다. footer-contents는 로고 부분을 제외하고 나머지 영역을 모두 사용하도록 flex: 1을 추가한 후 footer-menu ul에도 display: flex를 추가하여 메뉴를 가로 배치합니다. 그 외 li+li 선택자를 이용하여 첫 번째 리스트를 제외하고 나머지 리스트를 선택한 후 테두리를 추가합니다.

```
                                                [main.css]
/* FOOTER */
footer{
  display: flex;
  height: 120px;
  align-items: center;
  text-align: center;
}
.footer-logo{
  width: 200px;
}
.footer-contents{
  flex: 1;
  text-align: left;
}
.footer-menu ul{
  display: flex;
  margin-bottom: 20px;
}
.footer-menu ul li{
  padding: 0 15px;
}
.footer-menu ul li+li{
  border-left: 1px solid #ccc;
}
.footer-menu ul li a:hover{
  text-decoration: underline;
}
```

7 팝업

01 아이디 popup이 전체화면을 차지하도록 하고 그 가운데 팝업 내용이 오도록 작성합니다.

❶ 전체화면을 기준으로 고정하고 left, right, top, bottom 값을 0으로 설정하여 전체화면을 차지하도록 합니다. z-index 값을 추가하여 다른 요소들보다 위에 올라오도록 합니다. popup은 화면에 보이지 않도록 display: none을 설정합니다. 화면에 스타일대로 잘 나타나는지 확인하기 위해 display: none은 임시로 주석처리하고, 브라우저 화면을 확인한 후 다시 주석은 제거하여 popup이 보이지 않도록 합니다.

❷ 부모인 #popup 기준으로 절댓값으로 화면의 정가운데 배치되도록 left: 50%; top: 50%를 설정하고 정중앙에 오도록 popup-content 가로 크기의 반만큼 왼쪽으로 popup-content의 세로 크기의 반만큼 위쪽으로 이동시키기 위해 transform을 추가합니다. 이렇게 하면 popup-content의 크기에 상관없이 정중앙에 배치할 수 있습니다. 기존 화면 위에 떠 있는 느낌을 주기 위해 box-shadow를 추가합니다.

❸ 부모인 .popup-content를 기준으로 우측 하단에 배치하고 커서 모양을 링크와 같이 변경합니다.

❹ 아이디 popup에 active 클래스명이 추가되면 화면에 나타나도록 합니다.

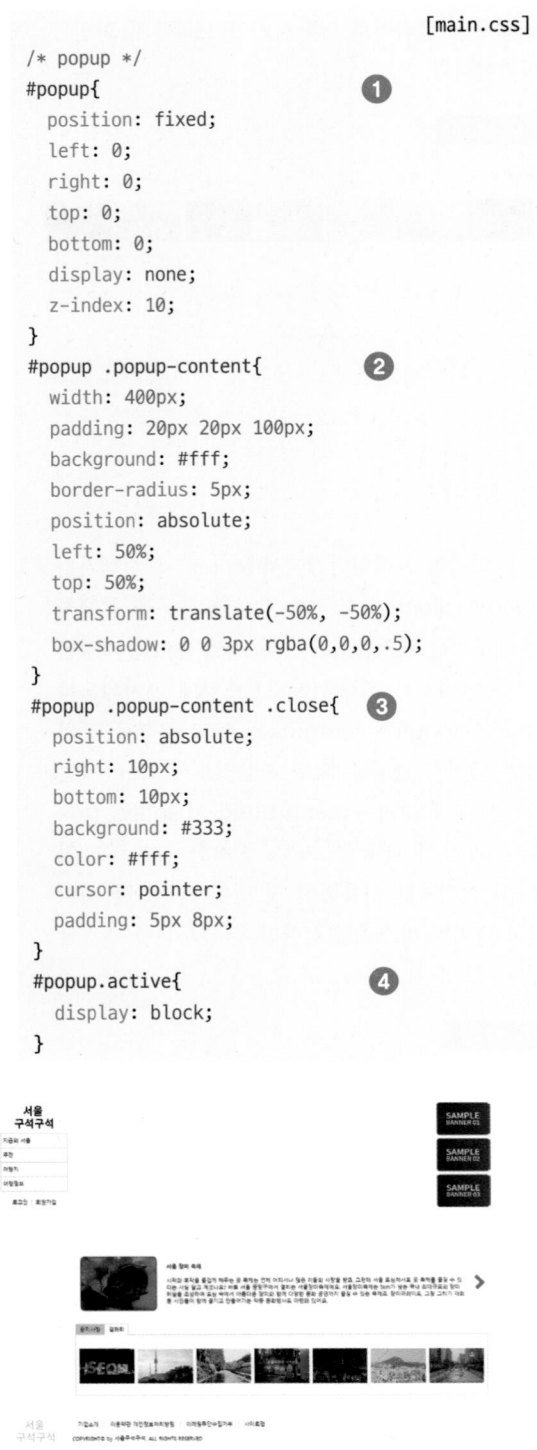

```
[main.css]
/* popup */
#popup{                               ❶
  position: fixed;
  left: 0;
  right: 0;
  top: 0;
  bottom: 0;
  display: none;
  z-index: 10;
}
#popup .popup-content{                ❷
  width: 400px;
  padding: 20px 20px 100px;
  background: #fff;
  border-radius: 5px;
  position: absolute;
  left: 50%;
  top: 50%;
  transform: translate(-50%, -50%);
  box-shadow: 0 0 3px rgba(0,0,0,.5);
}
#popup .popup-content .close{         ❸
  position: absolute;
  right: 10px;
  bottom: 10px;
  background: #333;
  color: #fff;
  cursor: pointer;
  padding: 5px 8px;
}
#popup.active{                        ❹
  display: block;
}
```

출력화면

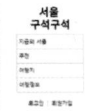

팝업 스타일 확인

스타일이 완성된 화면

1 Aside 메인메뉴

01 메뉴 스크립트는 메인메뉴에 마우스를 올리면 서브메뉴가 나타나도록 합니다. 서브메뉴가 나타나고 사라지는 효과는 fadeIn, fadeOut 메서드를 활용합니다.
메인메뉴와 서브메뉴를 각각 변수에 할당하여 메인메뉴에 마우스를 올리면 모든 서브메뉴가 나타나도록 하고, 마우스나 메뉴에서 벗어나면 모든 서브메뉴가 사라지도록 합니다.

[main.js]

```js
let mainMenu = $('.main-menu > li');
let submenu = $('.sub-menu');

mainMenu.mouseover(function(){
  submenu.stop().fadeIn();
}).mouseout(function(){
  submenu.stop().fadeOut();
});
```

출력화면

2 슬라이드 영역

01 fade 효과의 슬라이드 스크립트를 작성합니다. 변수를 설정하고 3초마다 슬라이드가 서서히 나타나고(fadeIn), 서서히 사라지도록(fadeOut) 합니다.
❶ 변수명 slideContainer에 클래스명 container를 저장합니다.
❷ 변수명 slideContainer에서 자식요소인 클래스명 .slide를 find 메서드를 이용하여 찾아 저장합니다.
❸ 변수명 슬라이드의 개수를 저장합니다.
❹ 자동으로 변경될 때마다 현재 슬라이드 번호를 업데이트할 변수명 currentIdx를 설정합니다. 슬라이드가 이동할 때마다 1씩 증가하도록 합니다.

[main.js]

```js
//슬라이드
let slideContainer = $('.slide-wrapper');    ❶
let slide = slideContainer.find('.slide');   ❷
let slideCount = slide.length;               ❸
let currentIdx = 0;                          ❹

slide.eq(currentIdx).fadeIn();               ❺
setInterval(showNextSlide, 3000);            ❻

function showNextSlide(){
  let nextIdx = (currentIdx + 1) % slideCount; ❼
  slide.eq(currentIdx).fadeOut();              ┐
  slide.eq(nextIdx).fadeIn();                  ┘❽
  currentIdx = nextIdx;                        ❾
}
```

❺ 스크립트가 실행되자마자 첫 번째 이미지가 서서히 나타납니다.

❻ setInterval 메서드를 활용하여 3초마다 showNextSlide 함수가 작동하도록 합니다.

❼ 변수명 nextIdx에는 슬라이드 개수번호보다는 넘치지 않도록 나눈 나머지 값이 저장되도록 합니다.

❽ 현재 번호의 슬라이드를 eq메서드를 통해 선택하고 사라지도록 하고, 동시에 다음 슬라이드를 선택하여 서서히 나타나도록 합니다.

❾ currentIdx 번호를 nextIdx로 업데이트하여 현재 슬라이드 번호를 갱신합니다.

스크립트 작성 후 브라우저 화면을 확인하면 순차적으로 슬라이드가 사라지고, 다음 슬라이드가 나타나는 것이 반복됩니다.

출력화면

3 공지사항 탭

01 탭 메뉴를 클릭하면 클릭된 그 메뉴에 active를 추가하고, 메뉴의 a 태그 href 속성의 값을 활용하여 그 값과 매치되는 id 요소를 선택해서 화면에 나타나도록 합니다. 물론 클릭한 요소의 인덱스 번호를 확인하여 탭 콘텐츠의 내용을 인덱스 번호로 선택하여 클래스명을 추가하는 방식도 가능합니다. 변수를 설정하고 메뉴에 클래스명 추가하는 부분부터 작성합니다.

❶ tabMenu를 클릭하면 링크의 기본속성을 제거합니다.

❷ 모든 메뉴에서 active 클래스명을 제거합니다.

❸ 클릭 이벤트가 일어난 그 메뉴에 active 클래스명을 추가합니다.

❹ 변수명 target에 클릭된 그 요소의 속성명 href의 값을 저장합니다. 저장된 값은 #notice 또는 #gallery와 같습니다.

❺ 모든 탭 콘텐츠에서 클래스명 active를 제거합니다.

❻ 변수명 target에 저장된 #notice 또는 #gallery 값이 $( ) 안쪽에 들어오도록 합니다. 이렇게 보여질 아이디 요소를 선택하고 클래스명 active를 추가하여 내용이 보이도록 합니다.

작성 후 탭 메뉴를 클릭하여 정상적으로 작동하는지 확인합니다.

[main.js]

```js
//탭
let tabMenu = $('.tabmenu li');
let tabContent = $('.tabcontent > div');
tabMenu.click(function(e){
  e.preventDefault();                              ❶
  tabMenu.removeClass('active');                   ❷
  $(this).addClass('active');                      ❸
  let target = $(this).find('a').attr('href');     ❹
  tabContent.removeClass('active');                ❺
  $(target).addClass('active');                    ❻
});
```

출력화면

4 공지사항 팝업

01 공지사항의 첫 글을 클릭하면 레이어 팝업이 뜨도록 합니다.

❶ 공지사항 중 첫 번째 리스트를 변수로 지정합니다.

❷ 클래스명 active를 추가하여 보여질 대상인 아이디 popup을 지정합니다.

❸ 닫기 버튼은 popup의 자식요소 중 클래스명 close를 찾아 지정합니다.

❹ 공지사항 링크를 클릭하면 링크의 기본 속성을 막고 popup에 클래스명 active를 추가합니다.

❺ 닫기 버튼을 클릭하면 popup에서 추가했던 클래스명 active를 제거합니다.

스크립트 작성 후 공지사항 첫 글을 클릭하면 팝업이 뜨고, 닫기를 클릭하면 팝업이 닫히고 있습니다.

```
[main.js]
//팝업
let popupLink = $('#notice li:first');       ❶
let popup = $('#popup');                      ❷
let popupCloseBtn = popup.find('.close');     ❸

popupLink.click(function(e){
    e.preventDefault();                       ❹
    popup.addClass('active');
});

popupCloseBtn.click(function(){
    popup.removeClass('active');              ❺
});
```

출력화면

02 이로써 모든 스크립트가 완성되었습니다. 마지막으로 현재 작성한 HTML 소스의 웹표준 검사를 실시하여 오류가 없는지 확인합니다. https://validator.w3.org/에서 HTML 코드를 업로드하고 검사를 실시해봅니다. HTML 소스를 모두 복사하고 validate by Direct input 탭을 클릭한 후 소스를 붙여넣기 하고 Check 버튼을 클릭합니다.

작성한 모든 코드는 오른쪽 화면과 같이 에러나 경고가 없어야 합니다.

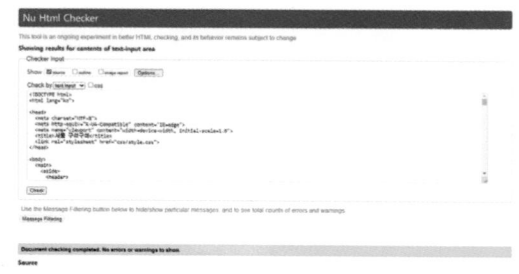

신유형 문제(D4형)

서울 구석구석(D4형)

※ D4 유형은 기본적으로 본문 부분은 D2 유형과 유사하고 메뉴에 마우스 호버 시의 효과가 D3 유형과 같으며, 슬라이드 배너가 가로 배치된 부분이 다릅니다.

한눈에 보는 순서

1. 바탕화면에 수험자 본인의 '비번호' 이름의 폴더에 css, script, images 폴더 생성
2. 와이어프레임 파악 후 HTML, CSS로 와이어프레임 작성
3. 세부 지시사항 파악 후 이미지를 제작하여 'images' 폴더에 저장
   - 상단로고 : logo.png
   - 하단로고 : footer_logo.png (Grayscale)
   - 메인 이미지 3장
   - 갤러리 이미지 3장
   - 배너 이미지
4. index.html, main.css, main.js 생성, jQuery 오픈소스 저장
5. 각 영역별 HTML 작성
6. 각 영역별 CSS 작성
7. 메뉴, 슬라이드, 탭, 레이어 팝업 Script 작성

국가기술자격 실기시험 문제

자격종목	웹디자인기능사	과제명	서울 구석구석

※ 다음 요구사항을 준수하여 주어진 자료(수험자 제공파일)를 활용하여 시험시간 내에 웹 페이지를 제작 후 **5MB 용량**이 초과되지 않게 저장 후 제출하시오.
※ 웹 페이지 코딩은 **HTML5 기준 웹 표준**을 준수하여야 하며, 요구사항에 지정되지 않는 요소들은 주제 특성에 맞게 자유롭게 디자인하시오.
※ 문제에서 지시하지 않은 와이어프레임 영역 비율, 레이아웃, 텍스트의 글자체/색상/크기, 요소별 크기, 색상 등은 수험자가 과제명(가. 주제)에 맞게 자유롭게 디자인하시오.

가. 주제: 서울 구석구석 웹사이트 오픈을 위한 메인페이지 제작

나. 개요
서울 여행객들에게 다양한 정보를 제공하는 「서울 구석구석」의 웹사이트를 제작하려고 한다. 재단법인 GusukGusuk에서는 일반인들이 이용하기에 편리한 웹사이트 제작을 요청하였다. 아래의 요구사항에 따라 메인페이지를 제작하시오.

다. 요구사항
1) 메인페이지를 디자인하고 HTML, CSS, JavaScript 기반의 웹 페이지를 제작한다.
   (이때 jQuery 오픈소스, 이미지, 텍스트 등의 제공된 리소스를 활용하여 제작할 수 있다)
2) HTML, CSS의 charset는 utf-8로 해야 한다.
3) 컬러 가이드

주조색 (Main Color)	보조색 (Sub Color)	배경색 (Background Color)	기본 텍스트의 색 (Text Color)
자유롭게 지정	자유롭게 지정	#FFFFFF	#333333

4) 사이트 맵(Site Map)

Index Page / 메인(Main)				
메인메뉴 (Main Menu)	지금의 서울	추천	여행지	여행정보
서브메뉴 (Sub Menu)	이벤트 축제&행사 전시	에디터 추천 테마코스 도보해설관광 한류관광	명소 엔터테인먼트 음식 게스트하우스	가이드북&지도 시티투어버스 날씨

5) 와이어프레임(Wireframe)

※ ⒜∼Ⓓ 영역에 제시된 지시사항에 맞춰서 프레임을 구성하고, 자유롭게 디자인을 구성하시오.

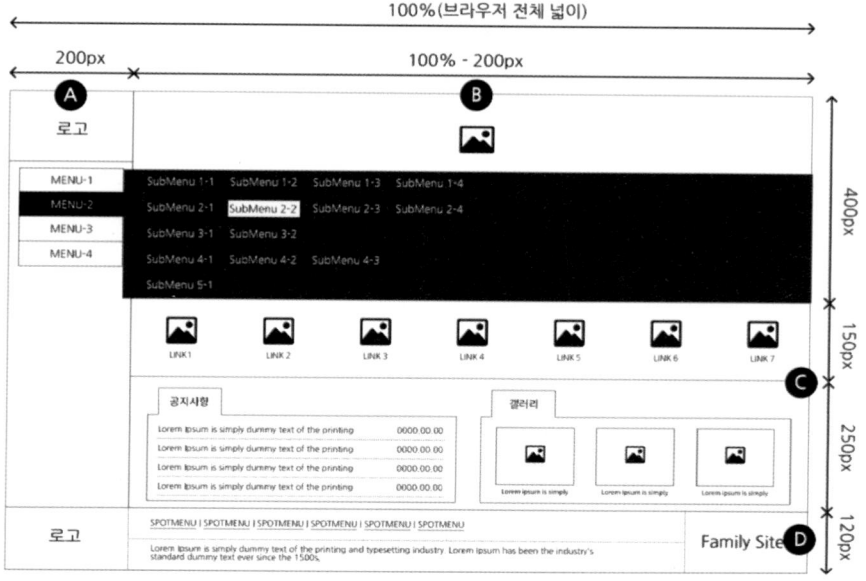

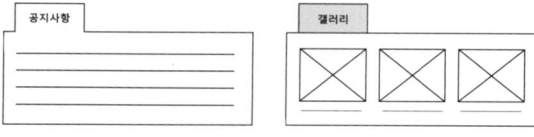

공지사항, 갤러리 별도 구성

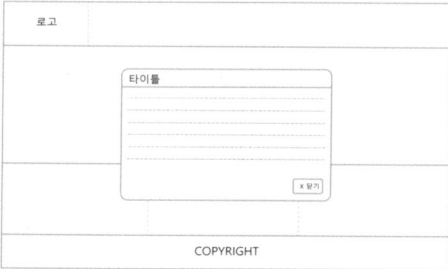

레이어 팝업

라. 세부 영역별 지시사항

영역 및 명칭	세부 지시사항
ⓐ Header	**A.1 로고** ○ Header 폴더에 제공된 로고를 삽입한다. ※ 로고의 크기 변경 시, 가로세로 비율(종횡비, Aspect Ratio)을 유지하여야 한다. 　(가로세로 비율을 유지하며 크기 변경 가능) **A.2 메뉴 구성** ※ 사이트 구조도를 참고하여 메인메뉴(Main Menu)와 서브메뉴(Sub Menu)로 구성한다. **(1) 메인메뉴(Main Menu) 효과 [와이어프레임 참조]** ○ 메인메뉴 중 하나에 마우스를 올리면(Mouse Over) 하이라이트 되고, 벗어나면(Mouse Out) 하이라이트를 해제한다. ○ 메인메뉴에 마우스를 올리면(Mouse Over) 서브메뉴 영역이 부드럽게 나타나면서, 서브메뉴가 보이도록 한다. ○ 메인메뉴에서 마우스커서가 벗어나면(Mouse Out) 서브메뉴 영역은 부드럽게 사라져야 한다. **(2) 서브메뉴 영역 효과** ○ 서브메뉴 영역은 메인 페이지 콘텐츠를 고려하여 배경색상을 설정한다. ○ 서브메뉴 중 하나에 마우스를 올리면(Mouse Over) 하이라이트 되고 벗어나면(Mouse Out) 하이라이트를 해제한다. ○ 마우스커서가 메뉴 영역을 벗어나면(Mouse Out) 서브메뉴 영역은 부드럽게 사라져야 한다.
ⓑ Slide	**B. Slide 이미지 제작** ○ [Slide] 폴더에 제공된 3개의 텍스트를 각 이미지에 적용하되, 텍스트의 글자체, 굵기, 색상, 크기를 적절하게 설정하여 가독성을 높이고, 독창성이 드러나도록 제작한다. **B. Slide 애니메이션 작업** ※ 위에서 작업한 결과물을 이용하여 슬라이드 작업을 한다. ○ 이미지 슬라이드는 「Fade-in, Fade-out」 효과를 이용하여 제작한다. 　(하나의 이미지가 서서히 사라지고, 다른 이미지가 서서히 나타나는 효과이다) ○ 슬라이드는 매 3초 이내로 하나의 이미지에서 다른 이미지로 전환되어야 한다. ○ 웹사이트를 열었을 때 자동으로 시작되어 반복적으로(마지막 이미지가 사라지면 다시 첫 번째 이미지가 나타나는 방식) 전환되어야 한다.
ⓒ Contents	**C.1 바로가기** ○ Contents 폴더의 제공된 파일을 활용하여 편집 또는 디자인하여 제작한다. **C.2 공지사항** ○ 공지사항 타이틀 영역과 콘텐츠 영역을 구분하여 표현해야 한다. 　(단, 콘텐츠는 HTML 코딩으로 작성해야 하며, 이미지로 삽입하면 안 된다) ○ 콘텐츠는 Contents 폴더의 제공된 텍스트를 적용하여 제작한다. ○ 공지사항의 첫 번째 콘텐츠를 클릭(Click)할 경우 레이어 팝업창(Layer Pop_up)이 나타나며, 레이어 팝업창 내에 닫기 버튼을 두어서 클릭하면 해당 팝업창이 닫혀야 한다. [와이어프레임 참조] ○ 레이어 팝업의 제목과 내용은 Contents 폴더의 제공된 텍스트 파일을 사용한다. **C.3 갤러리** ○ Contents 폴더의 제공된 이미지 3개와 텍스트 파일을 사용하여 가로 방향으로 배치한다. [와이어프레임 참조] ○ 갤러리의 이미지에 마우스 오버(Mouse Over) 시 해당 객체의 투명도(Opacity)에 변화가 있어야 한다. 　※ 콘텐츠는 HTML 코딩으로 작성해야 하며, 이미지로 삽입하면 안 된다.
ⓓ Footer	**D. Footer** ○ 로고를 Grayscale(무채색)로 변경하고 사용자의 접근성을 고려하여 배치한다. ○ Footer 폴더의 제공된 텍스트를 사용하여 Copyright, 하단메뉴, 패밀리사이트를 제작한다.

마. 기술적 준수 사항

1) 웹페이지 코딩은 HTML5 기준 웹 표준을 준수하여야 하며, HTML 유효성검사(W3C Validator)에서 오류('ERROR')가 없도록 코딩하여야 한다.

　※ HTML 유효성검사 서비스는 시험 시 제공하지 않는다(인터넷 사용불가).

2) CSS는 별도의 파일로 제작하여 링크하여야 하며, CSS3 기준(W3C Validator)에서 오류('ERROR')가 없도록 코딩되어야 한다.

3) JavaScript 코드는 별도의 파일로 제작하여 연결하여야 하며 브라우저(Google Chrome)에 내장된 개발도구의 Console 탭에서 오류('ERROR')가 표시되지 않아야 한다.

4) 별도로 지정하지 않은 상호작용이 필요한 모든 콘텐츠(로고, 메뉴, 버튼, 바로가기 등)는 임시링크(예 #)를 적용하고 'Tab'(Tab) 키로 이동 선택할 수 있어야 한다.

5) 사이트는 다양한 화면 해상도에서 일관성 있는 페이지 레이아웃을 제공해야 한다.

6) 웹 페이지 전체 레이아웃은 Table 태그 사용이 아닌 CSS를 통한 레이아웃 작업으로 해야 한다.

7) 브라우저에서 CSS를 "사용 안 함"으로 설정한 경우 콘텐츠가 세로로 나열된다.

8) 타이틀 텍스트(Title Text), 바디 텍스트(Body Text), 메뉴 텍스트(Menu Text)의 각 글자체/굵기/색상/크기 등을 적절하게 설정하여 사용자가 텍스트 간의 위계질서(Hierarchy)를 직관적으로 알 수 있도록 한다.

9) 모든 이미지에는 이미지에 대한 대체 텍스트를 표현할 수 있는 alt 속성이 있어야 한다.

10) 제작된 사이트 메인페이지의 레이아웃, 구성요소의 크기 및 위치 등은 최신버전의 MS Edge와 Google Chrome에서 동일하게 표시되어야 한다.

바. 제출 방법

1) 수험자는 비번호로 된 폴더명으로 완성된 작품 파일을 저장하여 제출한다.

2) 폴더 안에는 images, script, css 등의 자료를 분류하여 저장한 폴더도 포함되어 있어야 하며, 메인페이지는 반드시 최상위 폴더에 index.html로 저장하여 제출해야 한다.

3) 수험자는 제출하는 폴더에 index.html을 열었을 때 연결되거나 표시되어야 할 모든 리소스들을 포함하여 제출해야 하며 수험자의 컴퓨터가 아닌 채점위원의 컴퓨터에서 정상 작동해야 한다.

4) 전체 결과물의 용량은 5MB 용량이 초과되지 않게 제출하며 ai, psd 등 웹서비스에 사용하지 않는 파일은 제출하지 않는다.

2. 수험자 유의사항

※ 다음의 유의사항을 고려하여 요구사항을 완성하시오.

1) 수험자 인적사항 및 답안작성은 반드시 검은색 필기구만 사용하여야 하며, 그 외 연필류, 유색 필기구, 지워지는 펜 등을 사용한 답안은 채점되지 않으며 0점 처리됩니다.

2) 수험에 필요한 소프트웨어 및 참고자료가 하드웨어에 설치되어 있는지 확인 후 작업하시오.

3) 참고자료의 내용 중 오자 및 탈자 등이 있을 때는 수정하여 작업하시오.

4) 지참공구[수험표, 신분증, 필기도구] 이외의 참고자료 및 외부장치(USB, 키보드, 마우스, 이어폰) 등 어떠한 물품도 시험 중에 지참할 수 없음을 유의하시오.

　(단, 시설목록 이외의 정품 소프트웨어(폰트 제외)를 설치하고자 할 때에는 감독위원의 입회하에 설치하여 사용하시오)

5) 수험자가 컴퓨터 활용 미숙 등으로 인한 시험의 진행이 어렵다고 판단되었을 때는 감독위원은 시험을 중지시키고 실격처리를 할 수 있음을 유의하시오.

6) 바탕화면에 수험자 본인의 "비번호" 이름을 가진 폴더에 완성된 작품의 파일만을 저장하시오.

7) 모든 작품을 감독위원 또는 채점위원이 검토하여 복사된 작품(동일 작품)이 있을 때에는 관련된 수험자 모두를 부정행위로 처리됨을 유의하시오.

8) 장시간 컴퓨터 작업으로 신체에 무리가 가지 않도록 적절한 몸풀기(스트레칭) 후 작업하시오.

9) 다음 사항에 대해서는 실격에 해당되어 채점 대상에서 제외됩니다.

　가) 수험자 본인이 수험 도중 시험에 대한 포기(기권) 의사를 표시하고 포기하는 경우

　나) 작업범위(용량, 시간)를 초과하거나, 요구사항과 현격히 다른 경우(채점위원이 판단)

　다) Slide가 JavaScript(jQuery 포함), CSS 중 하나 이상의 방법을 이용하여 제작되지 않은 경우

　　※ 움직이는 Slide를 제작하지 않고 이미지 하나만 배치한 경우도 실격처리됨

　라) 수험자 미숙으로 비번호 폴더에 완성된 작품 파일을 저장하지 못했을 경우

　마) 압축프로그램을 사용하여 작품을 압축 후 제출한 경우

　바) 과제기준 20% 이상 완성이 되지 않은 경우(채점위원이 판단)

단계별 작업 따라하기

01 폴더 및 파일 생성

01 폴더구조를 생성하고 필수 파일들을 생성합니다. 웹디자인기능사 시험에는 시험장 컴퓨터 바탕화면의 비번호 폴더에 폴더 및 파일을 생성해야 합니다. 편의상 [PART5] − [기출 유형 문제 6 (D4형)] − [BASE] 폴더에 생성하겠습니다.

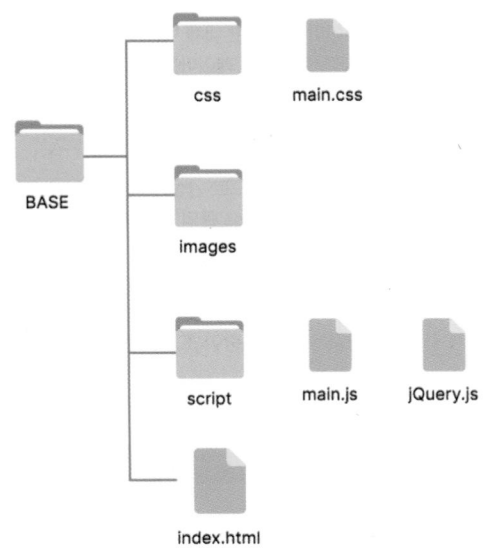

02 예제 폴더에서 [PART5] − [기출 유형 문제 6 (D4형)] − [BASE] 폴더를 VS CODE에서 폴더로 열기로 오픈하고 폴더와 새 파일을 생성합니다. 같은 폴더에 [index.html]을 생성한 후 [index.html]을 생성했던 방법과 같이 [css] 폴더를 클릭하여 오픈하고 New File 아이콘을 이용하여 [main.css]를 생성합니다. [script] 폴더를 선택하고 [main.js] 파일을 생성한 후 [수험자 제공 파일] 폴더에서 [jQuery 오픈소스 파일] 폴더 내의 파일을 복사하여 [script] 폴더에 넣어줍니다.

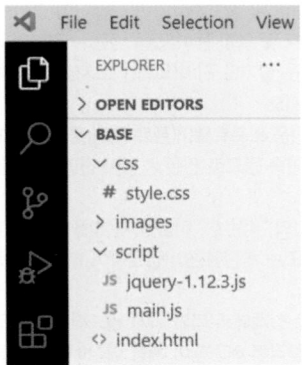

HTML, CSS로 와이어프레임을 구현합니다.

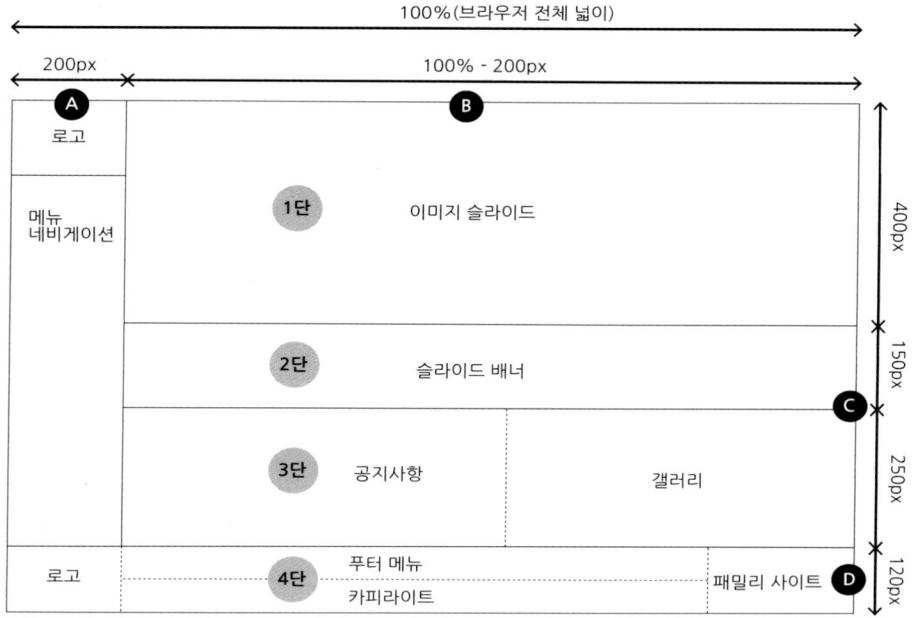

1 HTML

01 [index.html] 파일을 오픈합니다. 느낌표
(!)를 입력한 후 Tab 을 눌러 기본 코드를 생성하
고 title에 제목을 입력합니다.

D4 신유형 레이아웃을 보면 크게 3단으로 구성되
어 있습니다. 각 구성요소의 의미를 알 수 있는 시
멘틱 태그를 이용하여 큰 구조부터 작성합니다.

[index.html]

```html
<!DOCTYPE html>
<html lang="ko">
<head>
  <meta charset="UTF-8">
  <meta http-equiv="X-UA-Compatible"
  content="IE=edge">
  <meta name="viewport" content="width=device-
  width, initial-scale=1.0">
  <title>서울 구석구석</title>
  <link rel="stylesheet" href="css/main.css">
</head>
<body>
  <main>
    <aside>
      <header></header>
      <nav></nav>
    </aside>
    <div class="main-content">
      <div class="slide-wrapper">
        <div class="slide-image"></div>
      </div>
      <div class="slide-banner"></div>
      <div class="news-gallery">
        <article id="notice"></article>
        <article id="gallery"></article>
      </div>
    </div>
  </main>
  <footer>
    <div class="footer-logo"></div>
    <div class="footer-contents">
      <div class="footer-menu"></div>
      <div class="copyright"></div>
    </div>
    <div class="family-site"></div>
  </footer>
</body>
</html>
```

2 CSS

01 [css] 폴더 내 [main.css] 파일을 생성한 후 해당 파일을 열고 초기화 관련 스타일을 작성합니다. 이때 앞서 추가했던 클래스명 hidden의 스타일을 추가하여 화면에 표시되지 않도록 합니다. 지시사항을 참고하여 요소의 너비와 높이를 지정합니다.

[main.css]

```css
@charset "utf-8";
*{
  margin: 0;
  padding: 0;
  list-style: none;
  text-decoration: none;
  font-family: "맑은 고딕";
  font-size: 14px;
  color: #333;
  box-sizing: border-box;
}
a{
  color: inherit;
}
.hidden{
  display: none;
}

/* Layout */
main{
  display: flex;
}
main>*{
  border: 1px solid #ccc;
}
aside{
  width: 200px;
}
.main-content{
  flex: 1;
}
```

02 주석으로 layout을 구분하고 큰 요소들의
너비를 지정합니다.

출력화면

```
[main.css]
/* ASIDE */
aside>*{
  border: 1px solid #ccc;
}
aside header{
  height: 100px;
}
aside nav{
  height: 400px;
}

/* SLIDE */
.slide-wrapper{
  height: 400px;
}
.slide-image{
  border: 1px solid #ccc;
  height: 400px;
}
```

요소의 높이 지정하기(임시)

aside header	100px
aside nav	400px
slide—banner	150px
notice	250px
gallery	250px

Tip

D4유형의 aside는 다른 유형과 차이가 없습니다. 다만 slide의 경우 이미지 슬라이드가 그 자리에서 fade-in, fade-out 되는 효과를 구현해야 합니다. 한 자리에 겹쳐서 나타나고 사라지도록 할 때 각 슬라이드를 절댓값으로 설정해야 하므로 슬라이드의 부모의 높이를 지정하지 않으면 레이아웃이 제대로 잡히지 않는다는 점만 유의하시면 됩니다.

03 slide-banner는 높이만 지정하고, news-gallery와 footer의 자식요소 배치를 위해 flex를 설정한 후 푸터로고와 패밀리 사이트를 제외한 부분이 공간을 모두 사용하도록 flex: 1을 추가합니다.

브라우저를 확인하면 모든 요소들의 너비, 높이, 위치가 지시사항과 일치하도록 완성되어있습니다.

출력화면

[main.css]

```css
.slide-banner{
  height: 150px;
  border: 1px solid #ccc;
}

/* News Gallery */
.news-gallery{
  display: flex;
}
.news-gallery>*{
  border: 1px solid #ccc;
  height: 250px;
  flex: 1;
}

/* FOOTER */
footer{
  display: flex;
}
footer>*{
  border: 1px solid #ccc;
  height: 120px;
}
.footer-logo{
  width: 200px;
}
.footer-contents{
  flex: 1;
}
.family-site{
  width: 230px;
}
.footer-contents>*{
  height: 60px;
  border: 1px solid #ccc;
}
```

※ 신유형의 기출문제 풀이에서는 이미지 제작 과정은 제외하고 HTML, CSS, Script 작성에 중점을 두고 구현하겠습니다.

1 Header 영역

사이트맵을 참조하여 로고와 메뉴 구조의 HTML을 작성합니다.

Index Page / 메인(Main)				
메인메뉴 (Main Menu)	지금의 서울	추천	여행지	여행정보
서브메뉴 (Sub Menu)	이벤트 축제&행사 전시	에디터 추천 테마코스 도보해설관광 한류관광	명소 엔터테인먼트 음식 게스트하우스	가이드북&지도 시티투어버스 날씨

01 h1 태그 안에 a 태그를 생성하고 img 태그를 작성합니다. 메인메뉴 리스트를 작성한 후 각 메뉴의 하위메뉴를 각 li의 종료 태그 안쪽에 ul 태그로 작성합니다.

메인메뉴와 서브메뉴의 ul 태그에는 이후 CSS 작성 시 선택이 용이하도록 main-menu, sub-menu 클래스명을 추가합니다.

[index.html]

```html
<body>
  <main>
    <aside>
      <header>
        <h1 class="header-logo">
          <a href="#">
            <img src="images/logo.png"
            alt="서울 구석구석">
          </a>
        </h1>
      </header>
      <nav>
        <ul class="main-menu">
        <li><a href="#">지금의 서울</a>
          <ul class="sub-menu">
            <li><a href="#">이벤트</a></li>
            <li><a href="#">축제&행사</a></li>
            <li><a href="#">전시</a></li>
          </ul>
        </li>
        <li><a href="#">추천</a>
          <ul class="sub-menu">
            <li><a href="#">에디터 추천</a></li>
            <li><a href="#">테마코스</a></li>
            <li><a href="#">도보해설관광</a></li>
            <li><a href="#">한류관광</a></li>
          </ul>
        </li>
```

```html
          <li><a href="#">여행지</a>
            <ul class="sub-menu">
              <li><a href="#">명소</a></li>
              <li><a href="#">엔터테인먼트</a></li>
              <li><a href="#">음식</a></li>
              <li><a href="#">게스트하우스</a></li>
            </ul>
          </li>
          <li><a href="#">여행정보</a>
            <ul class="sub-menu">
              <li><a href="#">가이드북&지도</a></li>
              <li><a href="#">시티투어버스</a></li>
              <li><a href="#">날씨</a></li>
            </ul>
          </li>
        </ul>
      </nav>
    </aside>
```

2 슬라이드 영역

슬라이드 영역의 지시사항에 따라 HTML을 작성합니다.

※ 위에서 작업한 결과물을 이용하여 슬라이드 작업을 한다.
○ 이미지 슬라이드는 「Fade-in, Fade-out」 효과를 이용하여 제작한다.
　(하나의 이미지가 서서히 사라지고, 다른 이미지가 서서히 나타나는 효과이다)
○ 슬라이드는 매 3초 이내로 하나의 이미지에서 다른 이미지로 전환되어야 한다.
○ 웹사이트를 열었을 때 자동으로 시작되어 반복적으로(마지막 이미지가 사라지면 다시 첫 번째 이미지가 나타나는 방식)
　전환되어야 한다.

---

01 슬라이드는 미리 제공된 이미지를 활용하여 구현하겠습니다.

클래스명 slide-image의 자식요소로 container를 지정하고 각 슬라이드는 li로 작성합니다. 이후 CSS에서 container를 기준으로 클래스명 slide를 절댓값으로 겹쳐놓을 예정입니다. slide-banner 부분에서 리스트로 작성합니다. slide-banner의 자식요소에 바로 클래스명을 추가해도 상관없습니다만 와이어프레임 단계에서 작성한 태그를 그대로 활용하겠습니다.

출력화면

[index.html]

```
</aside>
<div class="main-content">
  <div class="slide-wrapper">
    <div class="slide-image">
      <ul class="container">
        <li class="slide">
          <a href="#">
            <img src="images/slide_d_01.jpg"
            alt="서울 장미 축제">
          </a>
        </li>
        <li class="slide">
          <a href="#">
            <img src="images/slide_d_02.jpg"
            alt="북촌 한옥 마을">
          </a>
        </li>
        <li class="slide">
          <a href="#">
            <img src="images/slide_d_03.jpg"
            alt="궁중문화축전">
          </a>
        </li>
      </ul>
    </div>
  </div>
  <div class="slide-banner">
    <ul>
      <li><a href="#">
        <img src="images/banner_01.png"
        alt="banner 01">
      </a></li>
```

```html
        <li><a href="#">
          <img src="images/banner_02.png"
          alt="banner 02">
        </a></li>
        <li><a href="#">
          <img src="images/banner_03.png"
          alt="banner 03">
        </a></li>
        <li><a href="#">
          <img src="images/banner_04.png"
          alt="banner 04">
        </a></li>
        <li><a href="#">
          <img src="images/banner_05.png"
          alt="banner 05">
        </a></li>
        <li><a href="#">
          <img src="images/banner_06.png"
          alt="banner 06">
        </a></li>
        <li><a href="#">
          <img src="images/banner_07.png"
          alt="banner 07">
        </a></li>
    </ul>
</div>
<div class="news-gallery">
```

3 공지사항 및 갤러리 영역

01 공지사항, 갤러리는 article 태그를 사용하여 제목 리스트로 작성하면 됩니다. Article 태그는 HTML5에서 새롭게 도입된 시멘틱 태그로서 반드시 제목을 수반해야 합니다.

```
[index.html]
<div class="news-gallery">
  <article id="notice">
    <h2>공지사항</h2>
    <ul>
      <li><a href="#">여행 후기 이벤트 안내</a><span class="date">2024.03.01</span></li>
      <li><a href="#">서울 구석구석 여행관련 안내사항</a><span class="date">2024.03.01</span></li>
      <li><a href="#">이벤트 당첨자 안내</a><span class="date">2024.03.01</span></li>
      <li><a href="#">서울 장미 축제 안내</a><span class="date">2024.03.01</span></li>
      <li><a href="#">고객 서비스 점검 안내</a><span class="date">2024.03.01</span></li>
    </ul>
  </article>
  <article id="gallery">
    <h2>갤러리</h2>
    <ul>
      <li>
        <a href="#">
          <img src="images/gallery_01.png"
          alt="gallery1">
        </a>
        <h3>gallery title1</h3>
      </li>
      <li>
        <a href="#">
          <img src="images/gallery_02.png"
          alt="gallery2">
        </a>
        <h3>gallery title2</h3>
      </li>
      <li>
        <a href="#">
          <img src="images/gallery_03.png"
          alt="gallery3">
        </a>
        <h3>gallery title3</h3>
      </li>
    </ul>
  </article>
</div>
```

4 푸터

로고	SPOTMENU | SPOTMENU | SPOTMENU | SPOTMENU | SPOTMENU | SPOTMENU Lorem Ipsum is simply dummy text of the printing and typesetting industry. Lorem Ipsum has been the industry's standard dummy text ever since the 1500s,	Family Site

01 푸터 영역에는 로고, 메뉴, 카피라이트, 패밀리 사이트를 작성합니다.

[index.html]

```html
<footer>
  <div class="footer-logo">
    <a href="#">
      <img src="images/footer_logo.png"
      alt="footer logo">
    </a>
  </div>
  <div class="footer-contents">
    <div class="footer-menu">
      <ul>
        <li><a href="#">기업소개</a></li>
        <li><a href="#">이용약관 개인정보처리방침
</a></li>
        <li><a href="#">이메일무단수집거부</a></li>
        <li><a href="#">사이트맵</a></li>
      </ul>
    </div>
    <div class="copyright">
      <p>
COPYRIGHT&copy;by 서울 구석구석. ALL RIGHTS
RESERVED
      </p>
    </div>
  </div>
  <div class="family-site">
    <select id="family-site">
      <option value="">서울시청</option>
      <option value="">서울관광재단</option>
      <option value="">관광불편 처리센터</option>
    </select>
  </div>
</footer>
```

5 팝업

01 전체화면을 차지할 요소를 아이디명 popup 으로 생성합니다. 가운데 나타날 창을 클래스명 popup-content를 작성한 후 jQuery 라이브러리와 [main.js]를 생성하고 로드합니다.
HTML 완성 후 모든 요소들이 화면에 출력되는지 확인합니다.

출력화면

[index.html]

```
</footer>
<!-- popup -->
<div id="popup">
  <div class="popup-content">
      <h2>여행 후기 이벤트 안내</h2>
      <p>
서울 구석구석입니다. 여행 후기 이벤트를 2024년 3월부터 시작하고자 합니다. 고객님의 소중한 이야기 중 '베스트 여행 후기'를 선정하여 감사의 마음을 전하는 이벤트입니다.
      </p>
      <div class="close">닫기</div>
  </div>
</div>
<!-- //popup -->
<script src="script/jquery-1.12.3.js"></script>
<script src="script/main.js"></script>
</body>
</html>
```

① Header 영역

01 와이어프레임 단계에서 설정했던 main>*
와 aside>*의 테두리를 제거하고 header, nav
에 지정했던 높이도 제거합니다.

❶ aside nav에 배경과 여백을 추가하고 테두리
를 추가합니다.

❷ aside nav li 선택자로 모든 메뉴의 높이를
line−height를 이용하여 추가합니다.

❸ aside nav a에 링크들이 li가 만들어준 공간을
모두 사용할 수 있도록 display 속성을 추가하고
이후 마우스 올렸을 때 속성이 전환되는 과정이
보이도록 transition을 추가합니다.

❹ 링크에 마우스를 올렸을 때 배경색과 글자색을
변경합니다.

❺ 서브메뉴의 배치에 기준이 설정되도록 sub−
menu의 부모인 li에 position을 추가합니다.

❻ 메인메뉴들마다 하단에 선을 추가하고 마지막
메뉴의 하단 선을 보이지 않도록 합니다.

❼ sub−menu는 바로 위 부모인 li를 기준으로
절댓값으로 배치하고, sub−menu는 마우스를
올렸을 때만 나타나도록 display: none을 설정
합니다.

서브메뉴의 크기를 설정한 부분을 좀 더 설명하겠
습니다. 클래스명 sub−menu의 스타일에서 서브
메뉴의 너비를 aside의 너비를 제외하고 나머지 빈
공간을 모두 사용해야 하므로 width: calc(100vw
− 200px)로 지정했습니다. 100vw는 viewport,
즉 브라우저 전체화면을 의미합니다.

❽ 서브메뉴들은 가로로 글씨처럼 옆으로 배치되
도록 display 속성을 display: inline−block으
로 설정하고 글자색을 설정합니다.

[main.css]

```
/* ASIDE */
aside nav{                              ❶
    background: #fff;
    margin: 0 10px 20px;
    border: 1px solid #ccc;
}
aside nav li{                           ❷
    line-height: 40px;
    height: 40px;
}
aside nav a{                            ❸
    display: block;
    padding: 0 5px;
    color: #333;
    transition: 0.3s;
}
aside nav li:hover>a{                   ❹
    background: #666;
    color: #fff;
}
.main-menu>li{                          ❺
    position: relative;
}
.main-menu>li>a{
    border-bottom: 1px solid #ccc;
}                                       ❻
.main-menu>li:last-child a{
    border-bottom: none;
}
.sub-menu{                              ❼
    background: rgba(0,0,0,.7);
    display: none;
    position: absolute;
    top: 0;
    left: 100%;
    width: calc(100vw - 200px);
    z-index: 100;
}
.sub-menu li{
    display: inline-block;
}                                       ❽
.sub-menu li a{
    color: #ccc;
}
```

출력화면

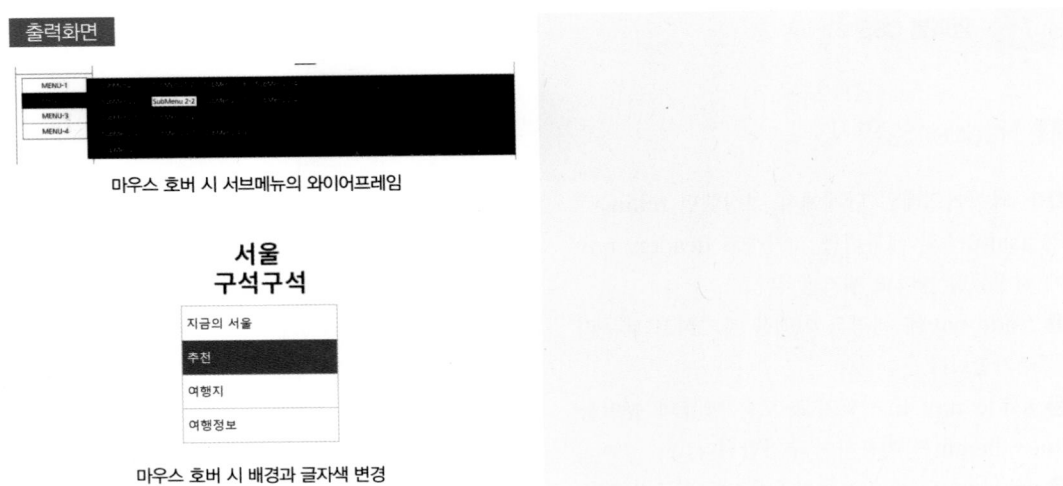

마우스 호버 시 서브메뉴의 와이어프레임

서울
구석구석

지금의 서울
추천
여행지
여행정보

마우스 호버 시 배경과 글자색 변경

2 슬라이드 영역

01 슬라이드는 이후 스크립트를 통해 그 자리에서 fadeOut, fadeIn을 구현할 예정이므로 CSS에서는 각 슬라이드를 절댓값으로 배치하여 겹쳐놓아야 합니다. 각 슬라이드는 절댓값으로 배치하고 기준은 container로 설정합니다.

작성 후 브라우저 화면을 확인하면, 슬라이드 이미지가 나타나고 있지 않습니다. 절댓값으로 겹쳐놓고 display: none으로 보이지 않도록 했기 때문입니다. 슬라이드는 스크립트를 통해 서서히 보이도록 할 예정입니다.

출력화면

[main.css]

```css
/* SLIDE */
.slide-wrapper{
  height: 400px;
  position: relative;
  overflow: hidden;
}
.slide>a>img{
  width: 100%;
  height: 400px;
  object-fit: cover;
}
.slide-image .container{
  position: relative;
  height: 400px;
}
.slide-image .slide{
  position: absolute;
  display: none;
}
.slide-banner ul{
  display: flex;
  height: 150px;
  justify-content: space-between;
  align-items: center;
}
.slide-banner img{
  height: 130px;
}
```

3 공지사항 및 갤러리

01 공지사항, 갤러리 부분은 정확하게 50% 크기를 유지하고 있습니다. 각 파트의 제목 스타일을 작성한 후 공지사항의 리스트는 높이를 설정하고 각 리스트 안의 내용과 날짜를 양쪽으로 배치하기 위해 justify-content: space-between을 추가합니다. 공지사항 리스트에 테두리를 추가하고 마우스 호버 시 배경과 글자 스타일을 bold로 처리합니다.

출력화면

공지사항	
여행 후기 이벤트 안내	2024.03.01
서울구석구석 여행관련 안내사항	2024.03.01
이벤트 당첨자 안내	2024.03.01
서울 장미 축제 안내	2024.03.01
고객 서비스 점검 안내	2024.03.01

[main.css]

```css
/* News Gallery */
.news-gallery{
  display: flex;
  padding: 0 10px;
  gap: 30px;
}
.news-gallery>*{
  height: 250px;
  flex: 1;
}
.news-gallery h2{
  border-radius: 5px 5px 0 0;
  display: inline-block;
  padding: 5px 10px;
  background: #666;
  color: #fff;
  margin-bottom: -2px;
}
.news-gallery ul{
  border: 1px solid #666;
}
#notice ul li{
  line-height: 30px;
  display: flex;
  justify-content: space-between;
  transition: 0.3s;
  border-bottom: 1px dashed #ebebeb;
  padding: 0 5px;
}
#notice ul li:last-child{
  border-bottom: none;
}
#notice ul li:hover{
  background: #ebebeb;
}
#notice ul li a:hover{
  font-weight: bold;
}

/* FOOTER */
```

02 갤러리 내 리스트를 가로 배치하되 양쪽 끝으로 배치하기 위해 justify—content: space—between을 설정하고 간격을 추가합니다. 갤러리 내 요소들을 가운데 정렬하고 마우스를 올렸을 때 투명도를 설정합니다.

출력화면

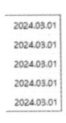

```
[main.css]
#notice ul li a:hover{
  font-weight: bold;
}
#gallery ul{
  display: flex;
  justify-content: space-between;
  gap: 10px;
  padding: 6px 20px;
}
#gallery ul li{
  transition: 0.3s;
  text-align: center;
}
#gallery ul li img{
  width: 100%;
}
#gallery ul li:hover{
  opacity: 0.5;
}

/* FOOTER */
```

4 푸터

01 우선 와이어프레임 단계에서 추가했던 테두리는 모두 제거하고 푸터메뉴를 가로배치한 후 패밀리 사이트 셀렉트 박스의 스타일을 작성합니다. footer−menu ul li+li 선택자로 첫 번째 메뉴를 제외한 나머지 리스트를 선택하고 테두리를 추가하여 메뉴 사이의 선을 생성합니다.

출력화면

[main.css]

```css
/* FOOTER */
footer{
  display: flex;
  height: 120px;
  align-items: center;
  text-align: center;
}
.footer-logo{
  width: 200px;
}
.footer-contents{
  flex: 1;
  text-align: left;
}
.footer-menu ul{
  display: flex;
  margin-bottom: 20px;
}
.footer-menu ul li{
  padding: 0 15px;
}
.footer-menu ul li+li{
  border-left: 1px solid #ccc;
}
.footer-menu ul li a:hover{
  text-decoration: underline;
}
.family-site{
  width: 230px;
}
.family-site select{
  border: 1px solid #ccc;
  padding: 5px;
  border-radius: 3px;
}
```

5 팝업

01 아이디 popup이 전체화면을 차지하도록 하고 그 가운데 팝업 내용이 오도록 작성합니다.

❶ 전체화면을 기준으로 고정하고 left, right, top, bottom 값을 0으로 설정하여 전체화면을 차지하도록 합니다. z-index 값을 추가하여 다른 요소들보다 위에 올라오도록 합니다. popup은 화면에 보이지 않도록 display: none을 설정한 후 화면에 스타일대로 잘 나타나는지 확인하기 위해 display: none은 임시로 주석처리합니다. 브라우저 화면을 확인한 후 다시 주석은 제거하여 popup이 보이지 않도록 합니다.

❷ 부모인 #popup을 기준으로 절댓값으로 화면의 정가운데 배치되도록 left: 50%; top: 50%를 설정하고 정중앙에 오도록 popup-content 가로 크기의 반만큼 왼쪽으로, popup-content의 세로 크기의 반만큼 위쪽으로 이동시키기 위해 transform을 추가합니다. 이렇게 하면 popup-content의 크기에 상관없이 정중앙에 배치할 수 있습니다. 기존 화면 위에 떠 있는 느낌을 주기 위해 box-shadow를 추가합니다.

❸ 부모인 .popup-content를 기준으로 우측 하단에 배치하고 커서 모양을 링크와 같이 변경합니다.

❹ 아이디 popup에 active 클래스명이 추가되면 화면에 나타나도록 합니다.

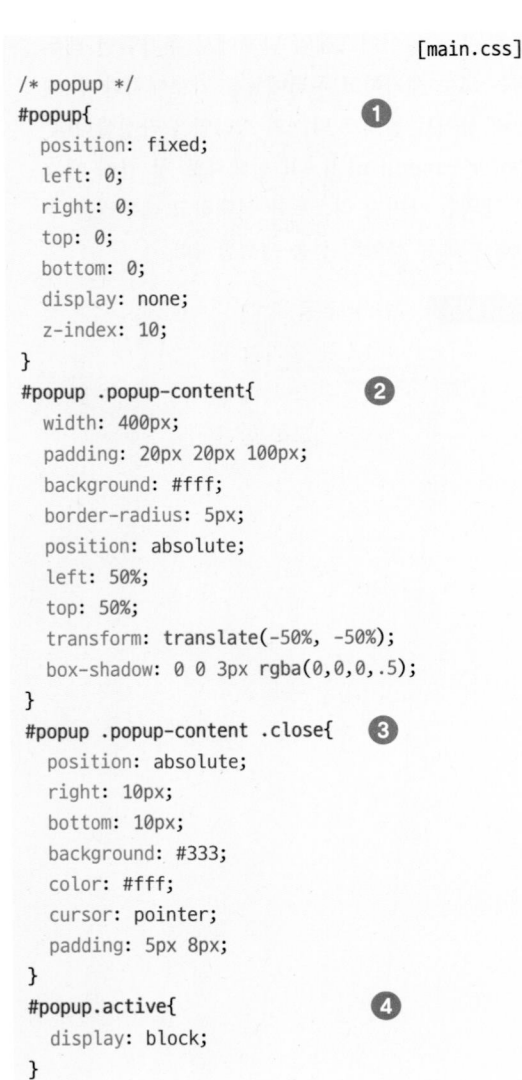

[main.css]

```css
/* popup */
#popup{                              ❶
  position: fixed;
  left: 0;
  right: 0;
  top: 0;
  bottom: 0;
  display: none;
  z-index: 10;
}
#popup .popup-content{               ❷
  width: 400px;
  padding: 20px 20px 100px;
  background: #fff;
  border-radius: 5px;
  position: absolute;
  left: 50%;
  top: 50%;
  transform: translate(-50%, -50%);
  box-shadow: 0 0 3px rgba(0,0,0,.5);
}
#popup .popup-content .close{        ❸
  position: absolute;
  right: 10px;
  bottom: 10px;
  background: #333;
  color: #fff;
  cursor: pointer;
  padding: 5px 8px;
}
#popup.active{                       ❹
  display: block;
}
```

 출력화면

팝업 스타일 확인

스타일이 완성된 화면

1 Aside 메인메뉴

01 메뉴 스크립트는 메인메뉴에 마우스를 올리면 서브메뉴가 나타나도록 합니다. 서브메뉴가 나타나고 사라지는 효과는 fadeIn, fadeOut 메서드를 활용합니다.

메인메뉴와 서브메뉴를 각각 변수에 할당합니다. 메인메뉴에 마우스를 올리면 모든 서브메뉴를 나타나도록 하고, 마우스나 메뉴에서 벗어나면 모든 서브메뉴가 사라지도록 합니다.

[main.js]

```js
let mainMenu = $('.main-menu > li');
let submenu = $('.sub-menu');

mainMenu.mouseover(function(){
  submenu.stop().fadeIn();
}).mouseout(function(){
  submenu.stop().fadeOut();
});
```

출력화면

② 슬라이드 영역

01 fade 효과의 슬라이드 스크립트를 작성합니다. 변수를 설정하고 3초마다 슬라이드가 서서히 나타나고(fadeIn), 서서히 사라지도록(fadeOut) 해야 합니다.

❶ 변수명 slideContainer에 클래스명 container를 저장합니다.

❷ 변수명 slideContainer에서 자식요소인 클래스명 .slide를 find 메서드를 이용하여 찾아 저장합니다.

❸ 변수명 슬라이드의 개수를 저장합니다.

❹ 자동으로 변경될 때마다 현재 슬라이드 번호를 업데이트할 변수명 currentIdx를 설정합니다. 슬라이드가 이동할 때마다 1씩 증가하도록 합니다.

❺ setInterval 메서드를 활용하여 3초마다 showNextSlide 함수가 작동하도록 합니다.

❻ 스크립트가 실행되자마자 첫 번째 이미지가 서서히 나타납니다.

❼ 변수명 nextIdx에는 슬라이드 개수번호보다는 넘치지 않도록 나눈 나머지 값이 저장되도록 합니다.

❽ 현재 번호의 슬라이드를 eq메서드를 통해 선택하고 사라지도록 하고, 동시에 다음 슬라이드를 선택하여 서서히 나타나도록 합니다.

❾ currentIdx 번호를 nextIdx로 업데이트하여 현재 슬라이드 번호를 갱신합니다.

스크립트 작성 후 브라우저 화면을 확인하면 순차적으로 슬라이드가 사라지고, 다음 슬라이드가 나타나는 것이 반복됩니다.

[main.js]

```js
//슬라이드
let slideContainer = $('.slide-wrapper');      ❶
let slide = slideContainer.find('.slide');     ❷
let slideCount = slide.length;                 ❸
let currentIdx = 0;                            ❹

slide.eq(currentIdx).fadeIn();                 ❻
setInterval(showNextSlide, 3000);              ❺

function showNextSlide() {
  let nextIdx = (currentIdx + 1) % slideCount; ❼
  slide.eq(currentIdx).fadeOut();            ⎤ ❽
  slide.eq(nextIdx).fadeIn();                ⎦
  currentIdx = nextIdx;                        ❾
}
```

출력화면

3 공지사항 팝업

01 공지사항의 첫 글을 클릭하면 레이어 팝업이 뜨도록 합니다.

❶ 공지사항 중 첫 번째 리스트를 변수로 지정합니다.

❷ 클래스명 active를 추가하여 보여질 대상인 아이디 popup을 지정합니다.

❸ 닫기 버튼은 popup의 자식요소 중 클래스명 close를 찾아 지정합니다.

❹ 공지사항 링크를 클릭하면 링크의 기본 속성을 막고 popup에 클래스명 active를 추가합니다.

❺ 닫기 버튼을 클릭하면 popup에서 추가했던 클래스명 active를 제거합니다.

스크립트 작성 후 공지사항 첫 글을 클릭하면 팝업이 뜨고, 닫기를 클릭하면 팝업이 닫히고 있습니다.

[main.js]

```
//팝업
let popupLink = $('#notice li:first');      ❶
let popup = $('#popup');                      ❷
let popupCloseBtn = popup.find('.close');     ❸

popupLink.click(function(e){
  e.preventDefault();                         ❹
  popup.addClass('active');
});

popupCloseBtn.click(function(){
  popup.removeClass('active');                ❺
});
```

출력화면

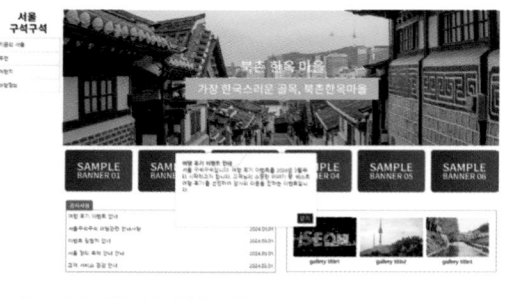

02 이로써 모든 스크립트가 완성되었습니다. 마지막으로 현재 작성한 HTML 소스의 웹표준 검사를 실시하여 오류가 없는지 확인합니다. https://validator.w3.org/에서 HTML 코드를 업로드하고 검사를 실시해봅니다. HTML 소스를 모두 복사하고 validate by Direct input 탭을 클릭한 후 소스를 붙여넣기 하고 Check 버튼을 클릭합니다.

작성한 모든 코드는 오른쪽 화면과 같이 에러나 경고가 없어야 합니다.

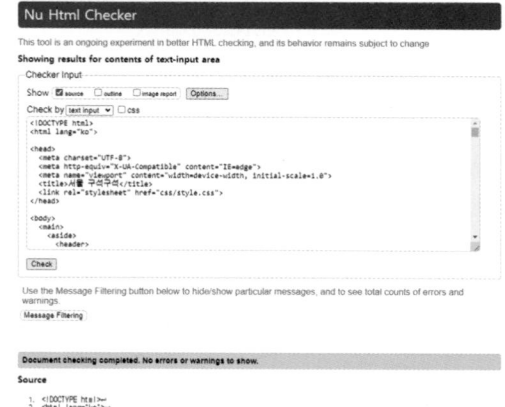

CHAPTER 5

신유형 문제(E1형)

서울 구석구석(E1형)

※ E1유형은 C영역의 바로가기, 공지사항, 갤러리, 배너가 세로로 배치되어 있고, B영역의 슬라이드의 너비와 높이가 브라우저 크기에 따라 비율대로 나타나도록 구현합니다.

한눈에 보는 순서

1. 바탕화면에 수험자 본인의 '비번호' 이름의 폴더에 css, script, images 폴더 생성
2. 와이어프레임 파악 후 HTML, CSS로 와이어프레임 작성
3. 세부 지시사항 파악 후 이미지를 제작하여 'images' 폴더에 저장
   • 상단로고 : logo.png
   • 하단로고 : footer_logo.png (Grayscale)
   • 메인 이미지 3장
   • 갤러리 이미지 2장
   • 바로가기 이미지
4. index.html, main.css, main.js 생성, jQuery 오픈소스 저장
5. 각 영역별 HTML 작성
6. 각 영역별 CSS 작성
7. 메뉴, 슬라이드, 탭, 모달 레이어 팝업 Script 작성

국가기술자격 실기시험 문제

자격종목	웹디자인기능사	과제명	서울 구석구석

1. 요구사항

※ 다음 요구사항을 준수하여 주어진 자료(수험자 제공파일)를 활용하여 시험시간 내에 웹 페이지를 제작 후 **5MB 용량**이 초과되지 않게 저장 후 제출하시오.

※ 웹 페이지 코딩은 **HTML5 기준 웹 표준**을 준수하여야 하며, 요구사항에 지정되지 않는 요소들은 주제 특성에 맞게 자유롭게 디자인하시오.

※ 문제에서 지시하지 않은 와이어프레임 영역 비율, 레이아웃, 텍스트의 글자체/색상/크기, 요소별 크기, 색상 등은 수험자가 과제 명(가. 주제)에 맞게 자유롭게 디자인하시오.

가. 주제: 서울 구석구석 웹사이트 오픈을 위한 메인페이지 제작

나. 개요
서울 여행객들에게 다양한 정보를 제공하는 「서울 구석구석」의 웹사이트를 제작하려고 한다. 재단법인 GusukGusuk에서는 일반인 들이 이용하기에 편리한 웹사이트 제작을 요청하였다. 아래의 요구사항에 따라 메인페이지를 제작하시오.

다. 요구사항
1) 메인페이지를 디자인하고 HTML, CSS, JavaScript 기반의 웹 페이지를 제작한다.
   (이때 jQuery 오픈소스, 이미지, 텍스트 등의 제공된 리소스를 활용하여 제작할 수 있다)
2) HTML, CSS의 charset는 utf-8로 해야 한다.
3) 컬러 가이드

주조색 (Main Color)	보조색 (Sub Color)	배경색 (Background Color)	기본 텍스트의 색 (Text Color)
자유롭게 지정	자유롭게 지정	#FFFFFF	#333333

4) 사이트 맵(Site Map)

Index Page / 메인(Main)				
메인메뉴 (Main Menu)	지금의 서울	추천	여행지	여행정보
서브메뉴 (Sub Menu)	이벤트 축제&행사 전시	에디터 추천 테마코스 도보해설관광 한류관광	명소 엔터테인먼트 음식 게스트하우스	가이드북&지도 시티투어버스 날씨

5) 와이어프레임(Wireframe)
  ※ Ⓐ∼Ⓓ 영역에 제시된 지시사항에 맞춰서 프레임을 구성하고, 자유롭게 디자인을 구성하시오.

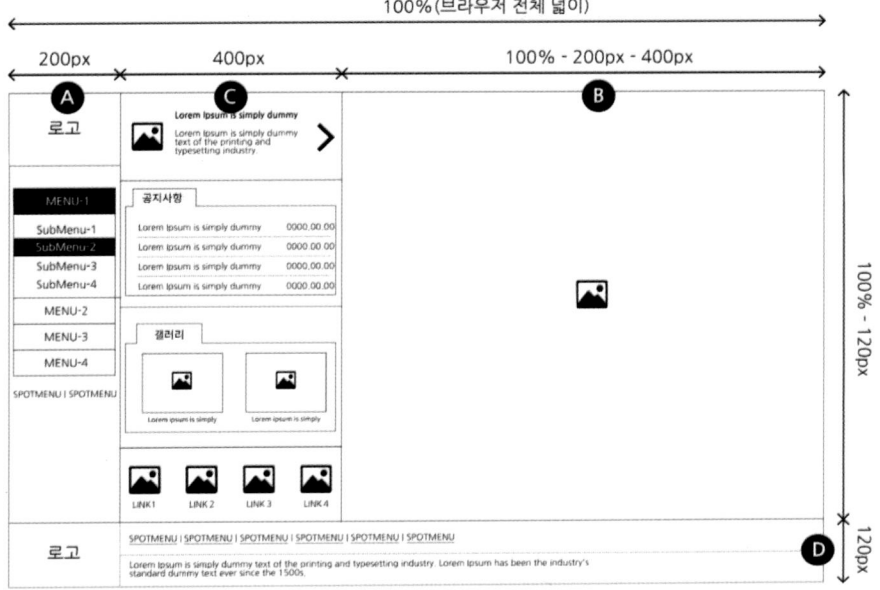

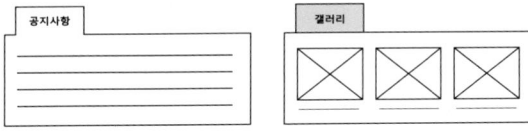

공지사항, 갤러리 별도 구성

모달 레이어 팝업

라. 세부 영역별 지시사항

영역 및 명칭	세부 지시사항
Ⓐ Header	**A.1 로고** ○ Header 폴더에 제공된 로고를 삽입한다. ※ 로고의 크기 변경 시, 가로세로 비율(종횡비, Aspect Ratio)을 유지하여야 한다. (가로세로 비율을 유지하며 크기 변경 가능) **A.2 메뉴 구성** ※ 사이트 구조도를 참고하여 메인메뉴(Main Menu)와 서브메뉴(Sub Menu)로 구성하고, 별도의 스팟 메뉴(Spot Menu)를 둔다. 스팟 메뉴 명칭은 로그인과 회원가입으로 각각 지정한다. **(1) 메인메뉴(Main Menu) 효과 [와이어프레임 참조]** ○ 메인메뉴 중 하나에 마우스를 올리면(Mouse Over) 하이라이트 되고, 벗어나면(Mouse Out) 하이라이트를 해제한다. ○ 메인메뉴에 마우스를 올리면(Mouse Over) 서브메뉴 영역이 부드럽게 나타나면서, 서브메뉴가 보이도록 한다. ○ 메인메뉴에서 마우스커서가 벗어나면(Mouse Out) 서브메뉴 영역은 부드럽게 사라져야 한다. **(2) 서브메뉴 영역 효과** ○ 서브메뉴 영역은 메인 페이지 콘텐츠를 고려하여 배경색상을 설정한다. ○ 서브메뉴 중 하나에 마우스를 올리면(Mouse Over) 하이라이트 되고 벗어나면(Mouse Out) 하이라이트를 해제한다. ○ 마우스커서가 메뉴 영역을 벗어나면(Mouse Out) 서브메뉴 영역은 부드럽게 사라져야 한다.
Ⓑ Slide	**B. Slide 이미지 제작** ○ [Slide] 폴더에 제공된 3개의 텍스트를 각 이미지에 적용하되, 텍스트의 글자체, 굵기, 색상, 크기를 적절하게 설정하여 가독성을 높이고, 독창성이 드러나도록 제작한다. **B. Slide 애니메이션 작업** ※ 위에서 작업한 결과물을 이용하여 슬라이드 작업을 한다. ○ 이미지만 바뀌면 안 되고, 이미지가 좌에서 우 또는 우에서 좌로 이동하면서 전환되어야 한다. ○ 슬라이드는 매 3초 이내로 하나의 이미지에서 다른 이미지로 전환되어야 한다. ○ 웹사이트를 열었을 때 자동으로 시작되어 반복적으로(마지막 이미지가 슬라이드 되면 다시 첫 번째 이미지가 슬라이드 되는 방식) 슬라이드 되어야 한다.
Ⓒ Contents	**C.1 배너** ○ Contents 폴더의 제공된 파일을 활용하여 편집 또는 디자인하여 제작한다. **C.2 공지사항** ○ 공지사항 타이틀 영역과 콘텐츠 영역을 구분하여 표현해야 한다. (단, 콘텐츠는 HTML 코딩으로 작성해야 하며, 이미지로 삽입하면 안 된다) ○ 콘텐츠는 Contents 폴더의 제공된 텍스트를 적용하여 제작한다. ○ 공지사항의 첫 번째 콘텐츠를 클릭(Click)할 경우 모달 레이어 팝업창(Modal Pop_up)이 나타나며, 모달 레이어 팝업창 내에 닫기 버튼을 두어서 클릭하면 해당 팝업창이 닫혀야 한다. [와이어프레임 참조] ○ 레이어 팝업의 제목과 내용은 Contents 폴더의 제공된 텍스트 파일을 사용한다. **C.3 갤러리** ○ Contents 폴더의 제공된 갤러리 이미지 2개와 텍스트 파일을 사용하여 가로방향으로 배치한다. [와이어프레임 참조] **C.4 바로가기** ○ Contents 폴더의 제공된 파일을 활용하여 편집 또는 디자인하여 제작한다. ※ 콘텐츠는 HTML 코딩으로 작성해야 하며, 이미지로 삽입하면 안 된다.
Ⓓ Footer	**D. Footer** ○ 로고를 Grayscale(무채색)로 변경하고 사용자의 접근성을 고려하여 배치한다. ○ Footer 폴더의 제공된 텍스트를 사용하여 Copyright, 하단메뉴를 제작한다.

마. 기술적 준수 사항

1) 웹페이지 코딩은 HTML5 기준 웹 표준을 준수하여야 하며, HTML 유효성검사(W3C Validator)에서 오류('ERROR')가 없도록 코딩하여야 한다.

  ※ HTML 유효성검사 서비스는 시험 시 제공하지 않는다(인터넷 사용불가).

2) CSS는 별도의 파일로 제작하여 링크하여야 하며, CSS3 기준(W3C Validator)에서 오류('ERROR')가 없도록 코딩되어야 한다.

3) JavaScript 코드는 별도의 파일로 제작하여 연결하여야 하며 브라우저(Google Chrome)에 내장된 개발도구의 Console 탭에서 오류('ERROR')가 표시되지 않아야 한다.

4) 별도로 지정하지 않은 상호작용이 필요한 모든 콘텐츠(로고, 메뉴, 버튼, 바로가기 등)는 임시링크(예 #)를 적용하고 'Tab'(Tab) 키로 이동 선택할 수 있어야 한다.

5) 사이트는 다양한 화면 해상도에서 일관성 있는 페이지 레이아웃을 제공해야 한다.

6) 웹 페이지 전체 레이아웃은 Table 태그 사용이 아닌 CSS를 통한 레이아웃 작업으로 해야 한다.

7) 브라우저에서 CSS를 "사용 안 함"으로 설정한 경우 콘텐츠가 세로로 나열된다.

8) 타이틀 텍스트(Title Text), 바디 텍스트(Body Text), 메뉴 텍스트(Menu Text)의 각 글자체/굵기/색상/크기 등을 적절하게 설정하여 사용자가 텍스트 간의 위계질서(Hierarchy)를 직관적으로 알 수 있도록 한다.

9) 모든 이미지에는 이미지에 대한 대체 텍스트를 표현할 수 있는 alt 속성이 있어야 한다.

10) 제작된 사이트 메인페이지의 레이아웃, 구성요소의 크기 및 위치 등은 최신버전의 MS Edge와 Google Chrome에서 동일하게 표시되어야 한다.

바. 제출 방법

1) 수험자는 비번호로 된 폴더명으로 완성된 작품 파일을 저장하여 제출한다.

2) 폴더 안에는 images, script, css 등의 자료를 분류하여 저장한 폴더도 포함되어 있어야 하며, 메인페이지는 반드시 최상위 폴더에 index.html로 저장하여 제출해야 한다.

3) 수험자는 제출하는 폴더에 index.html을 열었을 때 연결되거나 표시되어야 할 모든 리소스들을 포함하여 제출해야 하며 수험자의 컴퓨터가 아닌 채점위원의 컴퓨터에서 정상 작동해야 한다.

4) 전체 결과물의 용량은 5MB 용량이 초과되지 않게 제출하며 ai, psd 등 웹서비스에 사용하지 않는 파일은 제출하지 않는다.

---

2. 수험자 유의사항

※ 다음의 유의사항을 고려하여 요구사항을 완성하시오.

1) 수험자 인적사항 및 답안작성은 반드시 검은색 필기구만 사용하여야 하며, 그 외 연필류, 유색 필기구, 지워지는 펜 등을 사용한 답안은 채점하지 않으며 0점 처리됩니다.

2) 수험에 필요한 소프트웨어 및 참고자료가 하드웨어에 설치되어 있는지 확인 후 작업하시오.

3) 참고자료의 내용 중 오자 및 탈자 등이 있을 때는 수정하여 작업하시오.

4) 지참공구[수험표, 신분증, 필기도구] 이외의 참고자료 및 외부장치(USB, 키보드, 마우스, 이어폰) 등 어떠한 물품도 시험 중에 지참할 수 없음을 유의하시오.

  (단, 시설목록 이외의 정품 소프트웨어(폰트 제외)를 설치하고자 할 때에는 감독위원의 입회하에 설치하여 사용하시오)

5) 수험자가 컴퓨터 활용 미숙 등으로 인한 시험의 진행이 어렵다고 판단되었을 때는 감독위원은 시험을 중지시키고 실격처리를 할 수 있음을 유의하시오.

6) 바탕화면에 수험자 본인의 "비번호" 이름을 가진 폴더에 완성된 작품의 파일만을 저장하시오.

7) 모든 작품을 감독위원 또는 채점위원이 검토하여 복사된 작품(동일 작품)이 있을 때에는 관련된 수험자 모두를 부정행위로 처리됨을 유의하시오.

8) 장시간 컴퓨터 작업으로 신체에 무리가 가지 않도록 적절한 몸풀기(스트레칭) 후 작업하시오.

9) 다음 사항에 대해서는 실격에 해당되어 채점 대상에서 제외됩니다.

  가) 수험자 본인이 수험 도중 시험에 대한 포기(기권) 의사를 표시하고 포기하는 경우

  나) 작업범위(용량, 시간)를 초과하거나, 요구사항과 현격히 다른 경우(채점위원이 판단)

  다) Slide가 JavaScript(jQuery 포함), CSS 중 하나 이상의 방법을 이용하여 제작되지 않은 경우

    ※ 움직이는 Slide를 제작하지 않고 이미지 하나만 배치한 경우도 실격처리됨

  라) 수험자 미숙으로 비번호 폴더에 완성된 작품 파일을 저장하지 못했을 경우

  마) 압축프로그램을 사용하여 작품을 압축 후 제출한 경우

  바) 과제기준 20% 이상 완성이 되지 않은 경우(채점위원이 판단)

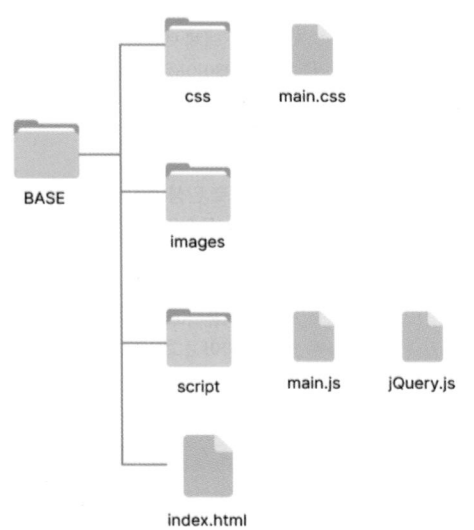

단계별 작업 따라하기

01 폴더 및 파일 생성

01 폴더구조를 생성하고 필수 파일들을 생성합니다. 웹디자인기능사 시험에는 시험장 컴퓨터 바탕화면의 비번호 폴더에 폴더 및 파일을 생성해야 합니다. 편의상 [PART5] – [기출 유형 문제 7 (E1형)] – [BASE] 폴더에 생성하겠습니다.

02 예제 폴더에서 [PART5] – [기출 유형 문제 7 (E1형)] – [BASE] 폴더를 VS CODE에서 폴더로 열기로 오픈하고 폴더와 새 파일을 생성합니다. 같은 폴더에 [index.html]을 생성한 후 [index.html]을 생성했던 방법과 같이 [css] 폴더를 클릭하여 오픈하고 New File 아이콘을 이용하여 [main.css]를 생성합니다. [script] 폴더를 선택하고 [main.js] 파일을 생성한 후 [수험자 제공 파일] 폴더에서 [jQuery 오픈소스 파일] 폴더 내의 파일을 복사하여 [script] 폴더에 넣어줍니다.

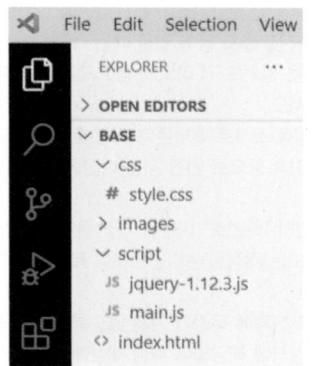

E1 유형은 D유형들과 마찬가지로 브라우저 전체화면을 모두 차지하도록 완성해야 합니다. D유형과의 차이점은 ABC 영역이 가로로 배치된다는 점과 슬라이드 영역이 가로, 세로 모두 고정값이 아니라 A, C, D 영역을 제외하고 빈 공간을 모두 차지한다는 점입니다.

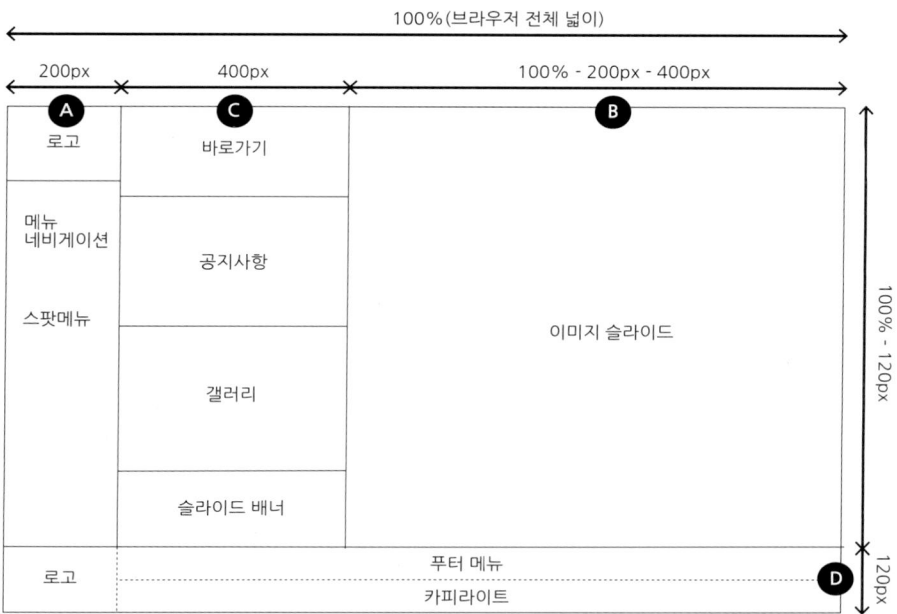

1 HTML

01 [index.html] 파일을 오픈합니다. 느낌표 (!)를 입력한 후 <kbd>Tab</kbd>을 눌러 기본 코드를 생성하고 title에 제목을 입력합니다.

[index.html]

```html
<!DOCTYPE html>
<html lang="ko">
<head>
  <meta charset="UTF-8">
  <meta http-equiv="X-UA-Compatible"
  content="IE=edge">
  <meta name="viewport" content="width=device-
  width, initial-scale=1.0">
  <title>서울 구석구석</title>
  <link rel="stylesheet" href="css/main.css">
</head>
<body>
  <main>
    <aside></aside>
    <section class="center">
      <h2 class="hidden">Center Content</h2>
    </section>
    <section class="slide-wrapper">
      <h2 class="hidden">Slide Content</h2>
    </section>
  </main>
  <footer></footer>
</body>
</html>
```

02 큰 구조는 main, footer로 구분하고, main 태그 안에 aside, 클래스명 center, 클래스명 slide-wrapper로 구분합니다.

큰 구조가 작성되었으면 aside 내부의 로고, 주메뉴, 스팟메뉴, 클래스명 center 내 바로가기, 공지사항, 갤러리를 추가하고 footer 내 로고, 메뉴, 카피라이트 영역의 태그를 작성합니다.

[index.html]

```html
<body>
  <main>
    <aside>
      <header></header>
      <nav></nav>
      <ul class="spot-menu"></ul>
    </aside>
    <section class="center">
      <h2 class="hidden">Center Content</h2>
      <article class="shortcut"></article>
      <div class="news-gallery">
        <article id="notice"></article>
        <article id="gallery"></article>
      </div>
      <article class="banner">
        <h2 class="hidden">banner</h2>
      </article>
    </section>
    <section class="slide-wrapper">
      <h2 class="hidden">Slide Content</h2>
    </section>
  </main>
  <footer>
    <div class="footer-logo"></div>
    <div class="footer-contents">
      <div class="footer-menu"></div>
      <div class="copyright"></div>
    </div>
  </footer>
</body>
```

2 CSS

01 [css] 폴더 내 [main.css] 파일을 생성한 후 해당 파일을 열고 초기화 관련 스타일을 작성합니다. main과 footer의 스타일을 설정할 때 main 영역이 footer 영역의 높이를 제외하고 나머지 빈 공간을 모두 사용할 수 있도록 main 태그의 높이를 calc를 이용하여 설정합니다. 또한 body 태그에 height: 100vh를 추가하여 브라우저가 기본적으로 화면 전체를 사용하도록 합니다. main 태그의 자식요소들을 가로 배치하기 위해서 display: flex를 추가합니다.

main 태그 내 aside, 클래스명 center의 너비를 지정하고 slide-wrapper는 나머지 공간을 모두 사용하도록 flex: 1을 추가합니다. 작성 후 브라우저 화면을 확인하면 큰 레이아웃이 완성된 것을 볼 수 있습니다.

출력화면

[main.css]

```
@charset "utf-8";
*{
    margin: 0;
    padding: 0;
    list-style: none;
    text-decoration: none;
    font-family: "맑은 고딕";
    font-size: 14px;
    color: #333;
    box-sizing: border-box;
}
a{
    color: inherit;
}
.hidden{
    display: none;
}
img{
    vertical-align: top;
}

/* Layout */
body{
    width: 100%;
    height: 100vh;
}
main{
    display: flex;
    height: calc(100% - 120px);
}
main>*{
    border: 1px solid #ccc;
}
aside{
    width: 200px;
}
main .center{
    width: 400px;
}
main .slide-wrapper{
    flex: 1;
}
```

02 aside 내 메뉴, 스팟메뉴, 클래스명 center 내 바로가기, 공지사항, 갤러리, 배너의 스타일을 작성합니다. 이때 각 요소의 높이를 임시로 지정하고 이후 실제 콘텐츠를 배치할 때 높이를 제거하도록 합니다.

출력화면

```css
/* ASIDE */
aside>*{
  border: 1px solid #ccc;
}
aside header{
  height: 100px;
}
aside nav{
  height: 400px;
}
.spot-menu{
  height: 50px;
}

/* SLIDES */
.slide-wrapper{
  flex: 1;
}

/* Center */
.center>*{
  border: 1px solid #ccc;
}
.shortcut{
  height: 150px;
  /* 임시 */
}

/* News Gallery */
.news-gallery>*{
  border: 1px solid #ccc;
}
#notice{
  height: 250px;
  /* 임시 */
}
#gallery{
  height: 250px;
  /* 임시 */
}
.slide-banner{
  height: 150px;
  /* 임시 */
}

/* Footer */
```

요소의 높이 지정하기(임시)

aside header	100px
aside nav	400px
spot—menu	50px
shortcut	150px
notice	250px
gallery	250px
slide—banner	150px

03 footer의 자식요소를 배치하기 위해 flex를 설정하고 로고의 너비를 지정한 후 footer—content가 나머지 너비 모두를 사용하도록 합니다.

[main.css]

```css
/* Footer */
footer{
  display: flex;
  height: 120px;
}
.footer-logo{
  width: 200px;
}
footer>*{
  border: 1px solid #ccc;
}
.footer-contents{
  flex: 1;
}
.footer-contents>*{
  border: 1px solid #ccc;
  height: 60px;
}
```

출력화면

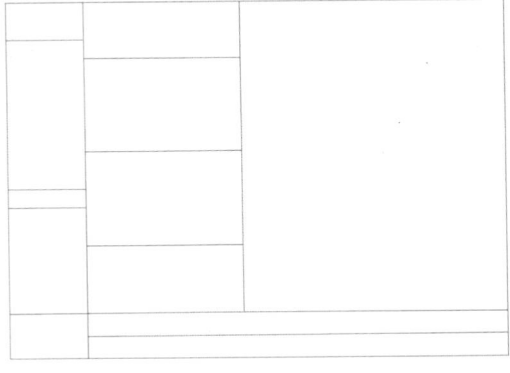

※ 신유형의 기출문제 풀이에서는 이미지 제작 과정은 제외하고 HTML, CSS, Script 작성에 중점을 두고 구현하겠습니다.

1 Header 영역

사이트맵을 참조하여 로고와 메뉴 구조의 HTML을 작성합니다.

Index Page / 메인(Main)				
메인메뉴 (Main Menu)	지금의 서울	추천	여행지	여행정보
서브메뉴 (Sub Menu)	이벤트 축제&행사 전시	에디터 추천 테마코스 도보해설관광 한류관광	명소 엔터테인먼트 음식 게스트하우스	가이드북&지도 시티투어버스 날씨

01 h1 태그 안에 a 태그를 생성하고 img 태그를 작성합니다. 메인메뉴 리스트를 작성한 후 각 메뉴의 하위메뉴를 각 li의 종료 태그 안쪽에 ul 태그로 작성합니다.

메인메뉴와 서브메뉴의 ul 태그에는 이후 CSS 작성 시 선택이 용이하도록 main-menu, sub-menu 클래스명을 추가합니다.

[index.html]

```html
<body>
  <main>
    <aside>
      <header>
        <h1 class="header-logo">
          <a href="#">
            <img src="images/logo.png"
            alt="서울 구석구석">
          </a>
        </h1>
      </header>
      <nav>
        <ul class="main-menu">
          <li><a href="#">지금의 서울</a>
            <ul class="sub-menu">
              <li><a href="#">이벤트</a></li>
              <li><a href="#">축제&행사</a></li>
              <li><a href="#">전시</a></li>
            </ul>
          </li>
          <li><a href="#">추천</a>
            <ul class="sub-menu">
              <li><a href="#">에디터 추천</a></li>
              <li><a href="#">테마코스</a></li>
              <li><a href="#">도보해설관광</a></li>
              <li><a href="#">한류관광</a></li>
            </ul>
          </li>
```

```html
        <li><a href="#">여행지</a>
          <ul class="sub-menu">
            <li><a href="#">명소</a></li>
            <li><a href="#">엔터테인먼트</a></li>
            <li><a href="#">음식</a></li>
            <li><a href="#">게스트하우스</a></li>
          </ul>
        </li>
        <li><a href="#">여행정보</a>
          <ul class="sub-menu">
            <li><a href="#">가이드북&지도</a></li>
            <li><a href="#">시티투어버스</a></li>
            <li><a href="#">날씨</a></li>
          </ul>
        </li>
      </ul>
    </nav>
    <ul class="spot-menu">
      <li><a href="#">로그인</a></li>
      <li><a href="#">회원가입</a></li>
    </ul>
  </aside>
중략...
```

2 센터 영역 – 바로가기, 공지사항, 갤러리

01 센터 영역은 클래스명 center 내 article 태그를 생성합니다. 바로가기는 이미지, 제목, 설명으로 구성하고, 공지사항과 갤러리는 모두 제목과 리스트로 구성합니다. 마지막으로 슬라이드 배너도 리스트로 구성합니다.

[index.html]
```html
<section class="center">
  <h2 class="hidden">Center Content</h2>
  <article class="shortcut">
    <img src="images/shortcut.png"
    alt="shortcut image">
    <div class="shortcut-content">
      <h3>서울 장미 축제</h3>
      <p>시각과 후각을 즐겁게 해주는 꽃 축제는
언제 어디서나 많은 이들의 사랑을 받죠. 그런데
서울 도심에서도 꽃 축제를 즐길 수 있다는 사실
알고 계셨나요? 바로 서울 중랑구에서 열리는 서울
장미 축제예요.</p>
    </div>
```

```html
    <a href="#">
      <img src="images/shortcut_arrow.png"
      alt="arrow">
    </a>
  </article>
  <div class="news-gallery">
    <article id="notice">
      <h2>공지사항</h2>
      <ul>
        <li><a href="#">여행 후기 이벤트 안내</a><span class="date">2024.03.01</span></li>
        <li><a href="#">서울 구석구석 여행관련 안내사항</a><span class="date">2024.03.01</span></li>
        <li><a href="#">이벤트 당첨자 안내</a><span class="date">2024.03.01</span></li>
        <li><a href="#">서울 장미 축제 안내</a><span class="date">2024.03.01</span></li>
        <li><a href="#">고객 서비스 점검 안내</a><span class="date">2024.03.01</span></li>
      </ul>
    </article>
    <article id="gallery">
      <h2>갤러리</h2>
      <ul>
        <li>
          <a href="#">
            <img src="images/gallery_01.png"
            alt="gallery1">
          </a>
          <h3>gallery title1</h3>
        </li>
        <li>
          <a href="#">
            <img src="images/gallery_02.png"
            alt="gallery2">
          </a>
          <h3>gallery title2</h3>
        </li>
      </ul>
    </article>
  </div>
```

```html
<article class="banner">
  <h2 class="hidden">banner</h2>
  <ul>
    <li>
      <a href="#">
        <img src="images/banner_01.png"
        alt="banner01">
        <h3>link 1</h3>
      </a>
    </li>
    <li>
      <a href="#">
        <img src="images/banner_02.png"
        alt="banner02">
        <h3>link 2</h3>
      </a>
    </li>
    <li>
      <a href="#">
        <img src="images/banner_03.png"
        alt="banner03">
        <h3>link 3</h3>
      </a>
    </li>
    <li>
      <a href="#">
        <img src="images/banner_04.png"
        alt="banner04">
        <h3>link 4</h3>
      </a>
    </li>
  </ul>
</article>
</section>
```

3 슬라이드 영역

슬라이드 영역의 지시사항에 따라 HTML을 작성합니다.

> ※ 위에서 작업한 결과물을 이용하여 슬라이드 작업을 한다.
> ○ 이미지만 바뀌면 안 되고, 이미지가 좌에서 우 또는 우에서 좌로 이동하면서 전환되어야 한다.
> ○ 슬라이드는 매 3초 이내로 하나의 이미지에서 다른 이미지로 전환되어야 한다.
> ○ 웹사이트를 열었을 때 자동으로 시작되어 반복적으로(마지막 이미지가 슬라이드 되면 다시 첫 번째 이미지가 슬라이드 되는 방식) 슬라이드 되어야 한다.

01 슬라이드는 미리 제공된 이미지를 활용하여 구현하겠습니다.
클래스명 slide−wrapper의 자식요소로 section 태그에 반드시 수반되어야 하는 제목을 추가하고, 클래스명 slide−image 내부에 container를 생성하고 리스트를 작성했습니다. slide−image를 기준으로 container를 좌우로 움직일 수 있도록 구조를 작성한 것입니다.

```
[index.html]
<section class="slide-wrapper">
  <h2 class="hidden">Slide Content</h2>
  <div class="slide-image">
    <ul class="container">
      <li class="slide">
        <a href="#">
          <img src="images/slide_e_01.jpg"
          alt="서울 장미 축제">
        </a>
      </li>
      <li class="slide">
        <a href="#">
          <img src="images/slide_e_02.jpg"
          alt="북촌 한옥 마을">
        </a>
      </li>
      <li class="slide">
        <a href="#">
          <img src="images/slide_e_03.jpg"
          alt="궁중문화축전">
        </a>
      </li>
    </ul>
  </div>
</section>
```

⁴ 푸터 영역

로고	SPOTMENU ǀ SPOTMENU ǀ SPOTMENU ǀ SPOTMENU ǀ SPOTMENU ǀ SPOTMENU
	Lorem Ipsum is simply dummy text of the printing and typesetting industry. Lorem Ipsum has been the industry's standard dummy text ever since the 1500s.

01 푸터 영역에는 로고, 메뉴, 카피라이트를 작성합니다.

[index.html]

```html
<footer>
  <div class="footer-logo">
    <a href="#">
      <img src="images/footer_logo.png"
      alt="footer logo">
    </a>
  </div>
  <div class="footer-contents">
    <div class="footer-menu">
      <ul>
        <li><a href="#">기업소개</a></li>
        <li><a href="#">이용약관 개인정보처리방침
</a></li>
        <li><a href="#">이메일무단수집거부</a></li>
        <li><a href="#">사이트맵</a></li>
      </ul>
    </div>
    <div class="copyright">
      <p>
COPYRIGHT&copy; by 서울 구석구석. ALL RIGHTS
RESERVED
      </p>
    </div>
  </div>
</footer>
```

5 팝업

01 전체화면을 차지할 요소를 아이디명 popup 으로 생성하고 가운데 나타날 창을 클래스명 popup_content로 작성합니다. 그리고 jQuery 라이브러리와 [main.js]를 생성하고 로드합니다. HTML 완성 후 모든 요소들이 화면에 출력되는 지 확인합니다.

출력화면

[index.html]

```
  </footer>
  <!-- popup -->
  <div id="popup">
    <div class="popup_content">
      <h2>여행 후기 이벤트 안내</h2>
      <p>
서울 구석구석입니다. 여행 후기 이벤트를 2024년 3월부터 시작하고자 합니다. 고객님의 소중한 이야기 중 '베스트 여행 후기'를 선정하여 감사의 마음을 전하는 이벤트입니다.
      </p>
      <div class="close">닫기</div>
    </div>
  </div>
  <!-- //popup -->
  <script src="script/jquery-1.12.3.js"></script>
  <script src="script/main.js"></script>
</body>
</html>
```

1 Header 영역

01 ❶ aside nav에 배경, 여백, 테두리를 설정합니다.

❷ sub-menu의 배경을 추가하고 화면에 나타나지 않도록 합니다.

❸ aside nav li에는 line-height를 추가하여 40px의 높이를 가지면 메뉴가 세로 기준 가운데로 배치되도록 합니다.

❹ aside nav>ul>li+li 선택자를 이용하여 첫 번째 메뉴를 제외한 나머지 메뉴들을 선택하고 테두리를 추가합니다.

❺ aside nav a 선택자에 링크의 크기가 나타나도록 display 설정을 block으로 설정하고, 마우스 호버 시 변경될 배경과 글자색의 전환과정이 보이도록 transition을 추가합니다.

❻ 메뉴에 마우스를 올렸을 때 배경과 글자색을 변경합니다.

출력화면

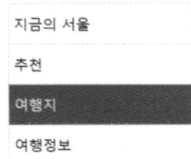

[main.css]

```css
/* ASIDE */
aside header{
    height: 100px;
}
aside nav{                               ❶
    background: #fff;
    margin: 20px 10px 20px;
    border: 1px solid #ccc;
}
.sub-menu{                               ❷
    background: #ccc;
    display: none;
}
aside nav li{                            ❸
    line-height: 40px;
}
aside nav>ul>li+li{                      ❹
    border-top: 1px solid #ccc;
}
aside nav a{                             ❺
    display: block;
    padding: 0 5px;
    color: #333;
    transition: 0.3s;
}
aside nav li:hover>a{                    ❻
    background: #666;
    color: #fff;
}

/* SLIDES */
```

02 와이어 프레임 단계에서 추가했던 spot-menu의 높이는 제거하고 스팟메뉴를 가로배치하고 간격을 추가합니다. 선은 보더 처리합니다.

출력화면

지금의 서울
추천
여행지
여행정보

로그인 | 회원가입

```css
aside nav li:hover>a{
  background: #666;
  color: #fff;
}
aside .spot-menu{
  display: flex;
  justify-content: center;
}
aside .spot-menu li{
  padding: 0 10px;
}
aside .spot-menu li:first-child{
  border-right: 1px solid #ccc;
}
aside .spot-menu li a:hover{
  text-decoration: underline;
}

/* SLIDES */
```

② Center 영역

01 Center 영역의 바로가기를 작성합니다. 클래스명 shortcut에 추가했던 높이는 제거하고 클래스명 center에 추가했던 border도 제거합니다. 클래스명 center에는 내부 여백을 추가하고, 클래스명 center의 바로 아래 자식요소들은 마진을 추가하여 간격을 설정합니다. 클래스명 shortcut에 display: flex로 요소들을 가로배치하고 간격을 추가합니다.

출력화면

서울
구석구석

지금의 서울

서울 장미 축제
시각과 후각을 즐겁게 해주는 꽃 축제는 언제 어디서나 많은 이들의 사랑을 받죠. 그런데 서울 도심에서도 꽃 축제를 즐길 수 있다는 사실 알고 계셨나요? 바로 서울 중랑구에서 열리는 서울장미축제예요.

```css
/* Center */
.center{
  padding: 10px;
}
.center>*{
  margin: 20px 0;
}
.shortcut{
  display: flex;
  align-items: center;
  gap: 10px;
}
.shortcut>img{
  width: 100px;
}

/* News Gallery */
```

02 Center 영역의 공지사항, 갤러리, 배너를 작성합니다. 우선 notice, gallery에 추가했던 높이를 제거합니다.

❶ .news—gallery h2 선택자로 공지사항 제목의 스타일을 지정합니다. 배경, 여백, 둥근 모서리를 적용하고 바로 밑 리스트의 테두리와 겹치도록 margin—bottom을 이용하여 1px 내려줍니다.

❷ .news—gallery ul 선택자에 테두리를 추가합니다.

❸ #notice에 여백을 추가하여 하단 갤러리와의 거리를 설정합니다.

❹ #notice ul li 선택자에 리스트의 스타일을 설정하고, 제목과 날짜를 양 끝으로 배치하기 위해 space—between을 설정한 후 점선을 추가하고 리스트에 호버 시 배경과 글자 두께를 변경합니다.

❺ #gallery ul 선택자에 flex를 적용하여 요소들을 가로배치하고 space—between으로 요소들을 양 끝으로 균등 배치합니다.

❻ 그 외 리스트 내 텍스트를 가운데 정렬하고 이미지는 리스트 내에서 100% 너비를 사용하도록 합니다.

❼ #gallery ul li:hover 선택자로 리스트 호버 시 투명도를 조절합니다.

❽ .banner ul 선택자에 flex를 적용하여 요소들을 가로배치합니다.

❾ 이미지는 높이를 50px 주어 높이 대비 너비가 자연스럽게 나타나도록 합니다.

[main.css]

```css
/* News Gallery */
.news-gallery h2{                    ❶
    border-radius: 5px 5px 0 0;
    display: inline-block;
    padding: 5px 10px;
    background: #666;
    color: #fff;
    margin-bottom: -1px;
}
.news-gallery ul{                    ❷
    border: 1px solid #666;
}
#notice{                             ❸
    margin-bottom: 20px;
}
#notice ul li{                       ❹
    line-height: 30px;
    display: flex;
    justify-content: space-between;
    transition: 0.3s;
    border-bottom: 1px dashed #ebebeb;
    padding: 0 5px;
}
#notice ul li:last-child{
    border-bottom: none;
}
#notice ul li:hover{
    background: #ebebeb;
}
#notice ul li a:hover{
    font-weight: bold;
}
#gallery ul{                         ❺
    display: flex;
    justify-content: space-between;
    gap: 10px;
    padding: 15px 20px;
}
#gallery ul li{
    transition: 0.3s;
    text-align: center;
}                                    ❻
#gallery ul li img{
    width: 100%;
}
```

공지사항

여행 후기 이벤트 안내	2024.03.01
서울 구석구석 여행관련 안내사항	2024.03.01
이벤트 당첨자 안내	2024.03.01
서울 장미 축제 안내	2024.03.01
고객 서비스 점검 안내	2024.03.01

갤러리

gallery title1   gallery title2

SAMPLE BANNER 01   SAMPLE BANNER 02   SAMPLE BANNER 03   SAMPLE BANNER 04

link 1   link 2   link 3   link 4

```css
#gallery ul li:hover{        ❼
    opacity: 0.5;
}
.banner ul{                  ❽
    display: flex;
    justify-content: space-between;
}
.banner ul li{
    text-align: center;
}
.banner ul img{              ❾
    height: 50px;
}

/* Footer */
```

3 슬라이드 영역

01 슬라이드는 좌우로 이동하는 효과를 구현해야 하므로 container의 너비를 300%로 지정하고 slide-image에 oeverflow: hidden을 추가하여 넘치는 자식요소를 보이지 않도록 합니다. container의 슬라이드를 가로배치하기 위해 display: flex를 추가하고 각 슬라이드의 너비는 calc(100%/3)을 이용하여 부모 크기의 1/3이 되도록 합니다. 슬라이드의 이미지는 object-fit: cover를 추가하여 지정한 크기 안에서 높이에 맞춰 가로 크기는 이미지의 원래 비율을 유지하고 항상 이미지의 중앙이 보이도록 합니다.

출력화면

[main.css]

```css
/* SLIDES */
.slide-wrapper{
    display: flex;
    flex: 1;
}
.slide-wrapper>*{
    height: 400px;
}
.slide-image{
    height: 100%;
    overflow: hidden;
}
.slide-image .container{
    height: 100%;
    width: 300%;
    display: flex;
    position: relative;
}
.slide-image .container .slide{
    width: calc(100%/3);
    height: 100%;
}
.slide-image img{
    width: 100%;
    height: 100%;
    object-fit: cover;
}
```

4 푸터

01 와이어프레임 단계에서 추가했던 테두리는 제거하고, footer-contents>*에 추가했던 높이도 제거합니다. footer-menu ul에 display: flex를 활용하여 메뉴를 가로배치하고 padding을 활용하여 좌우 여백을 추가합니다. 테두리는 li 태그의 왼쪽에 추가합니다. 그 외 링크에 마우스 호버 시 밑줄을 구현하고 카피라이트에도 여백을 추가합니다.

출력화면

```css
                                    [main.css]
/* Footer */
footer{
  display: flex;
  height: 120px;
}
.footer-logo{
  width: 200px;
}
.footer-contents{
  padding-top: 30px;
  flex: 1;
  text-align: left;
}
.footer-menu ul{
  display: flex;
  margin-bottom: 20px;
}
.footer-menu ul li{
  padding: 0 15px;
}
.footer-menu ul li+li{
  border-left: 1px solid #ccc;
}
.footer-menu ul li a:hover{
  text-decoration: underline;
}
.copyright{
  padding: 0 15px;
}
```

5 팝업

01 아이디 popup이 전체화면을 차지하도록 하고 그 가운데 팝업 내용이 오도록 작성합니다.

❶ 전체화면을 기준으로 고정하고 left, right, top, bottom 값을 0으로 설정하여 전체화면을 차지하도록 합니다. z-index 값을 추가하여 다른 요소들보다 위에 올라오도록 하고, popup은 화면에 보이지 않도록 display: none을 설정합니다. 화면에 스타일대로 잘 나타나는지 확인하기 위해 display: none은 임시로 주석처리하고, 브라우저 화면을 확인한 후 다시 주석은 제거하여 popup이 보이지 않도록 합니다.

❷ 부모인 #popup을 기준으로 한 절댓값으로 화면의 정가운데 배치되도록 left: 50%; top: 50% 를 설정합니다. popup_content의 크기에 상관없이 정중앙에 배치되도록 popup_content 가로 크기의 반만큼 왼쪽으로 popup_content의 세로 크기의 반만큼 위쪽으로 이동시키기 위해 transform을 추가합니다. 기존 화면 위에 떠 있는 느낌을 주기 위해 box-shadow를 추가합니다.

❸ 부모인 .popup_content를 기준으로 우측 하단에 배치하고 커서 모양을 링크와 같이 변경합니다.

❹ 아이디 popup에 active 클래스명이 추가되면 화면에 나타나도록 합니다.

[main.css]

```css
/* popup */
#popup{                            ❶
  position: fixed;
  left: 0;
  right: 0;
  top: 0;
  bottom: 0;
  display: none;
  z-index: 10;
  background: rgba(0,0,0,.5);
}
#popup .popup_content{             ❷
  width: 400px;
  padding: 20px 20px 100px;
  background: #fff;
  border-radius: 5px;
  position: absolute;
  left: 50%;
  top: 50%;
  transform: translate(-50%, -50%);
  box-shadow: 0 0 3px rgba(0,0,0,.5);
}
#popup .popup_content .close{      ❸
  position: absolute;
  right: 10px;
  bottom: 10px;
  background: #333;
  color: #fff;
  cursor: pointer;
  padding: 5px 8px;
}
#popup.active{                     ❹
  display: block;
}
```

출력화면

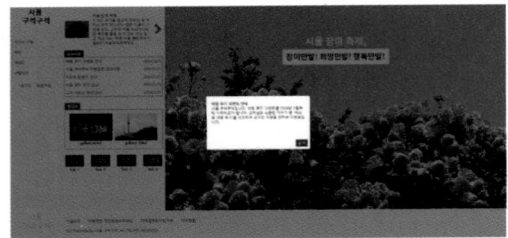

팝업 스타일 확인

스타일이 완성된 화면

[script] 폴더 내에 [main.js] 파일을 생성하고 영역별 스크립트를 작성합니다.

1 Aside 메인메뉴

01 메뉴 스크립트는 메인메뉴에 마우스를 올리면 마우스 호버 이벤트가 일어난 그 요소의 서브메뉴만 나타나도록 합니다.

main−menu > li를 변수로 설정하고, 메뉴에 마우스호버 이벤트가 일어나면 이벤트가 일어난 그 요소를 $(this)로 선택하고, $(this)의 자식요소인 ul을 find 메서드로 선택한 후 선택한 서브메뉴가 나타나도록 slideDown 메서드를 실행합니다. 마우스가 메뉴에서 벗어나면 다시 mouseout 이벤트가 일어난 그 요소의 자식요소를 선택하여 slideUp 메서드로 접습니다.

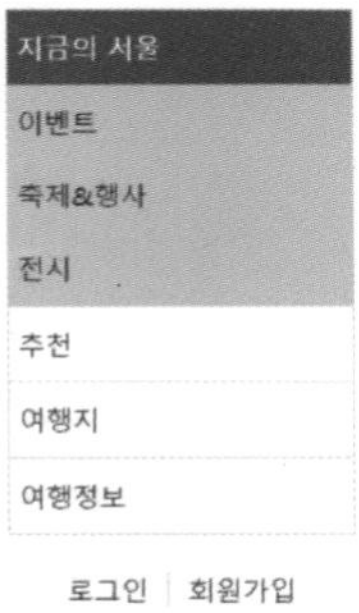

```
[main.js]
let mainMenu = $('.main-menu > li');

mainMenu.mouseover(function(){
    $(this).find('ul').stop().slideDown();
}).mouseout(function(){
    $(this).find('ul').stop().slideUp();
});
```

출력화면

지금의 서울

이벤트

축제&행사

전시

추천

여행지

여행정보

로그인 ｜ 회원가입

② 슬라이드 영역

01 좌우로 이동하는 슬라이드를 구현하기 위해 각 슬라이드의 부모와 각 슬라이드, 현재 몇 번째 슬라이드가 활성화되어있는지 판단하기 위한 변수 currentIdx를 생성합니다.

함수 autoSlide를 작성하고 3초마다 container의 left 값을 0, −100%, −200%가 되도록 합니다. 이때 3초마다 0, 1, 2로 변경될 변수 nextIdx를 생성하여 left 값을 변경할 수 있도록 합니다.

스크립트 작성 후 브라우저 화면을 확인하면 슬라이드가 자동으로 왼쪽으로 이동하는 것을 볼 수 있습니다.

출력화면

[main.js]

```
//슬라이드
let slideContainer = $('.slide-wrapper .container');
let slide = slideContainer.find('.slide');
let slideCount = slide.length;
let currentIdx = 0;
function autoSlide(){
  setInterval(function(){
    //3초마다 반복 수행할 구문 시작
    let nextIdx = (currentIdx + 1) % slideCount;
    slideContainer.animate({
      left: -100 * nextIdx + '%'
    });
    currentIdx = nextIdx;
  }, 3000)
}
autoSlide();
```

3 공지사항 팝업

01 공지사항의 첫 글을 클릭하면 모달 레이어 팝업이 뜨도록 합니다.

❶ 공지사항 중 첫 번째 리스트를 변수로 지정합니다.

❷ 클래스명 active를 추가하여 보여질 대상인 아이디 popup을 지정합니다.

❸ 닫기 버튼은 popup의 자식요소 중 클래스명 close를 찾아 지정합니다.

❹ 공지사항 링크를 클릭하면 링크의 기본 속성을 막고 popup에 클래스명 active를 추가합니다.

❺ 닫기 버튼을 클릭하면 popup에서 추가했던 클래스명 active를 제거합니다.

스크립트 작성 후 공지사항 첫 글을 클릭하면 팝업이 뜨고, 닫기를 클릭하면 팝업이 닫히고 있습니다.

출력화면

[main.js]

```
//팝업
let popupLink = $('#notice li:first');      ❶
let popup = $('#popup');                     ❷
let popupCloseBtn = popup.find('.close');    ❸

popupLink.click(function(e){
  e.preventDefault();                        ❹
  popup.addClass('active');
});

popupCloseBtn.click(function(){
  popup.removeClass('active');               ❺
});
```

02 이로써 모든 스크립트가 완성되었습니다. 마지막으로 현재 작성한 HTML 소스의 웹표준 검사를 실시하여 오류가 없는지 확인합니다. https://validator.w3.org/에서 HTML 코드를 업로드하고 검사를 실시해봅니다. HTML 소스를 모두 복사하고 validate by Direct input 탭을 클릭한 후 소스를 붙여넣기 하고 Check 버튼을 클릭합니다.

웹표준 검사 후 에러가 없는 것을 확인합니다.

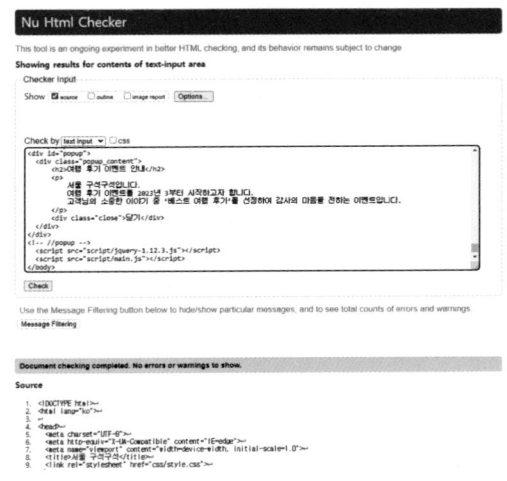

신유형 문제(E3형)

서울 구석구석(E3형)

※ E3 유형은 E1 유형에서 메뉴 호버 시 효과가 다르고 그 외 내용은 거의 유사합니다.

한눈에 보는 순서

1. 바탕화면에 수험자 본인의 '비번호' 이름의 폴더에 css, script, images 폴더 생성
2. 와이어프레임 파악 후 HTML, CSS로 와이어프레임 작성
3. 세부 지시사항 파악 후 이미지를 제작하여 'images' 폴더에 저장
   - 상단로고 : logo.png
   - 하단로고 : footer_logo.png (Grayscale)
   - 메인 이미지 3장
   - 갤러리 이미지 2장
   - 바로가기 이미지
4. index.html, main.css, main.js 생성, jQuery 오픈소스 저장
5. 각 영역별 HTML 작성
6. 각 영역별 CSS 작성
7. 메뉴, 슬라이드, 탭, 레이어 팝업 Script 작성

국가기술자격 실기시험 문제

자격종목	웹디자인기능사	과제명	서울 구석구석

1. 요구사항

※ 다음 요구사항을 준수하여 주어진 자료(수험자 제공파일)를 활용하여 시험시간 내에 웹 페이지를 제작 후 **5MB 용량**이 초과되지 않게 저장 후 제출하시오.
※ 웹 페이지 코딩은 **HTML5 기준 웹 표준**을 준수하여야 하며, 요구사항에 지정되지 않는 요소들은 주제 특성에 맞게 자유롭게 디자인하시오.
※ 문제에서 지시하지 않은 와이어프레임 영역 비율, 레이아웃, 텍스트의 글자체/색상/크기, 요소별 크기, 색상 등은 수험자가 과제명(가. 주제)에 맞게 자유롭게 디자인하시오.

가. 주제: 서울 구석구석 웹사이트 오픈을 위한 메인페이지 제작

나. 개요
서울 여행객들에게 다양한 정보를 제공하는 「서울 구석구석」의 웹사이트를 제작하려고 한다. 재단법인 GusukGusuk에서는 일반인들이 이용하기에 편리한 웹사이트 제작을 요청하였다. 아래의 요구사항에 따라 메인페이지를 제작하시오.

다. 요구사항
1) 메인페이지를 디자인하고 HTML, CSS, JavaScript 기반의 웹 페이지를 제작한다.
   (이때 jQuery 오픈소스, 이미지, 텍스트 등의 제공된 리소스를 활용하여 제작할 수 있다)
2) HTML, CSS의 charset는 utf-8로 해야 한다.
3) 컬러 가이드

주조색 (Main Color)	보조색 (Sub Color)	배경색 (Background Color)	기본 텍스트의 색 (Text Color)
자유롭게 지정	자유롭게 지정	#FFFFFF	#333333

4) 사이트 맵(Site Map)

Index Page / 메인(Main)				
메인메뉴 (Main Menu)	지금의 서울	추천	여행지	여행정보
서브메뉴 (Sub Menu)	이벤트 축제&행사 전시	에디터 추천 테마코스 도보해설관광 한류관광	명소 엔터테인먼트 음식 게스트하우스	가이드북&지도 시티투어버스 날씨

5) 와이어프레임(Wireframe)

※ Ⓐ~Ⓓ 영역에 제시된 지시사항에 맞춰서 프레임을 구성하고, 자유롭게 디자인을 구성하시오.

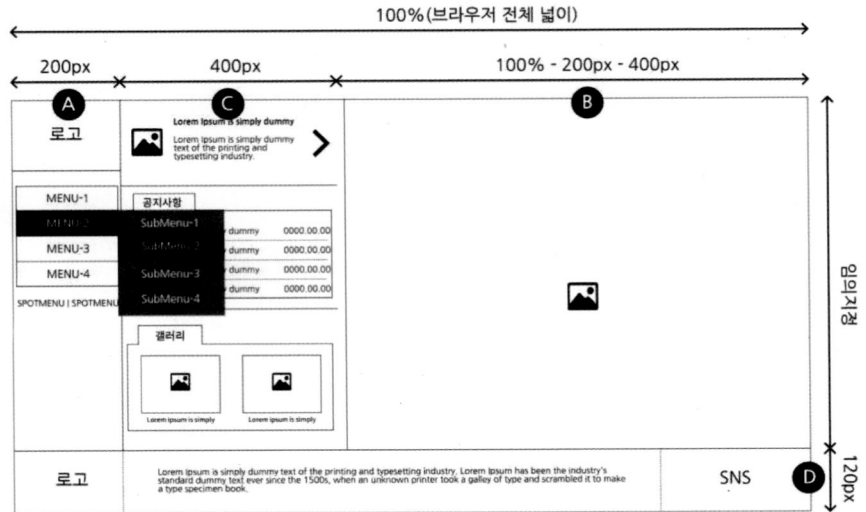

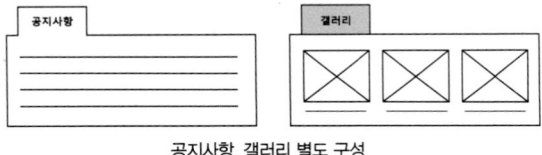

공지사항, 갤러리 별도 구성

레이어 팝업

라. 세부 영역별 지시사항

영역 및 명칭	세부 지시사항
Ⓐ Header	**A.1 로고** ○ Header 폴더에 제공된 로고를 삽입한다. ※ 로고의 크기 변경 시, 가로세로 비율(종횡비, Aspect Ratio)을 유지하여야 한다. 　(가로세로 비율을 유지하며 크기 변경 가능) **A.2 메뉴 구성** ※ 사이트 구조도를 참고하여 메인메뉴(Main Menu)와 서브메뉴(Sub Menu)로 구성하고, 별도의 스팟메뉴 　(Spot Menu)를 둔다. 스팟메뉴 명칭은 「로그인」과 「회원가입」으로 각각 지정한다. **(1) 메인메뉴(Main Menu) 효과 [와이어프레임 참조]** ○ 메인메뉴 중 하나에 마우스를 올리면(Mouse Over) 하이라이트 되고, 벗어나면(Mouse Out) 하이라이트를 　해제한다. ○ 메인메뉴에 마우스를 올리면(Mouse Over) 서브메뉴 영역이 부드럽게 나타나면서, 서브메뉴가 보이도록 한다. ○ 메인메뉴에서 마우스커서가 벗어나면(Mouse Out) 서브메뉴 영역은 부드럽게 사라져야 한다. **(2) 서브메뉴 영역 효과** ○ 서브메뉴 영역은 메인페이지 콘텐츠를 고려하여 배경색상을 설정한다. ○ 서브메뉴 중 하나에 마우스를 올리면(Mouse Over) 하이라이트 되고 벗어나면(Mouse Out) 하이라이트를 　해제한다. ○ 마우스커서가 메뉴 영역을 벗어나면(Mouse Out) 서브메뉴 영역은 부드럽게 사라져야 한다.
Ⓑ Slide	**B. Slide 이미지 제작** ○ [Slide] 폴더에 제공된 3개의 텍스트를 각 이미지에 적용하되, 텍스트의 글자체, 굵기, 색상, 크기를 적절하 　게 설정하여 가독성을 높이고, 독창성이 드러나도록 제작한다. **B. Slide 애니메이션 작업** ※ 위에서 작업한 결과물을 이용하여 슬라이드 작업을 한다. ○ 이미지만 바뀌면 안 되고, 이미지가 위에서 아래 또는 아래에서 위로 이동하면서 전환되어야 한다. ○ 슬라이드는 매 3초 이내로 하나의 이미지에서 다른 이미지로 전환되어야 한다. ○ 웹사이트를 열었을 때 자동으로 시작되어 반복적으로(마지막 이미지가 슬라이드 되면 다시 첫 번째 이미지 　가 슬라이드 되는 방식) 슬라이드 되어야 한다.
Ⓒ Contents	**C.1 배너** ○ Contents 폴더의 제공된 파일을 활용하여 편집 또는 디자인하여 제작한다. **C.2 공지사항** ○ 공지사항 타이틀 영역과 콘텐츠 영역을 구분하여 표현해야 한다. 　(단, 콘텐츠는 HTML 코딩으로 작성해야 하며, 이미지로 삽입하면 안 된다) ○ 콘텐츠는 Contents 폴더의 제공된 텍스트를 적용하여 제작한다. ○ 공지사항의 첫 번째 콘텐츠를 클릭(Click)할 경우 레이어 팝업창(Layer Pop_up)이 나타나며, 레이어 팝업창 　내에 닫기 버튼을 두어서 클릭하면 해당 팝업창이 닫혀야 한다. [와이어프레임 참조] ○ 레이어 팝업의 제목과 내용은 Contents 폴더의 제공된 텍스트 파일을 사용한다. **C.3 갤러리** ○ 갤러리의 이미지에 마우스 오버(Mouse Over) 시 해당 객체의 투명도(Opacity)에 변화가 있어야 한다. ※ 콘텐츠는 HTML 코딩으로 작성해야 하며, 이미지로 삽입하면 안 된다.
Ⓓ Footer	**D. Footer** ○ 로고를 Grayscale(무채색)로 변경하고 사용자의 접근성을 고려하여 배치한다. ○ Footer 폴더의 제공된 텍스트를 사용하여 Copyright, SNS(4개)를 제작한다.

마. 기술적 준수 사항

1) 웹페이지 코딩은 HTML5 기준 웹 표준을 준수하여야 하며, HTML 유효성검사(W3C Validator)에서 오류('ERROR')가 없도록 코딩하여야 한다.

  ※ HTML 유효성검사 서비스는 시험 시 제공하지 않는다(인터넷 사용불가).

2) CSS는 별도의 파일로 제작하여 링크하여야 하며, CSS3 기준(W3C Validator)에서 오류('ERROR')가 없도록 코딩되어야 한다.

3) avaScript 코드는 별도의 파일로 제작하여 연결하여야 하며 브라우저(Google Chrome)에 내장된 개발도구의 Console 탭에서 오류('ERROR')가 표시되지 않아야 한다.

4) 별도로 지정하지 않은 상호작용이 필요한 모든 콘텐츠(로고, 메뉴, 버튼, 바로가기 등)는 임시링크(예 #)를 적용하고 'Tab'(Tab) 키로 이동 선택할 수 있어야 한다.

5) 사이트는 다양한 화면 해상도에서 일관성 있는 페이지 레이아웃을 제공해야 한다.

6) 웹 페이지 전체 레이아웃은 Table 태그 사용이 아닌 CSS를 통한 레이아웃 작업으로 해야 한다.

7) 브라우저에서 CSS를 "사용 안 함"으로 설정한 경우 콘텐츠가 세로로 나열된다.

8) 타이틀 텍스트(Title Text), 바디 텍스트(Body Text), 메뉴 텍스트(Menu Text)의 각 글자체/굵기/색상/크기 등을 적절하게 설정하여 사용자가 텍스트 간의 위계질서(Hierarchy)를 직관적으로 알 수 있도록 한다.

9) 모든 이미지에는 이미지에 대한 대체 텍스트를 표현할 수 있는 alt 속성이 있어야 한다.

10) 제작된 사이트 메인페이지의 레이아웃, 구성요소의 크기 및 위치 등은 최신버전의 MS Edge와 Google Chrome에서 동일하게 표시되어야 한다.

바. 제출 방법

1) 수험자는 비번호로 된 폴더명으로 완성된 작품 파일을 저장하여 제출한다.

2) 폴더 안에는 images, script, css 등의 자료를 분류하여 저장한 폴더도 포함되어 있어야 하며, 메인페이지는 반드시 최상위 폴더에 index.html로 저장하여 제출해야 한다.

3) 수험자는 제출하는 폴더에 index.html을 열었을 때 연결되거나 표시되어야 할 모든 리소스들을 포함하여 제출해야 하며 수험자의 컴퓨터가 아닌 채점위원의 컴퓨터에서 정상 작동해야 한다.

4) 전체 결과물의 용량은 5MB 용량이 초과되지 않게 제출하며 ai, psd 등 웹서비스에 사용하지 않는 파일은 제출하지 않는다.

2. 수험자 유의사항

※ 다음의 유의사항을 고려하여 요구사항을 완성하시오.

1) 수험자 인적사항 및 답안작성은 반드시 검은색 필기구만 사용하여야 하며, 그 외 연필류, 유색 필기구, 지워지는 펜 등을 사용한 답안은 채점하지 않으며 0점 처리됩니다.

2) 수험에 필요한 소프트웨어 및 참고자료가 하드웨어에 설치되어 있는지 확인 후 작업하시오.

3) 참고자료의 내용 중 오자 및 탈자 등이 있을 때는 수정하여 작업하시오.

4) 지참공구[수험표, 신분증, 필기도구] 이외의 참고자료 및 외부장치(USB, 키보드, 마우스, 이어폰) 등 어떠한 물품도 시험 중에 지참할 수 없음을 유의하시오.

  (단, 시설목록 이외의 정품 소프트웨어(폰트 제외)를 설치하고자 할 때에는 감독위원의 입회하에 설치하여 사용하시오)

5) 수험자가 컴퓨터 활용 미숙 등으로 인한 시험의 진행이 어렵다고 판단되었을 때는 감독위원은 시험을 중지시키고 실격처리를 할 수 있음을 유의하시오.

6) 바탕화면에 수험자 본인의 "비번호" 이름을 가진 폴더에 완성된 작품의 파일만을 저장하시오.

7) 모든 작품을 감독위원 또는 채점위원이 검토하여 복사된 작품(동일 작품)이 있을 때에는 관련된 수험자 모두를 부정행위로 처리됨을 유의하시오.

8) 장시간 컴퓨터 작업으로 신체에 무리가 가지 않도록 적절한 몸풀기(스트레칭) 후 작업하시오.

9) 다음 사항에 대해서는 실격에 해당되어 채점 대상에서 제외됩니다.

  가) 수험자 본인이 수험 도중 시험에 대한 포기(기권) 의사를 표시하고 포기하는 경우

  나) 작업범위(용량, 시간)를 초과하거나, 요구사항과 현격히 다른 경우(채점위원이 판단)

  다) Slide가 JavaScript(jQuery 포함), CSS 중 하나 이상의 방법을 이용하여 제작되지 않은 경우

    ※ 움직이는 Slide를 제작하지 않고 이미지 하나만 배치한 경우도 실격처리됨

  라) 수험자 미숙으로 비번호 폴더에 완성된 작품 파일을 저장하지 못했을 경우

  마) 압축프로그램을 사용하여 작품을 압축 후 제출한 경우

  바) 과제기준 20% 이상 완성이 되지 않은 경우(채점위원이 판단)

작업 따라하기

01 폴더 및 파일 생성

01 폴더구조를 생성하고 필수 파일들을 생성합니다. 웹디자인기능사 시험에는 시험장 컴퓨터 바탕화면의 비번호 폴더에 폴더 및 파일을 생성해야 합니다. 편의상 [PART5] – [기출 유형 문제 7 (E3형)] – [BASE] 폴더에 생성하겠습니다.

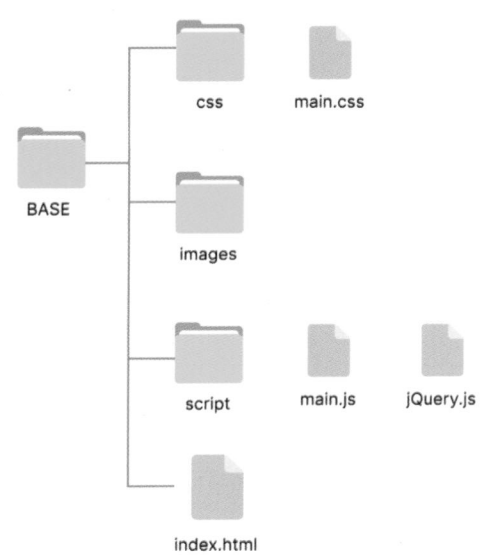

02 예제 폴더에서 [PART5] – [기출 유형 문제 7 (E3형)] – [BASE] 폴더를 VS CODE에서 폴더로 열기로 오픈하고 폴더와 새 파일을 생성합니다. 같은 폴더에 [index.html]을 생성한 후 [index.html]을 생성했던 방법과 같이 [css] 폴더를 클릭하여 오픈하고 New File 아이콘을 이용하여 [main.css]를 생성합니다. [script] 폴더를 선택하고 [main.js] 파일을 생성한 후 [수험자 제공 파일] 폴더에서 [jQuery 오픈소스 파일] 폴더 내의 파일을 복사하여 [script] 폴더에 넣어줍니다.

E3 유형은 D유형들과 마찬가지로 브라우저 전체화면을 모두 차지하도록 완성해야 합니다. D유형과의 차이점은 ABC 영역이 가로로 배치된다는 점과 슬라이드 영역이 가로, 세로 모두 고정값이 아니라 A, C, D 영역을 제외하고 빈 공간을 모두 차지한다는 점입니다.

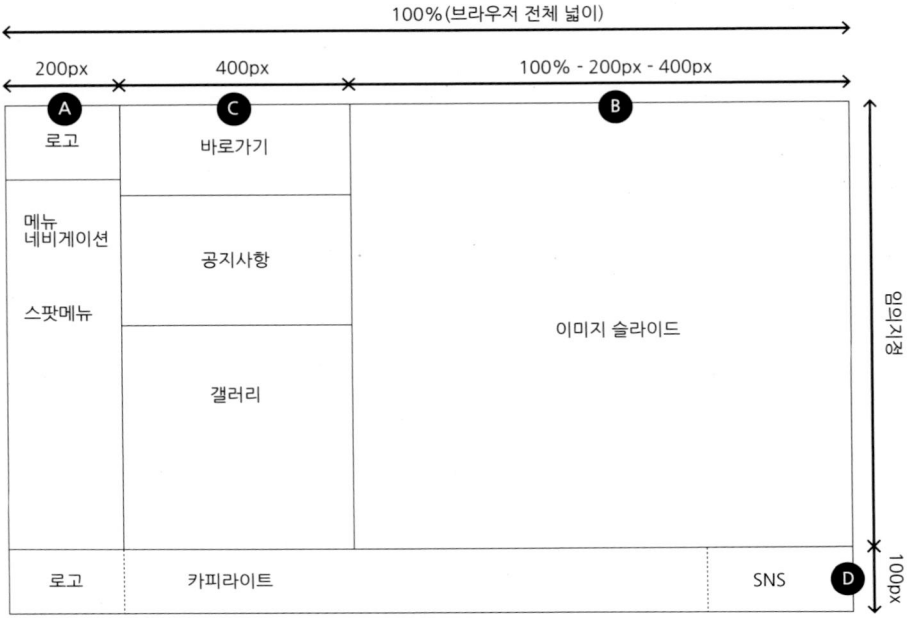

1 HTML

01 E3 유형은 E1 유형과 유사하지만 C영역에서 배너가 사라지고 D영역에 SNS 내용이 추가되었습니다. E1 유형과 크게 다르지 않기 때문에 제시된 와이어프레임을 참조로 내용에 맞춰 HTML을 작성하면 됩니다.

[index.html]

```html
<!DOCTYPE html>
<html lang="ko">
<head>
  <meta charset="UTF-8">
  <meta http-equiv="X-UA-Compatible"
  content="IE=edge">
  <meta name="viewport" content="width=device-
  width, initial-scale=1.0">
  <title>서울 구석구석</title>
  <link rel="stylesheet" href="css/main.css">
</head>
<body>
  <main>
    <aside>
      <header></header>
      <nav></nav>
      <ul class="spot-menu"></ul>
    </aside>
    <section class="center">
      <h2 class="hidden">Center Content</h2>
      <article class="shortcut"></article>
      <div class="news-gallery">
        <article id="notice"></article>
        <article id="gallery"></article>
      </div>
    </section>
    <section class="slide-wrapper">
      <h2 class="hidden">Slide Content</h2>
    </section>
  </main>
  <footer>
    <div class="footer-logo"></div>
    <div class="copyright"></div>
    <div class="sns"></div>
  </footer>
</body>
</html>
```

※ E1유형과 거의 같으므로 추가 설명은 생략하고 바로 와이어프레임의 CSS를 작성하겠습니다.

2 CSS

01 [css] 폴더 내 [main.css] 파일을 생성한 후 해당 파일을 열고 초기화 관련 스타일을 작성합니다. main, footer의 스타일을 설정할 때 main 영역이 footer 영역의 높이를 제외하고 나머지 빈 공간을 모두 사용할 수 있도록 calc를 이용하여 main 태그의 높이를 설정합니다. 또한 body 태그에 height: 100vh를 추가하여 브라우저가 기본적으로 화면 전체를 사용하도록 해야 합니다. main 태그의 자식요소들을 가로 배치하기 위해서 display: flex로 추가합니다.

main 태그 내 aside, 클래스명 center의 너비를 지정하고 slide-wrapper는 나머지 공간을 모두 사용하도록 flex: 1을 추가했습니다. 작성 후 브라우저 화면을 확인하면 큰 레이아웃이 완성된 것을 볼 수 있습니다.

출력화면

[main.css]

```css
@charset "utf-8";
*{
    margin: 0;
    padding: 0;
    list-style: none;
    text-decoration: none;
    font-family: "맑은 고딕";
    font-size: 14px;
    color: #333;
    box-sizing: border-box;
}
a{
    color: inherit;
}
.hidden{
    display: none;
}
img{
    vertical-align: top;
}

/* Layout */
body{
    width: 100%;
    height: 100vh;
}
main{
    display: flex;
    height: calc(100% - 120px);
}
main>*{
    border: 1px solid #ccc;
}
aside{
    width: 200px;
}
main .center{
    width: 400px;
}
main .slide-wrapper{
    flex: 1;
}
```

02 aside의 자식 요소들의 높이를 지정하여 배치합니다.

```css
/* ASIDE */
aside>*{
  border: 1px solid #ccc;
}
aside header{
  height: 100px;
}
aside nav{
  height: 400px;
}
.spot-menu{
  height: 50px;
}
```

03 클래스명 center의 자식요소와 footer의 자식요소들의 스타일을 설정합니다. 클래스명 center의 자식요소로는 바로가기, 공지사항, 갤러리의 높이를 임시로 지정합니다. 마지막으로 푸터의 요소들을 가로 배치하고 가운데 카피라이트 부분이 빈 공간을 차지하도록 합니다.

출력화면

```css
/* Center */
.center>*{
  border: 1px solid #ccc;
}
.shortcut{
  height: 150px; /* 임시 */
}

/* News Gallery */
#notice{
  height: 250px; /* 임시 */
}
#gallery{
  height: 250px; /* 임시 */
}
```

04 푸터의 요소들을 가로 배치하고 가운데 카피라이트 부분이 빈 공간을 차지하도록 합니다. 브라우저를 확인하면 모든 요소들의 너비, 높이, 위치가 지시사항과 일치하도록 완성되어있습니다.

출력화면

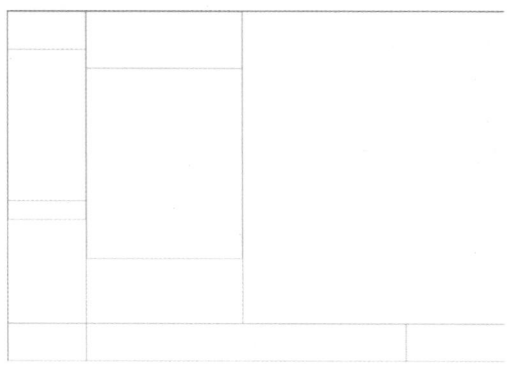

[main.css]

```css
/* FOOTER */
footer{
  display: flex;
  height: 100px;
}
.footer-logo{
  width: 200px;
}
footer>*{
  border: 1px solid #ccc;
}
.copyright{
  flex: 1;
}
.sns{
  width: 250px;
}
```

※ 신유형의 기출문제 풀이에서는 이미지 제작 과정은 제외하고 HTML, CSS, Script 작성에 중점을 두고 구현하겠습니다.

1 Header 영역

사이트맵을 참조하여 로고와 메뉴 구조의 HTML을 작성합니다.

Index Page / 메인(Main)				
메인메뉴 (Main Menu)	지금의 서울	추천	여행지	여행정보
서브메뉴 (Sub Menu)	이벤트 축제&행사 전시	에디터 추천 테마코스 도보해설관광 한류관광	명소 엔터테인먼트 음식 게스트하우스	가이드북&지도 시티투어버스 날씨

01 h1 태그 안에 a 태그를 생성하고 img 태그를 작성합니다. 메인메뉴 리스트를 작성한 후 각 메뉴의 하위메뉴를 각 li의 종료 태그 안쪽에 ul 태그로 작성합니다.

메인메뉴와 서브메뉴의 ul 태그에는 이후 CSS 작성 시 선택이 용이하도록 main-menu, sub-menu 클래스명을 추가합니다.

[index.html]

```html
<main>
  <aside>
    <header>
      <h1 class="header-logo">
        <a href="#">
          <img src="images/logo.png"
          alt="서울 구석구석">
        </a>
      </h1>
    </header>
    <nav>
      <ul class="main-menu">
        <li><a href="#">지금의 서울</a>
          <ul class="sub-menu">
            <li><a href="#">이벤트</a></li>
            <li><a href="#">축제&행사</a></li>
            <li><a href="#">전시</a></li>
          </ul>
        </li>
        <li><a href="#">추천</a>
          <ul class="sub-menu">
            <li><a href="#">에디터 추천</a></li>
            <li><a href="#">테마코스</a></li>
            <li><a href="#">도보해설관광</a></li>
            <li><a href="#">한류관광</a></li>
          </ul>
        </li>
```

```
            <li><a href="#">여행지</a>
              <ul class="sub-menu">
                <li><a href="#">명소</a></li>
                <li><a href="#">엔터테인먼트</a></li>
                <li><a href="#">음식</a></li>
                <li><a href="#">게스트하우스</a></li>
              </ul>
            </li>
            <li><a href="#">여행정보</a>
              <ul class="sub-menu">
                <li><a href="#">가이드북&지도</a></li>
                <li><a href="#">시티투어버스</a></li>
                <li><a href="#">날씨</a></li>
              </ul>
            </li>
          </ul>
        </nav>
        <ul class="spot-menu">
          <li><a href="#">로그인</a></li>
          <li><a href="#">회원가입</a></li>
        </ul>
      </aside>
중략...
```

❷ 센터 영역

01 센터 영역은 클래스명 center 내 article 태
그를 생성하고, 바로가기는 이미지, 제목, 설명으
로 구성합니다. 공지사항과 갤러리는 모두 제목
과 리스트로 구성합니다. 마지막으로 슬라이드
배너도 리스트로 구성합니다.

[index.html]

```
<section class="center">
  <h2 class="hidden">Center Content</h2>
  <article class="shortcut">
    <img src="images/shortcut.png"
    alt="shortcut image">
    <div class="shortcut-content">
      <h3>서울 장미 축제</h3>
      <p>시각과 후각을 즐겁게 해주는 꽃 축제는
언제 어디서나 많은 이들의 사랑을 받죠. 그런데
서울 도심에서도 꽃 축제를 즐길 수 있다는 사실
알고 계셨나요? 바로 서울 중랑구에서 열리는 서울
장미 축제예요.</p>
    </div>
```

```html
      <a href="#">
        <img src="images/shortcut_arrow.png"
        alt="arrow">
      </a>
    </article>
    <div class="news-gallery">
      <article id="notice">
        <h2>공지사항</h2>
        <ul>
          <li><a href="#">여행 후기 이벤트 안내</
a><span class="date">2024.03.01</span></li>
          <li><a href="#">서울 구석구석 여행관
련 안내사항</a><span class="date">2024.03.01</
span></li>
          <li><a href="#">이벤트 당첨자 안내</
a><span class="date">2024.03.01</span></li>
          <li><a href="#">서울 장미 축제 안내</
a><span class="date">2024.03.01</span></li>
          <li><a href="#">고객 서비스 점검 안내</
a><span class="date">2024.03.01</span></li>
        </ul>
      </article>
      <article id="gallery">
        <h2>갤러리</h2>
        <ul>
          <li>
            <a href="#">
              <img src="images/gallery_01.png"
              alt="gallery1">
            </a>
            <h3>gallery title1</h3>
          </li>
          <li>
            <a href="#">
              <img src="images/gallery_02.png"
              alt="gallery2">
            </a>
            <h3>gallery title2</h3>
          </li>
        </ul>
      </article>
    </div>
</section>
```

❸ 슬라이드 영역

슬라이드 영역의 지시사항에 따라 HTML을 작성합니다.

> ※ 위에서 작업한 결과물을 이용하여 슬라이드 작업을 한다.
> ○ 이미지만 바뀌면 안 되고, 이미지가 위에서 아래 또는 아래에서 위로 이동하면서 전환되어야 한다.
> ○ 슬라이드는 매 3초 이내로 하나의 이미지에서 다른 이미지로 전환되어야 한다.
> ○ 웹사이트를 열었을 때 자동으로 시작되어 반복적으로(마지막 이미지가 슬라이드 되면 다시 첫 번째 이미지가 슬라이드
>   되는 방식) 슬라이드 되어야 한다.

01 슬라이드는 미리 제공된 이미지를 활용하여 구현하겠습니다.

클래스명 slide−wrapper의 자식요소로 section 태그에 반드시 수반되어야 하는 제목을 추가한 후 클래스명 slide−image 내부에 container를 생성하고 리스트를 작성합니다. slide−image를 기준으로 container를 좌우로 움직일 수 있도록 구조를 작성한 것입니다.

[index.html]

```html
<section class="slide-wrapper">
  <h2 class="hidden">Slide Content</h2>
  <div class="slide-image">
    <ul class="container">
      <li class="slide">
        <a href="#">
          <img src="images/slide_e_01.jpg"
          alt="서울 장미 축제">
        </a>
      </li>
      <li class="slide">
        <a href="#">
          <img src="images/slide_e_02.jpg"
          alt="북촌 한옥 마을">
        </a>
      </li>
      <li class="slide">
        <a href="#">
          <img src="images/slide_e_03.jpg"
          alt="궁중문화축전">
        </a>
      </li>
    </ul>
  </div>
</section>
```

4 푸터 영역

로고	Lorem Ipsum is simply dummy text of the printing and typesetting industry. Lorem Ipsum has been the industry's standard dummy text ever since the 1500s, when an unknown printer took a galley of type and scrambled it to make a type specimen book.	SNS

01 푸터 영역에는 로고, 메뉴, 카피라이트를 작성합니다.

[index.html]

```
<footer>
  <div class="footer-logo">
    <a href="#">
      <img src="images/footer_logo.png"
      alt="footer logo">
    </a>
  </div>
  <div class="copyright">
    <p>
COPYRIGHT&copy;by 서울구석구석. ALL RIGHTS
RESERVED
    </p>
  </div>
  <div class="sns">
    <ul>
      <li><a href="#">
        <img src="images/sns_01.png"
        alt="twitter">
      </a></li>
      <li><a href="#">
        <img src="images/sns_02.png"
        alt="facebook">
      </a></li>
      <li><a href="#">
        <img src="images/sns_03.png"
        alt="youtube">
      </a></li>
      <li><a href="#">
        <img src="images/sns_04.png"
        alt="instagram">
      </a></li>
    </ul>
  </div>
</footer>
```

5 팝업

01 전체화면을 차지할 요소를 아이디명 popup으로 생성한 후 가운데 나타날 창을 클래스명 popup-content로 작성합니다. 그리고 jQuery 라이브러리와 [main.js]를 생성하고 로드합니다. HTML 완성 후 화면을 확인해서 모든 요소들이 화면에 출력되는지 확인합니다.

출력화면

[index.html]

```
  </footer>
  <!-- popup -->
  <div id="popup">
    <div class="popup-content">
        <h2>여행 후기 이벤트 안내</h2>
        <p>
서울 구석구석입니다. 여행 후기 이벤트를 2024년 3월부터 시작하고자 합니다. 고객님의 소중한 이야기 중 '베스트 여행 후기'를 선정하여 감사의 마음을 전하는 이벤트입니다.
        </p>
        <div class="close">닫기</div>
    </div>
  </div>
  <!-- //popup -->
  <script src="script/jquery-1.12.3.js"></script>
  <script src="script/main.js"></script>
</body>
</html>
```

04 영역별 CSS

1 Header 영역

01 와이어프레임 단계에서 설정했던 main>*
와 aside>*의 테두리를 제거합니다. aside nav
에 지정했던 높이를 제거하고, 배경과 여백 테두
리를 추가합니다.

aside nav li 선택자로 모든 메뉴의 높이를
line-height를 이용하여 추가한 후 aside
nav>ul>li+li 선택자를 이용하여 메뉴 사이의
테두리를 추가합니다. 메뉴 링크의 스타일과 메
뉴에 마우스를 올렸을 때 배경색상과 링크 색상이
변하도록 합니다.

sub-menu는 바로 위 부모인 li를 기준으로 절
댓값으로 배치합니다. sub-menu는 부모를 기
준으로 바로 오른쪽에 나타나야 하므로 left:
100%; width; 100%를 설정합니다. 마우스를
올렸을 때 나타나도록 기본 상태는 display:
none으로 설정합니다.

출력화면

지금의 서울
추천
여행지
여행정보

로그인
회원가입

[main.css]

```css
/* ASIDE */
aside header{
    height: 100px;
}
aside nav{
    background: #fff;
    margin: 20px 10px 20px;
    border: 1px solid #ccc;
}
aside nav li{
    line-height: 40px;
}
aside nav>ul>li+li{
    border-top: 1px solid #ccc;
}
.main-menu>li{
    position: relative;
}
.sub-menu{
    background: #ccc;
    display: none;
    position: absolute;
    top: 0;
    left: 100%;
    width: 100%;
}
aside nav a{
    display: block;
    padding: 0 5px;
    color: #333;
    transition: 0.3s;
}
aside nav li:hover>a{
    background: #666;
    color: #fff;
}
```

02 와이어 프레임 단계에서 추가했던 spot-menu의 높이는 제거하고 스팟메뉴를 가로배치하고 간격을 추가합니다. 선은 보더 처리합니다.

```
[main.css]

aside nav li:hover>a{
  background: #666;
  color: #fff;
}
aside .spot-menu{
  display: flex;
  justify-content: center;
}
aside .spot-menu li{
  padding: 0 10px;
}
aside .spot-menu li:first-child{
  border-right: 1px solid #ccc;
}
aside .spot-menu li a:hover{
  text-decoration: underline;
}

/* Center */
```

2 Center 영역

01 Center 영역의 바로가기를 작성합니다. 클래스명 shortcut에 추가했던 높이는 제거하고 클래스명 center에 추가했던 border도 제거합니다. 클래스명 center에는 내부 여백을 추가하고, 클래스명 center의 바로 아래 자식요소들은 마진을 추가하여 간격을 설정합니다. 클래스명 shortcut에 display: flex로 요소들을 가로배치하고 간격을 추가합니다.

```
[main.css]

/* Center */
.center{
  padding: 10px;
}
.center>*{
  margin: 20px 0;
}
.shortcut{
  display: flex;
  align-items: center;
  gap: 10px;
}
.shortcut>img{
  width: 100px;
}

/* News Gallery */
```

02 Center 영역의 공지사항과 갤러리를 작성합니다.

notice, gallery에 추가했던 높이를 제거하고 제목의 스타일과 ul의 스타일이 공통이므로 선택자를 .news−gallery h2, .news−gallery ul로 공통으로 설정하고 스타일을 작성합니다.

공지사항의 리스트는 line−height로 높이를 설정한 후 내용과 날짜를 양끝으로 배치하고 하단 테두리를 추가합니다.

갤러리의 리스트도 목록을 가로배치하고 gap과 padding을 이용하여 요소 사이의 간격과 여백을 설정합니다. 갤러리 목록에 마우스를 올렸을 때 투명도가 조절되도록 합니다.

출력화면

```
[main.css]
/* News Gallery */
.news-gallery h2{
  border-radius: 5px 5px 0 0;
  display: inline-block;
  padding: 5px 10px;
  background: #666;
  color: #fff;
  margin-bottom: -1px;
}
.news-gallery ul{
  border: 1px solid #666;
}
#notice{
  margin-bottom: 20px;
}
#notice ul li{
  line-height: 30px;
  display: flex;
  justify-content: space-between;
  transition: 0.3s;
  border-bottom: 1px dashed #ebebeb;
  padding: 0 5px;
}
#notice ul li:last-child{
  border-bottom: none;
}
#notice ul li:hover{
  background: #ebebeb;
}
#notice ul li a:hover{
  font-weight: bold;
}
#gallery ul{
  display: flex;
  justify-content: space-between;
  gap: 10px;
  padding: 15px 20px;
}
#gallery ul li{
  transition: 0.3s;
  text-align: center;
}
#gallery ul li img{
  width: 100%;
}
```

```
#gallery ul li:hover{
    opacity: 0.5;
}

/* Footer */
```

③ 슬라이드 영역

01 슬라이드는 상하로 이동하는 효과를 구현해야 하므로 container의 높이를 300%로 지정하고 slide-image에 oeverflow: hidden을 추가하여 넘치는 자식요소를 보이지 않도록 합니다. container의 슬라이드를 세로배치하기 위해 슬라이드의 너비를 100%로 지정하고, 높이는 300%인 부모의 1/3 크기가 되도록 height: calc(100%/3)으로 설정합니다. 슬라이드의 이미지는 object-fit: cover를 추가하여 지정한 크기 안에서 높이에 맞춰 가로 크기는 이미지의 원래 비율을 유지하고 항상 이미지의 중앙이 보이도록 합니다.

출력화면

[main.css]

```
/* SLIDE */
.slide-wrapper{
    flex: 1;
}
.slide-wrapper>*{
    height: 400px;
}
.slide-image{
    width: 100%;
    height: 100%;
    overflow: hidden;
}
.slide-image .container{
    height: 300%;
    width: 100%;
    position: relative;
}
.slide-image .container .slide{
    height: calc(100%/3);
    width: 100%;
}
.slide-image img{
    width: 100%;
    height: 100%;
    object-fit: cover;
}

/* FOOTER */
```

4 푸터 영역

01 와이어프레임 단계에서 추가했던 테두리는 제거하고, footer-contents>*에 추가했던 높이도 제거합니다. sns 목록도 flex로 가로 배치하고 간격은 gap으로 설정합니다. sns 목록의 너비를 50px로 줄여주고 그 너비 안에 이미지의 채워지도록 img에 width: 100%를 추가합니다.

출력화면

[main.css]

```css
/* FOOTER */
footer{
  display: flex;
  height: 100px;
  align-items: center;
  text-align: center;
}
.footer-logo{
  width: 200px;
}
.copyright{
  flex: 1;
}
.sns{
  width: 250px;
}
.sns ul{
  display: flex;
  gap: 5px;
}
.sns ul li{
  width: 50px;
}
.sns ul li img{
  width: 100%;
}
```

5 팝업

01 아이디 popup이 전체 화면을 차지하도록 하고 그 가운데 팝업 내용이 오도록 작성합니다.

❶ 전체화면을 기준으로 고정하고 left, right, top, bottom 값을 0으로 설정하여 전체화면을 차지하도록 합니다. z-index 값을 추가하여 다른 요소들보다 위에 올라오도록 합니다. popup은 화면에 보이지 않도록 display: none을 설정합니다.

❷ 부모인 #popup을 기준으로 절댓값으로 화면의 정가운데 배치되도록 left: 50%; top: 50%를 설정하고 정중앙에 오도록 popup-content 가로 크기의 반만큼 왼쪽으로 popup-content의 세로 크기의 반만큼 위쪽으로 이동시키기 위해 transform을 추가합니다. 이렇게 하면 popup-content의 크기에 상관없이 정중앙에 배치할 수 있습니다. 기존 화면 위에 떠 있는 느낌을 주기 위해 box-shadow를 추가합니다.

❸ 부모인 .popup-content를 기준으로 우측 하단에 배치하고 커서 모양을 링크와 같이 변경합니다.

❹ 아이디 popup에 active 클래스명이 추가되면 화면에 나타나도록 합니다.

모든 영역의 스타일이 완성되었습니다. 이제 영역별 스크립트를 작성하겠습니다.

[main.css]

```css
/* popup */
#popup{                              ❶
  position: fixed;
  left: 0;
  right: 0;
  top: 0;
  bottom: 0;
  display: none;
  z-index: 10;
}
#popup .popup-content{               ❷
  width: 400px;
  padding: 20px 20px 100px;
  background: #fff;
  border-radius: 5px;
  position: absolute;
  left: 50%;
  top: 50%;
  transform: translate(-50%, -50%);
  box-shadow: 0 0 3px rgba(0,0,0,.5);
}
#popup .popup-content .close{        ❸
  position: absolute;
  right: 10px;
  bottom: 10px;
  background: #333;
  color: #fff;
  cursor: pointer;
  padding: 5px 8px;
}
#popup.active{                       ❹
  display: block;
}
```

출력화면

[script] 폴더 내에 [main.js] 파일을 생성하고 영역별 스크립트를 작성합니다.

1 Aside 메인메뉴

01 메뉴 스크립트는 메인메뉴에 마우스를 올리면 마우스 호버 이벤트가 일어난 그 요소의 서브메뉴만 나타나도록 해야 합니다.

main—menu > li를 변수로 설정하고, 메뉴에 마우스 호버 이벤트가 일어나면 이벤트가 일어난 그 요소를 $(this)로 선택한 후 $(this)의 자식요소인 ul을 find 메서드로 선택하여 선택한 서브메뉴가 나타나도록 slideDown 메서드를 실행합니다.

마우스가 메뉴에서 벗어나면 다시 mouseout 이벤트가 일어난 그 요소의 자식요소를 선택하여 slideUp 메서드로 접습니다.

```
[main.js]
let mainMenu = $('.main-menu > li');

mainMenu.mouseover(function(){
    $(this).find('ul').stop().slideDown();
}).mouseout(function(){
    $(this).find('ul').stop().slideUp();
});
```

출력화면

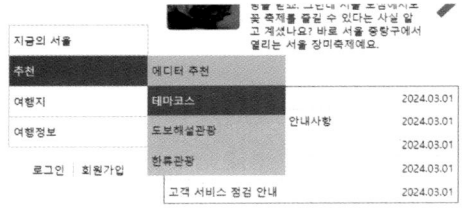

2 슬라이드 영역

01 좌우로 이동하는 슬라이드를 구현하기 위해 각 슬라이드의 부모와 각 슬라이드, 현재 몇 번째 슬라이드가 활성화되어있는지 판단하기 변수 currentIdx를 생성합니다.

함수 autoSlide를 작성하고 3초마다 container 의 top 값을 0, −100%, −200%가 되도록 합니다. 이때 3초마다 0, 1, 2로 변경될 변수 nextIdx 를 생성하여 top 값을 변경할 수 있도록 합니다.

스크립트 작성 후 브라우저 화면을 확인하면 슬라이드가 자동으로 위쪽으로 이동하는 것을 볼 수 있습니다.

`출력화면`

[main.js]

```
//슬라이드
let slideContainer = $('.slide-wrapper .container');
let slide = slideContainer.find('.slide');
let slideCount = slide.length;
let currentIdx = 0;
function autoSlide(){
  setInterval(function(){
    //3초마다 반복 수행할 구문 시작
    let nextIdx = (currentIdx + 1) % slideCount;
    slideContainer.animate({
      top: -100 * nextIdx + '%'
    });
    currentIdx = nextIdx;
  }, 3000)
}
autoSlide();
```

③ 공지사항 팝업

01 공지사항의 첫 글을 클릭하면 레이어 팝업이 뜨도록 합니다.

❶ 공지사항 중 첫 번째 리스트를 변수로 지정합니다.

❷ 클래스명 active를 추가하여 보여질 대상인 아이디 popup을 지정합니다.

❸ 닫기 버튼은 popup의 자식요소 중 클래스명 close를 찾아 지정합니다.

❹ 공지사항 링크를 클릭하면 링크의 기본 속성을 막고 popup에 클래스명 active를 추가합니다.

❺ 닫기 버튼을 클릭하면 popup에서 추가했던 클래스명 active를 제거합니다.

스크립트 작성 후 공지사항 첫 글을 클릭하면 팝업이 뜨고, 닫기를 클릭하면 팝업이 닫히고 있습니다.

[main.js]

```javascript
//팝업
let popupLink = $('#notice li:first');      ❶
let popup = $('#popup');                     ❷
let popupCloseBtn = popup.find('.close');    ❸

popupLink.click(function(e){
  e.preventDefault();                        ❹
  popup.addClass('active');
});

popupCloseBtn.click(function(){
  popup.removeClass('active');               ❺
});
```

출력화면

02 이로써 모든 스크립트가 완성되었습니다. 마지막으로 현재 작성한 HTML 소스의 웹표준 검사를 실시하여 오류가 없는지 확인합니다. https://validator.w3.org/에서 HTML 코드를 업로드하고 검사를 실시해봅니다. HTML 소스를 모두 복사하고 validate by Direct input 탭을 클릭한 후 소스를 붙여넣기 하고 Check 버튼을 클릭합니다.

웹표준 검사 후 에러가 없는 것을 확인합니다.

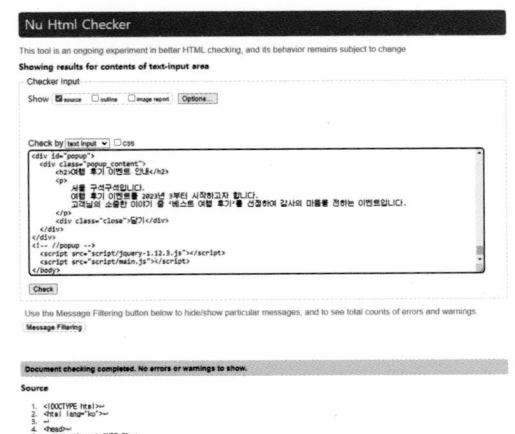

7

신유형 문제(E2형-실전)

서울 구석구석(E2형)

한눈에 보는 순서

1. 바탕화면에 수험자 본인의 '비번호' 이름의 폴더에 css, script, images 폴더 생성
2. 와이어프레임 파악 후 HTML, CSS로 와이어프레임 작성
3. 세부 지시사항 파악 후 이미지를 제작하여 'images' 폴더에 저장
    - 상단로고 : logo.png
    - 하단로고 : footer_logo.png (Grayscale)
    - 메인 이미지 3장
    - 갤러리 이미지 2장
    - 배너 이미지 4장
4. index.html, main.css, main.js 생성, jQuery 오픈소스 저장
5. 각 영역별 HTML 작성
6. 각 영역별 CSS 작성
7. 메뉴, 슬라이드, 탭, 모달 레이어 팝업 Script 작성

국가기술자격 실기시험 문제

자격종목	웹디자인기능사	과제명	서울 구석구석

1. 요구사항

※ 다음 요구사항을 준수하여 주어진 자료(수험자 제공파일)를 활용하여 시험시간 내에 웹 페이지를 제작 후 **5MB 용량**이 초과되지 않게 저장 후 제출하시오.

※ 웹 페이지 코딩은 **HTML5 기준 웹 표준**을 준수하여야 하며, 요구사항에 지정되지 않는 요소들은 주제 특성에 맞게 자유롭게 디자인하시오.

※ 문제에서 지시하지 않은 와이어프레임 영역 비율, 레이아웃, 텍스트의 글자체/색상/크기, 요소별 크기, 색상 등은 수험자가 과제명(가. 주제)에 맞게 자유롭게 디자인하시오.

가. 주제: 서울 구석구석 웹사이트 오픈을 위한 메인페이지 제작

나. 개요
서울 여행객들에게 다양한 정보를 제공하는 「서울 구석구석」의 웹사이트를 제작하려고 한다. 재단법인 GusukGusuk에서는 일반인들이 이용하기에 편리한 웹사이트 제작을 요청하였다. 아래의 요구사항에 따라 메인페이지를 제작하시오.

다. 요구사항
1) 메인페이지를 디자인하고 HTML, CSS, JavaScript 기반의 웹 페이지를 제작한다.
   (이때 jQuery 오픈소스, 이미지, 텍스트 등의 제공된 리소스를 활용하여 제작할 수 있다)
2) HTML, CSS의 charset는 utf-8로 해야 한다.
3) 컬러 가이드

주조색 (Main Color)	보조색 (Sub Color)	배경색 (Background Color)	기본 텍스트의 색 (Text Color)
자유롭게 지정	자유롭게 지정	#FFFFFF	#333333

4) 사이트 맵(Site Map)

Index Page / 메인(Main)				
메인메뉴 (Main Menu)	지금의 서울	추천	여행지	여행정보
서브메뉴 (Sub Menu)	이벤트 축제&행사 전시	에디터 추천 테마코스 도보해설관광 한류관광	명소 엔터테인먼트 음식 게스트하우스	가이드북&지도 시티투어버스 날씨

5) 와이어프레임(Wireframe)

※ Ⓐ~Ⓓ 영역에 제시된 지시사항에 맞춰서 프레임을 구성하고, 자유롭게 디자인을 구성하시오.

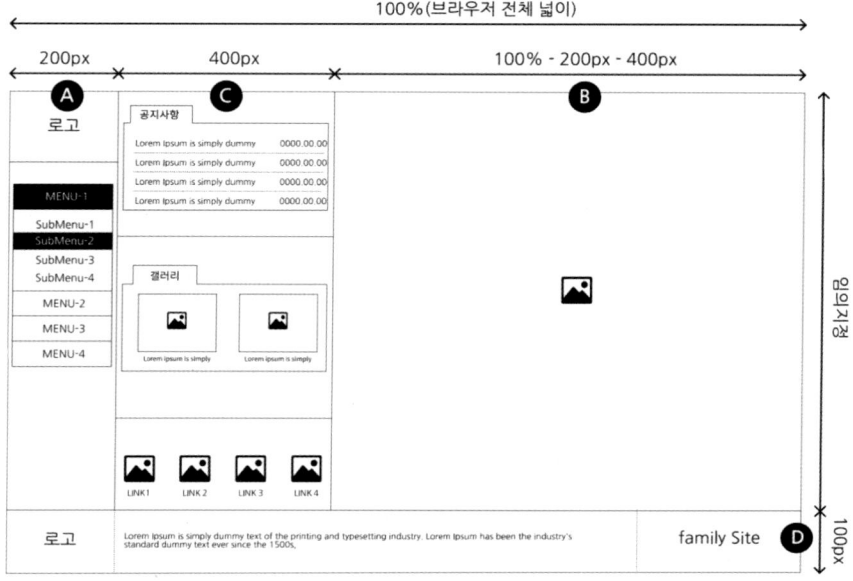

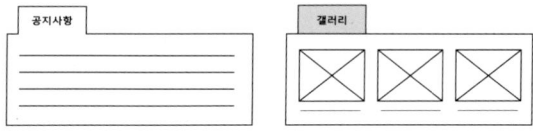

공지사항, 갤러리 별도 구성

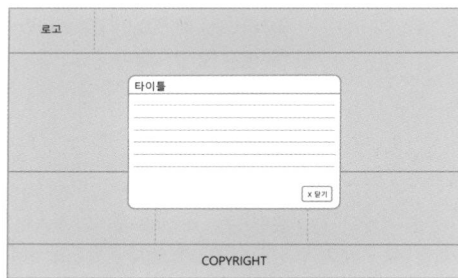

모달 레이어 팝업

라. 세부 영역별 지시사항

영역 및 명칭	세부 지시사항
Ⓐ Header	**A.1 로고** ○ 가로세로 190픽셀×45픽셀 크기로 주제에 적합한 로고를 직접 디자인하여 삽입한다. ○ 심벌과 로고명이 포함된 완전한 형태로 디자인한다. 로고명은 Header 폴더의 제공된 텍스트를 사용한다. **A.2 메뉴 구성** ※ 사이트 구조도를 참고하여 메인메뉴(Main Menu)와 서브메뉴(Sub Menu)로 구성한다. **(1) 메인메뉴(Main Menu) 효과 [와이어프레임 참조]** ○ 메인메뉴 중 하나에 마우스를 올리면(Mouse Over) 하이라이트 되고, 벗어나면(Mouse Out) 하이라이트를 해제한다. ○ 메인메뉴에 마우스를 올리면(Mouse Over) 서브메뉴 영역이 부드럽게 나타나면서, 서브메뉴가 보이도록 한다. ○ 메인메뉴에서 마우스커서가 벗어나면(Mouse Out) 서브메뉴 영역은 부드럽게 사라져야 한다. **(2) 서브메뉴 영역 효과** ○ 서브메뉴 영역은 메인페이지 콘텐츠를 고려하여 배경색상을 설정한다. ○ 서브메뉴 중 하나에 마우스를 올리면(Mouse Over) 하이라이트 되고 벗어나면(Mouse Out) 하이라이트를 해제한다. ○ 마우스커서가 메뉴 영역을 벗어나면(Mouse Out) 서브메뉴 영역은 부드럽게 사라져야 한다.
Ⓑ Slide	**B. Slide 이미지 제작** ○ [Slide] 폴더에 제공된 3개의 이미지로 제작한다. ○ [Slide] 폴더에 제공된 3개의 텍스트를 각 이미지에 적용하되, 텍스트의 글자체, 굵기, 색상, 크기를 적절하게 설정하여 가독성을 높이고, 독창성이 드러나도록 제작한다. **B. Slide 애니메이션 작업** ※ 위에서 작업한 결과물을 이용하여 슬라이드 작업을 한다. ○ 이미지만 바뀌면 안 되고, 이미지가 위에서 아래 또는 아래에서 위로 이동하면서 전환되어야 한다. ○ 슬라이드는 매 3초 이내로 하나의 이미지에서 다른 이미지로 전환되어야 한다. ○ 웹사이트를 열었을 때 자동으로 시작되어 반복적으로(마지막 이미지가 슬라이드 되면 다시 첫 번째 이미지가 슬라이드 되는 방식) 슬라이드 되어야 한다.
Ⓒ Contents	**C.1 공지사항** ○ 공지사항 타이틀 영역과 콘텐츠 영역을 구분하여 표현해야 한다. 　(단, 콘텐츠는 HTML 코딩으로 작성해야 하며, 이미지로 삽입하면 안 된다) ○ 콘텐츠는 Contents 폴더의 제공된 텍스트를 적용하여 제작한다. ○ 공지사항의 첫 번째 콘텐츠를 클릭(Click)할 경우 모달 레이어 팝업창(Modal Pop_up)이 나타나며, 레이어 팝업창 내에 닫기 버튼을 두어서 클릭하면 해당 팝업창이 닫혀야 한다. [와이어프레임 참조] ○ 레이어 팝업의 제목과 내용은 Contents 폴더의 제공된 팝업 이미지와 텍스트 파일을 사용한다. **C.2 갤러리** ○ Contents 폴더의 제공된 이미지 2개와 텍스트 파일을 사용하여 가로방향으로 배치한다. [와이어프레임 참조] **C.3 바로가기** ○ Contents 폴더의 제공된 파일을 활용하여 편집 또는 디자인하여 제작한다. ※ 콘텐츠는 HTML 코딩으로 작성해야 하며, 이미지로 삽입하면 안 된다.
Ⓓ Footer	**D. Footer** ○ 로고를 Grayscale(무채색)로 변경하고 사용자의 접근성을 고려하여 배치한다. ○ Footer 폴더의 제공된 텍스트를 사용하여 Copyright, 패밀리사이트를 제작한다.

실전처럼 직접 해보기

E2 유형은 E1 유형에서 메인 영역의 바로가기가 없고, 푸터의 메뉴가 없는 대신 푸터에 Family Site가 있는 것을 제외하고 거의 동일한 유형입니다. 또 한 가지 다른 점은 슬라이드 영역의 높이가 임의 지정으로 되어 있는데, E1 유형과 같은 형식으로 구현하시면 됩니다. 앞서 학습한 순서대로 구현해보세요.

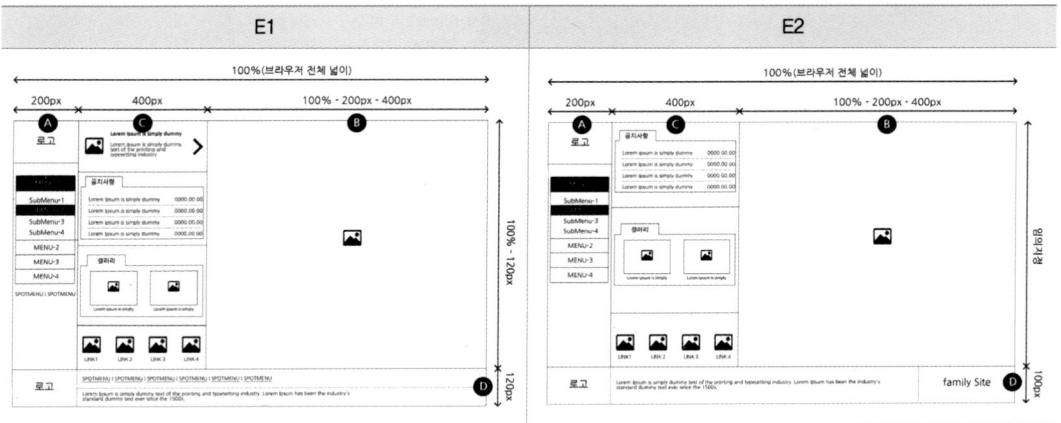

※ [PART5] – [기출 유형 문제 7(E2형)] – [BASE] 폴더의 소스를 활용하여 완성해보세요.

신유형 문제(E4-실전)

서울 구석구석(E4형)

한눈에 보는 순서

1. 바탕화면에 수험자 본인의 '비번호' 이름의 폴더에 css, script, images 폴더 생성
2. 와이어프레임 파악 후 HTML, CSS로 와이어프레임 작성
3. 세부 지시사항 파악 후 이미지를 제작하여 'images' 폴더에 저장
   - 상단로고 : logo.png
   - 하단로고 : footer_logo.png (Grayscale)
   - 메인 이미지 3장
   - 갤러리 이미지 2장
   - 배너 이미지 4장
4. index.html, main.css, main.js 생성, jQuery 오픈소스 저장
5. 각 영역별 HTML 작성
6. 각 영역별 CSS 작성
7. 메뉴, 슬라이드, 탭, 모달 레이어 팝업 Script 작성

국가기술자격 실기시험 문제

자격종목	웹디자인기능사	과제명	서울 구석구석

1. 요구사항

※ 다음 요구사항을 준수하여 주어진 자료(수험자 제공파일)를 활용하여 시험시간 내에 웹 페이지를 제작 후 **5MB 용량**이 초과되지 않게 저장 후 제출하시오.

※ 웹 페이지 코딩은 **HTML5 기준 웹 표준**을 준수하여야 하며, 요구사항에 지정되지 않는 요소들은 주제 특성에 맞게 자유롭게 디자인하시오.

※ 문제에서 지시하지 않은 와이어프레임 영역 비율, 레이아웃, 텍스트의 글자체/색상/크기, 요소별 크기, 색상 등은 수험자가 과제명(가. 주제)에 맞게 자유롭게 디자인하시오.

가. 주제: 서울 구석구석 웹사이트 오픈을 위한 메인페이지 제작

나. 개요

서울 여행객들에게 다양한 정보를 제공하는 「서울 구석구석」의 웹사이트를 제작하려고 한다. 재단법인 GusukGusuk에서는 일반인들이 이용하기에 편리한 웹사이트 제작을 요청하였다. 아래의 요구사항에 따라 메인페이지를 제작하시오.

다. 요구사항

1) 메인페이지를 디자인하고 HTML, CSS, JavaScript 기반의 웹 페이지를 제작한다.
   (이때 jQuery 오픈소스, 이미지, 텍스트 등의 제공된 리소스를 활용하여 제작할 수 있다)
2) HTML, CSS의 charset는 utf-8로 해야 한다.
3) 컬러 가이드

주조색 (Main Color)	보조색 (Sub Color)	배경색 (Background Color)	기본 텍스트의 색 (Text Color)
자유롭게 지정	자유롭게 지정	#FFFFFF	#333333

4) 사이트 맵(Site Map)

Index Page / 메인(Main)				
메인메뉴 (Main Menu)	지금의 서울	추천	여행지	여행정보
서브메뉴 (Sub Menu)	이벤트 축제&행사 전시	에디터 추천 테마코스 도보해설관광 한류관광	명소 엔터테인먼트 음식 게스트하우스	가이드북&지도 시티투어버스 날씨

5) 와이어프레임(Wireframe)
※ Ⓐ~Ⓓ 영역에 제시된 지시사항에 맞춰서 프레임을 구성하고, 자유롭게 디자인을 구성하시오.

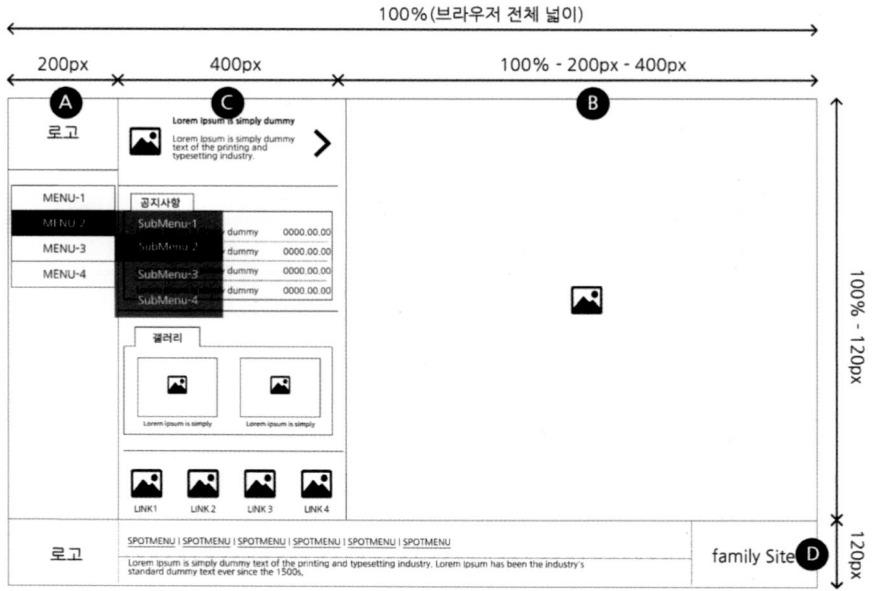

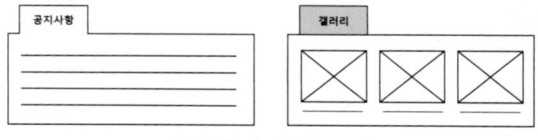

공지사항, 갤러리 별도 구성

모달 레이어 팝업

라. 세부 영역별 지시사항

영역 및 명칭	세부 지시사항
ⓐ Header	**A.1 로고** ○ 가로세로 190픽셀×45픽셀 크기로 주제에 적합한 로고를 직접 디자인하여 삽입한다. ○ 심벌과 로고명이 포함된 완전한 형태로 디자인한다. 로고명은 Header 폴더의 제공된 텍스트를 사용한다. **A.2 메뉴 구성** ※ 사이트 구조도를 참고하여 메인메뉴(Main Menu)와 서브메뉴(Sub Menu)로 구성한다. **(1) 메인메뉴(Main Menu) 효과 [와이어프레임 참조]** ○ 메인메뉴 중 하나에 마우스를 올리면(Mouse Over) 하이라이트 되고, 벗어나면(Mouse Out) 하이라이트를 해제한다. ○ 메인메뉴에 마우스를 올리면(Mouse Over) 서브메뉴 영역이 부드럽게 나타나면서, 서브메뉴가 보이도록 한다. ○ 메인메뉴에서 마우스커서가 벗어나면(Mouse Out) 서브메뉴 영역은 부드럽게 사라져야 한다. **(2) 서브메뉴 영역 효과** ○ 서브메뉴 영역은 메인페이지 콘텐츠를 고려하여 배경색상을 설정한다. ○ 서브메뉴 중 하나에 마우스를 올리면(Mouse Over) 하이라이트 되고 벗어나면(Mouse Out) 하이라이트를 해제한다. ○ 마우스커서가 메뉴 영역을 벗어나면(Mouse Out) 서브메뉴 영역은 부드럽게 사라져야 한다.
ⓑ Slide	**B. Slide 이미지 제작** ○ [Slide] 폴더에 제공된 3개의 이미지로 제작한다. ○ [Slide] 폴더에 제공된 3개의 텍스트를 각 이미지에 적용하되, 텍스트의 글자체, 굵기, 색상, 크기를 적절하게 설정하여 가독성을 높이고, 독창성이 드러나도록 제작한다. **B. Slide 애니메이션 작업** ※ 위에서 작업한 결과물을 이용하여 슬라이드 작업을 한다. ○ 이미지만 바뀌면 안 되고, 이미지가 위에서 아래 또는 아래에서 위로 이동하면서 전환되어야 한다. ○ 슬라이드는 매 3초 이내로 하나의 이미지에서 다른 이미지로 전환되어야 한다. ○ 웹사이트를 열었을 때 자동으로 시작되어 반복적으로(마지막 이미지가 슬라이드 되면 다시 첫 번째 이미지가 슬라이드 되는 방식) 슬라이드 되어야 한다.
ⓒ Contents	**C.1 배너** ○ Contents 폴더의 제공된 파일을 활용하여 편집 또는 디자인하여 제작한다. **C.2 공지사항** ○ 공지사항 타이틀 영역과 콘텐츠 영역을 구분하여 표현해야 한다. (단, 콘텐츠는 HTML 코딩으로 작성해야 하며, 이미지로 삽입하면 안 된다) ○ 콘텐츠는 Contents 폴더의 제공된 텍스트를 적용하여 제작한다. ○ 공지사항의 첫 번째 콘텐츠를 클릭(Click)할 경우 모달 레이어 팝업창(Modal Pop_up)이 나타나며, 레이어 팝업창 내에 닫기 버튼을 두어서 클릭하면 해당 팝업창이 닫혀야 한다. [와이어프레임 참조] ○ 레이어 팝업의 제목과 내용은 Contents 폴더의 제공된 텍스트 파일을 사용한다. **C.3 갤러리** ○ Contents 폴더의 제공된 갤러리 이미지 2개와 텍스트 파일을 사용하여 가로방향으로 배치한다. [와이어프레임 참조] **C.4 바로가기** ○ Contents 폴더의 제공된 파일을 활용하여 편집 또는 디자인하여 제작한다. ※ 콘텐츠는 HTML 코딩으로 작성해야 하며, 이미지로 삽입하면 안 된다.
ⓓ Footer	**D. Footer** ○ 로고를 Grayscale(무채색)로 변경하고 사용자의 접근성을 고려하여 배치한다. ○ Footer 폴더의 제공된 텍스트를 사용하여 Copyright, 패밀리사이트를 제작한다.

실전처럼 직접 해보기

E4 유형은 E3 유형과 거의 동일하며, C영역에 배너가 추가되고, 푸터 메뉴, 패밀리 사이트가 추가된 것과 메인영역의 높이를 100%−120px로 되어 있는 점이 다릅니다. 메인영역의 높이는 E3 유형에서도 100%−120px로 동일하게 작업했으므로 어렵지 않게 구현할 수 있습니다. 앞서 학습한 순서대로 구현해보세요.

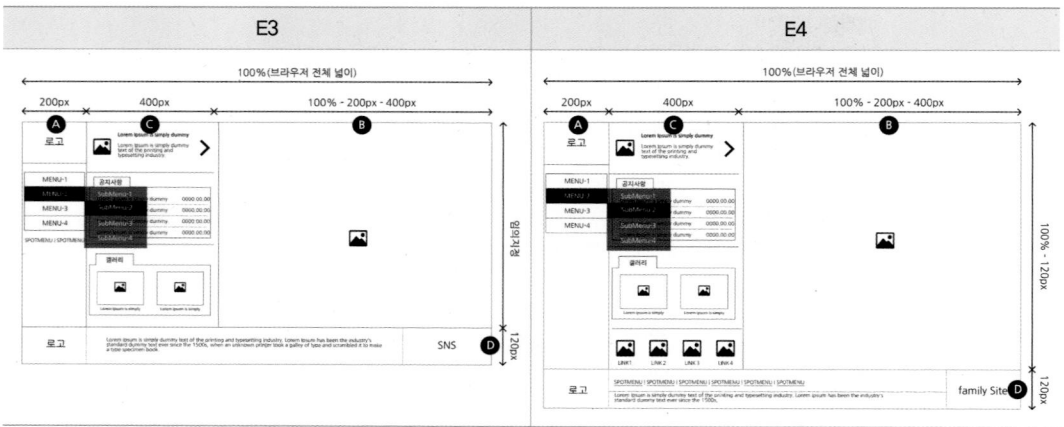

※ [PART5] – [기출 유형 문제 7(E2형)] – [BASE] 폴더의 소스를 활용하여 완성해보세요.

좋은 책을 만드는 길, 독자님과 함께 하겠습니다.

유선배 웹디자인기능사 실기 과외노트

초 판 발 행	2024년 01월 10일 (인쇄 2023년 08월 30일)
발 행 인	박영일
책 임 편 집	이해욱
저 자	김동주
편 집 진 행	노윤재 · 윤소진
표 지 디 자 인	김도연
편 집 디 자 인	채경신 · 곽은슬
발 행 처	(주)시대교육
공 급 처	(주)시대고시기획
출 판 등 록	제 10-1521호
주 소	서울시 마포구 큰우물로 75 [도화동 538 성지 B/D] 9F
전 화	1600-3600
홈 페 이 지	www.sdedu.co.kr

I S B N	979-11-383-2131-0 (13000)
정 가	30,000원

SD에듀가 합격을 준비하는 당신에게 제안합니다.

성공의 기회! SD에듀를 잡으십시오.
성공의 Next Step!

결심하셨다면 지금 당장 실행하십시오.
SD에듀와 함께라면 문제없습니다.

기회란 포착되어 활용되기 전에는
기회인지조차 알 수 없는 것이다.

– 마크 트웨인 –

유선배 과외!

자격증 다 덤벼!
나랑 한판 붙자

✓ 혼자 하기 어려운 공부, 도움이 필요한 학생들!
✓ 체계적인 커리큘럼으로 공부하고 싶은 학생들!
✓ 열심히는 하는데 성적이 오르지 않는 학생들!

유튜브 무료 강의 제공
핵심 내용만 쏙쏙! 개념 이해 수업

[자격증 합격은 유선배와 함께!]

맡겨주시면 결과로 보여드리겠습니다.

| SQL개발자 (SQLD) | GTQ일러스트 (GTQi) 1급 | 웹디자인기능사 | 사무자동화 산업기사 | 사회조사분석사 2급 | SMAT Module A·B·C |

나는 이렇게 합격했다

여러분의 힘든 노력이 기억될 수 있도록
당신의 합격 스토리를 들려주세요.

합격생 인터뷰
상품권 증정

추첨을 통해
선물 증정

베스트 리뷰자 1등
갤럭시탭 S8 증정

베스트 리뷰자 2등
갤럭시 버즈2 증정

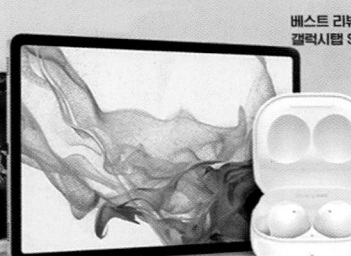

SD에듀 합격생이 전하는 합격 노하우

"기초 없는 저도 합격했어요
여러분도 가능해요."
검정고시 합격생 이*주

"불안하시다고요?
시대에듀와 나 자신을 믿으세요."
소방직 합격생 이*화

"강의를 듣다 보니
자연스럽게 합격했어요."
사회복지직 합격생 곽*수

"선생님 감사합니다.
제 인생의 최고의 선생님입니다."
G-TELP 합격생 김*진

"시험에 꼭 필요한 것만 딱딱!
시대에듀 인강 추천합니다."
물류관리사 합격생 이*환

"시작과 끝은 시대에듀와 함께!
시대에듀를 선택한 건 최고의 선택"
경비지도사 합격생 박*익

합격을 진심으로 축하드립니다!
합격수기 작성 / 인터뷰 신청

QR코드 스캔하고 ▷ ▷ ▷ ▶
이벤트 참여하여 푸짐한 경품받자!

합격의 공식